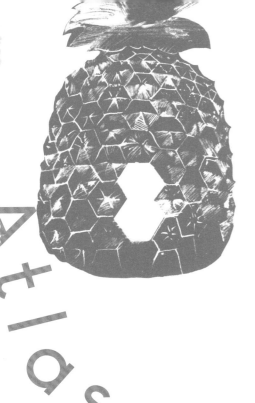

An Explorer's Guide
to the World's Hidden Wonders

隱藏版
世界奇觀的
探索珍藏集

祕境

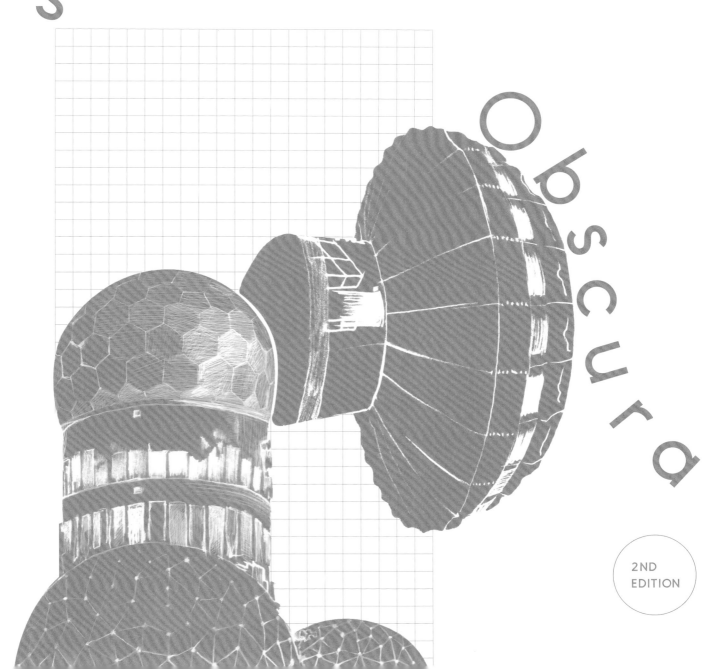

2ND
EDITION

幸福的起點，
在於懂得沒有驚奇的人生不值得活。

———————

亞伯拉罕・約書亞・赫舍爾
ABRAHAM JOSHUA HESCHEL

目錄

地下 107 公尺處，小船輕輕搖晃在圖爾達鹽礦內的湖面。

鹽礦自 11 世紀起，至 1930 年代間從未停止開採，如今已為一處地下遊樂園。（見本書 88 頁）

前言

2009 年創辦 Atlas Obscura 網站的時候，我們的目標是要打造一份型錄，涵蓋所有能激發驚奇感受的人、事、地。最近我們其中之一花了 2 個月的時間，開車在美國各地尋找迷你博物館和各種怪奇非主流藝術品，其他人則正要展開為期 1 年的東歐之旅。我們想要找到不尋常、偏僻的地方，那些傳統旅遊指南通常不會收錄的地方，能夠擴展我們對於可能性的領悟。那些地方如果沒有知情者的提點，我們永遠也不可能找到。過去幾年來，全世界有數以千計的人加入這項協作計畫，為 Atlas Obscura 貢獻內容，本書代表的只是我們這個社群所發掘的一小部分。每一位曾經在 Atlas Obscura 上新增地點、編輯修改或寄來照片的人，都是這本書的共同作者，謝謝你們。

修訂後的第 2 版新增了 100 多個難以置信的新景點，都是在 2016 年第一版發行之後，由社群成員與我們分享的。我們也加上了一份地圖，描繪出我們心目中世上最令人歎為觀止（也最長）的旅程。儘管 Atlas Obscura 具有旅遊指南的特點，其實兩者並不相同，我們的網站和這本書是某種地點的珍奇屋，是一整櫃的奇珍異寶，目的在於激發奇想的念頭和旅行的欲望。事實上，本書中的許多地點絕對不是「觀光景點」，也不應該被當作觀光景點。還有些地點極為偏遠、地勢險惡，或是（至少有一地是如此）深藏在地球表層之下，少有讀者能夠造訪。不過這些地點就在那裡，與我們共享這個不可思議的行星。

少了無與倫比、堅持不懈的艾拉・莫頓（Ella Morton），本書就不可能存在，還有我們的王牌專案經理馬克・海林格（Marc Haeringer），從頭到尾引導著本書。儘管我們努力查證過本書每一頁上的每一則事實，請不要看了書就奔去訂機票，務必自己進行一下資料搜集。也或者就去訂機票吧！只要準備好來一場冒險即可。

我們常常問自己，一本真正無所不包的世界私房奇景書，最後究竟會有多大本，印刷成本和頁面尺寸限制了書中能收錄的內容，但就算我們的網站沒有這些限制，也永遠不會完整。還沒有寫出來的祕境就跟世界本身一樣無所不包，只要我們敞開心胸去尋找，就能找到奇觀。

JOSHUA FOER | DYLAN THURAS
喬許・弗爾 | **狄倫・圖拉斯**

Atlas Obscura 共同創辦人

給讀者的話

本書作者與出版社已盡力確保書中資訊的正確性和時效性，儘管如此，受到 COVID-19 全球大流行的影響，部分景點可能暫時或永久關閉。我們強烈建議讀者在旅行之前核實景點的相關資訊細節。書中提供的景點地址和交通指引訊息可能有所變化，GPS 經緯度定位的是景點的大致位置。就算沒有要實際出發，也很推薦搭配使用 Google Earth 線上遊覽實景。如果發現任何過時或不準確的資訊，請聯繫：book@atlasobscura.com。

雖然本書的撰寫及出版是基於冒險精神，但讀者在旅行時應謹慎，自負風險，並遵守當地的法律法規。請注意，本書介紹的部分景點並不對外開放，另有一些景點在參觀前必須獲得相關許可。對於聲稱因本書提供資訊和建議而導致的損失、損傷或壞破，本書作者與相關出版社一概不負責。

10° 20° 30° 40° 50° 60° 70°

N

歐
洲 **Europe**

英國及愛爾蘭	西歐	東歐	北歐
英格蘭|	奧地利|	保加利亞|	丹麥|
愛爾蘭|	比利時|	克羅埃西亞|	芬蘭|
北愛爾蘭|	法國|	捷克|	冰島|
蘇格蘭|	德國|	愛沙尼亞|	挪威|
	希臘|	匈牙利|	瑞典|
	賽普勒斯|	拉脫維亞|	
	義大利|	立陶宛|	
	荷蘭|	北馬其頓|	
	葡萄牙|	波蘭|	
	西班牙|	羅馬尼亞|	
	瑞士|	俄羅斯|	
		塞爾維亞|	
		斯洛伐克|	
		烏克蘭	

56°00'55.0"N——23°25'00.0"E

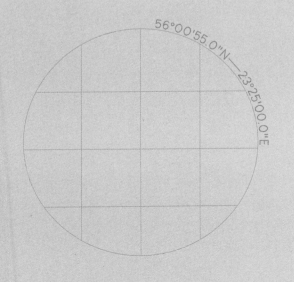

英里 0 ... 50 ... 100
公里 0 ... 50 ... 100

N

蘇格蘭

北海

芬格爾洞窟

大西洋

壽花園

巨人堤道
消失的湖

宇宙思考花園

55°

北愛爾蘭

銀天鵝

愛爾蘭海

基督大教堂的
地窖

普拉西號殘骸

都柏林 ★

帕森城的巨獸

維多利亞道
印度雕塑公園

英格蘭

愛爾蘭

赫里福德大教堂的
鎖鏈書

威爾斯

斯凱利格麥可島

倫敦 ★

莫恩塞爾
海上堡壘

愛爾蘭天空花園

泰晤士河

英國及愛爾蘭

索爾茲伯里大教堂的
機械鐘

威特利
水底舞廳

巨石聲鏡

凱爾特海

暴風雨預測儀

無人島上的奢華海上堡壘

英吉利海峽

50°

ENGLAND
英格蘭

英國及愛爾蘭
Great Britain and Ireland

銀天鵝 THE SILVER SWAN

 這是一架天鵝形狀的自動演奏機，漂浮在由玻璃纖維管做成的湖面上，看起來神祕又栩栩如生。它製造於 1770 年代，利用 3 個發條裝置演奏一段長約 40 秒的音樂，清亮的聲音令人感到平靜。上緊發條後，天鵝會左右轉動脖頸，梳理羽毛，然後低頭將喙伸到湖中叼起一條小魚。

這架天鵝自動演奏機在英國珠寶商詹姆斯・考克斯

● 杜倫，紐蓋特　Durham, Newgate

（James Cox）的機械博物館（Mechanical Museum）首次展出，隨後於 1872 年被鮑斯博物館（Bowes Museum）的創始者約翰・鮑斯（John Bowes）買下。

鮑斯博物館位於紐蓋特，館長會在每天下午 2 點展示天鵝演奏機。博物館距離達靈頓（Darlington）火車站 27.4 公里，從倫敦搭火車車程約 2.5 小時。可在火車站轉乘公車到博物館。N 54.540970 W 1.916023 ➻

➡ 行走、進食、移動的機器

這種能夠像人一樣行動，看起來頗為怪誕的自動化機器人已經存在了幾個世紀，但它們最鼎盛的時期是在 18 和 19 世紀。

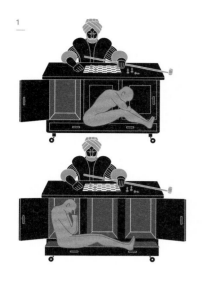

1770 年製造的「土耳其人」（The Turk）是最令人驚豔的其中一個機器人：它的專長是西洋棋，而且它接受任何人的挑戰。這個機器人曾在全球巡迴演出，對手包括拿破崙一世（Napoleon Bonaparte）和班傑明‧富蘭克林（Benjamin Franklin）。「土耳其人」的才智與棋藝讓 19 世紀初的觀眾驚歎連連，也讓懷疑這是騙子戲法的人們沮喪不已。

不過火眼金睛的看官們，包括 1835 年在美國維吉尼亞州見識了「土耳其人」的作家愛倫坡（Edgar Allan Poe），終於發現了它的祕密——原來棋盤下的櫃子裡藏著一位西洋棋大師，他借著燭光在自己的棋盤上記錄棋局，並且操縱槓桿移動「土耳其人」的手臂下棋。一切都是一場精心策畫的騙局。

在「土耳其人」不斷擊敗對手之際，貨真價實的機器人則是「真材實料」取悅了觀眾。1739 年，由雅克‧德沃康松（Jacques de Vaucanson）製造的「會消化的鴨子」（Digesting Duck）能夠撲閃翅膀、轉動頭部，並在進食穀粒後排出糞便。

這隻機器鴨子並不是真的消化了它吃下的穀粒——鴨子的臀部藏有一個儲存糞便的空間，當它吞下的穀粒達到一定的量，糞便就會相應被排出。然而對於想要創造出真正進食機器人的德沃康松來說，這是他達成夢想的第一步。

從 1768 年開始，製錶師皮耶‧雅克德羅（Pierre Jaquet-Droz）和兩個兒子耗費了 6 年的時間，手工打造出「音樂家」（The Musician）、「畫家」（The Draftsman）和「作家」（The Writer）3 個機器偶人，現收藏於瑞士藝術歷史博物館（Museum of Art and History）。女性造型的「音樂家」偶人演奏管風琴，胸膛起伏彷如呼吸，身體也會像熱情洋溢的鋼琴家一樣搖擺。「畫家」和「作家」身著同樣的花邊襯衫、金色緞面馬褲和紅色天鵝絨長袍，分別坐在桌前。當「畫家」繪出 4 種預先設計好的圖案（包括法王路易十五和狗的肖像）其中任一種，「作家」就

會將鵝毛筆蘸上墨水，寫下不超過 40 個字的任意文字。

到了 19 世紀後期，「蒸汽機器人」（Steam Men）風靡一時。掀起這項潮流的是美國紐澤西州的 22 歲發明家查多克‧戴德里克（Zadoc Dederick）。他於 1868 年製造了一個身高 2.36 公尺、頭戴大禮帽、拉著馬車的男性偶人，並在偶人寬闊的胸腔裡安裝了一台蒸汽機，能夠產生足夠的動力推動它一步一步向前走。

加拿大發明家喬治‧莫爾（George Moore）於 1893 年製作的版本則去掉了馬車。他的偶人約 2 公尺高，外型類似中世紀騎士，因為鼻孔連通了排廢氣的管子，走動時看起來就像喘著粗氣一般。偶人身後連接了一個水平的支撐桿，因此它只能繞著圈子走。

「蒂普的老虎」（Tipu's Tiger）則明白地展示了 18 世紀印度人民與英國殖民者之間的仇恨。這個機器造於印度，由曲柄控制，現收藏於英國倫敦的維多利亞與亞伯特博物館（Victoria & Albert Museum）。它刻畫了一隻老虎在撕咬一個無助英國官員的場景。轉動手柄裝置時，官員會「虛弱地」抬起左手保護面部，阻擋襲擊。當官員的手上下擺動，氣流會穿過兩組風箱，其形成的聲音——野獸的咆哮和官員在死亡邊緣掙扎的悲鳴——也讓這場角力的贏家一目了然。

1　「土耳其人」的內部藏著一個操作棋盤的人。

2　「蒂普的老虎」自動裝置展現了永恆的生死瞬間。

毒花園 THE POISON GARDEN

● 諾森伯蘭，安尼克　Northumberland, Alnwick

進入安尼克的毒花園之前，你必須先找到一名嚮導打開黑色鐵門。鐵門上裝飾著白色的骷髏和交叉的骨頭，以及一句令人膽寒的標語：「這些植物足以要你的命。」

16 世紀，梅迪奇家族①在義大利帕多瓦（Padua）的毒花園設下陷阱，使他們的皇室敵人口吐白沫而亡。諾森伯蘭的公爵夫人受此啟發，於 2005 年建造了這座花園，裡頭種的全都是有毒或者有麻醉效果的植物。

公爵夫人珍·珀西（Jane Percy）看起來不像是會出錢建造這種花園的人。1995 年，她丈夫在哥哥去世後意外成為諾森伯蘭的第 12 任公爵，並且繼承了安尼克城堡。當新晉公爵夫人來到這精緻的城堡花園，隨即決定將園中一塊雜草叢生的角落改造成兼具傳統美和危險美的祕境。而今，毒花園坐落於一片面約 56,656 平方公尺的綠地，其間點綴著水上雕塑、櫻桃園、竹林迷宮和一座巨大的樹屋。

這座精心打造的花園裡種有上百株能讓人興奮、中毒、噁心或死亡的植物。嚮導會詳細介紹這些植物的危險性，並要求遊客嚴格遵守「禁止觸摸和嗅聞」的規矩。罌粟花、大麻、致幻蘑菇和致命的馬錢子都屬於外表看似「無害」的綠色植物。鑒於園中植物的危險性（可藉由觸碰致人患病或喪命），部分植物被關在特定的圍欄中，花園裡也安裝了 24 小時運作的保全監視系統。

地址：Denwick Lane, Alnwick。
花園開放時間為每年 2 月至 10 月。
N 55.414098 W 1.700515

1　馬錢子（*Strychnos nux-vomica*）含有番木鱉鹼，會導致嚴重的噁心、口吐白沫、身體痙攣甚至死亡。

2　誤食鈴蘭（*Convallaria majalis*）會導致腹痛、嘔吐、心跳變慢和視力模糊。

3　毒參（*Conium maculatum*），俗稱毒堇，據稱希臘哲學家蘇格拉底就是喝了這種植物的汁液而死。

4　迷幻蘑菇會引發欣快狀態②、時間意識錯亂和幻視。

赫里福德大教堂的鎖鏈書
THE CHAINED BOOKS OF HEREFORD CATHEDRAL

● 赫里福德郡，赫里福德
Herefordshire, Hereford

這座大教堂保存著兩個中世紀的瑰寶：藏有被鎖鏈纏繞的珍稀書籍的圖書館，以及一幅年代相當久遠的手繪世界地圖（Mappa Mundi）。

在中世紀，印刷術發明之前，法律和宗教書籍是十分罕見且極具價值的寶物。為了防止偷盜，這些書籍都被鐵鍊鎖在布道壇或書桌上。

鎖鏈圖書館於 1611 年設立，當時有一批手工抄寫裝訂的書籍被搬移到大教堂內的聖母堂。其中絕大部分書卷的收藏年代可追溯至 12 世紀，最古老的赫里福德福音（Hereford Gospels）據說抄寫於西元 800 年。

另一項珍藏品中世紀世界地圖，上頭描繪了歐洲、亞洲和非洲三大洲，而尚未被探索過的邊緣地帶則有噴射烈焰的龍、吸蘋果香氣維生的狗面人，以及神話中會在日光太強時舉起腳遮陽的獨腳人（Monopod）。地圖繪製的年代大約在 1300 年，大小為 1.5×1.4 公尺，是用來教授地理、歷史和宗教的道具。對製圖者來說，對亞洲和非洲地理資訊的匱乏並未造成阻礙。他們用傳聞、神話和想像力填補了空白，這也解釋了為何地圖上會出現四隻眼睛的衣索比亞人。

地　址：5 College Cloisters, Cathedral Close, Hereford。從倫敦搭 3.5 小時的火車到赫里福德，然後從火車站步行 15 分鐘到達赫里福德大教堂。
N 52.053613 W 2.714945

英格蘭北部的祕境景點還有：

- **斯底特利菱鎂礦場 Steetley Magnesite**
哈特爾浦（Hartlepool）／這座位於北海的廢棄化工廠是一處非常「上鏡」的工業廢墟。

- **貝弗利避難石 Beverley Sanctuary Stones**
貝弗利（Beverley）／這些石座遺跡標示了從前教堂為小偷和匪盜提供的收容所位置，因此石頭所在區域也成為各種罪犯的「避難聖地」。

索爾茲伯里大教堂的機械鐘
MECHANICAL CLOCK AT SALISBURY CATHEDRAL

● 威爾特，索爾茲伯里
Wiltshire, Salisbury

索爾茲伯里大教堂的機械鐘歷史悠久，其年代備受爭議。人們之所以對它的製造時間津津樂道，是因為它若真如鐘錶學家相信的那樣，建造於 1386 年，那麼它就是世界上最古老且仍在使用的鐘。

這座沒有鐘面的時鐘為當時的索爾茲伯里帶來了「標準時間」這項新概念，並且取代了必須根據季節進行調整的日晷①。它能夠每小時打鐘報時，提醒鎮上居民參加教會的社區服務，為人們一天的活動提供可靠的時間。

1928 年，人們在教堂的塔樓上發現這座鐘，並將它拆解修復。雖然機械鐘已經無法再次鳴響，但現在仍像 600 年前一樣走動著，在教堂中殿北廊指示著時間的流逝。

地址：Salisbury Cathedral, 33 The Close, Salisbury。從倫敦滑鐵盧車站搭 90 分鐘的火車到索爾茲伯里，再從火車站步行 10 分鐘即可到達教堂。
N 51.064933 W 1.797677

這個具有 600 年歷史的計時工具，可能是世界上最古老且仍在使用的時鐘。

可預測天氣的「旋轉水蛭」與其說是準確，倒不如說是別致。

暴風雨預測儀
TEMPEST PROGNOSTICATOR

● 德文郡，奧克漢普頓
Devon, Okehampton

外科醫生喬治‧梅里韋瑟（George Merryweather）酷愛水蛭。他認為這種毛骨悚然的蠕蟲擁有人一般敏銳的直覺，能夠體會孤獨的空虛之痛，而且能夠預測天氣。這讓他產生了一個想法——他可以製造一台足以改變氣象學的機器。

1851 年，梅里韋瑟在倫敦世界博覽會上展示了他的「暴風雨預測儀」。他觀察生活在淡水中的水蛭在暴風雨來臨前的騷動並得出結論，製造了一台用水蛭預測天氣的儀器。這個精巧的裝置形似維多利亞時代的旋轉木馬，只不過取代木馬的是 10 幾個玻璃瓶，每個瓶裡裝有一隻水蛭。如果暴風雨即將到來，這些生物會奮力爬到玻璃瓶頂端，觸動連接著中心鈴鐺的金屬線。

雖然梅里韋瑟的觀點十分新奇，但並未受到太多重視。他預想英國政府會在全國推行使用他的「暴風雨預測儀」，但這不過是癡人說夢。然而他的傑出發明還是以複製品的方式保存至今，被展示在德文郡世界氣象博物館（Barometer World Exhibition Museum）的顯著位置。另一件複製品收藏於北約克郡（North Yorkshire）的惠特比博物館（Whitby Museum）。

地址：Quicksilver Barn, Merton, Okehampton。
參觀博物館需事先預約。
N 50.891247 W 4.092396

英格蘭西南部的祕境景點還有：

- **世界最大的溫室花園**
  The World's Largest Greenhouse
  聖奧斯特爾（St. Austell）／「伊甸園計畫」（Eden Project）是由多個巨大圓頂溫室所組成，每一個溫室代表一種氣候帶，總共種植了超過百萬株植物。

- **海利根失樂園 Lost Gardens of Heligan**
  聖奧斯特爾／這座被遺忘的花園擁有 400 多年歷史，裡頭有許多奇異的雕塑。如今終於重見天日，經整頓後重現昔日風采。

- **巫術與魔術博物館**
  The Museum of Witchcraft and Magic
  博斯卡斯爾（Boscastle）／這裡擁有來自世界各地最豐富的超自然和巫術收藏品。

- **移動的屋子 House that Moved**
  艾克斯特（Exeter）／1961 年，為了修建新路，人們架起軌道，將一幢建於 16 世紀、重達 21 噸的都鐸式建築往下坡處移動了 70 公尺。

- **切達人與食人族博物館**
  The Cheddar Man and Cannibals Museum
  切達（Cheddar）／一個介紹英國石器時代人類與食人歷史的博物館。

威特利水底舞廳
WITLEY UNDERWATER BALLROOM

這處占地 3,642 公頃的維多利亞時代地產屬於商人詹姆斯・惠特克・萊特（James Whitaker Wright）。他靠著多年金融詐欺取得的財富，建立了一棟擁有 32 個房間的豪宅，在各方面都極盡奢華。莊園內還有 3 座人工湖，其中一座湖裡藏著一個令人驚嘆的祕密——水底舞廳。

這個水底舞廳建在水面之下，屋頂是玻璃穹頂，上頭是一座宏偉的海神波賽頓雕像，彷彿飄浮在湖面上。人們稱之爲「舞廳」是因爲其圓形屋頂加上富麗堂皇的裝飾，其實這個地方是萊特招待幸運賓客的吸菸室。房間雖然華麗，卻和這座莊園一樣逃不過沒落的命運。

萊特在 1904 年遭到逮捕，因詐欺罪判處 7 年刑期。但他沒有入獄服刑，而是選擇吞下氰化物藥丸結束自己的生命。這片地產後來由建造鐵達尼號的愛爾蘭造船家威廉・裴禮（William Pirrie）買下。1952 年，一場火災燒毀了豪宅，不過古老的舞廳如今仍健在，在覆滿藻類的湖底慢慢鏽蝕。

威特利莊園（Witley Park）屬於私人產業，偶爾允許預約參觀舞廳，但並不對外開放。
N 51.147834 W 0.683197

1

無人島上的奢華海上堡壘
NO MAN'S LAND LUXURY SEA FORT

這座無人島位在英格蘭與懷特島（Isle of Wight）之間，在地圖上顯示爲索倫特海峽（The Solent）中一個微小、無名的點。雖然它的地理位置無足輕重，島上的堡壘卻有一段戲劇化的歷史。

爲了保護英國海岸不受法國入侵，英軍於 19 世紀後期在島上建造堡壘，直徑約 61 公尺，可以容納 80 名士兵和 49 門大炮。然而入侵事件從未發生，這座堡壘被閒置了幾十年，直到了 20 世紀中，英國國防部決定廢棄這座閒置的堡壘。

1963 年，政府出售無人島，但無人競標。到了 1990 年代，堡壘被改造成豪華飯店，興建了兩個直升機停機坪、21 間客房、一座屋頂花園和若干餐廳。中心被水淹沒的部分圍起了玻璃，打造成天井形式的溫水泳池。雖然飯店環境舒適，私密性甚佳，但生意一直沒有起色。

2004 年，地產開發商哈邁許・普尼（Harmesh Pooni）以 600 萬英鎊買下了無人島，想將其作爲特殊租用場地。不幸的是，飯店游泳池的水被汙染，引發了退伍軍人病①。

面對損失財產和失去小島的危機，普尼採取了一個極端的方法：他在直升機停機坪上擺滿了倒置的桌子，並且強行奪取了鑰匙，將自己鎖在堡壘之中。在歷經費時耗日的持久對峙後，他終於在 2009 年初被逐出小島。

2009 年 3 月，無人島以 91 萬英鎊的低價賣給直布羅陀斯旺莫爾房地產有限公司（Gibraltar-based Swanmore Estates Ltd.）。此後，堡壘被改造爲舉辦婚禮和私人活動的出租場地，島上還有三溫暖、歌舞俱樂部，以及原本是軍事彈藥庫的鐳射射擊競技場。

地點：索倫特海峽，位於懷特島以北 2.3 公里處。
N 50.739546 W 1.094995

2

1　浮在這座隱密吸菸室之上的海神雕像。
2　無人島如今變成以鐳射射擊競技場為特色的娛樂場所。

在雷達發明之前，這些巨大的混凝土「耳朵」就是用來監聽附近敵軍的飛機。

巨石聲鏡 GREATSTONE SOUND MIRRORS

● 肯特郡，格雷特斯通
Kent, Greatstone

第一次世界大戰後，英國在英格蘭東南海岸建造了3個龐大的混凝土聲音測位器，用來偵測天空中的飛機引擎聲。這種聲音測位器又稱「聲鏡」（sound mirrors），長得像巨型耳朵，利用聲波反射和聚焦的原理收集英吉利海峽上空的聲音，並且在耳朵中央放上麥克風收音，也可以播放出 15 分鐘的空襲警報。操作員就在旁邊的亭子裡，用耳機監聽發送的信號。這 3 個聲音測位器長得都不太一樣，一個是長約 61 公尺的弧形牆，一個是 9 公尺高的拋物面圓盤，還有一個更小、更淺、只有 6 公尺高的拋物面圓盤。

位在鄧傑內斯國家自然保護區（Dungeness National Nature Reserve），羅姆尼濕地（Romney Marsh）的鄧傑內斯路（Dungeness Road）附近。
N 50.956111 E 0.953889

英格蘭東南部的祕境景點還有：

- **小教堂 The Little Chapel**
根西島（Guernsey）／這是世界上最小的教堂之一，牆上精心貼滿了碎石、鵝卵石、碎瓷片和玻璃碎片。

- **馬蓋特貝殼石窟 The Margate Shell Grotto**
馬蓋特（Margate）／這個不可思議的地下通道於 1835 年被人發現，歷史尚不可考。通道的牆上全部都是由貝殼拼成的神祕圖案。

莫恩塞爾海上堡壘
MAUNSELL ARMY SEA FORTS

● 英格蘭東海岸，泰晤士河口
Thames Estuary

莫恩塞爾軍事堡壘位於倫敦東部的泰晤士河口，如同腳踩高蹺的機器人哨兵立在海中間，鏽跡斑駁，承載著關於第二次世界大戰那段黑暗歲月的記憶。這幾座長得像防空塔的堡壘建於 1942 年，屬於泰晤士河口防禦系統的一部分，用於抵禦德軍的空襲。原本 3 個堡壘的支架上都有 7 幢圍繞中心指揮塔而建的房屋，但現在保存完整的僅有其中兩個——紅沙堡（Red Sands Fort）和飛沙堡（Shivering Sands Fort）。戰爭結束後，這些堡壘也隨之退役。在 1960 年代，海盜電台（pirate-radio）的廣播播報員進駐這些堡壘，並且建立了未經政府批准的電台節目。1966 年，名爲「城市電台」（Radio City）的海盜電台經理雷金納德·卡爾弗特（Reginald Calvert），在與競爭對手「卡洛琳電台」（Radio Caroline）的老闆奧利佛·斯邁德利（Oliver Smedley）的爭執中身亡。次年，英國政府便透過法律，認定這些人的近海廣播是非法行爲，驅逐了「海盜」，堡壘也因此被廢棄。

鑑於這些海上堡壘多已腐朽，我們不建議任何人進入其中。你可以在風和日麗的日子，從舒伯利內斯東海灘（Shoeburyness East Beach）坐船遙望莫恩塞爾軍事堡壘。N 51.475467 E 1.00172

從上方俯瞰，這些堡壘曾經有橋互相連接。

注意：鏽跡斑斑的「外星人」來了！

由西藏頌缽拼湊而成的〈千年曲〉將會在三一浮標碼頭演奏至 2999 年。

〈千年曲〉 LONGPLAYER

● 倫敦 London

如果你上次拜訪倫敦時錯過了〈千年曲〉，別擔心，你還有機會，因為這首作品會在三一浮標碼頭（Trinity Buoy Wharf）年代悠久的燈塔中演奏 1,000 年。〈千年曲〉由六段為西藏頌缽編寫的短曲所構成，音樂家將其重新編排，變化無窮，將會不重複地播放整整一千年：從 1999 年 12 月 31 日開始播放，計畫於 2999 年的最後一秒告終。

這個專案的保管者建立了千年曲信託基金，並且嘗試各種方法以保證音樂在接下來的 10 個世紀，不會因不可避免的科技革新及社會變遷而被中斷。

地址：64 Orchard Place, London。最近的地鐵站為 Canning Town。僅週末對外開放，大家也可以上網站 longplayer.org 收聽。N 51.508514 E 0.008079

倫敦的祕境景點還有：

- 克拉珀姆北站
  地下防空洞
  Clapham North
  Deep-Level Air
  Raid Shelter

  倫敦 / 這個廢棄防空洞建於第二次世界大戰期間，用來抵禦炮彈襲擊。它是倫敦 8 個地下防空洞之中唯一由民營公司買下，現作為水耕農場。

- 消失的
  弗利特河
  The Lost River
  Fleet

  倫敦 / 這條倫敦最大的地下河流現已成為下水道。站在克勒肯維爾區（Clerkenwell）雷伊街（Ray Street）的「車與馬」酒吧（Coach and Horse）前，你還能聽到弗利特河從下水道柵格中流過的聲音。

- 邱吉爾
  作戰指揮室
  The Churchill War
  Rooms

  西敏市（City of Westminster）/ 這處保存完善的地底辦公室是前英國首相邱吉爾（Winston Churchill）與他的內閣對抗希特勒的基地。

- 迷你警察局
  Lilliputian Police
  Station

  特拉法加廣場（Trafalgar Square）/ 此地曾是倫敦最小的警察局，駐有觀察敏銳的員警，負責控制特拉法加廣場上惹事生非的抗議人士。如今變成一座比較美觀的清掃工具櫃。

- 舊手術室博物館
  與藥草閣
  The Old Operating
  Theatre Museum and
  Herb Garret

  南華克市（Southwark）/ 這個歐洲最古老的手術室位於聖湯瑪斯教堂（St. Thomas Church）頂樓，帶有灰塵的蜘蛛網和看似蛻皮的標本，讓它看起來跟 1822 年的模樣相去不遠，只是過少了血淋淋的慘叫病患。

城市
指南

探索更多倫敦景點

哈代樹　　　　　　　　　The Hardy Tree

肯頓鎮（Camden Town）/ 聖潘克拉斯教堂（Saint Pancras Church）的墓園內有一棵梣木，樹根周圍環繞著許多墓碑。這樣的扇形陣列出自小說家湯瑪士·哈代（Thomas Hardy）之手，當時的他只是一個多愁善感的建築系學生，受召照料這座墓地。

安達仕飯店共濟會分會
Masonic Lodge of the Andaz Hotel

東倫敦（East London）/ 奢華的共濟會分會被遺忘在飯店牆後數十年，直到翻修時重見天日，有如偵探小說女王克莉絲蒂（Agatha Christie）書中的場景。

上週二學會的維克多·溫德珍奇博物館
The Last Tuesday Society's Viktor Wynd Museum of Curiosities, Fine Art & Natural History

達斯頓（Dalston）/ 這間博物館、咖啡店兼美術館重新詮釋了 17 世紀的「珍奇屋」（Wunderkabinett）——其中一區是懷舊的維多利亞時代珍奇商店，另外兩區是布滿灰塵的恐怖秀，樓上還有酒吧等著你去喝一杯。

惠康博物館與圖書館
Wellcome Collection & Library

布魯姆斯伯里（Bloomsbury）/ 由製藥企業家暨慈善家亨利·惠康（Henry Wellcome）成立，展出他收藏的醫學珍品，包括拿破崙的牙刷，以及 16 世紀「理髮兼外科醫師」（barber-surgeon）的工作室場景重現。

格蘭特動物學與比較解剖學博物館
Grant Museum of Zoology and Comparative Anatomy

布魯姆斯伯里 / 這是倫敦僅存對大眾開放的動物學博物館，館藏有超過 6 萬種生物，其中一些早已滅絕，還有微生物特展（micrarium）。

搖籃曲工廠　　　　　　　Lullaby Factory

布魯姆斯伯里 / 這個祕密的音樂機器夾在大奧蒙德街醫院 Great Ormond Street Hospital）的兩棟建築物之間，由一整面牆的喇叭、金屬管線和醫院的廢棄鍋爐所組成，定時為醫院裡的孩童放送懷舊的搖籃曲。

新奇自動化裝置　　　Novelty Automation

霍本（Holborn）/ 這些諷刺的新奇遊戲機為你提供各種體驗，例如「如何洗錢」「在變得太老之前買房」和「操作核子反應爐」。

約翰·索恩爵士博物館
Sir John Soane's Museum

霍本 / 建築師約翰·索恩的家是一個豐富的寶庫，裡頭堆滿上千件的收藏品，包括雕像、畫作、書籍和文化器物。

杭特博物館　　　　　　Hunterian Museum

霍本 / 約翰·杭特（John Hunter）也許有點像瘋狂科學家，但也因為這樣才有今天這座解剖博物館。這位非傳統醫師暨科學家收藏了人體各個部位，包括數學家查爾斯·巴貝奇（Charles Babbage）的一半大腦，還有 18 世紀「愛爾蘭巨人」查爾斯·拜恩（Charles Byrne）230 公分的骨架（他可能是收買了殯儀人員才得到這副遺骨）。

老柴郡起司酒吧的鸚鵡
Polly at Ye OldeCheshire Cheese

霍本 / 這間 17 世紀酒吧原是文學家聚集之地，出入者包括狄更斯（Charles Dickens）、丁尼生（Alfred Tennyson）、馬克·吐溫（Mark Twain）和柯南·道爾（Arthur Conan Doyle）。而這隻備受喜愛的鸚鵡標本如今依然懸掛籠中。

第一座公共飲水噴泉
The First Public Drinking Fountain

霍本 / 大都會飲水機及牛隻飲水槽協會在 1859 年建立了倫敦第一座公共飲水噴泉，立刻受到大眾歡迎。

無名英雄紀念坊
Memorial to Heroic Self-Sacrifice

西堤區（City of London）/ 在公園僻靜的角落，藏著一座令人感動嘆息的紀念坊，在一片片彩釉瓷磚上寫著那些英勇的警察、消防員和普通的倫敦市民。他們為了拯救別人，犧牲了自己的生命。

聖保羅大教堂的迴音廊
Whispering Gallery at St. Paul's Cathedral

西堤區 / 由 17 世紀天文學家暨建築師克里斯多福·雷恩（Christopher Wren）設計的聖保羅大教堂穹頂，有個隱藏版的聲學祕密：即使隔著一段距離講話，橫跨整整 42 公尺的空間，依然字字清晰，就像有人在你耳邊低聲密語。

密特拉神殿　　　　　　Temple of Mithras

西堤區 / 曾經盛行於羅馬的密特拉教，其神殿遺跡距離市區金融中心只有幾個街區，讓人想起羅馬倫敦古城（Londinium）。這個神祕的異教在英國數百年歷史上掀起了不少陰謀論。

湯瑪士·哈代排列的墓碑。

倫敦第一家振奮人心咖啡館
London's Original and All-Inspiring Coffee House

西堤區 / 倫敦歷史最悠久的咖啡館，現今依舊為客人提供各式飲品，360 年來始終如一。

不知名倫敦女孩之墓
Tomb of the Unknown London Girl

西堤區 / 人們在「黃瓜大樓」（The Gherkin）原址發現了一具芳齡 1,600 歲的羅馬時代女孩遺骸，現已重新將她安葬於這座現代建築地標的基地之下，以茲紀念。

薛克頓的桅桿瞭望台
Shackleton's Crow's Nest

西堤區 / 南極探險家薛克頓（Ernest Shackleton）最後一艘船的瞭望台，就藏在萬聖教堂（All Hallows-by-the-Tower）的地下室裡。

攝政運河上的船屋
Houseboats of Regent's Canal

萊姆豪斯（Limehouse）/ 這是由一群藝術家和企業家打造的波希米亞社區，從小威尼斯（Little Venice）到萊姆豪斯這段 13 公里的運河上，可以看見許多色彩繽紛的船屋。

海德公園寵物墓地
Hyde Park Pet Cemetery

海德公園（Hyde Park）/ 桃莉、雷克斯和派普西，還有另外 300 多隻維多利亞時代的毛小孩，全都長眠於這個城市最大的公園裡。

蘇活區的七個鼻子　Seven Noses of Soho

蘇活區（Soho）/ 原本有 35 個鼻子雕塑散布在蘇活區大街上，如今要找齊僅存的鼻子可是一大挑戰（沒人知道到底還剩幾個）。這些雕塑出自藝術家瑞克·巴克利（Rick Buckley）之手，這麼做是為了抗議增加數量過多的監視攝影機。這些雕塑分別位在貝特曼街（Bateman Street）、梅德街（Meard Street）、達布雷街（D'Arblay Street）、大風車街（Great Windmill Street）、莎夫茨伯里大道（Shaftesbury Avenue）、恩德街（Endell Street）以及花卉街（Floral Street）。

邊沁的「遺像」 JEREMY BENTHAM'S AUTO ICON ● 倫敦 London

邊沁（Jeremy Bentham）自 1850 年開始就「坐」在倫敦大學學院的走廊裡了。

這位哲學家倡導動物福利、監獄改革、人民普選和同性戀者的權益，他的思想遠遠超越了他所處的時代。他生前在遺囑上詳細記載了要如何處理自己的遺體：他要求後人將他的頭顱和軀幹製成「木乃伊」，遺體必須穿上黑色西裝，正襟危坐在木製陳列櫃的椅子上，頭頂上方還要掛一個牌子，上面寫著「本尊人像」（Auto Icon）。他甚至建議可以帶上他的屍體「主持」功利主義①追隨者的定期會議。

邊沁沉醉於自己的遺體處理計畫，傳聞在他去世前的 10 年間，他始終在口袋裡裝著一對玻璃眼球，以便處理遺體的人可以及時在他死後裝上。可惜當這一天「終於」來臨時，遺體的防腐過程出了問題，導致後來邊沁的頭部變得斑駁不堪，兩頰下陷，皮膚鬆垮地垂在一對耀眼的玻璃藍眼球下。為了讓遺體看起來不那麼詭異，防腐師製作了一個半身蠟顱，將其與邊沁的遺體相連，然後把真正的頭顱放在邊沁的兩腳之間。

邊沁的頭顱就在那裡安靜地「歇息」著，直到 1975 年被一群淘氣的學生「綁架」。學生們向校方要求 100 英鎊的「贖金」並且捐給慈善機構，而學校只願意出 10 英鎊。最後學生們投降，將邊沁的頭顱重新放回他的兩腳之間。後來又出現了幾回惡作劇，其中一次他的頭顯然是被人當成足球踢了。於是學校管理

者決定不再公開展出邊沁的遺體和頭顱。現在它被妥善保存在考古學院（Institute of Archaeology）內，只有偶爾才會「出席」特殊場合。

從格拉夫頓路（Grafton Way）和大學路（University Street）之間的高爾路（Gower Street），經過門房進入倫敦大學學院後，可以看到通往威爾金斯樓（Wilkins Building）南回廊的坡道，邊沁本人就在裡面。
N 51.524686 W 0.134025

在倫敦大學學院的走廊上，久逝的功利主義哲學家看守著自己的頭顱，以免它被當作「紀念品」拿走。

大王烏賊阿奇 ARCHIE THE GIANT SQUID ● 倫敦 London

巨型烏賊經常被人們描繪成海洋中的怪獸。在儒勒・凡爾納（Jules Verne）的科幻小說《海底兩萬里》（20,000 Leagues Under the Sea）中，一隻大王烏賊攻擊船隻，吞掉了一個船員。挪威神話故事中的海怪（kraken）體積龐大，觸手可以盤繞於桅杆的頂端，並且將整艘船撕成碎片——很有可能就是船員們親眼所見的大王烏賊與誇張的想像力結合後的產物。

長居於深海的大王烏賊是出了名的神出鬼沒，這也助長了許多荒誕不經的傳聞。雖然有記載顯示，自 16 世紀開始，人們就零星地目擊到大王烏賊的身影，但直到 2002 年，攝影師才捕捉到牠們在自然棲息地生活的畫面。這樣看來，倫敦自然歷史博物館（The Natural History Museum）珍藏的 8.5 公尺大王烏賊標本更顯得珍貴。這隻大王烏賊於 2004 年在福克蘭群島（Malvinas Islands）的海岸被捕獲，人們以其拉丁學名「Architeuthis dux」的前兩個音節將牠命名為「阿奇」（Archie）。標本現在被保存在一個特製的壓克力槽中。

地點：Natural History Museum, Cromwell Road, London。阿奇被收藏於館內的達爾文精神展館（Darwin Spirit Collection），可以預約特別導覽參觀。N 51.495983 W 0.176372

海格特公墓 HIGHGATE CEMETERY

● 倫敦　London

海格特公墓開放於 1839 年，是倫敦最著名的墓園之一。在這座墓園中安息的人包括哲學家馬克思（Karl Marx，他的墓碑上安放著一個怒目而視的大鬍子肖像，很好辨認）、科幻作家道格拉斯・亞當斯（Douglas Adams），以及知名罪犯亞當・沃斯（Adam Worth，他很有可能就是福爾摩斯的對手莫里亞提教授的靈感來源）。在維多利亞時代，所有人都希望能被安葬在倫敦最風光的海格特公墓。

但隨著時代改變，到了 1940 年代，這座維多利亞墓園已無人看管，曾經一位難求的墓地如今藤蔓遍布。1970 年，某個神祕學組織的成員聲稱在墓地親眼看到了超自然生物。最初關於幽靈的報導逐漸演變為墓園中藏著吸血鬼的傳聞——這裡說的吸血鬼，指的是一位大約在 1800 年安葬於墓園的外西凡尼亞①王子。

當時分屬不同超自然協會的尚恩・曼徹斯特（Seán Manchester）和大衛・法蘭特（David Farrant），兩人都自稱懂得魔法，並且發誓會消滅那個怪物。這兩個競爭對手也互嗆對方是江湖騙子，根本沒有能力找出吸血鬼。剛好，才出版不久的《驅魔人》（The Exorcist）一書激起了大眾對神祕事物的興趣，他們便趁勢將爭執公之於眾，在媒體上宣布於 1970 年 3 月 13 日週五正式展開「吸血鬼狩獵比賽」。比賽開始的那個晚上，一大群人無視警方的攔阻，揮舞著棍子、大蒜、十字架和聖水衝進海格特公墓，場面一度混亂。然而現場這麼多人，卻未有任何一人看到吸血鬼。

在接下來的幾年中，曼徹斯特和法蘭特經常來到墓園，一心希望能用木樁直戳吸血鬼的心臟。雖然兩個魔法師都沒能發現傳說中的吸血鬼，但他們卻在搜查的過程中翻開

各個墓穴，戳穿了貨真價實的屍體，讓安葬於此的遺體身首異處。1974 年，法蘭特因毀壞紀念物和破壞遺體的罪名被判入獄。

法蘭特和曼徹斯特之間的較量一直持續到今日，海格特公墓也成為愛好神祕事件、超自然現象和吸血鬼的人們心目中的「聖地」。

地點：Swain's Lane, London。最近的地鐵站為 Archway，沿著海格特山丘路（Highgate Hill），穿過沃特洛公園（Waterlow Park），步行約 20 分鐘即可到達墓園。
N 51.566927 W 0.147071

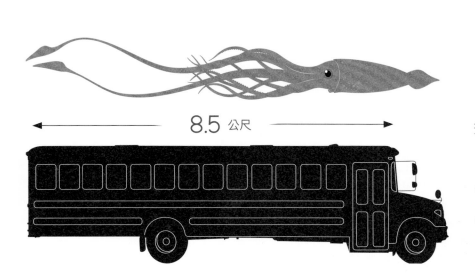

8.5 公尺

1　雜草叢生的墓碑後面是否潛伏著吸血鬼？
2　大王烏賊阿奇於 2004 年被捕獲，現收藏於倫敦自然歷史博物館。牠的身長約等於一輛美式校車。

差分機 2 號 DIFFERENCE ENGINE #2

● 倫敦　London

其實在維多利亞時代，差一點就可以發明出電腦了。由數學家巴貝奇在 1822 年製造的「差分機」（Difference Engine），其概念已經與電腦極為接近。這台由曲柄和齒輪組成的笨重機器能夠製作數學表格，針對人類在複雜運算中出現的錯誤給出「經過深思熟慮」的解決方案。但它的體形過大，製作工藝相當複雜，造價昂貴。在政府提供的資金支援下，巴貝奇雇用了機械師約瑟夫・克萊門特（Joseph Clement）。但 10 年後，經過多次激烈的討價還價，克萊門特僅造出了原設計的一小部分實體。

面對實際條件的限制和不愉快的工作環境，巴貝奇沒有退縮，轉而著手進行「差分機 2 號」的計畫。這個改良後的版本重 5 噸，寬約 3.4 公尺，由 5,000 個零件組成。然而這個設計最終也未能成功。1871 年，巴貝奇去世，留下了一疊疊的筆記及草稿。他的設計已超越了當時的製造能力。

1985 年，巴貝奇逝世的一個多世紀後，倫敦科學博物館宣布了一項計畫，將根據巴貝奇設計的草圖，並且利用 19 世紀的材料建造一台機器。差分機 2 號終於有機會面世。1991 年，製造團隊完成了機器運算功能的部分，這一年恰好也是巴貝奇 200 年的誕辰。機器運行得毫無瑕疵，這項成果再次確立了巴貝奇在電腦歷史上應得的地位。

人們於 2002 年在差分機上加裝了列印設備，現在連同巴貝奇的一半大腦一起於博物館展出。他的另一半大腦則收藏在倫敦的亨特博物館（Hunterian Museum）。

地點：Science Museum, Exhibition Road, London。
N 51.497261 W 0.176753

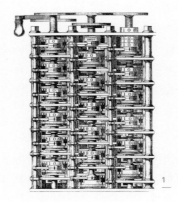

IRELAND
愛爾蘭

維多利亞道印度雕塑公園
VICTORIA'S WAY INDIAN SCULPTURE PARK

● 威克洛，朗德伍德
Wicklow, Roundwood

這座占地約 89,030 平方公尺的公園裡有眾多形態各異的雕像，包括一座瘦骨嶙峋的佛像、一根與身體脫離的巨大手指，以及將自己撕成兩半、代表「非正常人類精神狀態」的「分裂人」。維克托・朗赫爾德（Victor Langheld）某次在前往印度尋求靈性啟蒙的旅途中受到啟發，回國之後於 1989 年建造了這座公園。園中的一系列雕塑由印度南部泰米爾納德邦（Tamil Nadu）的工匠用石頭雕刻而成，代表著精神從「覺醒」（一個從老朽的拳頭中誕生的嬰兒）變為「擺渡者的終點」（一位面如死灰的老人坐在一半已經被湖水淹沒的船中）的過程。

從都柏林駕車到印度雕塑公園需要 45 分鐘。公園開放季節為 5 月至 9 月。園內空間潮濕，請穿著適當的服裝。
N 53.085765 W 6.219654

1　在維多利亞時代由巴貝奇設計的「電腦」，如今證實可以運作。

2　印度雕塑公園中瘦骨嶙峋的「擺渡者」，讓人思考死亡的意義。

普拉西號殘骸 RUINS OF THE MV PLASSEY

● 高威，伊尼希爾島　Galway, Inisheer

普拉西號（Plassey）原為英國皇家海軍的軍用拖網船，後來被愛爾蘭商船公司買下改作貨船。如今朽壞的軀殼停泊在伊尼希爾島海岸邊的石頭上超過半個世紀之久，船身早已鏽蝕不堪。

1960年3月8日的清晨，貨船普拉西號載著紗線、彩色玻璃和威士忌橫渡大西洋，不幸在途中遭遇猛烈的風暴。狂風將船隻推向伊尼希爾島的方向，並且把船底撕開了一個裂口，海水隨即灌入輪機艙。

島上的居民利用褲型救生圈（一種類似於高空滑鎖的救生裝置）從冰冷的海水中救出了全部共11名船員，不僅為他們取暖，還提供當地生產的威士忌來平複船員們的心情。沒過多久，另一場暴風雨就將普拉西號推到了伊尼希爾島的岩石海岸。當地人從船上搶救出羊毛、木材和建築用的門，並且偷偷拿走了藏在密室裡的「黑白蘇格蘭威士忌」（Black & White scotch）。

現在，船上的東西早已被洗劫一空，這具布滿孔洞的古銅色的殘骸，在灰色岩石、蔥郁野草及湛藍天空的映襯下顯得古怪又迷人。

殘骸位於伊尼希爾島東海岸，克拉古拉（Killagoola）南邊。可搭乘從杜林（Doolin）出發的渡船前往殘骸所在之處。N 53.055816 W 9.503730

遍體鱗傷的普拉西號早已無法航行。

帕森城的巨獸
LEVIATHAN OF PARSONSTOWN

● 奧法利郡，比爾　Offaly, Birr

愛爾蘭的第三任羅斯伯爵①威廉·帕森斯（William Parsons）於1840年代建造了高達17.7公尺的望遠鏡，用來觀測他認為是「星雲」的天文現象。當時的望遠鏡構造還不夠精密，無法顯示鏡頭照到的「星雲」實際上是各種天文物體的集合，包括星團、星系，以及由氣體和塵埃構成的星雲。透過1.8公尺口徑的巨大鏡頭，帕森斯望遠鏡將太陽系的更多細節呈現於人們眼前。然而直到1920年代，天文學家哈伯（Edwin Hubble）才發現，當初帕森斯望遠鏡照到的部分看似模糊的物體其實是星系。

帕森斯發明的反射望遠鏡被稱為「帕森城的巨獸」②，在隨後長達75年間，它都是世界上體積最龐大的反射望遠鏡。羅斯伯爵去世後，由他的兒子接手照顧這座望遠鏡。不過自1878年他的兒子也去世之後，望遠鏡便無人看管，並於1908年被拆卸。後來

在第七任也是現任羅斯伯爵的努力下，望遠鏡得以在1990年代末重新組裝，而且還安裝了新的鏡片和發動機。現在人們可以參觀重建後的「巨獸」，並且在附設的科學中心了解它的運作原理。

望遠鏡位在比爾城堡（Birr Castle），距離都柏林約2小時的車程，距離香農機場（Shannon Airport）或高威約1小時車程。N 53.097071 W 7.917438

「巨獸」外觀像具大炮，其實是用來觀星的望遠鏡。

愛爾蘭天空花園 IRISH SKY GARDEN

這個奇妙的圓丘由美國當代藝術家特瑞爾（James Turrell）於 1992 年設計，是一件無與倫比的公共藝術作品。長滿青草的巨大坑洞中央有個顯眼的石頭基座，令人聯想到古代凱爾特人（Celt）或埃及人的祭壇。基座微微向兩端傾斜，邊緣各有一個腳踏處，讓人們可以躺在上面望向坑洞的邊緣。從這個位置能看到綠草和天空，營造出一種獨特的寧靜體驗，讓人想起過去的儀式和古代的祭典。

天空花園位於利斯雅德莊園（Liss Ard estate），剛好

● 科克郡，斯基柏林　County Cork, Skibbereen

此地在古代曾有一座凱爾特環形堡壘；在愛爾蘭語中，「利斯雅德」指的就是「高堡壘」的意思。儘管天空花園是具有醒目後現代造型美感的當代藝術作品，仍舊完美地化身為兩個世界之間的橋梁，替當地增色不少。

地址：Liss Ard Estate, Castletownshend Road Skibbereen, County Cork。花園只有在每年 5 月及 6 月的特定日子開放，參觀者必須在接待處取得鑰匙，並支付些許入場費用。N 51.528405 W 9.254247

斯凱利格麥可島 SKELLIG MICHAEL

在 7 世紀時，一群吃苦耐勞的修道士避居到這個布滿岩石的崎嶇小島——斯凱利格麥可島。

「斯凱利格」（skellig）源自於愛爾蘭語 sceillic，意思是「陡峭的岩石」。這座島距離凱里郡海岸約 13 公里，島上天氣經常是風雨交加，要登上 217.6 公尺的高峰格外凶險。

儘管環境嚴苛，一群愛爾蘭基督徒下定決心在島上建立與世隔絕的修道院，而且在 1,400 年後依然屹立不倒。修道士用石頭搭建了數百階的樓梯，通往斯凱利格麥可島的最高峰，在那裡建立了 6 間蜂窩狀的石頭

● 凱里郡，斯凱利格群島　Kerry, The Skelligs

小屋和一座小禮拜堂。他們靠捕魚與海鳥維生，還有修道院園子裡種的蔬菜。他們在 9 世紀時撐過多次維京海盜的劫掠，一直在島上待到 12 世紀末，才因為過於頻繁的暴風雨而撤回本土。

攀爬 670 階不平整的陡峭階梯，既是體能上的挑戰，也是心理上的鍛鍊。到達頂峰後就能進入修道士的小屋，想像 7 世紀時的嚴苛苦行修道生活。

每年 4 月到 9 月有船從波特馬吉（Portmagee）前往島上，航程約 90 分鐘，但天氣好才有開船。
N 51.772080 W 10.538858

在斯凱利格麥可島的崎嶇頂峰上，由中世紀的修道士所建造的蜂窩狀小屋依舊屹立不搖。

在愛爾蘭最大的教堂地窖裡有一對著名的貓與老鼠的木乃伊，當地人稱之為「湯姆貓與傑利鼠」。

基督大教堂的地窖
● 都柏林　Dublin
THE CRYPTS AT CHRIST CHURCH CATHEDRAL

1030 年，都柏林的維京統治者用木頭建造了最初的基督大教堂（Christ Church Cathedral）。1171 年，諾曼人（Normans）入侵都柏林，拆毀了教堂，然後用石頭新建了一座擁有巨大地窖的教堂。當時都柏林的大主教勞倫斯・奧圖爾（Laurence O'Toole）監督了重建工程。1225 年，奧圖爾被封為都柏林的聖徒，他的心臟也隨之被妥善保存在大教堂的一個心形聖物箱裡。直到 2012 年 3 月，兩個小偷撬開了聖物箱，盜走了心臟。愛爾蘭警方懷疑此事是某個走私犀牛角的盜賊團所為，但並未逮捕到任何嫌犯。心臟至今仍下落不明。

丟失心臟讓教堂痛心不已，但值得安慰的是，地窖裡的其他稀世珍寶安然無恙。這些寶物包括 1670 年製作的一系列刑具，曾在公開場合用來懲罰不法之徒，以及一塊大理石製的紀念碑，上面雕刻著 1833 年去

世的愛爾蘭政治家奈森尼爾・斯內德（Nathaniel Sneyd）的一生。紀念碑一側的文字描述奈森尼爾「死於一個抑鬱瘋人的無端暴力之下」，換句話說，他是被槍殺的。

地窖裡最非比尋常的收藏品是貓和老鼠的乾屍，它們的姿勢說明了這兩隻小動物在追逐中死去。根據教堂的傳說，在 1850 年代的某一天，這隻貓追著老鼠鑽進了教堂管風琴的其中一根管子裡，結果牠們兩個都被卡住了，就這樣死在裡頭。作家詹姆斯・喬伊斯（James Joyce）在《芬尼根的守靈夜》（*Finnegan's Wake*）中，用這兩隻小動物比喻某人「如同那隻在基督教堂管風琴中追逐老鼠的貓一樣無法動彈」。

Christchurch Pl, Wood Quay, Dublin。
N 53.343517 W 6.271057

愛爾蘭的祕境景點還有：

• 日晷日曆
The Calendar Sundial

高威 / 一座依照幾千年前的方式製作，且能精準顯示時間與日期的現代日晷。

• 聖米尚的木乃伊
St. Michan's Mummies

都柏林 / 順著燈光昏暗的石階逐級而下，可以看見聖米尚教堂（St. Michan Church）的地下室裡保存著幾十具木乃伊，其中一具是有 800 年歷史的天主教徒，遊客甚至可以觸摸它的手指。

• 蘭貝島的小袋鼠
Wallabies of Lambay

蘭貝島（Lambay Island）/ 小袋鼠從都柏林動物園轉移到蘭貝島後，已經以島為家 25 年之久。雖然距離家鄉 16,000 公里遠，但好在牠們適應得還不錯。

NORTHERN IRELAND
北愛爾蘭

消失的湖 THE VANISHING LAKE

● 安特里姆郡，巴利城堡鎮　Antrim, Ballycastle

海濱小鎮巴利城堡鎮東部的沿海公路旁有一片湖——嗯，有時候有一片湖。當你到達此處時，它可能已經消失了，但還會再次出現。

洛哈利馬（Loughareema）又以「消失的湖」而被眾人所知。湖底是孔隙豐富的石灰岩，而這些孔隙就像排水口一樣會聚集淤泥。每當淤泥堵塞，便會積水成湖水；當湖面上升到一定程度，巨大的水壓將湖底的孔隙疏通，湖水又會因此而乾涸——有時候只要幾個小時，整個湖就會「消失」不見。

地點：巴利城堡鎮，巴利派翠克森林（Ballypatrick Forest）旁的洛哈利馬路（Loughareema Road）。從貝爾法斯特（Belfast）搭乘公車到達湖邊需要 2 小時。請做好心理準備，不知道迎接你的會是乾涸的湖床，還是廣闊的湖面，抑或是介於兩者之間的景色呢？
N 55.157084 W 6.108058

位在巴利城堡鎮的湖還沒有消失時的模樣。

巨人堤道 GIANT'S CAUSEWAY

● 安特里姆郡，波希米爾　Antrim, Bushmills

巨人堤道由上萬個緊密排列的六方形石柱構成，如同台階一般矗立在海岸邊。雖然看起來像是人為建造的，事實上是百分之百渾然天成的地質奇觀。

大約在 6,500 萬至 2,300 萬年前，古近紀初期的火山活動使得玄武岩熔岩流與白堊紀時期沉積的地層相遇，形成一片熔岩高原，創造出此一非比尋常的構造。當熔岩快速冷卻，高原表面收縮並且裂開，形成 4 萬多個高低不一的六方形岩柱，其中最大一塊岩柱高約 11 公尺。

不過在當地傳說中，堤道是由一個名叫芬·麥克庫爾（Fionn mac Cumhaill）的愛爾蘭巨人建造，好讓他能直接走到蘇格蘭，打敗對手貝南多那（Benandonner）。結果芬在前往蘇格蘭的路上睡著了，而已經準備好的貝南多那主動穿越堤道來尋找這個對手。為了保護睡著的丈夫，芬的妻子用布將他裹了起來，偽裝成一個嬰兒。當貝南多那歷盡千辛底達北愛爾蘭，見到這個「巨嬰」後大吃一驚。貝南多那不敢想像長大的芬將會是多麼龐大，於是他趕緊逃回蘇格蘭，摧毀了身後的堤道，剩下的就是我們今天所看到的部分。

地址：44 Causeway Road, Bushmills。從貝爾法斯特開車抵達巨人堤道需要1小時，搭乘公車則需3小時，但後者的沿途景色更美。
N 55.233276 W 6.516690

北愛爾蘭的祕境景點還有：

● **鐘樓裡的 56 號滑板場**
　Skate 56 at the Belfry
紐卡斯爾（Newcastle）／由教堂改造的室內滑板場，遊客可以自由參觀。

● **和平迷宮 Peace Maze**
卡斯爾韋蘭（Castlewellan）／世界上占地最廣的樹籬迷宮之一，為慶祝北愛爾蘭和平而建。

由六方形玄武岩柱形成的「巨人堤道」，
其名稱源自凱爾特神話。

SCOTLAND
蘇格蘭

芬格爾洞窟 FINGAL'S CAVE

● 阿蓋爾比特，歐本　Argyll and Bute, Oban

芬格爾洞窟深 82 公尺、高 22 公尺，是由無數個完美的六方形岩柱所「圍」成的海蝕洞，彷彿史詩神話中的場景。據凱爾特神話①的描述，洞窟及其周邊的岩石原是跨海大橋的一部分，巨人們建造了石橋以便相互戰鬥。科學研究則顯示，這些形態奇特的岩石是由大量熔岩冷卻而成。冷卻後的熔岩裂成了多個細長的六方形岩柱，如同驕陽曝曬下龜裂的泥土。

1772 年，博物學家約瑟夫・班克斯（Joseph Banks）爵士發現了洞窟。從此這個神祕的岩洞成為人們的想像力源泉，激發了藝術家、作家和音樂家的靈感。例如

作曲家孟德爾頌（Felix Mendelssohn）根據此地的旅遊經驗，於 1830 年創作了序曲〈芬格爾洞窟〉；同年，畫家透納（J. M. W. Turner）也在畫布上描繪了芬格爾洞窟的壯麗美景。於是，一處浪漫主義時期②的熱門旅遊地景點應運而生，如今依舊令人神往。

從格拉斯哥（Glasgow）搭乘火車至歐本，接著乘渡船到馬爾島（Isle of Mull）的克雷格紐爾（Craignure），轉乘坐公車到菲昂福特（Fionnphort）後，遊客可乘遊船沿著斯塔法島（Staffa）觀賞洞窟。
N 56.431643 W 6.341363

已有多位藝術家從洞窟中獲得靈感，包括法國作家儒勒・凡爾納，以及英國搖滾樂團平克佛洛伊德（Pink Floyd）。

蘇格蘭的祕境景點還有：

- 聖伯多祿廢墟
  The Ruins of St. Peter's

卡德羅斯（Cardross）/ 由龐大建築骨架搭建出具現代主義設計感的神學院，於 1966 年完工，但是在 1980 年代即被廢棄。

- 耶斯特城堡
  Yester Castle

東洛錫安，吉福德（East Lothian, Gifford）/ 打開廢墟城堡的大門，沿著走廊進入「哥布林③的大廳」（Goblin Hall）——建於 13 世紀，是蘇格蘭現存唯一結構完整的拱頂地窖。

- 鄧莫爾「鳳梨」
  The Dunmore Pineapple

斯特靈郡（Stirlingshire）/ 鄧莫爾公園裡有一座建於 18 世紀晚期的房子，屋頂形似大鳳梨，象徵好客和富足。現在「鳳梨」作為度假屋開放出租。

- 愛丁堡城堡的愛犬墓園
  Dog Cemetery at Edinburgh Castle

愛丁堡（Edinburgh）/ 這裡是蘇格蘭衛隊的忠誠伴侶最後的安息之所。訪客不能進入，但可從城堡上方觀看。

- 灰衣修士教堂墓地的屍籠
  Greyfriars Cemetery Mortsafes

愛丁堡 / 墓園中有許多 19 世紀的墳地安裝了金屬籠，用來阻止當時投機取巧的盜屍者挖墓掘屍。

- 荷里路德修道院廢墟
  Holyrood Abbey Ruins

愛丁堡 / 這座已成廢墟的 12 世紀修道院由蘇格蘭國王大衛一世（King David I）建造。

- 不列顛尼亞音樂廳
  Britannia Music Hall

格拉斯哥（Glasgow）/ 世界上現存的最古老的音樂廳。

- 戰俘集中營
  Cultybraggan Camp

伯斯（Perth）/ 此處曾關押最殘暴的納粹戰犯。

- 蘇格蘭祕密地堡
  Scotland's Secret Bunker

聖安德魯斯（St. Andrews）/ 這座地堡是為了庇護蘇格蘭的政客和重要人物躲避核武攻擊而搭建。

這片土地上藏有解開生命與宇宙之謎的鑰匙。

宇宙思考花園
GARDEN OF COSMIC SPECULATION

● 鄧弗里斯加洛韋，霍利伍德
Dumfries and Galloway, Holywood

黑洞、費氏數列、碎形（fractals）和 DNA 雙螺旋結構，全都隱藏在宇宙思考花園的水仙與雛菊花叢中。建築理論家查理斯・詹克斯（Charles Jencks）與妻子瑪姬・凱瑟克（Maggie Keswick），在他們自己的土地上設計了一座面積約 12 萬平方公尺的花園。花園以現代物理學的基礎爲美學宗旨，用形狀和圖案反映出演化中的宇宙。這座花園於 1988 年開始施工，耗時近 20 年才完成。在此期間，瑪姬不幸因癌症離世。詹克斯懷著對妻子的回憶繼建造這座花園，偶爾也會根據科學的進展與突破修改設計方案。例如以人類基因組工程爲靈感的 DNA 花園，園中可見由植物纏繞形成的雙螺旋結構。

霍利伍德位於鄧弗里斯以北 8 公里處。花園由「蘇格蘭花園計畫」（Scotland's Gardens Scheme）管理，一年之中僅在 5 月第一週的其中一天對外開放，門票將捐贈給以詹克斯亡妻命名的瑪姬中心（Maggie's Center）癌症基金會。N 55.129780 W 3.665830

北海

丹麥

俄羅斯

波蘭

電子淑女
螢光樂園

阿姆斯特丹

微生物博物館

英格蘭

被刺穿的鵲

艾辛加
行星儀

惡魔山間諜站

羊角村

千年野薔薇

柏林

泰勒博物館

阿姆斯特丹

荷蘭

星星之石

庫格穆格爾共和國

海牙

世界語博物館

維也納

韋威爾斯堡的
城堡

布魯塞爾

埃本埃澤塔

弗雷卡佛洞穴

德國

英吉利海峽

世界館

比利時

捷克

斯洛伐克

盧森堡

拉莫夫的
低陷路

卡斯帕·豪澤紀念雕像

巴黎

維也納

勒內·沙隆的
腐朽之身

艾斯巴赫城市衝浪

卻柏的傳訊塔

太空旅行
博物館

聖徒蒙蒂提亞的
珠寶骨架

海布倫宮的惡作劇噴泉

冰巨人之國

鼠王

法國

貝桑松大教堂的
天文鐘

布魯諾韋伯
雕塑公園

美人畫廊

匈牙利

奧地利

伯恩

聖加侖修道院
圖書館

青蛙博物館

食童噴泉

瑞士

斯洛維
尼雅

博爾戈小徑

格拉訥河畔的
奧拉杜爾鎮

韋基大宅

利奧教宗
的浴室

煉獄聖潔
靈魂博物館

理想宮

達曼胡爾地下神廟

波韋利亞島

帕多瓦大學的
木頭書

羅馬

義大利

動物學與
自然史博物館

世界上最大的
太陽能爐

伽利略的中指

亞得里亞海

安道爾

白露里治奧

怪物花園

西班牙

羅馬

情色祕櫥

蒂勒尼安海

地中海

N

印度洋

英里 0   100   200

公里 0   100   200

嘉布遣會地下墓穴

西歐

希臘及賽普勒斯請見第 48 頁
葡萄牙及西班牙請見第 66 頁

馬爾他

阿爾及利亞

突尼西亞

AUSTRIA
奧地利

西歐
Western Europe

庫格穆格爾共和國 REPUBLIC OF KUGELMUGEL

● 維也納　Vienna

庫格穆格爾共和國是全世界眾多「袖珍國家」（micronation）其中之一。這些私人國家往往是立基於藝術作品、社會實驗，或單純只是個人娛樂，並沒有被各國政府承認。

藝術家愛德溫·利普伯格（Edwin Lipburger）受到創作欲望驅使，於 1970 年和兒子一起在自家農地上打造了一個球型工作室。他們並不知道當地法律禁止興建球型結構，為了保護自己的創作不被拆除，利普伯格父子創立了自己的庫格穆格爾鎮區，建築物周圍還有自製的路標。後來法律爭端擴大，利普伯格試圖宣告該建築物為自主聯邦國家——庫格穆格爾共和國——甚至發行了自己的郵票及貨幣，並且拒絕繳稅。利普伯格最後在 1979 年時被判入獄服刑 10 週，後來得到奧地利總統特赦。

1980 年代初，奧地利的文化部長提議將庫格穆格爾移到維也納的普拉特公園（Prater Park）。利普伯格父子同意了，條件是要有自來水、電力和排水管，不過這些設施一直沒有實現，導致他們與維也納市政府之間一直爭端不斷。

利普伯格在 2015 年去世，他兒子繼任了共和國總統一職。這棟建築如今成為美術館，可舉行展覽及表

演。這個自豪的「袖珍國家」共計約有 600 位非居住公民，儘管它的空間無法同時容納全部的人。

地址：2 Antifaschismusplatz, Vienna。可搭乘前往韋內迪格（Venediger Au）的公車。庫格穆格爾位於維也納著名的普拉特公園內，這個大型公共公園裡有各式各樣的設施，還曾經出現在英國導演卡洛李（Carol Reed）的經典電影《黑獄亡魂》（The Third Man）中。庫格穆格爾位在公園西側雲霄飛車的旁邊。

N 48.216234 E 16.396221 ➡➡

1　這個球型國家內部有個博物館，展出這個袖珍國家的歷史。
2　庫格穆格爾這個袖珍國家的成立，是為了保護藝術家的作品免於拆除的命運。

➡ 世界其他袖珍「國家」

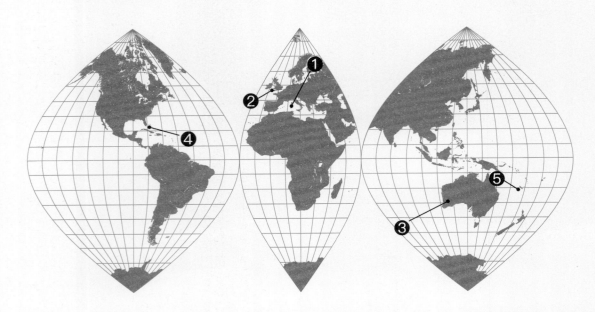

1 萊頓尼亞，尼米斯
Ladonia, Nimis

尼米斯是一個形如山丘的高塔式雕塑，由 70 噸的浮木木板製成，是袖珍國家萊頓尼亞的主要景點，也是萊頓尼亞存在的唯一原因。這個面積約為 1.7 平方公里的「國家」位於瑞典南邊，向卡特加特海峽（Kattegat）延伸的半島之上。藝術家拉斯·維爾克斯（Lars Vilks）在與瑞典政府經過長時間的法庭論戰後，最終決定在 1996 年成立了這個袖珍國家。從 1980 年開始，維爾克斯就獨自在自然保護區內建造尼米斯。

由於該地人跡罕至，只能從海上看到其全景，整整兩年後瑞典政府才注意到尼米斯的存在，並且下令拆除（因為該自然保護區禁止建造任何建築物）。維爾克斯無視政府的通告，將尼米斯賣給了藝術家克里斯托（Cristo），並且另建了一座大小相近的混凝土雕塑，命名為「阿克斯」（Arx）。為了維護自己的創作，維爾克斯決心將這一塊區域與瑞典分割，萊頓尼亞由此誕生。

如今萊頓尼亞宣稱擁有 15,000 名「公民」，他們都居住在「國界」之外，與這個「國家」推崇的遊牧生活方式相當契合。「國籍」申請是免費的，只需要在網上填寫申請表。但如果你想成為萊頓尼亞的貴族，則需要支付 12 美元，並向「當局」發送一封電子郵件說明你中意的封號。

萊頓尼亞的「國旗」為綠色，上面繪製了淡淡的白色北歐十字輪廓。這個設計被選中的原因是「藍黃兩色的瑞典國旗被煮過之後就會變成這個樣子」。萊頓尼亞需要交稅，但是不收錢，而是要「公民」貢獻自己的創造力。萊頓尼亞曾經收到 3,000 多名巴基斯坦難民的「移民」申請，希望居住在萊頓尼亞，最後細當然被告知這是不可能的事。

雖然萊頓尼亞禁止居住，但仍然歡迎遊客來訪。

② 西蘭公國
The Principality of Sealand

西蘭公國成立於 1967 年，當時羅伊・貝茨（Roy Bates）強占了一個位於英格蘭東海岸附近的前海上軍事堡壘，並計畫以此作爲電台據點放送廣播。當英國皇家海軍逼近堡壘時，羅伊 14 歲的兒子麥克向船開了幾槍以示警告，於是貝茨父子被傳令上法庭受審。但在法庭上，法官以堡壘位於英國領海之外爲由認定案件不成立。隨後父子兩人返回西蘭，羅伊則自封爲這個新興袖珍國家的「陛下」。

1978 年，在羅伊與妻子停留英格蘭期間，自稱是西蘭「首相」的亞歷山大・阿亨巴赫（Alexander Achenbach）組織了一隊人馬從海上和空中包圍西蘭，意圖發動「政變」。他活捉了「王子」麥克，將其劫爲人質。這時羅伊帶著全副武裝的助手搭直升機及時趕回國，機長曾是 007 電影主角的專屬替身演員。最後阿亨巴赫等人被逮捕。羅伊控告阿亨巴赫「叛國」，並將他關押了幾週，直到德國派外交官來談判才將其釋放。後來爲了和羅伊針鋒相對，阿亨巴赫建立了一個小到不能再小的「流亡政府」。

③ 赫特河公國
The Principality of Hutt River

1969 年末，澳洲政府設定了小麥的生產配額，這讓麥農李奧納多・凱斯利（Leonard Casley）憤怒不已。整片田地的麥子等著收割，然而豐碩的收成卻無處交付，於是他與政府據理力爭，試圖改變這項新頒布的農業政策，但政府不爲所動。因此，凱斯利「有邏輯地」採取了下一步行動——將田地從澳洲獨立出來。

1970 年 4 月，凱斯利建立了「赫特河公國」，並且告知當局，他與家人將不再受澳洲的管轄。他在短短一張紙的聲明上還特別提及了《自由大憲章》（Magna Carta）、英國普通法（English Common Law）和《聯合國憲章》（Charter of the United Nations）等國際法條。

1970 年代，赫特河公國與西澳劍拔弩張。郵局拒絕服務「公國」所在地，稅務局再三要求凱斯利繳稅，逼得這位「李奧納多親王」於 1977 年向澳洲宣戰。幾天之後，「親王」發出了一封正式通知，單方面宣告「戰爭」結束，無人員傷亡，而澳洲政府則從未承認有過這一回事。

海螺共和國的「護照」無法用於國際旅行。

④ 海螺共和國
Conch Republic

「在別人獨立失敗的地方，我們成功了。」這是位於美國佛羅里達州西礁島（Key West）的袖珍國格言①。1982 年，新建的邊境巡防關卡讓居民苦不堪言，也影響了旅遊業的效益，於是當地居民決定宣布成立海螺共和國。「獨立」之後不久，海螺共和國與美國進行了「長」達一分鐘的「戰爭」。新任海螺共和國「首相」丹尼斯・沃德洛（Dennis Wardlow）用一塊早已經不新鮮的麵包重擊了一位身著海軍制服的人的頭部。隨後這位「首相」立刻投降，並請求美國給予 10 億美元的外匯援助。當然，他至今未收到這筆錢。

儘管海螺共和國的「護照」在國際旅行時無效，但這個袖珍國家的網站聲稱，一位國民在瓜地馬拉旅遊時，因向武裝革命軍出示了海螺共和國的護照而非美國護照，所以免於一死。據稱革命軍還放下武器，邀請這位遊客喝了幾輪龍舌蘭酒。

⑤ 密涅瓦共和國
Republic of Minerva

美國拉斯維加斯的房地產大亨麥可・奧利佛（Michael Oliver）夢想擁有一個烏托邦島國：一個可供 3,000 人居住，零稅收、零福利、無政府干預的「天堂」，國家依靠漁業、旅遊業及其他包括近海公司和銀行業等「未詳細說明的活動」爲生。

奧利佛瞄準位於斐濟（Fiji）南部和東加（Tonga）兩處無人認領的水下環礁，作爲「烏托邦」的預定地。國際相關法律規定，只有在漲潮期間露出水面 30 公分的島嶼才能被宣示主權。這兩座環礁在漲潮期間完全淹沒於海平面之下，因此一直無主。1971 年，奧利佛在珊瑚礁上傾倒了大量由駁船運送的沙子，並且對外宣示「主權」，將珊瑚礁命名爲「密涅瓦共和國」。

這個大膽的「殖民行動」很快引起了東加國王陶法阿豪・圖普四世（Tāufaʻāhau Tupou IV）的注意。他帶領貴族、內閣長官、士兵、員警及一支軍樂隊駛向密涅瓦，毀掉了其「國旗」，並宣稱該地自此歸東加所有。

世界語博物館 ESPERANTO MUSEUM

● 維也納　Vienna

1870 年代，柴門霍夫（Ludwig Lazarus Zamenhof）發明了世界語（Esperanto），好讓來自不同國家的人更易交流。世界語混合了羅曼語系、日爾曼語系和斯拉夫語系，與其他五百多種「人造語言」或「人工語言」一起被收錄在這座博物館中，以供研究。展示品項包括一系列令人印象深刻的「世界語物品」——印有世界語標籤的罐裝汽水和牙膏、用世界語寫的小說、語言指導手冊，還有拍攝於 19 世紀的世界語先驅者照片。

在世界語的巔峰時期，使用者多達 200 萬人。在現存的 6,000 多種語言中，世界語的使用人數位居前 200 名之列。

根據估算，以世界語為母語者約有 1,000 人。這些人自小學習世界語，美國金融家索羅斯（George Soros）就是其中之一。

如果這座博物館激發了你學習世界語的興趣，可以記住以下這一點：當你能夠熟練使用世界語，即可成為「世界語通行服務者」，在世界各地招待其他世界語通行服務者，或免費在其他服務者家中做客。

在第二次世界大戰前夕，世界語學家仍夢想用一種語言統一世界。

地址：Herrengasse 9, Vienna。
最近的地鐵站為 Herrengasse。
N 48.209474 E 16.365771 ➡

➡ 如何用道本語表達「瘋狂」

人們從 13 世紀起發明了 900 多種人工語言，其中一些語言的誕生伴隨著成為世界通用語言的野心，例如世界語和沃拉普克語（Volapük）。另一些語言則是為了驗證飽受爭議的「語言相對論」（Sapir-Whorf hypothesis）而被創造出來的。此一理論認為一個人的世界觀和思考模式受其所使用語言的詞彙和句法所塑造。

Kala（魚）

Kasi（葉）

2001 年，加拿大語言學家桑雅・艾倫・基薩（Sonja Elen Kisa）以極簡抽象派藝術風格發明了道本語（Toki Pona）。這門語言僅由 123 個單詞組成，以反映禪宗的生活觀。道本語用簡單的單詞合成複雜的詞，例如表達「瘋狂」和「水」的單詞組合在一起就成了「酒」。道本語的兩大特徵——有限的詞彙和詞根的組合——也出現於「新語」（Newspeak）中，即喬治・歐威爾（George Orwell）在其反烏托邦小說《1984》中創造的虛構語言。拉丹語（L´aadan）是美國科幻作家蘇澤特・哈登・埃爾金（Suzette Haden Elgin）對一條女權假說的實驗性回應，該假說認為現存的語言不足以傳

達女性廣博的經驗。這門創造於 1982 年的語言含有諸如「radiidin」這樣的單詞，其定義為「本應是假期卻因為工作或籌備某事的負擔太大而變得令人恐懼的日子，尤其是客人太多卻沒有一個人幫忙的時候」。

自 1820 年代起，法國作家兼作曲家法藍索瓦・敘德爾（Fran çois Sudre）潛心創造索來索語（Solresol），其語法、音節和詞彙由 7 個音符組成，分別與音符「do」「re」「mi」「fa」「so」「la」和「si」相對應。比如「si」表示「是」，而「dofalado」則表示「真摯」。索來索語的詞彙量為 2,668 個。

由於其基本音節與音符相對應，所以可以使用任意一種樂器演奏索來索語

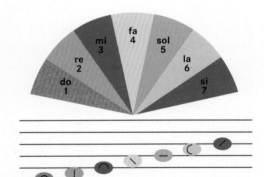

索來索語可透過小提琴演奏，可以用一系列數字來表達，也可以用彩虹的顏色來進行交流。

的訊息。每一個音節也與彩虹的七色相應。1902 年，波萊斯拉斯・加耶夫斯基（Boleslas Gajewski）在其所著的索來索語文法書中提出，轉述索來索語時可以「在夜晚發射七彩的焰火，根據語意在音節間稍作停頓，而後在兩個單詞之間暫停片刻」。

當古老的噴泉口衝出水柱，嚇得遊客花容失色，彷彿還能聽到微風吹來了主教鬼魂的咯咯笑聲。

海布倫宮的惡作劇噴泉
TRICK FOUNTAINS OF HELLBRUNN PALACE

● 薩爾斯堡　Salzburg

薩爾斯堡的大主教馬庫斯‧西蒂庫斯（Markus Sittikus von Hohenems）酷愛惡作劇，在 17 世紀建造避暑勝地海布倫宮時，他在花園中設下了陷阱——毫不知情的遊客來到花園參觀時，會被突如其來的噴泉「襲擊」。每座噴泉旁都有一小塊地面永遠是乾的，主教會站在那裡欣賞他的訪客全身濕透的狼狽模樣。

400 多年過去，這座宮殿幾乎毫無變化，只有在 1750 年加建了一座機械化劇場——由水力驅動的巴洛克式小鎮立體模型，其中的 200 個迷你「居民」會隨著管風琴的旋律移動。

地址：Fürstenweg 37, Salzburg。海布倫宮對外開放時間為 4 月至 11 月初。請注意，參觀時會被淋濕。
N 47.762355 E 13.060191

奧地利的祕境景點還有：

● **埃根堡停屍房 Eggenburg Charnel**
埃根堡（Eggenburg）/ 在這個 14 世紀的洞穴底部「躺」著一堆被擺放得極具藝術感的骷髏。

● **富金村 Fucking**
富金村 / 第二次世界大戰即將結束之時，美國大兵發現了這個名字十分「幽默」的歐洲小鎮。被戲稱為「富金人」（Fuckinger）的小鎮居民從此必須忍受成群結隊的遊客在他們的路牌前擺姿勢照相、亂塗亂畫，甚至偷走路牌。

● **藝術家之屋 House of Artists**
古金（Gugging）/ 這裡是精神疾病患者之家，所有的牆上都貼著畫布，好讓病人直接表現自己的挫敗、恐懼和期待的情緒。

● **弗朗茲‧格塞爾曼的世界機器 Franz Gsellmann's Weltmaschine**
卡姆（Kam）/ 一位未受過任何專業訓練的農民，創造出了一台龐大的「世界機器」。這個機器有各種顏色鮮豔的旋轉、纏繞和轉動構造，內部有貢多拉小船、木琴、迷你風車、太空船模型和一個氧氣罐。

● **迷你世界 Minimundus**
克拉根福（Klagenfurt）/「迷你世界」主題公園裡擺滿了以 1：25 等比縮小的世界著名建築模型。

● **克雷姆斯明斯特氣象觀測台 Kremsmunster Observatory**
克雷姆斯明斯特（Kremsmunster）/ 這座觀測台已經運作了 250 年之久，它的前身是建於 8 世紀的修道院，隨後於 1750 年代被改造成了一個五層樓高的「數學塔」，現被則用於研究自然科學。

● **多姆博物館的藝術珍寶館 Dom Museum's Kunst und Wunderkammer**
薩爾斯堡 / 珍寶館裡頭這些複製與修復的精美古玩，曾是大主教沃爾夫‧迪特里希（Wolf Dietrich）的收藏品。

● **史塔肯柏格啤酒度假村 Starkenberger Beer Resort**
史塔肯柏格（Starkenberg）/ 喜歡拉格啤酒的人終於可以「沉浸」在啤酒中了！度假村有 7 個 4 公尺深的啤酒泳池，每個泳池灌滿了 23,000 公升的啤酒。度假村另有冰鎮啤酒供人飲用。

冰巨人之國 WORLD OF THE ICE GIANTS

● 薩爾斯堡，韋爾芬　Salzburg, Werfen

「冰巨人之國」（Eisriesenwelt）是世界上最大的自然冰洞，從洞口到底部大約 42 公里。洞穴內部布滿天然的冰柱和形狀彎曲冰，這是融化的雪水從外部順著裂縫流入洞窟後，遇冷凝固的結果。

冰窟內部裝有耀眼的鎂光燈，照亮了冰塊的形狀與結構，使整個場景更為夢幻。

地址：Getreidegasse 21, Werfen。冰洞位在薩爾斯堡以南 40.3 公里處，每年 5 月至 10 月開放給遊客參觀。即使在夏天，洞窟內的溫度也低於冰點，入內參觀請記得攜帶保暖衣物。N 47.503263 E 13.190215

嚮導手上的油燈照亮了全球最大的冰窟。

BELGIUM
比利時

埃本埃澤塔 TOWER OF EBEN-EZER

● 列日，巴桑日　Liège, Bassenge

這座七層石塔頂部立有 4 座雕塑，包括長了翅膀的公牛、獅子、老鷹和一個「斯芬克斯」①。石塔看似建於中世紀時期，但據傳言其實是近代建造的。石匠羅伯特・加爾塞特（Robert Garcet）自 1951 年起獨自建造這座塔，耗費了十多年的心血，將其視為象徵和平與追求學問的圖騰。

加爾塞特醉心於研究《聖經》、數學命理與遠古時代的文明，當他在設計這座建築時，尺寸的選擇也具有象徵意義。塔樓高 33 公尺（代表耶穌受難時的年齡），塔頂安置了四座雕塑（對應著天啟四騎士），此外每一層樓的樓面長 12 公尺、寬 12 公尺（表示耶穌的十二門徒）。

塔樓內部的牆壁上掛滿了加爾塞特的藝術作品，作品主題從天啟、《聖經》到白堊紀恐龍都有。沿著旋轉樓梯來到塔頂，置身於展翅的雕塑之間，眼前即是比利時鄉村的旖旎風光。

地址：4690 Eben-Emael, Bassenge。從布魯塞爾（Brussels）搭乘火車到巴桑日需要 2 小時左右。N 50.776294 E 5.649509

這座塔樓的每一磚每一瓦，完全由加爾塞特親手搭建而成，其靈感來自《聖經》和遠古文明。

世界館 MUNDANEUM

● 埃諾，蒙斯　Hainaut, Mons

世界館是一項野心勃勃的浩大工程，而且這還是比較委婉的說法。比利時律師保羅・奧特萊（Paul Otlet）和諾貝爾和平獎得主亨利・拉方丹（Henri La Fontaine）於 1910 年發起這項計畫，目標是利用大小為 8×13 公分的索引卡歸檔人類所有的知識。他們設想這些卡片將收藏在建築師柯比意（Le Corbusier）設計的「世界之城」（World City），成為人類知識的核心，而「世界之城」的圖書館、博物館和大學也將成為全世界的靈感之源。

用有限的紙片清晰地概述世界歷史是一項艱巨的任務。為了應對此一問題，奧特萊發明了「通用十進位圖書分類法」。在接下來的幾十年內，參與此計畫的人數越來越多，這些人製作並歸檔了 1,200 萬張涵蓋書籍與期刊內容的索引卡。在積累了大量的知識財富後，奧特萊開始提供付費檢索服務，每年約收到 1,500 個來自世界各地的郵件和電話申請。

隨著知識量的增加，這些索引卡片變得越來越笨重。1934 年，奧特萊希望將這些資訊轉移至另一種媒介，透過他稱為「電子望遠鏡」的全球網路系統創建機械化資料緩衝儲存器。然而比利時政府對這個想法並無熱情也不打算援助，令他大感失望。由於第二次世界大戰逼近，世界館被轉移到另一個更小的地點，並在多年後因資金不足而停止運作。當納粹入侵比利時，軍隊摧毀了幾千箱索引卡，甚至在牆上懸掛了以「第三帝國」①為主題的藝術品，成為「壓倒駱駝的最後一根稻草」。

1944 年，奧特萊去世。他的世界館和「世界之城」只剩下回憶。如今他被眾人認為是資訊科學領域的先驅，而他的全球檢索計畫即為全球資訊網（World Wide Web，也就是 WWW）的前身。

世界館遺留下來的書籍、海報、文件及存放原始索引卡的櫥櫃，現在均收藏在蒙斯的世界館博物館（Musée Mundaneum），開放給大眾參觀。

地址：76, rue de Nimy, Mons。從蒙斯火車站步行 15 分鐘即可到達世界館。N 50.457674 E 3.955428

在 20 世紀初存儲了 1,200 萬張索引卡的世界館，可說是現在資訊網路的構想與原型。

弗雷卡佛洞穴
THE GROTTOES OF FOLX-LES-CAVES

● 瓦隆布拉班特，奧爾普若什
Walloon Brabant, Orp-Jauche

沿著狹窄的樓梯逐級而下，在弗雷卡佛鎮（Folx-les-Caves）地下 15 公尺處，有一個面積約 60,703 平方公尺的人工洞穴。其歷史可追溯至羅馬時代或中世紀，構造為凝灰岩或壓實後的火山灰雕刻而成。1886年，農民們開始在寒冷、陰暗的洞穴內種植蘑菇，這些真菌一直存活到了今日。在成為蘑菇養殖場之前，洞穴曾是盜匪潛逃時的避難所。石壁上鐫刻的人名和單字（在噴漆罐誕生之前的塗鴉），說明這裡曾有人居住。其中最著名的人物是皮耶·科隆（Pierre Colon），一個 18 世紀劫富濟貧的大盜。他入獄的時候，他的妻子偷偷將銼刀藏在蛋糕裡交給了他，讓他用這種現今看起來很老套的方法成功越獄。每年 10月初，弗雷卡佛鎮都會舉行慶典，用音樂、舞蹈和美食來紀念這位大盜傳奇的一生。

地址：35, rue Auguste Baccus, Orp-Jauche。奧爾普若什位在布魯塞爾東部，距離約 1 小時車程。
N 50.666657 E 4.941099

比利時的祕境景點還有：

● **勒穆尚岩洞**
  Caves of Remouchamps

艾瓦耶（Aywaille）/ 遊客可以乘坐全程約 90 分鐘的渡船參觀全世界最長的地下河，幸運的話還能看到半透明的蝦。

● **普朗坦莫雷圖斯印刷博物館**
  Plantin-Moretus Museum of Printing

安特衛普（Antwerp）/ 這座博物館原為 16 世紀的出版社，不僅擁有目前現存最古老的兩台印刷機、一本《古騰堡聖經》（Gutenberg Bible），還有全世界唯一的第一套加拉蒙字體（Garamond）字模複製品。

● **原子塔 Atomium**

布魯塞爾 / 原子塔建於 1958 年布魯塞爾世界博覽會，以圓球體和鋼管構成鐵的晶體結構。遊客登上這座被放大了 1,650 億倍的「晶體」，布魯塞爾的美景一覽無遺。

● **樂器博物館**
  The Musical Instrument Museum

布魯塞爾 / 這座夢幻的三層建築展出了 1,500 多件五花八門的樂器，收藏品包括世界上第一台可即興創作的自動化樂器。

● **吉斯蘭醫生博物館**
  Museum Dr. Guislain

根特（Gent）/ 博物館位於一座仍在營運中的精神病醫院內，展出內容融合了藝術與教學，旨在向民眾傳授精神疾病的照護知識。

FRANCE
法國

拉莫夫的低陷路 HOLLOW AT LA MEAUFFE

● 諾曼第，拉莫夫　Normandy, La Meauffe

低陷路從地面上看起來就像是深壕溝，其實是數百年來的交通往返磨出來的通道。在歐洲，這類下陷小路多半可以追溯到羅馬時代，最早甚至可到鐵器時代。這些深凹下陷的道路是經年累月的腳步、車輪、動物蹄踏，自然而然在軟土上形成的。水沖刷過這些溪谷般的路堤，進一步把這些小路沖蝕成圓弧的溝渠，比地面下陷多達 6 公尺。某些地方的低陷路兩側長滿樹木，樹枝向上延伸交會，形成樹蔭，讓低陷路看起來就像是一條穿越濃密綠林的隧道。

諾曼第一帶的田野經常被成排的灌木樹籬和低陷路劃分成一塊一塊的，當地稱這種景觀為「波卡吉」（bocage）。二次世界大戰期間，拉莫夫這些類似壕溝的低陷路形成了防守的優勢，加上樹籬為德軍提供了完美的掩護，導致美軍進攻時傷亡慘重。美國士兵因此稱拉莫夫這種道路為「死亡谷路」。

拉莫夫的低陷路位於城鎮南緣的主要道路旁。
N 49.174619 W 1.112959

許多走在低陷路上的人並不知道自己正循著古代的足跡行走。

格拉訥河畔的奧拉杜爾鎮
ORADOUR-SUR-GLANE

● 利穆贊　Limousin

奧拉杜爾這座小鎮自 1944 年起變成一片廢墟，燒焦坍塌的房屋中遺了 70 年前居民的生活用品。帶有燃燒痕跡的車殼、縫紉機、床架、嬰兒車的骨架，靜靜地躺在廢墟中，伴隨著天氣變換與時間流逝。1944 年 6 月 10 日，納粹黨衛軍懷疑奧拉杜爾鎮上有反抗活動，突襲了小鎮，並且將所有居民聚集到村莊的廣場。黨衛軍隨後將男人們押至安裝了機槍的穀倉和棚屋中，把女人和小孩鎖到教堂內，然後一把火點燃了教堂。所有試圖從窗戶逃生的人都被亂槍打死。

僅僅幾小時，黨衛軍就屠殺了奧拉杜爾鎮的 642 個居民。當他們心滿意足地離開時，還不忘點燃鎮上的每一間房屋。

第二次世界大戰結束之時，法國總統戴高樂（Charles de Gaulle）宣布，奧拉杜爾新鎮將在原址旁邊重建，而原址將以廢墟的形式保存下來，警醒世人戰爭的殘酷。除了新增標誌牌、展示板及一座紀念館之外，這座「鬼鎮」原封未動。小鎮入口標誌牌上用法語寫著「銘記」（Souviens-Toi）一詞。

從利摩日（Limoges）駕車向西行至格拉訥河畔奧拉杜爾約 30 分鐘。每

1

年的 6 月 10 日，廢墟教堂會擺放花圈，悼念屠殺的犧牲者。
N 45.929160 E 1.035522

卻柏的傳訊塔
CHAPPE OPTICAL TELEGRAPH

● 下萊茵，薩韋爾納
Bas-Rhin, Saverne

法國大革命期間，資訊需要被迅速傳至全國各地，而當時克勞德·卻柏（Claude Chappe）發明的傳訊塔絕對可以勝任這一項要務。

1791 年，卻柏在香榭麗舍大道上首次展示他的一系列石造傳訊塔。每座石塔頂端裝配了高 3 公尺的長桿，以及長 4.3 公尺、可繞軸旋轉的橫梁，而兩座石塔之間的距離大約在眼力所及的範圍。他還創造了一個由 9,999 個單詞組成的信號系統，每個字都可以藉由擺動橫梁的固定位置來表示。若由訓練有素的操作員來發送訊息，一則訊息能夠在 2 分鐘內被傳遞至 241.4 公里外的地方。

法國軍隊注意到這項發明的價值，於是在巴黎、敦克爾克（Dunkirk）和史特拉斯堡（Strasbourg）三地之間架設了一條傳訊塔路線。十年之內，這些傳訊路線在法國境內交錯縱橫。1799 年，拿破崙初掌權之時，隨即用傳訊塔發布了一則訊息——「巴黎寧靜祥和，良民知足常樂」。位在薩韋爾納的侯恩城堡（Château des Rohan）旁的傳訊塔為斯特拉斯堡線路的一部分，在 1798 至 1852 年間仍然持續運作，並於 1998 年被修復。該塔是現在少數仍可參觀的其中一座傳訊中繼站。

侯恩城堡位在薩韋爾恩的戴高樂廣場（place du Général de Gaulle），從薩韋爾恩火車站步行只需要 5 分鐘。N 48.742222 E 7.363333

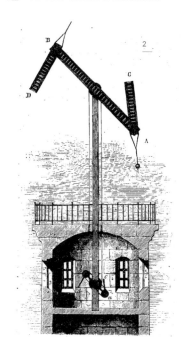

1　小鎮遺跡在這 70 餘年間一直維持著災難發生當時的模樣。
2　卻柏發明的信號系統：字母和數字對應橫梁位置的示意圖。

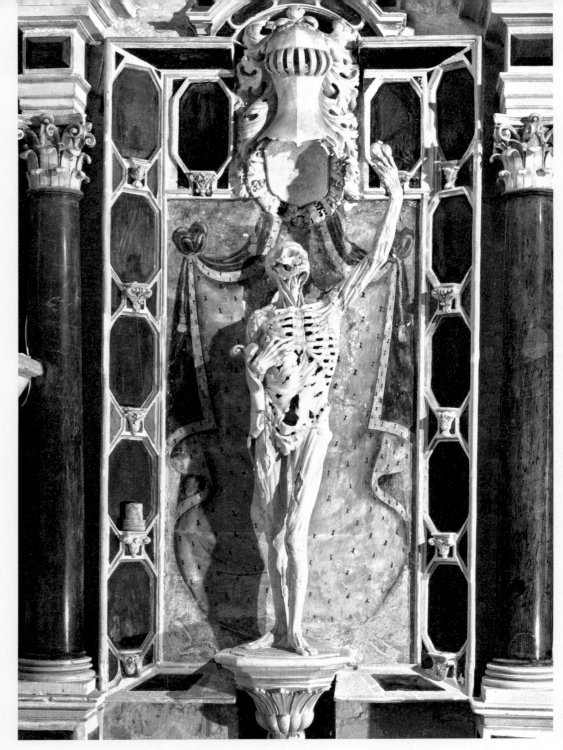

何內的腐屍雕像曾高舉著自己的風乾心臟。

勒內‧沙隆的腐朽之身
THE ROTTING BODY OF RENÉ DE CHALON

● 洛林，巴勒迪克
Lorraine, Bar-le-Duc

巴勒迪克的聖埃蒂安大教堂（Saint-Étienne Cathedral）中安放了一座表現屍體腐爛模樣的雕塑，清晰可見的「肌肉組織」和一片片「肌膚」在空蕩蕩的「人體骨架」上搖搖欲墜，頭骨則望向高舉的左手。據說左手原本握有 16 世紀奧朗奇王子何內（René de Chalon）被風乾的心臟（早已於法國大革命時期遺失）。

這座真人大小的雕像是米開朗基羅的學生雕塑家李奇爾（Ligier Richier）的創作，採用文藝復興時期的「分解」藝術形式，用岩石雕刻腐爛的人體，寓意肉身的短暫及來世的永恆。

聖埃蒂安大教堂位在巴勒迪克的聖皮爾廣場（place Saint-Pierre），從巴黎搭乘火車需 2.5 小時。
N 48.768206 E 5.159390

貝桑松大教堂的天文鐘也
許是史上最複雜的鐘錶裝
置。

貝桑松大教堂的天文鐘
THE ASTRONOMICAL CLOCK OF BESANÇON CATHEDRAL

● 弗朗什—孔泰，貝桑松
Franche-Comté, Besançon

貝桑松大教堂位於 19 世紀法國「鐘錶製造之都」的中心，內有一座高約 5.8 公尺，由 3 萬多個零件組成的鐘。這座鐘是現存最複雜的鐘錶器械之一，於 1860 年裝配完成，能夠顯示全球 17 個地區的時間、法國 8 個港口的潮汐時間與高度、1 個包含閏年的萬年曆，以及日出和日落的時間。

地址：Besançon Cathedral, rue du Chapitre, Besançon。從火車總站出發可散步至大教堂。
N 47.237829 E 6.024054

法國的祕境景點還有：

● 橡樹小教堂 **The Chapel Oak**

阿魯威勒貝爾佛思（Allouville-Bellefosse） ／ 在這棵目前已知法國樹齡最高的樹幹中有一座迷你教堂。

● 機械龍之鐘
Mechanical Dragon Clock

布盧瓦（Blois） ／ 一條巨大的金色機械龍每天定時從別墅冒出來，如同巨型咕咕鐘一樣，向魔術師兼自動器械製造師讓歐仁・羅貝爾烏丹（Jean-Eugène Robert-Houdin）致敬。

● 皮卡斯耶特之家
La Maison Picassiette

沙特爾（Chartres） ／ 一個墓園清掃工人建造了這座貼滿了馬賽克的房子。

● 聖博內堡大教堂 **Collégiale de Saint- Bonnet-le-Château**

聖博內堡（Saint-Bonnet-le-Château） ／ 1837 年，人們打開這座中世紀教堂的地窖，發現了 30 具已經自然風乾的屍體，死者應該是 1562 年被新教領袖謀殺的天主教貴族。

● 聖奧迪勒山祕道 **Secret Passages of Mont Sainte-Odile**

奧特羅（Ottrott） ／ 在這座構築了圍牆的古修道院裡有一條無人知曉的祕密通道，一直被神祕的偷書賊光顧。

● 杜奧蒙公墓 **Douaumont Ossuary**

杜奧蒙（Douaumont） ／ 這個公墓裡埋葬了近 13 萬名死於第一次世界大戰的軍人。

狩獵與自然博物館
MUSÉE DE LA CHASSE ET DE LA NATURE

● 巴黎　Paris

狩獵與自然博物館的建築爲 17 世紀的蓋奈葛宅邸（Hôtel de Guénégaud），裡頭收藏了動物標本、保存良好的古老狩獵工具，還有以打獵爲主題的藝術品。其中一間展廳展出收納了各種獵物的大木製玻璃櫃，每隻動物的腳印、銅製的排泄物模型、自然棲息地的說明以及人類爲其創作的詩作，都被隱祕地收藏於櫃子的抽屜中。二樓的其中一間展廳的天花板布滿了 5 隻貓頭鷹的羽毛和頭。

參觀者可以從擺滿了世界各地動物標本的眾多戲劇化展廳中，試著尋找一件與眾不同的「標本」，一個加裝了電子機械使其可以搖晃，甚至操著一口完美法語的白化野豬頭部模型。

地址：62, rue des Archives, Paris。可搭乘地鐵 11 號線，在地鐵 Rambuteau 站下車。
N 48.861520 E 2.358626

途鴉、苔蘚和廢棄的鐵軌在巴黎郊區形成一條環狀的隱密景點。

環線鐵路 PETITE CEINTURE

● 巴黎　Paris

被稱爲「小環線」的巴黎環線鐵路連接了分屬於不同鐵路公司的 5 個主要火車站，在 1862 至 1934 年間搭載著城市中來去的遊人。進入 20 世紀後，巴黎腹地和地鐵系統的擴張使得環線鐵路最終被時代淘汰。

如今，大體保存完好的橋梁、隧道和鐵路隱藏在遠離都市中心的社區及街道後方，部分路段被噴滿了色彩明豔的街頭塗鴉藝術，雜草與野花在鐵軌間肆意生長，融合了悠然的田園風光與城市生活的粗糙質感，呈現出了一種奇妙的景致。

環線鐵路目前仍歸法國國家鐵路（SNCF）所有，沿著鐵軌漫步基本上是違法行爲。儘管如此，無惡意的「城市探險」並不會讓你惹上麻煩（此處僅代表作者觀點）。有興趣的人不妨遊覽歐特伊門站（Porte d'Auteuil）和米埃特站（Gare de la Muette）中間那段鐵路，這片區域在 2008 年被劃爲自然景觀道，開放大眾參觀。

進入環線鐵路的地鐵入口有很多個，從 Balard、Porte de Vincennes、Porte Dorée 或 Buttes Chaumont 這幾站進入，能夠欣賞到最美的風景。
N 48.878281 E 2.381183

熱帶農業公園廢墟
RUINS OF LE JARDIN D'AGRONOMIE TROPICALE

● 巴黎　Paris

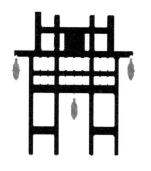

1907 年，為了因應巴黎殖民博覽會（Colonial Exposition），人們在文森森林（Bois de Vincennes）的邊緣搭建了一系列臨時展台和人造村落。每個展台展示著來自法國各殖民地的食物、植物、農產品和其他物產，每個村子也依據亞洲或非洲殖民地的模樣而建。遊客甚至不需要憑藉想像力就能了解遙遠地方的人們是如何生活的，因為正如植物一樣，當地的「人」也被運到博覽會現場展出。

原本居住在中南半島、馬達加斯加、剛果、蘇丹和北非的人們來到了巴黎，整個夏天在人工搭建的「異國」場景中生活。他們身著戲服，為好奇的觀眾又唱又跳。遊客絡繹不絕，大家都想參觀這座「人類動物園」。

天氣轉涼後，這些居民回到了殖民地的家，會場也日漸荒涼。這片土地原本歸法國政府所有，直到 2007 年被巴黎市買下之後才重新對外開放。

園區內保留了 5 個村落，但建築已近乎坍塌，現在被圍欄圈起來，禁止遊客進入。花草樹木在荒廢的建築中恣意生長，溫室裡無人照顧的植物已經腐爛。從僅存的幾處建築遺址，例如中式牌坊，仍可窺見當年博覽會炫耀殖民擴張「榮耀」的殘跡。

地址：45, avenue de la Belle-Gabrielle, Paris。
從 Nogent-sur-Marne 的火車站出發，步行 10 分鐘即可到達園區。N 48.834812 E 2.468426 ➤➤

➤➤ 被展出的人

1906 年 9 月，參觀紐約布朗克斯動物園（Bronx Zoo）的遊客對猿猴館新展出的哺乳動物驚訝不已。這隻「動物」從比屬剛果（剛果的舊稱）進口，身高約 1.5 公尺，重 46.7 公斤，名字叫做奧塔・本加（Ota Benga）。人群爭相觀看他面露尖牙與「籠友」——一隻鸚鵡和一隻猩猩——玩耍。動物園之前從未展出過這個物種。因為奧塔・本加是一個「人」。

公開將人類當作籠中動物展示，是殖民者炫耀殖民成果的一種方式。散發異域風情的土著被當作鮮活的「紀念品」帶離家鄉，隨後在世界博覽會和狂歡節上，甚至最怪誕誇張地，在動物園中演出他們日常生活的虛假版本。安排這些展覽和表演的人對表演者本身與其文化背景毫不在意，他們只希望創造出一個讓人震撼驚歎的舞台，造成轟動，賺取門票。1882 年，加拿大劇場經理羅伯特・坎寧罕（Robert Cunningham）來到澳洲，為馬戲團經紀人巴納姆（P. T. Barnum）的「野蠻部落」巡迴表演招募演員。坎寧罕從 7 個不同的部落選出了 9 名男女，每個部落的人都使用不同的語言，而這 9 人中只有 2 人會說英語。

在宣傳單上，這些表演者被描述為「丟擲迴旋鏢且有紋身的黑色食人族」。他們在美洲和歐洲的馬戲團上日夜不休地又唱又跳，還模擬戰鬥。不到 2 年內，9 人之中有 5 人死亡。

薩拉・巴爾曼（Sarah Baartman）的遭遇案例尤其令人不安，顯示了 19 世紀歐洲對所謂「原始人」的狂熱。1810 年，這名生活在南非的科伊桑族（Khoisan）女性被英國醫生威廉・鄧洛普（William Dunlop）說服，跟他回了倫敦。結果鄧洛普把全裸的薩拉關在籠子裡展出，命令她行走、坐下或起立，以便觀眾可以觀察她碩大的臀部與生殖器官。人類學家用她的身體比例作為「白種人是最高級人種」的證據。被稱為「霍屯督的維納斯」

奧塔・本加

（Hottentot Venus）的薩拉年僅 26 歲便香消玉殞。

那麼本加呢？來自各界（尤其是非裔美籍政治人物）的投訴，讓動物園不得不釋放了他。然而擺脫了獸籠並不意味著幸福。本加在孤兒院待了一段時間後，戴上了牙套走進校園，而後進入了一家莎草工廠工作。第一次世界大戰爆發摧毀了他返回剛果的夢。無法回家的痛苦讓本加咬斷牙套，舉槍自盡，年僅 32 歲。

戴羅勒動物標本館 DEYROLLE TAXIDERMY

● 巴黎 Paris

自 1881 年開業以來，這間在古董木櫃和玻璃罐展出來自異國的動物、昆蟲標本及各種相關收藏的小店，成為巴黎必去的一處景點。

2007 年，一場大火將店裡的許多收藏化為灰燼。在世界各地藝術家與收藏家的傾力幫助之下，小店得以重新營業。如今店內的動物標本從家貓到北極熊應有盡有，被擺放在 19 世紀的裝飾品之間。雖然店內珍稀動物的標本為非賣品，但絕大多數的標本接受預約出租，你還是可以租一隻獅子為派對助興。

地址：46, rue du Bac, Paris。遊客可搭乘地鐵 12 號線，至 Rue du Bac 站下車。N 48.856444 E 2.326564

來自世界各地的「動物代表」齊聚在這個靜止的「動物園」之中。

探索更多巴黎景點

阿爾戈潛艦　Argonaute Submarine

第 19 區 / 1958 年，太空時代才剛開始，讓法軍最自豪的現代潛艇艦也從這一年開始啟用，靜悄悄地在黑暗的海洋中巡航。阿爾戈潛艦於 1982 年除役，並於 1989 年改建為博物館。

愛之牆　The "I Love You" Wall

克里昂庫（Clignancourt） / 位於蒙馬特（Montmartre）的這面牆上，貼了 612 片鈷藍色的薄板並點綴幾片紅色碎塊表示破碎的心，還有 250 種語言的「我愛你」。

盧克索電影院　Le Louxor Palais du Cinema

第 10 區 / 該電影院為時髦的埃及復興式建築，靈感來自 1917 年由蒂達·巴拉（Theda Bara）主演的電影《埃及豔后》（Cleopatra）。這應該是巴黎現存最古老的電影殿堂，廢棄數十年後於 2013 年修復，重現往日光彩。

蒙梭公園　Parc Monceau

歐洲區（L'Europe） / 由沙特爾公爵（Duke of Chartres）在 18 世紀興建的田園幻想遺跡，當時不僅有荷蘭風車和義大利葡萄園，甚至還有駱駝等不尋常的動物，讓這座英式庭園變成充滿娛樂的幻想花園。

基督教青年會以及世界最古老的籃球場　UCJG and the World's Oldest Basketball Court

第 9 區 / 大部分週末來打籃球的人，都不知道這個基督教青年會的地下室籃球場是世界上最古老的籃球場。球場興建於 1892 年，幾乎完全複製了美國麻薩諸塞州的春田球場（現已不存在）。籃球這項運動就是從那裡發明的。

吸血鬼及傳奇生物博物館　Museum of Vampires and Legendary Creatures

丁香鎮（Les Lilas） / 賈克·希爾根特（Jacques Sirgent）是研究神祕主義和傳說的古怪學者，同時也是相關物品的狂熱收藏家，令人毛骨悚然的收藏品包括了德古拉的玩具、能殺死吸血鬼的工具組，還有五花八門的吸血鬼書籍、藝術品和文獻。

工藝博物館　Museum of Arts and Crafts

第 3 區 / 反教權的法國革命分子收藏了全世界最大宗的機械裝置，而如今這些工程奇觀和怪奇玩意有一部分放置在原聖馬丁尚普修道院（Saint Martin des Champs）現存的建築中，實在充滿了反諷意味。

梅迪奇柱　Medici Column

大堂區（Les Halles） / 高聳獨立的梅迪奇柱立於巴黎商品交易所（Bourse de commerce）前，九層樓高的柱子有個祕密螺旋梯通往頂端的觀測平台，原本是為了讓王后梅迪奇·凱薩琳（Catherine de Medici）的私人占星家觀星之用。

杜呂克偵探社　The Duluc Detective Agencyve

大堂區 / 黑底綠燈霓虹招牌所標示的位置，就是法國最古老的私家偵探社。這裡是電影導演和偵探小說迷最愛的景點，普魯士藍的大門配上銘刻的黃銅牌匾，上頭寫著：杜呂克，偵探調查，一樓。

聖列伊聖吉爾教堂的聖海倫娜遺骨　The Relic Crypt of St. Helena at Eglise Saint-Leu-Saint-Gilles

大堂區 / 大多數的巴黎天主教徒早已遺忘此地，如今由俄羅斯正教教團敬拜。教堂中有個鮮為人知的聖骨盒，裡頭裝著偷來的君士坦丁大帝母親的小部分遺骨。聖海倫娜是基督教在 4 世紀的羅馬帝國得以傳播的重要人物之一，她大部分的遺骨都還存在羅馬。

尼古拉·弗拉梅爾之家　House of Nicolas Flamel

瑪黑區（Le Marais） / 15 世紀傳奇煉金術士的故居，年代可追溯到 1407 年，是巴黎最古老的石造建築。建築外觀有著古怪神祕的魔法符號，也許藏著點錫成金的祕密也說不定。

巴黎下水道博物館　Paris Sewer Museum

左岸（Rive Gauche） / 作家雨果（Victor Hugo）筆下「惡臭、粗陋、駭人」的世界，從 1889 年開始成為旅遊景點。巴黎街道底下盤根錯節的迷宮首次對外開放，向大眾展現法國工程的奇蹟。

艾菲爾的祕密公寓　Gustave Eiffel's Secret Apartment

法布爾聖日耳曼（Faubourg Saint-Germain） / 城裡最具代表性的鐵塔頂端有一個祕密套房，是古斯塔夫·艾菲爾設計的私人空間，僅邀請親朋好友入內，包括巴黎科學界的菁英。擁有這樣的景觀公寓，真是讓人羨慕的不得了！

巴黎的示愛語言指南。

鳥市集　Bird Market

西堤島（Ile de la Cite） / 大多數的花販都在週日休市，這時會有許多鳥籠占據聖母院附近的西堤島市集廣場，各式各樣喊喊喳喳的寵物和家禽好不熱鬧。

聖文生德保祿禮拜堂　Chapelle de Saint Vincent de Paul

第 6 區 / 這座禮拜堂位於盧森堡公園（Luxembourg Gardens）附近，從簡潔的立面①進去之後可以看見頂端有大理石雕塑的雙절樓梯，上方有聖文生德保祿的聖袍遺骨和封蠟遺骸，安放在堅固的銀製玻璃棺材中，看起來就像他正在小睡。

呂特斯競技場　Arènes de Lutèce

聖維多區（St. Victor） / 說到巴黎，大家想到的是聖母院，是海明威和哈里紐約酒吧（Harry's NewmYork Bar），是美好年代和瑪麗·安東尼（Marie Antoinette）。巴黎的古羅馬歷史卻往往被忽略了，大家忘記那裡也有一座安靜的羅馬圓形競技場遺跡，沒有保全，毋需入場費，也幾乎沒有觀光客打擾。

路易十四的地球儀　Louis XIV's Globes

車站區（Quartier de la Gare） / 17 世紀，太陽王在位時期，堪稱是法國藝術、文學和地理探索的黃金時代。路易十四命人製作了兩個直徑 6 公尺的地球儀和宇宙儀，作為法國君主對世界所有權的象徵。目前這兩個精緻球體懸掛在國家圖書館。

弗拉戈納解剖博物館
MUSÉE FRAGONARD

● 巴黎　Paris

死透的騎士鞭策著同樣失去生命的馬。

在解剖博物館中，人類胚胎在十條腿的綿羊旁跳著吉格舞①，有骨無皮的天啓騎士凝視著遠方。

博物館前身是一所成立於 1766 年的獸醫學校，並且專門設置了展廳來展出以解剖、身體畸形、動物骨骼和疾病爲主題的私人收藏品。迄今最令人震撼的展覽是尙奧諾雷·弗拉戈納（Jean-Honoré Fragonard）的「剝皮模型」（écorché）系列。法王路易十五任命弗拉戈納爲里昂首座獸醫學校的教授。隨後，弗拉戈納開始製作剝皮標本，對象從動物逐漸發展到人的屍體。這些標本原本是打算用於教學，弗拉戈納卻爲大部分的標本設計了戲劇

性十足的姿勢，「傳達」了詭異的情節。其中最著名的標本，是受德國藝術家阿爾布雷希特·杜勒（Albrecht Dürer）的油畫啓發而製作的「天啓騎士」。無皮騎士的肌肉乾化萎縮，玻璃眼球令人恐懼，騎在一匹以相同方式製作的馬上，一躍而起。馬脖子上粗大的動脈中灌滿了紅色的蠟，嘴中的藍色韁繩

一直延伸到騎士僵硬的手部青筋處。

弗拉戈納在里昂工作了 6 年，由於他的剝皮標本讓當地居民驚恐不已，最後他被學校解雇，理由是「精神失常」。直到 200 多年後的 1991 年，弗拉戈納解剖博物館開放之時，大眾才得以目睹這些精采的剝皮動物及人體模型。

地　址：7, avenue de Général de Gaulle, Maisons-Alfort。博物館位在巴黎郊區，搭乘地鐵在 École Veterinaire de Maisons-Alfort 站下車即可抵達。

N 48.812714 E 2.422311

巴黎的祕境景點還有：

● 黑暗餐廳 Dans le Noir?
巴黎／在這間連鎖餐廳裡，人們只能於一片漆黑中享用美食。在此處服務的工作人員皆為視障人士。

● 眼鏡博物館 Musée Pierre Marly
巴黎／這座迷你博物館收藏了上百副聞名遐邇的眼鏡。

● 法國共濟會博物館
Musée de la Franc-Maçonnerie
巴黎／進入博物館可以一窺神祕組織共濟會的世界。

● 犬墓園 The Dog Cemetery
塞納河畔阿涅爾（Asnéires-sur-Seine）／這座寵物墓園可追溯至 19 世紀末期。

● 贗品博物館
Musée de la Contrefaçon
巴黎／這是一個專門展出仿冒品的博物館，展品從鋼筆到褲子五花八門，應有盡有。

● 魔術博物館 Musée de la Magie
巴黎／魔術博物館位於薩德侯爵（Marquis de Sade）曾經居住的地下室。

● 藝術與工藝博物館
Musée des Arts et Métiers
巴黎／這座國家科學和工業儀器博物館收藏了原版的傅科擺（Foucault's pendulum）②。

● 苦艾酒博物館 Absinthe Museum
瓦茲河畔奧維鎮（Auvers-sur-Oise）·你可以在這裡認識美味「綠仙子」的歷史。據稱它可以使人產生強烈的幻覺，讓人變得瘋癲，也因為這樣被歐洲和美國禁了一百多年。

● 世界熱氣球博物館
Musée Mondial de l'Aérostation
巴勒魯瓦（Balleroy）／這座城堡的頂層是專為舉辦熱氣球運動而設計。

● 皇太子之心 Heart of the Dauphin
聖丹尼（Saint-Denis）／聖丹尼聖殿（Basilica of Saint-Denis）的水晶罐中存放著法王路易十六萎縮的小心臟。

鼠王 THE RAT KING

● 羅亞爾河地區，南特　Pays de la Loire, Nantes

在自然歷史博物館精美的鳥類剝製標本和哺乳動物骨架之中，藏著一個極其稀有，但也可能是僞造的標本——鼠王。據民間傳說，當一群老鼠的尾巴緊緊纏繞在一起的時候就會形成鼠王。被困住的鼠群終身纏繞在一起無法移動，只能依靠其他老鼠供應食物存活。

南特鼠王標本發現於 1986 年，包含九隻盤繞成一體的老鼠。標本現浸泡在乙醇中保存。這是世上少有的鼠王實際案例之一，雖然科學家一致認爲自然界中發生這種情況的機率極其微小。

地址：12, rue Voltaire, Nantes。遊客可搭乘電車到 Médiathèque 站下車。N 47.212446 W 1.564685

理想宮 LE PALAIS IDÉAL

● 隆河阿爾卑斯，奧特里韋
Rhône-Alpes, Hauterives

故事從一個郵差和一顆鵝卵石開始。1879 年的某一天，郵差費迪南·舍瓦爾（Ferdinand Cheval）像平常一樣送信時，在路上被一塊石頭絆倒了。石頭獨特的形狀吸引了他的注意，讓他心中冒出一個願景——建造一座由不規則的石頭組成的巨大宮殿。在接下來的 33 年裡，他努力將夢想變成現實。費迪南在送信的時候用手推車收集石頭，晚上則獨自點著一盞油燈打造宮殿。他從未求助於人，也未得到過任何幫助。費迪南沒有受過正式教育，亦沒有建築方面的經驗。他用石頭、水泥和電線創作的宮殿受到不同時期各種風格的影響，其中包括中國、阿爾及利亞和北歐的建築風格。他最終建造完成的「理想宮」，是由石窟、飛扶壁和動物雕像混搭而成的傑作。現在在理想宮的旁邊有一個神龕，保存著費迪南用來運送石頭的木製手推車。

雖然法國政府拒絕了費迪南想要將自己遺體埋在理想宮的請求，但他並未放棄。這位自學成才的 80 歲高齡建築師花了 8 年的時間，在當地墓園裡為自己建造了壯觀的陵墓，風格與理想宮十分相似。陵墓完工後的第二年他就去世了。

地址：8, rue du Palais, Hauterives。理想宮位於里昂以南 48.3 公里處，最近的火車站是 St. Vallier sur Rhône 站，距離里昂 45 分鐘車程。從火車站可搭乘公車到達奧特里韋。N 45.256573 E 5.028229

這座純手工建造的城堡牆壁上刻了一句話：「你目之所及的一切均出自一位農民之手。」

法國南部每年約 2,400 小時的日照，
維持著奧代洛太陽能爐的運轉。

世界上最大的太陽能爐
WORLD'S LARGEST SOLAR FURNACE

● 朗格多克魯西雍，奧德洛
Languedoc-Roussillon, Odeillo

碟形太陽能爐利用巨大的拋物線曲面，將陽光反射聚焦到一個鍋子大小的能量接收器上。該接收器的溫度可能高達攝氏 3,500 度，足以發電、融化金屬或製造氫燃料。

世界上體形最大太陽能爐坐落於奧德洛（Font-Romeu-Odeillo-Via），這座小鎮陽光充足，位在法國和西班牙邊境處的庇里牛斯山（Pyrenees）附近。該太陽能爐自 1970 年啟用，在地面上安裝了一萬個反光鏡，將太陽光聚焦至另一個巨大的凹面鏡上，不只匯聚了熱能，鏡中也映出了倒置變形的鄉村風景。現場可參加太陽能和再生能源的解說導覽，了解最新技術。

地址：Grand Four Solaire d'Odeillo, 7, rue du Four Solaire, Font-Romeu-Odeillo-Via。搭乘庇里牛斯山的黃色小火車至奧德洛火車站，下車後步行 15 分鐘即可到達太陽能爐。黃色小火車有兩個敞篷車廂，旅客可以享受壯麗的山谷和建有碉堡的中世紀小鎮孔夫朗自由城（Villefranche-de-Conflent）的風光。
N 42.493831 E 2.029684

法國南部的祕境景點還有：

• **比加拉什峰 Bugarach Mountain**
比加拉什（Bugarach） / 新時代①的

信徒篤信這座山是一艘太空船，也是外星人的家園，會在世界末日降臨時拯救所有人。在馬雅文明預言的「2012 世界末日」來臨前，此地曾聚集了大批信眾。

• **裸體之城 Nude City**
阿格德角（Cap d'Agde） / 在這個熱門的家庭度假勝地，裸體是稀鬆平常而且合法的行為。小城中，每天大約有四萬名遊客裸體吃飯、購物和散步。

• **卡里奧盧迷你村莊**
Carriolu Miniature Village
塔維拉（Tavera） / 一位法國乳酪製造商在自家後院用鵝卵石建立了一個迷你村莊。

GERMANY
德國

太空旅行博物館 SPACE TRAVEL MUSEUM

● 巴伐利亞，福伊赫特　Bavaria, Feucht

赫曼‧奧伯特太空旅行博物館（Hermann Oberth Space Travel Museum）專爲航太工程技術而建，博物館名字中那位充滿熱忱又富有創造力的赫曼‧奧伯特，是被遺忘的火箭與現代航太學的奠基人之一。

奧伯特生於 1894 年，從小就喜愛天文學。自 11 歲讀了儒勒‧凡爾納的《從地球到月球》（From the Earth to the Moon）之後，奧伯特就開始畫火箭的設計圖。他 14 歲的時候，設計出了藉由從底部排出廢氣作爲反作用力，來推動機身在太空中前進的火箭（這對於一個少年來說著實是巨大的成就。要知道，過了 50 年之後，世界上才出現可以載人航行的太空火箭）。在慕尼黑（München）、海德堡（Heidelberg）和哥廷根（Göttingen）的大學研習物理學、航空動力學和醫學之後，奧伯特於 1929 年發表了足足有 429 頁的巨著——《進入星際空間的火箭》（The Rocket into Interplanetary Space）。這本書給全世界帶來極大的影響。本來這應是奧伯特身爲科學家備受認可、無限風光的一年，他卻在爲佛瑞茲朗（Fritz Lang）的科幻電影《月球上的女人》（Woman in the Moon）製作飛行

火箭模型時喪失了左眼的視力。

博物館的展覽品包括一架席勒斯火箭（Cirrus）和一架庫姆勒斯火箭（Kumulus）。它們於 1960 年代製造，並在德國庫克斯港（Cuxhaven）外發射。一同展出的還有瑞士天頂號火箭（Zenit）。

地址：Pfinzingstraße 12-14, Feucht。可以從紐倫堡（Nürnberg）搭乘輕軌（S-Bahn）到達福伊希特。
N 49.375057 E 11.211777

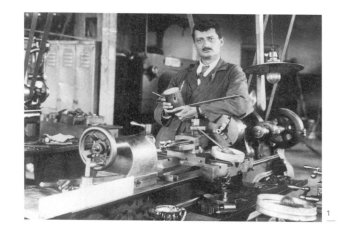

美人畫廊 THE GALLERY OF BEAUTIES

● 巴伐利亞，慕尼黑　Bavaria, Munich

19 世紀的巴伐利亞國王路德維希一世（Ludwig I）儘管已在 24 歲時成婚，但這不妨礙他在宮中「藏」了 36 位年輕貌美的女子。一旦他迷上某個女子的美貌，她的肖像就會立刻出現在意爲「女神城堡」的寧芬堡宮（Nymphenburg Palace）南閣的美人畫廊（Schönheitengalerie）中。這些畫像中的女性均爲 18、19 歲或 20 出頭，膚如凝脂，安詳靜美。

其中最傑出的作品主角是海倫妮‧澤德邁爾（Helene Sedlmayr），鞋匠的女兒，擁有天眞無邪的雙眸及烏黑秀髮。國王的貼身侍僕赫爾梅斯‧米勒（Hermes Miller）非常欣賞她，最後與她結婚並育有 10 個孩子。

地址：Schloss Nymphenburg, Eingang 19, Munich。從慕尼黑市中心搭乘開往阿瑪利恩堡大街（Amalienburgstraße）方向的電車，20 分鐘便可到達這座雄偉的宮殿。N 48.158615 E 11.503543

1　「太空旅行之父」赫曼‧奧伯特被自己的工具包圍。
2　宮中館藏包括愛冒險的貴族珍‧狄格比（Jane Digby）和愛爾蘭表演者蘿拉‧蒙特茲（Lola Montez）。

CORPVS SANCTA MVNDITIA MARTYRIS

聖徒蒙蒂提亞佩戴珠寶的右手握著一個裝滿乾涸血液的玻璃杯。

聖徒蒙蒂提亞的珠寶骨架
JEWELED SKELETON OF SAINT MUNDITIA

● 巴伐利亞，慕尼黑
Bavaria, Munich

聖伯多祿堂（St. Peter）——當地人稱之爲「老伯多祿」（Alter Peter）——是慕尼黑最古老的教堂，歷史可以追溯至 1158 年建城之時。教堂側廊四分之一處擺放著一座玻璃棺，聖徒蒙蒂提亞的骨架就躺在其中。蒙蒂提亞於西元 310 年死在斧下，身首異處，屍骨一度被藏在一個木盒子中。1883 年，人們將她的骨架精

心裝飾後展出，鑲嵌在布滿深褐色斑點頭骨中的玻璃眼珠尤爲突出。珠寶掩蓋了她腐壞的牙齒，而覆蓋著黃金和寶石的身軀終於再次與她的頭骨連在一起。

地址：St. Peter's Church, Rindermarkt 1, Munich。每年的 11 月 17 日，教堂會舉辦燭光遊行慶典。
N 48.136497 E 11.575672 ➤➤

➤➤ 被裝飾，被歌頌，「珠光寶氣」的聖徒

自從人們在 1578 年發現羅馬附近的殉道者墓窟①後，用黃金和珠寶裝飾聖徒骨架的習俗便延續了下來。當時天主教會正處於動盪不安的時期——新教的維新派人士認爲天主教的行爲過於腐敗而加以反對，他們批判教宗權威、聖餐變體論②、煉獄和懺悔，也認爲教會對聖徒和其遺骸過分的崇敬與《聖經》教義不符。

爲應對新教維新派，天主教的樞機主教們召開了「天特會議」（Council of Trent），努力修復教會的形象。其中一項措施就是加強聖徒及其遺骸的「精神力量」。教會從羅馬地下墓窟中取出所謂的「聖徒」骨架，將其裝飾以繁複精美的衣物再進行展出。此做法一直延續到 18 世紀中期。如今這些綴滿珠寶的人體骨架得以在遍布全歐洲的教堂中安息。一座鄰近捷克邊境的巴伐利亞教堂——瓦爾德薩森聖殿（Wald-sassen Basilica）——收藏了最多的珠寶骨架。十幾具直立的骨架分別收藏在單獨的玻璃棺中，沿著走廊排列。許多聖徒的牙齒完整，看起來似乎面露慈祥的微笑。

艾斯巴赫城市衝浪 EISBACHWELLE

● 巴伐利亞，慕尼黑　Bavaria, Munich

如果你在寒冬的慕尼黑地鐵上看到有人拿著衝浪板，那麼他們很可能是要去艾斯巴赫溪。這條人工小溪穿過慕尼黑最大的公園「英國花園」（Englischer Garten），橋下有一處穩定的波浪，高約 0.5 公尺。原本只有零星幾人會經過這個地方，後來當地衝浪愛好者在溪流兩側安裝了木板，將水流集中成一個更爲湍急的駐波。如今這裡吸引了勇於挑戰寒冷水溫——冬天攝氏 3.9 度，夏天攝氏 15.6 度——的城市衝浪手，在人群的注視下征服浪花。

由於這個地方太受歡迎，衝浪者不得不在狹窄的小溪兩旁排起了長隊。蜂擁而至的人潮讓一手打造出這個祕密衝浪點的「前輩們」略感不快，但眞正使他們憤怒的還是缺乏技巧、無法駕馭浪潮的新手。

要去英國花園，可搭乘地鐵（U-Bahn）在 Lehel 站下車。艾斯巴赫衝浪點位於英國花園的一座橋下，藝術之家博物館（Haus der Kunst Art Museum）的北側。慕尼黑共有三處城市衝浪點，相較之下，其他兩處更適合初學者。N 48.173644 E 11.613079

星星之石 THE EXTERNSTEINE

● 北萊茵西伐利亞，霍恩巴特邁恩貝格
North Rhine-Westphalia, Horn-Bad Meinberg

德文「externsteine」可譯爲「山脊之石」或「星星之石」，這是代特莫爾德（Detmold）南部森林中一群拔地而起的石灰岩地層的名字。尚未有充分證據說明這些石頭具有歷史意義，但目前已知上頭的階梯和浮雕是出自 8 世紀後期一些基督教教士之手。

對海因里希・希姆萊（Heinrich Himmler）和他的第三帝國同志來說，星星之石模糊不清的歷史就像一張白紙。希姆萊是納粹神祕學組織「祖先遺產學會」（Ahnenerbe）

的領導人，這個組織是一個僞科學智庫，致力還原日爾曼民族「光榮的悠久歷史」，但其中多數爲僞造的歷史。這個組織把星星之石認定爲條頓人（Teutonic，古代日爾曼部族分支）活動的重要地點。

現今這裡仍是新異教主義①信徒和新納粹分子的朝聖地。在夏至或者女巫節②的時候來這裡，會遇到新異教的信徒、嬉皮、神祕主義者和光頭黨等形形色色的人，聚集在這裡爲了各自不同的理由慶祝狂歡。

地 點：Externsteine Strasse 35, Horn-Bad Meinberg。女巫節於每年的 4 月 30 號舉行。
N 51.868472 E 8.918300

1　英國花園的某座橋下有一處人造的衝浪點。
2　除了新異教主義信徒與新納粹，星星之石還吸引了許多好奇的觀光客。

德國南部的祕境景點還有：

- 德國屠夫博物館
  German Butcher Museum
  伯布林根（Böblingen）／在這裡可以了解屠宰動物的歷史，但你最好有個強健的胃。

- 海德堡露天會場
  Heidelberg Thingstätte
  海德堡／這是一座由納粹建造的石造圓形廣場，坐落在散布著古老墳墓的山頭上。

- 訥德林根隕石鎮
  Nördlingen
  訥德林根／這個小鎮位於巴伐利亞鄉村，建立在具有 1,500 萬年歷史的隕石坑中。

- 歐洲蘆筍博物館
  European Asparagus Museum
  施羅本豪森（Schrobenhausen）／這是一個專爲德國人最愛的「皇家蔬菜」建立的博物館。

- 豬博物館
  The Pig Museum
  斯圖加特（Stuttgart）／博物館由舊屠宰場改建，包含 25 間主題展廳，展出一切與豬相關的事物。

千年野薔薇 THOUSAND-YEAR ROSE

攀於希德斯海姆大教堂（Hildesheim Cathedral）牆上蔓延的野生灌木，被認為是現今世界上最古老的薔薇。

據當地傳說，西元 815 年，法蘭克①國王「虔誠者路易」（Louis the Pious）在打獵途中路過希德斯海姆，一行人停下來旁聽彌撒。再度啓程時，國王發現自己掉了一件聖母瑪利亞的聖物，於是原路返回尋找。他發現聖物掉在薔薇叢中，無法取出，便將此視爲神跡，命人在這叢野薔薇旁邊建造了一個小禮拜堂。在

11 世紀的時候，小禮拜堂被擴建成今日的希德斯海姆大教堂。

就算這叢薔薇並非如傳說中的古老，事實也證明了它足夠堅韌。1945 年 3 月，盟軍的炮彈把大教堂夷爲平地。即使這座教堂在熊熊燃燒的火焰中成爲了廢墟，薔薇仍像沒事一樣再次盛放。教堂面向庭院的牆壁已於 1950 至 1960 年間被修復，如今覆滿了薔薇。

地址：Domhof 17, Hildesheim。若想欣賞盛開的野薔薇，可以在 5 月底前來。N 52.148889 E 9.947222

卡斯帕‧豪澤紀念雕像
KASPAR HAUSER MONUMENT

左邊的男人代表青年卡斯帕，而右邊的男孩則是陰鬱的少年卡斯帕。

安斯巴赫這座小城安靜的街道上立著兩座雕像，一個男孩，一個青年，而兩者實爲同一人——神祕莫測的卡斯帕‧豪澤（Kaspar Hauser）。1828 年 5 月的一個下午，一個跟跟蹌蹌、眼睛斜視的男孩出現在紐倫堡的大街上，於是這個奇異且懸而未決的故事開始了。當時僅 140 公分高的卡斯帕皮膚蒼白，沉默寡言，在人群中顯得焦慮不安。男孩身上有兩封信，第一封信的日期爲 1828 年，信中詳細說明了寫信人（顯然是這個男孩的監護人）被迫遺棄他的種種緣由，而信中最後的結論是——照顧他，否則，殺了他。第二封信來自卡斯帕的母親，寫於 1812 年，她聲稱無法負擔撫養兒子的費用，並且希望他能在 17 歲時加入紐倫堡第六騎兵團。但若是仔細比對這兩封信，會發現可能是由同一個人一次寫下的。

當卡斯帕開口之後，謎團越來越大。他表示自己在狹小黑暗的牢籠中度過童年，從未見過其他人，只有每天早上醒來會看到有人給他放了麵包和水。他描述自己唯一接觸過的人，是在他被釋放前曾探望過他的一個男人，這個男人教會了他一句話：「我想像父親一樣成爲騎兵。」

道默（Georg Friedrich Daumer）教授將卡斯帕帶回了家，並教他說德語、騎馬和繪畫。男孩開始適應環境，但他過於敏銳的感官以及對金屬無法描述的敏感讓他十分痛苦。1829 年 10 月的某一天，卡斯帕的前額出現了流血的傷口，他對此的解釋是教授在洗手間被一個面戴頭巾的男人襲擊了。然而警方並未找到這個男人，傷口很有可能是卡斯帕自己造成的。幾個月後，卡斯帕的屋內傳出了槍聲。他的前額再度出現了傷口，這一次他聲稱自己不小心將手槍碰到了地上，手槍走火劃破了額頭。

1833 年，卡斯帕在安斯巴赫宮殿的花園裡遇刺，胸口的致命傷結束了他奇異的人生。他在死前聲稱一個男人將他誘騙到那裡，隨後朝他捅了一刀。他甚至拿出了一張來自刺殺者的便條。

雕像位在安斯巴赫的普拉滕大街（Platenstrasse）。除了街上的兩座雕像，馬克格拉芬博物館（Markgrafen Museum）也有展示卡斯帕最初被發現時身著的血漬斑斑的衣服，還有他帶在身上的那兩封信及一些私人物品。
N 49.301885 E 10.570993

德國北部的祕境景點還有：

- 字型博物館
  Museum of Letters, Characters, and Typefaces

  柏林（Berlin）／這座博物館將各種語言的字體字型蒐集並且歸檔。在這裡，你可以細細觀賞與印刷相關的收藏品，包括從街邊招牌取下的巨大字母。

- 施普雷遊樂園廢墟
  Spreepark

  柏林／這座遊樂園的所有者被發現在園中的摩天輪上走私毒品，整座園區因此被關閉。如今它變成城市探險者最喜歡的廢墟之一。

- 香料博物館
  Spicy's Spice Museum

  漢堡（Hamburg）／這是世界上唯一一座專門收藏香料的博物館。

- 卡爾容克之家
  Karl Junker House

  萊姆戈（Lemgo）／獨居的古怪建築師在死後才被診斷出精神分裂，而這間房子是他最特別的傑作。

韋威爾斯堡的城堡
CASTLE OF WEWELSBURG

● 北萊茵西伐利亞，韋威爾斯堡
North Rhine-Westphalia, Wewelsburg

黨衛軍領袖海因里希・希姆萊對這座三角形的文藝復興城堡有著「宏大」且令人毛骨悚然的計畫。1934年，他不顧城堡早已年久失修，毅然跟地主簽下了長達一百年的租約。他的任務是將這座城堡變成黨衛軍的訓練中心，讓年輕的雅利安①頭腦在這裡學習被納粹歪曲的歷史、考古學、天文學和藝術。

黨衛軍重新設計了這座城堡，融入了納粹標誌和神祕學符號，並利用城堡附近的尼德哈根（Niederhagen）和薩克森豪森（Sachsenhausen）集中營裡的勞工來完成工程。新設計的重點是一個被稱為「地宮」的圓形房間，房間中心是「永不熄滅之火」，周圍擺放了12把寓意著圓桌武士的椅子。大廳裡裝飾著由納粹審核過的藝術作品和歷史物件，天花板上繪製著巨大的納粹標誌。

隨著工程進行，希姆萊對韋威爾斯堡這座小鎮也有了更偉大的構想。從 1941 年起，他把城堡視為維持新世界秩序的中心，打算把此地改造成僅供黨衛軍領袖居住的小鎮。雖然設想了這麼多遠大的計畫，但黨衛軍的培訓訓練從未真正展開。他們的確在城堡中開過會，也曾將這個場地出借作黨衛軍軍官舉行結婚儀式的場所——當然，新人必須提供雅利安血統證明。

1943 年，德軍在史達林格勒戰役的退敗被認為是納粹終結的開端，韋威爾斯堡的建設工程也隨之終止。1945 年 3 月 30 日，在希特勒自殺的一個月前，希姆萊命令黨衛軍陸軍少校海因茲・馬赫（Heinz Macher）毀掉城堡。隔日，美國陸軍第三步兵師抵達此處時，城堡內部已經被燒成一片灰燼，只有外牆保留了下來。

如今韋威爾斯堡成為德國最大的青年旅館之一，共有204 個床位，並為學生提供團隊建立活動。城堡入口處的博物館展示了黨衛軍的歷史，同時對納粹惡行下的受難者表達哀思。

地址：Burgwall 19, Büren。在帕德博恩（Paderborn）火車站搭乘公車，半小時即可到達布倫韋威爾斯堡（Büren-Wewelsburg）。從 Schule 站或 Kreismuseum 站步行至城堡僅需 3 分鐘。N 51.606991 E 8.651241

曾經的納粹教養所，現在搖身一變為青年旅館。

被刺穿的鸛 THE IMPALED STORK

在 19 世紀以前，歐洲的觀鳥愛好者對於每年一到秋季白鸛就消失蹤影這件事感到迷惑不解。古希臘哲學家亞里斯多德（Aristotle）認為，白鸛與其他南遷的鳥類一起避寒去了，也許是去了海底。其他假說認為，這些鳥類是飛去了月亮，躲避寒冷的冬季。

1822 年，一個令人震驚的證據成為解開此一謎團的關鍵。人們在梅克倫堡附近的博特默莊園（Bothmer Estate）發現了一隻被長約 80 公分的中非長矛刺穿脖頸的白鸛。不可思議的是，這隻鸛竟在生命垂危的狀態下，從赤道附近的熱帶地區一路飛到了德國。

如今這隻鸛與其他 6 萬隻鳥類、水中動物、軟體動物及昆蟲等，被列為羅斯托克大學（Rostock University）動物學系的收藏品。

地　址：Universitätsplatz 2, Rostock。搭乘公車或電車至朗格大街（Lange Straße），再向南步行兩個街區即可到達羅斯托克大學。
N 54.087436 E 12.134371

德國西北部的祕境景點還有：

- 卡爾卡爾遊樂園
  Wunderland Kalkar
  北萊茵西伐利亞 / 這座遊樂園建在從未被使用的核反應爐之上。

- 伍珀塔爾懸浮鐵路
  Wuppertal Suspension Railway
  烏帕塔（Wuppertal）/ 這是世界上年代最悠久的單軌鐵路系統，名字意為「漂浮的鐵軌」。

惡魔山間諜站 TEUFELSBERG SPY STATION

位於柏林市中心以西約 97 公里處的格魯納瓦爾德森林（Grunewald Forest）裡有座小山，山頂有兩座圓柱形高塔，塔頂安著被破爛白帆布包裹的球形屋頂。冷戰期間，這些建築被當作柏林野外監聽站，由國家安全局掌控，間諜可以在這裡監聽蘇聯的廣播頻率。

這座間諜站的前身是 1937 年建立的納粹軍事學校建築，原本是希特勒的「世界首都」日耳曼尼亞（Germania）——納粹國家主義複興版本的柏林——的其中一部分，但是在第二次世界大戰開始之際被廢棄了。戰後，柏林被炸為平地，廢墟碎石被運至格魯納瓦爾德森林，傾倒在學校之上，形成了一座 37 層樓高的小山，人稱「惡魔山」（Teufelsberg）。1963 年，國家安全局開始在惡魔山頂興建的塔樓中進行監聽活動，衛星天線隱匿於屋頂的最佳收訊點（球體）中，由白色帆布掩護。

這個監聽站成為美國和英國情報人員研究東德情況的重要機構。柏林圍牆倒塌後，這個據點也隨之荒廢。1996 年，這片地被賣給房地產開發商哈特穆特·格魯爾（Hartmut Gruhl）和漢弗里德·許特（Hanfried Schütte），他們原打算將此處大膽改建成豪華公寓、飯店和餐廳，然而這些計畫一直停留在概念階段。直到現在，這個原國家安全局的監聽站仍在，但惡魔山已變為塗鴉藝術家的「畫布」，並成為藝術家們的住所。

從柏林搭乘輕軌（S-bahn）至 Heerstraße 站下車，沿著托弗爾西大街（Teufelsseestrasse）步行約 30 分鐘至惡魔山。
N 52.497992 E 13.241283

坐落於山頂的國家安全局監聽站廢墟建在一個舊軍事學校之上。

城市
指南

探索更多柏林景點

柏林地下世界　　　Subterranean Berlin

布倫嫩大街（Brunnenstraße） / 城市的地下之旅由這個車站開始，走過廢棄的隧道、舊醫院、祕密防空洞、二次世界大戰彈藥倉庫，還有冷戰時期異議分子用來逃往東德的通道。

斯潘道要塞　　　Spandau Citadel

斯潘道（Spandau） / 自從 12 世紀以來，哈非爾河（Havel）與施普雷河（Spree）交匯處的島嶼一直是非常重要的戰略要點，包括 13 世紀的尤利烏斯瞭望塔（柏林最古老的建築）和 16 世紀的要塞堡壘。如今這裡是舉行演唱會和慶典的熱門觀光景點。

世界花園　　　Gärten der Welt Berlin

馬察恩海勒斯多夫（Marzahn-Hellersdorf） / 這裡從前是樸素的東柏林公園，1987 年轉型為世界花園，占地 20 公頃，包括中式、日式、義式庭園，甚至還有《聖經》及童話主題的花園。

動物解剖廳　　　Tieranatomisches Theater

米特區（Mitte） / 1789 年興建的優雅解剖廳，有著寬敞明亮的圓頂及田園壁畫。國王腓特烈威廉二世（King Frederick William II）認為柏林需要專門的獸醫學校，於是在他的命令之下，這裡成為獸醫系學生解剖動物的舞台。

工業設計舊物博物館
Designpanoptikum

米特區 / 工業物品的超現實博物館，一進去就會迷失在懷舊機械的精彩世界。有古怪的醫療器材，還有從廢料回收廠偷渡出來的有趣東西，回收再利用，讓這裡成為了再造藝術的聖殿。

塔吉克茶館
Tajikistan Tearoom

米特區 / 在柏林市中心的某個庭院裡，可以體驗到傳統中亞風格的飲茶文化。茶館鋪設波斯地毯、枕頭和掛毯，讓客人懶洋洋地坐在地上，享受傳統的服務。

克拉琛舞廳的鏡廳
Hall of Mirrors in Clärchens Ballhaus

米特區 / 第一次世界大戰之前建造的克拉琛舞廳，在二樓有一間華麗的鏡廳，依然帶有德意志帝國時期的精神，神祕且令人浮想聯翩。就連柏林人都太不知道這個地方。

這些壁畫展現出柏林期望一個更光明的未來。

怪獸密室　　　Monsterkabinett

米特區 / 名字古怪的「死鴿子聯合組織」（Dead Pigeon Collective）打造了這個設計機器人工作室，令人不安的仿生人將夢境化為夢魘，再化為恐怖又奇異的表演藝術。

霍亨索倫墓室　　　Hohenzollern Crypt

米特區 / 這座墓室位在市中心的巴洛克風格大教堂底下，收藏了全世界數量最多的普魯士皇室成員遺體，裝在光彩奪目的鍍金棺木裡前往來生。

東德博物館　　　DDR Museum

米特區 / 呈現東德時期生活的互動博物館，有自助餐廳提供蘇聯集團的菜色、電視機播放陳舊的國營節目，還有很可能正在偷錄音的電話。

貼紙博物館　　　Hatch Sticker Museum

腓特烈斯海因區（Friedrichshain） / 奧立佛‧包達赫（Oliver Baudach）的滑板次文化貼紙公司在 2008 年開設了副業，成立這間小小的博物館，裡頭陳列的物品大多來自包達赫自家的經典街頭貼紙。

漢莎錄音室　　　Hansa Studios

米特區 / 富麗堂皇的錄音室，有閃亮的吊燈、明淨的鑲木地板，還保留了 1913 年最初的建築細節。不少音樂史上的偉大歌手都曾經在此錄音，包括伊吉‧帕普（Iggy Pop）、大衛‧鮑伊（David Bowie）和 R.E.M.。

東西博物館　　　Museum of Things

腓特烈斯海因區 / 超過 35,000 件經典獨特物件塞滿了博物館，館藏包括廚具、廣告、包裝以及兒童玩具，向 20 世紀的簡約設計美學致敬。

東邊畫廊　　　East Side Gallery

腓特烈斯海因區 / 多位國際藝術家將殘存的柏林圍牆改造成了露天畫廊，超過百幅的壁畫將以往禁止穿越的壓抑圍牆轉變成鮮明的象徵，時時提醒人們自由是多麼脆弱。

雷蒙斯博物館
Ramones Museum

腓特烈斯海因區 / 這是專為美國龐克樂隊「雷蒙斯」設立的博物館。參觀者快步踏著輕快舞步，穿梭在 500 多件收藏品之間，包括海報、簽名照、票根，還有雷蒙斯成員實際穿過的褲子。

承重體
Schwerbelastungskörper

滕珀爾霍夫區（Tempelhof） / 在 1940 年代初期興建，目的是為了測試柏林濕軟的地基能否承受得了納粹的「日耳曼尼亞」改造工程。如今這個巨大的水泥圓柱陷入柏林鬆軟的土壤中，大到無法拆除。遊客可以參觀內部的房間。

滕珀爾霍夫公園　　　Tempelhof Field

滕珀爾霍夫區 / 城裡最古老的機場，已經將近 10 年沒有飛機起降，如今重生為公園。許多人希望能將具有時代感的裝飾藝術風格機場建築保留下來，令人懷念航空旅遊剛開始蓬勃發展的時期。

孔雀島　　　Peacock Island

柏林萬湖區（Berlin-Wannsee） / 位於哈非爾河流經之地，這個寧靜的綠洲上有廢棄的建築、成群的野生孔雀，還有某任普魯士國王興建的如童話般的城堡立面。

GREECE
希臘

馬科普洛靈蛇節
MARKOPOULO SNAKE FESTIVAL

對希臘正教的信徒來說，8月15日是聖母瑪利亞升天堂的紀念日。在這天，在凱法洛尼亞島上的小村莊馬科普洛，村民會將蛇收集在袋子裡帶到教堂慶祝。人們讓蛇蜿蜒爬行在腳面上，向聖母瑪利亞和耶穌的畫像吐信，此外還會將蛇放到孩子的頭上祈求好運。

聖母與蛇的組合看起來也許很不協調（因為在《聖經》中，蛇是邪惡和腐朽的象徵），但據當地傳說，這個傳統是源自於1705年發生在島上的一個奇蹟：村莊修道院裡的修女們為了逃脫一群海盜的襲擊向聖母祈禱，而後聖母顯靈，將她們變成了蛇。

這種嬌小、對人無威脅的歐洲貓蛇（*Telescopus fallax*）每年都會出現在聖母教堂，好奇的信眾會聚集在教堂裡把玩牠們。據當地人說，這種蛇只在臨近節日時才會出現，其他時候在島上看不見牠們的蹤影。

● 凱法洛尼亞島，馬科普洛
Cephalonia, Markopoulo

希臘及賽普勒斯

北馬其頓
土耳其
聖山修道院
希臘
愛琴海
復活節火箭大戰
雅典
安提基特拉機械
土耳其
馬科普洛靈蛇節
印度洋
克里特海
地中海
賽普勒斯 瓦羅莎海灘度假小鎮
尼克西亞★

英里 0　50　100
公里 0　50　100
N

從雅典坐飛機向西飛行1小時即可抵達馬科普洛。
N 38.080451 E 20.732007

慶典用的是無毒性的蛇，並且在教堂儀式前拔去尖牙。

安提基特拉機械
ANTIKYTHERA MECHANISM

● 雅典 Athens

1

這件頂部安有轉盤、鏽跡斑斑的青銅塊看起來並不起眼，但它的發現卻促使人們重新評估古代雅典的工程學。

安提基特拉機械和船隻殘骸一起在地中海底沉睡了 2,000 多年。1900 年，採集海綿的潛水夫偶然發現了這艘船，進而將這個機械從海底打撈了上來。但是直到安提基特拉機械在博物館裡陳列了 50 年之後，歷史學家才開始認真研究它的來龍去脈，並且發現這個裝置的複雜性史無前例。

這個機械製造於西元前 150 至 100 年之間，轉盤後隱藏著 30 多個齒輪，明顯代表了西元前最先進的工藝水準。安提基特拉機械被認為是第一個已知的「模擬計算機」，能夠依照古希臘的天文和數學法則做出精密計算。

雖然製造者的身分以及這個機械在船上的用途依然不為人知，但一個世紀過後，科學家終於開始理解這個裝置是如何運轉的。在使用安提基特拉機械時，只需透過手柄輸入日期，當轉盤停止轉動時，就會顯示豐富的資訊——太陽、月球、行星與恆星的相對位置，以及月相、下一次日蝕的日期、月亮滑過天空的速度，甚至還有古時奧林匹克運動會的日期。這個機械日曆轉盤還可以調整一年多出的四分之一天——只需每四年將轉盤往回撥一天即可。這個機械的製作理念和工藝的精細程度令人驚歎，因為雅典地區第一次記載閏年的儒略曆（Julian Calendar）是在這個裝置出現的幾十年後才開始使用。

安提基特拉機械目前收藏於雅典的國家考古博物館（National Archaeological Museum），歸類於青銅器展覽區。人們也發起一個由各大學和科技公司資助的安提基特拉機械國際研究計畫，幫助研究者繼續探索這個裝置的奧祕。

地　址：44 Patission Street, Athens。
N 37.989098 E 23.732755

復活節火箭大戰 THE EASTER ROCKET WAR

● 希俄斯島，弗隆塔多斯
Chios, Vrontados

自 19 世紀以來，希俄斯島上彼此競爭的兩個教區並不是用兔子和彩蛋慶祝復活節，而是趁著教徒聚集在教堂內觀看彌撒儀式時，向對方的教堂發射上千枚燃燒的火焰彈。希臘正教復活節前夕，太陽落下之時，聖馬可斯教堂（Angios Marcos Church）和帕納吉亞伊萊蒂亞尼教堂（Panaghia Ereithiani Church）的教徒們頭戴面巾抵禦硫黃味濃烈的煙霧，在斜坡上發射雪茄大小的自製煙火。火光接連劃過天空，點亮復活節之夜，留下一道道痕跡。刺耳的聲響與教堂裡舉行的神聖儀式「相映成趣」（為了安全起見，教堂窗戶安裝了鐵絲網）。

這個非希臘正教傳統的慶祝方式來源尚無可考，可能是由 19 世紀時小島抵抗土耳其的侵略行動演變而來。故事有兩個版本：在第一個版本中，土耳其人沒收了島民的大炮，島民發射了自製的火焰彈；第二個版本，當地人為了在復活節儀式上抵禦土耳其人，而向對方教堂發射了火焰彈。

火焰的目標原本是對方教堂的鐘塔，但在夜色下的大混戰中，有沒有打中目標似乎也沒那麼重要了——反正到最後沒有一方會宣布贏得「戰爭」，到了隔年的復活節一定會重新再戰一番。

希臘正教復活節一般於 4 月或 5 月初舉辦。從雅典搭飛機到希俄斯島約 45 分鐘，搭船需 7 小時。
N 38.370981 E 26.136346

2

1　這件古老的齒輪機械藏著失傳已久的古代技術。
2　在希俄斯島上，復活節是象徵重生、復興，以及向教堂發射火焰彈的日子。

聖山修道院 MOUNT ATHOS MONASTERY

● 阿索斯山　Mount Athos

阿索斯山位於塞薩洛尼基（Thessaloniki）東部一處被霧氣籠罩的半島，是一個時間「停滯」、現代世界法則不再適用的地方。阿索斯山又稱作「聖山」，是希臘正教修隱制度的起源地。聖山實行自治，使用拜占庭時間（Byzantine time），一日之初始於日落。山上的修道院大多建造於 10 世紀，裡面居住著 1,500 名修士，他們唯一的決心就是「距離上帝更近」。

這些修士堅信，只有死後才能與耶穌基督成為一體，但整整一生都必須為此做準備。除去睡覺，他們每個小時都要祈禱，或是在靜謐中反省。他們身上的黑色長袍象徵著與世隔絕，平常過著以 20 人為單位的團體生活。而那些傾向獨居的修士則自己生活在修道院的小屋中。教堂每天從凌晨 3 點開始進行 8 小時的禮拜；沒有做禮拜的時候，修士們會獨自祈禱，嘴唇在長鬍子下默默地翕動。

女性不允許拜訪或留宿聖山，因為她們的出現會影響修隱生活，阻礙修士尋求精神啟蒙。根據修士們的說法，見不到女性讓他們更容易適應獨身生活。不過根據聖山的傳說，載著聖母瑪利亞前往賽普勒斯的船在半路偏離了航線，停靠在聖山，是她讓此地的異教徒開始信仰基督。也因此，聖母瑪利亞成為半島上唯一出現的女性形象。

男性遊客可以參加教堂的禮拜，與修士一同用餐，並且在修道院的單人房間中過夜。由於大多數遊客都是希臘正教的朝聖者，來到這裡尋求精神寄託和歸屬感，應維持舉止的文雅與虔誠，避免談論俗世和科技的產物，畢竟修隱於此的修士們已花了幾個世紀來遠離這些紛紛擾擾的身外之物。

若想參觀聖山，需要先獲得塞薩洛尼基「神聖執行局」（Holy Executive Bureau）的書面許可。執行局辦公室每天會提供約 10 份許可給非希臘正教遊客，提供 100 份許可給希臘正教遊客，但必須提前 6 個月預約，以免失望而歸。從塞薩洛尼基出發，搭乘公車到歐拉努波利斯（Ouranoupolis），再乘渡船至聖山。女性遊客只能在遊船上遠遠觀賞青翠的山丘和年代悠久的修道院。
N 40.157222 E 24.326389

這間建造在懸崖邊、與世隔絕的修道院是 1,500 位修士的家。

CYPRUS
賽普勒斯

瓦羅莎海灘度假小鎮
VAROSHA BEACH RESORT

● 法馬古斯塔　Famagusta

綠如翡翠的海水，閃著金光的海灘，繪著持槍軍人、寫著「禁地」的標牌——這就是度假小鎮瓦羅莎。

自1974年起，聯合國指定的「綠線」緩衝區（Green Line）將賽普勒斯分割成北部與南部，兩者分別被土耳其與希臘控制。賽普勒斯長久以來種族衝突不斷：希臘軍政府支持賽普勒斯反政府力量，而後土耳其從北部入侵賽普勒斯，武力驅逐了成千上萬的希臘裔賽普勒斯人，將他們驅往南部，南部的土耳其裔賽普勒斯人則拋棄故鄉遷移到北部。

1970年代初，在綠線以北3公里處的小鎮法馬古斯塔是賽普勒斯最著名的旅遊景點，位於海濱地帶的瓦羅莎角到處都是飯店大廈，接待過如伊莉莎白‧泰勒（Elizabeth Taylor）和碧姬‧芭杜（Brigitte Bardot）等身價不菲的電影明星。然而土耳其入侵之後，鎮上的39,000多名居民趕緊撤離，從此瓦羅莎變為一座「鬼城」。如今小鎮被鐵絲網圍起，無人居住，並且一直受到土耳其軍隊的控制。由於幾十年來無人維護，許多建築早已傾頹。

瓦羅莎以北不遠處就是阿爾金棕櫚灘飯店（Arkin Palm Beach Hotel），是一個剛剛整修翻新的度假村。遊客可以在潟湖形狀的游泳池旁品嘗加勒比海風情的雞尾酒，遙望對面衰敗小鎮中搖搖欲墜的陽台。

瓦羅莎不向一般民眾開放，但遊客可以在阿爾金棕櫚灘飯店「欣賞」鐵絲網內的度假小鎮。注意，瓦羅莎地區禁止拍攝，如果士兵懷疑你攜帶相機會把你攔下來。
N 35.116534 E 33.958992

ITALY
義大利

韋基大宅 VILLA DE VECCHI

● 科爾泰諾瓦　Cortenova

在科莫湖（Como Lake）東邊，科爾泰諾瓦森林覆蓋的山腳下，有棟據說鬧鬼的房子。韋基大宅又名「紅屋」「鬼樓」或「女巫之家」，在1854到1857年間由菲利克斯‧韋基伯爵（Count Felix de Vecchi）興建，作為夏季居所。完工後沒過幾年，這棟大宅就發生了一連串令人費解的悲劇，留下了永遠的哥德式傳說。

韋基伯爵曾經領導義大利國民兵，是一位得過勳章的英雄。他在建築師亞歷山卓‧席多利（Alessandro Sidoli）的協助下，著手興建全家人的理想僻靜住所。大宅完工前一年，席多利過世了；後來有許多人認為這是第一個惡兆。儘管如此，伯爵和家人還是把韋基大宅當做春季和夏季的住所，過著雖然短暫但恬靜的生活。

大宅融合了巴洛克和古典東方建築風格，設置了那個時代所有的便利設備，包括室內供暖系統、精雕細琢的濕壁畫及楣簷，主要起居室裡的壁爐和隨時可以演奏的平台鋼琴更是引人矚目。寬廣的花園、步道，以及同樣令人讚嘆的僕人房，讓原本就很美麗的環境更加完美。

這座衰敗的大宅可能是義大利最有名的鬼屋。

然而傳說在1862年，伯爵回到家裡發現妻子遭到謀殺，女兒失蹤。伯爵一心想找回女兒，經過漫長的搜索卻徒勞無功，最後他在同年自殺身亡。大宅幾度易主，也出現過意願極高的買家，但是到了1960年代時已經完全無人居住。

大自然很早就開始攻占這棟廢棄房屋，不過人為的破壞更加難以修復，牆上滿是噴漆塗鴉，能破壞的東西都被破壞得差不多了。據說在夜裡會有鬼魂演奏的平台鋼琴早已破碎成片，儘管當地仍有人宣稱可以聽到屋裡傳來音樂聲。

注意，進入屋內是非法入侵行為。上面樓層的地板已經坍塌，經常有天花板碎片掉落，樓梯也早已毀壞。為了安全起見——更不用說為了不觸犯法律——我們最好還是從遠方欣賞。N 46.003464 E 9.387661

達曼胡爾地下神廟
UNDERGROUND TEMPLES OF DAMANHUR

● 皮埃蒙特，巴爾迪塞羅卡納韋塞
Piedmont, Baldissero Canavese

在 1978 至 1992 年間，達曼胡爾協會的成員開始挖掘他們居住的山丘，期待找到他們認為連接地球與宇宙的能量線。由於忘記向當局申請施工許可，他們只好在未獲得批准的情況下祕密行動，但最終還是被世人發現了。

由哲學家、作家兼畫家的奧伯托・艾羅迪（Oberto Airaudi）領導的達曼胡爾「環保協會」始於 1975 年，約有 24 名成員。達曼胡爾標榜自己為「研究人類未來的實驗室」，基於新異教主義和新時代信仰，著重於創新表達、冥想和靈性治療。成員的姓名取自動物和植物，例如「麻雀松果」。協會的核心成員大約 20 人，他們生活在古城都靈（Turin）以北 50 公里處的阿爾卑斯山腳下。

有一些脫離協會的成員抨擊達曼胡爾的「集體樂觀精神」，將它形容為邪教。也正是其中一名前成員向警方洩露了這個未經批准的地下工程。當 3 名警員和一名檢察官清晨突襲時，他們為眼前的景象震驚不已：一個簡陋的農舍下面隱藏著一扇門，門後則是深達五層的神廟群。

達曼胡爾協會的成員在整整 15 年間，日夜不休地挖出了體積約 8,500 立方公尺的土壤和岩石。他們賦予每間屋子與大廳不同的主題，並以壁畫、彩色玻璃、鏡面和馬賽克拼貼裝飾其間。這些涵蓋了 1970 年代和新時代風格的藝術作品，內容包羅世間萬象——從宇宙到森林中的瀕危動物，再到國際太空站。其中一個圓形房間裡堆滿了雕像，因為協會要求每位成員都要依自己的模樣雕刻一座人像。

義大利警方被這座壯麗的地下宮殿所震撼，事後為其補發了一個工程許可。達曼胡爾協會目前有 1,000 名成員，並且歡迎遊客參觀神廟。

地址：Via Pramarzo, 3 Baldissero Canavese。
N 45.428956 E 7.754042

達曼胡曼神廟的內部裝潢絕對不是走極簡主義風。
上圖為大地之廳，下圖是地下寺廟的斷面圖。

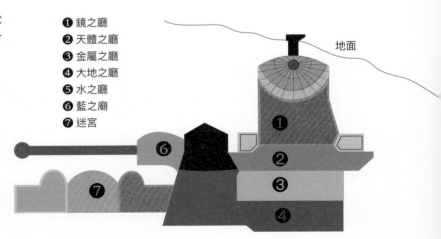

❶ 鏡之廳
❷ 天體之廳
❸ 金屬之廳
❹ 大地之廳
❺ 水之廳
❻ 藍之廟
❼ 迷宮

地面

波韋利亞島　POVEGLIA ISLAND

● 威尼托，威尼斯　Veneto, Venice

想去波韋利亞島遊玩，第一個挑戰就是找到一個願意帶你去島上的人——這可絕非易事。波韋利亞小島位於威尼斯南部，當地人和遊客均嚴禁入內。了解這座小島曾發生過什麼事之後，你就會明白爲什麼了。

幾個世紀以來，波韋利亞島一直是重症患者、彌留之人和精神病人的放逐地。15 世紀初，小島成爲隔離區。在數次黑死病瘟疫期間，那些被疾病折磨的人們與千瘡百孔的屍體一起被運到這座島上。還活著的人顫抖地吐著血，成百上千的屍體則被扔到坑中火化。島上的泥土已與大約 16,000 人的屍骨融合爲一。

1922 年，波韋利亞島開設了一家精神病院。據說一名喜歡拿病人做實驗的虐待狂醫生被島上的亡靈糾纏，最後從鐘樓跳了下去（另一個版本則說這個醫生是被復仇心切的病人推下去的）。

精神病院於 1968 年關閉，醫院大樓現仍矗立在波韋利亞島上，只是鷹架遍布，草木叢生。地板上堆滿了生鏽的床架、腐朽的木梁，以及從天花板剝落的碎片。從環繞醫院大樓的灌木叢中依稀可見長方形的金屬柵格，它們原本被釘在窗戶上，好把病人牢牢地關在房間，哪也去不了。

波韋利亞島明令禁止遊客進入。如果你願意支付一大筆小費，也可能會有威尼斯船夫答應偷偷帶你去。
N 45.381879 E 12.331196

波韋利亞島又以「瘟疫島」聞名，現在成了一座無人島。

帕多瓦大學的木頭書
WOODEN BOOKS OF PADUA UNIVERSITY

● 威尼托，聖維托迪卡多雷
Veneto, San Vito di Cadore

在這 56 卷藏書中，每一本書都講述了一棵樹的故事，敘述的方式並非文字或插圖，而是透過那棵樹本身的一部分。

帕多瓦大學的木頭書可追溯至 18 世紀末或 19 世紀初。儘管世界上大多數的書都是由樹木製成——由木材製成的紙漿——但這些書不同，書的封面和封底是用木頭做的，書背則由同一棵樹的樹皮製成。書中收錄了這棵樹的葉片、樹枝、種子和樹根標本。每本書附有羊皮紙，上面有手寫的文字說明。

地址：41 Via Ferdinando Ossi, San Vito Di Cadore。
N 46.453240 E 12.213190

動物學與自然史博物館 LA SPECOLA

● 托斯卡納，佛羅倫斯　Tuscany, Florence

在 18 世紀的佛羅倫斯，藝術家用蠟製作解剖模型，爲學醫的學生展示皮膚之下的人體。模型的製作工序十分複雜：首先必須從剛解剖的屍體中取出所有器官按在石膏中鑄模，然後把蠟倒進石膏模型；當模型成形後，爲每個「器官」塗色、上漆，最後再把它們全部組裝在一個蠟製的軀體中，包裹上「肌肉」，再覆上用線或彩筆修飾過的「薄膜」。

模型成品異常逼眞——具有光澤的鮮紅色肌肉緊貼著一節節的骨頭，被一層精密又錯綜複雜的血管網包裹——連觀賞者都會忍不住想讓更多人看見這件藝術品。1775年，這些模型在梅迪奇家族建立的自然史博物館（Museo di Storia Naturale）中展出，館內還展出了該家族蒐集多年的化石、礦石和動植物標本，數量相當可觀。這座博物館成爲當時歐洲第一座對大衆

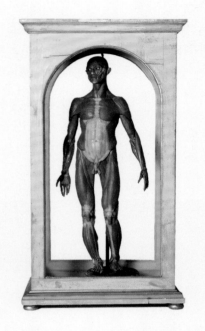

開放的科學博物館，其始終如一的開放時間、導覽及安保人員也是特點之一。

自然史博物館的 34 個展廳擺滿了蠟製的人體和動物模型、動物剝製標本及醫學器具。最引人注目的是幾具端莊卻又富挑逗意味的裸體女性蠟像。她們的腹部皮膚被去除、胸腔被打開，遊客可清晰觀察其內臟器官。鍾情於性虐待的薩德侯爵對這些視覺效果強烈、內臟暴露的女性身體情有獨鍾。

地址：Via Romana, 17, Florence。遊客可搭乘公車至聖菲利斯教堂（San Felice），可以順便遊覽隔壁的彼提宮（Palazzo Pitti）和波波里花園（Boboli Gardens）。
N 43.764487 E 11.246972 ➤➤

動物與自然史博物館的收藏品非常直接地讓遊客看見人們的肌膚之下有什麼東西。

伽利略的中指 GALILEO'S MIDDLE FINGER

● 托斯卡納，佛羅倫斯　Tuscany, Florence

要向伽利略永恆的反叛精神致敬，沒有什麼方式比在一隻鍍金的高腳杯中擺上他的中指更爲貼切的了。

伽利略於 1642 年去世。經過 95 年後，佛羅倫斯的神父兼學者安東尼奧・弗朗切斯科・戈里（Antonio Francesco Gori）將伽利略的屍體從原來簡陋的墓地轉移到立有紀念碑的新墓地，並且趁機將這位天文學家的中指藏在了自己的口袋中。這件遺物在佛羅倫斯的勞倫先圖書館（Laurentian Library）展出直到 1841 年，後來被自然史博物館——就是以解剖模型聞名的那間博物館——將其據爲己有。

1927 年，這根手指來到了它現在的存放地點，一座專門展出科學儀器的博物館，於 2010年改名爲「伽利略博物館」（Galileo Museum）。在該館收藏的一堆望遠鏡、天文器械和數學模型中，伽利略的中指是唯一的人體收藏品，被垂直擺放在一個高腳杯中。放杯子的柱子上鐫刻著銘文：「這根手指，來自一隻超群拔萃的手。它曾劃過天空，指向浩瀚的宇宙，點出新的天體。」

至於中指指向天空是表示伽利略曾一瞥宇宙的輝煌，在數學中發現上帝的存在，還是隱喻伽利略永恆地反叛將他定罪的教會，就由觀者自行理解了。

地 址：Galileo Museum, Piazza dei Giudici 1, Florence。
N 43.767734 E 11.255903

➡ 歐洲其他的醫學博物館

約瑟芬訥姆 Josephinum
維也納

約瑟芬訥姆醫學博物館建於 1785 年，收藏了超過 1,000 件蠟製模型，包括一具「金髮維納斯」解剖模型，和一顆看上去像是飄浮在玻璃圓頂下的心臟。

愚人塔 Narrenturm
維也納

愚人塔建於 1784 年，收容了罹患欣狂症、憂鬱症和酒精戒斷性譫妄等精神疾病的人。這座圓形建築被當地人戲稱為「磅蛋糕」，如今已變為解剖學和病理學博物館。

布爾哈夫博物館
Museum Boerhaave
荷蘭，萊頓（Leiden）

在一個玻璃罐裡，孩童的手臂從蕾絲袖口中伸出，眼球的血管組織像溜溜球一樣懸掛在孩子的手指上。旁邊的玻璃罐中漂浮著一隻通體雪白、頭部畸形的小豬。遊客走過這間擺滿了解剖學、醫學及科學人造製品的展廳，明顯感受到生命的脆弱。為了讓此一主題更為突出，

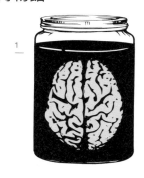

鉸接的人體骨架上甚至掛了小旗子，上面印著拉丁文的箴言：「pulvis et umbra sumus」（我們不過是塵與影）、「vita brevis」（生命苦短）以及「homo bulla」（人生如同肥皂泡沫）等。陳舊的手術室、年代悠久的醫療器械和動物解剖模型，讓遊客對「生命」的感受更為強烈。

弗羅里克博物館
Museum Vrolik
阿姆斯特丹（Amsterdam）

19 世紀，格拉爾杜斯·弗羅里克（Gerardus Vrolik）和威廉·弗羅里克（Willem Vrolik）這對教授父子研究解剖學多年，積累了數量驚人的各式畸形人體標本，尤其是先天異常的人體構造，例如連體嬰兒和獨眼胎兒。

這些嬰兒標本好似幽靈一般漂浮在玻璃罐中。

醫學博物館
Museum of Medicine
布魯塞爾

位在可可亞與巧克力博物館（Museum of Cocoa and Chocolate）旁邊的醫學博物館，最與眾不同的館藏是一整面掛滿了感染性傳染病的蠟製生殖器官標本。

皮膚病蠟像博物館
Musée des Moulages
巴黎

這座博物館專門展出被疾病感染的蠟製人體器官模型，整整兩層樓的展場，放滿了令人「大開眼界」的收藏品，如化膿、長滿癬子和疹子的皮膚組織。

迪皮特朗博物館
Musée Dupuytren
巴黎

在博物館因財政赤字而被迫關閉後，上千個蠟製解剖模型、病理模型和畸形人體標本被雪藏了近 30 年。直到 1967 年，博物館才重新對外開放。

亨特博物館
Hunterian Museum
倫敦

亨特博物館的收藏品包括數學家查爾斯·巴貝奇的半個大腦、前英國首相邱吉爾的假牙，以及著名的「愛爾蘭巨人」查爾斯·拜恩的骨架。

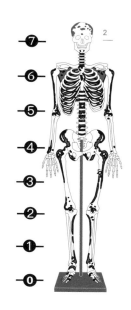

1　弗羅里克博物館收藏了大量裝有人體標本的瓶瓶罐罐。

2　查理斯·拜恩 230 公分的骨架，現於亨特博物館展出。

托斯卡納的祕境景點還有：

- **聖安東紐斯遺體**
  The Relic of St. Antoninus
  佛羅倫斯／遊客可以到聖馬可聖殿（Basilica di San Marco）瞻仰於 1459 年過世的聖安東紐斯（St.Antoninus）乾化的遺體。

- **地圖廳**
  Medici Hall of Maps
  佛羅倫斯／在梅迪奇家族的舊宮（Palazzo Vecchio）的其中一個房間裡，裝飾著 54 張文藝復興時期的精美手繪地圖。

- **聖塔瑪麗亞諾維拉藥房**
  Santa Maria Novella Pharmacy
  佛羅倫斯／這座仍在營運的全世界最古老藥房，還在販售由 800 多年歷史配方製成的香油、藥膏和藥物。

- **塔羅牌花園**
  The Garden of Tarot
  格羅塞托（Grosseto）／花園中擺滿了巨大雕塑，全部都是根據塔羅牌上的人物雕刻而成的。

- **聖齊塔的不朽之身**
  Incorruptible St. Zita
  盧卡（Lucca）／這裡收藏著一具歷時 700 年自然乾化的屍體，是一位被封為「聖人」的鄉下女孩。

- **中世紀酷刑博物館**
  The Museum of Medieval Torture
  聖吉米尼亞諾（San Gimignano）／博物館裡陳列著五花八門的中世紀酷刑器具，例如插著長釘的拷問椅。館

方希望透過這些收藏品教育世人，對抗世界各地不公義的暴力。

- **西恩納的聖加大利納斷頭**
  St. Catherine of Siena's Severed Head
  西恩納（Siena）／在西恩納的聖多明我聖殿（Basilica di San Domenico）裡，聖加大利納的頭就被收藏在一個精緻的聖骨匣中。

利奧教宗的浴室 POPE LEO'S BATHROOM

● 羅馬，梵蒂岡　Rome, Holy See

1516 年，教宗利奧十世（Pope Leo X）的老友兼知己——樞機主教比別納（Bibbiena）——決定重新裝潢梵蒂岡教宗寓所的浴室。比別納對淫穢事物的嗜好給了他靈感，打算繪製一系列以情慾為主題的壁畫，委以此任的則是他的另一個密友——藝術家拉斐爾（Raphael）。這些壁畫描繪了「美神」維納斯、「愛神」丘比特、「自然女神」寧芙，以及荒淫無度的「森林之神」薩提爾在野外裸身尋歡作樂的場景。

在接下來的幾個世紀，「樞機主教比別納的小暖房」（Stufetta del Bibbiena）備受指責。住在教宗寓所裡的人為此醜聞纏身，於是他們用其他畫作蓋過了一些壁畫。目前僅有小部分的原作被保留下來，例如赤身戲水、端詳著鏡中自己的維納斯，並躺在「植物之神」阿多尼斯雙腿之間。

雖然現今裝潢教宗寓所的設計師不可能批准這些情色藝術作品，但與文藝復興時期教宗們淫亂的私生活相比，拉斐爾的壁畫其實已經十分克制了。1501 年，教宗亞歷山大六世（Pope Alexander VI）在梵蒂岡的宮殿中舉行的「栗子盛宴」只不過是其惡劣行徑的滄海一粟。教宗在宴會中找來 50 位女性，透過拍賣脫去她們的衣服，命令她們裸體在地上爬行並撿起他與客人扔下的栗子。他甚至鼓勵神職人員和賓客與這些女性發生關係，「征服」次數最多的人還能得到服飾與珠寶作為「獎勵」。

地點位在梵蒂岡大道（Viale Vaticano），從羅馬搭乘地鐵經由奧塔維亞諾（Ottaviano）與聖彼得羅（San Pietro）至梵蒂岡博物館（Musei Vaticani）。「樞機主教比別納的小暖房」幾乎不對外開放，想進去需要動用一些當地人脈。或者你也可以選擇替代方案，遊覽波吉亞公寓（Borgia Apartment），房間牆上繪有亞歷山大六世的「栗子盛宴」。N 41.903531 E 12.456170

梵蒂岡教宗寓所中的一間浴室，被酷愛情慾的 16 世紀樞機主教比別納改造了一番。

教宗的祕密逃生路線隱匿在羅馬的石牆中。

怪物花園 PARK OF THE MONSTERS

● 拉齊奧，博馬爾佐　Lazio, Bomarzo

怪物花園（Parco dei Mostri）的靈感源於 16 世紀飽受折磨的義大利王子皮耶爾‧法蘭西斯科‧奧爾西尼（Pier Francesco Orsini）。皮耶爾經歷了慘烈的戰爭，目睹朋友殘忍被殺，自己被挾持人質多年，當他終於返回故土，摯愛的妻子卻在不久後離世。為了釋放內心的苦楚，皮耶爾雇用建築師皮羅‧利戈里奧（Pirro Ligorio），創造了一座讓訪客驚恐不已的花園。

花園忠實呈現了 16 世紀的矯飾主義（Mannerism）——這種藝術風格拒絕文藝復興時期的高雅、協調，偏愛誇張、扭曲的表達方式，並且結合了神話、古典主義與宗教的影響。花園中有許多讓人感到不舒服的雕塑，例如一頭戰象攻擊羅馬士兵、一個看起來像怪物的魚頭、一個巨人將另一個巨人撕成兩半，以及一座建在斜坡上、讓人失去方向感的房子。這些雕塑吸引了藝術家達利（Salvador Dalí）在 1948 年前去參觀，並且創造了很多以此為靈感的超現實主義作品。

參觀怪物花園，怎能不去「地獄之口」走一遭？你可以順著石階一步步進入「食人魔」口中。當你沿著洞穴走進刻著「理智不再」（Ogni Pensiero Vola）的「喉嚨」裡時，會看見一張配有椅子的野餐桌。

悲傷的王子搭建出一座滿是怪物石像的花園。

地點：Localita Giardino, Bomarzo。從羅馬搭乘火車至奧爾泰斯卡羅（Orte Scalo），再換乘公車到怪物花園。
N 42.491633 E 12.247575

博爾戈小徑 PASSETTO DI BORGO

● 羅馬　Rome

博爾戈小徑的所在位置，在一般人眼裡就是一個普通的古老碉堡。但碉堡石牆中卻隱藏著一條小路，好幾任教宗都曾將它當作緊急逃生通道。石牆始建於西元 850 年左右。到了 1277 年，教宗尼古拉斯三世（Pope Nicholas III）將它修建為現今的模樣。1492 年，教宗亞歷山大六世在位時期，石牆終於完工，而且時機剛好，因為兩年後他便靠著這條小路躲過了法國人的襲擊。最近一次逃亡事件發生於 1527 年，教宗克萊蒙七世（Pope Clement VII）從這條小路避開了神聖羅馬帝國的皇帝查理五世（Charles V），以及其多達 2 萬人的武裝軍隊。守衛聖彼得大教堂（St. Peter's Basilica）的瑞士近衛隊幾乎全部戰死在台階之上。自此之後，博爾戈小徑逐漸沒落。雖然這條通道並不對外開放，但在職教宗仍可在危急時刻利用它來逃生。在 2000 年時，為了慶祝千禧年，博爾戈小徑進行了翻新。現在通道會在每年夏天的特定時段對遊客開放。

地址：Borgo Pio, 62, Rome。可以搭乘路面電車至 Risorgimento / San Pietro 站下車。
N 41.903195 E 12.460684

羅馬的祕境景點還有：

- **犯罪學博物館 Criminology Museum**

博物館初建於 1837 年，館藏包括監獄裡的物品、施行酷刑的工具，以及介紹犯罪人類學歷史的相關物件。一直到 1994 年，這裡才開放讓大眾參觀。

- **銀塔廣場的貓咪避難所**
  Torre Argentina Cat Sanctuary

上百隻流浪貓在聞名遐邇的龐貝劇院（Theater of Pompey）的遺跡中神出鬼沒。這裡就是凱撒大帝（Julius Caesar）遇刺的地方。

- **維尼亞蘭達尼尼 Vigna Randanini**

西元 3 至 4 世紀期間的猶太地下墓穴。目前羅馬只有開放兩個類似的墓穴讓大眾參觀，這裡是其中之一。

煉獄聖潔靈魂博物館
THE MUSEUM OF HOLY SOULS IN PURGATORY

● 羅馬 Rome

這些燙印在祈禱書、床單和衣服上的手掌形燒痕，爲傳說中活人與亡靈之間的交流提供了證據。

根據天主教教義，死者的靈魂在贖罪之前會深陷煉獄之中，但若是在人世的朋友與家人爲其禱告，便可以加快死者的升天之路。

據說羅馬聖心天主堂（Church of the Sacred Heart）的創建人維克托・茹埃（Victor Jouet），在 1898 年教堂失火燒毀之後，萌生了建造煉獄聖潔靈魂博物館的靈感。火災現場留下了一幅畫，維克托認爲畫中一張燒焦的面孔是被困住的靈魂。

這些手印收藏品大多可以追溯到 18 或 19 世紀，「印證」了俗世中「存在」著受困的靈魂，它們從煉獄中伸出手，乞求所愛之人更加虔誠地爲他們禱告。

地址：Lungotevere Prati 12, Rome。 搭乘地鐵至 Lepanto 站下車，步行 15 分鐘即可到達煉獄聖潔靈魂博物館。N 41.904036 E 12.472395

義大利南部的祕境景點還有：

● 聖尼古拉的瑪納
Manna of St. Nicholas

巴里（Bari）／聖尼古拉的遺體會分泌出一種帶有甘甜氣味的液體——瑪納（manna）。每年 5 月 9 日聖尼古拉節，瑪納都會被收集在小瓶中出售給遊客。

● 藍洞 Blue Grotto

卡普里（Capri）／這個海蝕洞曾經是古羅馬皇帝提比略（Tiberius）的私人泳池，洞內的海面閃爍著奇異的幽藍之光。

● 聖塞維諾小禮拜堂的解剖學機器
The Anatomical Machines of Cappella Sansevero

那不勒斯（Naples）／依照實際人體骨架製造而成的解剖學模型，只是 18 世紀神祕的雷莫多・迪桑格羅王子（Raimondo di Sangro）珍奇收藏的一小部分。

● 聖雅納略地下墓穴
Catacombs of San Gennaro

那不勒斯／最早期的其中一個基督教地下墓穴，由三座可追溯至西元 3 世紀的墓地相連而成。

● 魔咒城堡 Il Castello Incantato

夏卡（Sciacca）／這座小花園裡分布著一千多個人頭石像，是「鄉村瘋子」菲利波・本提維亞（Filippo Bentivegna）的畢生心血。

情色祕櫥 THE SECRET CABINET OF EROTICA

● 坎帕尼亞，那不勒斯 Campania, Naples

龐貝古城（Pompeii）與赫庫蘭尼姆古城（Herculaneum）的居民相信，男性生殖器能夠庇佑人們帶來繁榮和好運，便將陽具的形象融入了包括家具和油燈在內的大多數物品之中。民家的牆壁上描繪著「自然女神」與「森林之神」性交的場景。情色，無處不在。

19 世紀時，兩座古城的遺跡出土，那不勒斯國家考古博物館（National Archaeological Museum of Naples）展出了這些性感的古文物。然而當未來的兩西西里①國王法蘭西斯二世（Francis II）偕同妻女造訪時，他被這些情色作品震驚了。他命人將所有露骨的展覽品撤走，鎖在一個隱祕的展櫃中，僅供「道德高尚」的成熟紳士觀賞。這樣的「小題大做」卻讓這些收藏品聲名大噪。在「紳士們」口耳相傳下，情色祕櫥成爲周遊歐洲時必去的「朝聖地」，但對女性、兒童和普羅大衆來說卻是禁地。

在接下來的一個半世紀裡，情色祕櫥一直刻意遠離大衆視線，僅在兩個短暫的性觀念開放年代對外展出過，即 19 世紀激進的朱塞佩・加里波底（Giuseppe Garibaldi）將軍統治時期，以及 1960 年代。到了 2000 年，情色祕櫥終於對一般民衆開放，並於 2005 年被移至單獨的展廳。

在數十件石製男性生殖器、陽具形狀的風鈴和挑釁的馬賽克拼貼中，最「聲名狼藉」的作品該數《薩提爾與山羊》（The Satyr and the Goat）雕像。它細緻地刻畫了薩提爾在光天化日之下對一隻母山羊下手的場景，母山羊的蹄子抵在薩提爾的胸上，眼神欲拒還羞。

地址：19 Piazza Museo, Naples。
遊客可搭乘火車到 Museo 站。
N 40.853394
E 14.2450577

那不勒斯國家考古博物館的祕密壁櫥裡，藏著肉慾橫生的雕塑。

白露里治奧 CIVITA DI BAGNOREGIO

● 契維塔　Civita

「天空之城」白露里治奧立於地勢險峻的孤山之上，幾個世紀以來，隨著城鎮邊緣的軟土不斷被侵蝕，土石不斷崩落，建築物也面臨倒塌的危機。

大約 2,500 年前，伊特拉斯坎人（Etruscans）在高聳的火山岩之上建立了這座小鎮，而通往入口拱門的唯一道路，是一條窄得只有驢子能通過的小徑。數百年來，這座圓形城鎮的邊界慢慢變得跟高原的邊界齊平，因為居民在台地有限的空間裡密集農耕，各種天災也削弱了原本就容易受侵蝕的黏土地基。

20 世紀時，小鎮上的數千居民開始搬家至更穩定的地區。今日驢子小徑早已侵蝕殆盡，抵達村莊的唯一方法是經由一座陡峭的人行步橋，只能透過輕型機踏車、三輪貨車或「小蜜蜂車」（也就是小型的機動皮卡車），才有辦法遞送物資。鎮上人口在夏季時會達到百人，冬季則減少到個位數。自 2013 年起，這座城市開始向遊客收取入場費。觀光旅遊成為居民的獲利來源，但是不時發生的土地崩塌仍舊不斷在縮小城市的邊界。

在奧爾維耶托（Orvieto）搭公車，大約 1 小時可以到達契維塔。在 6 月或 9 月前往可以觀賞騎驢比賽。
N 42.627815 E 12.114002

只有一條小徑可以抵達這座蓋在
火山岩上的古老村莊。

嘉布遣會地下墓穴
CAPUCHIN CATACOMBS

● 西西里，巴勒莫　Sicily, Palermo

在巴勒莫地下燈光昏暗的墓穴中，安息著 8,000 具腐壞程度不等的遺體。嘉布遣會墓穴原本專供修士使用，但為了容納願意出資葬在神聖墓地的當地名望之士，將廊道擴建挪出空間。這些乾化的屍體按照年齡、性別、職業和社會地位，分別被安放在敞口棺木，或是懸掛在狹道兩側的牆壁上，或是堆在架子上。

在墓穴的「處子堂」中，被家人宣稱為處女的死者身著已經褪色的襤褸白裙，被展放於一行銘文之下：「不論領羊者將前往何方，我們都將跟隨，我們是處女。」女孩們身上穿戴著自己最好的衣飾，但容貌已被塌縮的鼻梁、空洞的眼窩和凹陷的雙頰毀壞。許多遺體大張著嘴——因面部韌帶組織分解和重力共同造成——好似在尖叫。墓穴中異常乾燥的環境促進了遺體的自然乾化。神職人員會把屍體放在架子上，任其體液滲出，直到體內所有水分被瀝乾。一年之後，神職人員會用醋沖洗屍體，為其穿上最好的衣服，再將屍體放入已分配好的「安息地」。

其中年代最久遠的遺體為死於 1599 年的一位修士西爾韋斯特羅‧達古比奧（Silvestro da Gubbio）。年代最近的一具遺體則是年僅 2 歲的羅薩莉亞‧隆巴爾多（Rosalia Lombardo），於 1920 年死於肺癌。她的遺體進行了防腐處理，保存得非常完善，因此而得到「睡美人」的稱號。

另一方面，地下墓穴成為了一處帶有驚悚元素的時尚史博物館，記錄了巴勒莫從 17 世紀初到 1920 年代高端時尚潮流的變遷。然而原本在這些遺體上閃閃發亮的玻璃眼珠，卻在第二次世界大戰期間被美國士兵摳下來當作紀念品帶走了。

地址：1 Piazza Cappuccini, Palermo。從巴勒莫中央火車站步行到修道院需 25 分鐘。
N 38.111878 E 13.339211 ➤➤

遊客在嘉布遣會地下墓穴參觀時，全程有神職人員相伴。

➡ 歐洲其他藏骨堂

聖烏爾蘇拉教堂 Church of St. Ursula
科隆（Cologne）

據說這座教堂的一間金色小屋裡，擺滿了上百具處女殉道者的屍骨。

嘉布遣會聖母無玷始胎教堂
Santa Maria della Concezione dei Cappuccini
羅馬

教堂的 6 間地下墓室有精美的壁畫、拱頂，以及由 1528 至 1870 年間過世的 4,000 個嘉布遣會修士的遺骨裝飾而成的天花板，作為死亡的終極象徵。

聖伯多祿聖保祿教堂
Church of St. Peter and Paul
捷克（Czech Republic）

1520 年代瘟疫肆虐，墓地供不應求，於是原本安葬在教堂周邊墓地的

15,000 具屍體被挖出、清洗乾淨，然後被扔進了地下墓室中。

1780 年代，地下墓穴被認為會危害居民健康，因此被磚頭封堵了起來，逐漸被人們遺忘。直到 1913 年，捷克人類學家金德里希‧馬蒂耶卡（Jindřich Matiegka）再次開啟墓穴的入口，並且開始整理遺骨，將它們整齊地排列成堆，或者擺成裝飾圖案。他將幾千個骨頭組成了一個巨大的十字架，其間點綴著棕櫚葉，頭骨則被排放成心形。還有一條主要由腿骨建成的幽深隧道，代表了耶穌的復活。

塞德萊茨藏骨堂 Sedlec Ossuary
捷克

塞德萊茨藏骨堂也被稱為「人骨教堂」，其中珍藏著一件令人歎為觀止

的傑作——由人體的每一塊骨頭製成的「人骨大吊燈」。

聖貝納迪諾骸骨教堂
San Bernardino alle Ossa
米蘭

1210 年，米蘭的墓園已容納不下附近醫院死亡的病人，當地人因此建造一個容納骨頭的房間，直到 1269 年改建為教堂。

豐塔內萊墓穴
Cimitero Delle Fontanelle
那不勒斯

在 20 世紀初期，向這個墓穴裡的頭骨祈願成了一種祭儀熱潮。來訪者為頭骨獻上鮮花和祭品，祈求好運。其中最受追捧的是那些能夠「預測」彩票中獎號碼的頭骨。

精美的古老玻璃櫥櫃和鐘形
玻璃罩內擺放著藝術品、手
工藝品和化石。

NETHERLANDS
荷蘭

泰勒博物館 TEYLERS MUSEUM

● 北荷蘭省，哈倫　North Holland, Haarlem

泰勒博物館是荷蘭最古老的博物館，自 1784 年開館以來一直都採用自然光照明。化石、畫作和科學儀器等收藏品原本陳列於當地銀行家兼絲綢製造商彼得・泰勒・凡德赫爾斯特（Pieter Teyler van der Hulst）的「珍奇櫃」中。這位啟蒙時代的思想家有個心願，就是用自己的資金建立一個科學與藝術基金會。而他做到了，輝煌的泰勒博物館就是最終成果。

博物館目前館藏包括 25 件米開朗基羅（Michelangelo）的藝術品、林布蘭（Rembrandt）的畫作、化石、18 世紀的科學儀器，以及世界上最大的靜電發電機。主樓高聳的玻璃圓頂天花板，與館內的奇珍異寶一樣奪人眼球。

地址：Spaarne 16, Haarlem, Noord Holland。公車站就在泰勒博物館前。N 52.380283 E 4.640512

艾辛加行星儀 EISINGA PLANETARIUM

● 菲士蘭省，弗蘭訥克
Friesland, Franeker

荷蘭神職人員埃爾科・阿爾塔（Eelco Alta）在 1774 年引發巨大恐慌，因為他預測月球、水星、金星、火星和木星即將連成一線，地球會被甩向太陽。為了平息大眾的恐懼，業餘天文愛好者艾瑟・艾辛加（Eise Eisinga）在自家客廳的天花板上安裝了一個行星儀，演示太陽系不同行星在軌道上的變速過程。該行星儀一直運行至今，是世界上現存最古老的行星儀。

艾辛加耗費 7 年時間建造這座行星儀。他用木頭雕出當時已知的 6 個行星——水星、金星、地球、火星、木星和土星，將它們塗成金色，懸掛在天花板上。這些「行星」由鐘擺驅動，以繪製的太陽為軸心在同心圓軌道上運動。藍色的天花板代表天空，畫出了黃道十二宮及每顆行星距離太陽最遠的位置。天花板上方空隙隱藏了 60 個齒輪，控制著整個裝置的運行。

1781 年，就在艾辛加的行星儀即將建造完成之際，科學家們發現了一顆新的行星——天王星。不過這位天文愛好者並未因此修改他的作品，因為添加一顆「行星」會破壞行星儀 1:1012 的比例尺。

地址：Eise Eisingastraat 3, 8801 KE Franeker。可搭乘公車到 Theresia 站下車。N 53.187396 E 5.543725

世界上最古老的艾辛加行星儀，將太陽系裝進了一棟溫馨的荷蘭小屋，而且目前仍在運行中。

羊角村 GIETHOORN

● 艾瑟爾省　Overijssel

羊角村擁有 2,620 位居民、180 座木橋、狹窄的運河和一棟棟茅草屋，可說是田園版的迷你威尼斯。

村莊運河建立於 16 世紀，當時居民爲了從泥煤獲取燃料而開始挖掘管道。全長 6.5 公里的水路與毗鄰的小徑組成了羊角村的交通網路——整個村莊裡沒有公路，村民的交通工具只有船、自行車和雙腳。推薦乘坐「耳語船」（whisper boat）沿運河遊覽，這種船的發動機聲音很小，可以維持村莊靜謐的氛圍。

羊角村距離阿姆斯特丹約 90 分鐘的車程。若想在村裡觀光可以搭乘遊船，或者自己租一艘平底小船。N 52.740178 E 6.077331

站在電子淑女樂園的螢光牆之間，沐浴在「愛之夏」① 的光輝之中。

● 阿姆斯特丹　Amsterdam

電子淑女螢光樂園
ELECTRIC LADYLAND MUSEUM

從安妮之家（Anne Frank House）步行至這座狹小、黑暗的博物館只需 5 分鐘。博物館與吉米·罕醉克斯（Jimi Hendrix）的同名專輯一樣迷幻。遊客一進門便身處霓虹閃耀的「互動環境」中，當燈光暗下，牆上就會顯現螢光。放置於展示櫃中的螢光礦物在紫外線的照射下，這些原本呈現灰色的石塊發出了妙不可言的光彩。

博物館的創始人尼克·帕達利諾（Nick Padalino）會欣然爲遊客講解各種螢光物質在不同波長的光線下呈現出的奇妙景象。然而博物館中最令人嘖嘖稱奇的卻是同時出現其他非常尋常的展示品，如椰子、海貝、扁豆和大蕭條時期的玻璃。

地址：Tweede Leliedwarsstraat 5, Amsterdam。在沉浸式的環境中探索這座博物館的「輪廓」時，不妨搭配〈沿著哨塔〉② 這首歌曲。參觀須提前預約。
N 52.375602 E 4.880746

微生物博物館讓我
們看見一個原本看
不見的世界。

微生物博物館 MICROPIA

● 阿姆斯特丹　Amsterdam

微生物博物館是座與眾不同的「動物園」，裡頭展出的生物均無法用肉眼看到。博物館成立於 2014 年，旨在展示一直存在卻總是被人們忽略的黴菌、細菌和病毒等微生物。

我們的身體內外存活著超過 100 兆個微生物，在「與微生物相約」（Meet Your Microbes）主題展覽中所展示的只是其中一小部分。原來人們在親吻的時候，兩個人也同時交換了大量的細菌——這樣的展覽是否讓你對親吻產生更多浪漫的幻想了呢？

地　址：Artisplein, Plantage Kerklaan 36-38, Amsterdam。建議在參觀博物館前填飽肚子，因為看完動物排泄物的展區可能會讓你胃口盡失。

N 52.367110 E 4.912703

荷蘭的祕境景點還有：

● 聖經博物館
Bijbels Museum

阿姆斯特丹 / 這裡收藏了與聖經相關的紀念品，包括《死海古卷》①的精美復刻版。遊客還可以參觀保存相當完好的 17 世紀荷蘭廚房。

● 大麻博物館 The Hash, Marihuana & Hemp Museum

阿姆斯特丹 / 在這裡可以了解如何用古老工具和傳統方式把大麻變成繩子、紙張和衣服，並參觀由古至今的抽大麻器具。

● 酷刑博物館 Torture Museum

阿姆斯特丹 / 博物館展示了古代的酷刑器具和使用方法，包括拷問台、碎頭機和異端叉（heretic fork）。

● 三國迷宮 Three-Country Labyrinth

法爾斯（Vaals） / 歐洲最大的室外迷宮，由 17,000 棵千金榆構築而成，位在荷蘭、比利時和德國的領土相接之處。

● 雪茄環之屋 Cigar Band House

沃倫丹（Volendam） / 這間屋子的牆上布滿了由 1,100 萬個雪茄環標籤拼貼而成的馬賽克圖案。

PORTUGAL
葡萄牙

大西洋

法國

安道爾

跳嬰節

西班牙

葡萄牙

唐胡斯托
★自建大教堂

馬德里

巴利亞利
群島

蒙桑圖巨石
馬夫拉宮圖書館
雷加萊拉宮
★里斯本
迪亞哥·阿爾維斯的
防腐頭顱

英里 0   50   100
公里 0   50   100

N

地中海

絕壁頂城
隆達

國王步道

大西洋

葡萄牙及西班牙

加那利群島

口哨島

英里 0   5
公里 0   5

蒙桑圖巨石
THE BOULDERS OF MONSANTO

● 新伊達尼亞，蒙桑圖
Idanha-a-Nova, Monsanto

蒙桑圖是位於山腳下的中世紀小村莊，圍繞著一堆巨大的花崗岩而建。岩石的形狀和位置決定了道路的走向及石頭房屋的結構——村民們未曾移動岩石，而是將它們改造爲牆壁、地板，甚至是屋頂。遠遠望去，有些房子如同被從天而降的巨石壓扁了一樣。

除了奇形怪狀的塑膠椅、空調和路燈，蒙桑圖保留了中世紀的面貌，現有約 800 位居民仍居住在此地。這裡沒有汽車，而是以驢爲交通工具，穿梭在鋪有鵝卵石的狹窄小徑。

從里斯本（Lisbon）搭乘火車到布朗庫堡（Castelo Branco），再轉乘公車，很快便可抵達蒙桑圖。
N 40.038900 W 7.115262

蒙桑圖的居民生活在巨石之下。

據傳聞，共濟會的入會儀式就在這口 27.8 米深的井中舉辦。

雷加萊拉宮 QUINTA DA REGALEIRA

性情古怪的百萬富翁安東尼奧・蒙蒂羅（António Augusto Carvalho Monteiro）於1904年設計了這座宮殿，用以紀念自己廣泛的興趣。此外，這座宮殿還藏著一個祕密機構。這座五層高的建築融合了羅馬、哥德、文藝復興和曼努埃爾風格①。環繞宮殿而建的花園是一處由石窟、噴泉、雕塑、池塘和地下通道組成的奇妙之地，其中還有一口幽深、長滿青苔的「入會井」

● 里斯本大區，辛特拉　Grande Lisboa, Sintra

（Initiation Well），據說這口井曾是共濟會舉行入會儀式的地方。宮殿中藏有與煉金術、共濟會、聖殿騎士團和玫瑰十字會②有關的標誌。在宮殿前的羅馬天主教禮拜堂可見天主教聖徒的形象，以及常用於神祕宗教儀式的五角星圖案。

地址：Avenida Barbosa du Bocage 5, Sintra。參觀請自備手電筒。N 38.796352 W 9.396019

葡萄牙的祕境景點還有：

- **卡爾莫修道院遺址**
  Carmo Convent Ruins

  里斯本 / 這座中世紀哥德式教堂在 1755 年里斯本大地震中倒塌，如今廢墟成為了考古博物館。

- **人骨教堂**
  Capela dos Ossos

  法羅（Faro）/ 這座小教堂由人骨搭建而成，並以金色的骨架作為裝飾。

- **被淹沒的村莊**
  Drowned Village

  維拉里紐達富爾納（Vilarinho da Furna）/ 當附近的大壩水位下降時，這座水下村莊才會重新出現在大家眼前。

- **布薩科皇宮飯店**
  Buçaco Palace

  盧蘇（Luso）/ 飯店坐落在「童話森林」中，是為夢想家建造的宏偉歇腳處。

馬夫拉宮圖書館 MAFRA PALACE LIBRARY

● 馬夫拉　Mafra

這座壯觀的圖書館位於 18 世紀的馬夫拉宮，名列歐洲最佳圖書館，是國家級建築寶藏。這裡也是一群蝙蝠的家，牠們夜夜巡邏書架，尋找吃書的害蟲。

在這座洛可可式圖書館的木製書架上擺滿了成千上萬的珍貴古籍，因為年代久遠，蠹蟲、蛾及其他昆蟲都可能為這些脆弱的書本帶來浩劫。一般圖書館都用薰蒸或光照等比較傳統的方式來控制害蟲，但是馬夫拉宮圖書館有專屬的飛行護衛隊。

白天時，蝙蝠在書櫃後面睡覺，或是在外面的宮殿花園裡；到了夜裡閉館之後，這些小型飛行哺乳動物開始在書架間俯衝，獵捕吃書的蟲子。

這種夜間狩獵已經進行了好幾個世紀，也許早在圖書館成立之初就開始了。不過蝙蝠確實有個缺點：牠們會在地板、書架和家具留下大量的排泄物，夜夜如此。為了應付這種狀況，圖書館人員會在離開前用東西覆蓋家具，每天早上再小心翼翼清潔大理石地板，除去前晚活動的全部痕跡。

研究人員和學者可以使用該圖書館，建議事先預約。蝙蝠只在夜晚出沒，不太可能在參觀時間看到，要想一睹蝙蝠風采，可以晚上站在圖書館外面等牠們出來。在雨天或潮濕的日子，有時也能聽到蝙蝠在圖書館的角落發出聲響。N 38.936976 W 9.325933

有一群小蝙蝠保護著圖書館裡的 36,000 冊藏書。

迪亞哥·阿爾維斯的防腐頭顱
PRESERVED HEAD OF DIOGO ALVES

● 里斯本　Lisbon

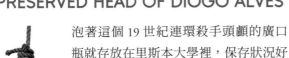

泡著這個 19 世紀連環殺手頭顱的廣口瓶就存放在里斯本大學裡，保存狀況好到驚人。一進入醫學院的解剖廳，首先會注意到架子上有一顆頭顱擺在一個透明手部標本旁邊，呈現黃色，表情平靜，有點像顆馬鈴薯。這是迪亞哥·阿爾維斯的頭顱，人稱他為葡萄牙第一個連續殺人犯，也是最後一個被處以絞刑的人。

這兩個說法都只有一半是真的，阿爾維斯的確是連續殺人犯，但不是第一個；他也不是最後一個被絞死的人——在他之後至少還有 6 個人踏上絞刑架，之後葡萄牙政府才廢除了死刑。那麼為何他的頭顱會被保存下來呢？

最有可能的原因是時機正好。阿爾維斯在 1841 年被處死，當時顱相學正在葡萄牙竄起。今日普遍認為顱相學是一種偽科學，但在當時大家相信一個人的性格特點——包括犯罪傾向——都能從人的頭骨測量出來，所以一具惡名昭彰的死屍會如此引起注意並不意外。一群顱相學家要求切下阿爾維斯的頭顱防腐保存，讓後世能深入研究他的犯罪衝動。

里斯本大學此區只對學生開放，通常不開放大眾進入。
N 38.746963 W 9.160439

SPAIN
西班牙

唐胡斯托自建大教堂
DON JUSTO'S SELF BUILT CATHEDRAL

● 馬德里，梅霍拉達德爾坎波
Madrid, Mejorada del Campo

唐·胡斯托·加萊戈·馬丁尼茲（Don Justo Gallego Martínez）是一位毫無建築和土木工程經驗的修道士，然而從 1961 年起，他開始利用回收和捐贈的材料建造大教堂。他從未繪製正式的設計圖，其設計理念主要受梵蒂岡的聖彼得大教堂影響，並且在之後的幾十年間隨著他不斷湧現的靈感而變化。

建造教堂的機緣始於一場疾病。感染肺結核的胡斯托不得不離開修道院，瀕死的他向聖母瑪利亞發誓，若是自己能夠痊癒，就為聖母瑪利亞建一座教堂。雖然胡斯托從未得到官方的施工許可，當他重獲新生後，開始全心投入教堂的建造工作。如今這幢建築已高達 13 層，汽油桶、油漆桶、廢金屬以及從附近磚廠撿來的磚塊，都被厚厚一層水泥築成了牆壁與尖頂。胡斯托的侄子們和志工偶爾會幫助他施工，但絕大部分的工作仍是靠著他的雙手完成的。這座教堂大約還需要 10 到 15 年才能完工，但胡斯托的年紀已經超過 90 歲了。此外，這座建築的命運仍懸而未決。一幢未獲許可的建築很有可能最終還是得拆除，而這位意志堅定的男人其畢生心血很可能就這樣被夷為平地。

地址：Calle del Arquitecto Gaudí, 1, Mejorada del Campo, Madrid。可以從 Conde de Casal 站搭乘公車，在 Calle del Arquitecto Gaudí 站下車。
N 40.394561 W 3.488481

從未接受正規建築工程教育的修道士胡斯托，和他搭建到一半大教堂。

絕壁頂城隆達 CLIFF-TOP CITY OF RONDA

● 隆達　Ronda

隆達城盤據在塔霍峽谷（El Tajo Canyon）兩側的絕壁頂端，彷彿山谷打開了一道裂縫，把整個城鎮一口吞下。

早在凱薩大帝統治的 200 年以前，羅馬人就在隆達建立了聚落。歷經數次外敵入侵，白色的石造小鎮仍舊屹立不搖。峽谷岩壁高達 100.6 公尺——比自由女神像加上底座還要高，谷底則是瓜達萊溫河（Guadalevín River）從峽谷中間流過。

這裡有 3 座橋連結兩側的城市，分別是羅馬橋（Roman Bridge）、阿拉伯橋（Arab Bridge）和新橋（New Bridge）。前 2 座橋的命名是為了表彰建造這座城鎮的帝國，後者則是由該城居民在 1793 年興建。石造橋樑的建造技術令人佩服，上有華麗的裝飾，下方有巨型柱子直達峽谷底部。

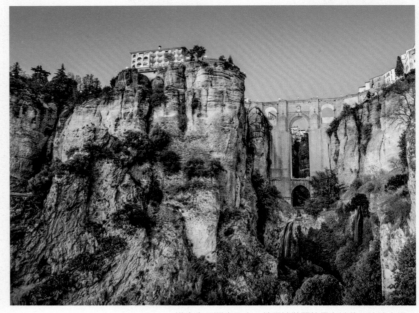

遊客為了鬥牛而來，結果被壯麗的景色迷住，流連忘返。

從馬拉加（Málaga）搭火車需 2 小時，從馬德里需 4 小時，或是從格拉納達（Granada）需 3 小時，這一路上可以欣賞寧靜優美的風景。

如果對鬥牛表演沒興趣，可以略過大受歡迎的 18 世紀鬥牛場，改去參觀阿拉伯浴場。

N 36.740529 W 5.164396

跳嬰節 BABY JUMPING FESTIVAL

● 卡斯蒂利亞萊昂，穆西亞
Castile and León, Castrillo de Murcia

在跳嬰節上裝扮成魔鬼的男人可一步躍過 4 個嬰兒。

每年復活節後的第 60 天，穆西亞村就會請男人裝扮成魔鬼的樣子，從嬰兒上方躍過。一年一度的跳嬰節在大街上舉行，2 或 3 個嬰兒躺在一排床墊上不安地扭動，圍觀的群眾聚集在道路兩旁，一群身著鮮黃色套裝、頭戴魔鬼面具的男人沿街奔來。他們來勢洶洶，用皮鞭威嚇旁觀的人群，然後就像在跑道上跨欄一般躍過一排排的嬰兒。

這個節日可追溯至 17 世紀，目的是為嬰兒「赦免罪惡」。任何在這一年內誕生的孩子都有資格成為「魔鬼」的「活人跨欄」。

從布爾戈斯（Burgos）搭乘計程車直達穆西亞小鎮，是最便捷的交通方式。N 42.358769 W 4.060704

儘管新安裝的扶手和修葺後的人行道讓這條路更加安全，但走在山壁旁邊的感覺依舊非常刺激。

國王步道 EL CAMINITO DEL REY

● 馬拉加省，埃爾喬羅　Málaga, El Chorro

在 2015 年之前，國王步道是西班牙最驚險的一條路。這條距離地面 106 公尺高，不足 1 公尺寬的水泥路緊挨著埃爾喬羅峽谷陡峻的岩壁，已經有 100 多年的歷史。步道千瘡百孔，部分路段的水泥已完全剝落，只剩下約 8 公分寬的鋼架。登山者和徒步旅行者慕名而來，尋求終極的刺激——在大風中倚靠著鋼架寸步挪動，掙扎著不敢望向深淵。

步道建於 1901 年，當初是為了方便附近水力發電廠的工人進出。步道竣工後第 20 年，國王阿方索十三世（Alfonso XIII）從這條路去參加了新大壩的揭幕式，因此這條路有了如今這個名字——「國王步道」。然

而在國王蒞臨後不久，步道便失修朽壞了。

2000 年，因 3 人從步道上墜崖身亡，人們終於意識到了這條路的狀況有多麼岌岌可危。當地政府於 2014 年開始維修工程，重新鋪路並安裝扶手。雖然現在的步道對徒步者來說已經沒有致命的風險，但站在上頭仍會感到心驚肉跳，特別是起風之時。

距離最近的城市阿洛拉（Álora）大約 13 公里，火車班次不多，因此計程車是最好的選擇。遊覽時記得繫好安全帶，並將其扣在固定的繩索上。
N 36.932358 W 4.789480

西班牙的祕境景點還有：

• 約瑟普久拉迷宮 Josep Pujiula Labyrinth
阿爾赫拉格爾（Argelaguer）／ 一個男人憑藉一己之力，在自然景觀中創造了奇境。

• 巧克力博物館 Chocolate Museum
巴賽隆納（Barcelona）／ 在這裡可以一睹聖家堂（Sagrada Família）巧克力模型的風采。

• 靈車博物館 Hearse Museum
巴賽隆納 ／ 這座博物館展現了屍體運送技術的最高水準。

• 塞特尼爾小鎮 Setenil de las Bodegas
加的斯（Cádiz）／ 依懸崖而建的西班牙小鎮，大約建於西元 1 世紀，至今仍有 3,000 多位居民在此生活。

• 夜壺博物館 Potty Museum
羅德里戈城（Ciudad Rodrigo）／ 博物館中陳列著 1,300 個由一位古怪收藏家收集而來的馬桶。

• 世界上最大的椅子 Biggest Chair in the World
哥多華（Cordoba）／ 在盧塞那（Lucena）椅子工廠外的巨型椅子，難道不想坐一下嗎？

• 富利特堡 Castellfollit de la Roca
赫羅納（Girona）／ 從中世紀就矗立於火山斷崖上的小村莊。

• 哈邁奧斯熔岩洞 Los Jameos del Agua
拉斯帕爾馬斯（Las Palmas）／ 這個火山洞穴中有利用熔岩隧道建造的音樂廳、地下游泳池，以及稀有的白化螃蟹。

• 月亮窟 La Cueva de Luna
馬德里 ／ 於 1952 年發現的一處地下墓穴，起源一直是個謎。

• 加拉與達利的城堡 The Gala Dalí Castle
拉佩拉（Púbol-la Pera）／ 畫家達利為妻子加拉買下這座中世紀的波布爾城堡，在裡頭擺滿了細腿象的雕塑、華格納（Richard Wagner）的半身像，和一張給妻子的王座。

• 薩烏的聖羅馬教堂 San Romà de Sau
薩烏新鎮（Vilanova de Sau）／ 當大壩的水面下降時，就可以看見這座教堂的羅馬式塔樓遺跡。

• 女巫博物館 Museo de las Brujas
蘇加拉穆爾迪（Zugarramurdi）／ 一座以女巫聞名的村莊，一間以神祕學為主題的博物館。

口哨島 THE WHISTLING ISLAND

回響在戈梅拉山谷的哨聲可不是噪音，而是對話。小島上的居民使用「哨語」（silbo）互相交流，這種語言沒有單詞，而是靠不同的聲調表意。

哨語源於關切人（Guanches），他們是戈梅拉最早的原住民，使用一種結構簡單的聲調語言。16世紀，西班牙殖民者來到此地。關切人爲了適應西班牙語而對聲調做了一些改變，於是演變出現今島民使用的更爲複雜的哨語。對於不懂哨語的人，這種語言聽上去好似鳥兒鳴啼。他們交流的方式更具特色：戈梅拉島民會將一根手指或一個指關節放進口中發聲，另一隻手罩在嘴邊，以便聲音朝聽者的方向聚攏。

由於擔心這種特殊的語言失傳，戈梅拉人於 1999 年將哨語列爲島上小學教育的必修科目。

遊客可從特內里費島（Tenerife）南邊的洛斯克利斯蒂亞諾斯（Los Cristianos）搭乘渡輪到戈梅拉島的聖塞瓦斯蒂安德拉戈梅拉（San Sebastian de la Gomera）。N 28.103304 W 17.219358

SWITZERLAND
瑞士

布魯諾韋伯雕塑公園
BRUNO WEBER SKULPTURENPARK

在這座充滿「怪物」與「奇珍異獸」的雕塑公園裡，遊客可以一睹布魯諾・韋伯（Bruno Weber）奇妙又非凡的精神世界。這位瑞士雕塑家自 1962 年開始，在家鄉迪肯孔建造了一系列巨大的異國風情動物雕塑，來歌頌想像力的力量。

園中有一座彷彿童話般的哥德式城堡，主塔約 25 公尺高，四周圍繞著蟒蛇、長翅膀的狗、毛毛蟲和神獸形象的雕塑。韋伯與妻子瑪麗安・戈東（Mariann Godon）幾十年來一直住在這裡。

韋伯在 75 歲時想要在公園裡修建一座水上花園——一處由雕塑和噴泉拼貼而成的樂園，還有小池塘作爲神來一筆。遺憾的是，80 歲高齡的韋伯於 2011 年辭世。瑪麗安接手完成韋伯的夢想，讓花園得以完工，並且在韋伯去世後的 6 個月後開放花園讓大衆參觀。

地址：Zur Weinrebe 3, Dietikon。公園開放時間為 4 月至 10 月的週三及週末，可先從蘇黎世（Zürich）搭乘火車到迪肯孔，再坐公車到 Gjuchstrasse 站，步行 15 分鐘即可抵達雕塑公園。N 47.405469 E 8.381182

布魯諾韋伯雕塑公園中的城堡頂端有一排齜牙咧嘴的怪物。

食童噴泉 KINDLIFRESSERBRUNNEN　　　● 伯恩　Bern

伯恩市中心的一根藍金色柱子上坐著一個「怪物」，張著血盆大口，露出獠牙，正在津津有味地吃著一個嬰兒，而他另一隻胳膊還挽著一袋嬰兒。他就是「食嬰怪」（Kindlifresser），裝飾著這座城市的古老噴泉。

食嬰怪的起源備受爭議，有人說他是克洛諾斯（Kronos）——在希臘神話中，他吞下自己所有孩子，唯有宙斯得以倖免。另一種悲劇性的說法，認為食嬰怪是在影射 16 世紀猶太人殺嬰進行宗教祭祀的傳言，因為雕像上的黃色尖頂帽與當時猶太人佩戴的帽子驚人地相似。

不論塑造伯恩食嬰怪最初的用意是什麼，他瞪大的雙眼、可怕的面容和一袋子尖叫的嬰兒，在在使得這座噴泉令人難忘。

噴泉的地點位在科恩豪斯廣場（Kornhausplatz），可搭乘公車到時鐘塔（Zytglogge）下車，食嬰怪就位於廣場中央。
N 46.948474 E 7.447464

瑞士的祕境景點還有：

- **吉格爾博物館 HR Giger Museum**
格呂耶爾（Gruyères） / 超現實主義藝術家吉格爾（H.R. Giger）的奇思妙想，藏在這座中世紀小城之中。

- **城外藝術美術館 Collection de l'Art Brut**
洛桑（Lausanne） / 無家可歸者、罪犯和精神病犯人創作的藝術作品彙聚於此。

- **聖莫里斯修道院 St. Maurice's Abbey**
瓦萊州，聖莫里斯（Valais, Saint Maurice） / 這座修道院建在羅馬地下墓穴的遺址之上。

- **酷刑博物館 Henkermuseum**
錫薩赫（Sissach） / 這裡陳列了數量眾多且貨真價實的中世紀酷刑和處決器具，均為私人收藏品。

- **異次元之屋 Maison d'Ailleurs**
伊韋爾東萊班（Yverdon-les-Bains） / 這是一座以科幻小說、烏托邦和超凡旅行為主題的博物館。

- **螺旋屋 Evolver**
策馬特（Zermatt） / 你可以在這個螺旋形的建築中飽覽阿爾卑斯山的美景，從不同的角度欣賞馬特洪峰（Matterhorn）。

- **醫學史博物館 Medizinhistorisches Museum**
蘇黎世 / 這座博物館擁有 14 世紀治療瘟疫的醫生所穿制服的真品，而且是全蘇黎世唯一一件。

噴泉上的雕塑生動地刻畫了猙獰的食嬰怪與一袋「美味」的嬰兒。

青蛙博物館
LE MUSÈE DES GRENOUILLES

● 弗里堡州，埃斯塔瓦耶
Fribourg, Estavayer-le-Lac

這座在中世紀小城埃斯塔瓦耶的青蛙博物館結合了兩種趣味——青蛙與槍支。19 世紀中期，古靈精怪的藝術家弗朗索瓦・佩里耶（François Perrier）製作了 100 多個青蛙標本，將它們放置於演繹人類日常生活的「小舞台」上，包括理髮店、撞球、宴會，甚至還有在賭桌上的青蛙。然而展間的另一頭是個軍火庫，收藏了從中世紀至 20 世紀早期的武器和軍事裝備。至於這兩個房間之間有什麼關聯……至今不爲人知。

地址：Rue du Musée 13, Estavayer-le-Lac。埃斯塔瓦耶位於納沙泰爾湖（Lake Neuchâtel）南岸，從弗里堡搭乘火車需 40 分鐘左右。N 46.849554 E 6.848747

聖加侖修道院圖書館
ABBEY LIBRARY OF SAINT GALL

● 聖加侖　St. Gallen

說到世上最美麗的古老圖書館，不能不提聖加爾修道院圖書館。

附屬於主教堂的圖書館建造計畫可以追溯至 9 世紀，隨著修道院逐年發展，圖書館也跟著擴張。很快地，這個地方就以收藏裝飾華美的手抄本及著作廣爲人知，成爲 6 至 9 世紀的西方文化及科學領導中心。

18 世紀中葉，這些舉世聞名的收藏品被移到新建的圖書館。新的藏書空間爲華麗的洛可可風格，抬頭可見天花板上的藝術畫作，二樓的木製扶桿裝飾著花朵形狀的雕刻。

直到今日，聖加侖圖書館的美依然難以找到旗鼓相當的對手，館藏書籍的質量也是全世界數一數二，涵蓋古今 12 個世紀，包括第一份繪製在羊皮紙上的建築平面圖。

地址：Klosterhof 6B, St. Gallen。聖加侖修道院距離斯比塞托火車站（St. Gallen Spisertor train station）不遠，走一小段路即可抵達。參觀者進入圖書館之前會拿到一雙拖鞋，請套在鞋子上以保護地板。
N 47.423193 E 9.376725

歐洲現存最古老的其中一座圖書館，也是最美的圖書館。

埃爾布隆格運河

彎曲森林

德國

俄羅斯　立陶宛

塔林 ★ 帕塔雷海堡
　　　監獄

愛沙尼亞

薩雷馬隕石坑

無線電天文中心

★ 里加

拉脫維亞

十字架之山

立陶宛

魔鬼頭

★ 布拉格

捷克

華沙

立體戲院 ★

波蘭

維利奇卡鹽礦
諾瓦胡塔

烏克蘭

俄羅斯　白俄羅斯

★ 維爾紐斯

英里0　50　100
公里0　50　100

N

BRL

恰赫季采古堡遺跡

斯洛伐克
★ 布拉提斯拉瓦

奧地利

雕塑紀念公園

神之右手 ★
布達佩斯

匈牙利

歡樂墓園

圖爾達鹽礦

羅馬尼亞

斯洛維尼亞

札格雷布 ★ 分手博物館

克羅埃西亞

奧古斯特馮施皮斯
狩獵博物館

★ 布加勒斯特

貝爾格勒 ★

亞得里亞海

波士尼亞與
赫塞哥維納

東歐

俄國斯及烏克蘭請見第 89 頁

英里0　　　200　　　400
公里0　　200　　400

內哥羅

科索沃

塞爾維亞

骷髏塔

保加利亞

冰峰紀念碑
奈斯蒂納斯托沃火舞

黑海

索菲亞 ★

★ 史高比耶

北馬其頓

克魯舍沃馬其頓紀念館

希臘

阿爾巴尼亞

義大利

愛琴海

土耳其

土耳其

N

BULGARIA
保加利亞

奈斯蒂納斯托沃火舞
NESTINARSTVO FIRE DANCING

● 布爾加斯，巴爾加利
Burgas, Balgari

巴爾加利是位於保加利亞東南角的一個隱蔽小村莊，也是這個國家唯一一處「原汁原味」舉行年度火舞儀式的地方。根據傳統，舞者要赤足在柴火的餘燼上跳舞，祈求豐饒與健康。

奈斯蒂納斯托沃火舞融合了基督教與異教的傳統。舞者們在儀式開始之前會進入一種「靈魂出體」的狀態，然後舉著聖徒肖像踏入一圈餘燼之中。在村民的圍觀下，舞者踩著鼓點來回舞動，伴著風笛聲大聲地喊出來年的預言。

火舞儀式於 6 月 3 日（紀念聖徒康斯坦丁與海倫娜的節日）舉行。N 42.087878 E 24.729355

冰峰紀念碑
BUZLUDZHA MONUMENT

在偏遠的山峰上矗立著一座灰色的飛碟形紀念碑，就算出現在科幻電影中也一點都不奇怪。然而旁邊巨型石碑上的紅五星卻顯示了它真正的身分——建於 1970 年代，由 6,000 名工人花費 7 年建造，用來歌頌共產主義的紀念碑（其興建資金來自保加利亞公民的強制性捐獻）。

1989 年，保加利亞共產黨放棄了政權，保加利亞也開始轉型為民主政治，冰峰紀念碑逐漸失去了原有的重要性。這座廢棄的紀念碑很快就遭到有心人士蓄意破壞，內部原本擺設的藝術作品也被摧毀，只留下了水泥建築。與其說是讚揚共產主義的社會奇蹟，這座紀念碑可能激發了人們更多的反共情緒。如今建築物的門口被寫上了幾個大大的紅字：忘記過去。

從巴爾幹山脈（Balkan Mountains）的希普卡山口（Shipka Pass）開始，沿著小路行進 11 公里即可到達冰峰紀念碑。N 42.735819 E 25.393819 ➤➤

保加利亞的祕境景點還有：

• **貝羅格拉齊克奇岩 Belogradchik Rocks**
貝羅格拉齊克（Belogradchik） / 形狀怪異的巨岩，其名稱（托缽修士、反叛者韋爾科、女學生等）的由來和傳說也同樣奇特。

• **卡利亞克拉發射站 Kaliakra Transmitter**
布爾加雷沃（Bulgarevo） / 這座未完工的龐大廣播站標誌著保加利亞共產主義的失敗。

雖然冰峰紀念碑形似科幻電影中的道具，其目的卻是向保加利亞社會主義運動致敬。

➡ 其他「粗獷」紀念碑

1960 至 1970 年代期間，南斯拉夫總統狄托（Josip Broz Tito）下令建造這些紀念碑，向共產主義致敬，並且標記了第二次世界大戰的戰場。所有紀念碑都由水泥建造而成，帶有「粗獷主義」（Brutalist）的風格——這種壯觀雄偉的建築美學在社會主義國家特別受歡迎。

米拉科維察革命紀念碑
Mrakovica Memorial: Monumenttothe Revolution
波士尼亞與赫塞哥維納，科扎拉（Bosnia and Herzegovina, Kozara）

米特羅維察紀念碑
Mitrovica Monument
科索沃，米特羅維察
（Kosovo, Kosovska Mitrovica）

科拉欣紀念碑
Kolašin Monument
蒙特內哥羅，科拉欣
（Montenegro, Kolašin）

莫斯拉維納人民革命紀念碑
Monument to the Revolution of the People of Moslavina
克羅埃西亞，波德加里奇
（Croatia, Podgaric）

英雄谷紀念碑
Valley of the Heroes Monument
波士尼亞與赫塞哥維納，提安蒂史特（Bosnia and Herzegovina, Tjentište）

科爾敦與班尼亞人民起義紀念碑
Monument to the Uprising of the People of Kordun and Banija
克羅埃西亞，彼得羅夫山
（Croatia, Petrova Gora）

亞塞諾瓦茨紀念碑（石之花）
Jasenovac Monument (Stone Flower)
克羅埃西亞，亞塞諾瓦茨
（Croatia, Jasenovac）

布班亞紀念公園三拳雕塑
The Three Fists at Bubanj Memorial Park
塞爾維亞，尼什
（Serbia, Niš）

波士尼亞與赫塞哥維納的提安蒂史特戰爭紀念碑（Tjentište War Memorial），用以銘記第二次世界大戰的蘇捷斯卡戰役（Case Black）。

CROATIA
克羅埃西亞

分手博物館
MUSEUM OF BROKEN RELATIONSHIPS

● 札格雷布　Zagreb

2003 年，克羅埃西亞藝術家奧林卡‧韋斯蒂卡（Olinka Vištica）和德蘭森‧格魯比茨（Dražen Grubišić）為期 4 年的戀愛走到了盡頭。這對分手的愛侶開玩笑地表示他們應該建立一座博物館，展出兩人曾一起分享的所有物品。3 年後，他們真的開了一間分手博物館。

博物館中陳列了見證愛情逝去的物品，除了常見的泰迪熊和書信，收藏品還包括一小瓶眼淚、一把斧頭、一個暈機嘔吐袋和一條假腿。某些物品來自一場悲劇，例如一個女人用斧頭劈爛了自己前女友的家具；某些物品則帶著甜蜜，例如暈機嘔吐袋來自一段依靠飛機維繫的遠距離戀愛，而假腿的主人則是一位愛上了物理治療師的男人。

地址：Ćirilometodska 2, Zagreb。如果不想爬累死人的山路，可以搭乘纜車。如果你剛走出一段戀情，歡迎捐出一件物品進行展覽。
N 45.815019 E 15.973434

克羅埃西亞的祕境景點還有：

- **裸島監獄 Goli Otok Prison**
  裸島（Goli Otok）/ 這間蘇聯時期的古拉格集中營①於 1988 年被關閉。

- **特斯拉博物館及紀念中心 Birthplace of Tesla Museum and Memorial Center**
  斯米連（Smiljan）/ 這間博物館介紹科學家特斯拉（Nikola Tesla）的家鄉、成長經歷及成年後的研究成果。

- **海風琴 Sea Organ**
  札達爾（Zadar）/ 當風與海浪拍打這組聽覺藝術裝置的管狀結構，它就會隨機發出和聲。

CZECH REPUBLIC
捷克

魔鬼頭 THE DEVIL HEADS

● 傑利茲　Želízy

在傑利茲村莊上方森林中的某處，一幅令人不安的景象等待著健行者的到來。從可可欽斯科（Kokořínsko）自然保護區往下俯瞰，可以看見兩尊由大石塊雕刻而成的魔鬼臉部雕像，空洞的雙眼瞪望著經過的人。當地人將這兩個 9 公尺高的砂岩頭像稱為「魔鬼頭」（Čertovy Hlavy），由著名捷克雕塑家瓦茲拉夫‧列維（Václav Levý）於 19 世紀中創作，幾個世紀以來受到風吹雨打的些許破壞，怪誕的臉部五官變得稍微模糊，但絲毫不減其陰森感。

可從街上看到魔鬼頭，或是往些微陡峭的山丘上走大約 500 公尺就可以抵達雕像。這個地區還有其他幾座由列維創作的石雕作品，包括在附近人造洞穴岩壁上的雕刻。
N 50.420551 E 14.464792

探訪頭像的最佳時間是白天，而且最好找朋友陪你一起去。

捷克的祕境景點還有：

- **嘉布遣乾屍地窖 Capuchin Crypt**

  布爾諾（Brno）／在一個木製大十字架前，整齊地擺放了 24 具保存相當完好的嘉布遣會修士遺骸。

- **科爾提尼藏骨堂 Křtiny Ossuary**

  科爾提尼（Křtiny）／這座小鎮的藏骨堂裡有 12 個繪製了黑色月桂葉的頭骨。

- **煉金術博物館 Alchemy Museum**

  庫特納霍拉（Kutná Hora）／這間博物館是現代煉金術士米哈爾・波貝爾（Michal Pober）的地下實驗室，塞滿了大鍋、藥瓶、藥劑、說明展示板及煉金實景模型。

- **共產主義時鐘 Communist Clock**

  歐洛慕奇（Olomouc）／時鐘最早建於 15 世紀初，在後期重建時參照了寫實主義風格，突顯了共產主義工人的形象。

- **桌玻穆的聖若望朝聖教堂 Church of St. John of Nepomuk**

  薩扎瓦河畔日賈爾（Žd'ár nad Sázavou）／這座教堂融合了哥德式與巴洛克的建築風格，收藏了 14 世紀捷克聖徒的不朽遺骨。

ESTONIA
愛沙尼亞

薩雷馬隕石坑　SAAREMAA CRATER FIELD

● 薩雷馬島，卡利
Saaremaa, Kaali

關於隕石坑的年代眾說紛紜，某些人認為是在西元前 5,600 至 600 年之間，一顆巨大的流星衝過大氣層，裂成碎片，撞向了薩雷馬島的森林。隕石撞擊產生的熱和能量瞬間將方圓 5 公里內的樹木燒成灰燼。

薩雷馬島上的 9 個隕石坑誕生了一個傳說。最大的隕石坑（寬 110 公尺、深 22 公尺）已變成水池，被當地居民尊為「聖湖」。在鐵器時代①，人們圍繞聖湖修建了一堵石牆。考古學家在 1970 年代挖掘出的銀器和動物骨頭，說明了這個地方曾舉行過動物祭祀和宗教崇拜的儀式。部分動物遺骨可追溯到 17 世紀，那時教會早已廢除祭祀儀式很久了。

現在隕石坑附近建有流星博物館、紀念品商店，以及提供無線網路、自助式早餐和三溫暖的飯店。

地點：Kaali Küla, Pihtla vald, Saaremaa。
N 58.373033 E 22.669244

帕塔雷海堡監獄
PATAREI SEA FORTRESS-PRISON

● 哈爾尤，塔林　Harju, Tallinn

帕塔雷是一座建於 1840 年的海上堡壘，在 1919 至 2002 年間，其陰冷黑暗的禁閉室中關押著囚徒。監獄關閉之後，從手術室裡用過的棉花棒到囚室牆上貼著雜誌上撕下來的美女圖片，所有東西都被原封不動地保留下來。生鏽的輪椅、剝落的油漆，以及布滿灰塵的整齊床鋪，營造出一種毛骨悚然的氛圍，發黴的幽暗絞刑室更是有過之而無不及。

如今帕塔雷海堡已變成可供出租的婚禮和派對場地。

地址：Kalaranna 2, Tallinn。開放期間為每年的 5 月至 10 月，可搭乘公車到卡拉馬亞（Kalamaja）。
N 59.449867 E 24.743403

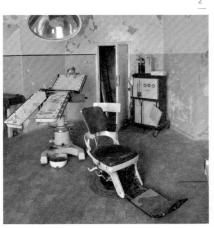

1　燃燒的流星撞擊地面，形成寬約 110 公尺的隕石坑。
2　監獄牙科看診室的牆壁被塗成了令人放鬆的藍色。

HUNGARY
匈牙利

雕塑紀念公園 MEMENTO PARK

● 布達佩斯　Budapest

1989 年，共產主義在匈牙利垮台後，在布達佩斯留下了數十座公共紀念碑。人們並沒有銷毀這些社會主義的遺物，而是決定把它們放逐到郊區。

距離布達佩斯市中心 20 分鐘車程的雕塑紀念公園，成爲這 40 幾座共產時代的雕像和牌匾最終長眠之地。這些被拋棄的歷史遺跡以中立的方式被放置在這戶外空間，沒有嘲笑譏諷，也沒有讚揚緬懷。

公園裡最不尋常的雕塑是史達林巨大靴子的原寸複製品。前蘇聯領導人龐大的 7.9 公尺雕像原本矗立在布達佩斯市中心的法爾古納西廣場上（Felvonulási Square），是當時共產政府的集合和遊行地點。1956

年 10 月 23 日那天，匈牙利人反抗政權，拉倒了雕像，只留下史達林的巨大靴子。儘管革命遭到殘酷的鎮壓，如今這雙靴子的複製品紀念著在起義中喪生的人，提醒人們曾經在鐵幕下的生活。

可由布達佩斯搭乘大眾交通工具抵達公園，搭地鐵或公車大約需要 25 分鐘。N 47.426346 E 18.998732

匈牙利的祕境景點還有：

• 電子博物館 Electronic Museum

布達佩斯／這座電子「古玩」博物館位在舊變電站內，收藏了特斯拉線圈和范德格拉夫（Van de Graaff）發電機。

• 金鷹醫藥博物館 Golden Eagle Pharmacy Museum

布達佩斯／這座煉金術博物館誕生於 1896 年，展出私人收藏的奇特藥品。

• 陶羅迪城堡 Taródi Castle

肖普朗（Sopron）／這是一座由 20 世紀的普通家庭親手建造出來的中世紀城堡。

公園鼓勵遊客正視共產政權遺留的產物，不要忘記過去的歷史。

探索更多布達佩斯景點

神探可倫坡雕像　　Columbo Statue

聖伊什特萬大道（Szent István krt） / 於 2014 年矗立的銅像，以電視劇中的邋遢警探和他無精打采的巴吉度獵犬為主角，地點就在時髦華麗的購物區，距離多瑙河僅幾個街口。

彈珠台博物館　　Flippermuzeum

約瑟夫城（Józsefváros） / 經典彈珠台專屬博物館，位於不起眼的公寓大樓地下室，裡面擺滿了一排又一排的少見老式機台，包括大家最常玩的機型，還有目前已知唯一的匈牙利製彈珠台。

時光輪　　The Timewheel

祖格羅區（Zugló） / 這個藝術裝置位於沃伊達奇城堡附近的公園裡，大概是世界上最大的沙漏，具有複雜的鋼纜系統，轉動一次要花上一小時。每年跨年的時候，重置的工程需要四個人一組來完成。

沃伊達奇城堡　　Vajdahunyad Castle

祖格羅區 / 城堡位在布達佩斯城市公園，為 1896 年匈牙利王國建立 1,000 年慶祝活動的一部分。這座外西凡尼亞風格的城堡原本是以紙板和木頭釘成的臨時展示品，因為大受群眾歡迎，在 1904 年升級為真正的石砌城堡。

狩獵廳　　The Hall of Hunting

祖格羅區 / 沃伊達奇城堡其實是一座農業博物館，展出林業、漁業以及鳥類和雄鹿標本。沿著莊嚴的石梯往上走可以看到狩獵廳，是鹿角、牛角和動物蹄的殿堂。

布達佩斯兒童列車　　Gyermekvasut

賽切尼山（Széchenyi-hegy） / 布達佩斯兒童列車確實是世上最長的兒童專屬鐵道，不僅如此，除了工程技師之外，這條 11.2 公里長的窄軌鐵路全線皆由 11 至 14 歲的孩子負責營運。

多瑙河岸的鞋子　　Shoes on the Danube Promenade

內城（Inner City） / 這串鐵鞋是用來紀念二次世界大戰期間被納粹殺害的平民，他們被迫脫掉鞋子後在河岸邊被處死。此處紀念碑也為了追悼成千上萬無辜犧牲的猶太人。

傑爾基納斯博物館　　György Ráth Museum

特蕾希亞城（Terézváros） / 這裡是應用藝術博物館（Museum of Applied Arts）的分館，展出了某位富裕的匈牙利眼鏡公司老闆收藏的亞洲珍品，超過 4,500 件的收藏品年代都在 19 世紀末至 20 世紀初。

匈牙利地質學會建築　　The Hungarian Geological Institute Building

伊斯凡梅佐（Istvánmező） / 在這棟華麗的建築中，有該國最古老的研究機構、匈牙利地質研究院和布達佩斯地質博物館。該建築為匈牙利新藝術運動「分離主義」（Secessionist）支派的精彩例子。

岩石醫院博物館　　Hospital in the Rock Museum

城堡山（Castle Hill） / 在布達城堡（Buda Castle）的地下洞穴中有一座於 1930 年代修建的醫院，現在變成了博物館，展示這個祕密軍醫院的歷史（和偶爾出現的可怕的場景）。大部分的工作人員都是穿著制服的僵硬假人偶。

城堡山纜車　　The Castle Hill Funicular

城堡山 / 1870 年興建，位於連結布達和佩斯的塞切尼鏈橋（Széchenyi Chain Bridge）入口處。在二次世紀大戰期間，這條壯觀的斜坡鐵道差點毀於砲轟之下。

塞麥爾維斯醫學史博物館　　Semmelweis Medical History Museum

城堡山 / 博物館位於醫學先驅伊格納茲·塞麥爾維斯（Ignac Semmelweis）童年時的住所，館藏涵蓋醫學、手術和藥物的歷史，還有出自義大利雕塑家克萊門特·蘇西尼（Clemente Susini）之手的珍貴蠟製解剖模型，包括一尊仰臥的維納斯，另外還有早期的 X 光機以及各種解剖奇珍異品。

紅色廢墟酒吧　　Red Ruin

內城 / 城裡唯一以共產主義為主題的「廢墟酒吧」，店內以他們引以為傲的冷戰顛覆創作為裝飾。你可以在這裡找到好啤酒、諷刺漫畫和後共產主義的專家政論。

出售中酒吧　　For Sale Pub

內城 / 從地板到天花板，上上下下都貼滿了卡紙、餐巾紙和名片，到處都能讓客人張貼塗鴉、紙條、照片和各種醉話。

哲學之庭　　The Garden of Philosophy

塔班（Tabán） / 蓋勒特山上一處讓人尋回心靈平靜的庭園，園中有許多黑色雕像。這些雕像是世上最有影響力的宗教人物（亞伯拉罕、耶穌、佛陀、老子以及法老王阿肯那頓），他們在一顆金屬小球的周圍圍成一圈。站在一旁凝視這一切的則是甘地、菩提達摩以及亞西西的聖方濟——代表著人類文明的匯聚與進展。

齊塔代拉堡壘　　The Citadella

蓋勒特山（Gellért-hegy） / 此地曾經被奧地利軍隊、納粹和蘇聯占領過，壯觀堡壘遺跡背後的故事就跟這座城市本身一樣糾結複雜。從前這裡是占領與壓迫的象徵，如今則代表著城市進化與改變的力量。

茲瓦克烏尼昆博物館　　Zwack Unicum Museum

費倫斯城（Ferencváros） / 茲瓦克（Zwack）家族釀製的烏尼昆（Unicum）利口酒風味獨特，從 18 世紀末期販賣至今。在釀酒廠隔壁的博物館展出了這種藥草酒的 200 年歷史，以及中歐數量最多的迷你酒瓶收藏。

時光輪是為了紀念匈牙利在 2004 年加入歐盟所建。

神之右手 THE HOLY RIGHT

● 布達佩斯　Budapest

匈牙利的第一任國王伊什特萬一世（Stephen I）死於
11 世紀，但他的「右手」仍一直「存活」在布達佩斯。
傳說在伊什特萬一世的墓穴曾出現治癒神跡，這讓他
在 1083 年被封爲聖徒。當人們將他的陵墓打開時，
發現他的右臂「不朽」（沒有腐壞）——在天主教信
仰中，「不朽」是神賜給聖徒的「禮物」。

在接下來的幾個世紀裡，國王的右臂被卸下，輾轉於
多個國家，幾經易主。13 世紀，蒙古入侵匈牙利期間，
右手被運往克羅埃西亞的杜布羅夫尼克（Dubrovnik），
由道明會（Dominican Order）修士守護。可能就是在
這段時期，「神之右手」的手掌與胳膊被分離（切分
聖徒身體的做法在當時很常見，聖徒的部分遺體常被
送往鄰國的教堂以躲避紛爭和政治動亂）。

如今神之右手被安放在布達佩斯聖伊什特萬大教堂
（St. Stephen's Basilica）的黃金聖物箱中，然而有些匈
牙利年輕人卻冒犯地稱之爲「猴爪」。雖然緊握珠寶
的拳頭現已萎縮變黃，但看上去依舊強勁而充滿威勢。

地址：Szent István Bazilika, Szent István tér 1, Pest。
從地鐵 Bajcsy-Zsilinszky 站下車，向西北步行一個街區

即可抵達大教堂。若想參觀神之右手，必須到大教堂的
左後方，在投幣口投入 100 福林（forint，匈牙利貨幣），
然後燈光會照亮神之右手約 30 秒的時間。
N 47.500977 E 19.054021

LATVIA
拉脫維亞

無線電天文中心
RADIO ASTRONOMY CENTER

● 文茨皮爾斯，伊爾貝納　Ventspils, Irbene

在 1993 年以前，一座 32 公尺高的
碟型天線就藏在伊爾貝納偏遠森林
中，這一直是間諜活動的最高機密。
冷戰時期，蘇聯軍方就住在一旁專
門搭建的小屋中，不眠不休地監控
北大西洋公約組織成員之間的聯繫。
隨著 1991 年拉脫維亞獨立，蘇聯軍
隊陸續撤離該國。在離開伊爾貝納
之前，軍方特意將無線電站裡的一
切銷毀，包括往發動機裡倒硫酸、
切斷電纜，或是將電子設備砸爛。
雖然內部嚴重毀壞，但這個世界第
八大的「碟子」還是被保留了下
來。1994 年 7 月，拉脫維亞科學
院接管此地，耗時 3 年重置天線，
將其改造成無線電波望遠鏡，用

於天文學研究。如今，隸屬於科
學院的文茨皮爾斯國際無線電天
文中心（Ventspils International Radio
Astronomy Center）正利用這架望遠
鏡觀察宇宙中的輻射和碎片。

伊爾貝納仍留著蘇聯衰落的印跡，
曾經的軍事基地現已變爲鬼城，散
布著支離破碎的水泥殘骸和過去
居民遺棄的物品。

從里加（Riga）搭乘西行的公車，
約 3 小時可抵達伊爾貝納。無線電
天文中心位在伊爾貝納北邊 32 公
里，現場有提供導覽服務，也可以
登上望遠鏡參觀。
N 57.559861 E 21.861392

1　伊什特萬一世乾化的聖手被放在鍍金的箱
　　子裡，收藏在布達佩斯一座以他名字命名
　　的教堂中。
2　無線電站曾用於間諜活動，現在則交給天
　　體物理學家管理。

LITHUANIA
立陶宛

十字架之山 HILL OF CROSSES

● 斯奧萊，梅斯庫伊基艾　Siauliai, Meškuičiai

當 14 世紀神聖羅馬帝國（Holy Roman Empire）的條頓騎士團（Teutonic Order）占領斯奧萊城之後，鄰近的小山丘上便開始堆積十字架。在動亂的年代或是立陶宛被占領的時期，這裡就會出現新的十字架，作爲獨立的象徵。這個現象在 1831 年農民反抗俄國統治時尤爲明顯。當時人們爲紀念失蹤或死去的起義軍，在山丘上立了許多十字架。1895 年，這裡總共有 150 個大型十字架，而到了 1938 年，十字架的數目增加至 400 多個。

1944 至 1991 年的蘇聯統治時期，十字架之山被鏟平了三次，然而當地人和朝聖者每次都會重新放置更多的十字架以示抗爭。1993 年，教宗若望保祿二世（Pope John Paul II）訪問了這個地方，向立陶宛人長久以來對於信仰的堅持表達感謝之意，這座小山丘也隨之名揚於世。

目前山丘上有 10 萬多個十字架，信徒們可以用自己的方式表達信念或捐獻，形式不限，例如最近山丘上新增了一個由樂高積木組合成的十字架。

山丘位於斯奧萊以北 11.3 公里處，可從維爾紐斯（Vilnius）搭乘公車或火車到斯奧萊。從斯奧萊出發的話，可先搭乘開往約尼什基斯（Joniškis）方向的公車，在 Domantai 站下車，隨後步行即可看到十字架。
N 56.015278 E 23.416668

立陶宛的祕境景點還有：

• **女巫山 Hill of Witches**
庫爾斯沙嘴（Curonian Spit）／在這條山間小徑上充滿了怪獸、魔鬼和各種立陶宛民間故事的角色木雕。每年的 6 月，人們會來到這個地方唱歌跳舞慶祝仲夏節。

• **格羅塔斯公園 Grūtas Park**
德魯斯基寧凱（Druskininkai）／在這座公園裡有各種蘇聯時期的雕像及文物，又被稱為「史達林世界」（Stalin World）。公園內甚至重現了古拉格集中營的場景，例如鐵絲網和警衛崗哨，在特殊的日子還會舉辦蘇聯時期的節慶活動。

• **惡魔博物館 Devils' Museum**
考納斯（Kaunas）／館中收藏了 3,000 多件描繪魔鬼的藝術作品。

大大小小 10 萬多個十字架堆滿了整座小山丘。

NORTH MACEDONIA
北馬其頓

克魯舍沃馬其頓紀念館
THE KRUŠEVO MAKEDONIUM

● 克魯舍沃區，克魯舍沃
Kruševo, Kruševo

山丘上有一座彷彿來自外太空的球形建築，俯瞰著中世紀小城克魯舍沃。它的造型介於電影《星際大戰》的飛船和一粒巨型病毒之間，但以上兩者都與這座紀念建築的莊嚴意義毫不相關——它是為了銘記 1903 年的伊林登起義（Ilinden Uprising）。當時，馬其頓人民反抗鄂圖曼帝國①，希望建立自治城邦。1903 年 8 月 2 日晚間，800 名起義者控制了克魯舍沃，並將其命名為「克魯舍沃共和國」（Kruševo Republic）。

然而克魯舍沃共和國僅存在了 10 天，後來鄂圖曼帝國派了一支 18,000 人的軍隊突襲了小鎮，一路燒殺擄掠，很快就奪回控制權。雖然克魯舍沃共和國有如曇花一現，馬其頓人還是十分景仰伊林登起義的領袖們。1973 年，人們建立了這座紀念館。圓形的建築帶有橢圓形的突出窗戶和彩色的玻璃，內部為起義領袖尼古拉·卡列夫（Nikola Karev）的墳墓。北馬其頓的貨幣上也可以看到這座紀念館。

一座貌似「太空時代」的紀念建築，其實是要向 20 世紀初的伊林登起義致敬。

從史高比耶（Skopje）向南駕車 2 小時可到達克魯舍沃。紀念館距離小鎮中心不到 1.6 公里。
N 41.377404 E21.248334

POLAND
波蘭

埃爾布隆格運河 ELBLĄG CANAL

● 耶隆基　Jelonki

由於海拔高度的劇烈變化，埃爾布隆格運河被分成好幾段短程水域，中間隔著陸地。為了在這樣複雜的水道上航行，人們利用斜面升船機將船變成了有軌電車，以通過那些無法航行的路段。

從德魯日諾湖（Drużno）延伸到耶若拉克湖（Jeziorak）的狹窄水道，是波蘭境內可供航行的最長運河，不過在 19 世紀中期以前幾乎無法使用。普魯士國王下令找出創新的解決辦法。因為運河太長又太陡，無法使用傳統的水閘，於是就在水道枯竭的段落鋪設鐵軌，接著利用水力驅動的吊架把船隻抬離水面並放在軌道上，移動到下一段能夠航行的水域。這種獨特的兩棲運河被喻為歐洲最令人驚豔的工程奇蹟之一。

結合兩種不同的運輸方式，充滿創意的工程傑作。

今日運河仍然在使用，大多做為觀光用途。運河遊船全程大約 11 個小時，如果覺得時間太久，無法搭完全程的旅客可以中途下船。N 54.028372 E 19.594404

聖金高禮拜堂的特色是一盞由岩鹽製作的吊燈。

維利奇卡鹽礦 WIELICZKA SALT MINE

● 小波蘭省，維利奇卡　Lesser Poland, Wieliczka

13 世紀至 21 世紀初，維利奇卡的礦工從未停止開採岩鹽礦床。經過了幾個世紀，工人們逐漸把這個深達七層樓的地下礦井變成了一座恢宏的「鹽城」，其中擺滿了真人大小的聖徒雕塑、以《聖經》為主題的浮雕，以及描繪礦工日常生活景象的岩鹽雕塑。

20 世紀初，這些工人著手進行一項野心勃勃的計畫——建立一座以鹽礦工人的守護者金加（Kinga）①命名的地下禮拜堂。這座位於地下 101 公尺處的聖金加禮拜堂有十字架耶穌雕像、以《新約聖經》中的場景為主題的作品、一面刻著達文西名畫〈最後的晚餐〉的浮雕以及兩個聖壇。所有物品的材質都是岩鹽。天花板上懸掛的五個吊燈則是用溶解岩鹽去除雜質後，得到如玻璃一樣透明的結晶產物製作而成。

另一個令人難忘的美景是鹽礦中的約瑟夫・畢蘇斯基室（Józef Piłsudski Chamber）裡頭的地下湖。室內光線柔和，內波穆克聖若望（Saint John of Nepomuk）雕塑俯瞰著湖水——他是溺水者的守護神。不妨在這裡享受片刻的寧靜，因為接下來你就要與另外五個人擠在狹小黑暗的礦工專用升降梯中，經過漫長的時間返回地面。

地址：Danilowicza 10, Wieliczka。鹽礦位於郊區，最近的火車站是 Dworzec PKP Wieliczka-Rynek 站。
N 48.983520 E 20.053803

彎曲森林 THE CROOKED FOREST

● 西波美拉尼亞省，新查諾沃
West Pomerania, Nowe Czarnowo

在格雷菲諾（Gryfino）附近的這座森林，第一眼看上去平凡無奇，但馬上你就會發現，上百棵松樹的樹幹在地面附近神祕又誇張地「拐了個彎」，無一例外。這些非比尋常而又整齊畫一的「J」形樹幹也許是人為干預的結果，可能是農民對樹木採取了某種處理方式，以便製作具有弧度的家具。這些松樹種植於 1930 年，正常生長了大約 10 年之後才被彎曲。另一個說法則認為是週期性的洪水導致樹幹逐漸變成這種奇怪的形狀。

從斯賽興（Szczecin）搭乘火車到達格雷菲諾僅需 30 分鐘。N 53.214171 E 14.475854

不論形態如何，格雷菲諾的樹木始終欣欣向榮。

諾瓦胡塔 NOWA HUTA

● 克拉科夫　Kraków

第二次世界大戰末期，蘇聯占領波蘭之時，波蘭早因東部前線的激烈戰火而飽受破壞，重建勢在必行。莫斯科利用這個機會，不只翻新波蘭的城市建設，同時也大幅度改造了波蘭的社會。

為了達成目的，蘇聯著手規畫諾瓦胡塔，這個理想城市代表著共產黨的輝煌未來願景。該項計畫在 1947 年批准，並於 1949 年展開這項實驗城市的興建工程。歷史上僅有兩座全面規畫的社會寫實主義（Socialist realism）城市，諾瓦胡塔便是其中之一；另一個是位在俄羅斯的馬格尼托哥爾斯克（Magnitogorsk）。諾瓦胡塔是專門為忙碌的工人階級而設計，興建地點位於克拉科夫郊區，可容納 10 萬人口。道路設計有如太陽光芒，以中央廣場為中心向外呈放射狀通往各個方向；建築風格

蘇聯打造的模範無產階級天堂。

鼓舞人心，結合了文藝復興的優雅和典型蘇聯建築的巨大恢宏風格。寬廣的大街是為了阻止火災擴散，街道兩側的樹木是為了吸收核子爆炸的衝擊。

更重要的是，諾瓦胡塔興建的目的就是要成為無產階級的天堂。為此，城裡興建了一座巨大的煉鋼廠（諾瓦胡塔的意思是「新煉鋼廠」）——列寧煉鋼廠（Lenin Steelworks），擁有全歐洲最大的鼓風爐，全盛時期雇用了 4 萬名工人，每年的鋼鐵產量可達 700 萬噸。在這個地方建造這樣一座煉鋼廠其實很奇怪，因為當地的鋼鐵需求量並不大，但在這個例子裡——還有冷戰期間的其他許多例子——象徵意義比邏輯更重要。

諷刺的是，諾瓦胡塔後來變成了反共產主義的中心，是 1980 年代團結工聯運動的關鍵核心。儘管如此，這座城市直到今天仍是社會寫實主義建築與都市計畫的最佳範例之一。

從克拉科夫市中心到諾瓦胡塔的途中，可以順便參觀上帝方舟教堂（Lord's Ark church）。當地人爭取了 28 年才得到興建許可，後來成為波蘭對抗共產主義統治的強大象徵。N 50.071703 E 20.037883

波蘭的祕境景點還有：

- **鹽礦旅店**
  Live-in Salt Mine
  博赫尼亞（Bochnia） / 這是波蘭最古老的地下鹽礦，有健身房和溫泉浴池，還有各種生活所需設備，讓你可以在地底下住上一輩子。

- **飛碟紀念碑**
  UFO Memorial
  艾米爾欽（Emilcin） / 來了解一下波蘭歷史上舉世矚目的「不明飛行物劫持事件」。

- **華沙電台廣播塔**
  Konstantynów Radio Tower
  普洛克（Płock） / 這座高 646 公尺的廣播塔曾是世界第一高的建築物。

- **斯卡帕高台滑雪**
  Skarpa Ski Jump
  華沙（Warsaw） / 1950 年代末的滑雪跳台及坡道就位於城市中心。

立體戲院 FOTOPLASTIKON

● 馬索維亞，華沙　Masovian, Warsaw

在電影和電影院出現之前，歐洲民眾的休閒娛樂是觀看「立體戲院」。立體戲院發明於 19 世紀末的德國，又被稱為「凱薩全景」（Kaiserpanorama）。那是一個由木片圍成的圓柱體，人們可以從圓柱上的觀景窗欣賞搭配了燈光照明的立體照片。

20 世紀上半葉，整個歐洲約有 250 台立體戲院。觀眾會坐在觀景窗前，著了魔似地看著「立體」的世界美景一一從眼前劃過。非洲沙漠、美國城市和北極冰雪——這些在電影和飛機出現之前，人類只有在夢中見過的自然奇觀，不僅提供了逃離現實的快感，也拓展了人們對世界的認識。

華沙現存的這台機器於 1905 年製造，一共設有 18 個

觀景窗，是少數仍可運作的立體戲院之一。展示這台機器的大廳牆上還貼滿了以前的旅遊海報，充滿復古懷舊的感覺。

地址：Aleje Jerozolimskie 51, Warsaw。立體戲院展示廳距中央地鐵站（Centrum Metro Station）僅兩個街區。N 52.228701 E 21.008574

ROMANIA
羅馬尼亞

歡樂墓園 THE MERRY CEMETERY

在歡樂墓園（羅馬尼亞語爲 Cimitirul Vesel）中，600 多座色彩繽紛的木製十字架，記載了深埋在六尺之下逝者的人生傳奇、不堪回首的過往和彌留之際的遭遇。幾乎小鎮中每位逝者的故事都可以用鮮豔的色彩、活潑的圖案和五行打油詩來展現，例如十字架上畫著被砍頭的士兵和被卡車撞的村民。碑文更是出乎意料地直白，而且十分有趣：「在這沉重的十字架下安息著的人是我的婆婆……請不要叫醒她。如果她回家，會把我的頭咬下來。」墓園獨特的風格是由當地人斯坦·伊萬·珀特拉斯（Stan Ioan Pătraş）創造的，他從 14 歲就爲墓園雕刻十字架。1935 年，珀特拉斯開始用本土方言爲死者創作機智又反諷的詩句，並在十字架上繪製死者的形象——通常是展現他們的死法。

1977 年，珀特拉斯逝世，此前他已完成了屬於自己的十字架，並且將房子和生意留給了最有才華的學徒杜米特魯·波普（Dumitru Pop）。在過去的 30 年間，波普一直堅持著雕刻工作，還把工作室變成了歡樂墓園博物館。除了十字架上偶爾出現的黑色幽默文句，波普表示從來沒有人抱怨過他的工作。「我描述的是一個人眞實的人生。如果他喜歡喝酒，就寫他喜歡喝酒，如果他喜歡工作，就寫他喜歡工作……在小鎮裡沒什麼好隱瞞的……實際上，家屬們也希望在十字架上展現逝者眞實的人生。」

地點：薩潘塔的升天教堂（Church of the Assumption）。墓園在烏克蘭邊境附近，位於 19 號公路與 183 號公路的交叉口。
N 47.971310 E 23.694948

● 馬拉穆列什郡，薩潘塔
Maramureş, Săpânţa

羅馬尼亞的祕境景點還有：

• **動物學博物館 Zoological Museum**
克盧日納波卡（Cluj-Napoca）/ 巴比什博雅依大學（Babeş-Bolyai University）裡的自然歷史博物館，看起來就像塵封了半個世紀。破破爛爛的動物標本不是被堆放在玻璃容器中，就是被吊在天花板上，有的標本還會從禁止進入的二樓「俯瞰」遊客。

• **德切巴爾的頭顱 Decebal's Head**
奧爾紹瓦（Orşova）/ 這座 13 層樓高、俯瞰多瑙河的大鬍子石像看似來自《魔戒》裡的「中土世界」，但它其實是羅馬尼亞商人在這個世紀建造的。這座歐洲最高石像於 2004 年完工，耗時 10 年，雕刻出古代王國達契亞（Dacia）末代國王的臉孔。

在歡樂墓園中，生與死的慶祝方式相同。

奧古斯特馮施皮斯狩獵博物館
THE AUGUST VON SPIESS MUSEUM OF HUNTING

● 錫比烏郡，錫比烏　Sibiu, Sibiu

這座博物館昏暗的牆上掛滿了裝著玻璃眼珠的野獸頭像，顯示羅馬尼亞人對狩獵的熱愛。羅馬尼亞最後一任共產黨領導人尼古拉・希奧塞古（Nicolae Ceauşescu）執政期間，在獵光了自己私人保護區的所有熊之後，下令除了他本人和少數親信之外，其他人獵熊都是非法的。

這一項政策讓許多熊免於屠殺，使羅馬尼亞的棕熊數量達到史上新高。但希奧塞古並不滿足，他渴望獵殺體形最大的野獸，於是他命人抓來熊崽，大量餵食，等長肥了再將牠們放回野外。這些已經習慣由人餵食的熊很難在野外存活，但希奧塞古不死心，他改變了飼育方法，命令給所有的熊崽餵食生肉，還要用棍子抽打熊崽，以免牠們形成情感依賴。在這種餵養方式下長大的熊攻擊性極強，據說會襲擊徒步者和汽車。希奧塞古最大的戰利品，一頭巨型棕熊的皮和牠的爪子標本就陳列在這座博物館裡。其餘展品絕大部分為奧古斯特・馮・施皮斯（August von Spiess）上校的1,000 多件私人收藏。他是喀爾巴阡山脈（Carpathian Mountains）的獵熊手，也是 1920 至 1930 年代的羅馬尼亞皇家狩獵大師。

狗被熊獵殺，而熊被狗的主人獵殺。
同為標本，一個為緬懷對象，另一個卻是戰利品。

地址：Strada Şcoala de Înot, Nr. 4, Sibiu。從布加勒斯特（Bucharest）搭乘火車到達錫比烏需 5 個半小時。
N 45.786634 E 24.146900

圖爾達鹽礦 TURDA SALT MINE

● 克盧日郡，圖爾達　Cluj, Turda

這座幾百年來用人工和機器挖掘的鹽礦，現在已經被改造成地下遊樂場及水療 SPA。人們從羅馬帝國時期就在開採這座鹽礦，一直到 1932 年。後來這段時間關閉了 60 年，直到 1992 年才重新對外開放。這裡的溫度全年維持在攝氏 11.6 度，此外鹽礦內的濕度較高，而且沒有過敏原，是進行鹽霧療法的理想之地。有呼吸系統疾病的人適合來到此處，透過呼吸含鹽分的空氣輔助治療。

這個地下空間寬 50 公尺、長 80 公尺，為了讓人輕鬆消磨時間，還建有摩天輪、迷你高爾夫球場、保齡球場，以及一個可遊船的地下湖。為了驅逐黑暗，人們在 42 公尺高的礦坑頂部安裝了吊燈，照亮了洞內天然的鐘乳石，散發出幽藍的光。

地址：Aleea Durgăului 7, Turda。
N 46.587851 E 23.787340

吊燈照亮了在湖面上搖曳的黃色小船。

英里 0　500　1,000
公里 0　500　1,000

巴倫支海

N

卡拉海

瑞典

科拉超深井

俄羅斯

奧伊米亞康鎮

白令海

挪威

芬蘭

人類學與民族學博物館

亞歷山大・戈洛德的
金字塔

科斯特羅馬駝鹿牧場

俄羅斯

通古斯大爆炸

拉脫維亞
立陶宛

莫斯科 ★

萬宗廟

白俄羅斯
普里皮亞特

波蘭

基輔 ★

烏克蘭

貝加爾湖

匈牙利
羅馬尼亞

奧德薩地穴

巴拉克拉瓦
潛艇基地

哈薩克

蒙古

塞爾
維亞
保加利亞

黑海

裏海

喬治亞
亞美尼亞 亞塞
拜然

烏茲別克

吉爾吉斯

中國

俄國斯及烏克蘭

土耳其

土庫曼

RUSSIA
俄羅斯

亞歷山大・戈洛德的金字塔
ALEXANDER GOLOD'S PYRAMIDS

● 特維爾州，奧斯塔什科夫
Tver, Ostashkov

攻擊行為、骨質疏鬆、黑頭粉刺、暈眩、胃灼熱、憂鬱、不孕、學習障礙、蜘蛛恐懼症，據科學家兼國防工程師亞歷山大・戈洛德（Alexander Golod）的說法，以上（或更多）症狀都可以很快被治癒，而且「藥方」很簡單，那就是——金字塔。

根據新時代信仰，金字塔能夠釋放治癒能量。戈洛德不僅堅信這一點，更在整個俄羅斯境內建造了許多玻璃纖維材質的金字塔。其中最高的金字塔達 46 公尺，距莫斯科約 1 小時車程。被生活折磨得筋疲

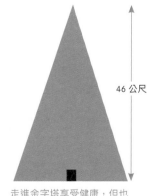

46 公尺

走進金字塔享受健康，但也可能什麼都不會改變。

力盡、不堪重負的人們可以走進金字塔，享受散發著黴味的靜謐。接著會有人溫柔地帶著你到紀念品

商店購買鵝卵石、迷你金字塔（戈洛德認為它能形成一種讓人鎮定並重獲平衡的能量場），以及儲存在金字塔裡的瓶裝水（據說有治療的功效）。

雖然戈洛德宣稱人們的身體在金字塔內能夠奇蹟般地生長和康復，但還未曾有科學機構證實這些建築和小物件具有任何實際的治療效果。

金字塔位在莫斯科西北邊的謝利格爾湖（Lake Seliger）旁。
N 57.140268 E 33.128516

人類學與民族學博物館 KUNSTKAMERA

● 聖彼德堡　Saint Petersburg

1682 至 1725 年間，統治俄羅斯的彼得大帝（Peter the Great）對所有關於科學與理性的現代化事物有著濃厚的興趣。他在位期間——除去忙著審訊、折磨和處死自己兒子的時候——收集了許多藝術品、科學書籍和儀器，以及魚類、爬蟲類、昆蟲和人體的標本。1714 年，他下令在聖彼得堡建造一座博物館來收藏這些東西。這是俄羅斯帝國第一座博物館，又稱「藝術珍寶館」，意在向世界展示帝俄爲一個現代、科學、非宗教治國的國家。彼得大帝收藏的人體標本具有 300 年歷史，現陳列於博物館的二樓。1727 年，博物館開始展出人體標本，以嬰兒解剖和疾病爲主題，包括畸形胎兒、長滿腫瘤的胃，和 17 世紀荷蘭解剖學家弗雷德里克·勒伊斯（Frederik Ruysch）精心保存在玻璃罐中的嬰兒頭顱。

一同展出的還有尼古拉·布儒瓦（Nikolai Bourgeois）的骨架。他身高 2.2 公尺，是彼得大帝的助手，也曾是博物館裡的「活」展品。此外還有一個經過填充的雙頭牛標本和一個連體嬰標本。在某個展覽櫃中排列整齊了 32 顆人類牙齒，這些牙齒都是由彼得大帝親自拔出來的，他認爲牙科醫學是一項非常具有價值的嗜好。

地址：Universitetskaya Embankment, 3, St. Petersburg。遊客可以搭乘

於 1654 年打造的戈托爾弗地球儀（Globe of Gottorf）是世界上第一座行星儀。

公車或電車到達 Universitetskaya Naberezhnaya 站。
N 59.941568 E 30.304588

俄羅斯的祕境景點還有：

- 卡德克昌　Kadykchan

  卡德克昌／這是一座由古拉格集中營的犯人建造的礦業城鎮，後來礦業沒落又發生礦坑爆炸事件，現在已經變成一座無人居住的鬼城。

- 曼普普納岩石群
  Manpupuner Rock Formations

  科米共和國（Komi Republic）／7 個巨大的天然石柱拔地而起，就像 7 個巨人矗立在俄羅斯平坦的高原之上。

- 勒拿河柱狀岩自然公園
  Lena's Stone Pillars

  勒拿河（Lena River）／這片形狀奇特的岩柱保存了遠古人類活動的證據，此地曾挖出猛獁象、美洲野牛和長毛犀牛的化石。

- 蘇聯街機博物館
  Museum of Soviet Arcade Machines

  莫斯科／蘇聯街機博物館是幾個俄羅斯大學生在一所技術學校的地下室成立的，收藏了 40 多台具不同時代的遊戲機，包括電動遊戲機、彈珠台和桌上足球台。

- 什莫利克之屋
  House of Evgeny Smolik

  伊比斯科村（Selo Irbeyskoe）／受到神話啟發，自學成才的工匠什莫利克（Evgeny Smolik）將自己的木頭農舍改造成雕刻精美的超現實主義宮殿。

- 凱薩琳堡諸聖堂
  Church on Blood in Honor of All Saints Resplendent in the Russian Land

  凱薩琳堡（Yekaterinburg）／這座俄羅斯東正教堂的所在地，正是最後一任沙皇及其家人在俄國內戰期間被蘇聯共產黨員槍斃的地方。

通古斯大爆炸
TUNGUSKA EVENT EPICENTER

● 克拉斯諾亞爾斯克邊疆區，瓦納瓦拉
Krasnoyarsk Krai, Vanavara

1908 年 6 月 30 日早上 7 點 14 分，強烈的爆炸震碎了窗戶，人們被衝擊波撞倒在地。在西伯利亞地區通古斯河盆地，面積約 2,150 平方公里的森林遭受毀滅性的災難，8,000 萬棵樹木被夷爲平地。最初人們猜測此次爆炸的原因是流星撞擊，但在隨後的調查中卻未在這一區域發現隕石坑。

通古斯大爆炸的未解之謎使各種陰謀論甚囂塵上，最離譜的說法包括小黑洞穿過地球、UFO 墜毀、特斯拉祕密試驗「死亡射線」。目前可信度較高的科學解釋是大型流星或彗星在半空中爆炸。這可以說是俄羅斯近代史上影響最大的事件。如今，在通古斯地區仍可看到被爆炸劈開、毀壞和擊倒的殘木。

離通古斯大爆炸中心點最近的村莊是位在其東南方的瓦納瓦拉，距離約 65 公里。N 60.902539 E 101.904508

科拉超深井
KOLA SUPERDEEP BOREHOLE

● 摩爾曼斯克州，摩爾曼斯克
Murmansk, Murmansk

1970 年，雖然地質學家只能從理論上推測地殼的組成，但蘇聯科學家已著手開鑿世界上最深的井。

在這個地下版本的「太空競賽」①中，蘇聯竭盡全力想要打敗美國。1966 年，美國位於墨西哥海岸的「莫霍計畫」（Project Mohole）因資金枯竭而步履維艱，這讓蘇聯科學家更加堅決要完成科拉超深井的鑽探計畫。1970 至 1994 年期間，科拉半島上的鑽頭穿過多層岩石，最後終於達到地下 12 公里的深度。

此次超深鑽探計畫最有趣的發現，是研究人員在地表下 6.7 公里處發現了微型生命形式。化石通常分布在石灰岩和矽質沉積物中，然而這些「微型化石」卻被封存在有機化合物之中。雖然周圍岩石的壓力和溫度都極高，這些化石卻出乎意料地完好無損。科拉超深井的專案於 1990 年代被終止，而在這過程中收集到的地質資料至今尚未分析完畢。

科拉超深井是世界上最深的科學鑽探。

鑽孔井的位置在摩爾曼斯克西北部的科拉半島（Kola Peninsula），離挪威邊界只有幾公里。
N 69.396219 E 30.608667 ➤➤

➤➤ # 世界深淵

最深的峽谷：
3,534.5 公尺，秘魯的科塔瓦西大峽谷（Cotahuasi Canyon）。

最深的洞穴：
2,197 公尺，阿布哈茲共和國（Abkhazia）的庫魯伯亞拉洞穴（Krubera Cave）。

最深的鑽探井：
12,070 公尺，俄羅斯的科拉超深井（Kola Borehole）。

最深的礦井：
3,900 公尺，南非的陶托那金礦（TauTona Gold Mine）。

最深的露天礦：
1,200 公尺，美國的賓漢谷銅礦（Bingham Canyon Mine）。

最深的鐵路隧道：
240.8 公尺，日本的青函隧道（Seikan Tunnel）。

最深的水下位置：
10,923.4 公尺，太平洋的馬里亞納海溝（Mariana Trench）。

最深的湖：
1,619.7 公尺，俄羅斯的貝加爾湖（Lake Baikal）。

最深的建築地基：
120 公尺，馬來西亞的雙子塔（Petronas Towers）。

最深的人造點：
12,345 公尺，俄羅斯的薩哈林 1 號油井（Sakhalin-1 Oil Well）。

美國的賓漢谷銅礦是世界上最深的露天礦場。

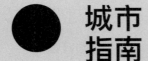

城市指南

探索更多莫斯科景點

國家經濟成就展覽館
Exhibition of Achievements of National Economy

奧斯坦金區（Ostankinsky） / 受到 19 世紀倫敦、巴黎和芝加哥等大型博覽會的影響，這個兼具戶外市集、博物館與遊樂園功能的巨大館場賣力頌揚俄羅斯的農業、工業和科技，規模龐大，占地面積甚至比摩納哥更大。

宇宙征服者紀念碑
Monument to the Conquerors of Space

奧斯坦金區 / 宇宙征服者紀念碑是一道向天空延伸的 107 公尺高鈦金屬弧線，頂端是朝天際發射的火箭，底座有科學家和太空人的浮雕。莫斯科航太博物館（Memorial Museum of Cosmonautics）就在這座紀念碑裡面。

萊卡紀念碑　Laika Monument

機場（Airport）/ 過了半個世紀後，2008 年，終於在太空訓練站給小狗萊卡立了一座紀念碑，讓大家認識這隻第一個登上太空軌道的小狗和牠的英勇貢獻，粉絲也能在此獻上花和小玩意，誇牠一聲「萊卡好狗狗」。

莫斯科地鐵的水彩畫列車
Aquarelle Train on the Moscow Metro

索科尼基區（Sokolniki）/ 莫斯科的地鐵站看起來就像電影《齊瓦哥醫生》（*Dr. Zhivago*）中的場景，把大眾運輸變成了一種藝術形式，尤其是紅線上的水彩畫車廂，外觀是水彩花卉，內部則像一座美術館。

愛情鎖樹公園　Padlock Tree Park

亞基曼卡區（Yakimanka）/ 起初為了解決「愛情鎖」的重量對橋梁結構造成負

萊卡是第一隻繞行地球軌道的動物。

擔，莫斯科市政府在盧日科夫橋（Luzhkov Bridge）與莫斯科河沿岸架設了成排的金屬「樹木」，讓新婚夫婦可以上鎖、親吻，再心花怒放地把鑰匙丟進河裡。

盧比揚卡大樓　Lubyanka

梅燦斯基區（Meshchansky）/ 這棟新巴洛克建築原本屬於全俄保險公司（All-Russia Insurance Company），後來成為蘇聯國家安全委員會（KGB）的據點。事先預約可參觀充滿政治鼓吹的博物館。

列寧墓　Lenin's Mausoleum

特斯爾區（Tverskoy）/ 這位布爾什維克（蘇聯共產黨的前身）革命領導人的屍體經過防腐處理，存放在形狀奇怪的縮小金字塔墳墓中，公開供人瞻仰，可以算是世界上最著名的「現代木乃伊」。

老式英國庭院博物館
The Old English Court Museum

特斯爾區 / 16 世紀時神祕冒險商人公司（Mystery and Company of Merchant Adventurers）的總部，又稱莫斯科公司（Muscovy Company），在 1551 至 1917 年間是英格蘭與俄國所有官方貿易的管道。

羅曼諾夫公爵宮
Romanov Palace Chambers in Zaryadye

特斯爾區 / 成為帝俄沙皇之前，羅曼諾夫家族也只是爭權奪利的貴族其中之一。他們數百年的古老血統可追溯到這棟外觀頗為樸素的祖厝，位於極具歷史意義的札里亞季耶公園（Zaryadye）。

沙皇鐘　Tsar Bell

特斯爾區 / 這座鐘其實沒有真正響過，不過仍然是世界上最大的鐘。1735 年鑄造而成，擺放在石頭基座上，位於紅場（Red Square）上的伊凡大帝鐘樓（Ivan the Great Bell Tower）後方。沙皇鐘的體積之大，一度還當成禮拜堂使用，教區居民可以從「門」進去——沙皇鐘遭遇火災時，水直接澆在了大鐘上，導致鐘體裂開一個大洞，從此再也無法敲響。

微型莫斯科
Miniature Moscow-Capital of the USSR

多羅戈米洛沃區（Dorogomilovo）/ 具有歷史意義的烏克蘭飯店（Hotel Ukraina）是歐洲樓層最高的旅館，34 層樓全都按照史達林的指示興建，閃閃發光。一樓大廳還有一座 300 平方公尺的莫斯科微縮模型，保存了整座城市在 1977 年的模樣。

史克里亞賓之家　A. N. Scriabin House

阿爾巴特區（Arbat）/ 作風創新但也頗富爭議的作曲家亞歷山大·史克里亞賓（Alexander Scriabin）曾經住過的房子被後人保存了下來，其中最具特色的是還能使用的「色光風琴」①。

兒童是成人罪行的受害者
Children Are the Victims of Adult Vices

亞基曼卡區 / 位在莫斯科河岸，由米哈爾·施米亞金（Mihail Chemiakin）創作的一組超現實藝術裝置，透過 13 座青銅雕像描繪出貪婪、冷漠、貧窮等，象徵成人的惡行如何腐蝕著兩個如天使般孩童的心靈。

莫斯科貓劇院　Moscow Cats Theatre

梅燦斯基區 / 警告在先：這個貓劇與小丑馬戲團並非毫無爭議，因為廣受歡迎，自然也引起大眾關注貓咪的福祉。如果好奇貓咪是否真的能聽從指令，可以考慮親自去瞧瞧。

〈博羅季諾戰役〉　The Battle of Borodino

梅燦斯基區 / 1812 年，法軍與俄軍激烈交戰的博羅季諾戰役，由藝術家弗朗茲·魯博德（Franz Roubaud）精巧地以 360 度全景重現在 115 公尺高的畫布上，描繪出 25 萬大軍與 7 萬傷亡的激烈戰鬥。

殞落紀念碑公園
Fallen Monument Park

亞基曼卡區 / 這個古怪的雕塑花園又稱作穆席恩藝術公園（Muzeon Park of Arts），不帶感情地展出被人扔棄的蘇聯雕塑遺物，例如被打破的史達林、列寧和蘇聯國家安全委員會創始者，還有一個蘇聯國徽，看起來就像老式的 007 電影道具。

達爾文博物館　State Darwin Museum

科學院區（Academic）/ 世界上第一間演化博物館，館藏可追溯至 1907 年，有恐龍模型（加上吸引人的恐龍音效）、從北極到南極的野生動物立體透視模型，還有標本大師菲利浦·費杜洛夫（Filipp Fedulov）稍為受到蟲蛀的標本。

列寧山收藏館
Lenin Hills Museum-Reserve

高爾基列寧斯克（Gorki Leninskiye）/ 位於莫斯科市郊的華麗宅邸，看起來跟無產階級一點也沾不上邊。這裡是列寧最後居住之地，被保存下來作為紀念館，包括他的勞斯萊斯銀色幽靈車（裝配坦克履帶）、複製重現的克里姆林宮辦公室、他的死亡面具，還有他中風後的雙手石膏模型。

奧伊米亞康鎮 OYMYAKON

● 薩哈共和國，奧伊米亞康
Sakha Republic, Oymyakon

距離北極圈僅僅幾百公里的西伯利亞小鎮奧伊米亞康，是地球上最寒冷的人類居住地。

每年 1 月，該鎮的最高日均溫爲攝氏零下 43.9 度，而夜間溫度則會降到零下 51.1 度左右。據記載，此地曾經出現的最低溫度是 1933 年的攝氏零下 67.8 度。

小鎮上的 500 位居民主要以馴鹿和馬爲食物，因爲凍結的地面很難種出農作物。就連要發動汽車也很難，因爲機油會凝固，電池消耗速度也快得嚇人。

不過這裡的夏季還可以讓人鬆口氣，7 月的溫度甚至可以達到攝氏 20 多度。

首先搭乘飛機到薩哈共和國的首府雅庫次克（Yakutsk），全球最寒冷的大城市，距離奧伊米亞康約 20 小時車程。最好與當地人一起行動，因爲他們的車裝備完善，更能抵擋嚴寒。N 63.464263 E 142.773770

歡迎來到地球上最冷的小鎮。

萬宗廟 TEMPLE OF ALL RELIGIONS

● 喀山　Kazan

五顏六色的萬宗廟又稱泛宗廟（Universal Temple），其混合風格的建築裝飾，取自世界上大部分的主要宗教。

這座廟由慈善藝術家伊爾達·漢諾夫（Ildar Khanov）於 1992 年建造，並非作爲傳統的禮拜堂，而是宗教和睦的象徵指標。漢諾夫長期支持並且幫助藥物濫用者戒毒康復，這個建築就是在患者的協助下興建的。萬宗廟的外觀看起來就像迪士尼樂園的小小世界，這邊有個希臘正教圓屋頂，那邊有個俄羅斯宣禮塔，受到猶太會堂和伊斯蘭清眞寺的影響，再加上一些尖塔和鐘。整體來看，這座廟融合了來自 12 個宗教的虔敬之心。

地址：Arakchinskoye Shosse, 4, Kazan。漢諾夫在 2013 年過世，不過他的夥伴仍舊在這裡工作。從喀山車站搭公車或火車即可抵達。N 55.800620 E 48.974999

色彩豐富的建築象徵著宗教的和睦與團結。

科斯特羅馬駝鹿牧場
KOSTROMA MOOSE FARM

● 蘇馬羅科沃　Sumarokovo

1930 年代初期，蘇聯的目標是要把共產主義散播到全世界——而且是騎在駝鹿背上散播到全世界。駝鹿體型大又強壯，就連走在深厚的積雪中也很靈活，似乎是蘇聯騎兵的最佳選擇，因此他們開始尋找馴養北方駝鹿的方法。

他們祕密養殖駝鹿，訓練這種野生動物馱負武裝騎士，而且不怕槍聲，甚至試圖在公駝鹿的角上安裝手槍及盾牌。最後駝鹿大軍沒有成功，不過努力馴養的結果造就現代實驗牧場的興起，至今仍在飼養半馴化的駝鹿。

早期牧場飼養駝鹿是爲了乳品和運輸，爲飢餓的大衆提供營養。儘管一開始有疑慮，後來發現這些溫和的大型動物就跟乳牛一樣容易擠奶。不過若是養來作爲食用肉類，其成本售價高到令人卻步。況且駝鹿生性機伶，也不容易宰殺。經過數年的殘忍血腥實驗，人們發現要逼迫駝鹿做牠們不想做的事情非常困難，因此放棄想要完全控制牠們的念頭。

科斯特羅馬駝鹿牧場於 1963 年開放，採取自由放養的新方法，讓駝鹿在森林中閒逛，並且自己決定是否要回到牧場。牠們知道牧場有可靠的食物來源，也是安全的生產地點。科斯特羅馬牧場最初只有兩隻幼獸，現在則是 800 多頭駝鹿的家。這裡也是科學研究機構，不過今日牧場的主要功能是生產駝鹿奶作爲醫療用途，收成藥用鹿茸，並且讓遊客有機會欣賞這些迷人的動物。

科斯特羅馬駝鹿牧場位於蘇馬羅科沃村莊附近，大約在科斯特羅馬市東邊 20 公里處。每日開放，並有付費導覽，最佳到訪時間是早春，有機會可以看到第一批小駝鹿誕生。
N 57.664955 E 41.114243

SERBIA
塞爾維亞

骷髏塔 THE SKULL TOWER

● 尼沙瓦州，尼什　Nišava, Niš

骷髏塔是 1809 年切加爾戰役（Battle of Čegar）的殘酷產物，這場戰役是塞爾維亞反抗鄂圖曼帝國的轉捩點。塞爾維亞反抗軍面對 36,000 名土耳其精兵殊死抗爭，然而寡不敵衆，敗局已成定勢。反抗軍領袖斯特萬·辛德利茲（Stevan Sinđelić）孤注一擲，向火藥桶開槍，隨即他的整個軍隊和湧進戰壕的敵軍同歸於盡。

此舉令土耳其軍指揮官赫爾希德·帕夏（Hurshid Pasha）震怒，於是他下令肢解反抗軍的屍體，扒下他們的頭皮並塞滿稻草，然後將人皮帶回伊斯坦堡的皇宮作爲土耳其軍勝利的證據。

剩下的 952 顆頭骨被當作材料，在城市入口處建造了一座高 4.6 公尺的塔樓，辛德利茲的頭骨則被擺在最高處。這個毛骨悚然的建築物在塞爾維亞人民的心中留下一道深深的傷疤，卻未能阻擋他們爭取自由的腳步。1815 年，塞爾維亞人再次起義。這一次他們成功驅趕土耳其人，並於 1830 年迎來獨立。在骷髏塔建成的之後幾年內，反抗軍的家人爲了給他們舉辦正式的葬禮，鑿下了一些頭骨。如今塔上只剩下 54 顆頭骨。環繞著骷髏塔的是幾百個坑，每一個坑都代表一位在起義中犧牲的戰士。1892 年，塔的旁邊建了一座小禮拜堂，保護塔樓免受不法分子的破壞。

地址：Bulevar Dr Zorana Đinđića, Niš。該地距貝爾格勒（Belgrade）約 3 小時的車程。
N 43.311667 E 21.923889

這座塔的存在提醒了世人，塞爾維亞為了自由付出多麼可怕的犧牲。

塞爾維亞的祕境景點還有：

- **魔鬼鎮岩石群**
  Devil's Town Rock Formation
  庫爾舒姆利亞（Kuršumlija） ／總共 202 塊的岩石受到自然風化作用，形成了現在我們看到的詭異樣貌。

- **愛之橋 Bridge of Love**
  弗爾尼亞奇卡礦泉鎮（Vrnjačka Banja） ／從第一次世界大戰開始，年輕的情侶會在橋上掛鎖來守護自己的愛情。

- **紅十字納粹集中營**
  Red Cross Concentration Camp
  尼什／這座集中營在第二次世界大戰期間運作了整整四年，如今人們在原址建立了紅十字紀念博物館，用以銘記 1942 年 2 月勇敢出逃的 105 個人。

SLOVAKIA
斯洛伐克

恰赫季采古堡遺跡 ČACHTICE CASTLE RUINS

● 恰赫季采　Čachtice

400 年前，匈牙利女伯爵伊麗莎白・巴托里（Elizabeth Báthory）在古堡的密室內嚥下最後一口氣。惡名昭彰的「吸血女伯爵」巴托里因其駭人聽聞的罪行被囚禁於古堡，包括折磨並殺害數百名少女。若這些傳聞所言非虛，那代表她還曾以女孩的鮮血沐浴。

1610 年，關於古堡和女伯爵的傳聞傳入了國王馬蒂亞斯二世（Matthias II）的耳中，於是命人搜集相關證據。但是巴托里從未接受正式的審判，也未認罪，她因為顯赫的家世背景而免於一死，但終身被監禁在古堡的塔樓裡。人們無法獲知這位女伯爵究竟殘害了多少女孩，估計受害者的數量介於 50 至 600 人之間，或是更多。如今古堡僅存殘垣斷壁，但依舊能讓人聯想到鮮血四濺的牆壁與回蕩著慘叫聲的酷刑室。

歷史上最富有的女性連環殺手曾經就住在這座古堡裡。

古堡坐落於山丘之上，俯瞰恰赫季采城。
N 48.725075 E 17.760988

UKRAINE
烏克蘭

奧德薩地穴 ODESSA CATACOMBS

● 奧德薩州，奧德薩　Odessa, Odessa

注意，遊覽奧德薩地穴時，你可能會不小心踩到鏽跡斑斑的採礦工具、第二次世界大戰的手榴彈、19 世紀的葡萄酒桶和人骨殘骸。

19 世紀初，石灰岩礦的礦工在城市下方挖鑿了錯綜複雜的採礦通道，估計長達 2,800 公里。礦坑廢棄後，這裡很快就成為叛亂者、罪犯和怪人的首選藏身之地。

第二次世界大戰期間，蘇聯被迫撤出奧德薩，某些烏克蘭反叛組織則留在此地，藏身於通道之中。在等待作戰機會之餘，他們也嘗試著過正常的生活，例如下棋、做飯和聽蘇聯廣播。與此同時，納粹還是會往地穴投放毒氣罐，並隨機封鎖出口，企圖誘捕反叛者。

現在向民眾開放的地穴，僅有屬於奧德薩北部城市內魯貝斯科耶（Nerubayskoye）遊擊隊榮耀博物館（Museum of Partisan Glory）的一小部分。其餘的地下通道不是搖搖欲墜，就是被水淹沒，但這卻對城市獵奇者具有不可抵擋的吸引力。探險者經常頭戴探照燈、腳踏防水鞋，背上滿滿的食物和葡萄酒，在地下通道裡待上好幾日。

然而，這些「地下派對」偶爾會讓人喪命。2005 年，一群奧德薩青少年在地穴裡舉辦跨年派對。在醉醺醺的喧囂中，一位女孩與人群失散，在地穴裡迷了路。她在寒冷與漆黑的隧道中走了整整 3 天，最後因脫水而亡。直到 2 年之後，警察才找到她的屍體，將其從地穴深處打撈出來。

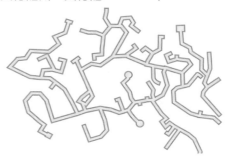

伸手不見五指的迷宮隧道曾釀成悲劇。

大多數的探險路徑以內魯貝斯科耶為起點。雖然地穴探險並不違法，但我們也不鼓勵。在沒有導遊帶領的情況下進入地穴是十分危險的行為，找導遊也請務必謹慎，因為你的性命掌握在他的手裡。
N 46.546667 E 30.630556 ➤➤

➼ 世界其他地下通道

2 號地鐵 Metro 2

傳聞莫斯科存在一個機密的地鐵系統——2 號地鐵，雖然並無證據，但 KGB 叛逃者、美國情報人員和前俄羅斯大臣都聲稱它確實存在。傳言 2 號地鐵建於史達林統治時期，目的是便於領導人在危急之時撤離，其規模比莫斯科的公共地鐵網路還要龐大。所有人都認為這個地鐵系統依然在國防部的掌控下運行，但 KGB 對此並不承認。1990 年代中，有城市探險者聲稱發現了 2 號地鐵的入口。

倫敦下水道系統
London Sewerage System

1850 年代，倫敦城內的平民區環境十分惡劣。急速增加的居住人口將泰晤士河當作露天排水溝，河面上漂散著垃圾，惡臭四處瀰漫，霍亂頻發。修建現代化的下水道系統是刻不容緩的工程。長約 885 公里的下水道工程從 1859 年持續到了 1865 年，其中包括弗利特河（River Fleet），它是羅馬時

伊斯坦堡地下水宮殿裡有大頭朝下的美杜莎頭像。

期泰晤士河的一條重要支流，隨著倫敦工業的發展逐漸被埋入了地下。

伊斯坦堡地下水宮殿
Basilica Cisterns of Istanbul

伊斯坦堡的地下存在著上百個拜占庭時期興建的水宮殿，它們是 5 至 6 世紀時用於儲存雨水的水庫。這些如同教堂一樣的建築有彩繪拱頂、大理石柱和美杜莎（Medusa）的頭部雕刻，高雅的裝潢讓人忘了其原本的功能。

安特衛普河道 Antwerp Ruien

11 至 16 世紀期間，安特衛普地區的眾多天然河道具有防禦工事、交通貿易和露天下水道等功用。當河水散發的氣味終於讓人忍無可忍之時，政府決定將河道掩埋起來，但有一個條件——每個市民都必須出錢出力，負責填埋自己土地上的河道。當地的居民花了 300 多年才完成任務，而五花八門的填埋材料也反映出不同的財力、品位和技術。地下河道作為城市的下水道，一直運行至 1990 年代，之後被新修建的地下管道取代。

卡帕多奇亞地下城
Underground Cities of Cappadocia

在土耳其歷史悠久的卡帕多奇亞地區底下，存在著多個複雜的地下城市，由巨大的石門與世隔絕。地下城於西元前 7 世紀或 8 世紀在火山岩中開鑿而成，有廚房、酒窖、水井、樓梯、馬棚和教堂。早期基督教徒將這裡當作躲避羅馬人迫害的避難所。

巴拉克拉瓦潛艇基地
BALAKLAVA SUBMARINE BASE

● 克里米亞半島，巴拉克拉瓦
Crimea, Balaklava

1957 年之前，巴拉克拉瓦一直是個寧靜的小漁村。然而就在這一年，蘇聯政府突然將其從官方地圖上抹去，因為他們要在這裡建一處祕密潛艇基地。在史達林的指示下，軍事工程師設計了一個位在海邊的地下綜合基地，可以容納和修理海軍潛水艇、儲藏武器和燃料，遭受核武襲擊時還可以作為避難室，稱為「825 GTS 工程」（Object 825 GTS）。

莫斯科地鐵的工人在此地花費了一番功夫挖鑿花崗岩，以建造堅固的基地。1961 年，耗時 4 年的工程終於完工。這個基地包含醫院、通訊中心、食物儲藏庫，及長 607 公尺、可同時容納 6 艘潛水艇的運河，還有大量的魚雷、核彈頭和火箭等軍火。

潛艇基地讓巴拉克拉瓦成為一座被封鎖的軍事重鎮，幾乎所有居民都為基地工作，就算是家人也無法見上一面。

這座祕密基地一直運作至 1993 年，進入後蘇維埃時代，這個機構也逐漸沒有存在的必要。2004 年，基地變成海軍博物館（Naval Museum Complex Balaklava）對外開放。雖然早已沒有潛水艇，但幽深的岩石通道、漆黑的運河及幾個廢棄的導彈，依舊讓這個空間充滿冷戰時期的氣氛。

地址：Marmurova St, Sevastopol。這座由潛艇基地改造而成的博物館位於巴拉克拉瓦海岸，從塞瓦斯托波爾（Sevastopol）搭乘公車即可到達。
N 44.500946 E 33.596544

普里皮亞特 PRIPYAT

● 基輔州　Kiev Oblast

普里皮亞特的時鐘全部停在 11 點 55 分，這是 1986 年 4 月 26 號車諾比（Chernobyl）核反應爐爆炸，城市電力被切斷的那一瞬間。過了一天之後，普里皮亞特的居民收到以下這封撤離通知：

普里皮亞特的居民請注意！現在市議會通知大家，由於車諾比核電廠發生事故，輻射外洩情況惡化……同志們，請暫時離開住所，確保關閉電燈、電器和水龍頭的開關，並緊閉門窗。我們必須暫時撤離，請大家保持冷靜和秩序。

如今這裡已是荒城，從牆上剝落的油漆碎片掉在滿是塵埃的鞋子、玩具和共產主義宣傳海報上。在搖搖欲墜的體育館外，生鏽的摩天輪依然屹立在一堆雜亂的碰碰車旁——原定 1986 年 5 月 1 日要在這裡舉行的嘉年華，現在只剩下這些東西留在這裡，更顯淒涼。雖然這座陰沉寂靜的城市看起來並不像度假地點，但車諾比地區現在其實可以合法遊覽，遊客需在基輔市領取政府頒發的當日通行證。在普里皮亞特周邊待幾個小時還算安全，但必須跟著旅行團行動，禁止觸摸任何物體，也不能在地上放置任何東西。手臂、腿和腳都不得外露。遊覽結束後，每個人都要用蓋革計數器檢測自己身上的輻射強度。遵守這些規定是爲了避免受到輻射汙染的影響。

遊客可以自由拍照，可以在 100 公尺之外參觀核反應爐，甚至可以與當地僅剩的少數居民交談。災難過後，這些人沒有服從命令，又偷偷回到了被放射物質汙染的家園。

在這個城鎮被廢棄的 30 年間，儘管輻射劑量很高，但植物和動物仍然興旺繁衍。樹根穿透水泥地板，森林吞噬道路，許久未見的動物，如海狸、野豬、狼和熊悉數回歸。沒有了人類的影響，小城中的自然生態比災難發生之前更多樣化。

遊客可跟隨導遊從基輔乘公車到普里皮亞特。
N 51.405556 E 30.056944

烏克蘭的祕境景點還有：

- **水下博物館 Underwater Museum**
  克里米亞半島 / 這個博物館有 50 多尊蘇聯時期的人物雕像，只不過遊客必須潛入水中才能觀賞到這些作品。

- **燕子堡 The Swallow's Nest**
  加斯普拉（Gaspra）/ 這座外觀像城堡模樣的小房子位於懸崖邊緣，俯瞰著整片大海。

- **洞窟修道院**
  Monastery of the Caves
  基輔 / 基輔洞窟修道院又音譯為佩喬爾斯克修道院（Kiev Pechersk Lavra），外觀看起來是一座標準的東正教教堂，正下方則是一個龐大且歷史悠久的地下洞穴。教堂內還有一個神奇的微型博物館，遊客必須透過顯微鏡來欣賞作品。

- **薩洛博物館 Salo Museum**
  利沃夫（Lviv）/ 這是一間「純豬油」專門博物館。可別小看它了，這可是東歐最重要的料理必備材料。

- **永生餐館 Eternity Restaurant**
  特魯斯卡韋茨（Truskavets）/ 這是一間由當地殯儀館經營的餐廳，特色是擁有世界上最大的棺材。

普里皮亞特如幽靈般的摩天輪，自 1986 年起便不再轉動。

斯瓦爾巴全球種子庫(距離奧斯陸2,042公里)

北極巨石陣
人皮褲

冰島

冰島精靈學校　冰島陽具博物館
★**雷克雅維克**
瑟利赫努卡　　●**斯瓦蒂佛斯**
吉格爾火山

挪威海

英里 0　　100　　200
公里 0　　　200

N

俄羅斯

芬蘭

瑞典

北歐／斯堪地那維亞

**波斯
尼亞灣**

樹山
●
赫爾辛基★

挪威

●**奧斯陸**
★
伊曼紐爾維格蘭
陵墓

瑞典　●伊特比礦
太陽系模型★**斯德哥爾摩**

●
奇蹟石

愛沙尼亞　**俄羅斯**

魯布耶各努德燈塔
●
丹麥

拉脫維亞

●圖倫男子　圓塔
哥本哈根★ ★●隆德大學的鼻子收藏

波羅的海

白俄羅斯　**立陶宛**

俄羅斯

DANMARK
丹麥

北歐／斯堪地那維亞
Scandinavia

魯布耶各努德燈塔
RUBJERG KNUDE LIGHTHOUSE

● 約靈，洛肯　Hjørring, Løkken

魯布耶各努德燈塔正逐漸被吞沒。燈塔建於 1900 年，坐落在北海邊，高 23 公尺，但由於海岸侵蝕、海風與流沙的影響，一半塔身已經被埋入沙中。幾十年來，燈塔守衛不停地對抗風沙的侵蝕。他們在燈塔的周圍種了一圈樹，然後將沙子鏟出圈外，但這註定是一場敗仗。風吹來的沙子越積越多，觀海視野被擋住，燈塔被迫於 1968 年關閉。燈塔及周圍的建築仍作爲博物館和咖啡館堅持運營著，直到 2002 年，

陷入流沙中的燈塔看起來大勢已去。

蔓延的流沙差點吞沒了整片地區，它們才不得已歇業。

爲避免燈塔倒塌入海，有關當局籌備了一年多的時間，於 2019 年 10 月利用軌道將燈塔往內陸遷移了 70 公尺，以確保到 2060 年爲止都可以安然無虞。

地址：Fyrvejen 110, Løkken。
N 57.448989 E 9.774368

圓塔 RUNDETÅRN

● 哥本哈根　Copenhagen

在這幢圓柱形建築的穹頂中，有歐洲最古老且仍在運作的天文台。丹麥國王克利斯蒂安四世（Christian IV）於 1642 年——伽利略逝世的那一年——下令建造圓塔。塔中原本有一座天文館，展出了兩種版本的太陽系模型：一個是伽利略支持的「日心說」模型，另一個則是丹麥天文學家第谷（Tycho Brahe）提倡的「地心說」模型。

圓塔的建築結構引人注目，內部沒有台階，只有圍繞著軸心旋轉七圈半的螺旋式斜坡磚道。此一非比尋常的設計非常實用，只要使用推車即可將巨大沉重的科學儀器更輕鬆地運送到塔頂。

圓塔天文台與哥本哈根大學合作直到 1861 年，之後被哥本哈根大學天文台（Østervold Observatory）取代。新天文台蓋在市郊，可以避免光害影響觀測。

現在遊客還是可進入圓塔參觀或觀星，這裡也是每年春季獨輪腳踏車的比賽場地，騎手們會在螺旋磚道上奮力爭奪冠軍。目前比賽的最高紀錄是 1989 年締造的 1 小時 48 分 7 秒。

地址：Købmagergade 52A, Copenhagen。最近的地鐵站為 Nørreport 站。N 55.681390 E 12.575672

若是在春季造訪這座歐洲最古老的天文台，會發現屋內擠滿了騎獨輪腳踏車的人。

丹麥的祕境景點還有：

● **伊貝霍特修道院遺址 Skeletons of Æbelholt Abbey**

伊貝霍特（Æbelholt） / 探索 12 世紀修道院的廢墟，聆聽曾經住在這裡的「奇蹟修士」的傳說。

● **小美人魚雕像 Little Mermaid Statue**

哥本哈根 / 這個深受愛戴的丹麥象徵性雕像曾經歷「身首異處」「斷臂」與「炸飛」等破壞事件，備受磨難。

● **菸草博物館 Tobacco Museum**

哥本哈根 / 這裡有關於菸草的悠久歷史，並且介紹與菸草相關的各種器具和裝備。

● **髮絲珠寶展 Hair Jewelry**

腓特烈港（Frederikshavn） / 邦斯伯博物館（Bangsbo Museum）以介紹當地歷史為主，其中最特別的一項館藏是用頭髮製作的珠寶，代表了 19 世紀的時尚風潮。

● **世界地圖公園 World Map**

克萊楚普湖（Klejtrup Lake） / 除了體驗在微型地圖上環遊世界的樂趣，遊客也可以在附近的遊樂園區玩一場迷你高爾夫球。

圖倫男子 TOLLUND MAN

● 中日德蘭大區，錫爾克堡　Central Denmark, Silkeborg

於西元前 4 世紀被謀殺，並在 1950 年從沼澤中被拖出來的圖倫男子至今依舊「栩栩如生」。

1950 年，埃米爾和比戈・霍加德（Emil & Viggo Højgaard）兄弟在比耶茲科夫達爾沼澤（Bjældskovdal bog）散步時，偶然發現了一具男性屍體。他們相信這具屍體是最近某起兇殺案的受害者，隨即向警方報案。經過進一步的調查顯示，這位男性的確是被謀殺，但時間是在 2,300 年以前。

「圖倫男子」被發現時，身體如同胎兒一樣蜷縮，雙目緊閉，面容安詳。泥炭蘚沼澤寒冷、缺氧的酸性環境讓屍體保存得異常完好，頭髮、鬍渣、睫毛和腳指甲都完整無缺。屍體全身赤裸，僅佩戴著一頂羊皮帽和一條寬腰帶，還有一根繩子緊緊地勒住他的脖子。這個來自鐵器時代的男人是被吊死的，很可能是宗教祭品。

在那個年代，人們還不知道如何處置或保存像圖倫男子這樣的遺骸。因此，除了頭部未動，屍體的其他部分被用於各種實驗，以確定他的年齡（大概 40 歲左右，已經長出智齒和皺紋），以及他生前和死後周遭的環境。發現的一些細節如下：圖倫男子身高 1.6 公尺，最後吃的食物是由大麥和亞麻籽熬的粥，祭祀者（或劊子手）在圖倫男子死後花了點時間才將其嘴巴和眼睛閉上。

人們至今已在北歐各地的泥炭蘚沼澤中發現了上千具「沼澤屍體」，但圖倫男子的遺骸保存得最完好。其原始頭部和重塑的身軀現被收藏在錫爾克堡博物館內，而那條終結他生命的繩子依然纏繞在脖子上。

地址：Hovedgårdsvej 7, Silkeborg。有多班公車會直接停在錫爾克堡博物館的門口。N 56.169100 E 9.553011

FINLAND
芬蘭

樹山 TREE MOUNTAIN

● 皮爾卡區，于勒耶爾維　Pirkanmaa, Ylöj!rvi

這座被樹木覆蓋的圓錐形小山丘並非大自然的產物，而是耗時 14 年建造的人為藝術作品。藝術家艾格妮絲・丹奈斯（Agnes Denes）於 1982 年首次提出了「植樹造山」計畫，意圖在人造山丘上種植一片人工樹林。10 年後，芬蘭政府批准了這項計畫，於是在 1992 至 1996 年間，11,000 人在一個個設計好的土堆中種下了樹苗。這些樹組成了一個繁複精美的圖案，符合黃金比例，設計靈感來自於鳳梨。

這座山受法律保護的時限是 400 年，而其中每棵樹的所有權都屬種植者及其子孫後代。

地址：Pinsiönkankaantie 10, Pinsiö。這座小山丘距離赫爾辛基（Helsinki）大約 3 小時車程。
N 61.571030 E 23.477081

芬蘭的祕境景點還有：

● 赫爾辛基大學博物館
Helsinki University Museum
赫爾辛基／你可以遊覽迷宮般的大廳，探索 19 世紀中期的芬蘭藥房，欣賞黃銅製圖工具和蠟製的嬰兒疾病模型等收藏品。

● 岩石教堂
Rock Church
赫爾辛基／露出地表的巨大花崗岩下方藏著一座 1960 年代的教堂，牆體由岩石所築，全景天窗讓教堂沐浴在日光中。教堂的音效卓越，適合舉辦音樂會。

● 帕里卡拉雕塑公園
Veijo Rönkkönen Sculpture Park
帕里卡拉（Parikkala）／由素人藝術家俞科寧（Veijo Rönkkönen）所創，在林間展示了 500 多尊姿勢奇特的人物雕像，其中有些還使用的真人的牙齒為創作素材。

● 世界咖啡杯博物館
International Coffee Cup Museum
波西奧（Posio）／在這裡有來自 80 多個國家的近 2,000 個咖啡杯，遊客可藉此了解世界各地的咖啡文化。

● 列寧博物館
The Lenin Museum
坦佩雷（Tampere）／這是在蘇聯之外唯一一個以列寧為永久展覽主題的博物館，位在坦佩雷工人禮堂（Tampere Workers Hall）──正是 1905 年列寧和史達林首次會面的場所。

ICELAND
冰島

冰島陽具博物館
ICELANDIC PHALLOLOGICAL MUSEUM

● 雷克雅維克　Reykjavík

冰島歷史學家西古爾瑟爾・雅塔爾森（Sigurður Hjartarson）從 1970 年代開始收集陽具標本，他的第一件收藏品是「牛鞭」：一根用公牛生殖器製作的鞭子。此後，他的陽具收藏事業蒸蒸日上。

雅塔爾森建造博物館的目的不只是爲了撩撥人們，更是爲了發揚「陽具學」這一門「古老學科」，致力研究男性生殖器如何影響歷史、藝術、心理學與文學，順便欣賞哺乳動物的陽具。館藏的 280 多個標本來自種類繁多的哺乳動物，包括北極熊、獾、貓、山羊、海豹，以及藍鯨──牠的陽具長 1.7 公尺，是博物館內尺寸最大的展覽品。

該博物館也有收藏一小批人類陽具，標本來自主動將自己的生殖器捐贈給博物館的男性。一位美國捐贈人先把自己的生殖器模型放在了博物館中，等到「眞品」能夠捐出的時候再將模型替換下來；一位 95 歲高齡的冰島老人決定捐出自己的生殖器，以便永久保存這個代表他倜儻不羈青春的「永恆圖騰」。

除了生物標本，博物館還展出以陽具爲主題的藝術作品及物件。在 2008 年贏得奧運銀牌後，冰島手球隊的 15 名運動員提供了他們的生殖器模型。這些模型被塗成銀色，擺成一排陳列在玻璃櫃裡，地位顯要。

地址：Laugavegur 116, 105 Reykjavík。博物館位於巴士總站（Hlemmur）旁邊。N 64.143033 W 21.915643

北極巨石陣 THE ARCTIC HENGE

● 魯法赫　Raufarhöfn

巨石陣位於冰島最北方的小村莊，等到全部完工之後，可能連英國的巨石陣都會顯得相形失色。

這項計畫從 1996 年開始興建，不只紀念這個國家的北歐根源，同時也象徵著在此一地區興起的異教信仰。計畫的靈感來自埃達詩篇①中的〈女巫的預言〉（Völuspá），取其 72 名矮人的概念，代表著詩中世界的季節。

北極巨石陣有 72 個小石塊，分別刻有某個矮人的名字，這些小石塊最終會圍繞起 4 座較大的石造紀念碑，接著這 4 座紀念碑再圍繞中央的巨型玄武岩平衡圓柱，各方的精密布局正好與古代北歐信仰互相呼應。等到紀念碑建造完畢後，遊客就能根據不同季節從不同的觀看位置「捕獲午夜的陽光」。

然而截至目前爲止，巨石陣只完成了壯觀的中央三角柱，還有 4 座大型石門的其中一座，以及少數的小石頭。現階段來說，它跟英國巨石陣一樣神祕莫測。

巨石陣距離胡薩維克（Húsavík）約 90 分鐘的車程，那裡也是賞鯨熱門地點。N 66.462132 W 15.962863

聳立的北極巨石陣仍在興建中。

人皮褲 NÁBRÓK

● 侯爾馬維克　Hólmavík

挖出亡友的屍體，將其腰部以下的皮整張剝下，而後像穿緊身褲一樣穿在身上。某些人可能認爲這種行爲很野蠻或褻瀆亡者，那是因爲他們不了解，人皮褲其實是歷史悠久的冰島傳統，可以帶來財富和好運。

根據冰島巫術與魔法博物館（Strandagaldur）的說法，在 17 世紀期間，冰島確實有人製作人皮褲，方法十分複雜。首先，要能找到一個同意在死後讓你剝皮的人。其次，在他去世後，得等到所有葬禮儀式都完成後再刨開墳墓，挖出屍體，從腰上切一圈，將下半身的皮剝下，確保整張皮完好無損。

最後，從寡婦那裡偷一枚硬幣，將硬幣藏在褲部。傳聞這樣就能神奇地帶來財運，讓穿著人皮褲的人永遠財源滾滾。當你賺夠了錢，或者人皮褲不再合身，可以將其轉交給其他人，這樣富貴榮華就會代代相傳。

人皮褲陳列在該博物館一個光線柔和的展櫃中，腳邊還鋪滿了錢幣。

地址：Höfðagata 8-10, Hólmavík。可從雷克雅維克搭乘公車至侯爾馬維克的冰島巫術與魔法博物館，車程約 4 小時。N 65.706546 W 21.665667

斯瓦蒂佛斯 SVARTIFOSS

● 斯卡夫塔瑞爾普，科爾克尤貝雅考斯圖爾
Skaftárhreppur, Kirkjubæjarklaustur

黑色的瀑布，風景比名字更迷人。

冰島語「斯瓦蒂佛斯」的意思爲「黑色瀑布」，該瀑布無論在高度、寬度或力度上都平平無奇，倒是瀑布後方的黑色六角形石柱構成了罕見而壯麗的自然景觀。石柱爲玄武岩，爲百年前的火山熔岩冷卻而成，與蘇格蘭的芬格爾洞窟成因相同。這些石柱經常會斷裂掉入水中，遊覽時要當心瀑布底部尖利的岩石。

斯卡夫塔國家公園（Skaftafell National Park）。夏季時，每天都有巴士從雷克雅維克開往斯卡夫塔，從國家公園的遊客中心步行至瀑布大約 1 小時。
N 64.027594 W 16.975337

冰島的祕境景點還有：

- **聖誕老人工坊　Santa's Workshop**
阿克雷里（Akureyri）/「聖誕老人」的家看起來就像一座薑餅屋，跟你想像中的一樣嗎？

- **比雅那赫本鯊魚博物館　Bjarnarhöfn Shark Museum**
比雅那赫本（Bjarnarhöfn）/ 了解一下冰島傳統的鯊魚加工業，還有機會一嘗著名的當地美食——腐爛的鯊魚肉！

- **藍湖溫泉　Blue Lagoon**
格林達維克（Grindavík）/ 藍湖位於地熱發電廠附近，是非常受歡迎的人造水療溫泉區。

- **冰河湖　Jökulsárlón**
赫本（Höfn）/ 冰島最大的冰川湖。由於冰川大量融化，從 1970 年代起，湖的面積就不斷擴大。

瑟利赫努卡吉格爾火山
THRIHNUKAGIGUR VOLCANO

一般想要觀察火山，最好要保持一定的安全距離，不過冰島的瑟利赫努卡吉格爾火山地質特殊，可以直接進入火山內部。該火山已經休眠許久——最近一次爆發是在 4,000 年前——有勇氣的遊客可以從 3 個破火山口垂降到火山內部，欣賞五顏六色的岩漿穴。

開放式電梯可以讓人直達 183 公尺深處，深入龐大的火山口，裡頭的空間大到足以放下整座自由女神像。同穴內的景象並非預期中烏亮的黑曜石，陡峭的岩石牆面上覆蓋著珠光閃爍的彩虹色澤，整個山洞看起來方彿鑲滿了寶石，美到不像真的。

通常火山爆發之後，翻騰的岩漿會在原地冷卻凝固堵住開口，但是原本在瑟利赫努卡吉格爾火山山峰部翻騰的滾滾岩漿，不知為何沉入地底，留下了巨的空曠洞穴。由於此奇異的自然現象，讓這裡成為球上唯一可以搭乘升降機抵達火山核心的地方。

從冰島高原到瑟利赫努卡吉格爾火山最高峰是一段和的健行路線，約 3.2 公里（需 45 分鐘），進入火山深遊覽每趟約 1 至 2 小時。
N 63.998622　W 21.698976

升降機載著遊客進入色彩斑斕的火山核心。

冰島精靈學校 ICELANDIC ELF SCHOOL

● 雷克雅維克　Reykjavík

冰島國會議員奧尼・約翰森（Árni Johnsen）於 2010 年經歷了一場車禍，竟然毫髮無損，而他將此一奇蹟歸功於——精靈。在翻滾五圈之後，這位政客的休旅車在一塊重達 30 噸的巨石前停了下來。約翰森相信，精靈長久以來都以巨石為家，是它們使用魔法救了他。2012 年，道路施工需要將這塊巨石移開，於是約翰森把巨石據為己有，運回家中，希望精靈能夠繼續保佑自己。

約翰森並非異想天開。根據冰島的民間傳說，在石頭、樹木和大自然的每個角落，到處都有精靈、仙女、小矮人和地精存在，它們被稱為「隱形人」（hidden people）。因此，世界上唯一一座精靈學校設立在雷克雅維克也就不足為奇了。

歷史學家馬格努斯・斯伽爾斐辛森（Magnús Skarphéðinsson）花了幾十年記錄人類與精靈之間的「接觸」，並於 1991 年創立了這所學校。課程主要是在介紹居住在冰島上的 13 種「隱形人」，甚至還為觀光客開設了 5 個小時的教育導覽，包括參觀雷克雅維克的「精靈棲息地」，上完課還能獲得「隱形人研究」的學位。

斯伽爾斐辛森從未親眼見過精靈。他對精靈外貌和行為的認知，來自他收集的上百份證詞。這些證人都聲稱自己曾與「隱形人」有過接觸。他投入精靈研究已超過 30 年，並且自認是該領域的最高權威，但他對這一切始終保持著幽默感。在課程最後，他會提供自製的咖啡和煎餅，模仿那些找上門的證人的口吻說道：「我發誓，我沒嗑藥，但我看到了非常奇怪的事情……」

地址：108 Síðumúli, Reykjavík。搭乘行駛於蘇祖蘭德斯伯勞特大街（Suðurlandsbraut）或哈雷緹斯伯勞特大街（Háaleitisbraut）的公車，就可以到達精靈學校。
N 64.132667 W 21.875859

NORWAY
挪威

斯瓦爾巴全球種子庫
SVALBARD GLOBAL SEED VAULT

● 斯瓦爾巴群島，長年城
　Svalbard, Longyearbyen

一年之中，長年城有 4 個月的時間被黑暗籠罩。在白雪皚皚的群山中間，一座孤獨的細長水泥建築散發著幽幽的藍光，打破黑夜，俯瞰著擁有 1,000 位居民的小鎮。建築簡潔的結構和樸素的外觀完全沒有半點提示，原來裡頭珍藏著一批可以拯救人類未來的種子。

由於商業培育出的作物通常為無性單一種植，喪失了基因多樣性，導致全球主要糧食作物都面臨著潛在的病害威脅。只要出現某種變異真菌或新型細菌，很有可能在幾個月內就能將全世界的農作物消滅，造成糧食短缺。考慮到這件事的嚴重性，挪威政府於 2008 年建立了斯瓦爾巴全球種子庫，當作植物基因的「保險櫃」。

這個種子庫可以保存 450 萬個種子樣本，溫度常年維持在冰箱冷凍室的溫度。在這樣的環境下，種子樣本能夠保持活性長達 2 千至 2 萬年，確保日後還能生長出作物。

選擇將種子庫建在斯瓦爾巴，是因為該地區的地質構造穩定，且永久凍土能夠在斷電之後繼續提供自然冷凍條件。種子庫沒有雇用長期工作人員，而是由管理員透過電子監控設備進行即時維護。種子庫僅對工作人員開放，若想進入其中，得先通過 4 道設有密碼鎖的門。

想要去長年城，得搭乘從奧斯陸（Oslo）起飛的班機，中途停經特羅姆瑟（Tromsø）。雖然種子庫不許外人進入，但建築本身也很值得一看，特別是在被層層白雪包圍的季節。此外，長年城也有豐富的冬季活動，可以乘坐狗拉雪橇或是觀賞馴鹿。N 78.235714 E 15.491357

能夠拯救人類未來的「末日種子庫」。

奇蹟石是否穩固到足以支撐一個人？破解這個謎題的方法只有一個——親自站上去試試。

奇蹟石 KJERAGBOLTEN

● 羅加蘭郡，桑內斯　Rogaland, Sandnes

奇蹟石是一塊卡在山體裂縫之中的巨石，距離地面984 公尺。這塊巨石頗受翼裝飛行愛好者的青睞，他們會從懸崖上縱身一躍，飛向下方壯麗的峽灣。沒有懼高症的遊客可以站到巨石上，享受獨一無二的照相機會——巨石周邊並未設置圍欄，然而想要攀爬巨石一攬美景的遊客必須爲自己的安全負責。

地點：Øygardstøl, Forsand。夏天的時候可以從斯塔萬格（Stavanger）搭乘巴士到謝拉格山景觀餐廳（Kjerag Restaurant），再徒步至奇蹟石。請穿上舒適的鞋子，並做好攀爬陡崖的準備。旅途單程需要 3 小時左右。在下雨天或氣候潮濕的日子，請千萬不要站在巨石上！
N 59.033698 E 6.593292

挪威的祕境景點還有：

- 薩爾特流大漩渦
  Saltstraumen Maelstrom
  博德（Bodø） / 薩爾特流（Saltstraumen）是一座潮汐非常強勁的小海峽，擁有世界上最大的漩渦奇景。

- 赫斯達倫自動測量站
  Hessdalen AMS
  赫斯達倫（Hessdalen） / 這是一座偏遠的研究站，致力於破解挪威山谷中出現的「神祕浮光」。

- 莫倫　**Mølen**
  拉維克（Larvik） / 莫倫是挪威最大的石頭海灘，在此地發現的 230 座人為堆疊的石堆實際上是古代墓碑，可追溯至西元前 250 年。

- 斯坦斯達爾斯瀑布
  Steinsdalsfossen
  努爾海姆松（Norheimsund）/ 遊客可以穿過瀑布下方的小徑，欣賞 50 公尺高的瀑布美景。

伊曼紐爾維格蘭陵墓
EMANUEL VIGELAND MAUSOLEUM

● 奧斯陸　Oslo

雖然在兩兄弟中，哥哥古斯塔夫‧維格蘭（Gustav Vigeland）名氣更大，在奧斯陸中心還有一座著名的公園擺滿了他創造的荒誕雕塑，但弟弟伊曼紐爾‧維格蘭（Emanuel Vigeland）仍然憑藉自己怪異迷人的藝術作品被世人銘記。

伊曼紐爾維格蘭博物館同時也是維格蘭爲自己精心設計的陵墓。遊客若想參觀，首先要彎腰通過一扇沉重低矮的鐵門。門後則是一間具有筒形拱頂的巨大暗房，牆上繪滿了壁畫，露骨地展現出人類從受精到死亡的一生。這些壁畫的繪製面積總共約 800 平方公尺，花了伊曼紐爾 20 年的時間才完成。參觀這座陵墓是一場莊嚴甚至駭人的體驗，即使最輕微的腳步聲也會在拱頂之下回蕩 14 秒之久，若想看清楚漆黑房內的壁畫則必須帶上手電筒。

伊曼紐爾於 1926 年開始建造這座博物館，打算用來收藏自己的畫和雕塑。他原本設想僅在一面牆和拱頂上繪製壁畫，其餘的位置用於展示其他作品。當他決定將博物館作爲自己的陵墓之後，用磚頭封堵了所有窗戶，爲整座建築營造了詭異的氛圍。

壁畫的靈感源於古典時期的墓葬儀式及畫作，尤其是以充滿戲劇化衝突的基督教故事（如創世記和原罪）爲主題的作品。伊曼紐爾將壁畫取名爲「Vita」（生命），透過各式各樣舉止親密的裸露人體表現了「人類的性本能」。在他逝世之後，骨灰被安放在正門上方的甕中。這座博物館自 1959 年——維格蘭離世 10 多年——才開放給

維格蘭爲自己的墳墓設計了一間可讓回聲持續 14 秒之久的暗房。

民眾參觀，如今由私人基金會負責營運。博物館每週只開放短短幾個小時，但一年之中會舉辦幾場音樂會。

地　址：Grimelundsveien 8, Oslo。搭乘地鐵至 Slemdal 站下車。
N 59.947256 E 10.692641

SWEDEN
瑞典

伊特比礦 YTTERBY MINE

● 斯德哥爾摩　Stockholm

39
Y
釔 Yttrium
88.906

1787 年，軍隊中校身兼業餘化學家的卡爾‧阿克塞爾‧阿雷紐斯（Carl Axel Arrhenius）在瑞典村莊伊特比（Ytterby）的一個舊採石場裡，偶然發現了一塊形狀奇特、又黑又重的石頭。

他非常興奮，以這個鎮的名字將新發現的物質（當時還沒有「元素」的概念）命名爲「伊特比礦」（ytterbite），後更名爲「矽鈹釔礦」（gadolinite）。在當地的採石場還發現了名爲「伊特利亞」（yttria）

的銀白色原礦石，其中含有 4 種罕見的元素——用於電極和鐳射的鐿（ytterbium）、製造晶片的鋱（terbium）、用於鐳射醫療的鉺（erbium），以及製備 LED 螢光粉的釔（yttrium）。這裡成爲世界上元素資源最豐富的地方，這也讓伊特比村成爲元素週期表上的常客。

採石場位於伊特比村的中心，從斯德哥爾摩市區開車約 40 分鐘車程。N 59.428524 E 18.334887

瑞典太陽系模型 SWEDEN SOLAR SYSTEM

● 斯德哥爾摩 Stockholm

這個以 1:20,000,000 比例尺製造的天文模型分布於瑞典全國,是世界上最大的太陽系模型。它的中心——也就是「太陽」——位在斯德哥爾摩的球形體育館(Ericsson Globe),而太陽系的其他天體皆以相同比例分布在斯德哥爾摩和附近的郊區。

位置在最北邊的是「冥王星」(雖然它在 2006 年被重新劃為矮行星),以及小行星伊克西翁(Ixion)、賽德娜(Sedna)和矮行星鬩神星(Eris)。在 950 公里之外,瑞典最北端的城市基律納(Kiruna)有一塊牌子,上頭寫著「終端震波」(termination shock),代表太陽所能支配的區域邊緣,以及太陽風能夠到達的最遠處。

2011 年,一群文化遺產破壞者把「天王星」從距離斯德哥爾摩 1,600 公里的耶夫勒市(Gävle)偷走了。在 2012 年 10 月,一個新的天王星模型出現在該地以南幾公里處的洛夫斯塔布魯克村(Lövstabruk);新位置標示了天王星在軌道上距離太陽最近的點,所以不影響太陽系模型的準確性。

地址:Globentorget 2, Johanneshov, Stockholm。若想參觀太陽模型,可搭乘地鐵至 Gullmarsplan 站,步行 5 分鐘即可到達球形體育館。若想參觀所有「天體」,最好提前擬定旅遊計畫。N 59.294167 E 18.080816

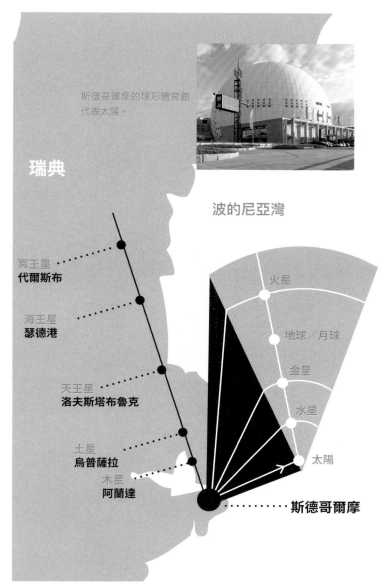

斯德哥爾摩的球形體育館代表太陽。

瑞典

波的尼亞灣

冥王星
代爾斯布

海王星
瑟德港

天王星
洛夫斯塔布魯克

土星
烏普薩拉

木星
阿蘭達

火星

地球／月球

金星

水星

太陽

斯德哥爾摩

太陽系中的「天體」依照固定的比例尺分布於瑞典全國。

瑞典的祕境景點還有:

● **飛碟紀念碑 UFO Memorial**
恩厄爾霍爾姆(Ängelholm) / 這個飛碟形狀的雕像用以紀念一名瑞典曲棍球員與外星人的「相遇」,他還聲稱自己收到了天然藥方。

● **卓寧霍姆宮廷劇院 Drottningholm Palace Theater**
卓寧霍姆(Drottningholm) / 這座皇家劇院目前仍在使用 18 世紀的操縱杆和舞台滑輪,意在展示「世界上最正宗的早期歌劇」。

● **文島 Ven Island**
厄勒海峽(Øresund Strait) / 島上有丹麥天文學家第谷建立的第一座現代天文台。

● **瓦薩沉船博物館 Vasa Museum**
斯德哥爾摩 / 這裡是瓦薩號龐大殘骸的安放地。這艘 17 世紀的戰艦本是當時最大的船隻,卻在首航出海後沒幾分鐘就沉沒了。

隆德大學的鼻子收藏
LUND UNIVERSITY NOSE COLLECTION

在隆德大學展出的 100 多個鼻子模型中，包括某些著名的「斯堪地那維亞鼻子」，例如大名鼎鼎的丹麥天文學家第谷的金屬假鼻子石膏模型，他曾在一場佩劍決鬥中失去了鼻梁。

這些鼻子現收藏在隆德大學的學生生活博物館（Museum of Student Life）。從隆德中央火車站步行 10 分鐘即可抵達隆德大學。N 55.705188 E 13.195761 ➡➡

➡➡ 第一次世界大戰後的臉部修復術

參加第一次世界大戰的士兵必須適應新的戰爭規則。軍隊不再與敵方近距離交戰，而是挖戰壕，在極其惡劣的環境中筋疲力盡地耗上好幾個月，試圖利用機關槍和催淚彈慢慢摧毀敵人。

1

當時最新發明的機關槍讓許多士兵防不勝防。還未適應這種高速武器的士兵會把頭伸出戰壕，迎面而來如雨點般的子彈總有幾顆會正中他們的臉。臉部毀容的士兵要重新融入社會變得更加困難。回到故鄉的士兵不僅承受著戰爭帶來的精神創傷，還要面對「奇形怪狀」的自己——本應該是眼睛的地方卻變成了空洞，舌頭在失去了下頜骨的下巴上晃蕩，臉頰上的大窟窿讓一排牙齒若隱若現。康復醫院裡禁止安裝鏡子，以防士兵因為看見自己的容貌而感到絕望。

戰後，幾千名毀容的英國士兵接受了手術，由技術高超的哈羅德·吉利斯（Harold Gillies）醫生操刀。這位出生於紐西蘭的外科醫生在英格蘭席德卡普（Sidcup）的瑪麗王后醫院（Queen Mary's Hospital）完成了多場整容手術，他開創性的整容技術讓許多人重獲面對大眾的信心。而那些臉部無法被修復的人還有一個選擇——面具。

英國雕塑家弗朗西斯·德溫特·伍德（Francis Derwent Wood）和美國雕塑家安娜·科爾曼·拉德（Anna Coleman Ladd）是當時最傑出的面具製作大師，他們主要利用訂製的鍍鋅銅片掩蓋士兵的傷口。製作一副面具要花費好幾週的時間，首先要製作傷患的臉部石膏模型，再細緻地為面具塗上接近皮膚的顏色，安裝玻璃眼珠，加上用毛髮製作或一筆筆畫出來的眉毛，最後用眼鏡或絲帶將面具固定在傷患的臉上。

1　戰爭結束後，一位士兵進行臉部修復之前和之後的模樣對比。
2　受損臉部的石膏模型。

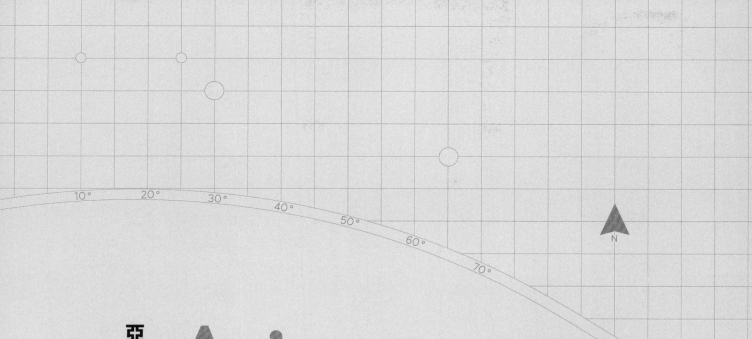

亞洲 Asia

中東	中亞與南亞	東亞	東南亞
伊朗 |	阿富汗 |	中國 |	柬埔寨 |
伊拉克 |	孟加拉 |	香港 |	印尼 |
以色列 |	不丹 |	台灣 |	寮國 |
黎巴嫩 |	印度 |	日本 |	馬來西亞 |
卡達 |	哈薩克 |	南韓 |	緬甸 |
沙烏地阿拉伯 |	吉爾吉斯 |	北韓 |	菲律賓 |
敘利亞 |	巴基斯坦 |		新加坡 |
阿拉伯	斯里蘭卡 |		泰國 |
聯合大公國 |	土耳其 |		越南 |
葉門 |	土庫曼 |		

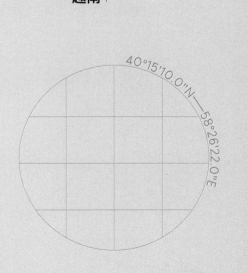

40°15'10.0"N—58°26'22.0"E

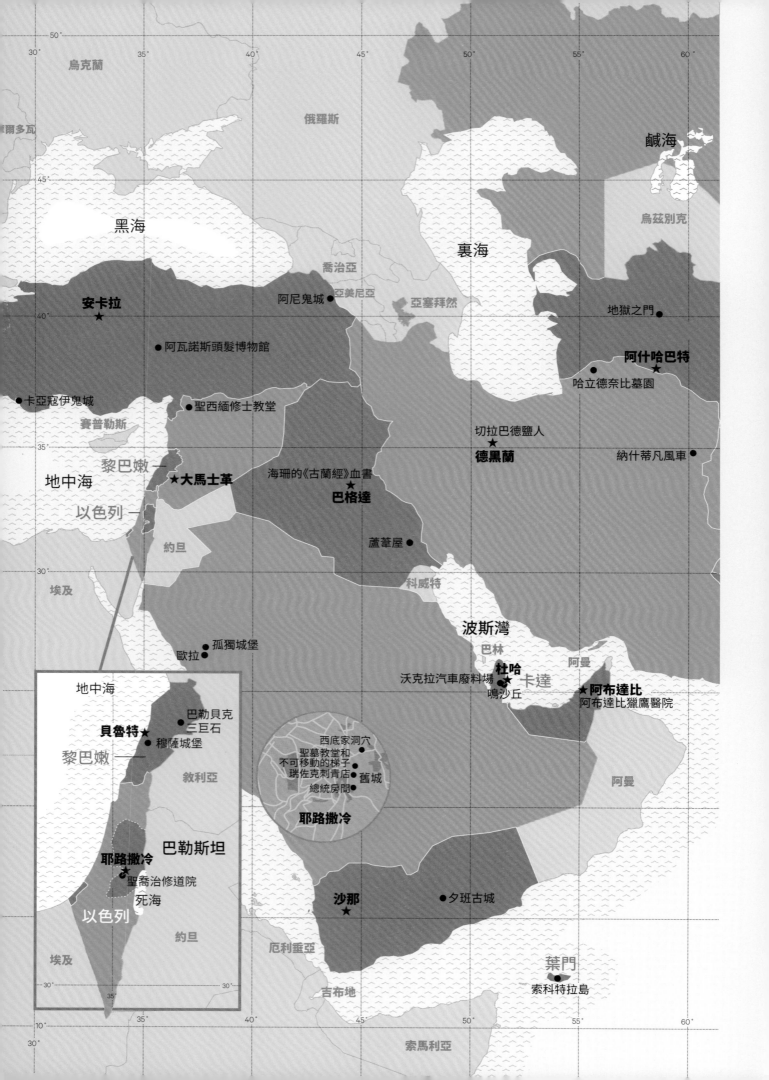

烏克蘭

黑海

俄羅斯

鹹海

烏茲別克

裏海

喬治亞

安卡拉 ★

阿尼鬼城 ●
亞美尼亞

亞塞拜然

地獄之門 ●

阿瓦諾斯頭髮博物館 ●

阿什哈巴特

卡亞寇伊鬼城 ●

哈立德奈比墓園 ●

賽普勒斯

聖西緬修士教堂 ●

切拉巴德鹽人 ★

納什蒂凡風車 ●

黎巴嫩 —

★ 大馬士革

海珊的《古蘭經》血書 ★

地中海

德黑蘭 ★

以色列 —

巴格達 ★

約旦

蘆葦屋 ●

埃及

科威特

波斯灣

巴林

歐拉 ●
孤獨城堡 ●

杜哈 ★
沃克拉汽車廢料場 ●
鳴沙丘 ●

阿曼

★ 阿布達比
阿布達比獵鷹醫院

卡達

地中海

巴勒貝克
三巨石 ●

貝魯特 ★
穆薩城堡 ●

黎巴嫩 —

敘利亞

西底家洞穴 ●
聖墓教堂和
不可移動的梯子 ●
瑞佐克刺青店 ●
總統房間 ●

舊城 ●

阿曼

耶路撒冷 ★
聖喬治修道院 ●

巴勒斯坦

耶路撒冷

沙那 ★

夕班古城 ●

以色列

死海

約旦

埃及

厄利垂亞

葉門

吉布地

索科特拉島 ●

索馬利亞

★努爾蘇丹
以北160公里

●拜科努爾太空發射場

蒙古

最後的野生蘋果林
★吉爾吉斯國家歷史博物館
比斯凱克

烏茲別克

●塔什拉巴特

中東、中亞及南亞

塔吉克

中國

●阿富汗戰爭博物館

喀布爾★

伊斯蘭馬巴德
★

凱沃拉鹽礦●
拉合爾堡的
大象之路

基寺●
瓦加雅達瑞邊境儀式
內克錢德的
石頭花園
●骷髏湖

新德里
★

●克勒妮瑪塔黑鼠神廟
簡塔曼塔巨型日晷● ●月亮井

尼泊爾

不丹
●都楚拉隘口
禪修洞窟

乞拉朋齊樹根橋
●

●蒙塔茲夫人

達卡
★

阿拉伯海

吉大港拆船場●

緬甸

孟加拉灣

英里 0   250   500

N

公里 0   250   500

印度洋

印度洋

錫吉里耶●

可倫坡
★

英里 0   50   100
N
公里 0 50 100

印度
北森蒂納爾島●

斯里蘭卡

IRAN
伊朗

中東
The Middle East

切拉巴德鹽人 SALT MEN OF CHEHRABAD

● 贊詹省，哈姆澤魯
Zanjan, Hamzehlu

1994 年，切拉巴德鹽礦（Chehrabad salt mine）的工人在隧道內挖出了一具殘屍。死者約 35 歲，死於西元 4 世紀左右。屍體在高鹽分的環境中自然乾化，留著長長的白色頭髮和鬍鬚，一隻腳上穿著皮靴。在他的周圍還發現了 3 把鐵匕首、1 根繩子、一些陶器碎片和 1 顆核桃。

埋在鹽裡的乾屍非常少見，但這具令人驚奇的屍體還只是切拉巴德鹽礦的首例。在 1994 至 2010 年間，礦地裡總共出土了 6 具自然乾化的屍體，而且均為男性。仔細檢查之後，考古學家推測這些屍體有 1,400 年到 2,400 年的歷史。這 6 個男人可能為鹽礦工人，因鹽礦坍塌而被困身亡。周圍的鹽吸收了他們身體裡的水分，使屍體自然乾化。

發現於 1994 年的乾屍頭部和左腳，現陳列於德黑蘭（Teheran）伊朗國家博物館（National Museum of Iran）。其他 4 具屍體起初在贊詹的拉赫克水漢內博物館（Rakhtshuikhaneh Museum）展出，但由於玻璃展櫃沒有完全密封，乾屍被細菌侵蝕，目前被轉移到贊詹考古博物館（Zanjan Archeology Museum）的密封櫃。

第 6 具乾屍因為過於脆弱，無法轉移，只能一直保存在鹽礦中。2008 年，切拉巴德鹽礦的經營許可被撤銷，考古學家便有機會研究此一區域，拼湊並還原出古代礦工的生活場景。

伊朗國家博物館，地址：30 Tir Avenue, Emam Khomeini Avenue, Tehran。N 35.687044 E 51.414611

哈立德奈比墓園 KHALID NABI CEMETERY

● 戈勒斯坦省 Golestān

伊朗北部的蔥翠山巒中有一座墓園，裡頭到處都是男性與女性生殖器形狀的墓碑。陽具石以古怪的角度伸出地面，還有圓滑的三葉草形狀岩石，600 多座石碑毫無章法地散布在生機勃勃的大地上。

在宗教律法嚴格出了名的伊朗，這座遍布著 2 公尺高陽具墓碑的墓園自然「脫穎而出」。由於墓園位置接近土庫曼國境，一些專家認為可能是由中亞或印度某個崇拜陽物的民族所建造——雖然並未發現相關的決定性證據。伊朗國內幾乎沒有學者想要研究這座墓園的起

源，因為這些石頭顯然已經成為國家恥辱。

除了陽具石碑，山頂上還葬著死於

4 世紀、來自葉門的基督教先知哈立德·奈比（Khalid Nabi）。他的墳墓是土庫曼人的聖地，上頭沒有傳統的人體器官形象，取而代之的是朝聖者獻上的緞帶。朝聖者與獵奇的遊客混雜在一起，組成了虔誠又嬉鬧的訪客隊伍。

墓園位在貢巴德卡武斯（Gonbad-e Kavus）東北方向，距離約 64 公里，開車需 2 小時左右。
N 37.742464 E 55.420178

1 這顆「鹽漬」銀髮頭顱來自 2,000 年前的一位礦工。
2 墓園中這塊墓碑的形狀想必無須再多言了。

納什蒂凡風車 **NASHTIFAN WINDMILLS**

● 納什蒂凡　Nashtifan

位於伊朗東北部乾旱迎風的平原上，距離阿富汗邊界48.3 公里的小村莊納什蒂凡，在改變的潮流中留下了古老的傳統。這個村子擁有世上最古老的風車，而且至今仍在使用。

納什蒂凡以獨特的強風聞名，村子名稱的意思是「暴風之螫」。村莊南邊有一道 19.8 公尺的土牆，保護居民抵擋狂風。高牆之上有 20 幾座立式風車，用來把穀物磨成麵粉。以黏土、稻草和木頭做成的風車骨架估計已有千年之久，其歷史可以追溯至波斯帝國。當冬季的狂風吹起，手工的木製葉扇會以驚人的速度旋轉，轉動磨石。只要定期維護，這些堅固的轉軸可

以繼續運作好幾個世紀。目前這些風車有一位親切的管理員，名叫阿里（Ali Muhammad Etebari）。他自願在這裡守護這些風車。

距離最近的國際機場位在馬什哈德（Mashhad），從機場開車大約 4 小時可以抵達。N 34.432698 E 60.175371

伊朗的祕境景點還有：

● 燈王之墓 **Shah Cheragh**

設拉子（**Shīrāz**）／這座精美的清真寺廟每一寸外牆都被鏡子和玻璃碎片覆蓋。

這些風車是當地人的驕傲，即使千年之後也能運作如常。

IRAQ
伊拉克

海珊的《古蘭經》血書
SADDAM HUSSEIN'S BLOOD QURAN

● 巴格達　Baghdad

1997 年，爲慶祝自己的 60 大壽，海珊（Saddam Hussein）命人製作一份特別的禮物——用自己的鮮血寫成的《古蘭經》。在伊斯蘭教中，血被認爲是「najis」，即在儀式上是不潔的，因此用血膽寫《古蘭經》是褻瀆聖書的一種罪行，海珊卻不以爲意。伊斯蘭教書法家阿巴斯·沙基爾·裘帝（Abbas Shakir Joudi）花了 2 年時間膽寫了《古蘭經》中的 33 萬 6 千個詞彙，若報導屬實，代表這位獨裁者定期提供了總計 23.7 公升的血。

2000 年，海珊公開向民眾展示這本厚達 605 頁的《古蘭經》血書，放置在烏姆古拉清眞寺（Umm al-Qura Mosque）其中一幢大理石建築的玻璃櫃內。這座清眞寺是海珊爲慶祝波斯灣戰爭 10 周年而建，將《古蘭經》血書擺在這裡可謂再「適合」不過了。

2003 年，美軍出兵伊拉克，海珊政權倒台，巴格達滿目瘡痍。烏姆古拉清眞寺的負責人將《古蘭經》血書藏到某個地窖裡。自海珊被處決後，這些經書一直處在尷尬的狀態：一方面，血書在伊斯蘭教是被禁止的；另一方面，銷毀《古蘭經》也是一項瀆神行爲。

目前《古蘭經》血書並沒有公開展示，但曾經不只一位記者說服清真寺的工作人員從庫房中拿出幾頁血書，讓他們快速流覽。N 33.338273 E 44.297161

蘆葦屋 MUDHIF HOUSES

● 美索不達米亞沼澤
Mesopotamian Marshes

「穆迪夫」（Mudhif）是生活在伊拉克南部的沼澤阿拉伯人（Marsh Arabs）——現稱爲「馬丹人」（Ma'dān）——的傳統房屋。幾千年來，這種用蘆葦建造的大型拱頂棚屋就像是社區的活動中心，婚禮、宗教慶典、會議、仲裁等公共儀式都在這個地方舉行。

建造穆迪夫時，首先要把 9 公尺長的蘆葦集成一捆，然後彎成拱形，當作建築的基礎結構。再將編織的蘆葦墊和格子狀的嵌板搭在拱形結構上，就可以組成天花板與牆壁。各部落的酋長會收集貢品以維持穆迪夫的運作。

1991 年波斯灣戰爭後，海珊下令將該地河水排乾，以報復參加反政府叛亂後躲到這裡避難的人。沼澤因此變成荒漠，食物供給斷絕，約 10 萬名馬丹人放棄了傳統的謀生方式，被迫離開這一區。

2003 年海珊政權倒台後，防洪堤被撤除，水又慢慢流回沼澤。然而乾旱、上游灌溉和新築的堤壩卻再次讓水位變低。少部分馬丹人已經回歸故里，開始重建了蘆葦屋，但他們能否在沼澤長久生活下去，目前仍未可知。

沼澤位於巴斯拉（Basra）西北約 32 公里處。
N 31.040000 E 47.025000

建於伊拉克南部沼澤上的巨大蘆葦屋。

ISRAEL
以色列

聖墓教堂和不可移動的梯子
● 耶路撒冷　Jerusalem
THE IMMOVABLE LADDER AT THE CHURCH OF THE HOLY SEPULCHRE

聖墓教堂是耶穌受難、埋葬和重生之地，這裡對基督徒來說大概是全世界最神聖的地方。此外，這裡還有一具擁有 150 年爭議歷史的梯子。

曾經有多個教派爭奪聖墓教堂的管轄權，後來在 1852 年，鄂圖曼帝國的最高法院頒布了命令，將管轄權分給 6 個基督教派：希臘正教會（Greek Orthodox）、亞美尼亞使徒教會（Armenian Apostolic）、羅馬天主教會（Roman Catholic）、科普特教會（Coptic）、衣索比亞正教會（Ethiopian Orthodox）及敘利亞正教會（Syriac Orthodox）。聖墓教堂被小心翼翼地分成不同區域來進行維護，雖然某些區域是共用的，但某些區域則完全屬於某一個教派。若想經過不同的區域，需要遵循一系列繁複的規定。關於區域邊界的爭執與鬥毆屢見不鮮；科普特教會與衣索比亞正教會為了某塊區域的屋頂爭執不休，或是永遠有一位科普特教會成員坐在固定位置的椅子上宣示區域主權。在 2002 年某個悶熱的夏日，一位基督徒為了納涼，將椅子挪動了 20 公分，結果被解讀成對邊界的惡意侵犯行為，一群人大打了一架，共 11 個人進了醫院。

聖墓教堂的外牆上有一具「不可移動的梯子」，象徵著前述的「極端領土意識」。18 世紀中葉，不知道是屬於哪一個教派的男子，將梯子立在教堂二樓的外

幾個世紀以來，這具木梯引發了無數次的爭執。

牆平台上。由於害怕引起暴力衝突，沒人膽敢動它分毫——除了 1997 年的梯子消失事件。據稱是一位愛惡作劇的遊客將梯子搬下來，藏在祭壇後面。幾週後，梯子又默默回到原本「應該在的位置」。

地點：Christian Quarter, Old City, Jerusalem。
N 31.778444 E 35.229750

西底家洞穴 / 所羅門採石場
● 耶路撒冷　Jerusalem
ZEDEKIAH'S CAVE/SOLOMON'S QUARRIES

耶路撒冷舊城的穆斯林區地下隱藏著一座採石場，它有兩個名字——西底家洞穴，或是所羅門採石場，名稱分別來自和這個長達 228.6 公尺的洞穴有關的兩個傳說。

第一個故事以西底家①國王為主角，大約在西元前 587 年，他從這個洞穴逃過了巴比倫人的攻擊。根據傳說，那時洞穴長約 21 公里，一直延伸到耶利哥（Jericho）。然而巴比倫人一路追至耶利哥，抓到了西底家，並且將其弄瞎。從此，西底家的眼淚幻化為洞穴裡墜落的水滴。第二個故事圍繞所羅門王展開，傳言西元前 10 世紀，他使用洞穴中的岩石建造了第一座神廟。

以上傳說都尚無考古證據可以支持其真實性，不過牆壁上鑿刻的痕跡顯示這裡確實曾經是採石場，為大希律王②的第二聖殿（Second Temple）和聖殿山（Temple Mount）的擴建供應原料。西牆（哭牆）——猶太教最神聖的禱告地——的石頭或許真的來自這個洞穴。

地點：Sultan Suleiman Street, Jerusalem。位置在大馬士革門（Damascus Gate）附近。N 31.782245 E 35.230749

總統房間 PRESIDENT'S ROOM

● 耶路撒冷　Jerusalem

耶路撒冷舊城南邊的錫安山（Mount Zion）有兩處重要的聖地：一處是大衛王的陵墓，另一處被稱爲「馬可樓」（Upper Room），即耶穌「最後的晚餐」所在地。

在這座建築的圓形屋頂下方，其實還有一個不太顯眼的小房間，取名爲「總統房間」。1948 到 1967 年間，約且控制了耶路撒冷東部，並且禁止猶太人進入舊城聖地，包括聖殿山、西牆（哭牆）與橄欖山。當時，錫安山是距離這些禁地最近的眺望點。以色列宗教事務局於是設計了這個房間，以便國家領袖哈伊姆·魏茲曼（Chaim Weizmann）可以繼續守望西牆。

然而魏茲曼就任期間從未使用過這個房間，他的繼任者伊扎克·本茲維總統（Yitzhak Ben-Zvi）則代替他發揮了房間的作用，每年 3 次拾級而上，在圓頂下遠眺聖殿山。

地點：建築位於錫安門（Zion Gate）的西南側。
N 31.771639 E 35.229014

瑞佐克刺青店 RAZZOUK INK

● 耶路撒冷　Jerusalem

瑞佐克刺青店是目前僅存的朝聖者刺青店，古文化器物在這裡遇見當代機器，豐富的歷史與現代科技交會。

小店鋪位於耶路撒冷舊城的雅法門（Jaffa Gate）內，上頭掛了塊大招牌，寫著這家店自西元 1300 年就開始營業。700 多年以來，瑞佐克家族一直在爲客人服務，將他們的信仰留在身體皮膚上。身爲科普特基督教徒，他們已經在耶路撒冷定居了好幾代。家族早在埃及學會了這項手藝，當地的虔誠教徒也有類似的紋身。這種銘文紋身可追溯到 8 世紀時的埃及和 6 世紀時的聖地（現今的以色列和巴勒斯坦），東羅馬帝國的史學家普羅柯比斯（Procopius）就曾在著作中寫到刺青的基督徒身上帶有十字架的圖案和基督的名字。以前的刺青原是中東和埃及的基督徒用來表達自我認同的方式，後來隨著信徒來到聖地朝聖，他們選擇在身上留下永恆的見證。

瑞佐克刺青店的石牆及外露的桁架看起來充滿歷史感，像是博物館裡才有的箱子裝著祖傳寶物，牆上展示的照片讓客人窺見家族的過往，還有朝聖者的口述記錄，讓我們了解 16 世紀晚期的刺青師傅如何把縫紉針固定在木柄尾端，以此方式來替人紋身。

地址：13 Greek Catholic Patriarchate St., Old City of Jerusalem。
N 31.771639 E 35.229014

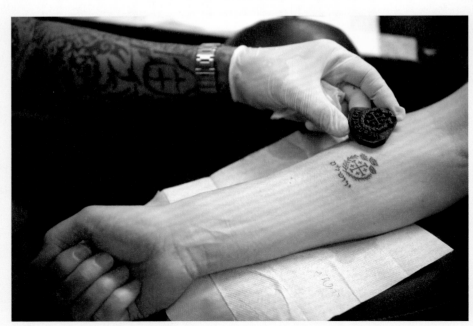

許多人來這裡留下朝聖之旅的永恆回憶。

PALESTINE
巴勒斯坦

聖喬治修道院 ST. GEORGE'S MONASTERY

● 約旦河西岸地區　West Bank

這座希臘正教修道院位於蓋爾峽谷（Wadi Qelt）懸崖邊，已經歷了數百年的浩劫。

修道院建於西元 5 世紀，建造者是一群穴居的隱士。他們選擇在這裡建造修道院，是因為傳說先知以利亞（Elijah）曾於西元前 9 世紀在旁邊的洞穴內接受烏鴉的餵食。

西元 7 世紀，波斯人入侵，隱士被驅逐，修道院從此成為廢墟。500 多年後，天主教重建了聖喬治修道院，卻在伊斯蘭教進入耶路撒冷後再次被驅逐。

到了 19 世紀末，聖喬治修道院又獲得了重建的機會。如今這裡受到希臘正教的修士管理，修道院的主教堂內保存了最初建造修道院的 5 名隱士的遺骸。

從聖喬治修道院駕車 15 分鐘便可到達「試煉山」（Mount of the Temptation）——這座山的名字源於《聖經》，即耶穌被魔鬼試煉之所。試煉山上也有一座建

於 6 世紀的懸崖修道院，僅有一位修士住在裡面。這附近其實有許多隱士洞穴，據說偶爾會有一些苦行者在洞穴內生活。

地點：Wadi Qelt, West Bank。從耶路撒冷開車 20 分鐘，再徒步或騎駱駝 15 分鐘，即可抵達聖喬治修道院。
N 31.843258 E 35.414634

LEBANON
黎巴嫩

穆薩城堡 MOUSSA CASTLE

● 舒夫縣，拜特丁　Chouf, Beit ed-Dine

1945 年，年僅 14 的穆薩·馬馬利（Moussa al Maamari）萌生了建造一座城堡的心願。他不僅因此被老師打罵，還被心上人嘲笑。但他對自己發誓，要戰勝貧窮的出身，住進親手設計的城堡。

辛苦工作了幾十年後，穆薩終於實現了願望。他沒有完成學業，輟學後幫叔叔修復老屋，20 歲時用賺來的錢買下舒夫山的一塊地。他沒有任何支援或幫手，獨自想辦法運來了 6,500 塊石頭，並且在石頭上雕刻動物、幾何符號和植物等圖像，將它們一塊一塊砌成了城堡的牆壁。擁有中世紀風格壁壘、

炮塔、護城河與吊橋的穆薩城堡，終於在 1967 年對外開放。三層樓高的城堡裡擺放了數千件精心安排的武器、身著軍裝的人身模型、一個雙頭羊標本，以及一件以〈最後的晚餐〉為主題的蠟像作品。

那些曾質疑或嘲笑穆薩的人也有一份特別的禮物，他在一個小房間裡擺滿蠟燭，一位面容憤怒而扭曲的老師正在毆打一名蜷縮在地的學生，還原了當年教室場景。

舒夫山位在貝魯特（Beirut）南部，介於代爾卡瑪律（Deir el Qamar）和拜特丁之間。
N 33.700277 E 35.583333

1　自 5 世紀起，隱士們遠離塵世，在絕壁上的修道院裡安靜地過日子。
2　這座穆薩城堡代表了一個男人傾其一生獨自完成的夢想。

19.8 公尺

沒人知道幾千年前的羅馬人是如何移動這塊重達 1,000 公噸的巨石。

巴勒貝克三巨石 BAALBEK TRILITHON

● 舒夫縣，巴勒貝克 Baalbek

西元前 15 世紀，羅馬聚落巴勒貝克又名「太陽之城」（Heliopolis）。當時奧古斯都①下令建造一座宏偉壯觀的神廟，來祭祀朱庇特（Jupiter，羅馬神話的主神）。神廟修建於由巨大地基之上，然而地基石塊過於巨大，人們至今都未能理解它們究竟是如何被運到這裡的。

如今朱庇特神廟僅剩下 6 根柱子，但基石幾乎完好無損。神廟西側的 3 塊巨石被稱爲「三巨石」，每一塊都長 20 公尺、寬 3 公尺、高 4 公尺、重 800 公噸。雖然它們已經名列人類歷史上最巨大的石碑，但就在距離不到 2 公尺的一處古採石場裡，人們發現了一塊更巨大的石頭——孕婦石（Stone of the Pregnant

Woman），重達 1,000 公噸，一頭埋入土中，另一頭翹起，像一艘傾覆的船。

這 4 塊巨石讓考古學家十分困惑，即使是現代最大的運輸設備也很難搬運如此沉重的石塊。若想抬起石頭，勢必得使用起重機，加上龐大的人力。陰謀論者認爲這座神廟的建造必定和失傳的技術或外星人等因素有關，甚至有人推測神廟下面埋藏著外星人用於聯繫太空飛船的訊號發射台。

巴勒貝克位於貝魯特東北 85.3 公里處。遊客可以至柯拉十字路口（Cola intersection）的小巴站搭車。
N 34.006944 E 36.203889

QATAR
卡達

沃克拉汽車廢料場 AL WUKAIR SCRAPYARD

● 沃克拉 Al Wukair

沃克拉鎮距離杜哈（Doha）市中心直線距離僅 19 公里，卻是一個非常不一樣的地方。把城市的天際線拋在後頭，往西南方前進，漸漸可以看到像電影《瘋狂麥斯》（Mad Max）一樣的沙漠場景，而不是浪漫的滾滾沙丘。

在這個沙漠中有一座汽車廢料場，隨時都有近 2 萬輛破舊廢棄的汽車、卡車、公車、挖土機、推土機、水泥攪拌車和各種工程設備，破損失修的程度不等，大部分都被燒得面目全非。

穿梭在一排又一排無止境滿的廢棄物和沙塵之間，給人一種末日浩劫的怪誕感受，卻同時能看見獨一無二的美麗。時間與沙子在車輛上施展了魔法，如果你願

意花時間拿著相機在殘骸間閒逛，就能拍到很棒的工業風照片或廢墟照。

廢料場在警察的監管下經營，不鼓勵遊客到訪，但也未積極阻攔。入口處有幾間像平房的辦公室，抵達時必須向工作人員登記，再由得到授權的人陪同參觀廢料場。

前往廢料場最簡單的方式是沿著沙瓦路（Salwa Road）往西，接著朝南循著往梅賽伊德（Mesaieed）的標示走。沿路會看見到沃克拉的交流道出口，直接通往廢料場。這條路線比穿越沃克拉村莊的路程要遠一些，不過可以避開路上的車流和無數個減速丘。
N 25.115668 E 51.468979

鳴沙丘 SINGING SAND DUNES

● 杜哈　Doha

當空氣乾燥、大風漸起之時，杜哈西南邊的沙漠就會迴盪著陰森森的轟鳴。沙子會「吟唱」，沙丘會「怒吼」，像這樣的地方，世界上也不過十幾處。聲響會持續數分鐘，從低吟至咆哮，再到哨聲，變化多端。這些聲音是因為沙丘表層的散沙從頂部向下滾動造成的。發聲的具體方式尚不得而知，不過巴黎第七大學（Paris Diderot University）的研究人員發現，沙粒的大小決定了聲調的高低。

如果你想要放大轟鳴聲，可以試著製造沙崩，沿著沙丘頂端奔跑，或者坐自製滑板（厚紙板或大托盤均可）從沙丘滑下來。

沙丘位於杜哈西南方向 40 公里處。天氣情況決定了沙丘是否會發出轟鳴。如果近期下過雨，最好不要前往。N 25.038871 E 51.405923

SAUDI ARABIA
沙烏地阿拉伯

孤獨城堡 THE LONELY CASTLE

● 瑪甸沙勒　Mada'in Saleh

在瑪甸沙勒的數十處考古遺跡中，有一個由巨石雕刻而成、昂然獨立的地方，那就是從 1 世紀就存在的「孤獨城堡」（Qasr al-Farid）。

「城堡」這名字有點誤導人，因為這個宏偉的雕刻其實是一座墳墓，是古代納巴泰人①建設的部分遺址。納巴泰人的建造技術是由上往下，直接在石塊上鑿出墳墓——孤獨城堡正是如此，雖然這個歷史遺跡似乎從未完工。未完成的部分靠近墳墓基座，為現代學者及遊客提供了絕佳機會，讓人得以一窺古代雕刻工匠的施工步驟，看到精雕細琢之前的粗胚。

孤獨城堡位於瑪甸沙勒的遺址，在佩特拉（Petra）東南方 500.5 公里處。
N 26.773980 E 37.961167

尚未完工的墳墓揭露了古代納巴泰人的雕刻方法。

位在沙烏地阿拉伯西北部，有 2,000 年歷史的廢棄村莊。

歐拉 AL 'ULA

● 歐拉　Al 'Ula

走在狹窄的歐拉走廊上，就像穿越迷宮，每個轉角都能遇見古代歷史。歐拉位於沙烏地阿拉伯西北部，曾經是繁榮文明的發源地，800 個緊緊相鄰的泥磚石屋如今成爲沙漠豔陽下的廢墟，其中有些年代甚至已超過 2,000 年。

歐拉舊城於西元前 6 世紀建立，位於沙漠綠洲，土壤肥沃，水源豐富。連接東方與歐洲的「香料之路」就在附近，商人經由這些路線，將來自阿拉伯、埃及和印度的香料、絲綢和其他奢侈品賣給歐洲的貴族。

儘管舊城內原有的多數房屋是幾個世紀以來慢慢增建，廢墟中仍可見許多傳統阿拉伯建築。歐拉舊城曾在 13 世紀重建，直到近代都還有人居住。然而狹小的空間和不夠扎實的地基不符合 20 世紀的建築標準，因此居民撤離了舊城，搬到附近的新城。最後一戶人家在 1983 年搬離，最後一次的清眞寺禮拜則是在那 2 年之後。

來到這裡的遊客會發現自己獨自置身於古文明廢墟中，享受寂靜，想像在蜿蜒的大街上與數百人一同住在泥磚小屋裡的生活。

從首都利雅德（Riyadh）搭飛機至歐拉大約 90 分鐘。
N 26.624967 E 37.915600

SYRIA
敘利亞

聖西緬修士教堂
CHURCH OF SAINT SIMEON STYLITES

● 西緬山　Mount Simeon

西元 5 世紀修道生活的艱苦程度，對聖西緬來說顯然不夠。他嗜好挨餓，用棕櫚葉束腰，並且站著睡覺。在阿勒坡（Aleppo）的修道院清修了 10 年後，苦行者聖西緬聲稱上帝希望他不再移動，因此他爬到沙漠中央一根廢棄石柱的頂端，在那裡度過了接下來的 37 年。他儘可能地站立，幾乎不吃東西，彷彿將身子筆直地拴在柱子上，避免自己以平躺的姿勢睡著。西元 459 年，聖西緬在石柱上過世。後來湧現了一批盲目的「修行者」（stylite）──這個字來自希臘語「stylos」，意思是「柱子」──他們模仿聖西緬，成天站在柱子上布道和禱告。西元 491 年，該石柱所在地修建了聖西緬修士教堂，向第一位在此苦行的虔誠教徒致敬。如今教堂只剩殘垣斷壁，包括那根石柱。幾個世紀以來，探尋古蹟的人想盡辦法敲下一小塊石柱帶走。目前石柱只剩下幾公尺高。

聖西緬修士教堂距離阿勒坡約半小時的車程。
N 36.334166 E 36.843888

聖西緬在高達 15 公尺的石柱上生活了 37 年，如今石柱僅剩殘根。

UNITED ARAB EMIRATES
阿拉伯聯合大公國

阿布達比獵鷹醫院
ABU DHABI FALCON HOSPITAL

● 阿布達比　Abu Dhabi

阿布達比獵鷹醫院就在國際機場旁邊，專為猛禽修剪利爪與治療斷翅。

醫院於 1999 年開張，是世界上第一個專門為獵鷹提供醫療服務的機構。如今服務更加多樣化，不僅有為家中寵物開設的護理中心，還有收留被遺棄動物（不論體形大小）的收容所。不過醫院的服務重心還是獵鷹，每年有 11,000 多隻獵鷹從阿拉伯聯合大公國、沙烏地阿拉伯、卡達、科威特（Kuwait）和巴林（Bahrain）等國家來到這裡求醫。

自 2007 年起，阿布達比獵鷹醫院開放讓民眾參觀。遊客可以在候診室裡看到非常可愛又令人費解的場景：一排排獵鷹立在貼了人造草皮的棲木上，其中一些還戴著頭套（遮住眼睛好讓牠們冷靜下來）。

在診所裡，你有機會目睹醫療人員為獵鷹修剪爪子，或見識修復受損羽毛的過程。診間的抽屜裡裝滿了獵鷹的羽毛，它們會被縫或黏在受傷的獵鷹身上。許多手術設備都是由人類手術的工具改造而成，其中以接生早產嬰兒的手術工具最為合適。

「鷹獵」原為古代貝都因①獵人掌握的一種技藝，他們依靠猛禽收集食物。如今鷹獵已變成一項運動，獵人會將無人機與無線電發射機繫在獵鷹身上，利用 21 世紀的新科技來訓練獵鷹。這些獵鷹在阿拉伯聯合大公國價值不菲。阿布達比一年一度舉辦的鷹獵節，吸引了全世界的馴鷹者來到沙漠中舉辦研討會、打獵和開派對。

地址：Sweihan Road, Abu Dhabi。在阿布達比機場前的加油站右轉，繼續前行就會看到獵鷹醫院。醫院週日至週四對外開放，但遊客必須提前 24 小時預約。
N 24.408265 E 54.699379

這間醫院為中東身價最高的獵鷹提供修剪利爪和移植羽毛的服務。

YEMEN
葉門

索科特拉島 SOCOTRA ISLAND

● 索科特拉島　Socotra

介紹索科特拉島的生態不是一件容易的事，因為島上有許多與眾不同的植物。比如最具代表性的索科特拉龍血樹（Dracaena cinnabari），它的輪廓很像一把被吹翻了的雨傘，因其豐富的紅色樹汁而得名。還有與美麗名稱不太相稱的沙漠玫瑰（Adenium obesum），纖細的枝葉間點綴著粉紅色的小花，往下一連著的卻是腫脹的灰色樹幹。

造型怪異的龍血樹與沙漠玫瑰樹不過是這座小海島上 200 多種動植物的其中 2 種。索科特拉島屬於葉門，面積 126 公里乘以 45 公里，島上豐富的生物多樣性是地理環境長期與世隔絕的結果——這座小島已經跟非洲大陸分開 2,000 多萬年了。

島上在 1999 年建造了機場，並於 2005 年鋪設了馬路，促進小島的旅遊業穩健發展。遊客來到這裡有機會邂逅無人的海灘、原始的沙丘、空曠的火山岩洞，以及無人問津的船隻殘骸。

可從葉門首都沙那（Sana'a）搭飛機至到索科特拉島。
N 12.510000 E 53.920000

索科特拉島上的神奇植物：左邊和中間是龍血樹，右邊是瓶樹。

聳立於地平線上的泥土大樓從前是香料商人的歇腳之地。

夕班古城 WALLED CITY OF SHIBAM

● 夕班　Shibam

夕班的高樓大廈和紐約曼哈頓的樓群一樣，沿著規畫好的矩形道路分布，不同之處在於這些大樓是用泥土建造的，而且在塵土飛揚的街道中穿梭的往往是一大群山羊。

夕班古城位於葉門中部的沙漠中，其歷史可追溯至16世紀，現今人口約7,000人。這個地處亞洲、非洲和歐洲交會處的城市曾是販賣乳香等香料的商人歇腳的地方。

在1530年代，一場洶湧的洪水摧毀了大部分聚落後，人們在小山丘上建起了一座「摩天大樓之城」，並且用圍牆保護起來。這些擠成一團的建築約五至八層樓不等，不僅讓人遮風避雨，還能嚇退潛在的襲擊者。從那時起，夕班的居民一直安居在大樓之中。

然而這些大樓並非堅不可摧，人們必須定期用新的泥灰修補被風雨侵蝕的牆面。2008年10月的一場熱帶氣旋帶來了災難性的洪水，造成部分大樓坍塌。

夕班位於首都沙那以東600公里處。
N 15.926938 E 48.626669

AFGHANISTAN
阿富汗

中亞與南亞
South and Central Asia

一間以推翻蘇聯政權為主題的博物館，展出了被鐵鏈毆打的蘇聯人模型。

阿富汗戰爭博物館 JIHAD MUSEUM

● 赫拉特　Herāt

阿富汗戰爭博物館建於 2010 年，用以紀念阿富汗的「聖戰者」（mujahideen），也就是在 1979 年蘇聯入侵阿富汗後，持續浴血奮戰的遊擊隊員。在長達 10 年的衝突中，美國為遊擊隊提供了武器和資金，幫助他們對抗蘇聯。當時與美國站在同一陣線的還有賓拉登（Osama bin Laden）和之後的蓋達組織（Al-Qaeda）核心成員。

衝突始於 1978 年，阿富汗共產黨上台，開始改革伊斯蘭的律法和傳統。1979 年 3 月，阿富汗武裝叛軍在赫拉特發動暴亂，殺死了 100 個來到阿富汗支持新政權的蘇聯人。阿富汗政府的回擊則是轟炸赫拉特，炸死了 4,000 多名居民。暴動席捲全國，蘇聯軍隊以平亂之名伺機出兵阿富汗。接踵而至的戰爭持續了將近 10 年。終於在 1989 年，不敵阿富汗抵抗力量的蘇聯撤回了最後一支部隊。

博物館成立的初衷是為了教育後代關於這段歷史和遊擊隊的反抗事蹟，然而展覽的表現風格似乎和其宗旨有些背道而馳。中央展廳有一群實體大小的立體模型，生動重現了戰爭時期赫拉特的場景——屍體橫躺在被炸爛的房屋裡，身著長袍的女人們向軍隊投擲石頭，從吉普車上跌落的蘇聯士兵被遊擊隊員用鐵鏈毆打致死。一幅 360 度的壁畫圍繞著這殘忍的一幕，描繪蘇聯直升機轟炸城市時在街道上奔逃的阿富汗人。展覽廳裡成排的戰利品烘托了凱旋的氛圍，門廳的玻璃櫃內陳列著蘇聯步槍、手榴彈、軍服與地雷，在這棟圓形建築外圍悉心修剪的花園裡，還放置著蘇聯坦克、大炮和直升機。

地址：Roodaki Highway, Herāt。阿富汗戰爭博物館位於美國領事館旁。N 34.374166 E 62.208888

BANGLADESH
孟加拉

吉大港拆船場
CHITTAGONG SHIP-BREAKING YARD

● 吉大港　Chittagong

吉大港的海岸是退役艦船和坦克的巨大墓地。在海洋乘風破浪了幾十年後，鏽跡斑斑、支離破碎的船隻軀殼曝露在沙灘上，等待穿著 T 恤、短褲和拖鞋的工人們來拆解。

這裡是世界上最大的拆船場之一。每年有 25,000 名工人（估計原有 20 萬人）要拆解來自世界各地的 250 艘船隻，好將舊船的零件賣掉。自 1970 年代起，船隻就被運到這裡拆解成一堆堆的可回收資源，包括鐵、纜線、發電機、螺母和螺栓。

孟加拉海港被選做拆船場的原因有兩個：勞工便宜，對於安全規範的要求很低。許多工人還是孩子，一天只能賺一美元，他們徒手拆解船隻外殼，常常只配備簡陋的（甚至完全沒有）安全裝備。除了有毒氣體，

電擊、掉落的殘骸，殘餘汽油還可能引起爆炸，使他們受傷。

綠色和平組織等機構一直呼籲吉大港拆船場執行更為嚴格的環境及健康檢測標準，或者將拆船工作轉移到其他經濟更發達的國家。然而缺乏礦產資源的孟加拉十分依賴這些舊船的廢鐵，因此就目前來看，這些拆船場並不會轉移陣地。

拆船場沿著海岸分布，長達 18 公里，不對遊客開放。然而，如果你能說服在入口處站崗的嚴肅警衛，或許能遠遠看一眼巨大的船隻殘骸。遊客可以在車站路（Station Road）上的吉大港鐵路客運站搭乘公車到海邊。
N 22.402664 E 91.758793

徒手拆解巨大的鋼鐵船身，是世界上最危險的工作之一。

BHUTAN
不丹

都楚拉隘口禪修洞窟
DOCHULA PASS MEDITATION CAVES

● 都楚拉　Dochula

都楚拉隘口位於海拔 3,109 公尺高處，是不丹最著名的景點之一。這裡有個隱藏的驚喜，等著願意跨出一步去冒險的人。

好奇的遊客會發現隘口上方的山丘隱藏著禪修洞窟，這些開放的小山洞由石頭建成，繪有五顏六色的佛教象徵。「雷龍」是外型似龍的一種神話生物，也是不丹的民族象徵。牠的雕像盤踞在這些山洞口，能帶來好運和好消息。

禪修是佛教信徒的重要練習，為了達到頓悟，僧侶和尼姑會待在像禪修洞窟這樣的地方 3 天、3 個月或 3 年——如果能待上 3 天，就繼

續再待 3 個月；若撐過了 3 個月，就繼續待滿 3 年。這段期間不能跟他人交談或目光接觸。

參觀這些洞窟時，你也許沒空待上 3 年，不過花 10 分鐘爬上森林探索，你就不會錯過都楚拉隘口鮮為人知的祕密基地，這些經過精心建造、幾乎融入山丘的禪修洞窟。

山丘上有間咖啡廳，就在都楚拉隘口紀念佛塔的上方，沿著這個方向繼續往上走，走上鵝卵石步道，很快就會看到禪修洞窟。

N 27.488839 E 89.750482

INDIA
印度

內克錢德的石頭花園
NEK CHAND'S ROCK GARDEN

● 哈里亞納邦 / 旁遮普邦，昌迪加爾
　Haryana/Punjab, Chandigarh

1951 年，當內克・錢德（Nek Chand）成為一名道路檢測員，昌迪加爾正在經歷戲劇性的重整。為了建設道路、花園和井然有序的現代建築，這座小村莊被拆毀。工程持續了整個 1950 年代，成堆的碎片——陶瓦、瓶子、玻璃、瓷磚和石頭——讓村子一片狼藉。然而錢德在凌亂的工地看到的不是垃圾，而是潛力。他開始從廢物堆裡收集材料，用自行車將它們運到昌迪加爾北部的森林峽谷。1957 年，錢德開始將腦海中的景象——在一座花園裡，擺滿上千個由回收材料製作而成的人形和動物的雕像——化為真實。

這項工程只能獨自祕密進行，因為這座花園的位址是政府規定的禁建區。沒有人注意到這座日漸擴大的雕塑花園，直到 1975 年，錢德不小心向城市總建築師走漏了風聲，政府人員才發現了這件事。將近 5 公頃的庭院、人造瀑布、步道和雕塑讓他們目瞪口呆。

雖然錢德的祕密花園是違法的（起初也差點被拆除），但州政府允許他繼續擴建，甚至向錢德發放薪水，並且派了 50 名工人幫助他施工，以便他全心投入創作。1976 年，石頭花園開放讓民眾參觀，占地約 12 公頃。花園裡的遊行隊伍、成群的猴子和山坡上奔跑的動物——全都是由石頭、玻璃和彩色瓷片製成。

地址：Uttar Marg, Sector 1, Chandigarh。搭乘莎塔布迪快線（Shatabdi Express）約 3.5 小時，每天 2 班往返於新德里（New Delhi）和昌迪加爾。遊客可從昌迪加爾火車站搭乘公車到達位於城市北邊的 1 區。N 30.752932 E 76.804999

這些雕塑由性情乖戾的道路檢測員祕密建造而成。

骷髏湖 SKELETON LAKE

● 北安恰爾邦，路普康得
Uttarakhand, Roopkund

1942 年，公園管理員馬德瓦爾（H. K. Madhwal）在喜馬拉雅山脈的北安恰爾邦，發現了一個被上千塊人骨圍繞的湖。他提出了一個問題，60 多年都無人能回答——這些屍骨的主人究竟死於何故？

原本人們以為這些屍骨屬於第二次世界大戰中想偷偷進入印度的日本士兵，因不敵高海拔的惡劣環境而喪生。然而 1960 年代的放射性碳定年法顯示，之前估測的死亡日期錯了，而且大錯特錯。這些人最可能死於「12 到 15 世紀」此一寬泛的時間區間，但死亡原因不詳。

2004 年，科學終於為骷髏湖之謎提供了一個合理的解釋。牛津大學的碳定年測試將這場大規模死亡事件的時間定位到了西元 850 年，誤差為前後 30 年。分析顯示，不論死者的姿勢與位置如何，所有人的死因皆相似——頭部遭受重擊。這些屍骨只有頭部和肩部受傷，說明重擊直接來自上方。在放棄了包括自殺儀式和被遊牧部落攻擊等猜想之後，科學家們得出了一個意想不到的結論：這些遊客死於一場猛烈的冰雹。冰雹通常不會致命，然而這些遊客被困在一個沒有遮蔽物的山谷中，在毫無預警的情況下無處躲避這些從天而降、如網球大小的堅硬冰雹的襲擊。

在災難發生的 12 個世紀後，這些遇難者淡綠色的骨頭仍然圍繞著湖泊，與破爛的鞋子一起長眠於海拔 5,029 公尺的高原。

這趟徒步旅程始於羅海郡（Lohajung），你可以在這個小山隘處補充必要的物品。雇一位導遊，再請一名挑夫或帶上一頭騾子幫你運行李。5 月和 6 月為最佳觀光時段，這時湖面無積雪覆蓋，可以看到屍骨。你必須要有良好的體能條件，並且為高海拔環境和可能引發的高山症狀做好準備。N 30.262000 E 79.732000

克勒妮瑪塔黑鼠神廟 KARNI MATA RAT TEMPLE

● 拉賈斯坦邦，德斯赫諾凱
Rajasthan, Deshnoke

2萬多隻老鼠在這座神廟的方格花紋地板上跑來跑去，牠們的尾巴絞在一起，互相爭奪大茶碟裡的牛奶。這些老鼠可不是人人喊打的害蟲，而是被尊為克勒妮・瑪塔（Karni Mata）神聖的「後代」。出生於14世紀末的克勒妮・瑪塔被認為是印度教女神難近母（Durga）的化身，因而備受尊敬。

關於瑪塔的後代為何成為鼠類的故事說法不一，最常見的版本是她請求死神閻摩（Yama）將她溺死的繼子復活。起初閻摩拒絕了她，但之後還是妥協了，他允諾這個男孩和瑪塔的男性後代都會轉世為老鼠。

遊客在進入神廟前必須脫鞋，在糞便、灑出的牛奶和四處爬行的老鼠中緩步時，若是有老鼠從你的腳上跑過，切記那代表著「幸運」。記得腳步要放輕，因為神廟規定，如果不小心踩死一隻神鼠，就必須用一隻純金的老鼠取而代之。

從當地最大的城鎮比卡內爾（Bikaner）搭火車到德斯赫諾凱車站需30分鐘。參訪時別忘了帶上一雙捨得丟掉的厚襪子。N 27.791103 E 73.341024

瓦加雅達瑞邊境儀式
WAGAH-ATTARI BORDER CEREMONY

● 旁遮普邦，瓦加
Punjab, Wagah

印度和巴基斯坦的國境線直穿旁遮普的小村莊瓦加，這裡是連接兩國的唯一一條公路所在地，並且向國際遊客開放。每天，邊境兩邊的士兵都會舉行精心設計的閉境儀式，整套流程包括誇張的制服、怒目直視和挑釁的高踢腿。

歷史上的數次戰爭以及現今關於喀什米爾地區的紛爭，讓印度和巴基斯坦兩國之間瀰漫著複雜的敵意。於是邊境士兵侵略性的舞蹈動作，和觀眾充滿愛國情懷的吶喊助威成為一種宣洩方式，現場的氛圍就像在觀看某種體育競賽。在日落時分舉行儀式之前，國界兩邊的喇叭分別播放自己國家的傳統音樂，表演者和遊客隨之起舞。露天看台上戴著麥克風的人會鼓動台下揮舞旗幟的圍觀者，讓期待的情緒達到高潮。此一儀式始自1959年的閱兵儀式。印度邊境安全部隊的士兵身穿卡其色制服，頭巾上戴著扇形的雞冠裝飾；巴基斯坦巡邏隊的士兵則身著

黑色制服，佩戴黑色雞冠裝飾。在男性平均身高為168公分的這塊地區，每位士兵的身高都超過183公分。士兵兩人一組，齊步向前，跺腳抬腿，長滿濃密鬍子的臉上神情始終肅穆。

在邊境大門處，等待已久的對峙終於來了。士兵從門的兩邊同時現身，互相盯著對方。當國旗幾乎同時降下（這樣就不會有哪一方被指控想「贏」），一位印度士兵和一位巴基斯坦士兵互相握手，然後隊伍踩著更重的腳步，踢著更高的腿，從邊境撤回。

對於上百名印度和巴基斯坦觀眾來說，這個儀式滿足了他們對國家的自豪感，不失為發洩兩國之間緊張關係的一種方式。

遊客可在阿姆利則（Amritsar）搭乘可往返的計程車，司機會等遊客觀賞完儀式再載回上車處。國際遊客可以出示護照，享受VIP通道和座位。提前入場，輕裝出行，觀禮不允許攜帶包袋。
N 31.604694 E 74.572916

1　神廟內爬滿了上萬隻「神鼠」，遊客進入神廟之前得先脫鞋。
2　這是一個有關挑釁、占領和雞冠帽的儀式。

基寺 KEY MONASTERY

位於印度斯碧提山谷（Spiti Valley）的基寺（也稱作
Ki、Kye 或 Kee）看起來就像山壁上搖搖欲墜的神祕
寺廟，彷彿出自某本奇幻小說。然而這個佛教場地其
實是遭到蒙古部族多次襲擊的結果。

基寺的確切建立年代不詳，但至少可以追溯到 11 世
紀。最初僧侶所興建的早期建築物應該在緯度比較低
的地方，而不是像現在這樣位在海拔 4,166 公尺的山
頂小屋。蒙古蠻族攻擊寺院之後，僧侶就在遭到破壞
的地方重建，最後創造出不規則的拼湊房間、密密麻
麻的走廊和隱密的庭院，也就是現在看到的模樣。

該寺院的許多獨特細節明顯受到中國建築的影響，此
一現象可追溯至 14 世紀中國文化傳入該地區的時期。
寺內也收藏了豐富的歷史壁畫和文件，對於不斷變化
的寺院以及居住其中的修道者來說彌足珍貴。

● 達拉喇莊莊　Dhar Lama Chung Chung

今日的基寺仍然是喇嘛培訓場地，由藏傳佛教的格
魯派（Gelug）僧侶負責營運。這裡隨時都有大約 250
名僧侶在此培訓、耕作、居住，維持著這座千年古寺
的存續。

5 月至 10 月期間是最佳造訪季節，從馬納利（Manali）
經由卡扎（Kaza）可以抵達該村莊。下雪會讓原本就崎
嶇而且尚未完工的道路無法通行。到了寺院後，務必嘗
嘗酥油茶。N 32.297857 E 78.011929

月亮井 CHAND BAORI STEPWELL

● 拉賈斯坦邦，艾芭奈麗　Rajasthan, Abhaneri

月亮井建於 9 世紀，卻神似艾雪（M. C. Escher）①的一幅畫作，是印度最宏偉、最精美的階梯井之一。當地人將水井叫作「寶麗」（baori），這些水井有石造的階梯狀結構，可在乾旱時期收集並儲存雨水。階梯井通常會有拱橋、石柱、雕塑和幾何圖樣，也常作為村莊集會的場地。

四方形的月亮井約 13 層樓高，深達 30.5 公尺，有 3,500 個鋸齒形排列的壯觀台階。其錯綜複雜的多層次立面俯瞰著一汪碧綠池水，提醒著人們這座宏偉建築的實際用途。

印度其他值得一看的美麗階梯井還有古吉拉特邦（Gujarat）的阿達拉傑井（Adalaj ki Vav）和王后階梯井（Rani ki Vav）、新德里（New Delhi）的阿格拉森井（Agrasen ki Baoli）和勞瓊井（Rajon ki Baoli）以及拉賈斯坦邦（Rajasthan）的女王階梯井（Raniji ki Baori）。

帶有「艾雪」風格的 3,500 級階梯向下延伸，通往底部的蓄水池。

月亮井距離齋浦爾（Jaipur）約 90 分鐘車程，位於齋浦爾與亞格拉（Agra）之間。
N 27.007200 E 76.606800

北森蒂納爾島 NORTH SENTINEL ISLAND

● 安達曼尼科巴群島
Andaman and Nicobar Islands

北森蒂納爾島位於印度東部的安達曼群島，住在這裡的人以採集打獵為生，彷彿過著石器時代的生活。他們可能是全世界最與世隔絕的人，而且打算繼續這樣生活下去。不過這樣的生活方式逐漸受到工業化及現代社會的侵蝕。

從 1967 至 1990 年代中期，印度人類學家開始定期在北森蒂納爾島上進行「接觸探險」。他們乘船靠近小島，在海灘上丟下椰子、彎刀、糖果，甚至是一頭被拴住的豬，企圖引誘部落成員出來。然而島上居民似乎一點也不欣賞這些「禮物」，他們怒喝這些不受歡迎的來訪者，向他們扔石頭和射箭。

1997 年，印度當局不再嘗試和平接觸，決定任由島民自生自滅。2006 年，一艘漁船漂到了北森蒂納爾島附近區域，因為距離過近，島上的弓箭手射殺了船上的兩個人。一架印度直升機被派來收屍，卻因遭到攻擊而無法降落。2018 年，一名美籍傳教士試圖登島傳教，同樣被箭射死在沙灘上，而他的遺體同樣因為難以回收而被遺棄在島上。

北森蒂納爾島上可能住有 100 至 200 人。鑒於安達曼群島上其他原始部落的命運——在英國殖民時期，島上的人因感染了外來的新型病毒，部落人口大幅度減少——北森蒂納爾島民的惡意是可以理解的。最近，群島中的部分島嶼修建了通往其他島嶼的路，當地的觀光團開始提供「人類遊獵」服務，讓遊客在來往其他島嶼的途中觀察部落居民。

印度當局目前仍維持北森蒂納爾島周遭 3 公里的緩衝區，嚴格禁止進入。不過遊客可以造訪群島的其他島嶼。主要入口港為布來爾港（Port Blair），可從清奈（Chennai）及加爾各答（Kolkata）搭飛機抵達。
N 11.551782 E 92.23350

北森蒂納爾島的部落過著與真正世隔絕的生活。

印度的祕境景點還有：

- 新幸運餐廳 New Lucky Restaurant

亞美達巴德（Ahmedabad）／當克里希納‧庫蒂（Krishna Kutti）發現他的新餐廳位置剛好就在墓地之上，他乾脆將墳墓融入餐廳的裝潢之中。

- 黎明之村 Auroville

維魯普拉姆（Viluppuram）／這座自稱為實驗性質的「未來城市」，於 1968 年由一群可疑的精神領袖建立。城市中心有一座「母親神廟」（Mother Temple），是一個金色球形建築。

- 亨比遺址 Hampi

卡納塔克邦（Karnataka）／亨比被稱為「最後一個偉大的印度王國」，在 14 至 16 世紀期間盛極一時。後來整座城市被洗劫一空，廢棄的遺跡展現了一個曾經雄偉的河畔城市。

簡塔曼塔巨型日晷　JANTAR MANTAR

● 拉賈斯坦邦，齋浦爾
Rajasthan, Jaipur

「簡塔曼塔」這個詞的意思為「測量天堂和諧度的工具」。這座建築高 27 公尺，看上去像一個不知通往何處的沙土色階梯，坐落在一個像滑板場地一樣的 U 形軌道上，階梯底部恢宏的木門和頂部的小寶塔看起來十分神祕。了解這座建築的目的後，你將會對它刮目相看——簡塔曼塔建於 18 世紀，是世界上最大的日晷，而且誤差不超過 2 秒。

賈伊‧辛格二世（Jai Singh II）在 11 歲便成為阿梅爾（Amer，即現在的齋浦爾）的統治者，對於設計、數學和天文充滿了熱情。1720 年代，在齋浦爾城市建設期間，他還親自監督印度北部五座巨型日晷的興建工作。最大的日晷建於 1727 到 1734 年間，就在他的故鄉齋浦爾，也是至今保存得最為完好的一個。日晷建築以石頭為建材，用於確定時間，預測日食、月食和季風，還可以追蹤天體的移動軌跡。所有的器械製作皆遵循印度教及伊斯蘭教的天文學原理，雖然規模龐大，測量的精確度卻令人刮目相看。

日晷與城市皇宮（City Palace）相鄰，就在崔波萊集市（Tripolia Bazar）附近。N 26.924722 E 75.824444

印度統治者賈伊‧辛格二世對科學數據的追求，造就世界上最大的日晷

乞拉朋齊具有幾百年歷史的橋梁由纏繞的樹根生長而成。

乞拉朋齊樹根橋
ROOT BRIDGES OF CHERRAPUNJI

● 梅加拉亞邦，乞拉朋齊
Meghalaya, Cherrapunji

若想渡過乞拉朋齊森林的溪流，你只能寄望於一棵樹。這裡沒有普通的道路，只有懸於空中互相纏結的橡膠樹氣根。它們橫跨河流兩岸，形成了一座具有生命且向著對岸不斷生長的橋梁。

這些天然橋梁是人類加以引導並耐心等待的結果。當地凱西族（Khasi）部落控制樹木生長的方法，是先在水上放上竹子或檳榔樹枝，讓橡膠樹的氣根順著生長。隨著樹根發育，凱西人會在最初的竹子或樹枝之上安裝藤蔓做的扶手，並在縫隙中填充泥土與石塊，建造一條堅固的過道。要讓這條過道足以支撐行人走

過需要 20 年，但是一旦生成便會持續生長，變得更為堅固，可維持 500 年之久。

乞拉朋齊地區有好幾座樹根橋，其中最負盛名的是農吉里亞特（Nongriat）村莊的烏木香雙層橋（Umshiang Double-Decker），上下兩層分別為 18 公尺和 24 公尺長，均由同一棵樹的氣根形成。

距離此地最近的城市是夕隆（Shillong）。穿越叢林便可以到達橋梁所在之處，步行至雙層橋的單程距離約 9.7 公里。乞拉朋齊是地球上最潮濕的地區之一，請穿著合適的服裝和裝備。N 25.240709 E 91.681845 ➤➤

➤➤ 其他著名的植物建築

植物建築（Arbortecture）或植物雕塑（Arborsculpture）是將活生生的樹木塑造成家具或藝術品的一種藝術。運用修剪、彎曲和嫁接的手法，藝術家得花上好幾年的時間，才能把一棵樹引導成他所設計的形狀。植物雕塑與園藝不同，前者是為樹幹和樹根做造型，而不是注重花朵葉片的修剪。

吉洛伊花園的「樹馬戲團」
Trees Circus at Gilroy Gardens
美國，加州，吉洛伊（Gilroy）

1947 年，植物雕塑先驅厄蘭森（Axel Erlandson）在加州聖克魯茲（Santa Cruz）的路邊建立了「樹馬戲團」，展出自己的嫁接作品。儘管「樹馬戲團」於 1963 年關閉，但部分作品如〈編織樹籃〉和〈四腿巨人〉等，被移植至吉洛伊花園內妥善保存。

吉爾羅伊花園

奧埃爾世界宮
Auerworld Palace
德國，奧斯提特（Auerstedt）

這座柳樹穹頂由 300 名志願者於 1998 年建造，是某個音樂節的核心裝飾。每年春季，數十個「奧埃爾世界宮」的支持者會來為柳樹穹頂「理髮」，修剪野蠻生長的枝枒，維持雕塑的整齊美觀。

奧埃爾世界宮

KAZAKHSTAN
哈薩克

拜科努爾太空發射場
BAIKONUR COSMODROME

● 拜科努爾　Baikonur

「致我已知和未知的親友、親愛的同胞及世界上所有的人！幾分鐘之後，強大的蘇聯火箭將會把我的太空梭送入浩瀚的宇宙。我想對你們說，我人生的意義就是眼前令人屏息的這一刻。我認為自己能夠盡全力成功完成任務，不負大家寄予的厚望。」

以上是尤里・加加林（Yuri Gagarin）於 1961 年 4 月 12 日的發表的聲明，幾分鐘之後，他隨著東方 1 號（Vostok 1）升上了太空，成為在太空中旅行並且進入地球軌道的第一人。他的旅程始於拜科努爾太空發射場——世界上歷史最悠久且規模最大的太空發射基地，位於哈薩克渺無人煙的荒漠草原上。

蘇聯於 1955 年建立的這座太空站是測試導彈及發射太空梭的祕密基地。兩年後，在此地發射的史普尼克 1 號（Sputnik 1），成為第一個進入地球軌道的人造衛星，也拉開了蘇聯和美國之間太空競賽的序幕。

拜科努爾太空發射場是世界上最活躍的發射基地，有一長串聲名顯赫的發射記錄。在史普尼克 1 號進入軌道幾個月後，一隻名叫萊卡的小狗登上了史普尼克 2 號（Sputnik 2），成為第一隻進入地球軌道的動物，為人類的太空旅行鋪路（不幸的是，根據 2002 年披露的消息，這隻「探路者」的單程自殺行動比預期的更短——在衛星發射不到幾小時後就被熱死了）。

這個基地還有一個儀式，就是在每次發射前，會有一位身著金色長袍的俄羅斯東正教神父向空中和聚集的媒體人員噴灑聖水，為太空梭和太空人祈福。

參觀太空發射場及太空博物館的唯一方式是參加導覽團。由於太空發射場受俄羅斯管轄，遊客可以乘坐特定的包機航班從莫斯科出發，航程約 3.5 小時。若想獲得最佳的觀光體驗，可根據網站上的火箭發射日程表來規畫行程。請做好應對極端天氣的準備，因為拜科努爾的冬天溫度低至攝氏零下 40 度，而夏天可高達攝氏 45 度。
N 45.9650000 E 63.305000

最後的野生蘋果林
THE LAST WILD APPLE FORESTS

● 阿拉木圖　Almaty

我們現在常吃的蘋果，大都源自於生長在哈薩克天山山脈的原生種新疆野蘋果（*Malus sieversii*）。

20 世紀初，生物學家尼古拉・瓦維洛夫（Nikolai Vavilov）是追溯蘋果的基因組追到阿拉木圖的第一人。他在某個小鎮發現了一種野生蘋果，跟一般超市裡賣的金冠蘋果（Golden Delicious）非常相似。當地的野生蘋果樹密集交纏，他在世界上其他地方都沒看過這種現象，讓他大感驚訝。

科學家認為天山的蘋果種子最早是由鳥類和熊從哈薩克傳出來的，遠遠早於人類開始栽種蘋果之前。等到人類開始種植並且交易蘋果的時候，新疆野蘋果早已在敘利亞紮根，而羅馬人更進一步把這種水果散播到全世界。現代基因組定序計畫很肯定地把一般蘋果的源頭連結到新疆野蘋果，阿拉木圖及其周遭土地正式被公認為蘋果的起源地。

「阿拉木圖」這個地名的意思就是「蘋果之父」，市中心有座蘋果造型的噴泉，每週都有攤販在市集上販賣各種經過育種的蘋果。

新疆野蘋果在當地依然欣欣向榮。

天山山脈部分山區有原始的蘋果樹林，伊犁阿拉套國家公園（Ile-Alatau National Park）內有保護區，無論如何建議雇用當地嚮導帶路，因為野生的蘋果並不好找。
N 43.092939 E 77.056411

KYRGYZSTAN
吉爾吉斯

塔什拉巴特 TASH RABAT

● 納倫州，阿特巴希　Naryn, At-Bashy

塔什拉巴特是保存完好的 15 世紀石造旅舍，爲絲綢之路上長途跋涉的旅客提供庇護之所。旅舍四周有高牆保護，旅人和動物可以在隔間內洗漱、休憩，爲接下來的旅程做準備。

長程貿易路線會經過許多荒涼地段，在塔什拉巴特附近這一段尤其危險。這片區域一年之中有 8 個月被大雪覆蓋，滑坡、洪水和地震等自然災害屢見不鮮。如今這裡的環境依舊嚴酷，爲確保安全舒適，建議遊客最好夏天到訪，並且雇用當地的導遊開車。可以在塔什拉巴特搭圓頂帳篷過夜，短暫地體驗一下從前絲綢之路上的商旅生活。

從首都比斯凱克（Bishkek）駕車向南行駛 6 小時可到達塔什拉巴特。塔什拉巴特海拔約 3,505 公尺，很有可能出現高山症，請事先做好準備。
N 40.823150 E 75.288766

這座穹頂石屋讓絲綢之路上的疲憊旅人得以在沙漠中短暫歇息

吉爾吉斯國家歷史博物館
KYRGYZ NATIONAL HISTORY MUSEUM

● 比斯凱克　Bishkek

在吉爾吉斯國家歷史博物館裡，抬頭看天花板，你會發現一幅獨一無二的壁畫——戴著犄角頭盔的裸體納粹騎著惡魔馬，從一面熊熊燃燒的牆中「閃亮登場」。這裡也是唯一可以看到佩戴骷髏面具的美國前總統雷根（Ronald Reagan）的地方。壁畫中，雷根穿著有美國國旗圖案的 T 恤，頭戴卡其色牛仔帽，在一群反核示威者面前騎著潘興導彈（Pershing missile）。

博物館建於 1927 年，館藏保存的吉爾吉斯文化遺產可追溯至石器時代，包括盔甲、珠寶、硬幣與武器。第二層和第三層是蘇聯遺產的「聖殿」，雖然隨著時代的演進，共產主義英雄列寧、馬克思和恩格斯的形象正逐漸被取代，但那些怪誕離奇的壁畫卻註定被保留下來。

在吉爾吉斯國家歷史博物館的「時間膠囊」中，蘇聯依然是那個強大的蘇聯。

地址：Ala-Too Square, Bishkek。如果你膽子夠大，可以搭乘嚴重超載的麵包車，當地人稱之為「蘇式小巴」（marshrutka）。要想輕鬆出遊，可以包計程車。
N 42.878010 E 74.603793

PAKISTAN
巴基斯坦

蒙塔茲夫人 MUMTAZ BEGUM

● 信德省，喀拉蚩　Sindh, Karachi

在喀拉蚩動物園，一個破舊不堪的亭子裡，趴著一個名為蒙塔茲夫人的「生物」。據說牠是一隻長著女人臉孔的狐狸，可以預測未來，並且為遊客提供可靠的建議。

實際上，蒙塔茲夫人既非狐狸也非女人，而是由表演者穆拉德・阿里（Murad Ali）扮演。他從父親那裡繼承了這個角色，每天在臉上塗抹厚厚的粉底，畫上眉毛和鮮豔的口紅。接著他會爬到籠子下方的暗箱，從洞口將頭鑽出，讓自己的頭看起來與旁邊攤放的狐狸皮「連」在一起，中間用一條圍巾將連接處蓋好。準備好之後，遊客就可以開始進場。

人們認為阿里扮演的「狐女」可以預測未來，不論孩子或是成人，都會來到動物園向蒙塔茲夫人諮詢考試結果或簽證申請等各式各樣的問題。阿里都會一一提供建議，並且不時提及自己神祕的非洲血統來渲染交流的氣氛。

慕名來看蒙塔茲夫人的遊客常會留下一些錢、蛋糕和果汁，向這位江湖術士祈願。然而不管有沒有帶禮物，所有想和「狐女」說話的人都得在動物園入口處購買一張特別票券。

地址：Nishtar Rd, Garden East Millat Nagar, Karachi。動物園位在尼士特路（Nishter Road）與阿迦汗三世爵士路（Sir Aga Khan III Road）交叉口，尼士特路上有多輛公車可以到達，但每一輛都非常擁擠。
N 24.876228 E 67.023203

只要一點小費，巴基斯坦的「一流預言家」便會為你占卜命運。

凱沃拉鹽礦 KHEWRA SALT MINE

西元前 326 年，亞歷山大大帝（Alexander the Great）①與麾下軍隊騎著戰馬穿越當今的巴基斯坦。突然，一匹戰馬開始瘋狂舔舐地面，而後其他馬匹也做出同樣的動作。

士兵下馬檢查，發現了現今世界第二大鹽礦。如今這座深達 18 層樓的鹽礦每年生產 35 萬噸粉色的喜馬拉雅岩鹽，而且這樣的產量預計能維持 350 年，產出的鹽可用於烹飪和沐浴。鹽礦內部建有一個觀光區，包含一座清眞寺、一個郵局和一座「鏡之殿」，建築材料是從地下 18 層挖出的鹽製成的鹽磚。鏡之殿鋪著紅色、棕色和粉色的鹽磚，閃閃發光，營造出地下舞廳一般的氛圍。

從伊斯蘭馬巴德（Islamabad）向南駕車至鹽礦需 2.5 小時，從拉合爾（Lahore）向西北行駛至鹽礦則需 3 小時。
N 32.647938 E 73.008394

巴基斯坦的祕境景點還有：

• **德拉瓦堡 Derawar Fort**
巴哈爾浦（Bahawalpur）/ 喬里斯坦沙漠（Cholistan Desert）中矗立著一座巨大的中世紀正方形堡壘，圍牆高 30 公尺，已經有 1,000 多年歷史。

拉合爾堡的大象之路
LAHORE FORT ELEPHANT PATH

把大象栓在壯麗的堡壘外頭好像不太好看，所以拉合爾堡爲這樣的大型動物打造了專屬的階梯入口。

蒙兀兒帝國（Mughal Empire）在 16 世紀時擴張到印度次大陸（喜馬拉雅山脈以南），拉合爾日漸成爲重要的戰略據點。該城堡興建於帝國第三位統治者阿克巴（Akbar）在位期間，大約介於 1566 至 1605 年。蒙兀兒帝國和錫克帝國②的歷代統治者也都住在這座堡壘內。

大象階梯（Hathi Paer）是進入皇家區域的私人入口，讓皇室從門口一路直接走上城堡大廳，不必從動物的背上下來。爲了容納緩慢移動的龐大動物，階梯梯面的設計寬而低（好讓大象和整個隊伍可以順利前進）。儘管已經過了好幾個世紀，再也沒有成群披掛珠寶絲綢的大象踏上斜坡通道，這裡無疑曾是世上最壯觀的私家車道。

大象之路位於拉合爾堡的西南角落。
N 31.588455 E 74.315134

大象之路底座上的大象浮雕。

SRI LANKA
斯里蘭卡

錫吉里耶 SIGIRIYA

● 中央省，馬塔爾　Central Province, Matale

如果一個人謀殺了自己的父親，又篡奪了兄弟的王位，他應該非常需要一處安全隱蔽的住所，以免有人來復仇。對於迦葉一世（King Kashyapa I）來說，這樣的住所就是錫吉里耶。他於西元 477 年推翻了自己的父親，並將其活埋在灌溉池的一面牆下。

錫吉里耶是斯里蘭卡的一座古代宮殿，建立在一座198 公尺高的火山栓①上。迦葉一世害怕被失去王位的兄長莫加蘭（Maudgalyayana）報復，因此在堅固的火山栓上建造了一座宮殿，內有噴泉和花園，外圍環繞著防禦壁壘和護城河。

雖然這座宮殿的主要目的是確保迦葉一世的安全，但是在設計細節上可不馬虎。通往山頂的石梯兩側分別刻著雄獅的爪印，登上 1,200 級台階之後，得穿過獅子的「血盆大口」才能進入宮殿，這也是錫吉里耶的別名——獅子岩（Lion Rock）——的由來。

迦葉一世在山頂宮殿中隱居了 18 年，但他的惡夢終究還是成真了。莫加蘭在印度集結了一支軍隊，包圍了錫吉里耶，戰勝了駐守在此的士兵。既然成敗已成定局，迦葉一世選擇自刎，莫加蘭也重新奪回本屬於他的王位。

遊客可從首都可倫坡（Colombo）出發，搭乘公車至丹布勒（Dambulla），再換乘開往錫吉里耶的車，全程需4 小時左右。建議避開天氣炎熱的時候。
N 7.957589 E 80.760085

中亞的祕境景點還有：

亞美尼亞

• **霍瑞維拉修道院**
  Khor Virap Monastery

亞拉拉特山（Ararat）／拜訪位於山頂的朝聖之地，曾經有位聖人在這座修道院被監禁長達 13 年之久。

喬治亞

• **史達林博物館**
  Stalin Museum

哥里（Gori）／這裡就是史達林的家鄉。於 1957 年成立的博物館不只是向獨裁者致敬，也在逐漸修正原本被過度美化的蘇聯歷史。

亞塞拜然

• **納夫塔蘭油療小鎮**
  Naftalan Clinic

納夫塔蘭（Naftalan）／這裡是世界上唯一可以洗「石油浴」的地方，當地認為浸浴原油不僅可以放鬆，甚至還有療效。

• **泥火山**
  Mud Volcanoes

巴庫（Baku）／來到裏海岸邊，就可以看見咕嚕流淌的火山，偶爾還會爆發噴火。

哈薩克

• **鹹海 Aral Sea**

鹹海原本是世界上第四大湖，由於過度飲水灌溉，如今變成一片有毒的沙漠，四處散布著生鏽的漁船。

土耳其

• **棉堡 Cotton Castle**
  棉堡（Pamukkale）／曾經是古羅馬的水療浴場，位在古城赫拉波利斯（Hierapolis）下方，壯觀的石灰岩層形成一大片令人眩目的白色梯田溫泉。

獅子岩的頂部有一座被花園環繞的古堡。

TURKEY
土耳其

卡亞寇伊鬼城 KAYAKÖY

● 穆拉省，卡亞寇伊　Muğla, Kayaköy

卡亞谷地的一座山丘上，遍布著殘破的石屋。這裡就是在 1922 年前後突然被廢棄的小鎮卡亞寇伊。小鎮原本名叫利維西（Livissi），大約有 6,000 名居民，其中絕大多數的人信仰希臘正教。

當第一次世界大戰與希土戰爭①依次打響，土耳其人把希臘人驅逐出境，希臘也將穆斯林送返土耳其。在此一「人口交換政策」之下，卡亞寇伊的居民被流放到希臘。而交換至此的穆斯林發現卡亞寇伊的地貌並不符合他們的農業需求，因此他們很快就在土耳其的其他地區定居。就這樣，卡亞寇伊被廢棄至今。卡亞寇伊有許多事物值得探索，包括上百間沒有屋頂的房子和兩座詭異的教堂。從山頂可以俯瞰山谷與海洋的迷人景致。

卡亞寇伊位在費特希耶（Fethiye）南部，距離市中心 45 分鐘車程。隨著天色漸暗，會出現戲劇性的燈光照亮小鎮的殘垣斷壁。N 36.576635 E 29.090836

1

阿尼鬼城 ANI GHOST CITY

● 歐佳克里科永　Ocakli Köyü

阿尼城位在土耳其與亞美尼亞的邊界上，這片散布在平原野花中的坍塌遺跡曾經是雄偉的城市，在 11 世紀時人口超過 10 萬人。這座城市位於數條貿易路線的交會處，原是亞美尼亞王國的首都。

這個獨立國家建立於西元 961 年。1045 年，拜占廷帝國占領亞美尼亞王國，首都當然也遭受到攻擊。20 年後，塞爾柱土耳其人入侵略並奪得這座城市，謀殺奴役當地居民，並且把整個地方賣給庫德人建立的沙達德王朝（Shaddadids）。

到了 13 世紀，蒙古人兩度出手奪取城池，一次鎩羽而歸，一次獲得成功。1319 年，一場地震對城內許多 11 世紀建造的教堂造成嚴重損壞。雖然整座城市撐了下來，但是到 17 世紀中葉時規模逐漸縮小，到 1750 年代則完全荒廢了。

今日的阿尼城是個壯觀的廢墟鬼城，土耳其與亞美尼亞之間的緊張局勢讓此地不被重視——這是個亞美尼亞城市，卻位在土耳其的邊界內，保存和修復皆困難重重。針對遊客，土耳其省略了阿尼城歷史中關於亞美尼亞的一切，只著重在該城市受到的土耳其和伊斯蘭教影響。

阿尼城距離卡斯（Kars）約 45 分鐘車程，如果打算待上一整天探索廢墟，記得要帶飲水和零食裹腹。
N 40.507636 E 43.572831

2

1　希臘人遺棄了土耳其的城鎮卡亞寇伊。
2　地震、戰爭和蓄意破壞，讓這座昔日熱鬧的城市風光不再。

阿瓦諾斯頭髮博物館 AVANOS HAIR MUSEUM

卡帕多奇亞地區（Cappadocia）的小鎮阿瓦諾斯擁有上千年的製陶歷史，有趣的是，當地一位製陶的工人保管了一個裝滿人類頭髮的山洞。

1979 年，製陶工人謝茲・加利普（Chez Galip）與好友告別，希望她給自己一點東西留作紀念，於是她剪下一綹頭髮。加利普將頭髮嵌在位於山洞中的製陶廠牆上。在聽說了牆中頭髮的原委後，買陶器的人們便紛紛捐獻自己的頭髮。

如今，「頭髮博物館」的牆壁上收藏了約 16,000 綹頭髮。遊客可以剪下幾綹頭髮，繫在寫了自己聯絡方式的卡片上，使之成為展覽的一部分。博物館有提供鉛筆、紙、釘子和剪刀。

為鼓勵遊客捐獻頭髮，加利普每兩年會讓一位顧客從牆上選出 10 綹頭髮，被選中的頭髮主人可以在博物館隔壁的旅館免費住宿一週，體驗製陶大師的工作坊生活。

地址：Firin Sokak 24, Avanos。
N 38.719722 E 34.848586

TURKMENISTAN
土庫曼

地獄之門 DOOR TO HELL

● 阿哈爾州，達瓦札　Ahal, Darvaza

夜幕降臨之時，橘色的光暈照亮了達瓦札外塵土飛揚的平原。在這個卡拉庫姆沙漠（Karakum Desert）中央的聚居區，住著 350 名居民。光源來自「地獄之門」，一個寬約 61 公尺、已燃燒 40 餘年的天然氣坑。

1971 年，尋找天然氣的蘇聯地質學家意外發現一個充滿甲烷氣體的巨大洞穴，導致地面塌陷，鑽探設備落入地坑之中。由於洞穴被破壞，甲烷氣體以驚人的速度逸出。為了避免造成四周環境災害，地質學家將洞穴點燃，這個地方的火從此燃燒個不停。

土庫曼總統別爾德穆哈梅多夫（Gurbanguly Berdimuhamedow）在 2010 年 4 月訪問了地獄之門，他建議將洞穴封起來，以便國家可以安全地利用此地區豐富的天然氣資源。後來這個洞口還是原封未動，不過該地區已經鋪設了新的天然氣管線，國際市場對土庫曼的天然氣資源的興趣日漸增加，這道地獄之門有可能在不久的之後會被關起來。

天然氣坑位於首都阿什哈巴特（Ashgabat）以北 257.5 公里處，建議遊客在市區雇嚮導開車前往沙漠。N 40.252777 E 58.439444

這個名為「地獄之門」的天然氣坑，自 1971 年起就在沙漠中熊熊地燃燒著。

東亞及南亞

日本、北韓及南韓請見第 151 頁

蒙古

中國

731部隊罪證陳列館 ●

騰龍電梯
★ 北京

恆山懸空寺 ●

黃海

北韓

南韓

郭亮隧道 ●

華山 ●

亳州中藥材交易市場

相親角 ●

東海

童子蛋 ●

尼泊爾   不丹

印度

女兒國 ●

台北101的調諧
質量阻尼器

矮人城 ●

翟山坑道 ●

台灣

印度   孟加拉

世界上最大的書 ●

緬甸

寮國

河內 ★   胡志明紀念堂
河內國家大學
動物博物館

香港 ●
中環半山電扶梯

石缸平原 ●

香昆寺

孟加拉灣

大金石佛塔 ●

仰光 ★

泰國

永珍 ★

越南

懸棺 ●
呂宋島

菲律賓海

曼谷 ★

萬瓶寺 ●

塔普倫寺的恐龍 ●

馬尼拉 ★
北部公墓

死亡博物館 ●

曼谷

最後一列
竹火車

柬埔寨

南海

菲律賓

假貨博物館 ●

金邊 ★

古芝地道 ●

巧克力山 ●

泰國灣

地獄花園 ●

蘇祿海

民答那峨島

京那巴魯的
豬籠草 ●

汶萊

馬來西亞

科羅威樹屋 →

印度洋

甘榜關丹螢火蟲村 ●

黑風洞 ●

吉隆坡 ★

☆ 新加坡
佛牙寺龍華院

印尼

婆羅洲

蘇拉威
西島

赤道

蘇門答臘

印尼

塔納托拉查的
葬禮習俗 ●

班達海

英里 0   200   400

公里 0   100   200

雅加達 ★

雞教堂 ●   爪哇島

印尼

N

帝汶   東帝汶

騰龍電梯以蛇行蜿蜒的方式攀上龍慶峽。

CHINA
中國

北京

騰龍電梯

龍慶峽位在北京北邊大約 85.3 公里處，離開中國首都擁擠的街道，很適合來這裡轉換一下步調。這裡有全中國最大的水壩，由一座巨龍電梯從中劈開。這個鮮黃色的龐然大物載著人們上升 257.9 公尺，來到水壩頂端後，上頭有更多刺激的活動，包括搭乘纜車或是在人工湖划船。如果覺得划船太慢，也可以選擇在峽谷高空彈跳。

你想搭幾次巨型電梯都可以，可惜電梯只往上，下來得走樓梯，或是付點錢從滑道上溜雪橇下來。

交通：從北京德勝門巴士總站搭到延慶城區，走一小段路就會到龍慶峽。在此處遊覽約需花 1 小時。
N 40.546246 E 116.008668

恆山峭壁上的懸空寺廟距離地面 75 公尺，是對重力的公然挑戰。

恆山懸空寺

● 山西省，恆山

恆山的懸空寺距離地面 75 公尺，僅由幾根嵌入絕壁的細木桿支撐，簡直公然挑戰重力法則。這座建於北魏後期（西元 491 年）的寺廟包含 40 個房間，以迷宮般的過道相連，讓站在上頭的人頭暈目眩。絕妙的地理位置讓寺廟得以熬過風吹、日曬和暴雪的侵襲。

更意想不到的是，這座廟宇的信仰不只有一種，而是三種——儒教、道教和佛教的元素，融合在廟內的 78 座塑像與雕塑中。

地點：恆山位於大同市渾源縣城南 3.5 公里處。可雇一名司機載你往返。N 39.693410 E 113.699474

731 部隊罪證陳列館

● 黑龍江省，哈爾濱

據日本官方記載，731 部隊是日本占領中國東北時期的一座木材廠，其員工頻繁地接收「maruta」（意為木料），煙囪不分晝夜地冒出滾滾黑煙。

事實上，這個地方並非木材廠，而是生化武器研究機構。日本科學家在裡頭進行殘酷、致命的人體實驗，用於實驗的人則被稱為「木料」。該機構建於 1936 年，在日本裕仁天皇的許可下從抗日戰爭一直營運至第二次世界大戰結束。

731 部隊的殘暴行徑主要是以中國人和蘇聯人為對象進行人體實驗。在實驗室裡，研究人員以截肢等手段研究人體失血情況。他們讓病人感染淋病或梅毒等疾病，然後進行活體解剖——從活人體內取出器官——觀察人體的反應。在進行這些手術時，病人並未接受任何麻醉。

日本飛機向中國村莊投下病毒炸彈，其中裝滿了炭疽、天花、傷寒、霍亂病毒和感染了瘟疫的跳蚤，目的是製造最大程度的死亡與破壞。在地面上，731 部隊給饑餓的孩子餵食受汙染的食物和糖果，好讓孩子們感染致命的病原體。

731 部隊籠罩著謎團，難以估計究竟有多少人死於實驗。若是算上因空投而被汙染的農作物和水源，受害者可能以數十萬計。

1945 年，日本投降之後，731 部隊的成員想盡辦法銷毀相關證據，迅速逃離中國。儘管如此，該地的部分設備仍然保留了下來，包括凍傷實驗室、黃鼠飼養室和焚屍爐等。1985 年，實驗室遺址作為罪證陳列館對外開放，其中兩層樓用於展覽照片和醫學用具等，還原了一段日本不願提起，而中國永不忘卻的歷史。

地址：哈爾濱市平房區新疆大街 47 號。可從哈爾濱火車站搭公車到達陳列館。N 45.607406 E 126.637130

華山 　　　　　　　　　● 陝西省，華陰

攀登海拔 1,614 公尺的華山北峰有兩條路——乘坐 8 分鐘的纜車，或沿著峭壁邊狹窄的台階攀爬 4 小時的山路。不論選擇哪一條，過程都比想像得更爲驚險。

華山五峰一直以來庇護著不懼高處的堅定隱士，10 世紀的道家學者陳摶便是其中最知名的一位。他隱居在與世隔絕的高山道觀中，自創了一套名爲「水拳」（心意六合八法拳）的武術。除了讓人筋疲力盡的階梯，華山還爲遊客提供了終極挑戰——被譽爲天下第一驚險的「長空棧道」。這條僅 30 公分寬的過道從峭壁伸出，連接起南北山峰。長空棧道由木板搭建而成，木板架在釘進山體的鐵釘之上，部分搖搖晃晃，部分腐朽不堪。棧道安裝了簡易的扶手，一條由嵌入岩石中固定間距的大釘子固定的粗鐵鍊。

如果你選擇走上長空棧道，那麼啓程之前你必須購入一項最重要的物品，那就是安全帶。自 2005 年起，北峰開始租售安全帶。理論上來說，安全帶並非硬性規定的裝備，不過將自己牢牢拴在棧道的纜繩上才是聰明的選擇。

長空棧道的盡頭有一座小廟，可以眺望霧氣縈繞的山脈勝景，也是稍作停留休息的絕佳地點，因爲接著你就要鼓足勇氣，轉身沿棧道原路返回了。

交通：可從西安搭火車或公車前往華山，往西南方向約 2 小時車程。如果有興趣摸黑攀爬峭壁，可選擇在晚上登山，就有機會在山巔之間看見日出。N 34.477844 E 110.084790

攀登華山較爲危險，強烈建議佩戴安全帶。

亳州中藥材交易市場

● 安徽省，亳州

亳州為中國草藥產業的「首府」，坐落於兩條重要鐵路交會處。這座 300 萬人口的城市圍繞著一個 34 公頃多的巨大市場運轉，6,000 多名來自東南亞各個角落的經銷商忙碌地買賣傳統中藥材。

在這裡，你能找到風乾的人類胎盤（治療昏厥）、拳頭大小的乾鍬形蟲（治療新陳代謝過快）、乾飛蝛（也是調節新陳代謝）、可與茶一起服用的珍珠粉（治療流感）、像鉛筆一樣粗的馬陸（適合外用）、蛇（緩解關節炎）和 10 幾種螞蟻（以上療效僅代表中醫觀點）。市場的每個角落都堆著麻布袋，裝滿了蠍子、海馬、鹿角與琳琅滿目的花草根莖。

這座市場已經營了數百年，雖然看上去似乎有些跟不上時代，但最近隨著西方人慢慢接受部分中醫理念，中藥材市場又迅速繁榮起來。如今亳州市蓋滿了製藥廠及交易商下榻的旅店。

亳州中藥材市場於 2010 年被康美藥業收購，經過重組整合，於 2013 年搬遷至中亳州康美中藥城。

地址：安徽省亳州市魏武大道 296 號。從上海開往亳州的夜班火車約 10 小時。N 33.846326 E 115.791535

郭亮隧道

● 河南省，郭亮村

郭亮村位於太行山地區，以前這裡的人只能利用峭壁上的一道險峻階梯進出。這道階梯共有 720 級，被當地人稱為「天梯」。當 350 位居民需要醫療或食物時，他們只得依賴這道建造於明代、沒有扶手的天梯。

此一情況終於在 1972 年出現了轉機。在村黨支部書記申明信的號召下，包括他在內共 13 個男人挖出了一條洞穿大山的小路。他們用賣牲畜的錢添購了鐵鍬、釘鞋、鐵鎚和炸藥，花費 5 年時間在海拔 1,700 公尺的山中以人力挖鑿了隧道。

1977 年 5 月 1 日，長約 1,300 公尺的郭亮隧道正式通車。隧道內的照明僅靠 30 個在岩壁上鑿出的窗戶透進的自然光。隧道寬度不過 6 公尺，車輛與行人通過時均要小心。司機會打開前燈，每開一小段就按幾聲喇叭，避免發生事故。

遊客可從新鄉市搭乘巴士至輝縣，再轉乘往萬仙山的巴士，全程約 3 小時。N 35.731287 E 113.603825

位於懸崖中段的郭亮隧道全憑人力開鑿而成。

童子蛋

浸泡在小便中的「童子蛋」是一道傳統的街邊小吃。

每年春季，東陽市的大街小巷會擠滿攤位，售賣名爲「童子蛋」的季節性商品，廣受歡迎。童子蛋是一種傳統小吃，祕方是用男童尿液煮熟雞蛋。雞蛋在沸騰的尿液中翻滾一段時間後，攤販會把蛋拿出來，把蛋殼敲出裂紋，再將雞蛋放回尿液中繼續煮透，讓雞蛋吸收那股濃郁的氣味。

幾百年來，童子蛋一直都是東陽最常見的街邊小吃。城市中瀰漫的小便氣味預示著春天的來臨。居民們宣稱這種蛋美味可口，還具有保健功效，能促進血液循環，降低體內的火氣。雖然當地人都這麼吃，但東陽的醫生並不建議大家食用任何在人類排泄物中煮過的東西。

收集大量新鮮童子尿的過程出人意料地簡單。當地學校會在大廳擺上一排排塑膠桶，10 歲以下的男孩可以把這些桶子當小便池。一整天都會有人來收集這些桶子裡的尿液。爲了儘可能保證尿液的衛生，身體不舒服的男孩不能在這些塑膠桶裡尿尿。

N 29.289634 E 120.241561 ➤➤

➤➤ ## 亞洲其他蛋類小吃

鴨仔蛋 / 菲律賓

菲律賓街頭販賣的鴨蛋與衆不同，其中的胚胎已經發育到一定程度，打碎蛋殼後你會發現，包裹著蛋黃的是血管清晰可見的粉紅色胚胎。

雖然可以辨認得出是鳥類，但胚胎還太小，尚未發育出喙、爪子和羽毛。

新鮮的受精鴨蛋會在溫室儲藏 17 天，以便胚胎發育。接著，爲了避免胚胎繼續發育，商人會把鴨蛋拿去煮到蛋黃全熟。鴨仔蛋一般用鹽醃製，有些人會拿來當作下酒菜。

皮蛋 / 中國

皮蛋蛋黃顏色呈墨綠色，散發著淡淡的硫黃味。蛋白呈鐵鏽色，質地與果凍相似。

這道中國佳餚帶有刺激性的氣味和獨具特色的外觀，這是由保存過程中的鹼性物質所造成。製作方法是將鴨蛋或雞蛋用鹽、泥土、生石灰、草木灰和稻穀殼的混合物密封幾週。皮蛋可單獨食用，也可與豆腐搭配，常見於路邊攤和小吃店，有些大餐館也會用它來製作精緻的菜餚。

大涌谷黑蛋 / 日本

大涌谷（Owakudani）位於火山地帶，擁有溫泉、硫磺噴口和富士山等絕美風景，這裡還可以品嘗到延年益壽的黑蛋。把雞蛋放進大涌谷的地熱池蒸煮，水中的硫與蛋殼發生反應，造成蛋殼顏色的變化。纜車將一筐筐的雞蛋運到山頂煮熟後再運下山，以一份 5 顆的包裝賣給遊客。由於空氣中瀰漫著硫化氫和二氧化硫，不宜久留，遊客只能匆匆觀看黑蛋的製作過程。

城市
指南

探索更多上海景點

上海馬戲城

閘北區 / 馬戲城的位置有點郊區,但建築外觀巨大的金色球型穹頂其實在很難錯過。這裡有中國最頂尖的運動員,表演各式各樣的特技、雜技和舞蹈等,將傳統的技藝融合現代的舞台表演方式,帶給觀眾嶄新的視覺享受。

1933 老場坊

虹口區 / 牛群血流成河的景象早已不復見,這棟原本的屠宰場如今只留下怪異的「艾雪」風格建築。由英國設計、前共產主義時期興建的屠宰場僅此一處,空間中有種令人難忘的美感。

猶太難民紀念館

虹口區 / 第二次世界大戰期間,只有上海(和多明尼加共和國)接受從歐洲逃出來的猶太人,這段動盪歲月銘記在猶太難民紀念館中,透過文化器物、個人文件、照片以及《上海猶太紀事報》檔案重現大眾眼前。

M50 創意園

普陀區 / 莫干山路上的舊紡織廠現在是藝術家團體的據點,有對外開放的工作室、發人深省的雕塑和壁畫,還有超過 100 間的藝廊,展出來自資深與新銳藝術家的作品。

上海郵政博物館

虹口區 / 這棟博物館是受到保護的標誌性建築,目前仍然作為一般郵局使用。經典的殖

上海馬戲城有全世界數一數二的雜技表演者。

民風格建築內部各處陳列著豐富的歷史,包括郵務車、北極遠征、用絲和木頭做成的郵票,以及記載了古代戰況回報的甲骨文。

上海外灘觀光隧道

黃埔區 / 這段短短的地下鐵路連接起浦東與外灘,5 分鐘的車程配上閃爍的燈光和容易引起幻覺的新世紀音樂,算是一次新奇的體驗。

上海大自然野生昆蟲館

浦東新區 / 廣告宣傳這裡是科學教育聖地,昆蟲王國裡有蝴蝶區、蛇與巨蟒區,還有各式各樣的昆蟲。這裡可能也是唯一可以「賞蝦」的自然博物館。

東方明珠電視塔

浦東新區 / 1994 年開幕的時候,這座 468 公尺高的尖塔是中國最高的建築物。儘管數 10 年後這裡不再是最高,站在頂端的玻璃地板觀景台上仍會使人腎上腺素爆表,讓有懼高症的人嚇到趴在地上。

金茂大廈雲中漫步觀景台

浦東新區 / 金茂大廈是中國第三高建築物,搭乘電梯到 88 樓,略過觀景台,直接前往名為「雲中漫步」的玻璃地板走道,位在建築物的外圍,可以穿上安全繫帶掛在牆上看底下的街景。

上海城市規畫展示館

黃埔區 / 整座上海城預計在 2020 年完成的

相親角

● 上海

每到週末,人民公園北邊的道路上擠滿了中年男女,他們在樹上、地上的雨傘或是與視線同高的繩子上張貼徵人「廣告」,將他們的優秀「商品」廣而告之,而這些商品正是他們適婚年齡的兒女。

根據中國傳統,婚姻始於父母之命,媒妁之言。在一對從未謀面但可能成為夫妻的男女見面之前,他們的父母會討論兩人結合的可能性,互相交換兒女們的外貌、興趣和經濟能力等資訊。但是在 21 世紀的上海,相親變得很困難。忙碌的工作和生活節奏,以及男多女少的人口結構,都成為父母想讓兒女在 30 歲前完

婚的大阻礙。

每個星期,這個露天婚介市場都吸引了上百個「交易者」前來「擺攤」,每張徵人啟示上都註明了他們子女的身高、年齡、教育背景和擇偶偏好。某些父母還隨身攜帶小折椅,一待就是一整天,整理從其他媒人處獲得的資訊。這個地方的「匹配成功率」似乎很低,因為部分家長已經連續好幾年每個週末都來這裡尋找未來的媳婦女婿。然而一想到 30 歲以上未婚族群所面臨的「社會壓力」,這個公園廣場依舊門庭若市。

城市
指南

樣貌，全都微縮成 500：1 的模型，安放在展示館的三樓。像樂高積木般的模型面積超過 93 平方公尺，完美重現上海的街區和高樓大廈。

上海筆墨博物館

黃埔區 / 這間小博物館完整介紹了中國筆墨的歷史，包括從古代的書法到殖民時代的水墨藝術發展。當時有富商替藝術家提供財力擔保，興建了上海繪畫及書法藝術學校。

豫園九曲橋

黃埔區 / 明朝時期興建的精緻亭台樓閣雖然不錯，豫園也絕對稱得上是其中的佼佼者，不過如果想騙過惡靈，請前往九曲橋，因為惡靈只會走直線（如果傳說可信的話）。

馬克思與恩格斯雕像旁的交際舞

黃埔區 / 在復興公園的北端法租界區，除了有精心布置的蔥鬱花園，早上來這裡還可以看到特別的景象——在 3.6 公尺高的馬克思與恩格斯雕像注視下，人們聚集在這裡，成雙成對地跳著交際舞。

中國共產黨第一次
全國代表大會會址紀念館蠟像廳

黃埔區 / 1921 年，中國共產黨最初的 13 位代表首次開會，地點就在法租界的這幢小宅子。代表們的蠟像就坐在二樓的小書房裡，重現當年會議情景。

大境閣

黃埔區 / 上海古城僅存的一段城牆就在這裡。原本是綿延五公里的石頭城牆、壁壘和城門，於 1912 年時拆除，只留下大境路上一段 50 公尺的城牆。

上海八音盒博物館

浦東新區 / 館藏包含了各種小型和實物尺寸的奇妙機械，不只有上發條的音樂盒，還有兩百多個機械偶、籠中鳥、旋轉舞者等，以及 1796 年製作的「縮小尺寸音樂裝置」——這是世界上最古老的音樂盒，由瑞士鐘錶匠安東尼·福爾所羅門（Antoine Favre-Salomon）所製。

上海動漫博物館

浦東新區 / 除了熟悉的米老鼠和功夫熊貓之外，這座動畫藝術的故事殿堂也讚頌古早形式的動畫，例如沙畫和中國傳統皮影戲。

田子坊

打浦橋 / 田子坊就像一座迷宮，有藝廊、小飾物攤販、咖啡店和藝品工坊，不過這個巷弄市集與其他觀光景點的不同之處在於，這裡有傳統的石庫門①建築，也因此讓這一區的老建築逃過重建的命運。

陸漢斌打字機博物館

延安西路 / 作家的良伴，可靠又耐用的機器，這裡可是打字機的殿堂，集合了 300 多種型號和歷史介紹，據稱是世界上第三大

的打字機博物館。館內有一小塊區域可供人坐著休息，無需入場費，就像沒有網際網路的網咖。

上海宣傳畫藝術中心

徐匯區 / 收藏中國宣傳海報，時間跨越 30 個年頭，從 1949 年革命開始，一直到 1970 年代晚期的社會改革。海報內容包括理想化的軍事勝利，還有模範共產黨員生活的朦朧願景。

龍華烈士陵園

徐匯區 / 這裡曾經是革命前國民黨的監獄，如今成為記載共產黨奮鬥的博物館，寬廣的公園裡還有紀念雕像和紀念碑。免費入場，可以參觀以前保存下來的牢房和共產黨五百烈士之墓。

龍華寺的五百羅漢

徐匯區 / 這是上海最大、最古老的寺廟，其中某個內殿裡頭有好幾排一層樓高的金身佛像。

上海天文博物館

松江區 / 1900 年，在樹林叢生的寂靜山頂上，佘山進教之佑聖母大殿（天主教教堂）附近，耶穌會教士興建了中國第一個天文台，如今已轉型成為博物館和公共觀測台。天文台原本的雙筒望遠鏡依然在使用中，現在仍是中國最大的折射望遠鏡。

地點：上海市黃浦區人民廣場。可先搭乘地鐵到人民廣場站，而後步行至人民公園。
N 31.232229 E 121.473163

在這個婚介市場，兒女的相親大事由父母做主。

矮人城

在矮人城主題公園（也叫做「小矮人王國」）裡，身材矮小的演員們在建有歪斜煙囪的迷你蘑菇小屋中，做著一天兩次的演出準備。公園的遊客會從低矮的門洞打量正在化妝的演員。

2009 年，房地產大亨陳明鏡建造了這座矮人城，此舉招來了許多道德上的質疑。從全國各地招攬而來的 100 多位表演者身高均不超過 130 公分，他們在主題公園裡工作、生活——不是住在蘑菇房，而是依據身材訂製的宿舍。表演者每天穿著童話般的戲服載歌載舞，擺姿勢供遊客拍照，向遊客兜售食物飲料。在演出結束、遊客離開後，他們清掃公園，疊好椅子，然後回到宿舍休息。

許多表演者在來到這裡之前被家庭拋棄，或是被迫流落街頭。對他們來說，矮人城為他們提供了穩定的收入和生活的保障，以及展現歌唱、功夫和霹靂舞等技藝的機會。

雖然如此，這樣的演出多少還是給人一種剝削感。某些遊客去矮人城並不是為了欣賞表演，而是想體驗身在「矮人世界」的獵奇感。正因如此，讓這個環境更像是一座「人類動物園」，令人感到不適。

地點：矮人城位於世界蝴蝶生態園中，在昆明西南 40 公里處，杭瑞高速公路（G56）旁。可從市中心搭公車至此處。N 24.851472 E 102.618047

中國的祕境景點還有：

- **汶川特大地震紀念館**
北川 / 北川縣城在 2008 年的汶川大地震中被摧毀，坍塌的廢墟以遺址形式被保存下來，悼念地震中的上萬名逝者。

- **巨型毛澤東頭像**
長沙 / 這座由花崗岩雕刻而成的巨型頭像，展現了毛澤東青年時代朝氣蓬勃的風采。

- **接吻恐龍**
二連浩特 / 在內蒙古邊境旁的一條公路上方，兩隻正在「接吻」的恐龍形成了一個可通行車輛的「橋洞」。

- **金縷玉衣**
石家莊 / 河北博物館的展示櫃陳列著兩件精美的戰甲，由上千片寶玉穿過金線縫制而成。

- **五礦哈施塔特小鎮**
惠州 / 中國五礦集團在廣東建造了一座與奧地利哈施塔特（Hallstatt）一模一樣的小鎮，以滿足當地「新穎高端」的房地產開發需求。

女兒國

瀘沽湖橫跨雲南省和四川省，是一處被群山圍繞的靜謐之地。但大多數慕名而來的遊客並不是為了欣賞美景，而是為了一睹神祕的「女兒國」。

摩梭人擁有母系社會結構，約有 5 萬人口生活在瀘沽湖周圍的村莊。女性為多代同堂的一家之主，也是房屋和土地的所有者。孩子隨母姓，遺產也以女性為主要繼承人。

在摩梭人的文化中有一項「走婚」習俗，常常被外人誤解。摩梭女性 13 歲時便會參加成年禮，並且擁有自己的獨立臥房。從這時起，女孩可以在夜晚留宿男性「訪客」，但必須是在雙方同意的情況下。男性踏著夜色而來，於天亮時離去——這就是「走」婚的含義。女性可以按照自己的意願擁有多名性伴侶，在一起的時間長短也隨心所欲，不會因此而遭受非議。

當女性懷孕並且生下孩子後，在家族的幫助下負責照顧孩子長大。父親在孩子的成長過程中並不扮演任何角色，只是偶爾來探望，送一些禮物。他們從來不與自己的孩子住在一起，而是一直住在自己從小長大的家中，幫助撫養家族的孩子。

摩梭人很重視女兒，並且會努力保持家族內的性別平衡。若家裡的男女人數比例朝某一方傾斜，那麼女家長會收養人數較少的性別的孩子。不論是女孩還是男孩，所有孩子在家中的地位皆平等。

絲綢之路上的麗江古城保留了大部分的古代建築。從麗江市中心搭乘巴士一路顛簸至瀘沽湖需要 6 個小時。N 27.676693 E 100.770851

摩梭人維持著世界上極少數的母系社會生活。

HONG KONG
香港

中環半山電扶梯

● 中西區

在香港，生活富裕的中環居民每天前往城市主要商業區的通勤方式獨一無二——不是乘坐火車、電車、船或巴士，而是花 20 分鐘搭乘一連串建在山腰上的電扶梯。

中環半山電扶梯建於 1993 年，是世界上最長的戶外有頂電梯系統，興建目的是為了緩解交通壓力。此一系統總共由 20 個扶梯和 3 個電動步道組成，蜿蜒於閣麟街和些利街之間，連接中環中心與太平山的半山區，總長為 792 公尺，垂直爬升高度達 135 公尺。

每天約有 55,000 人使用這一個電梯系統。早上 6 點至上午 10 點期間，所有的扶梯下行；早上 10 點 30 分到午夜系統關閉前，扶梯上行。在移動的電扶梯上，遊客可以匆匆瀏覽眼前蘇豪區的熱鬧店鋪和異國風情餐館。

地點：閣麟街（介於皇后大道中與荷李活道之間）至些利街。N 22.283664 E 114.154833

世界上最長的戶外有頂電梯系統，在香港的丘陵地貌上運送通勤的人們。

香港的祕境景點還有：

• 重慶大廈
九龍 / 這棟高聳入雲的迷宮式大廈有香港最便宜的公寓。

TAIWAN
台灣

台北 101 的調諧質量阻尼器

● 台北

高 508 公尺的台北 101 是世界上最高的建築之一，從 89 層向外望去，景色美妙絕倫。在飽覽城市全景之後，轉身你會發現一個同樣令人驚豔之物——懸掛在 87 層和 92 層之間的巨大黃色球體。

這個重 660 噸的大球是「調諧質量阻尼器」，狀似鐘擺，是為了減少強風和地質活動對高樓的影響而設計的。颶強風時，摩天大樓的高層會來回晃動，幅度可達數公尺。

台北 101 的阻尼器被八根鋼索懸吊著，可阻礙高層晃動，避免高樓裡的人感受到搖擺。台灣位於兩個地殼板塊交會處，經常地震，這個搶眼的阻尼器自然成為不可或缺的建築設施。

地址：台北市信義路五段 7 號。從捷運信義線於台北 101 站下車。遊客可搭乘世界上最快的電梯抵達 101 觀景樓層，電梯時速為每小時 60 公里。N 25.033612 E 121.564976

台灣的祕境景點還有：

• 北投垃圾焚化廠
台北 / 遊客可在焚化爐煙囪頂端的旋轉餐廳用餐。

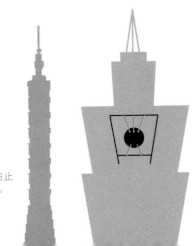

這個龐大的「鐘擺」可以防止台灣最高的建築在風中搖曳。

從入口（左圖）進入寬闊的地下坑道和水路系統，有可能會聽到莫札特的音樂。

翟山坑道

● 金門

1958 年，第二次台海危機之後，中華人民共和國與中華民國（台灣）之間的緊張情勢一觸即發。台灣的金門島距離中國本土只有幾公里，在為期四週的砲戰中遭到無情的轟炸。

面對來自中國的毀滅性連續砲擊，台灣總統蔣介石下令在金門島的堅硬花崗岩地基建造地下防禦工事，其中包括翟山坑道。這是一個令人歎為觀止的地下坑道和水路系統，綿延 790 公尺。

翟山坑道於 1966 年完工，由兩條相互連接的 A 字形坑道組成。興建地下水道是為了保護船隻免於遭受轟炸，並且安全卸載貨物。坑道裡可以容納 42 艘海軍艦艇。

隨著冷戰的緊張局面逐漸緩和，台灣經歷了改革和社會變動時期，翟山坑道也漸漸淤積沙子。維護坑道需要金錢和人力，在兩者都缺乏的情況下，坑道於 1986 年正式廢棄。

到了 1990 年代中期，政府開始有了保存國家歷史古蹟的念頭，地方上為了緬懷保衛金門的男男女女，把焦點轉回了翟山坑道。坑道轉由金門國家公園負責修復保存，不過也有但書：戰爭期間，國防部保有完全使用和控制坑道的權力，也可以進行軍事演習。

翟山坑道除了是觀光景點、國家歷史古蹟和戰時的船隻庇護處，也是一座音樂廳。這裡每年會舉辦坑道音樂節，讓大家體驗坑道奇妙的音響效果。

地址：金門縣金城鎮 90 號。可從金城車站搭公車前往。
N 24.390350 E 118.320705

日本、北韓及南韓

JAPAN
日本

蟲塚 MUSHIZUKA

● 東京　Tokyo

寬永寺的花園裡擺放著一塊刻著文字的光滑巨石，用以銘記死於藝術家增山雪齋手中的 1,821 個「昆蟲受害者」。這些昆蟲成為了解剖模型，收錄於一本科學繪本中。增山親自下令建造這座紀念碑，希望告慰被殺死的昆蟲靈魂，這是他身為一名佛教徒自認應該做的。圓形紀念碑上頭刻著漢字「蟲塚」為標題，意為「昆蟲墳堆」。

地址：東京都台東區上野櫻木 1-14-11。從鶯谷站南口步行至寬永寺僅需 5 分鐘。N 35.721453 E 139.774204

東京的祕境景點還有：

● 歌舞伎町機器人餐廳
  Robot Restaurant

在這裡，閃爍的霓虹、電子音樂、身著比基尼的女鼓手和旋轉的機器人讓遊客眼花撩亂，而且這還只是整個餐廳的一小部分。

● 風箏博物館 Museum of Kites

這座小型博物館位於某間餐廳樓上，館藏包括上千個現代及傳統的風箏。

城市指南

探索更多東京景點

曹源寺河童廟
Sogen-ji Kappa-dera

台東區（Taito ku）／這座小寺廟供奉民間傳說中的可愛生物「河童」，這種長得有點像烏龜的小妖精最愛吃小黃瓜。傳說它會抓住橋上的路人扭打，偶爾也會把人淹死，所以去參觀的時候要小心，並且不要忘記留下小黃瓜。

吉卜力美術館
Ghibli Museum

三鷹市（Mitaka shi）／體驗藝術家及電影製作人宮崎駿的魔法世界，參觀他的動畫工作室，這裡曾經創作出《龍貓》和《神隱少女》等經典，還可以觀賞在此獨家播放的短片。

哥吉拉的頭
Godzilla Head

新宿區（Shinjuku ku）／怪獸之王早已邁入退休樂齡，不過它的巨大頭部依然聳立在東寶大樓上。就是這間電影公司一手打造了哥吉拉系列電影。

保聖那東京總部
Pasona Tokyo Headquarters

千代田區（Chiyoda ku）／隱身在千代田區的摩天都市農場，能在屋頂和內外牆看到水耕「農田」，大廳裡還有真正的水稻田。

宮崎駿大時鐘
The Giant Ghibli Clock

東新橋（Higashi-shinbashi）／大家又稱之為「日本電視台大時鐘」（NI-Tele Really BIG Clock），這座巨型機器每天報時 4 或 5 次，嗡嗡噹嘟，隨著魔幻交響樂旋轉起舞。

三麗鷗室內主題公園，據稱每年有一百多萬遊客到訪。

中銀膠囊塔
Nakagin Capsule Tower

銀座（Ginza）／這個模組化住居膠囊的實驗性住宅，由著名的日本「代謝派」建築師黑川紀章設計。雖然這項社會實驗不算成功，但不可否認發人省思。建築本體因年久失修，未來面臨可能拆解的命運。現在還有機會可以體驗一下這種微型住宿生活。

六本木之丘毛利庭園池塘
Roppongi Hills Garden Pond

港區（Minato ku）／2003 年，都更後的辦公大樓、博物館、商店和旅館讓這座城市恢復了活力，大家樂觀其成。不過最迷人的還是水中的新房客——名為青鱂的銀色小魚，為哥倫比亞號太空梭上培育魚種的直屬後代，當初是為了實驗脊椎動物在空中的繁殖狀況而將魚送上宇宙。

靈友會釋迦殿
Shakaden Reiyukai

港區／這個 20 世紀佛教分支寺廟總部，外觀就像一座充滿未來感的黑色金字塔，裡頭有熱情的僧侶提供免費日文課程，還有 400 噸的儲備飲用水——因為你永遠不知道哪天會需要 400 噸的飲用水。

豪德寺
Gotokuji

世田谷區（Setagaya ku）／在這座位於世田谷區的 17 世紀佛寺裡，有成千上萬的陶瓷和塑膠招財貓，每尊都舉起一隻雪白的手掌，象徵這裡是充滿關懷和安全的地方。

第五福龍丸紀念碑
Lucky Dragon 5 Memorial

江東區（Koto ku）／很少有人知道這個核災紀念碑。當年拖網漁船第五福龍丸的船員在不知情的狀況下，把船隻開進核彈試射的落塵中，其威力比廣島核彈強過千倍。

泉岳寺
Sengaku-ji

港區／傳說中的 47 名浪人武士之墓緊密排列在這座寺廟裡——他們身負著責任、承諾和攸關榮譽的復仇，是幾乎被奉為神明的傳奇人物。

美術用品店
PIGMENT

東品川（Higashi-shinagawa）／這間由建築師隈研吾設計的美術用品店，結合了日本設計的古老原則、意識形態與現代美感，整間店幾乎以竹子建構而成，陳列出數千種純粹色彩的顏料，取名為「秋之奧祕」或「奢華閃爍」，彷彿出自畫家的夢境。

東京自由女神像
Odaiba Statue of Liberty

港區／這尊複製的自由女神像或許不像原版那樣高大，不過也有將近四層樓高。最初是臨時展示的裝置，非常受到歡迎，成為了拍照的好景點。

三麗鷗彩虹樂園
Sanrio Puroland

多摩市（Tana shi）／凱蒂貓之於彩虹樂園，如同米老鼠之於迪士尼樂園。在這座明亮招搖、過分動感的糖果色系卡通世界，遊客只有在現場舞台表演和施放煙火時才有可能暫停下來。

味之素味精工
Ajinomoto MSG Factory

川崎市（Kawasaki shi）／東京都南邊有一間世上最大的味精工廠，裡面有隻名叫阿吉君的白化熊貓歡迎大家去參觀，可以自製味精帶回家，還可以同時品嘗測試各種味精，讓人有充分理由支持這種經常遭到汙衊的調味料。

青之島火山島
Aogashima Volcano Island

青之島（Aogashima Island）／儘管青之島距離海岸超過 358 公里，這座火山其實屬於東京都的一部分。搭乘直昇機可以很快抵達（或是搭乘沒那麼快的渡輪）這個 8.75 平方公里的小島。島上有寧靜夜空、火山蒸汽浴，還可以偶爾感受那股擔心火山再度爆發的心驚肉跳。

目黑寄生蟲博物館
MEGURO PARASITOLOGICAL MUSEUM

● 東京　Tokyo

一個長滿蛔蟲的海豚胃。

這間讓人過目難忘的小博物館成立於 1953 年，主要收藏品爲上萬個以犧牲他人器官來讓自己成長茁壯的生命體，具備研究價值。博物館的一樓簡要介紹了寄生關係和生命週期，第二層則展示了珍藏的 300 多個標本，包括感染了蛔蟲的海豚胃、感染了心絲蟲的狗心臟，以及一隻眼窩已經被水蛭侵占的海龜頭部。

博物館的工作人員也不清楚是什麼「神祕的力量」，使這裡成爲約會的熱門地點——年輕情侶們手拉著手，盯著一條 8.8 公尺長的條蟲，而這隻蟲來自一個食用了被感染的鮭魚的男人的胃。

地址：東京都目黑區下目黑 4-1-1。從目黑站步行至博物館約 15 分鐘。遊客可在紀念品店購買條蟲 T 恤或寄生蟲鑰匙圈。
N 35.631695 E 139.706649 ➤➤

➤➤　寄生蟲對人類的影響

麥地那龍線蟲病 Dracunculiasis
直到麥地那龍線蟲進入你的身體 1 年後，你才會察覺到自己被感染了。首先你會在腿上觀察到水泡，然後 3 天內水泡會破裂，傷口處會露出像白線一樣的東西——那就是麥地那龍線蟲，而到目前爲止牠在你體內的旅程還遠沒有結束。

麥地那龍線蟲會先在你體內的結締組織裡發育 1 年，長到 1 公尺長，並且在你體內產下上百萬個卵。當牠從破裂的水泡現身時，你會很想將牠拽出來，但這種做法是錯的！這麼做有可能使蟲體破碎，導致殘餘部分及其中的卵腐爛，永遠留在你體內。

當麥地那龍線蟲從你的腿鑽出時，你必須讓其纏繞在一根棍子上，方便牠爬出來。不要拖拽，你只能等待牠慢慢爬出來。這個過程可能會持續好幾個月。

伴隨麥地那龍線蟲的出現，水泡周圍會感覺到灼燒般的疼痛，讓你很想把腿浸在附近的池塘或河水中。殘酷的是，這種緩解疼痛的方法正是麥地那龍線蟲繁衍的方式：牠們會將卵產在水中，水蚤吃下卵，人又喝下含有被蟲卵感染的水蚤的水……周而復始。

羅阿絲蟲病 Loiasis
感染羅阿絲蟲（亦稱爲眼絲蟲）的人通常無明顯症狀，然而當蟲子表現出存在感時，症狀令人觸目驚心。被羅阿絲蟲感染的蚊蠅——通常是斑虻（Chrysops）或者人皮蠅（Cordylobia anthropophaga）——透過叮咬將羅阿絲蟲感染給人。幼蟲（微絲蚴）侵入皮下組織和肺部，進入循環系統。羅阿絲蟲可以長到 6.35 公分，並且在人體內產下幼蟲，隨著循環系統進入宿主的脊髓液、尿液或黏液中。

感染羅阿絲蟲後最普遍的症狀是出現卡拉巴腫（Calabar swelling，瘙癢的紅色腫塊，多出現在前臂），但最初的感染跡象可能是眼球瘙癢。羅阿絲蟲會在眼球的結膜組織下方穿梭，換句話說，你能透過鏡子看見蟲子在自己的眼球裡扭動。這種痛苦又噁心的感覺可以稱得上是前所未有的體驗。

條蟲病 Taeniasis
在食用豬肉或牛肉之前，最好先檢查是否有全熟。生肉或者未全熟的肉可能含有條蟲卵，一旦牠們進入你的內臟，就會在那裡發育，成蟲可長達 7.6 公尺。

像絲帶一樣扁平的條蟲可以在人體內生存 18 年之久。牠們的身體由一千到兩千個節片組成，靠近尾部大約 20% 的節片可以產卵，並且如同獨立的蠕蟲一樣行動。脫離的節片有時會鑽出寄主的肛門，爬到大腿上，如同俗話所說，出來給你騷癢。

大多數感染條蟲病的人不會有症狀，但在內臟中潛伏超過十年的條蟲可能會造成消化不良、腹痛和體重下降。初期感染的人很可能會在糞便中發現條蟲節片，而且它們可能還在蠕動。

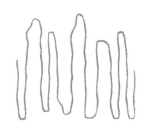

條蟲成蟲長達 7.6 公尺。

上野動物園的動物逃脫演習
UENO ZOO ESCAPED ANIMAL DRILL

● 東京　Tokyo

每年 2 月，上野動物園裡的紙犀牛都會禮貌地衝向工作人員。紙犀牛由 2 名動物管理員操縱，是「動物逃脫演習」的參演者其中之一。

紙犀牛與穿著毛茸茸猴子服裝及裝扮成「兩腿老虎」的工作人員，會一起突襲動物園大門，在東京街頭「肆意破壞」。動物管理員組隊捕捉這些「動物」，用網子將他們圈起來，準備好鎮靜槍，或是用木棍敲打地面發出聲響。有些工作人員甚至會佯裝受傷或死亡，好讓場景更加逼真。所有參與者都百分百投入，從不笑場。

上野動物園一年一度的動物逃脫演習，是為了因應地震和其他自然災害可能造成的情況預先彩排。這項活動因自身的「魅力」而廣受歡迎，日本其他動物園也開始效仿。

地址：東京都台東區上野公園 9-83。動物逃脫演習通常在 2 月 20 日至 22 日舉行，若想知道確切的演習日期，請直接聯繫動物園。N 35.714070 E 139.774081

每年，動物管理員都會裝扮成動物，試圖逃脫。

世界最大的排水系統
THE WORLD'S LARGEST DRAIN

● 埼玉縣，春日部市
Saitana ken, Kasukabe shi

「首都圈外郭放水路」又稱為「G-Cans 工程」，這個龐大的排水系統及蓄水區保護東京在雨季時免遭洪水侵襲。

經過 17 年後的修建，這項防洪設施於 2009 年正式啓用。在這個地下 50 公尺深的巨大空間有 59 根支柱，還有綿延幾公里長的隧道，如同一座地下神廟。收集雨水的五個混凝土「立坑」有 21 層樓高，目的是防止城市河流或水道泛濫。龐大的排水系統在 1 分鐘內可以排放 12,000 噸的水（相當於 4.5 個奧林匹克規格游泳池的容量）。

這裡每天都有免費的導覽團，但是只有日語導覽，不懂日語的遊客需要自己請翻譯——這是為了保證在遇上突發危機事件時遊客能夠遵守疏散指示。

地址：埼玉縣春日部市上金崎 720，庄和排水廠。每天都有免費的日文導覽團，須提前預約。遊客得先從東京市中心搭乘 1 小時的火車到達南櫻井站，再步行 40 分鐘，或轉搭市營循環巴士至「龍 Q 館」站。
N 35.997417 E 139.811454

龐大的地下排水系統形似廟宇，內部繁複，一直非常有效率地在運作著。

富山灣螢火魷
FIREFLY SQUID OF TOYAMA BAY

螢火魷（*Watasenia Scintillans*）爲頭足綱動物，體長 7.6 公分，生活於日本周邊水域。這種動物最典型的特徵是一組發出鮮豔藍光的發光器官，經常隱藏在水下 366 公尺深的黑暗海洋中。然而每年 3 月至 5 月期間，上百萬隻螢火魷會游到富山灣產卵，被洋流沖上碗形的海灣上，整個海灘只見成年螢火魷發出的幽幽藍光。

這段時期也是捕魷的黃金期。凌晨時分，水中的拖網打撈起一堆堆蠕動發光的海洋生物，把漁船變成了「燈塔」。成年螢火魷僅有一年壽命，產卵之後就準備迎接死亡。日本政府將這一年一度的自然現象列爲「特別天然紀念物」。

螢火魷不僅因其魔幻的視覺效果而備受推崇，其美味的內臟也價格不菲。在欣賞了黎明中的幽藍海灘美景之後，你可以直奔壽司店，品嘗被切成生魚片的、熬煮的，或是炸成天婦羅的魷魚。

如果你想在食用螢火魷之前深入了解牠，不妨參觀富山螢火魷博物館（Toyama's Hotaruika Museum），據說是世界上唯一以螢火魷爲主題的博物館。

地點：富山灣滑川漁港。從滑川漁港啟程的觀光遊船約凌晨 3 點出發。N 36.776699 E 137.345858

螢火魷發光的身體點亮了富山灣。

修驗者喝下由漆樹汁液熬製的毒茶，可以在還活著的時候就將自己變成「乾屍」。

自我乾化的修驗者
SELF-MUMMIFIED MONKS OF SHUGENDO

● 山形縣，湯殿山
Yamagata ken, Yudonosan

修驗道是佛教與神道教「神佛習合」的一種古老形式，信仰它的日本僧侶藉由儀式讓肉體與精神接受艱難挑戰，從而尋求啓迪。至少有 20 幾位修驗者曾成功完成「極致的」自我犧牲——透過緩慢且極度痛苦的自我乾化來迎接死亡，又稱爲「即身成佛」。

木乃伊化的整個過程需 10 年左右，總共分爲三階段。第一階段，修驗者要連續 1,000 天嚴格遵守固定的生活方式——只吃堅果和種子，同時還要參加高強度的體力活動，好將身體脂肪全部去除（脂肪含水量高，又儲存了高熱量，因此這種生活方式會快速分解脂肪）。

第二階段，修驗者須進一步控制飲食，只食用樹皮、樹根，並喝下漆樹的汁液做成的茶，這種汁液一般用於給木頭上漆，會導致人嘔吐、發汗和過度排尿。食用毒茶可以讓身體脫水，也會使任何想以屍體爲食的蛆蟲中毒而死。

第三階段，修驗者會將自己鎖在位於地下 3 公尺深的石洞之中，打坐，冥想，背誦佛經。與外界的唯一聯繫是一根竹製的通氣筒和一個鈴鐺。修驗者每天會搖鈴，表示自己尚在人間。若鈴聲不再響起，通氣筒就會被撤走，洞口也會被封死。

上百個修驗者都曾嘗試過即身成佛，但只有極少數人成功。在最後一聲鈴鐺響起後的第 1,000 天打開洞穴時，大多數屍體還是腐爛了。這些遺體會被重新封在石洞中（以對他們的耐力表示敬意），但不會受到供奉。

其中最傳奇的修驗者是鐵門海上人。傳說在皈依佛門之前，鐵門海殺了許多武士，還與一位妓女墜入愛河。而在決心自我犧牲之後，他揮刀自宮，親手將精心包裹的生殖器獻給了失戀的愛人，還自剜左眼，以此向神明祈求結束江戶地區爆發的失明怪病。爲了給民衆帶來救贖，他決定把身體留在世間。鐵門海於 1829 年進入石洞，如今他保存完好的乾屍仍然以蓮花坐的姿勢供奉在湯殿山的注連寺。

地址：山形縣鶴岡市大網字中台 92-1。從東京乘坐新幹線到新潟，再換乘稻穗號特快車在鶴岡站下車，全程約 4 小時。而後再乘坐開往湯殿山方向的公車到大網站，下車後可步行至注連寺與瀧水寺大日坊。
N 38.602601 E 139.887146 ➡➡

➡ 其他乾化的佛教僧侶

龍波登
Luang Pho Daeng

1973 年，佛教高僧龍波登在坐禪中圓寂，享年 79 歲。從那時起，他的遺體就被保存在蘇梅島的肉身舍利寺（Wat Khunaram）玻璃棺中，一直在寺內展出。

時間的流逝並未在遺體上留下明顯痕跡。除了慘白的皮膚逐漸乾裂、出現棕色斑點外，唯一可見的變化是眼球的消失，而寺中僧人也有應對方法——利用太陽鏡遮住空洞的眼窩。

達許多喬・伊提吉洛夫
Dashi-Dorzho Itigilov

1927 年，75 歲的藏傳佛教領袖達許多喬・伊提吉洛夫宣布自己大限將至。於是他聚集了一群僧人和自己一起冥想，並且以蓮花坐的姿勢在冥想中去世。不久之後，這裡的藏傳佛教就被邁入共產主義的蘇聯一掃而空。

2002 年，伊提吉洛夫的遺體被挖出，轉移到了俄羅斯最重要的佛教寺院伊沃爾金斯克廟。伊提吉洛夫乾化的遺體至今仍保存在寺裡，坐姿與圓寂之時一樣。廟方會在重大的佛教慶典上展出他的遺體。

寺廟的僧人為龍波登戴上了太陽鏡，
以免其空蕩蕩的眼窩嚇到訪客。

耳塚 THE MOUND OF EARS

● 京都，耳塚　Kyoto, Mimizuka

在京都郊區狹窄的住宅街道上，有一座 9 公尺高、荒草叢生的小土丘，掩埋了成千上萬個朝鮮人與中國人的耳朵和鼻子。

1592 年，日本戰國大名①豐臣秀吉指揮入侵朝鮮，企圖達到征服中國的目標。16 萬名日本士兵湧入朝鮮，肆意殘殺。

根據日本的傳統習慣，士兵的榮譽和獲得的獎賞取決於其砍殺的敵人數目。他們會砍下受害者的頭顱作為戰利品獻給主將，但因為頭顱體積太大，改以受害者的鼻子代替，有時只割下耳朵。由於年代久遠，實際數字難以估測，但大致可以算出當時日本士兵割下了多達 21 萬名朝鮮人與中國人的身體器官。據說某些受害者被割鼻後依然活著，從戰爭中倖存。

雖名為耳塚，土堆下面埋著數量最多的卻是鼻子。此處於 1597 年被認定為古蹟時名為「鼻塚」（Hanazuka），幾十年後改名為「耳塚」，因為人們認為由名字聯想到的割鼻畫面太過殘忍，割下耳朵還比較「令人能夠接受」。

地點：京都市東山區。耳塚位於京阪本線七條站以北不遠處。
N 34.991389 E 135.770278

看似平靜的耳塚實則駭人聽聞，
是戰爭暴行的鐵證。

比叡山的馬拉松僧侶
MARATHON MONKS OF MOUNT HIEI

● 滋賀縣，比叡山
Shiga ken, Hieizan

地球的周長為 40,075 公里，而比叡山的馬拉松僧侶必須在 7 年內徒步完成的距離，比地球的周長還要多 3,219 公里。

日本佛教天台宗於 9 世紀初成立於比叡山的延曆寺，為著名的苦行宗派。該宗派的苦行僧侶（修行者）又稱為「馬拉松僧侶」，必須經過嚴格的挑選，接受「千日回峰行」的嚴峻考驗，在 7 年之內走遍各個巡拜處，每日長途跋涉，很少有進食和睡眠的時間。

在第一次嘗試回峰行——每日徒步 40 公里，持續 100 天——之前，挑戰者只允許訓練一個星期。在這週的準備時間裡，天台宗的其他僧人會清除山路上尖銳的石頭，並為挑戰者編好 80 雙草鞋。

在接下來的 3 個半月，修行者遵循既定的日程，於午夜起身，僅食用少量的米飯或麵條，而後誦經 1 小時。接著就動身上路。穿著白色長衫和草鞋，戴著長方形大草帽的僧人們嚴格沿著路線前進，在沿途近 300 個地點駐足，祈福，誦經。在這段時間裡，修行者不能吃喝也不能休息。僧侶的腰間佩有一把拴在繩子上的匕首，若無法完成回峰行，為了榮譽可以選擇用繩子或匕首了結自我。

完成了每日的徒步任務後，僧人會沐浴，再次少量進食，處理雜務，參與天台宗儀式，然後於晚上 9 點入寢。到了午夜，僧人又必須動身修行，周而復始。

回峰行前三年的日程相同——每年進行一次為期 100 天的日行 40 公里之旅。在第四年和第五年，每年進行兩次 100 天日行 40 公里之旅。最嚴酷的考驗在第 700 天，名為「入堂」，修行者不能吃飯、飲水、休息，只能挺身而坐，誦經不斷。這一項極限的瀕死體驗是為了「消滅」自我，超脫於世，從而帶領眾生得到啟迪。「入堂」本應持續 10 天，但因生還率近乎於零，迫使其縮短了時長。

在最後的兩年裡，修行者每天行走的距離會逐漸增加——先是增加至 60 公里，再加到 84 公里。自 1885 年以來，僅有 46 名僧人完成了歷時 7 年的回峰行。最近完成回峰行的僧人是酒井雄哉，他是兩次歷經這項挑戰的三位僧人中的其中一位——第一次挑戰為 1973 年至 1980 年，在休息了 6 個月之後，酒井再度於 1980 年到 1987 年完成回峰行。

比叡山的僧侶腳踏草鞋，進行長達數月無休的「修行馬拉松」。

地點：延曆寺，天台宗誕生地。寺廟對遊客開放。從京都搭乘京阪本線到出町柳站，換乘叡山電鐵，在八瀨比叡山口車站下車。遊客可乘坐叡山纜車到達山頂。
N 35.070556 E 135.841111

日本的祕境景點還有：

• **耶穌之墓 The Tomb of Jesus**
青森縣，新鄉村（Aomori ken, Shingo mura）／據稱日本東北新鄉村的一個墓中埋葬著耶穌的屍體。有一小部分的虔誠信徒篤信耶穌活到 106 歲，死後被安葬在此地，而不是死於各各他山（Calvary）的十字架上。

• **地獄谷野猿公園 Jigokudani Monkey Park**
長野縣，山之內（Nagano ken, yamanouchi）／被積雪覆蓋的地獄谷有一處溫泉，是日本獼猴專屬的浴場。

紫藤花隧道 WISTERIA TUNNEL

● 福岡縣，北九州市　Fukuoka ken, Kitakyushu shi

在一年之中的大部分時間裡，河內藤園（Kawachi Wisteria Garden）的紫藤花隧道看起來就像一條彎彎曲曲、長滿藤蔓的格子頂棚。不過只要一到春季，頂棚上頭的紫藤花就會綿延不絕地盛開，花期大約持續幾週，下垂的花朵與沁人的芬芳包圍著走過隧道的每一個人。

這座私人花園裡有 150 多株紫色、粉紅色和白色的紫藤花。若於 4 月底至 5 月中旬來訪，可觀賞盛開的紫藤花，不過具體的開花時段每年有所不同。

地址：北九洲市八幡東區河內 2-2-48。遊客可乘坐 JR 至八幡站，再搭乘公車到河內小學校前，下車後步行 15 分鐘就可以到達藤園。
N 33.831580 E 130.792692

如粉彩筆圖畫般的紫藤花隧道芬芳四溢，每年只會綻放短短幾個星期。

人偶村 THE VILLAGE OF DOLLS

● 德島縣，名頃村
Tokushima ken, Nagoro mura

名頃村的學校教室裡坐滿了「沉默」的學生，他們望著同樣「無言」的老師，日復一日地呆坐著，從不回答問題，也不翻動書頁。

這些學生和老師其實是真人大小的人偶。村內的學校因學生不足而關閉，當地居民綾野月見便製作了這些人偶。綾野生於名頃村，後來在大阪生活了幾十年。當她返回故鄉時，村民已經從 300 多人減至 35 人。

綾野最初縫製人偶是為了驅趕菜園裡的鳥，隨著製作的人偶越來越多，其中甚至還有一些長得像她已故的朋友和親人。她開始將這些人偶放置在村裡，來紀念她曾經相識的名頃村居民。穿著雨鞋、攜帶雨具的人偶在溪流邊垂釣；一對老邁的夫妻並肩坐在家門外的長椅上，靜觀世事變遷……這樣的景象在村子裡隨處可見。

綾野估計自己已製作了 350 個人偶，數量是如今名頃村「活人居民」的十餘倍。

交通：遊客可先乘坐 JR 到阿波池田站，換乘公車至久保，再換公車到名頃村。
N 33.856499 E 134.019506

隨著居民不斷離世，名頃村人口漸漸減少，當地一位手工藝職人製作了布偶版本的「居民」取而代之。

軍艦島 GUNKANJIMA

● 長崎縣，端島　Nagasaki ken, Hashima

端島位於長崎近海，有另一個更廣爲人知的別名——軍艦島，這個名字直白且殘酷的意象體現在端島的景色之中，在這座半人工島上遍布著傾頹的混凝土遺跡，狹長的形狀酷似一艘軍艦。

1890 年，三菱公司買下此島，在這裡開挖海底的煤炭資源。1916 年，日本第一座混凝土建築在島上拔地而起，狹小的房間和一排排完全相同的灰色陽台俯瞰著封閉的中庭。截至 1959 年，有五千多名煤礦工人及其家屬居住在這一排毫無生氣的公寓，讓這座海岸線不到 1.2 公里的小島成爲當時世界上最擁擠的住宅區。

島上居民的食物以及 1957 年之前的水源供給必須依靠日本本土，除此之外，軍艦島可自給自足。島上有一個小社區、學校、體育場、電影院、商店、醫院，甚至妓院。

1974 年 1 月，三菱公司正式關閉了這座島上的採礦設施。所有居民在兩個月內拋棄了島上的房子，返回日本本土，從此之後軍艦島就一直處於廢棄狀態。幾十年來，颱風、暴風、雨水和海水嚴重腐蝕著島上巨大的公寓建築。木板從破碎的陽台圍欄掉下來，落在一堆堆水泥碎片上，彎曲的鋼梁和生鏽的鐵架破牆而出。這裡還保留著曾經家庭生活的痕跡——茶杯、三輪車、1960 年代製造的電視機。這個曾是世界上人口最擁擠的島嶼，如今只剩下海風呼嘯與海浪擊打礁石的聲音。

軍艦島於 2009 年重新對外開放，2015 年被登錄爲文化遺產，但出於安全考量，遊覽區域非常有限。有多家船務公司經營這條觀光航線，請上網事先預約，觀光船從長崎港出發。N 32.627833 E 129.738588

這座名爲軍艦島的「幽靈石城」位於大洋之中，曾是地球上最擁擠的住宅區。

North Korea
北韓（朝鮮民主主義人民共和國）

機井洞 KIJONG-DONG

● 非軍事區　Demilitarized zone，簡稱 DMZ

這片寬 4 公里、長 250 公里的非軍事區是南北韓的分界線。這裡有兩個村子——邊界南北兩側各一個。北部的村莊機井洞建於 1950 年代，韓戰停火後，村裡高級的高層建築居住著 200 多戶人家，至少北韓官方是這麼說的。事實上，機井洞沒有居民，蓋大房子的目的是向另一邊的南韓人民證明北韓經濟的成功。

機井洞又叫和平村，從遠處看上去並不顯眼，然而若是在近處觀察，就能看出其中的祕密：住宅窗戶上沒安裝玻璃，電燈（對北韓農村居民來說是奢侈品）由計時器操控。視野中唯一可見的人是維修工人，他們偶爾會被派來打掃街道，營造出有人居住的氛圍。

在機井洞 1.6 公里之外，國界線的南邊，是台城洞。幾百名南韓人民生活在邊緣地帶——據稱作爲非軍事區的居民，他們不用繳稅，也不用強制服兵役，交換的代價就是自由。台城洞嚴格實行宵禁，居民晚上 11 點之後禁止外出，搬遷也是不允許的。

這兩個遙遙相望的小村莊展現了多年前南北韓之間的相互壓制。1980 年代，南韓政府在台城洞豎起了一根高約 98 公尺的旗杆，升起了大韓民國國旗。北韓則是建造了一根 160 公尺長的旗杆——當時世界上最長的旗杆——作爲回應，並且在機井洞上方升起了一面更大的朝鮮民主主義人民共和國國旗。

諷刺的是，人類之間的戰爭反倒給動物帶來了「福

利」。在非軍事區有 60 多種瀕危動物自由地生活著，包括遠東豹、亞洲黑熊和丹頂鶴，與 100 多萬顆地雷共用棲息地。韓國有旅遊團提供非軍事區內的自然觀光導覽，其宣傳標語稱該地爲「和平與生命共存的地帶」。

這兩個村莊均禁止閒雜人等進入，但從共同警備區（Joint Security Area，簡稱 JSA）可看見這兩個小村。若想參觀此處，必須簽署一份包含死亡豁免條款的同意書。N 37.941761 E 126.653430 ➡️

➡️ ### 未規畫的自然保護區

隨著人類離開，大自然再度繁榮。用科幻小說家布魯斯・斯特林（Bruce Sterling）的話來說，這些「非自願形成的自然公園」（involuntary park）通常會發展出生物多樣性極高的生態系統，當地物種在未受農業和工業干擾的環境中茁壯成長。

歐洲綠化帶 European Green Belt
歐洲被鐵幕①分隔了 40 多年——不論是地理方面還是政治方面。在這段期間，在蘇聯領導的東歐與北約領導的西歐之間形成了一條邊界，人們紛紛搬離靠近邊界的地帶，於是該區域成爲了一條野生動物的廊道。隨著鐵幕倒下，商業開發活動增加，脆弱的生態系統面臨威脅。不少環保團體四處奔走，希望能維護從芬蘭最北端到希臘和土耳其之間的這條生態綠帶。

賽普勒斯綠線 Cyprus Green Line
將賽普勒斯的希臘區和土耳其區分開的停火線稱爲「綠線」。之所以這樣取名，是因爲 1964 年和平部隊的一位指揮官，用綠色馬克筆在地圖上潦草地畫了一條穿過賽普勒斯的線。如今這塊區域內的動植物繁衍不息，包括麥雞（*Vanellus*）、一度被認爲已滅絕的賽普勒斯刺鼠（*Acomys nesiotes*），以及一種具有巨大彎曲犄角的野生綿羊摩弗倫羊（*Ovis orientalis*）。

國際友誼展覽館
INTERNATIONAL FRIENDSHIP EXHIBITION

● 平安北道，妙香山
North Pyongan, Mount Myohyang

和所有國家領導人一樣，北韓前領導人金正日和金日成在統治期間收到了來自各國政治家的禮物。與其他國家不同的是，這些禮物目前陳列於一座擁有 120 間（或更多）展廳的博物館，以展現世界對兩位已過世領導人「不可磨滅的敬愛」。

大部分禮物（約 10 萬件）都是遵循外交禮儀的普通紀念品，例如花瓶、菸灰缸、書和筆。還有一部分極高級的禮物，來自渴望與北韓交好的領導人。動物戰利品是此類領導人喜歡相互饋贈的「佳品」，例如古巴政治家卡斯楚（Fidel Castro）贈送的鱷魚皮公事包，以及被自己的國民推翻並殺死的羅馬尼亞領導人希奧塞古獻上的熊頭標本。

蘇聯領導人史達林則採取了送禮「越大越好」的策略，贈送了一輛防彈豪華轎車（除了派頭夠大，也夠

欣賞各國政治家送給前北韓領導人金正日的奇特禮物時，遊客必須戴上白手套。

用心良苦，因為金正日和金日成兩人不喜歡坐飛機）。

2000 年，美國國務卿歐布萊特（Madeleine Albright）在訪問北韓後，送給金正日一顆麥克・喬丹（Michael Jordan）的簽名籃球、索尼隨身聽、卡西歐電子琴、蘋果電腦，以及巴西足球巨星比利（Pelé）的簽名足球。

在這些富有創意的禮物中，最令人費解的是尼加拉瓜「桑定民族解放陣線」（Sandinista National Liberation Front）贈送的直立鱷魚標本，鱷魚手上還托著一個放了雞尾酒玻璃杯的木托盤。

從平壤開車至妙香山需 2 小時，只能由導遊帶領參觀。展覽館會提供鞋套，以免弄髒地板。館內禁止拍照。
N 40.008831 E 126.226469

SOUTH OF KOREA
南韓（大韓民國）

第三隧道 THIRD TUNNEL OF AGGRESSION

● 京畿道，板門店
Gyeonggi, Panmunjom

一條長 250 公里、寬 4 公里的帶狀非軍事區將北韓與南韓分開，試圖跨越這道邊界（或疑似越境）的人會被射殺。多年前，曾有 200 萬軍人在這個劍拔弩張的緩衝區內巡邏。在當時的情況下，想要從地面上進入對方地區幾乎是不可能的。因此，據說在 1953 年停火協議之後，北韓開始祕密挖掘地下通道。

1978 年，人們在非軍事區的地下發現了第三隧道——第三條被發現的具備軍事功能的地下通道。傳聞非軍事區的地下分布著十幾條類似的通道，但是到目前為止只發現了 4 條。據說當初挖掘第三隧道是為了進入首爾（Seoul），地道總長約 1.6 公里，而地道的尾端距離首爾僅 43.5 公里。原先北韓否認挖掘了這條寬 2 公尺、高 1.8 公尺的地

DMZ

下通道，接著又改口稱通道其實屬於煤礦的一部分。為了支持這一說法，北韓政府匆忙把地道的牆壁塗成了黑色。然而南韓並不相信如此富有想像力的解釋，立刻控制了第三隧道，並且用混凝土障礙物封鎖了邊境。如今南韓這一側的隧道開放讓遊客參觀。

在南韓，自作主張的「隧道獵人」一直在非軍事區內找尋祕密地道。他們相信只有將此類地道全部找出來，才能免於北韓的威脅。因為對於北邊鄰居毫無信任感，督促著隧道獵人們花幾十年的時間查看地圖，在地面上搜集線索，並且花錢投資這項不見得會有回報的鑽探工程。

第三隧道位於非軍事區的板門店附近，遊覽隧道的觀光團從首爾樂天飯店出發。N 37.916477 E 126.697930

濟州琉璃之城 JEJU GLASS CASTLE

● 濟州島，濟州市　Jejudo, Jejusi

「博物館」也許更適合這座主題樂園的名稱，因為裡面每樣東西都由琉璃製作而成，難以跟打打鬧鬧的喧鬧樂園聯想在一起。

精緻的收藏品分成室內及室外兩區展示，戶外花園裡有令人驚喜的仿自然裝置，像是琉璃瀑布、琉璃花床，還有用鏡子做成的湖泊，裡面的魚兒是用舊燒酒瓶做的。室內景觀包括一座高聳的綠色琉璃豆莖，就在展覽廳的中央。還有一座擺滿琉璃書本的琉璃書架，甚至有個房間裡全是鏡子，讓遊客迷失在自己的無限倒影中。

琉璃之城裡的 200 多件作品大多不能碰觸，不過也有一些可以互動的設施，例如一組琉璃鼓，有膽敢碰的人可以敲看看。

地址：濟州市翰京面綠茶盆栽路 462。現場可以自己製作琉璃作品，需另外付費。N 33.314810 E 126.273490

南韓的祕境景點還有：

• **特麗愛 3D 美術館 Trick Eye Museum**
首爾／利用錯視讓平面的圖像看起來跟立體的一樣，讓遊客成為圖畫的一部分，非常適合拍照留念。

公園裡到處都是出人意料的精緻琉璃作品。

濟州人魚 JEJU MERMAIDS

● 濟州島，西歸浦市　Jejudo, Seogwiposi

南韓自古以來爲父權社會，然而在南方海岸外，某些以漁業爲主的小島上，難得有女性成爲家中的戶長。這些女性先驅就是大家口中的海女，又被稱爲濟州人魚，目前大多已上了年紀。

這種捕魚方法大約始於 18 世紀，當時的女性完全不必繳稅。男性漁夫捕到的甲殼貝類、章魚鮑魚等漁獲少得可憐，又必須支付高額稅金，於是女性開始利用這個漏洞，接手丈夫的捕魚工作，在冰冷的東海中不靠任何設備潛水搜捕海洋生物。

隨著角色翻轉，像濟州這樣的島嶼也出現了家戶權力結構幾乎完全翻轉的情況。這種傳統延續了好幾百年，如今海女這份職業遇上了危機，正在逐漸消失，因爲越來越多年輕女性選擇到本島的大城市生活。現在仍在捕魚的海女年紀大都在 50 歲以上，她們依然每天出海，潛水到 10 公尺深的海裡尋找家中主要收入來源。

濟州島是一座美麗的火山島，海女的故鄉西歸浦市就在城山日出峰這座火山丘旁。在這一區可以看見一些獻給海女的雕像和藝術作品。N 33.403554 E 126.889611

珍島的神祕海底道路
JINDO-MODO LAND BRIDGE

● 全羅南道，珍島
Jeollanamdo, Jindo

根據《聖經》，摩西分開了紅海，拯救了以色列人。但根據韓國傳說，摩西並非唯一完成此壯舉之人。

每年有兩個時間點，當珍島與茅島之間的海水退潮時，就會出現將近 3 公里長、36 公尺寬的「海底道路」。傳說從前珍島上出現了老虎，居民全都逃命去了，只剩下一位老婦人。於是她向海神祈禱，希望海水能夠分開，讓她安全到達茅島。而她的心願也神奇地成眞了。

如今，珍島和茅島的遊客可以體驗老婦人當年跨海而行的經歷，一次在 5 月初，一次在 6 月中旬。在海水分開的這段時間，兩島的人會按照慣例走到通道中央，共同慶祝。慶祝儀式非常短暫，因爲這段海底道路大概只會現身 1 小時。

地點：珍島回洞村。從首爾搭乘客運到珍島需 6 小時，再從珍島巴士站換乘當地公車到達回洞村。
N 34.406553 E 126.355017

一年兩次的退潮讓珍島和茅島的居民可以在海中間相會。

CAMBODIA
柬埔寨

東南亞
Southest Asia

塔普倫寺的恐龍 DINOSAUR OF TA PROHM

● 暹粒省，吳哥窟
Siem Reap, Angkor

塔普倫寺建於 12 世紀初，寺院牆上的一處浮雕形似脊背彎曲的恐龍。自 1997 年的某本旅遊指南首次指出這一點之後，創世論①者就將其視為人和劍龍曾在柬埔寨共存的證據。位於美國德州格倫羅斯（Glen Rose）的創世論博物館（Creation Evidence Museum）甚至還有這件恐龍浮雕的複製品。

雖然浮雕中的動物背上似乎長了一排片狀物，但這並不足以作為修改史前歷史的依據。這隻動物也可以被解讀為一隻犀牛或變色龍，而片狀物則是葉子的某種藝術表現形式。

地點：暹粒市大吳哥。從金邊（Phnom Penh）西索瓦碼頭（Sisowath Quay）乘坐巴士到達暹粒市約 6 小時。

N 13.435000 E 103.889167

1

最後一列竹火車 THE LAST BAMBOO TRAIN

● 馬德望省，馬德望
Battambang, Battambang

用「火車」來形容這種交通工具其實是誤導，更確切地說，這是「沿著搖晃的礦用軌道高速滑行的大號竹床架」。被當地人稱為「諾里」（norry）的馬德望竹火車由兩根焊著輪子的棍子當底座，上頭架著寬 1.8 公尺、長 3 公尺的竹板。從摩托車或農具卸下的發電機噠噠作響，噴濺著汽油，驅動輪子往前行駛。

駕駛竹火車很簡單，但可不是遊戲！竹板上沒有任何安全扶手、圍欄或保護設施，乘客必須格外小心。當它在蛇行的軌道上以每小時 48 公里的速度飛馳，你只能祈求自己的平衡感夠好。

這種看似臨時創造出來的簡便交通工具，出現在紅色高棉政權摧毀柬埔寨鐵路系統的幾十年後。當地人利用法國人在 1930 年代建設的老舊鐵軌，用撿來的廢棄零件製造竹火車。後來這個交通系統日漸繁榮起來，人們經常用來運輸農產品和動物。當國家鐵路恢復後，幾乎所有的竹火車均已停止行駛，唯有連通馬德望郊區與某個磚廠村莊的路線被保存下來。

當兩輛竹火車迎頭相遇時，負載量較輕的那一邊乘客會先跳下來拆解竹板，讓另一輛通過之後再重新

組裝。組裝輕鬆簡便，只需 1 分鐘，這也是竹火車的魅力之一——將所有零件互相疊放，不需要螺絲和螺栓固定（當你發覺車輪脫離鐵軌時就會想起這點了）。

2

遊客可在馬德望的飯店預約試乘竹火車的套裝行程。

N 13.068816 E 103.202205

柬埔寨的祕境景點還有：

● 穿山甲康復中心 Pangolin Rehabilitation Center

金邊 / 康復中心成立於 2012 年，目的是保育稀有的穿山甲，並且盡力改善牠們的生存環境。

1 12 世紀的廟宇牆上為何會出現一隻劍龍呢？

2 在交通不便的地區，簡陋的竹火車成了最便利的運輸工具。

在塔納托拉查，死者的木雕佇立於活人身邊。

INDONESIA
印尼

塔納托拉查的葬禮習俗
FUNERAL RITES OF TANA TORAJA

● 南蘇拉威西省，塔納托拉查
South Sulawesi, Tana Toraja

對於居住在南蘇拉威西的 65 萬名塔納托拉查人來說，死亡並非生命的終結，而是包含許多階段的一個過程——這個過程始於心臟停止跳動，結束於下葬的那一天，而這天有可能是好多年之後。

塔納托拉查的葬禮十分繁複且歷時多日，包括祭祀、酒席、送禮、音樂表演，以及村民的列隊遊行，一行人朝著墓地的方向前進。此外，人們還要爲逝者製作名爲「陶陶」（tau tau）的木雕，放在墳墓旁邊。

舉辦一場葬禮的開銷驚人，所以許多家庭得花好幾個星期、幾個月，甚至好幾年籌集資金。在這段期間，屍體會被包裹起來安置在老家，用福馬林進行化學防腐。人們提及逝者時會聲稱其「病了」或者「睡著了」，而不是「死了」。

當籌集的錢足夠買一群祭祀用的水牛後，就可以開始舉行儀式了。第一天，客人們排隊給死者家庭送上食物、飲品、祭祀用的牛或豬作禮物。基於不成文的「禮尚往來」，每件禮物都會被登記並公之於眾，這樣村民們就能記錄新產生的和已經償還的「人情債」。大約一週之後，負責祭祀的專業人士會將水牛牽到一個圓形場地中央，用繩子把水牛的鼻環拴在釘入地面

的竹棍上，在大人、小孩和家庭寵物的圍觀下舉起彎刀揮向水牛的脖子，鮮血即刻從傷口噴湧而出。瀕死的水牛不停地扭動，但每次掙扎只會讓更多的血噴濺出來。漸漸地，水牛癱倒在地，在一攤泥血之中再也不會動了。接下來，幾十隻水牛和豬皆以相同的方式死去。

根據塔納托拉查人的信仰，用動物祭祀可以避免死者的靈魂徘徊在人間，帶來厄運——靈魂會騎在水牛的背上前往來世。而這些祭祀的動物會被分成小塊小塊的肉，分發給客人。地位最高的人和最富有的人將會得到最好的部分。

祭祀典禮結束一星期後，整個村子的人都會陪同棺材前往墓地。塔納托拉查人的最終安息之地位在懸崖挖鑿的洞穴內，裡頭排滿了「陶陶」，守護著許許多多的棺材。

從南蘇拉威西省的省會錫江（Makassar）出發的巴士到塔納托拉查需 8 至 10 小時。在農田收穫後的 7 月到 10 月之間是舉辦葬禮的高峰期。葬禮屬於公共活動，根據習俗，遊客應該準備小禮物送給主人，例如咖啡或香煙。
S 3.111779 E 119.848930

雞教堂 GEREJA AYAM

● 中爪哇省，馬格朗　Jawa Tengah, Magelang

如果去到馬格朗茂密的森林中健行，看到形狀像公雞的巨型建築物可別太驚慌。此處名爲祈禱堂，又稱雞教堂，出乎意料地以家禽爲造型的靈感。

當地人雖然稱之爲雞教堂（不難看出理由），但似乎用錯了詞，因爲這座禮拜堂當初其實是以鴿子爲範本。建造者丹尼爾・阿拉姆賈（Daniel Alamsjah）得到神的啓發，要他興建一座鴿子造型的教堂。他選擇在馬格朗附近山丘的樹林將他的信仰兌現，打造出（應該要是）世界上最像鴿子的建築，有大大的鳥嘴和華麗的裝飾尾羽。

教堂於 1990 年代敞開大門（或者該說展開翅膀），歡迎各種宗教的敬拜者，也爲當地社區提供慈善服務。可惜後來因爲資金耗盡，計畫在 2000 年時暫停。

空蕩蕩的祈禱堂被遺忘在樹林中，隨著時間而腐朽，外表一年一年變得越來越嚇人。

現在的教堂經過打掃後，變成了觀光景點。當地藝術家在內部的牆上添加生動的壁畫，在公雞的尾端還開了一家小咖啡廳，販賣美味的傳統點心。遊客甚至還能登上公雞的頭頂，欣賞 360 度的壯麗景色。

教堂每日開放，通常包含在附近婆羅浮屠寺（Borobudur Temple）的觀光行程中，需要付入場費。
S 7.605706 E 110.180483

公雞教堂吸引各種信仰的敬拜者，包括當地人和觀光客。

只要在一根柱子上砍出幾個 V 形切口，人們就有辦法登上這些高架小屋。小屋的堅固程度足以支撐十幾個人和幾隻動物。

科羅威樹屋 KOROWAI TREE HOUSES
● 巴布亞省　Papua

直到 1970 年代，科羅威人一直生活在巴布亞省東南部茂密遙遠的雨林之中，遺世獨立。許多原生部落的成員至今仍然維持傳統的生活型態，其中一項特色便是他們的樹屋。科羅威人是出色的建築師，懂得如何用原始材料在離地 35 公尺高的地方建造住宅。

這種獨特的住所能保護家人，避免地面附近的蚊蟲侵擾，也能避開麻煩的鄰居和惡靈。樹屋蓋在林中空地上，選擇大棵的榕樹當作主要支柱，高度通常在 7.6 到 12 公尺之間，有些甚至會超過 30.5 公尺。出入的樓梯則是一根帶有多個 V 形切口的柱子。

建造樹屋時先蓋地板，接著加上牆面及蘇鐵葉子做成的屋頂，再利用酒椰葉纖維綁在一起。地板的材料必須很堅固，因為一間樹屋通常會住十幾個人，包括整個家族和他們的寵物及家畜。比較大間的樹屋還有男女分開的起居空間，甚至還有生火坑和梯子。

科羅威人居住的地區介於馬布（Mabul）和亞尼魯馬（Yanirumah）的村莊之間，在西巴布亞省（West Papua）的東南方，靠近巴布亞紐幾內亞（Papua New Guinea）的邊界。有越來越多科羅威人放棄傳統的生活型態，遷居到新成立的村莊。想參觀樹屋必須從村莊冒險進入熱帶叢林，得走上好幾個小時。
S 6.593292 E 140.163599

印尼的祕境景點還有：

● *海神廟* **Tanah Lot**
峇里島（Bali）／海神廟坐落於船型的海上巨石，周圍的洞穴中住著保護這座廟宇的聖蛇。

LAOS
寮國

香昆寺 XIENG KHUAN BUDDHA PARK
● 永珍　Vientiane

香昆寺又稱為佛陀公園，園中的神明、人類、動物和魔鬼石像已經斑駁不堪，看起來有幾百年的歷史，但這座雕塑公園其實興建於 1958 年。創建者班勒威・蘇里拉（Bunleua Sulilat）是個古怪的祭司，其信仰的神祕主義宗教將印度教和佛教的哲學融合在一起。

蘇里拉聲稱自己曾掉入洞中，遇見了印度教的越南隱者高古（Keoku），從而有了信仰。香昆寺的園內安置了兩百多座混凝土雕塑，都是由蘇里拉和他的幾位追隨者建造。其中包括一座長約 122 公尺的臥佛、一個 8 隻手拿滿武器的濕婆，以及一座南瓜形狀的「地獄、人間、天堂」建築，共分為三層，其中一面不知為何嵌進一個魔鬼頭顱的雕塑。遊客可以從魔鬼的「口中」進入南瓜房，爬到頂層。

1975 年，寮國共產黨革命之後，蘇里拉越過湄公河，逃到泰國城市廊開（Nong Khai）。他在那裡建造了另一個名為「薩拉高古」（Sala Keoku）的佛像公園。他的木乃伊屍身目前被存放在公園展館的第三層樓。

地址：Thanon Tha Deua, Vientiane。佛像園位於永珍東南方 25 公里處。遊客可以在永珍舊市搭乘公車到友誼橋（Friendship Bridge），再轉乘麵包車，經由顛簸的碎石路至香昆寺。N 17.912289 E 102.765397

香昆寺是一個遍布印度教和佛教雕像的「精神之城」。

122 公尺
107
91
76
61
46
30
15
0 公尺

中原大佛
中國，河南省，堯山風景區

完成時間：2008 年

雕像高度：128 公尺

總高度（含基座）：153 公尺

銅製的中原大佛立在 20 公尺高的蓮花座之上，下方是高約 25 公尺的金剛座和 55 公尺的須彌座。大佛的腳趾比一般成年人還要高，遊客可擁抱佛腳。

立可育釋迦立佛
Laykyun Sekkya
緬甸，蒙育瓦（Monywa）

完成時間：2008 年

雕塑高度：116 公尺

總高度：130 公尺

這座身著金色長袍的佛像歷時 12 年才建成，立於 13.5 公尺的底座上。前方躺臥著另一座同樣大小的金色臥佛，兩座佛像均「凝視」著鍍金的昂釋迦佛塔（Aung Sakkya Pagoda）。

牛久大佛 Ushiku Daibutsu
日本，茨城縣（Ibaraki）

完成時間：1993 年

雕像高度：120 公尺

總高度：120.1 公尺

位在牛久市的這尊大佛腳踩蓮花座台，為青銅材質，內部有一座四層樓的博物館。大佛的前胸處有觀景台。在前往觀望台的途中，遊客將會沐浴在新時代音樂、線香的氣息及昏暗的光線中，讓心靈歸於寧靜。

亞洲大佛

佛教盛行於南亞及東南亞一帶——從當地佛像的尺寸就能看得出來。巨型佛像帶著沉著的微笑，高度可接近百公尺，整個地區都能看見其壯觀的身影。不論是站著或坐著的佛像，全都是遠方的明燈，指引著遊客來到祂們守護的寺廟或聖地。

下列是世界上最大的五尊佛像，依照比例尺繪製。自由女神像在祂們旁邊突然顯得微不足道了。

泰國大佛 The Great Buddha of Thailand
泰國，紅統府（Ang Thong）

完成時間：2008 年

總高度：92 公尺

這座金身坐佛是泰國最高的佛像，耗時 18 年建成。佛像原料為水泥，外層漆成金色。遊客可以參觀寺廟旁邊的地獄花園，裡頭有被鋸成兩半和被塞入絞肉機的罪人雕塑。

樂山大佛
中國，四川省

完成時間：西元 803 年

雕像高度：68 公尺

總高度：71 公尺

樂山大佛於唐朝年間（西元 713 至 803 年）在長江邊的岩壁上開鑿而成，是世界上最高的古代雕像。

自由女神像
Statue of Libery
美國，紐約（New York）

完成時間：西元 1886 年

雕像高度：46 公尺

總高度：93 公尺

四散在川壙高原上的成千上萬個神祕石缸，可能用來盛放人類的遺骨。

石缸平原 PLAIN OF JARS

● 川壙省，豐沙灣　Xiangkhouang, Phonsavan

石缸平原是位於川壙高原上的巨石文化遺址，面積達 1,295 平方公里，四處散布著高 1 至 3 公尺的石缸。這些石缸的歷史可追溯至鐵器時代（西元前 500 年至西元 500 年），雖然具體用途尚不得而知，但在 1930 年間，考古學者在這一區挖出了燒黑的人骨，說明這些石缸很可能用於存放屍骨。附近一座山洞頂端有兩個人為開鑿的小孔，顯示這個山洞很可能就是火葬場。

在越戰期間，軍事衝突蔓延到了寮國，石缸平原成為了重要的戰略據點。在 1964 到 1973 年間，美軍在寮國展開「祕密戰爭」，在這一區投放了上百萬顆炸彈。戰爭在此地留下了破碎的石缸、炸彈坑和未爆彈藥的警示牌。美軍投下的炸彈有 30% 未爆炸，雖然有關單位一直在努力清除剩餘的未爆彈藥，但仍然有許多炸彈隱藏在美景之中。

豐沙灣位於平原中部，從首都永珍乘坐巴士到此地需 11 小時，坐飛機約半小時可達。遊覽時請注意排雷小組設置的標記，上頭會指出已盤查過未爆炸彈的地點。
N 19.430000 E 103.185570

MALAYSIA
馬來西亞

甘榜關丹螢火蟲村
SYNCHRONIZED FIREFLIES OF KAMPUNG KUANTAN

● 雪蘭莪州，瓜拉雪蘭莪
Selangor, Kuala Selangor

在自然界，有一種交配方式格外神奇——入夜後，在甘榜河兩旁的紅樹林中，上千隻雄性螢火蟲會聚集在一起同步閃爍，以此吸引雌性螢火蟲（科學家尚未確定，這種全年都存在的同步閃爍現象是基於什麼生物原理，但可以肯定同步閃爍的目的是求偶）。遊客們乘坐小艇望向河岸，螢火蟲有如一串串發光的小燈泡。

甘榜河的螢火蟲曾經數量繁多，但河流汙染以及棲息地的過度開發，在過去 10 年間造成其數量銳減。儘管如此，漆黑夜晚的靜謐湖面和一群群螢火蟲所營造的氛圍，仍然令人驚歎。

從吉隆玻（Kuala Lumpur）開車到甘榜關丹螢火蟲公園（Kampung Kuantan Firefly Park）約 45 分鐘。遊船開放時間為晚上 7 點 30 分至 11 點。
N 3.360616 E 101.30109

馬來西亞的祕境景點還有：

● 貓咪博物館 Cat Museum
古晉（Kuching）／博物館入口是一隻巨貓的「血盆大口」，館內陳列了貓科動物的藝術品、標本，還有古埃及時期的貓咪吐出的毛球木乃伊。

黑風洞 BATU CAVES

● 吉隆玻　Kuala Lumpur

前往黑風洞的旅程，始自印度「戰爭與勝利之神」室建陀（Kartikeya）的腳下。這座高約 43 公尺、金光閃閃的神像就在階梯起點處，歡迎準備攀爬 272 級台階進入三座巨大山洞的遊客。沿途成群結隊的長尾獼猴跳上跳下，要是沒有牠們，攀登之旅或許就沒那麼具有挑戰性了。

雖然黑風洞在當地家喻戶曉，但一直到 1878 年被美國博物學家威廉‧霍納迪（William Hornaday）「發現」才廣爲人知。1890 年，來自印度坦米爾族商人皮拉伊（K. Thamboosamy Pillay）參觀黑風洞時，發現洞口的形狀很像室建陀的矛。此一聯想啓發了他，在山洞中建造了印度教的神龕和神像，將這裡變成了一處朝聖地。

自 1892 年起，印度教徒每年都會在山洞中慶祝大寶森節（Thaipusam）。節日於 1 月底或 2 月初舉行，目的是爲了紀念「力量之神」雪山神女（Parvati）賜予長矛給室建陀，讓祂消滅魔鬼。參加慶典的人面向山洞朝聖，並且執行贖罪儀式「卡瓦第之舞」（Kavadi Attam）。「卡瓦第之舞」的形式多樣，有些簡單易行（例如頭頂裝滿牛奶的黃銅水壺），有些極端困難（例如用鉤子刺穿臉頰、胸膛、後背或舌頭）。這些人身著黃色、紅色或橙色的衣服，踏上歷時 8 小時、長達 14 公里的朝聖之旅，拾級而上，最終爲室建陀獻上貢品。

搭乘馬來亞通勤鐵路（KTM Komuter）從吉隆玻到黑風洞僅需 25 分鐘。大寶森節於每年坦米爾曆的泰月（1 月中旬至 2 月中旬）滿月時分舉行。
N 3.237400 E 101.683906

在印度教的大寶森節慶典上，聚集在黑風洞的朝聖者用鉤子刺穿身體。他們認爲肉體越痛苦，精神越充盈。

京那巴魯的豬籠草 PITCHER PLANTS OF KINABALU

● 沙巴　Sabah

京那巴魯國家公園（Kinabalu National Park）又稱神山國家公園，其雨林深處藏著體型最大的馬來王豬籠草（Nepenthes rajah）。這種神奇的肉食植物有一個裝滿消化液的捕蟲籠，引誘昆蟲掉入陷阱，使其成為盤中餐。

螞蟻是馬來王豬籠草鍾情的美食，但據說它罐子形狀的捕蟲籠曾捕到過更大的生物——老鼠、青蛙、蜥蜴和鳥都曾是它的囊中之物。

雖然「食鼠」讓這種植物變得與眾不同，但馬來王豬籠草的巨大體積——已知的最大豬籠草可裝下 3.79公升的水——也許並非為了捕鼠。澳洲蒙納許大學（Monash University）肉食植物專家查爾斯·克拉克（Charles Clarke）博士帶領團隊研究樹鼩、老鼠與馬來王豬籠草之間的互動，並且於 2011 年發表了他們的研究成果。他們發現這些小型哺乳動物經常在馬來王豬籠草周圍生活，一邊以其花蜜為食，一邊往捕蟲籠中排泄。因此，馬來王豬籠草既是牠們的「廚房」，也是「廁所」。豬籠草也從中受益，老鼠和樹鼩的糞便為其提供了珍貴的氮元素。

根據這項研究結果，目前學者認為，馬來王豬籠草很可能是為了適應樹鼩的進食和排便，進化成現在的模樣。從捕蟲籠前緣到含有花蜜的籠蓋之間的距離，剛好與樹鼩身體的長度一致，便於樹鼩在舒服進食的同時排泄。這正是動物和植物和諧共處的暖心實例。

大型豬籠草可以吞噬小鳥、蜥蜴和青蛙。

從沙巴首府亞庇（Jesselton）的獨立廣場公車總站（Padang Merdeka Bus Terminal）出發，搭車約 2 小時可底達京那巴魯國家公園入口。
N 6.207465 E 116.640895

MYANMAR
緬甸

世界上最大的書
PAGODA OF THE WORLD'S LARGEST BOOK

● 曼德勒省，曼德勒
Mandalay, Mandalay

世界上最大的書於 1868 年完工，它並非一大捆紙印成的書，而是由 729 塊大理石碑組成。每塊石碑高1.5 公尺，上頭刻有 160 至 200 行佛教經典著作《三藏經》（Tripitaka）的經文。這些大理石碑分別被供奉在成群的白色石塔內，以一座 57 公尺高的金色佛塔為中心成排分布。這整個建築群被稱為固都陶佛塔（Kuthodaw Pagoda）。

敏東王①於 1857 年遷都至曼德勒這座城市，而後於1860 年展開「刻書」工程。他希望創造一本能流傳至佛祖 5,000 年誕辰的書，如果這些大理石碑能在接下來的 2,500 年內完好無損，那麼他的心願就會實現。

地址：62nd Street, Mandalay。佛塔位於曼德勒山東南階梯底部。N 22.004181 E 96.113050

大金石佛塔 KYAIKTIYO PAGODA

● 孟邦，大金石山　Mon State, Mount Kyaiktiyo

這座高 7.3 公尺的佛塔也許不是孟邦最大的，卻是最引人注目的。大金石佛塔位於一塊金色巨石之上，巨石則位在懸崖邊緣搖搖欲墜。這塊被佛教信徒塗成金色的大石頭安坐在一塊天然石台上，好似隨時都會滾下山。

根據傳說，佛祖親自贈予一位隱居僧人一綹自己的頭髮，而後僧人將頭髮獻給了國王。國王賜予僧人一塊形狀與他的頭一樣的石頭作為回報，並且用法力將石頭從海中拖出。國王在這塊石頭上修建了一座小神廟，永世供奉佛祖的頭髮。

幾個世紀以來，慕名前來的朝聖者絡繹不絕。上山的路程需 30 分鐘左右——如果你不想或無法登山的話，可以雇四個挑夫用竹轎把你抬上山。

遊客可從仰光（Yangon）出發，搭乘巴士到欽榜（Kinpun），再搭卡車前往山上的大金石。請做好犧牲個人空間的心理準備，因為卡車只有在擠滿人之後才會發車。
N 17.481631 E 97.098216

1

1　搖搖欲墜的金色巨石與重力抗衡，給無數朝聖者帶來啟迪。
2　圍繞金塔分布的上百塊石碑共同組成了世界上最大的書。

2

在這裡死人數量遠勝活人。

PHILIPPINES
菲律賓

馬尼拉北部公墓 MANILA NORTH CEMETERY

● 馬尼拉　Manila

馬尼拉是世界上人口最密集的城市之一，位於城市北邊面積最大的公墓擠滿了死去的人以及活著的人。這座 53 萬平方多公尺的墓園每天要舉行 70 到 80 場葬禮，安息於此的逝者大約有 100 萬人，與此同時，大約有 10,000 多個活人在這裡居住。

窮困潦倒的人們無法負擔一般住屋的費用，最後不得不住在家族的陵墓中，睡在自己已故親人的石墓上。為了謀生，大人們清掃並整修墓地，孩子們則在葬禮上抬棺材，撿拾廢金屬賣錢。一些具有創業精神的居民還在無人居住的陵墓開起了店鋪，賣零食、蠟燭和儲值電話卡，甚至還有卡拉 OK 機供人娛樂，唱一首流行歌曲的費用是 5 披索。

如果一個墓地連續五年未支付租金，死者的屍體就會被掘出，被新的屍體取而代之。正因如此，墓地之間的狹窄走道堆滿了無人認領的骷髏，人骨偶爾會成為在墓地玩耍的孩子的玩具。

許多居民出生於墓碑之間，終生生活在墓園之中。雖然這樣的生活看似「極端」，但是與馬尼拉的貧民窟相比，這裡已經算是一個自由、安靜，並且——對很多人而言——安全的住處了。

地址：A. Bonifacio Avenue, Manila。公墓位於聖克魯斯區（Santa Cruz district），緊鄰華僑義山（Chinese cemetery）。N 14.631476 E 120.989104

巧克力山 CHOCOLATE HILLS

● 薄荷島　保和島，卡門　Bohol, Carmen

當薄荷島上 1,268 個（或更多）圓錐形的蔥郁小山丘映入眼簾時，「巧克力」也許並非人們第一個會聯想到的形象，但「巧克力山」這個名字確有其合理的解釋。每年夏季，小山丘上的葉子會變成棕色。如果你到訪的季節剛好符合，瞇起眼睛，再運用一點想像力，就會看到一片巨型好時巧克力（Hershey Kisses）。

這一整片「規格工整」的山丘高 30 至 122 公尺不等，原本是海底的石灰質沉積，其中埋藏了許多古代珊瑚礁化石，地層上升後經雨水侵蝕而形成現在的模樣。

從首府塔比拉蘭（Tagbilaran）市區的 Dao 車站搭乘前往卡門方向的巴士，請司機在距卡門約 4 公里的巧克力山停車。N 9.798849 E 124.167320

在薩加達，死者被掛在懸崖上，以便「升入」天國。

懸棺 HANGING COFFINS

2,000 多年來，薩加達的居民將逝者的遺體塞入狹小的木製棺材，再把棺材懸掛在嵌入峭壁的支架上。這種方式能夠保護逝者遠離洪水或野獸，而且根據薩加達當地的傳說，這樣能讓逝者更容易前往天國。

一排排的松木棺材高懸在薩加達回聲谷（Echo Valley）的斷崖上，其中某些棺材已有幾百年的歷史。伊哥洛特人①擁抱死亡，並且會在生前積極地爲死亡做準備——如果身體狀況允許，老人們還會親手雕刻自己的棺材。

● 高山省，薩加達　Mountain Province, Sagada

夏季時，從馬尼拉搭乘公車或自行駕車至薩加達大約需 6 小時。雨季時，行車時間會加倍，有時道路會因坍方或落石被封鎖。N 17.081931 E 120.905897

菲律賓的祕境景點還有：

- 煙燻木乃伊 Fire Mummies
  卡巴延（Kabayan）／在卡巴延的山洞裡，排列著許多經過精心「煙燻烘製」、保存了幾百年的乾屍。

- 瀑布餐廳 Waterfalls Restaurant
  聖巴勃羅（San Pablo）／餐廳就位在瀑布旁，用餐的人們會赤腳踩在溪流的淺水中，享受片刻沁涼。

薄荷島上數千座外型相似的山丘，
其形成原因讓地質學家困惑不已。

精緻（並且昂貴）的寺廟，供奉著據說屬於佛陀的牙齒。

SINGAPORE
新加坡

佛牙寺龍華院
BUDDHA TOOTH RELIC TEMPLE AND MUSEUM

● 新加坡　Singapore

此建築群於 2007 年完工，耗資 6,200 萬美元，目的是為了供奉一顆牙齒的碎片。

對於如此小塊的牙齒殘骸來說，這似乎是一筆相當大的投資。不過這顆牙齒據稱屬於史上最有名的宗教人物——佛陀。

這個寺廟宣稱牙齒是在 1980 年發現的聖物，來自緬甸一處倒塌的佛塔，但除此之外沒有提供其他資訊。專家對牙齒的真實性提出質疑，認為很可能是「母牛或水牛的牙齒，但絕非人類的牙齒」。

訪客只有在特定時間可以親眼見到那顆牙齒，但就算錯過了觀賞的時機，寺廟本身依然令人印象深刻。寺內有好幾層的佛陀雕像和那迦（naga，在東南亞宗教中常見的龍蛇，通常是聖物的守護者），還有壯觀的儀式會場，供人祈願與禪修。

地　址：288 South Bridge Road, Singapore。可搭乘地鐵至牛車水站 A 出口，步行約 5 分鐘即可抵達。還有其他亞洲寺廟也宣稱擁有佛牙聖物，例如斯里蘭卡的康提（Kandy）佛牙寺。N 1.281519 E 103.844297

THAILAND
泰國

死亡博物館 SIRIRAJ MEDICAL MUSEUMS
● 曼谷　Bangkok

這座博物館又分為好幾個分館，一路參觀下來可說是一段飽覽人類傷病、死亡與畸形的恐怖之旅。

在病理學博物館（Ellis Pathological Museum）中，遊客會看到一系列先天畸形的胚胎和胎兒標本，例如獨眼畸形胎兒——這是一種先天殘疾，只有在臉的中央發育了一隻畸形的眼睛，少了鼻子和嘴巴。隔壁的寄生蟲博物館（Parasitology Museum）陳列了多個人類的陰囊，有的因患象皮病（淋巴絲蟲病）而腫得和籃球一樣大。

最毛骨悚然的標本位於法醫學博物館（Songkran Niyomsane Forensic Medicine Museum），從車禍中搜集來的破碎四肢漂浮在玻璃罐中，火車事故受害者身首異處的照片就貼在牆上。壁櫥裡，謀殺工具擺放在被它們切開的屍體旁。房間中央立著一個像電話亭般的玻璃櫃，裡頭陳列著黃利輝（Si Quey）的屍體。這個連環殺手兼食人狂在 1950 年代因謀殺並吃掉兒童被審判，死於絞刑，他黝黑萎縮的屍體就靠在其中一面玻璃上。

地　址：Adulaydejvigrom Building, Siriraj Hospital, 2 Phrannok Road, Bangkok。博物館就在醫院裡。遊客可以在曼谷中央碼頭乘坐昭披耶河快船，在 Thonburi Railway 下船。如果你能輕鬆找到病理學博物館，不妨

連體嬰是死亡博物館內眾多標本之一。

再參觀一下美麗的解剖學博物館（Congdon Anatomical Museum）。博物館內禁止拍照。
N 13.758800 E 100.485100

泰國的祕境景點還有：

- 女神泰亭神壇 **Goddess Tuptim Shrine**
曼谷 / 生育女神的神壇上擺滿了密密麻麻的生殖器祭品，而它的所在位置有點突兀地坐落在某個飯店的停車場內。

- 蟠龍寺 **Wat Samphran**
曼谷 / 這座約 17 層樓高的粉紅色圓柱高塔外頭盤繞著一條「巨龍」。

假貨博物館 MUSEUM OF COUNTERFEIT GOODS
● 曼谷　Bangkok

仿冒的勞力士手錶、偽造的路易威登包包以及山寨的蘋果 iPod，在曼谷的市場隨處可見——這正是法律事務所「蒂勒克 & 吉賓斯」（Tilleke & Gibbins）在假貨博物館展示的場景。

這家事務所用商家的假貨作為證據，代表顧客起訴商家。為此，他們收集的假冒商品堆滿了好幾個房間。1989 年，這家事務所開始在博物館中展出四百餘件假貨，目的是教育民眾販賣假貨屬於侵害智慧財產權的行為。

如今博物館收藏的假貨已經超過了 4,000 件。仿製的 T 恤、香水、珠寶、手機電池和處方藥與真品陳列在

一起，真偽莫辨。一旁的告示板列舉了購買仿冒品會對社會帶來什麼樣的危害，包括支持雇用童工、人口販賣和毒品交易。此外，消費者自身的健康也會面臨威脅，因為假冒的藥品、汽車零件和嬰兒食物不符合安全標準。這間博物館最讓人驚訝之處在於，這些展示品包括十分普通的日常用品，這說明除了高級奢侈品，就連原子筆、牙膏和文具等也有假貨市場。

地址：Supalai Grand Tower, 26th floor, 1011 Rama 3 Road, Bangkok。遊客可以搭乘從 Khlong Toei 地鐵站出發的巴士，直接在假貨博物館門口下車。參觀須提前至少 24 小時預約。N 13.682873 E 100.547626

萬瓶寺 WAT PA MAHA CHEDI KAEW

● 四色菊府，坤漢　Sisaket, Khun Han

日復一日，萬瓶寺的僧人們在空酒瓶堆中醒來。戒律禁止喝酒，但寺廟中隨處可見海尼根和泰象啤酒的瓶子，因爲它們構築了僧人的生活空間。

四色菊府的僧人爲了淸理並回收垃圾，從 1984 年開始收集空酒瓶。由於收集了過多的酒瓶，僧人們開始用瓶子建造寺廟，最終搭建出了整座廟宇。

廟宇主殿大約由 150 萬個綠色的海尼根酒瓶和棕色的泰象酒瓶搭建而成，室內則用鵝卵石與瓶蓋拼成的馬賽克圖案裝飾。寺廟建成後，僧人們繼續迎接新的挑戰——建造火葬間、祈禱室、水塔、訪客洗手間與住所，全部都用啤酒瓶。

這項工程仍在持續進行中，隨著人們帶來的空瓶子不斷增加，僧人建起的房子也越來越多。

坤漢村位在四色菊府南邊，約 1 小時車程。
N 14.618532 E 104.419305

如果你「渴求」心靈的指引，不妨拜訪一座內有上百萬啤酒瓶的寺廟。

地獄花園 WANG SAEN SUK HELL GARDE

● 春武里府　Chonburi

在這座花園裡「血流成河」，從被刀捅的人嘴裡噴出，從鋸成兩半的人的軀幹裡湧出，從胎兒被揪出的孕婦肚子濺出。

這些駭人的場景出自佛教「地獄花園」裡的雕塑，用以展現作惡之人的下場。佛教相信天堂與地獄的存在，而佛經中所說的地獄通常指的是根本地獄——上下縱貫的八層炙熱地獄，以及四方連橫的八層寒冰地獄，每一層都對應著一項惡行和制裁的懲罰。

花園中最醒目的是一對瘦骨嶙峋的男女，身高9公尺，肋骨突出，雙目從眼窩中激凸，舌頭一直垂到胯下。這兩人腳邊遍布著接受各種殘忍懲罰而痛苦不堪的人。有一些人的頭被狗群吃掉了，另一些人則無助地站著，皮膚被一個面容嚴肅的人活生生剝下，露出鮮紅的血肉。

這座花園可是當地家庭出遊的熱門景點。

地址：Sai 2, Soi 19, Saen Suk, Chon Buri。花園位於曼谷東南方約2小時車程處。N 13.297381 E 100.912998

這座花園向世人展示了不幸落入佛教地獄的靈魂將會遭受什麼樣的酷刑。

VIETNAM
越南

胡志明紀念堂 HO CHI MINH MAUSOLEUM

● 河內　Hanoi

1969 年，胡志明於越戰期間去世，享年 79 歲。其陵墓仿照莫斯科的列寧墓而建，想要瞻仰遺體需要排很長的隊。一旦進入紀念堂後，隊伍便移動得很快。身著白色制服的警衛嚴格要求來訪的遊客保持肅靜，並且催促他們快速通過昏暗的空間，只能在玻璃棺前極短暫地停留。

肅穆的氛圍反映了國家對「胡伯伯」的尊敬。1945 年，胡志明在巴亭廣場上宣讀了《獨立宣言》，成立了越南民主共和國。根據胡志明的遺願，死後應當將他的遺體火化，然而國家向共產主義革命致敬的需求大過他的個人意願，所以其遺體至今仍陳列於紀念堂內。

地址：Điên Biên, Ba Dinh District, Hanoi。市區內有 10 多條公車路線可抵達胡志明紀念堂，然而每年的 10 月至 11 月這段期間，遺體會被轉移至俄羅斯進行保養。
N 21.036667 E 105.834722

河內國家大學動物博物館
ZOOLOGICAL MUSEUM AT VIETNAM NATIONAL UNIVERSITY

● 河內

河內國家大學的動物博物館隱身於閣樓，只有事先預約才能參觀。這裡的收藏品爲法國殖民時期的動物標本及樣本，破舊卻迷人。

博物館分爲哺乳類展廳、爬行類及魚類展廳，還有鳥類展廳。哺乳類展廳包括一系列大型貓科動物、鹿、熊、猴子和幼象的標本，標本的姿勢好似朝著大門的方向前進。科摩多巨蜥、膨脹的河豚和裝滿蛇的玻璃罐占據了爬行類及魚類展廳。而鳥類展廳最能彰顯「陳舊」的魅力，在這裡，布滿灰塵的無眼鷗、貓頭鷹和鵜鶘成排地或「站」或「躺」，自 20 世紀初起就無人觸碰過它們。

地址：19 Le Thanh Tong, Hanoi。在樓梯的頂端尋找大象骨架，它正好指示著這座鮮爲人知的博物館入口。
N 21.020579 E 105.858346

古芝地道 CU CHI TUNNELS

● 胡志明市　Ho Chi Minh City

位於市郊古芝區的地道系統，在越戰期間是「越南南方民族解放陣線」的住所、空襲避難地、武器儲藏庫和補給線。在這些年間，上千人在地下生活，只有在入夜後爬出地面收集補給品。地道的生活環境非常差，空氣腐敗，缺少食物和水，瘧疾迅速地在這個昆蟲和寄生蟲肆虐的密閉空間傳播開來。

地道建設始於 1940 年代，當時的越南爲脫離法國殖民而抗爭。到了 1960 年代，地道系統已長達 161 公里。地道的狹小入口隱藏在叢林之中，需要蜷縮身體才能進入。爲防止敵人入侵，地道的維護者設置了陷阱，例如死路或是會讓敵人跌入尖竹椿洞的活動地板。如果敵人越過陷阱進入地道，遊擊隊員會以蠍子和蛇正面回擊。

地道有一大部分已經坍塌或損毀，保留下來的部分則是爲了便於觀光導覽而進行拓寬，現已對外開放。導覽團結束前的最後一項活動是試射 AK-47 和 M-16 步槍，雖然這麼做看起來似乎不是很恰當。

遊客可在胡志明市搭乘觀光巴士或公車至古芝地道，車程約 90 分鐘。
N 11.062316 E 106.529575

越南的祕境景點還有：

• **金龍大橋 Dragon Bridge**
峴港（Da Nang）／這座能容納六線車道的鋼筋大橋於 2013 年啟用，外形是一條吐著火球的黃色巨龍。

• **高台教聖殿 Cao Dai Holy See**
西寧（Tay Ninh）／高台教①聖殿裝潢極盡奢華，顏色鮮豔明亮，處處可見龍紋裝飾。

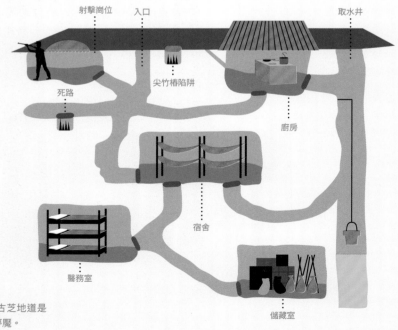

射擊崗位　入口　取水井
死路　尖竹椿陷阱
廚房
宿舍
醫務室　儲藏室

於越戰時期挖掘的古芝地道是幽閉恐懼症患者的夢魘。

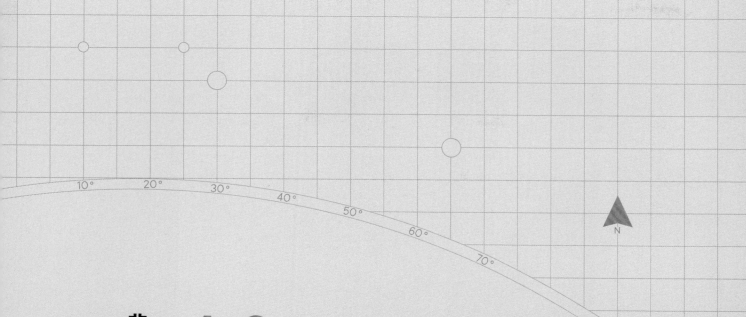

非洲 Africa

24°45'32.8"S—15°1'32.7"E

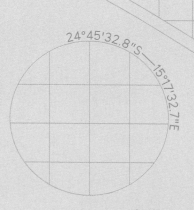

北非

埃及｜
利比亞｜
模里西斯｜
摩洛哥｜
蘇丹｜
突尼西亞｜

西非

貝南｜
布吉納法索｜
喀麥隆｜
加彭｜
迦納｜

馬利｜
尼日｜
塞內加爾｜
多哥｜

中非

中非共和國｜
查德｜
剛果民主共和國｜
剛果共和國｜

東非

衣索比亞｜
南蘇丹｜
肯亞｜
坦尚尼亞｜
盧安達｜
索馬利亞｜

南非

波扎那｜
馬拉威｜
莫三比克｜
納米比亞｜

南非共和國｜
史瓦濟蘭｜
尚比亞｜
辛巴威｜

印度洋及南大西洋島嶼

馬達加斯加｜
塞席爾｜
聖赫勒拿、
亞森欣與特里斯坦庫涅｜

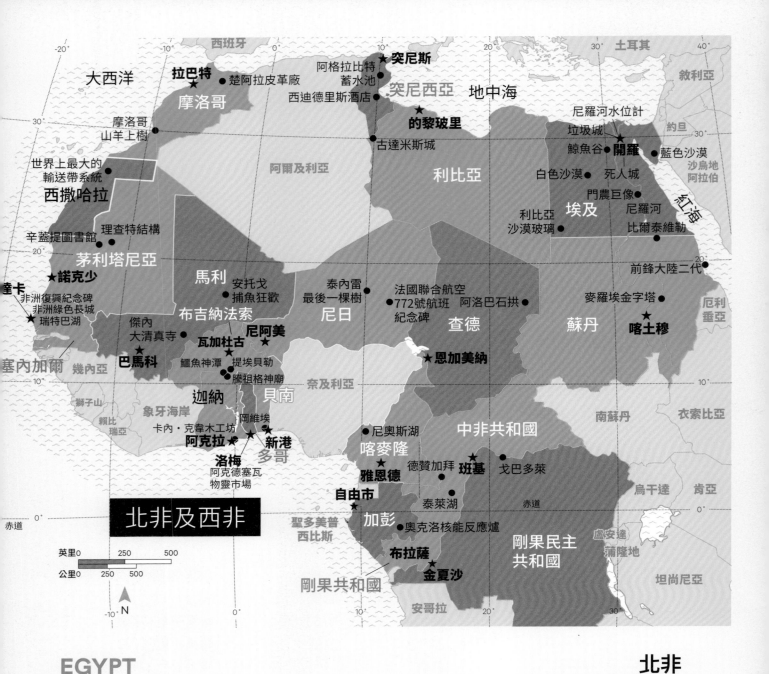

北非及西非

英里 0   250   500
公里 0   250   500

N

大西洋

西班牙

土耳其

拉巴特 ★ ● 楚阿拉皮革廠
阿格拉比特 ★ **突尼斯**
蓄水池
西迪德里斯酒店
突尼西亞 **地中海**
摩洛哥
敘利亞
約旦

摩洛哥
山羊上樹 ●
★ **的黎玻里**
古達米斯城 ●

尼羅河水位計
垃圾城
鯨魚谷 ● **開羅** ★
藍色沙漠
沙烏地
阿拉伯

世界上最大的
輸送帶系統
西撒哈拉

阿爾及利亞
利比亞

白色沙漠 ● 死人城
門農巨像
利比亞 埃及 尼羅河
沙漠玻璃 ● 比爾泰維勒

辛蓋提圖書館 ●
理查特結構 ●
茅利塔尼亞
前鋒大陸二代 ●

麥羅埃金字塔 ●
厄利
垂亞

諾克少 ★
馬利
安托戈
捕魚狂歡 ●
泰內雷
最後一棵樹 ●
法國聯合航空
772號航班 ● 阿洛巴石拱
紀念碑
蘇丹
喀土穆

達卡 ★
非洲復興紀念碑
非洲綠色長城
瑞特巴湖
布吉納法索
尼日
查德

塞內加爾
幾內亞
傑內
大清真寺 ●
瓦加杜古 ★
尼阿美 ★
鱷魚神潭 ● 提埃貝勒 ●
騰祖格神廟 ●
巴馬科 ★
★ **恩加美納**

獅子山
賴比
瑞亞
象牙海岸
迦納
貝南
奈及利亞

卡內‧克韋木工坊 ●
岡維埃 ●
阿克拉 ★ ★ **新港**
洛梅 ●
多哥
阿克德塞瓦
物靈市場
尼奧斯湖 ●
喀麥隆
德贊加拜 ●
班基 ★ 戈巴多萊 ●
中非共和國
南蘇丹
衣索比亞

烏干達
肯亞

雅恩德 ★
泰萊湖 ●
赤道

自由市 ★
聖多美普
西比斯
加彭
奧克洛核能反應爐 ●
**剛果民主
共和國**
盧安達
蒲隆地

赤道
布拉薩 ★
金夏沙 ★
剛果共和國
安哥拉
坦尚尼亞

EGYPT
埃及

北非
North Africa

尼羅河水位計 NILOMETER

● 開羅   Cairo

早在興建阿斯旺水壩（Aswan Dam）來控管尼羅河的洪水之前，古埃及人就已經發明了水位計來預測河流的動向。位於開羅的羅達島（Rhoda 或 Rawda）上的尼羅河水位計，是一根八邊形的大理石柱，在華麗的雕刻井裡以木梁橫跨著。巨大的中央柱子上有標記，顯示特定時間的河水高度。這項資訊可以用來確定未來的情況：水位不足，意味著未來將發生飢荒；水位滿意，意味著未來尼羅河會有適當的氾濫，足以留下利於農耕的良好土壤；水位太高，則意味著未來將有水患成災。

儘管尼羅河的動向攸關著平民未來的生死，但只有祭司和統治者才能監測水位計。這就是為何許多水位計都蓋在神廟旁邊，讓祭司可以使用這種神祕的儀器，以顯示他們有預知能力，能正確預測尼羅河的動向。

羅達水位計位於羅達島南端。3座坑道曾有水流入，如今皆已填起，遊客可以一直走到井底。

N 30.007043 E 31.224967

這台不可或缺的儀器，造在非常精緻的井裡。

藍色沙漠 BLUE DESERT

● 西奈沙漠　Sinai Desert

1979 年，埃及與以色列簽署了和平協定，比利時藝術家尚・韋拉姆（Jean Verame）希望記下這一事件。他來到埃及的西奈沙漠，將度假小鎮代海布（Dahab）附近綿延的巨石塗成了鮮豔的藍色，創作出一條「和平線」。雖然在炙熱驕陽下暴曬了幾十年，這些石頭的顏色已不再鮮豔──但與周圍沙漠的米、灰色相比，依然具有驚豔、卡通式的反差。

韋拉姆爲了將沙漠上色，透過官方管道獲得核准。當時的埃及總統沙達特（Anwar Sadat）核准了這項藝術工作，聯合國也贊助了 10 噸藍色顏料。1981 年，藝術品完成了，但同年，沙達特便因簽署和平協定而被暴怒的埃及伊斯蘭聖戰組織暗殺身亡。

藍色沙漠位於哈拉威台地（Hallawi plateau），地處代海布與聖凱瑟琳（St. Catherine）之間。
N 28.579932 E 34.058164

白色沙漠 WHITE DESERT

● 西部沙漠，法拉夫拉　Western Desert, Farafra

白色沙漠裡的石灰岩層形似巨型蘑菇、蕈狀雲，有的甚至像隻雞。它們是之前的海床岩層經過長期侵蝕後遺留下的痕跡。在白堊紀（Cretaceous）期間，這片沙漠的其中一部分位於水下。海洋無脊椎動物的骨粉在海床上沉積。一億年的光陰長話短說，海洋乾涸，岩層經歷風化侵蝕，在白色沙漠中形成了奇形怪狀的岩石景觀。

體驗白色沙漠蒼涼景致的最佳方式是在這裡搭帳篷過夜。日出與日落時分，照射在岩層上的光線發生變化，影子也隨之改變。在一片寂靜之中，你能聽到耳廓狐（Fennec Fox）窸窣的腳步聲。這些可愛的夜行性大耳朵狐狸是撒哈拉的原生動物。

白色沙漠位於法拉夫拉以北 40 公里，有處綠洲可讓遊客泡溫泉小憩。N 27.336062 E 28.189512

先前的海床岩層風化後，被塑造成了雲朵、蘑菇和雞的形狀。

死人城　CITY OF THE DEAD

● 開羅　Cairo

這座死人城的街道未鋪路面，狹窄小巷在密集的建築物之間蜿蜒，顏色如同沙漠般的建築物飽經風霜。這些建築位於莫卡坦山（Mokattam Hills）山腳下，是綿延 6.4 公里的伊斯蘭教墓群，由墳墓、家族陵墓與裝飾精美的陪葬品所組成。

死人城不僅是亡者的安息之所，也是約 50 萬人的居住地，人們在這裡睡覺、吃飯，甚至在千年歷史的古墓裡晾衣服。其中許多居民是長眠於此的亡者遺屬，不過死人城也是收容所，接納那些住不起越來越擁擠和昂貴的開羅市中心，因而搬離來此的人們。死人城北部有座宏偉的卡特巴（Qaitbay）清真寺，北部人口比南部更多。

死人城的墓群位於開羅東南部的莫卡坦山腳下。
N 30.041929 E 31.271135

死人城是亡者與活人共同的家園，
住在同樣的墓地裡。

數以萬計的自由拾荒者，被叫做「札布林」，他們撿拾開羅的垃圾

垃圾城 GARBAGE CITY

● 開羅　Cairo

曼什亞特納賽爾（Manshiyat Naser）南端的區域常被叫做「垃圾城」。這裡是「札布林」（Zabbaleen，阿拉伯語的「拾荒者」）收集開羅生活垃圾的地方。狹小的街道上、斑駁的房屋裡及擁擠的院子中，都堆滿了一袋袋等待分類的垃圾。

雖然大開羅地區的人口已經超過了 1,700 萬，但城市卻沒有市立的垃圾收集主管機構。取而代之的是成千上萬名沒有雇主的札布林。幾十年來，他們一直用卡車和手推車將家家戶戶的垃圾運到曼什亞特納賽爾，在這裡對垃圾進行回收、再利用和買賣。塑膠和金屬按顏色與成分仔細分門別類，以廢料賣出。廚餘則用來養豬。

這種情況在 2003 年發生了變化，當時埃及政府試圖減少札布林的角色，引進大公司接手垃圾處理工作。然而嘗試並未成功——雖然札布林會向每戶收取一點倒垃圾的費用，但新的垃圾處理系統卻要人們將垃圾親送到街道上的公共收集點。大公司的垃圾收集不只效率比札布林來得低，垃圾的回收率更低——只有 20%，相比之下，札布林的垃圾回收率可以高達 80%。2009年，札布林又面臨另一次生計威脅，當時政府因為擔心豬流感，而撲殺了垃圾城的數十萬頭豬隻。

大多數札布林是科普特族（Coptic），信仰基督教，在埃及這個穆斯林占了 90% 的伊斯蘭國家，他們是遭受迫害和暴力的宗教少數團體。被邊緣化的札布林在垃圾城安居下來，並在莫卡坦山的石灰岩峭壁上建了 7 座教堂，為自己開鑿出了一片安全區域。

垃圾城位於莫卡坦山腳下，是在開羅東南部的曼什亞特納賽爾地區。N 30.036230 E 31.278252

埃及的祕境還包括：

- **阿布辛貝廟 Temples of Abu Simbel**

阿布辛貝（Abu Simbel）／這座神廟建於西元前 1244 年，特色是有當時統治埃及的法老拉美西斯二世（Rameses II）的 4 尊巨大雕塑。

- **穆札瓦卡墓 Muzawaka Tombs**

達克拉綠洲（Dakhla Oasis）／從敞開的石墓中可看到成堆埃及羅馬時期的木乃伊。

- **〈沙漠之息〉 Desert Breath**

赫加達（Hurghada）附近／這件巨大的大地藝術作品完成於 1997 年，是由數個點組合而成的螺旋狀圖案，如今作品正慢慢被沙漠吞噬。

城市
指南

探索更多的開羅

水族館石窟花園
Aquarium Grotto Garden

扎馬雷克（Zamalek）／「魚類花園」（Fish Garden）位於哲吉拉島（Gezira Island）上的水族館南方，是混亂城市中少見的綠色景點。這裡曾經是更大的私人產業的一部分，2000 年時修復，不過感覺仍然像是古老的珍奇屋——請想像有一整屋子的海底生物。

農業博物館　　　Agricultural Museum

多基（Dokki）／開羅殖民過往的陳舊遺跡，散亂延伸的建築群中，有許多更腐朽的建築物都關閉了——不過還開放的地方卻充滿魔力，有 20 世紀之交的動物標本，還有來自過去的立體模型，描繪出早期埃及的日常生活。

李納特與蘭德羅克書店
Lehnert and Landrock Bookshop

合薩尼羅（Qasar an Nile）／在這間將近 100 年的書店藝廊裡，陳列著 2 名創辦人的玻璃框相片，小藝廊將會帶你回到正在快速消失中的過往北非。

穆罕默德阿里街上的烏德琴
Oud Shopping on Mohammad Ali Street

阿布阿齊茲（Abd el-Aziz）／罕哈利利市集（Khan al-Khalili market）當然是買烏德琴的好地方，不過如果想找出自真正大師之手的真貨，該去的地方是穆罕默德阿里街，那裡有十幾間店鋪專門販售專業等級的樂器。它們在這裡製作、修理，並運送到全世界的賣家手中。

席海密之家　　　Bayt al-Suhaymi

基桑加馬列亞（Qism el-Gamaleya）／這裡曾是 17、18 世紀鄂圖曼（Ottoman）商人的家宅，這座靜謐而莊重的博物館有值得一看的流線型裝潢、精雕細琢的木窗，優雅及有機的木石設計，就連建築大師法蘭克·洛伊·萊特（Frank Lloyd Wright）也會為之嫉妒。

祖維拉門　　　Bab Zuweila Gate

代爾卜阿瑪爾（el-Darb el-Ahmar）／祖維拉門是「舊城」（Old City）城牆僅存三座城門的其中一座，它是法蒂瑪王朝（Fatimid）建築的優雅典範，是鄂圖曼時代東西設計混合的例子。可經由緊密的螺旋梯登上兩座尖塔其中之一。

伊本圖倫清真寺
Mosque of Ibn Tulun

托倫（Tolon）／這座 9 世紀的清真寺據信是開羅城裡最古老的清真寺，毫無疑問它也是規模最大的一座，有長長的雙拱廊走道、尖頂拱門、迷人的渦形裝飾，中央還有一座完美的方形噴泉。

國家軍事博物館
National Military Museum

基桑哈里發（Qism el-Khalifa）／國家軍事博物館是城市西邊城堡延伸的一部分，曾經是穆罕默德·阿里帕夏（Muhammad Ali Pasha al-Mas'ud ibn Agha）的後宮所在。透過古代的武器裝備、著名戰役的模型，還有比較近代的米格 21 戰鬥機等，埃及漫長的軍事歷史在此一覽無遺。

製革工聖薩馬安修道院
The Monastery of Saint Samaan the Tanner

基桑哈里發／開羅札布林社區裡的巨大洞穴教堂就鑿在山上，能容納 5,000 位教區居民。教堂以 10 世紀的製革工命名，是中東地區最大的基督教會之一。

烏姆庫勒蘇姆博物館
Umm Kulthum Museum

曼尼爾區（el-Manial）／說烏姆·庫勒蘇姆（Umm Kulthum）的粉絲對她是宗教式崇拜算是輕描淡寫了，她可說是 20 世紀最著名的阿拉伯語歌手。博物館裡滿是「烏姆」的物品，營造出來的形象既寬廣（她浩瀚的錄音生涯以及禮服收藏）又私密（水鑽老花眼鏡和黑色小日誌）。

科普特博物館　　　Coptic Museum

舊開羅區（Misr al-Qadimah）／1908 年，一批少見的早期科普特藝術收藏（包含繪畫、石材浮雕、掛毯和早期基督教時期的金工作品）在這間特別的博物館裡落腳，上千件文化器物由精細華麗的木雕圍繞著。

巴比倫堡壘　　　Babylon Fortress

舊開羅區／把羅馬帝國的疆界擴張到極致的軍人皇帝圖拉真（Trajan）興建了這座 1 世紀的堡壘，具有條紋石牆和 2,000 年歷史，如今依然顯眼。最近挖掘發現的古代河牆，已經抵擋尼羅河 2,000 多年了。

班以拉猶太會堂的開羅熱尼扎
Cairo Geniza of Ben Ezra Synagogue

舊開羅區／這座猶太會堂在西元 882 年興建，據信這裡就是嬰兒摩西（Moses）從尼羅河裡被撈起獲救的地點。將近 2,000 年後，地下室裡發現了 25 萬多份的中世紀猶太文獻殘篇。

懸空教堂　　　Hanging Church

舊開羅區／在阿拉伯文中，這座 7 世紀的科普特教堂叫做 al-Muallaqah，意思是「懸浮著」，因為教堂確實就懸在古羅馬城門上。教堂頂部仿造挪亞方舟，有 29 級階梯通往精細雕刻的大門。

代爾卜 1718 當代藝術文化中心
Darb 1718

福斯塔區（el-Fustat）／2008 年時，埃及的多元藝術家莫塔茲·納斯爾（Moataz Nasr）為年輕的表演者和藝術家，打造了這個充滿活力、兼容並蓄的藝術文化空間，這裡有藝廊、獨立電影系列和工作坊。

烏姆庫勒蘇姆博物館讚頌這位人稱「第四金字塔」的歌手。

巨型長腳鯨魚的骸骨化石分散在埃及沙漠之中。

鯨魚谷 VALLEY OF THE WHALES

● 法尤姆，瓦迪希丹
Al Faiyum Governorate, Wadi Al-Hidan

曾經有段時間，鯨魚是在大地上行走。在 5,600 萬至 3,390 萬年前的始新世（Eocene）時期，有種鯨魚亞目叫做「古鯨小目」（Archaeoceti）。其下有 5 個科都具有與如今的鯨類相去甚遠的特徵：後肢長著腳和腳趾。

在始新世時期，這種有腳的鯨魚在水下生活。雖然牠們的後肢不能走路，卻是現代鯨魚與陸地祖先之間遺失的進化聯繫。

1902 年，第一塊古鯨小目化石在開羅西南部的埃及西部沙漠中發現。後來經過幾十年的發掘，人們已辨識出 1,000 多具古鯨小目的骨頭。如今，沙漠裡還有上百件化石，任何一位願意在沙漠不遠千里跋涉的遊客都可能會看到它們。瓦迪希丹自 1989 年起成為保護區，然而儘管位置偏遠、管理嚴格，化石還是極易受到遊客的破壞。2007 年，埃及當局就起訴了一群比利時外交官，他們無視保護標誌，將兩輛四輪驅動車開入古鯨骨的化石。現今，保護區禁止車輛進入。

鯨魚谷位於開羅西南 150 公里處。這裡沒有鋪設好的道路，因此最好駕駛四輪驅動車。請將車輛停在保護區的入口前，以免損壞任何具有四千萬年歷史的古鯨魚化石。
N 29.270833 E 30.043889

門農巨像 COLOSSI OF MEMNON

● 路克索，阿爾拜雷特　Luxor, Al Bairat

這對巨型雕像（如今看起來已經不像一對了）從西元前 1350 年就聳立於現在的底比斯墓地（Theban Necropolis）上，歷經了數千年的摧殘，承受著炙熱的沙漠太陽和偶發的尼羅河洪水。

這對古老的埃及雕像是法老王阿蒙霍特普三世（Amenhotep III），他是第 18 王朝的統治者。這對雕像豎立在他已經消失的喪葬神殿兩側，在全盛時期，那曾是全埃及最奢華的神殿。褪色的側版上雕刻著尼羅河神哈皮（Hapi）。

儘管洪水讓神殿只剩下殘存的廢墟，這對雕像仍然撐過了許多天災。西元前 27 年時，一場地震嚴重破壞了北邊的巨像，上半部崩塌，下半部裂開。受損的雕像不只在困境中倖存下來：地震之後，雕像還會發出聲音。

黎明之際，當沙漠第一道陽光灑落在炙熱地平線時，破碎的雕像就會開始唱歌。曲調強烈，不算宜人，轉瞬即逝，像是召喚神靈的超凡之歌。到了西元前 20 年，來自希臘羅馬世界的貴客，會長途跋涉穿越沙漠，參與這日出時的聲音奇觀。有人說那聲音聽起來像敲擊的銅管樂器，也有人認為那像是里拉琴弦突然斷掉的聲音。

這種怪異的曲調，就是為何這對古埃及雕像最後卻有個從古希臘借來的名稱。根據希臘神話，門農是黎明女神伊奧絲（Eos）在凡間的兒子，他被阿基里斯（Achilles）殺死了。據說從破碎巨像裂隙中傳出來的怪異哭嚎聲，是每天清晨門農哭喊著母親的聲音（現代科學家認為清晨的熱度導致卡在雕像裂隙中的露水蒸發，造成接連的震動，與稀薄的沙漠空氣產生回響）。

羅馬人出於好意，在西元 196 至 199 年之間讓歌聲安靜下來了。當時羅馬皇帝塞提米烏斯‧塞維魯斯（Septimius Severus）造訪了這對著名的雕像，但卻沒有聽到轉瞬即逝的聲音，據說為了博得神諭紀念碑的好感，他決定修復破裂的雕像。此次重建損毀了雕像的外觀，看起來不再像是一模一樣的雙胞胎，同時也奪走了巨像著名的歌聲，讓曲調成為古老世界失落的聲音傳奇。

巨像適合安排在前往國王谷（Valley of the Kings）的途中停留，國王谷距離此地只有 15 分鐘的車程。
N 25.720636 E 32.610445

這對巨石雙像曾經發出轉瞬
即逝的神祕曲調。

利比亞沙漠玻璃 LIBYAN DESERT GLASS

在圖坦卡門（Tutankhamun）墓中的眾多珍寶裡有條寶石項鍊，其上安著一隻由淡黃色玻璃刻成的聖甲蟲——這塊玻璃的來源，科學界至今仍有爭議。這種物質叫做「利比亞沙漠玻璃」或「大沙海玻璃」（Great Sand Sea Glass），含有 98% 的二氧化矽，散布在埃及西南部的沙丘中。這種玻璃誕生於高溫，但具體形成方式還不清楚。普遍認為，2,900 萬年前流星擊中利比亞沙

漠造成了極高的溫度，而後沙子在冷卻過程中形成了這種玻璃。另一種解釋是，流星在大氣中爆炸，散發的輻射熱足以使沙子變為玻璃。

這種玻璃主要沿著利比亞與埃及兩國邊境的沙漠散布。如果你不想在茫茫沙漠中搜尋，可以去開羅的埃及博物館（Egyptian Museum）一睹鑲嵌在圖坦卡門項鍊上的淡黃色玻璃。

N 30.047778 E 31.233333

比爾泰維勒 BIR TAWIL

比爾泰維勒位於埃及和蘇丹邊境，面積約 2,072 平方公里，是兩國都不願意宣稱主權的土地。

雙方都想將土地推給對方的邊境爭端並不常見，但比爾泰維勒不受歡迎的理由相當充分。埃及和蘇丹的邊界線有兩條：一條是直線，是 1899 年劃定的政治邊界；另一條則是 1902 年劃定的歪斜行政邊界。1899 年的政治邊界把價值高的海岸土地哈拉伊卜三角區（Hala'ib Triangle）劃給了埃及，但 1902 年的邊界線則將哈拉伊卜三角區劃給了蘇丹。如果任何一方主張擁有比爾泰維勒的主權，就意味著將失

去更重要的哈拉伊卜三角區。這就解釋了目前的僵持情況。

比爾泰維勒是地球上少數幾塊「無主之地」（terra nullius）：沒有人認領的土地。然而，也曾有人嘗試在比爾泰維勒宣示主權。2014 年，一位名叫耶利米·希頓（Jeremiah

Heaton）的美國人飛到埃及，在沙漠跋涉 14 個小時後，抵達比爾泰維勒的沙漠中，插下了一面旗幟。他的任務是占領這塊土地，以完成他七歲女兒想當公主的願望。

希頓遭到了英美媒體的抨擊，媒體指責他的行為是在非洲重起殖民主義，因此他的「北蘇丹王國」也未能得到國際承認。

比爾泰維勒位於阿斯旺（Aswan）以南 241 公里處，阿斯旺是古埃及時期在尼羅河上的邊陲小城，當時叫做賽維納（Swenett）。

N 21.881890 E 33.705139 ➤➤

➤➤ 無主地與發現理論

「Terra nullius」是一個含義複雜的概念。這個拉丁文的意思為「無主地」，同時也用來表示歐洲殖民者普遍相信的一個理論——尚未開墾的土地即使有原住民居住，也能以王權的名義占領。

在 18 世紀期間，英國移民用「無主地」的概念，使在澳洲建立流放的殖民地合理化，而無視於澳洲原住民的存在。直到 1992 年，澳洲最高法院才正式反對英國人到澳洲時用的「無主地」說法。根據這個判決，澳洲原住民才有權索求將土地恢復為傳統用途。

與「無主地」這概念密切相關的是「發現學說」（Discovery Doctrine），它所包含的一系列原則指引歐洲對美洲的殖民，以及美國向西的擴張。它源自 15 世紀的教宗詔書（Papal Bull）。例如，教宗亞歷山大六世在 1493 年的詔書中宣布，美洲任何無基督教徒居住

的土地都可以被「發現」。亞歷山大六世寫道，一個基督教國家可以對這類土地宣示主權，探險家可以教導非基督徒的居民信仰天主，以馴化他們「野蠻」的生活方式。

LIBYA
利比亞

古達米斯城 GHADAMES

● 的黎玻里塔尼亞，古達米斯　Tripolitania, Ghadames

這個位於沙漠綠洲中的古羅馬城鎮現已經無人居住，只留下迷宮般相互連接的多層房屋，它們由泥土和稻草築成，一同抵抗沙漠的風沙。建築之間的廊道建有頂棚，可以在居民們社交時幫他們遮擋撒哈拉的烈日。頂層間相連的通道供女人們使用，而一樓的人行道則主要供男性穿行。廊道的牆壁上鑿有小氣孔，以便空氣流通。

房屋的部分白色牆壁上裝飾著圖瓦雷克（Tuareg）的傳統圖案，他們是當地柏柏爾（Berber）游牧民族。

門窗四周、拱門上方及沿著台階處，繪著紅色的三角形、菱形、日月形狀。

古達米斯較新的地區與舊城區不同，已裝設了電力與自來水設備，現有約 11,000 人居住，也歡迎遊客在此過夜。

遊客可搭乘從利比亞首都的黎玻里（Tripoli）飛往古達米斯的航班，古達米斯位於利比亞、阿爾及利亞和突尼西亞三國交會的邊境處。N 30.131764 E 9.495050

古達米斯這個綠洲城鎮以「沙漠珍珠」聞名。

在太空中可以看見「撒哈拉之眼」，這處地質景觀很像神祕的公牛之眼。

MAURITANIA
茅利塔尼亞

理查特結構 RICHAT STRUCTURE

● 阿德拉，瓦丹　Adrar, Ouadane

下次你的航班途經茅利塔尼亞（或你在國際太空站經過非洲上空時），可以向窗外眺望，看看能否找到理查特結構這處景點。這應該不難：因為它的圓形特徵有 48.3 公里之寬。

理查特結構也被叫做「撒哈拉之眼」，起源頗為神祕。1960 年代中期，當人們最初從太空中發現這處結構時，認為它是個隕石撞擊坑。而現在地質學家相信，

這個巨大的公牛之眼是沉積岩、火成岩和變質岩遭受嚴重侵蝕的結果。地層先是被擠壓形成圓頂狀（像是一顆熱氣球），然後不同類型的岩層的侵蝕速度不一，最終造就了同心圓的奇妙自然景觀。

雖然從天空上方觀賞理查特結構是最佳的方式，但在地面上亦可遊覽，從阿德拉首都亞他（Atar）出發，搭四輪驅動車觀光。N 21.127040 W 11.401617

辛蓋提圖書館
LIBRARIES OF CHINGUETTI

● 阿德拉，辛蓋提
Adrar, Chinguetti

辛蓋提是沙漠中一處由泥磚搭建的村莊，12 世紀建成後，很快便成為貿易、文化和學術的中心。辛

自中世紀起，辛蓋提珍貴的手稿便遭受風沙的侵蝕。

蓋提位處橫跨撒哈拉的貿易路線上，為沙漠游牧人群提供所需，並敞開雙臂（與打開的書籍）迎接旅人。

辛蓋提圖書館歸村裡的家族所有，也由其管理。館內藏有豐富的中世紀阿拉伯科學、數學、法律和伊斯蘭的手稿。學者、朝聖者、聖人與權貴爭相來到辛蓋提，他們研究著這些由皮革裝訂而成的厚重手稿，彼此交流想法。

而今，沙漠化正讓撒哈拉沙漠侵蝕著辛蓋提。雖然這裡還住著幾

千人，但沙子已開始蠶食道路與牆壁。圖書管理員也無法保護具幾百年歷史的手稿，它們正面臨乾燥的空氣和風沙的威脅。儘管危機重重，擁有手稿的家族還是希望能原地保存，他們會戴上手套向遊客展示這些手稿。

開往辛蓋提的車子會從附近的亞他出發。辛蓋提的旅遊設施極少，但一些當地人會提供民宿、餐飲服務，以及前往附近沙丘的搭駱駝行程。
N 20.461675 W 12.366260

MOROCCO
摩洛哥

楚阿拉皮革廠 CHOUARA TANNERY

● 非茲—梅克內斯，非茲　Fez Meknes, Fez

位於摩洛哥非茲的舊城區（Old Medina）街巷蜿蜒，鱗次櫛比的古老建築中掩藏著一群網格狀的石井，每口井都裝滿一種有色液體。這裡就是楚阿拉，一間建於11世紀的皮革廠，至今仍像1,000年前一樣運作著。獸皮都被送到這裡保存、染色，製成手提包、夾克和錢包，而後商品會被送往周邊的露天市場出售。

製作過程首先要將原來的獸皮浸在裝有牛尿、鴿子糞、生石灰、鹽和水的混合液裡。這個過程能將獸皮上的毛髮褪去，並讓獸皮變柔軟。獸皮在混合液中浸泡幾天之後，會被撈出來，放在陽台上晾乾。接下來是染色，皮革工人會把皮革放進含有顏料的井中，讓皮革浸泡幾天以充分吸收顏料。

遊客可以參觀皮革廠的工作環境，參觀前還會得到一份小禮物：一小片薄荷葉。若忍受不了皮革廠的氣味，可將薄荷葉放在鼻孔下方聞聞。

皮革廠位於有城牆圍繞的菲茲古城（Fes el Bali）中。這裡也有成立於西元859年的卡魯因大學（University of al-Qarawiyyin），這裡是世界上現存最古老的大學。
N 34.066361 W 4.970973

摩洛哥皮革產業中色彩繽紛的石井可追溯至11世紀。

摩洛哥山羊上樹
TREE GOATS OF MOROCCO

● 蘇斯馬薩，塔姆里
Sous-Massa, Tamri

摩洛哥堅果樹（argan）上有大批想吃果實的山羊，牠們會跳上樹枝揀食果子。這種少見且受保護的堅果樹，學名叫做 *Argania spinosa*，幾乎只在摩洛哥西南方的蘇斯河谷（Sous Valley）生長，每年結果一次——美味的食物吸引了討人喜歡的山羊上樹。

堅果樹不算世界上最好看的樹木，它的樹皮粗糙多刺，樹枝又彎曲歪斜。不過堅果樹林依然有人欣賞，這要多虧了有蹄動物在樹上棲息的奇觀，站在看似異常危險的樹頂上享受時令大餐。場面壯觀，不會只有一隻充滿野心的山羊爬上一棵樹——往往是成群上樹。一次可以看到多達 10 幾隻的山羊在某棵樹的樹枝上嚼食。

當地農夫容忍這些山羊，甚至培養了這種罕見的飼養習慣，在果實成長期間不讓山羊靠近，等到成熟時才放羊出來。山羊這種習慣還有另一個次要的好處：山羊吃完樹上的果實後，會排出原本藏在果實裡的值錢堅果。這些堅果經榨取後，可以製成廣受歡迎的摩洛哥堅果油，這是世上最賺錢的植物油之一。

這種令人難忘的鄉村景觀大多出現在摩洛哥堅果 6 月成熟時。N 30.400479 W 9.365336

摩洛哥堅果樹是敏捷又飢餓的山羊的叢林健身房。

世界上最大的輸送帶系統
WORLD'S LONGEST CONVEYOR BELT SYSTEM

世界上最長的輸送帶也許不像中國的萬里長城那麼壯觀，不過同樣可以輕易地從外太空看見。這個創紀錄的運輸系統是一系列連接帶，把磷礦從西撒哈拉的布克拉礦坑運送到大西洋的港口城鎮阿艾尤恩（El-Aaiún），再運送到全世界。世上大部分的磷礦鹽都來自於布克拉，這裡是所謂「有用三角帶」（useful triangle）的核心，屬於摩洛哥控制的西撒哈拉領土。磷礦這趟悠哉的路程總共 98 公里，從輸送帶系統的這頭到另一端，一路前行，沙漠中的強風會把比較輕的白色粉末顆粒吹落輸送帶，沿著運輸系統製造出一條寬寬的象牙色條紋。

輸送帶的起點位於布克拉的磷礦區。N 26.188373 W 12.696186

巨大的輸送帶從外太空也能看見。

SUDAN
蘇丹

麥羅埃金字塔　PYRAMIDS OF MEROË

● 尼羅河，麥羅埃　River Nile, Meroë

蘇丹沙漠北部的金字塔數量，比整個埃及所有的金字塔都要多。在埃及第 25 王朝（西元前 760 年至西元前 656 年）期間，庫施王國（Kingdom of Kush）的首都坐落於現今蘇丹的麥羅埃，庫施王國當時的統治者是努比亞（Nubian）國王，還占領了埃及。麥羅埃這座城市被尼羅河環抱，皇室的宏偉陵墓埋藏於此。

和埃及皇陵一樣，努比亞國王和王后們的陪葬品為黃金、珠寶、陶器，偶爾還包括寵物。一些皇室成員被做成了木乃伊，其他則採火葬或全身土葬。每座墳墓上方都建有一座沙石材質的金字塔，這些金字塔比起埃及金字塔更陡、更窄。麥羅埃約有 220 座金字塔。它們一直保存完好，直到 1830 年代，義大利珠寶獵人朱塞佩·費利尼

（Giuseppe Ferlini）在搜尋金銀珠寶時將其中 40 座金字塔的頂部毀壞了。

麥羅埃位於喀土穆（Khartoum）以北開車約 3 小時的地方。你可以騎駱駝到達金字塔。請自備飲用水。N 16.938333 E 33.749167

儘管蘇丹麥羅埃的金字塔不如它們北方的埃及金字塔有名，但它們的數量可是比埃及所有金字塔要多。

探索雅克‧庫斯托的水下村莊遺址。

前鋒大陸二代 PRÉCONTINENT II

● 紅海，蘇丹港　Red Sea, Port Sudan

法國在 1962 至 1965 年間興建了 3 座水下居住站，「前鋒大陸二代」是僅存的一座。由海洋學的先驅雅克—伊夫‧庫斯托（Jacques-Yves Cousteau）開發，這種水下「村莊」是用來測試人類不受干擾在水底不斷增加深度的長期生活能力。

第一座水下居住站「前鋒大陸一代」是 5 公尺的鋼製圓柱體，固定在水面下 9 公尺多的地方，1962 年 9 月在馬賽外海的巴里亞利海（Balearic Sea）啓用。兩名海底觀察員阿爾伯特‧法爾科（Albert Falco）與克勞德‧魏斯理（Claude Wesly）在裡面生活，以紅外線燈充作暖爐，還有電唱機、收音機、3 具電話、錄影監視系統、閱覽室、電視和 1 張床。居住站的底部有氣密艙，可以讓他們進到海洋，研究魚類，並測量水底地形圖。1 年後，兩座「前鋒大陸二代」居住站在蘇丹港外海東北方約 35.4 公里啓用。第一座叫做「海星屋」（Starfish House），維持了 4 週，裡面住了一群海洋學家，其中包括妻子西蒙‧梅爾雀‧庫斯托（Simone Melchior Cousteau）以及一隻叫做克勞蒂的

鸚鵡，牠負責警告海底觀察員可能出現的空氣危險。第二座居住站「深處小屋」（Deep Cabin）安裝在 27.1 公尺深的地方。其他建築包括 1 個工具棚，1 座可爲碟形潛艇 DS-2 充氣的庫房，1 艘兩人潛艇，潛艇配有 3 座活動式的外部照明設備、2 台相機、1 台收音機、1 台錄音機和 1 個活動式的爪鉤。「前鋒大陸三代」在 1965 年 9 月啓用，位於尼斯（Nice）外海水下 100 公尺的地方。

所有的居住站中，只有前鋒大陸二代的一部分還在水下，成爲許多來自蘇丹和埃及的潛水旅行景點。居住站下錨固定的地方還可以看到遺留下來的工具棚，外面長滿了珊瑚，還有布滿海綿動物的魚籠。再往下幾公尺可以看到鯊魚籠，布滿珊瑚和甲殼動物，另外還有庫房。

沙布魯米（Shaab Rumi）是距蘇丹港 48.3 公里的潛水景點，可透過許多網站預訂潛水行程。沙布魯米也是賞鯊的主要景點。N 19.938736 E 37.418697

TUNISIA
突尼西亞

西迪德里斯酒店 HOTEL SIDI DRISS

● 加柏斯，馬特馬塔　Gabes, Matmata

在柏柏爾人居住的馬特馬塔村莊裡隨處可見「穴居屋」：一種在岩石中開鑿而成的傳統洞穴。雖然這些穴居屋是在幾世紀前蓋好的，但其中的西迪德里斯，卻因更爲現代的需求而揚名國際：它在電影《星際大戰：曙光乍現》（*Star Wars: A New Hope*）及《星際大戰：複製人全面進攻》（*Star Wars: Attack of the Clones*）中，是路克·天行者（Luke Skywalker）小時候的住處。

這個洞屋現在是星戰粉絲的酒店。僅需 20 美元，你就可以體驗一晚絕地武士的生活。房間並不奢華——沒有窗戶，只有簡單的床，房內偶爾還會吹來夾雜著異味的風——但這經驗絕對獨一無二。

遊客可從 40.2 公里外的加柏斯出發，共乘計程車或搭公車來馬特馬塔一遊。N 33.542649 E 9.967279

住進西迪德里斯洞屋，像天行者一樣地入眠。

突尼西亞的祕境還包括：

● **加夫沙之湖 Lac de Gafsa**
加夫沙（Gafsa） / 在 2014 年的一個跨夜之後，出現了這座神祕的沙漠湖泊，它被認為是不可思議的奇蹟，但湖水也可能會致癌。

● **杜加古城 Dougga**
20 座廟宇、一座露天劇場，以及一個用於戰車比賽的圓形場地，是這個保存完好的古羅馬小鎮的著名景點。

阿格拉比特蓄水池 AGHLABID BASINS

● 開羅安省，開羅安　Kairouan, Kairouan

開羅安位於半乾旱地區，容易發生旱災，附近沒有任何河流或天然水資源。9 世紀時，解決方法是建造了阿格拉比特蓄水池，這是一項龐大且先進的工程。

阿格拉比特蓄水池由兩座相連的蓄水池組成，形成一個開放式的儲水槽，將城外山丘的水資源由長 60 公里的輸水管引水注入。水會先流入比較小的池子裡，經過過濾，聚集雜散的沉澱物後，再把水送到比較大的池子裡。大池子的尺寸驚人，深 5 公尺、直徑 128 公尺。蓄水池裝滿雨水後，可以用來當作清洗或緊急用水，

不過汙染一直是主要的風險。儘管如此，這個系統仍是非常精密的工程壯舉，被認爲是當時最大的水利設施。原本至少有 15 座這樣的蓄水池；如今只剩下兩座。水池看起來像圓形，但其實是 17 面的多邊形。

阿格拉比特蓄水池位於開羅安的艾夫伊本阿格拉布（Ave Ibn El Aghlab）。可以參觀蓄水池，但請勿飲用。當你來到開羅安，不妨順便參觀大清真寺（Great Mosque）。這座 7 世紀時興建的大清真寺，是北非最古老的伊斯蘭教信仰中心。N 35.686541 E 10.095583

施工良好的蓄水池，千年之後依然屹立不搖。

建於湖泊之上的岡維埃村，
有 3 萬人居住，以此為家。

BENIN
貝南

西非
West Africa

岡維埃 GANVIE

● 阿特蘭提克，岡維埃　Atlantique, Ganvie

現今貝南的部分土地在 17、18 世紀期間屬於達荷美王國（Kingdom of Dahomey）。由西非豐族（Fon）建立的達荷美王國在葡萄牙人入侵後，成為大西洋奴隸貿易的主要來源。

豐族的獵人與葡萄牙奴隸貿易商一起在這地區獵捕奴隸進行人口販賣。他們獵捕的其中一族就是住在現在貝南中部的托芬努族（Tofinu）。

托芬努族得知豐族的宗教信仰禁止他們接近水源，於是逃離了原本的家園，而後在諾奎湖（Lake Nokoué）

上建立了由水上竹屋組成的岡維埃社區。在奴隸貿易時期，托芬努族在岡維埃抵禦豐族的獵捕，迄今依然在這裡生活，並適應了 21 世紀的需求。水上竹屋包含學校、郵局、教堂、銀行和清眞寺，摩托艇穿梭於 3,000 座竹屋之間。這個村莊的人口大約有 3 萬人，他們在竹屋間的交通工具是獨木舟，居民以漁業爲生。

岡維埃位於諾奎湖北端，在海濱城市科托奴（Cotonou）以北，距新港（Porto-Novo）4 小時車程。
N 6.466667 E 2.416667

BURKINA FASO
布吉納法索

提埃貝勒 TIÉBÉLÉ

● 納烏里，提埃貝勒　Nahouri, Tiébélé

在這個靠近迦納（Ghana）邊境的村莊裡，泥磚房的牆壁也是表達文化的畫布。自 15 世紀起就在這地區生活的卡森納族（Kassena）婦女，共同用幾何圖形、人物及動物圖案裝飾房屋。她們用泥土、粉筆和焦油作畫，再用刺槐豆樹熬成的亮光漆塗在畫作表面當作保護層。

提埃貝勒位於波城（Pó）以東 30 公里處，你可以在波城雇司機載你去這個村莊。N 11.095982 W 0.965493

提埃貝勒的女性在村子每面牆壁上都繪製了幾何圖飾的壁畫。

CAMEROON
喀麥隆

尼奧斯湖 LAKE NYOS

● 西北區，芒楚　Northwest Region, Menchum

尼奧斯湖曾經一夜之間讓 1,700 多人喪生，但受害者並非溺水而死，他們甚至不在湖中——許多人死在距離湖岸 24 公里外的自家床上。這場奇異災難的罪魁禍首是湖中聚集的二氧化碳。尼奧斯湖坐落於一座休眠火山的火山口上，氣體從地下岩漿被釋放出來，在尼奧斯湖溶解，漸漸在湖底形成了二氧化碳飽和的高壓層。

1986 年 8 月 21 日晚間 9 點，尼奧斯湖爆炸了。一團巨大的二氧化碳氣體從水中噴發，籠罩了村莊，使人類和動物紛紛窒息。倖存者也因缺氧而昏迷了數小時，當他們再次醒來時，村莊已屍橫遍野，而倖存者對究竟發生了什麼卻一無所知。

風平浪靜的尼奧斯湖突然冒出一個二氧化碳的大氣泡，1,700 多人因此喪生。

在這個災難性事件突發後，法國科學家對尼奧斯湖實施了排氣工程。2001 年，他們鋪設了一條通向湖底的管道，使氣體以一定速率安全排出。2011 年又增設了兩條管道。此外，還安裝了太陽能警報系統來監測二氧化碳的濃度——至少尼奧斯湖再次發生爆炸前會有預警。

尼奧斯湖是奧古火山區（Oku Volcanic Field）的一部分，在雅恩德（Yaoundé）西北 322 公里處。N 6.438087 E 10.297916

GABON
加彭

奧克洛核能反應爐 OKLO REACTOR

● 上奧果韋，莫納納　Haut-Ogooué, Mounana

1942 年 12 月 2 日，芝加哥大學（University of Chicago）的運動場上聚集了一群興奮不已的物理學家，他們注視著核能反應爐 CP-1，等待其達到關鍵狀態。此時，他們相信自己正見證著世界上第一次自發的核分裂連鎖反應。但實際上，CP-1 是世界上第二個鈾分裂的核能反應爐——第一個早已在約 17 億年前達到了關鍵狀態，位置就在加彭奧克洛市的地面之下，並且完全是自然反應。

奧克洛的土地蘊含豐富的鈾，1950 年代初，法國已在這裡開採鈾礦幾十年了。1972 年，奧克洛鈾礦的一次採樣定期分析發現，其含有的鈾 235（鈾在自然界發現含有的 3 種同位素之一）含量異常低。通常來說，鈾礦裡的鈾 235 約有 0.72%，而奧克洛的樣本只有 0.717%——雖然含量的差異很小，卻足以讓科學

家警戒到有不尋常的事情發生了：自然的核能連鎖反應。

這次的核能連鎖反應始於前寒武紀（Precambrian）時期，當時地下水流經鈾礦的孔隙與鈾 235 接觸。一般來說，在核能反應爐中，鈾 235 經由一個中子的碰撞，引發了核分裂——釋放能量、輻射和更多的自由中子。接下來，這些中子又碰撞了更多的鈾 235，導致更多的核分裂，形成更多中子，引發連鎖反應。水作為中子緩和劑降低了從核分裂釋放出自由中子的速度，使它們更容易進一步引起分裂。

目前，已在奧克洛鈾礦周邊發現了 15 個核能反應的區域。其中一個反應區的廢料留在礦坑的斜坡上。它們由混凝土密封，以免滑到溝渠中。

鈾礦位於約有 12,000 人口的莫納納小鎮，在 N3 路旁，鈾礦現已關閉。S 1.394444 E 13.160833

GHANA
迦納

鱷魚神潭 SACRED CROCODILE POND
● 上東區，帕加　Upper East Region, Paga

帕加的一個池塘裡有世界上最溫順的鱷魚。根據當地的信仰，池中每隻安詳的鱷魚都代表著一位帕加村民的靈魂。因此，禁止傷害鱷魚或對牠們不敬。不過，遊客可以坐在鱷魚背上合影。

要想近距離觀看鱷魚，你需要雇一名導遊。導遊會抓一隻活雞，然後吹口哨召喚這些牙齒尖利的猛獸。當鱷魚飽餐了一頓並昏昏欲睡時，你就可以摸摸牠的尾巴，跨坐在牠的身上了。也許是因為這些鱷魚已經吃飽了，牠們並不會攻擊人類——但還是建議你避開鱷魚嘴部，以防萬一。

鱷魚神潭鄰近布吉納法索邊境，距離波加東加（Bolgatanga）西北部 40.2 公里。N 10.985508 W 1.109169

卡內・克韋木工坊
KANE KWEI CARPENTRY WORKSHOP
● 大阿克拉發區，阿克拉
Greater Accra Region, Accra

一位迦納老師被葬在圓珠筆中。一位歌手長眠於麥克風裡，而一名工人則在錘子裡安息。卡內・克韋木工坊的匠人會根據亡者的職業、愛好和理想，為他製作不同形狀的「夢之棺」。

塞斯・卡內・克韋（Seth Kane Kwei）於 1950 年代創立了木工坊，他是迦納海岸的加族（Ga）。加族人相信，人死後會開始另一種生活，並對活著的人持續產生影響。當加族有人去世時，他的家族成員會舉辦盛大的葬禮，邀請上百位賓客，以示對亡者的尊敬，保證其安息。其中最重要的環節就是訂製一具精緻的棺木，讓亡者滿意。

雖然塞斯・卡內・克韋已在 1992 年離世，但木工坊在一群木匠的努力下繼續運作下去，他們樂於將棺木雕刻成龍蝦、機器人、拖鞋、高筒運動鞋、香蕉及垃圾車等造型。

如果你對「夢之棺」感興趣，可以訂購一具，木工坊能將棺木配送到全世界的任何地方。你不必顧慮要不要用在自己的葬禮上：因為「夢之棺」除了實際用途之外，已成為藝術品，享有世界性價值。紐約布魯克林博物館（Brooklyn Museum）裡就陳列了一具耐吉（Nike）球鞋形狀的棺木，而大英博物館（British Museum）也有一具老鷹形狀的棺木，這兩件都是塞斯・卡內・克韋的學徒帕・喬（Paa Joe）的作品。

地點：Teshie First Junction, Accra。露天的卡內・克韋木工坊位於土路旁，介於理髮店和服裝店之間。
N 5.588431 W 0.099120

躺進卡內・克韋木工坊的「夢之棺」，死亡不一定是無趣的事了。

騰祖格神廟 TENGZUG SHRINE

如果想要參觀騰祖格神廟，你必須先脫去上衣以示虔誠。接著，你會沿著灑滿獻祭動物鮮血的小徑前往聖殿。

這間神廟是迦納北部塔倫西族（Tallensi）的信仰場所。用活體動物獻祭是塔倫西族生活的重要部分。你在遊覽騰祖格村時，會發現與神廟相連的土屋都被雞血、羽毛及動物屍體覆蓋。

騰祖格的主神廟在通戈山（Tongo Hills）上，位於一堆巨石之上的山洞裡。遊客不論男女，必須赤裸上身才能進入神廟。廟中堆放著羽毛、祭祀用具及各類動物的屍體。如果山洞裡的場景和味道讓你難以忍受，不妨轉身欣賞迷人的通戈山美景吧。

騰祖格位於波加東加東南 16 公里處。
N 10.673632 W 0.814448

MALI
馬利

安托戈捕魚狂歡 ANTOGO FISHING FRENZY

除了每年旱季裡的某一天之外，在安托戈湖裡釣魚是違法的。這一天，上千個男人（女人禁止參加）圍在小湖旁靜靜等待，當槍聲一響，人們就箭步衝入湖中，吵吵嚷嚷地徒手捕捉鯰魚。在水中奮戰了約 15 分鐘後，漁夫帶著勝利的笑容和滿身汙泥，扛著滿滿一籃活蹦亂跳的魚浮出水面。儀式結束後，安托戈湖變得空空如也；若再想捕魚，則須等待一年。

安托戈捕魚狂歡是馬利多的多貢族（Dogon）傳統，他們住在馬利中部的莫普提（Mopti）地區。在湖水因沙漠化縮小到現今規模之前，全年都可捕魚。如

今，魚兒寥寥可數，年度舉行的捕魚儀式讓多貢人享有平等的捕魚機會。每年，各個村莊的男人都聚到安托戈湖邊，這裡位處沙漠，高達攝氏 48.8 度。

捕獲的魚會被送到附近班巴村莊裡的一位長老，由他平均分給參與的捕魚人。整個儀式從抓魚到分享收穫，讓分散的多貢村莊可以促進團結。

安托戈湖距提布克圖（Timbouctou）193 公里。捕魚狂歡的日期由村裡的長老決定，每年不同，一般是在 5 月期間。N 14.644592 W 3.094144

一年一度世界上最狂野的捕魚之旅在安托戈湖舉行。

傑內大清真寺 GREAT MOSQUE OF DJENNÉ

● 莫普提，傑內　Mopti, Djenné

2014 年，名列「聯合國教科文組織世界遺產名錄」的傑內大清眞寺，牆壁受損，需要社區成員修繕。但無須擔心，因爲這種情況每年都會發生。

就像傑內其他上百座建築一樣，大清眞寺也由泥土建造。雖然這座清眞寺建於 1907 年，但小鎭上隨處可見的泥土建築風格至少可追溯至 14 世紀。建造房屋前，工匠們先將泥土和稻草做成磚塊，放在太陽下曬乾，再把磚塊壘起來築成牆壁。磚塊外會刷上一層泥，讓壁面光滑，更能穩定建築結構。

雖然這些泥土建築較爲堅固，並且常常規模巨大——大清眞寺可容納 3,000 名朝拜者——但依舊容易受到損壞。雨水、濕氣和氣溫變化會讓牆體破裂和風化。傑內的泥土工匠會定期集結起來，維修大清眞寺，使其屹立不搖。

傑內距巴馬科（Bamako）約 8 小時車程，其中還有一段要乘快艇渡過巴尼河（Bani River）。
N 13.905278 W 4.555556

傑內擁有世界上最大的泥磚建築。

NIGER
尼日

泰內雷最後一棵樹 LAST TREE OF TÉNÉRÉ

● 泰內雷　Ténéré

幾十年來，一棵孤獨的相思樹（acacia）獨自矗立在廣闊的泰內雷沙漠。方圓 402 公里內僅有這片綠蔭，而它就成為旅客穿越尼日東北部的地標。

1939 年，法國軍事指揮官米歇爾・勒蘇爾（Michel Lesourd）來到此棵樹，觀察樹旁的水井構造。他發現，這株相思樹的根系一直延伸到地下 35 公尺深處的地下水面。「人們只有親眼見到這棵樹，才能相信它的存在。」勒蘇爾如是寫道，並將這棵樹形容為一座「活燈塔」。

泰內雷這棵最後的樹於 1973 年被毀，既不是因為嚴酷的沙漠，也不是因為無情的天氣，

10 層樓深的根

而是受到一名卡車司機的人為影響。據說這個醉醺醺的利比亞男人撞上了相思樹，輾斷了它的樹幹。

自此之後，一個由廢舊管子、汽油桶和汽車零件製作的簡易樹形雕塑取代了原來的真樹，屹立在撒哈拉沙漠炙熱又貧瘠的土地上。倒下的相思樹依然存在：只是被送到了尼阿美（Niamey）的尼日國家博物館（National Museum of Niger），它在那裡被圍欄保護著，免受魯莽司機的威脅。

該處位於阿加岱（Agadez）以東約 241 公里處。
N 16.984709 E 8.053214

紀念碑全貌

雖然極少人會到撒拉哈沙漠中瞻仰這座空難紀念碑，但罹難者親屬將會銘記於心。

● 泰內雷　Ténéré

法國聯合航空 772 號航班紀念碑
UTA FLIGHT 772 MEMORIAL

1989 年 9 月 19 日，飛往巴黎的法國聯合航空 772 號航班起飛 45 分鐘後，由利比亞恐怖分子攜帶的裝有炸彈的行李箱爆炸了。飛機被炸成碎片，機上 170 名乘客全部罹難。飛機殘骸像雨點般落在撒哈拉沙漠的尼日泰內雷地區，該地距最近的城鎮有近千公里之遠。

在空難事故發生的 18 年後，罹難者家屬來到泰內雷建造了一座紀念碑。他們到達時，還有一部分飛機殘骸未被拾荒者撿走，依然散落在無垠黃沙之中。

罹難者家屬與 140 名離泰內雷最近的城市阿加岱的當地居民，一起在沙漠裡花了 6 週為 772 號航班建造了紀念碑。深色岩石是從 71 公里以外的地方用卡車運

來的。工人搭建了一個直徑為 61 公尺的圓形建築，並在沙中堆出 DC-10 飛機真實大小的輪廓。圓形建築外還有一圈由 170 面破鏡組成的圓——每面破鏡都代表著機上的一位罹難者。飛機右翼從 16 公里外的墜落地點運來，矗立在圓圈的北端，機翼上刻著 170 名乘客的名字。

從最近的城鎮開車去紀念碑需要經歷多天的艱難跋涉，但從經過的飛機上就能俯瞰這座紀念碑。如今，流沙正逐漸吞噬岩石和鏡子。

泰內雷位於撒哈拉沙漠中央的南方，距阿加岱東方約 421.6 公里。N 16.864903 E 11.953712

SENEGAL
塞內加爾

非洲綠色長城
GREAT GREEN WALL OF AFRICA

● 塞內加爾到吉布地
Senegal to Djibouti

一開始是個很棒的簡單方法，想解決不斷擴張的撒哈拉沙漠：橫跨整個非洲大陸種下一個綠樹帶，以阻擋黃沙的入侵。人稱「綠色長城」的計畫，目標是要種植抵抗旱災的巨幅森林帶，長約 8 千多公里、寬 16 公里，橫越沙漠南緣，從東邊的塞內加爾，一直到西邊的吉布地。

撒哈拉沙漠是目前規模第二大的荒漠，僅次於南極大陸。但是不同於冰封的南極大陸，撒哈拉沙漠其實正以令人擔憂的速度擴張中，威脅到撒哈拉和薩赫爾（Sahel）地區的農地，使得當地的糧食安全問題越來越嚴重。

野心勃勃的綠色長城倡議是由 11 個非洲國家在 2007 年所提出來的，目的是為了對抗乾旱、氣候變遷和遍地蔓延的沙漠化。專案的名稱是定下來了，不過計畫本身在過去 10 年間經歷了不少演變。

原本打算沿著沙漠邊緣種植一帶窄窄的綠色廊道，如今的願景更像是要拼貼綠色地景，範圍遍及全部乾旱的地區。計畫是要讓土地綠化，促進旱地自然再生，以更草根的方式鼓勵實踐綠色收穫。新目標是要在 2030 年時，讓一億公頃的土地再綠化。目前大約有 15% 在進行中，並且持續成長。這項倡議如今有 21 個分布在撒哈拉沙漠四周的非洲國家參加。

目前塞內加爾與尼日的保育與綠化成效最佳，已經復育了 900 公頃的土地。N 14.917014 W 5.965215

非洲復興紀念碑
AFRICAN RENAISSANCE MONUMENT

● 達卡　Dakar

首都達卡郊區的兩座小丘陵雙子山（Mamelles），其中一座上矗立著一座雕塑，它十分宏偉，卻也著實令人費解。這座以非洲復興為主題的銅像有 16 層樓高，比自由女神還高了 1.5 倍。它以蘇維埃社會主義的現實風格塑造，一個赤裸上身的男人，一隻手高舉一個嬰兒，另一隻手則牽著近乎赤裸的女人。

2006 年，時任塞內加爾總統的瓦德（Abdoulaye Wade）計畫在山頂建造一座巨大的雕塑，以慶祝國家擺脫了長達幾世紀的奴隸與殖民地歷史。為了在有限的經費下完成，瓦德轉向委託萬壽台海外開發會社（Mansudae Overseas Projects）——這是北韓政府用來政治宣傳的藝術工廠，專門為資金緊缺的國家建造蘇維埃風格的巨型雕塑。

非洲復興紀念碑於 2010 年揭幕，標誌著塞內加爾脫離法國獨立 50 周年。但瓦德無法支付北韓 2,700 萬美元的雕像費用，於是便以塞內加爾的國有土地相抵。

揭幕時，瓦德劣跡斑斑的 12 年總統任期即將結束。他被指控貪汙、操縱選舉、為一己私利篡改憲法。他宣稱智慧財產權法讓他有權享有參觀雕像的 35% 利潤，這自然遭到了憤怒的塞內加爾人民的反對。

儘管飽受爭議，這座紀念碑依舊屹立著，被蓋到一半的房子與漫山的垃圾環繞。

地點：Avenue Cheikh Anta Diop, Dakar。
N 14.722094 W 17.494981

塞內加爾這座飽受非議的紀念碑，比自由女神高了 1.5 倍，是北韓政治宣傳藝術工廠的設計。

LAKE RETBA

魯非斯克　Rufisque

湖水的粉紅色調來自於一種叫做「鹽生杜氏藻」（*Dunaliella salina*）的嗜鹽微生物，加上高濃度的礦物質。湖水的色調時常改變，最迷人的粉紅色調會在旱季的時候出現。在有風的天氣或是短暫的雨季期間，湖水的粉紅色比較不醒目，因為下雨稀釋了鹽度。當鹽度高達 40% 的時候，瑞特巴湖會呈現出比較不祥的血紅色，而不是想像中那種令人舒服的超現實景象。

瑞特巴湖在達卡以北 40.2 公里處，搭車不到 1 小時即可抵達。N 14.838894 W 17.234137

塞內加爾的祕境還包括：

- **法久特貝殼島 Fadiouth Shell Island**
這座島上所有的牆面都是由貝殼組成的，包括墓地也是。

瑞特巴湖的粉紅水域與白色岸濱是一種誘人的假象。這裡又名「玫瑰湖」（Lac Rose），湖中的鹽分含量媲美死海，能增加人體浮力，同時也有繁忙的製鹽產業。收集鹽的人們每天都會前來，他們全身塗上乳木果油以保護皮膚不受強烈鹽分侵蝕，每天會花將近 7 小時收集湖床的珍貴礦物。

收集鹽的人們會敲擊湖床，把鹽弄鬆（上圖），接著在炎熱的太陽下把鹽曬乾（下圖）。

精明的巫毒教教徒，會在市場中購買黑猩猩的爪子、乾眼鏡蛇與狗頭。

TOGO
多哥

阿克德塞瓦的物靈市場
AKODESSWA FETISH MARKET

● 濱海區，洛梅
Maritime, Lomé

當西非多哥信仰巫毒教（voodoo）的人們飽受疾病、關係問題與財務麻煩時，就會去阿克德塞瓦的物靈市場尋求幫助。這個市場位於首都洛梅，一排排桌子上堆著高高的狗頭、象腳、黑猩猩爪子、乾眼鏡蛇和大猩猩頭骨。這些物品都是物靈或護身符：它們被注入了神聖力量，可用於治療與保護。

多哥和鄰國貝南是巫毒教的發源地，巫毒教當地叫做伏都教（vodun）。時至今日，仍有約一半的多哥人還信仰巫毒教，他們相信萬物皆有靈。瀰漫著腐爛屍體氣味的物靈市場既是露天藥房，也是祭品批發的最佳地點。

歡迎遊客購買這些祭品，你也可以參觀桌後傳統治療師的小屋。在體驗治療時，巫毒教祭司或女祭司會先問你病症，然後向神靈請示藥方。將動物屍體殘肢與草藥一起研磨，再放到火上烘烤，直至變爲黑色粉末。依據傳統，治療師會在你的胸口或背後劃三刀，再將黑色粉末揉搓進傷口中。如果你不願嘗試，則會被勸說買個木偶代替，或者只是在皮膚上塗抹粉末。治療沒有固定價格；治療師會擲貝殼向神靈請示價格。如果價格太貴了，你可以直接提出異議。然後，治療師會繼續向神靈請示，直至價格讓雙方都滿意。

物靈市場位於阿克德塞瓦的郊區，就在洛梅機場的東方。
N 6.157635 E 1.267051

CENTRAL AFRICAN REPUBLIC
中非共和國

中非
Central Africa

德贊加拜 DZANGA BAI

● 桑加—姆巴埃雷，巴揚加　Sangha-Mbaéré, Bayanga

通常來說，森林象是行蹤難以捉摸的一群動物。牠們的體型比非洲叢林象更小，而且由於盜獵及森林砍伐，現在的數量已降爲 10 萬頭以下，牠們是一小群地在剛果盆地的森林中穿行。

然而，在某個地方，你能一次看到上百頭森林象：這就是德贊加拜，被德贊加—多基國家公園（Dzanga-Ndoki National Park）濃翠蔽日的森林所環繞的保護區。每日，大象會與水牛、羚羊和野豬在保護區中漫遊。遊客可在高處的平台上以最佳視角觀看野生動物。雖然現在眼前呈現的是一片和平的景象，但在不久

之前，德贊加拜曾是殺戮之地。2013 年 5 月，盜獵者襲擊了保護區，殺死了 26 頭大象，盜走了象牙。保護區與盜獵者的對戰仍在繼續之中，而且形勢複雜——與叢林象相比，森林象的象牙密度更大，因此也更具商業價值。

在 2013 年經歷了盜獵者的突襲之後，德贊加拜於 2014 年 7 月重新對外開放。學者正在進行大象聽覺計畫，研究牠們如何透過低頻聲音溝通。他們從 1990 年來就開始聆聽德贊加拜大象的交流了。

保護區位於巴揚加西北部，沿著茂密森林中由大象踩踏出的路徑，步行 40 分鐘，即可到達德贊加拜。
N 2.950584 E 16.367569

CHAD
查德

阿洛巴石拱 ALOBA ARCH

● 恩內第　Ennedi

查德東北部的恩內第高原有除了在中國和美國西南部之外，很難看到的自然景觀：如同巨型紀念碑般的天然石拱。

天然石拱是由風化作用或火山岩漿侵蝕岩層而形成的自然景觀。阿洛巴石拱橫跨 76 公尺的距離，氣勢恢宏，令人驚豔。但大大增加了其視覺衝擊力的，則是石拱的高度：它高達 120 公尺，相當於 32 層的摩天大樓。

在自然界中，跨距大於 60 公尺的天然拱頂十分罕見。天然拱橋協會（Natural Arch and Bridge Society）記錄的 19 個大石拱，除了阿洛巴石拱之外，其餘 9 個在中國，另 9 個則位於美國西南部的科羅拉多高原（Colorado Plateau）上，這也讓阿洛巴石拱成爲非比尋常的自然奇觀（恩內第高原有許多天然石拱，但絕大多數的寬度都小於 30 公尺）。

石拱位於查德首都恩加美納（N'Djamena）東北方，開車需要幾天的時間才能抵達。在沙漠中前進，四輪驅動車是必不可少的交通工具。
N 16.742404 E 22.239354

沙漠中央高高聳立的石拱。

DEMOCRATIC REPUBLIC OF THE CONGO
剛果民主共和國

戈巴多萊 GBADOLITE

1960 年代初期，戈巴多萊還是一個遍布土房的小村莊。接下來蒙博托（Mobutu Sese Seko）上任了。1965 年，蒙博托執掌剛果民主共和國，開啓了他長達 32 年對人民的暴政統治以及個人的奢靡生活。

在蒙博托統治的 30 多年期間——1971 年，他將國家改名爲薩伊（Zaire）——他關閉了工會，虐待異議分子，公開執行死刑，並貪汙十幾億美元。其中一項開銷，是在戈巴多萊郊外建造及維護一處奢華居所，叫做「叢林中的凡爾賽宮」。

蒙博托甚至在 1989 年修建了 1 座水力發電站來爲宮殿供電。這座豪華的住所裡應有盡有，包括設備相當完善的房子、學校、醫院、1 座五星級酒店、1 間可口可樂工廠，以及 3 座宮殿（其中 1 座仿照中國寶塔的結構搭建）。戈巴多萊機場建有鍍金的 VIP 航站，跑道可以起降昂貴的協和超音速飛機。外國領袖可以搭機在這裡降落，而後乘坐賓士轎車前往蒙博托的私人宮殿。在那裡，他們可以在 2 座游泳池之一裡泡澡，在擺滿洛可可家具的休息室裡小憩，並品嘗從法國空運而來的奢侈美食。

1997 年，蒙博托被驅逐出境，並在幾個月後因前列腺癌死去。此後，戈巴多萊耀眼的建築漸漸黯淡下來。蒙博托生前雇用的幾百名員工，包括司機、廚師和侍從，已不再去宮殿工作。雜草在大理石、彩色玻璃與黃金之間肆意叢生。

● 北烏班吉，戈巴多萊　Nord-Ubangi, Gbadolite

雖然戈巴多萊宮殿的大門完好無損，但大部分房頂已坍塌了。曾經奢華的住所只剩骨架，天花板的鋼梁已經裸露在外。如今，戈巴多萊的一棟建築被用來作爲臨時學校。

一些壁畫在傾頹的建築中倖存下來，畫上蒙博托戴著招牌豹皮帽子。昔日暴君的笑臉仍在戈巴多萊出現。

戈巴多萊位於中非共和國邊境以南的 13 公里處。蒙博托的前工作人員及其子女會帶領遊客參觀遺址。
N 4.289515 E 21.019999

自暴君蒙博托離世後，「叢林中的凡爾賽宮」逐漸洗盡鉛華。

REPUBLIC OF THE CONGO
剛果共和國

泰萊湖 LAKE TELE

據說「莫克朗貝」（Mokèlé-mbèmbé）形似雷龍，是剛果的「尼斯湖水怪」，生活在泰萊湖底。泰萊湖呈圓形，被熱帶沼澤包圍，難以靠近，這也滋長了傳說的可信度。

關於神祕生物的逸聞吸引了許多人來此一探究竟，1980 年代，美國、英國、荷蘭、日本與剛果的探險家蜂擁而至。1981 年，美國工程師赫爾曼·雷加斯特斯（Herman Regusters）聲稱他在某次爲期兩週的旅行中看到了莫克朗貝，但同行的當地人卻沒人看到。

● 利誇拉　Likouala

從實物證據來看，這些尋怪之旅不過留下了一些不知所云的錄音與模糊得無法分辨的遠景照片；但從傳說的角度而言，低解析度的圖像反而激發了人們對莫克朗貝是否存在的想像與猜測。

泰萊湖位於叢林深處，被大猩猩、黑猩猩、大象和蜂群出沒的沼澤森林環繞。遊客須先飛至因普豐多（Impfondo）——需要從政府部門獲得參訪許可——再駕車至馬托科（Matoko），而後搭船到姆博亞（Mboua），最後在野外徒步行走 48 公里。
N 1.346967 E 17.154360

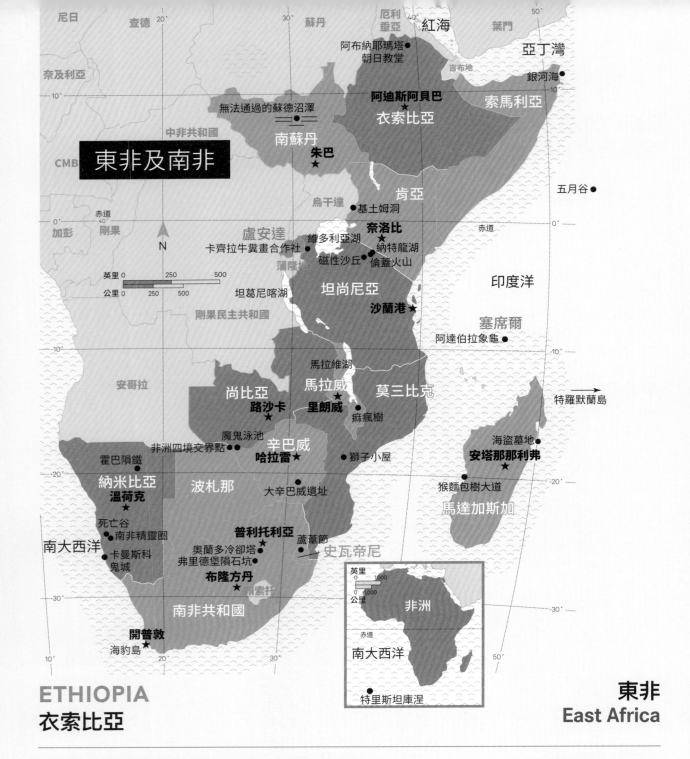

ETHIOPIA
衣索比亞

阿布納耶瑪塔朝日教堂 ABUNA YEMATA GUH

● 東提格雷 East Tigray

如果教堂能帶給人頓悟的體驗，想像一下敬拜的地方是個位於高聳的砂岩山頂上粗鑿而成的彩繪洞穴，只能冒險從 198 公尺的陡升路線爬上去。

在阿布納耶瑪塔朝日教堂，這種冒險又緊張的體驗，對於某些敬業的神父來說是家常便飯。這個敬拜處位於巨石上，只能用徒步的方式往上爬 45 分鐘才能到達。過程必須攀爬絕壁，穿過搖晃的吊橋，還要橫越突出的岩石。通過教堂下方的山谷後，還必須沿途尋找難踏的立足點，免得直直往下掉落，一路爬上 800 公尺高的砂岩巔峰。除了一般的恐懼感之外，路上還會經過開放式的墳墓，裡面有已故神父的骸骨（雖然據說沒有神父是因為失足掉落懸崖而身亡的）。

如果爬上這段驚險的路程和腳下山谷的美景還不夠吸引你，教堂內部將會令你大飽眼福。洞穴的天花板上有兩幅美麗的濕壁畫，畫著圖樣精緻的宗教意象，包括基督十二門徒中的 9 名。教堂內還有一部《正教聖經》，以羊皮紙製成，色彩鮮豔活潑。阿布納耶瑪塔朝日教堂如此神聖，許多衣索匹亞的父母甚至會冒險帶著寶寶一路爬上懸崖，讓寶寶在這裡受洗。

從阿克孫（Axum）開車 3.5 小時可以到教堂底下，爬上懸崖最後一段是垂直岩壁，必須赤腳。請雇用嚮導示範如何找到立足點——無論如何，別往下看。
N 13.915330 E 39.345254

一位衣索比亞正教會神父站在
通往教堂的狹窄路上。

白尼羅河的沼澤是世界上最廣袤的沼澤地。

SOUTH SUDAN
南蘇丹

無法通過的蘇德沼澤 THE IMPENETRABLE SUDD

● 忠來　Jonglei

南蘇丹白尼羅河（White Nile）的大部分河段被蘇德沼澤鬆軟的泥土環繞，這是世界上最大的沼澤。蘇德（Sudd）——阿拉伯語的意思是「障礙」——是一片巨大的濕地，其中遍布著紙莎草（papyrus）、水草、風信子及其他植物，它們糾纏在一起形成了巨大、濃密的綠色屏障。

蘇德沼澤的面積因乾季、雨季而改變，最大可覆蓋 13 萬平方公里的土地——比美國的路易斯安那（Louisiana）整個州還大。一些村子建於漂浮在沼澤之上的島上，小島植被茂盛，部分島嶼寬達 29 公里。

河馬和鱷魚在蘇德沼澤的淺水區裡活動，此外，400 多種鳥類會在每年的遷徙季節造訪這片濕地。

整個蘇德沼澤好比一塊碩大的海綿，吸收雨水及從鄰國烏干達（Uganda）的維多利亞湖（Lake Victoria）流入的湖水。然而這對於船隻來說並不是好消息，船員必須用鋸子割開蘆葦和水草才能前行。曾經有人提議在蘇德沼澤中開闢一條通道以利通行，但此舉會影響生態系統，進而迫使住在此處的人們遷移。

蘇德沼澤橫跨猶尼提（Unity）和忠來兩省。
N 8.444602 E 30.701013

KENYA
肯亞

基土姆洞 KITUM CAVE

● 西部省，埃爾貢山國家公園
Western Province, Mount Elgon National Park

基土姆洞位於一座死火山內部，深達 183 公尺。鹽化的石壁上布滿了凹痕、溝壑和孔洞。然而，基土姆洞的痕跡並非尋找鑽石或黃金的礦工留下的，而是由大象挖鑿出來的。

漫遊在公園裡的大象以森林植物為食，攝取的鹽分很少。為了補充鹽分，大象來到基土姆洞穴，用長牙刮磨岩壁，將掉落的大塊石頭壓碎後舔舐。

大象並不是唯一流連在基土姆洞的動物。據稱水牛、羚羊、豹子和鬣狗都曾徘徊於洞穴深處。除了小心這些動物帶來的潛在危險，遊客還須小心入口處成群結隊的埃及果蝠。這些蝙蝠被認為攜帶「馬堡出血熱」（Marburg hemorrhagic fever）病毒，馬堡出血熱的症狀與伊波拉病毒（Ebolavirus）相似。1980 年代，一個 15 歲男孩和一個 56 歲男子參觀基土姆後，感染了馬堡出血熱，幾天後身亡。至今還未研發出針對該病毒的有效疫苗。

舔舐鹽分的大象時常光顧基土姆洞。

前往埃爾貢山的路是從小鎮基塔列（Kitale）出發，遊客可從小鎮乘坐小巴到達公園。
N 1.032625 E 34.758068

肯亞的祕境還包括：

- 馬賽鴕鳥農場
  Maasai Ostrich Farm

  卡賈多（Kajiado）/ 在這裡，遊客可以騎在世界上最大的鳥背上玩耍——然後再吃了牠們的肉。

- 傑迪廢墟 **Gedi Ruins**

  馬林迪（Malindi）/ 這片神祕的城市廢墟被熱帶叢林包圍，俯瞰著印度洋。

- 馬拉法凹地 **Marafa Depression**

  馬林迪 / 錯綜複雜的砂岩褶皺與山脊露出白色、粉色、橙色和紅色的岩層。

TANZANIA
坦尚尼亞

倫蓋火山 OL DOINYO LENGA

● 阿魯夏，恩戈羅恩戈羅　Arusha, Ngorongoro

東非山脊（East African Ridge）在坦尚尼亞隆起一座火山，名叫倫蓋火山，從馬賽語（Maasai）翻譯過來的意思是「神之山」。這個名字表示火山具有無邊的能力，不過倫蓋火山最具特色的卻是另一項特點。

這座火山在平原中央拔地而起，高度超過 3,000 公尺，是地球上唯一一座噴發火成碳酸岩熔岩而非矽酸鹽的活火山。這種不尋常的成分使得熔岩相較之下溫度比較低：只有攝氏 510 度，幾乎只有矽酸鹽熔岩的一半溫度。火成碳酸岩熔岩在日照下是黑灰色，不同於典型灼熱的紅色；熔岩凝固後，則會變成白色。由於岩漿會在幾秒內冷卻變硬，所以有時候會在半空中粉碎，噴灑在斜坡上。

除了不尋常的溫度和顏色外，倫蓋火山噴發的熔岩也是世上最不黏稠的——或者可說是最「稀軟」的。熔岩並不只從主要火山口噴發；火山表面稱為「熔岩滴丘」（hornitos）的小峰也會湧出熔岩。

倫蓋火山是科學家的最愛，因為它比危險滾燙的火山容易研究——事實上，它有時被叫做「玩具火山」。

你可以跟嚮導一起登上火山口。不過這段路有一定難度，只適合體能強健和裝備齊全的遊客。健行大約從午夜開始，9 至 10 個小時之後回程。S 2.763494 E 35.914419

火山覆蓋著白色的熔岩。

紅鶴是少數能適應納特龍湖熾熱、高鹽度的湖水的動物之一。

納特龍湖 LAKE NATRON

● 阿魯夏，蒙杜利　Arusha, Monduli

若是在繁殖季節來到納特龍湖，你會發現此處遍地是成群結隊的紅鶴（又稱火烈鳥），牠們棉花糖一般的羽毛與山巒起伏的景色相映成趣。但這裡可不是天堂，湖水 pH 值高達 10.5（阿摩尼亞的 pH 值是 11.6），腐蝕性極強，能灼傷皮膚。

納特龍湖極高的鹼性，是由從山上流下來的鈉鹽造成（鈉鹽主要成分為碳酸鈉）。水溫高達攝氏 60 度，湖水由於含有藍綠藻（cyanobacteria），經常呈現鏽紅色。

嚴酷的環境讓大多數動物避而遠之，而那些留下來的生物則形成了壯美的景象。每年，超過 200 萬隻紅鶴會光臨納特龍湖，以藻類為食，並在此哺育後代。一方面，鹼性環境將捕食者拒之在外，讓紅鶴的鳥巢免受干擾；另一方面，因為納特龍湖是東非特有的紅鶴定期繁育地，也是唯一的繁殖地，所以這意味著任何對納特龍湖的威脅都會對紅鶴物種產生嚴重影響。

目前，在湖邊建設發電站和碳酸鈉製造廠的提議還未實施——保育人士希望這樣的情形永遠不會發生。

遊客可在湖邊露營，在太陽升起時欣賞紅鶴。
S 2.416667 E 36.045844

磁性沙丘
MAGNETIC SHIFTING SANDS

位於塞倫蓋蒂平原（Serengeti Plain）東部的奧杜瓦伊峽谷因爲發現原始人類的化石，通常被認爲是人類的搖籃。就在峽谷旁，還有一堆神奇的流沙。

這些流沙源自倫蓋火山，它們堆積成長達 98 公尺的半月形沙丘。富含鐵的磁性顆粒緊緊地吸附在一起，共同抵抗著風力對沙丘形貌的改造，抗衡的結果就是沙丘以每年 15 公尺的速度在沙漠上滑動。

● 東非大裂谷，奧杜瓦伊峽谷
Great Rift Valley, Olduvai Gorge

沙丘長 98 公尺
每年移動 15 公尺

地點：磁性沙丘位於恩戈羅恩戈羅保護區（Ngorongoro Conservation Area）。若想感受沙丘的磁性，可以將一把沙揚入空中，會發現沙粒將重新聚集到一起。
S 2.920776 E 35.390521

RWANDA
盧安達

卡齊拉牛糞畫合作社
KAKIRA IMIGONGO COOPERATIVE

● 東部省，尼亞卡安比
Eastern Province, Nyakarambi

牛隻在盧安達是重要的地位象徵，如果你深入鄉間地區，幾乎一定會遇見這些壯觀的長角動物，甚至還得想辦法把鞋子上的牛糞刮掉。而如果你夠幸運，你或許有機會把牛糞掛在家中客廳的牆上。

幾個世代以來，牛糞一直用於盧安達獨有的藝術形式：牛糞畫（imigongo）。傳說在 18 世紀時，卡齊拉王子（Prince Kakira）率先利用牛糞肥料，混合灰與黏土上色，用來裝飾他的房屋內壁。於是這種做法承襲了王子的統領地之名，稱爲吉薩卡—伊米剛谷（Gisaka-Imigongo）。

今日幾何圖案的牛糞畫藝術作品通常畫在方便攜帶的木板、盤子或牆飾上。充滿活力的畫作由各種顏色組成，從自然材料中取得——鏽紅色來自天然土壤，白色來自高嶺土或白黏土，黑色來自香蕉皮燃燒後的灰燼。參觀牛糞畫工坊有幾個選擇，最著名的是卡齊拉的牛糞畫合作社。這裡可以看到工匠製作牛糞畫，甚至還能走進一間令人眼花撩亂的小屋，裡面全部都以傳統牛糞畫風格裝飾。繼續沿著尼亞卡安比及魯蘇莫（Rusumo）之間的道路前進，路上就會看到其他幾家工坊。

尼亞卡安比在盧安達首都吉佳利（Kigali）東南方，搭公車需 3.5 小時。S 2.271910 E 30.696677

當代藝術品以數百年之久的媒材呈現。

SOMALIA
索馬利亞

銀河海 THE MILKY SEAS

● 印度洋 Indian Ocean

航海界一直流傳著大片發光海洋的故事,不過科學界
通常置之不理。他們推測,這種生物發光需要細菌高
度聚集,是不太可能的事情。後來科學家史蒂文·米
勒(Steven Miller)決定進一步研究。

2005 年,他在搜尋這種現象的相關紀錄時,找到
了 1995 年時利馬號(SS Lima)的航海日誌,裡面
記載利馬號曾在索馬利亞東邊 150 海里處見過銀河
海。當時推測衛星影像並沒有照到夠大的區域、也
沒有夠持久的光亮,但米勒在史提夫·漢德克(Steve
Haddock)的幫助下,從美國國防氣象衛星計畫(US
Defense Meteorological Satellite Program)取得利馬號記
錄到現象那晚的資料。他們把衛星資料跟利馬號上記
錄的資料相互比對,突然之間就看見:非洲一角上,
有一塊巨大的發光區域。

據信這是一種叫做「哈維弧菌」(Vibrio harveyi)的
生物發光菌所造成,發光區域超過 15,400 平方公里,
可以從衛星看見。爲何存在如此大量的細菌聚集,理
由依然不明。

自從 1915 年以來,全世界大約有幾百個銀河海的紀
錄,大部分是在印度洋的西北側,通常是在夏季季風

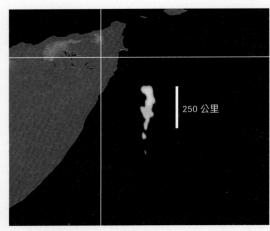

250 公里

衛星影像顯示出夜間的生物發光現象。

時出現。發光可以持續幾個小時到幾天,只有晚上才
能看見。

如果時間和預算允許,有興趣冒險從索馬利亞前進 150
海里深入印度洋,在黑暗中也許有機會看到銀河海──
只需祈禱星辰和細菌都能到位。
N 11.350908 E 51.240151

BOTSWANA
波札那

南非
Southern Africa

非洲四境交界點 AFRICAN QUADRIPOINT

● 卓比 Chobe

世上有好幾個三國邊界交會的
地方,不過四國交界點卻很少
見,只在非洲出現。在這裡,
尚比亞(Zambia)、辛巴威
(Zimbabwe)、波札那和納米
比亞(Namibia)的四個角落交
會了。

非洲四境交界點位於尚比西河
(Zambezi River)中游,河水流經 4
個國家。吹毛求疵的人會說這不算
真正的四境交界點,而是由狹長地帶
分開的三境交界點。無論如何,4 個國
家如此靠近,在主權上很令人頭痛,也造

非洲四境交界點
尚比亞
納米比亞
辛巴威
波札那

成了一些衝突。

有陣子從納米比亞到波札
那的河上渡輪成爲爭奪焦
點,兩國都宣稱擁有這條
航線的主權,爆發了小型衝
突,所幸最後沒有擴大成四國
之間的戰爭。

尚比西河在維多利亞瀑布(Victoria
Falls)往西開車 1 小時可抵達。卡松古拉
渡輪(Kazungula Ferry)從尚比亞開往波札
那,途中會經過辛巴威。大約需要 3 分鐘航程。
S 17.791100 E 25.263334

MALAWI
馬拉威

痲瘋樹 LEPER TREE

● 馬欽加，利翁代　Machinga, Liwonde

野生動物聚集的利翁代國家公園（Liwonde National Park）裡有一棵猴麵包樹（baobab tree，也稱猢猻木），樹上有一小塊手繪標誌牌與周圍的靜謐環境極不相符，牌子上寫著：昔日痲瘋病人之墓。

痲瘋病也叫漢生病（Hansen's Disease），在馬拉威等許多國家中，罹患痲瘋病的人必須被隔離，甚至死後也不例外。儘管痲瘋病具有傳染性，且會造成毀容，但絕大多數人對痲瘋病天然免疫。依據馬拉威當地的傳統宗教信仰，痲瘋病人的屍體不能土葬，否則會汙染土地。

利翁代猴麵包樹的一面被切開，展露著當地信仰的遺跡。空心樹幹的底部累積著一堆人類屍骨。它們都屬於痲瘋病人，病人們曾被捆在一起扔進了猴麵包樹中。並不清楚當時這些病人是否已經死亡。

利翁代國家公園。最著名的景點是公園南部的欽古尼山（Chinguni Hill），其被一條土路圍繞。這棵猴麵包樹就位於山腳處。S 15.030231 E 35.247495

MOZAMBIQUE
莫三比克

獅子小屋 THE LION HOUSE

● 哥隆戈薩　Gorongosa

哥隆戈薩地區位於東非大裂谷，是地球上最具生物多樣性的地區之一，從 1920 年代起就致力於保存其獨特的生態系統。到了 1940 年，這裡的野生動物保護區變得非常熱門，於是蓋了狩獵小屋以容納遊客。不巧的是，小屋正好蓋在洪水氾濫的平原上。每年雨季的時候，穆思卡茲河（Mussicadzi River）就會淹沒這些建築，小屋甚至還沒完工就廢棄了。後來獅子搬了進來。1960 年，哥隆戈薩成為國家公園，如今這種高貴的動物和牠們出乎意料的住所，成為公園裡著名的地標。

好幾代的獅子都會回到這間小屋。保護區內估計有 50 到 70 隻獅子會利用這裡當作小獅子的安全場所，以及用來避雨。這些動物還會爬上小屋屋頂，居高臨下觀察獵物好幾個小時，小心翼翼選擇最適合的疣豬或羚羊，當作下一餐的目標。當然牠們也會利用小屋進行貓科動物最擅長的：躺著打盹。位居食物鏈頂端的獅子有牠們的優勢。

從馬普托 (Maputo) 搭機到貝拉 (Beira)，開車 3 小時即可到公園；或是從約翰尼斯堡 (Johannesburg) 搭機到希莫約 (Chimoio)，開車 2 小時即可抵達公園。公園裡有設備齊全的別墅和平房可供住宿，還有營地提供給比較勇敢的遊客露營。
S 18.685364 E 34.313236

看似廢棄的遮蔽所，其實是當地獅子的某種俱樂部。

曾經的鑽石礦區開採居所如今已被沙漠奪走。

NAMIBIA
納米比亞

卡曼斯科鬼城
KOLMANSKOP GHOST TOWN

● 卡拉斯，呂德里茨
Karas, Lüderitz

1920 年代期間，卡曼斯科這座沙漠城鎮擁有醫院、劇院、賭場、保齡球館與健身房，有幾百名德國鑽石礦礦工住在這裡。而今，卡曼斯科已淪為一座鬼城，在陽光下褪色，被沙漠吞噬。

1908 年，在這地區發現了鑽石之後，卡曼斯科城應運而生。卡曼斯科位於德國統治的非洲西南部，1884 至 1915 年期間是德屬殖民地。鑽石開採一直快速又野蠻，直到第一次世界大戰讓鑽石銷量大跌。1926 年，人們在卡曼斯科以南發現了更豐富的鑽石資源。

在掙扎了幾十年之後，卡曼斯科於 1954 年被永久廢棄了。

卡曼斯科的房屋依然屹立於此，但地板上已經滿是沙子，流沙快要吞沒所有建築。一些小沙丘上留有彎彎曲曲的痕跡——這是偶爾出沒的蛇類蜿蜒爬行後留下的。

參觀卡曼斯科的旅遊團從呂德里茨的 Insell Street 碼頭出發，呂德里茨是一座港口城市，距卡曼斯科 15 分鐘車程。S 26.705325 E 15.229747

死亡谷 DEADVLEI

死亡谷的樹木從一片白色泥土拔地而起，周圍是高揚的紅色沙丘，枯萎的樹枝彎向晴朗無雲的天空。雖然這些光禿禿的樹已死了很長時間，但並未腐爛——氣候太過乾燥了。相反的，它們以乾木的樣子在乾燥的泥土縫隙中保留了下來。

如今已很難想像死亡谷曾有條河流淌。樹上曾開滿了花，樹下則是片片綠蔭。大約西元 1100 年，乾旱來襲，帶走了泥土中的水分。流沙席捲了各個角落，阻斷了水源，使死亡谷逐漸荒蕪。

幾種堅韌的植物在嚴酷的環境中存活了下來。斑駁的豬毛菜屬（salsola）、汁液豐富的海濱藜屬（saltbush）及表皮粗糙的野生甜瓜（melon）依附著沙地而生。除了掛著相機的遊客，它們是如電影場景般的荒漠上僅有的生命跡象。

死亡谷位於索蘇斯鹽沼（Sossusvlei），前往該地的觀光團是從首都溫荷克（Windhoek）出發。需花 6 小時讀車程，你可以在當地過夜。S 24.759107 E 15.292418

一棵 700 多歲的枯樹在鹽田挺立著，被世界上海拔最高的沙丘環繞。

霍巴隕鐵
THE HOBA METEORITE

地球上已知的最大隕石位於格魯芳田小鎮附近的農場中，原封不動地保存在 8 萬年前墜落的位置。之所以不將隕石轉移到博物館的一個原因是它太重了——它重達 60 多噸，與一台美國軍用坦克車差不多重。

霍巴隕鐵在 1920 年發現，長寬各 3 公尺，高有 3.5公尺。雖然可以確定撞擊曾形成了一個巨大的隕石坑，但 8 萬多年的侵蝕已近乎將隕石坑陷為沙地。

隕石富含鐵鎳的表層留下了人為肆意破壞的痕跡——來訪霍巴的遊客經常鑿下一塊太空石留作紀念。1980年代，隕石周圍加建了圓形露天看台，並採取了防止破壞的措施，有效防止了人們損壞這塊古老天外飛石的舉動，但遊客仍可以盡情觸摸隕石。

霍巴隕鐵位於格魯芳田小鎮以西 25.7 公里處，在 D2859公路旁。S 19.592472 E 17.933667

地球上已知最大的隕石已有八萬年的歷史。

南非精靈圈
FAIRY CIRCLES OF SOUTHERN AFRICA

● 納米比亞沙漠　Namibia Desert

小塊圓形的裸露地面，看起來就像是茂密草地上的禿斑，出現在納米比亞和南非的人跡罕至之處。這些所謂「精靈圈」的神祕起源讓科學家困惑不已，也激發了當地傳說，認為這是超自然腳印，或是有不明飛行物在此降落。

不像英國的遠親「麥田圈」，南非精靈圈並不是突然出現的，這些圈圈其實會隨著時間變大或縮小，彷彿像有生命一樣。科學研究確認這些禿斑是天然形成的；但檢查圈圈內外的土壤都沒有發現異常的昆蟲或寄生蟲，也沒有不尋常的真菌存在。2017 年時，普林斯頓大學（Princeton University）生態學家團隊的研究提出，這些圖樣是白蟻為了對抗競爭群體所建立起來的環狀邊界。不過其他專家有不同的看法。目前所有科學發現的結論都證明精靈圈不是惡作劇。

可以在納米布蘭自然保護區（NamibRand Nature Reserve）看到精靈圈，從溫荷克往南要 5 小時車程。
S 25.018789 E 16.016973

有人說這些神祕的圓圈是諸神的腳印。

SOUTH AFRICA
南非共和國

奧蘭多冷卻塔
ORLANDO TOWERS

● 豪登，約翰尼斯堡　Gauteng, Johannesburg

被稱為「垂直探險設施」的奧蘭多冷卻塔吸引著一批小眾——那些一直想從廢棄發電站的兩座冷卻塔之間的橋上進行高空彈跳的人，那裡可是距離地面有 33 層之高。

1951 至 1998 年期間，這兩座冷卻塔用以吸收奧蘭多發電站（Orlando Power Station）多餘的熱量。發電站被關閉之後，攀繩專家鮑勃·伍茲（Bob Woods）將冷卻塔改造成了極限運動場地。現在你可以從塔的一側滑下，再沿著另一側攀岩而上，或者自由落體到一張巨大的網上，也可以從橋上高空彈跳。經驗豐富的低空跳傘家甚至可以在不穿戴任何安全設備的情況下從塔上跳下，前提是他們須自備降落傘，並且要簽署一份詳盡的法律豁免聲明書。

自 2002 年起，單調的高塔被塗上了顏色。一座塔被繪上了代表南非的壁畫，另一座則成了戶外廣告塔。兩座冷卻塔已成為索韋托（Soweto）的地標，這個破敗的小鎮曾在約翰尼斯堡種族隔離期間因黑人貧民窟而聲名狼藉。

想試試看在這座色彩繽紛的前冷卻塔上高空彈跳嗎？

地　點：Dynamo Street at Old Potch Road, Orlando, Soweto。S 26.254224 E 27.926722

海豹島　SEAL ISLAND

● 西海岸，開普敦　Western Cape, Cape Town

「錯之灣」（False Bay）——因 17 世紀心情不佳的水手將它與相連的泰布爾灣（Table Bay）混淆而得名——有一座長條形的岩石小島，上面爬滿了海豹。

大約 6 萬隻海豹嘶喊、撲打、蹣跚前行，為的是在這座 800 公尺長、50 公尺寬的小島上爭奪空間。

從遊船上望去，這場聲嘶力竭的爭奪蔚為壯觀，但最讓人印象深刻的，還是難以忍受的刺鼻氣味——腐爛魚肉和海豹排泄物混合而成的獨特盛宴。此外，你還會看到「死亡之環」，即一群圍繞著小島打轉的大白鯊。大白鯊等著海豹下海。一旦海豹進入水中，鯊魚就會毫不留情地將牠們撕碎。

在這裡，大白鯊突然衝出水面撲向在空中掙扎的海豹的景象並不罕見。鯊魚行動迅速又野蠻，能在 1 分鐘內將海豹咬死。場面十分暴力，人們自然會為海豹捏一把汗。有時，在激烈的爭鬥後，海豹能夠僥倖逃脫。

開往海豹島的遊船從開普敦的豪特灣（Hout Bay）出發，航行時間約 45 分鐘。S 34.137241 E 18.582491

對包圍小島的鯊魚來說，嘈雜、刺鼻的海豹群就是豐盛味美的吃到飽自助餐。

弗里德堡隕石坑
VREDEFORT DOME

● 自由邦省，弗里德堡
Free State, Vredefort

進入弗里德堡這個小村莊時，也許不會立刻明白自己正置身地球史上最猛烈時刻的中心。從村子裡延伸出來直徑 298 公里的漣漪狀遺跡，是地球上已知最古老、最大並且仍然清晰可見的隕石撞擊坑。雖然只能從外太空一窺全貌，20 億年的侵蝕也夷平了坑口，弗里德堡四周的漣漪環圈仍然說明了當時全然的衝擊力，寬如一座 9.7 公里大山的物體，以時速四萬多公里的猛力撞上地球。

隕石撞擊坑位於約翰尼斯堡西南方 121 公里處。隕石坑導覽之旅從帕雷斯（Parys）出發，這個城鎮位於撞擊坑北邊。
S 26.997317 E 27.501086

1　最古老的撞擊坑可從外太空看見。
2　年輕女性們正準備為史瓦帝尼國王起舞。
　　其中一位女孩可能成為他的下一位妻子。

SWAZLIND
史瓦帝尼

蘆葦節 THE REED DANCE

● 霍霍，盧德茲德茲尼　Hhohho, Ludzidzini

每年 8 月底或 9 月初的一個星期中，成千上萬的年輕女性會蜂擁至盧德茲德茲尼，這裡是史瓦帝尼的皇村。她們赤裸雙足、袒露胸脯、身著明豔裙子、佩戴項鍊和絨球，在國王和皇室成員面前載歌載舞、揮舞砍刀。

這場一年一度的儀式被稱為「烏姆朗伽」（Umhlanga），意為蘆葦舞，主要是讚頌女孩及年輕女性的貞潔。參加儀式的前提條件是處女，這反映了史瓦帝尼的傳統社會價值觀，以及對愛滋病毒傳播的憂慮，這個國家有 25% 的人口是 HIV 帶原者。

儀式開始時，女性會依據年齡被分成不同組。接著每組走向一片濕地，用大刀砍伐蘆葦。在接下來的幾天裡，女孩在濕地與太后的宮殿之間往返，用一捆捆的蘆葦填滿宮殿圍欄間的空隙。

在一天的休息及整理後，女孩們穿著短裙、佩戴鮮豔的腰帶和珠寶回到宮殿。一波又一波的女孩在國王及皇室成員面前唱歌跳舞。民眾也被邀請參加這兩天的慶典，但禁止拍照。

除了提倡女性守貞以及合作勞動的傳統價值觀之外，慶典還有一個實用目的：為史瓦帝尼國王恩史斯瓦帝三世（Mswati III）選妃。他的第 13 位妻子因克西卡蒂·蘭卡姆波（Inkhosikati LaNkambule）和第 15 位妻子辛蒂絲瓦·德拉米尼（Sindiswa Dlamini）都是從蘆葦舞節入選的。

盧德茲德茲尼皇村介於史瓦濟蘭首都姆巴巴內市（Mbabane）和曼茲尼（Manzini）之間。每年舉辦蘆葦節的確切日期由占星決定。S 26.460550 E 31.201449

ZAMBIA
尚比亞

魔鬼泳池 THE DEVIL'S SWIMMING POOL

● 南部省，利文斯頓　Southern Province, Livingstone

地處維多利亞瀑布邊緣的小池有著令人膽寒的景色，強勁的水花爲游泳增添了異常刺激的緊張感。「魔鬼泳池」就在尚比亞側的利文斯頓島，邀請你相對安全地坐在世界上最大的瀑布頂端。天然岩石屏障會將你與呼嘯下瀉的水流分開，池水流動緩慢，避免你被席捲到瀑布邊緣，墜下 108 公尺高的懸崖。

每年 8 月至次年 1 月間水位足夠低的時候，導遊會從利文斯頓島帶領遊客來此處游泳。S 17.924353 E 25.856810

到世界上最高的無邊際泳池大膽一遊吧，泳池是由天然岩石形成。

撒哈拉南部最大的古老建築曾是大辛巴威古城的一部分，古城原可容納 18,000 人居住。

ZIMBABWE
辛巴威

大辛巴威遺址 GREAT ZIMBABWE

● 馬斯溫哥省，馬斯溫哥　Masvingo Province, Masvingo

高聳的石牆沿著大辛巴威省的邊界蜿蜒，提醒著人們這座城市曾經的壯麗與輝煌。在 11 至 15 世紀期間，班圖人（Bantu）建造了大辛巴威，城市包括三個部分：一座有 11 公尺高牆圍繞的橢圓形大圍城，一座山頂城堡，以及散布在山谷中的石屋。

15 世紀，大辛巴威人滿爲患，最終導致城市被廢棄。在此之前，大辛巴威是繁華的中世紀貿易中心。考古發掘工作從 20 世紀初期開始，發現了來自中國和波斯的玻璃與瓷器，以及來自現今坦尙尼亞附近啓瓦島（Kilwa）的黃金與硬幣。

另外還發現 8 隻用皂石雕刻的辛巴威鳥（Zimbabwe Bird）。如今，這種鳥已成爲辛巴威的國家象徵，在國旗、徽章和紙幣上出現。

大辛巴威遺址位於馬斯溫哥以南 27 公里處，離辛巴威首都哈拉雷（Harare）約 4 小時車程。
S 20.267455 E 30.933798

日落時分，深色的猴麵包樹與天空的柔和色調形成對比。

MADAGASCAR
馬達加斯加

印度洋與大西洋島嶼
Islands of the Indian and South Atlantic Oceans

猴麵包樹大道 AVENUE OF THE BAOBABS

● 梅納貝，摩倫達瓦　Menabe, Morondava

摩倫達瓦到貝盧一齊里比希納（Belon'i Tsiribihina）的泥土路兩側挺立著一排排的猴麵包樹，它們結實的樹幹隨著日光變化呈現不同顏色。這便是猴麵包樹大道，是觀賞馬達加斯加 7 種猴麵包樹之一的大猴麵包樹（Adansonia grandidieri）的絕佳地點。

大道兩旁，具有幾百年樹齡、高 30 公尺的大猴麵包樹看起來像是被連根拔起後，再倒栽在地上。樹枝只在樹幹頂端生長，成簇的厚實葉子在日落時吸收陽光。清晨與傍晚是遊覽猴麵包樹大道的最佳時段。

猴麵包樹距離摩倫達瓦北部約 45 分鐘車程，最好乘坐四輪驅動車遊覽。S 20.250763 E 44.418343

海盜墓地 THE PIRATE CEMTERY

● 阿那蘭基羅富區，聖瑪麗島
Analanjirofo, Île Sainte-Marie

此處躺著一個歹毒的傢伙。

17、18 世紀時，東印度貿易航線附近的聖瑪麗小島是大約 1,000 名海盜在淡季時的住處，來自世界各地的海盜住在木頭小屋裡，屋子上裝飾著象徵所屬船長「組員」的旗幟。

海盜過世後，就會埋葬在風景優美、棕櫚遮蔭的山頂墓地中，俯瞰水域。傳說惡名昭彰的威廉・基德（William Kidd）在墓園中一處大型黑色墓碑下，為了懲罰他歹毒的行為而筆直坐著下葬。不過威廉・基德其實葬在英格蘭，但是他的傳奇船隻「槳帆船冒險號」（Adventure Galley，在 2000 年重新發現）停泊在這個小島附近，據說他的贓物埋在附近海中某處。這個墓園破敗，墳墓半掩蓋在擺動的高草堆中，有對外開放。

墓地位於聖瑪麗島上，距離東馬達加斯加海岸 6.4 公里，可從首都安塔那那利弗（Antananarivo）搭乘 1 小時的飛機抵達。S 16.894317 E 49.905893

特羅默蘭島 TROMELIN ISLAND

坐落於馬達加斯加以東 483 公里處的特羅默蘭島長寬各只有 1,700 公尺和 700 公尺，它不僅是一座長條狀的沙土島，還擁有令人難以置信的殘酷歷史。

1761 年法國貨船「尤蒂爾」（*l'Utile*）從馬達加斯加起航，欲駛往模里西斯——那時還叫做法蘭西島（Île-de-France）。船上載著船員從馬達加斯加挑選的約 160 名奴隸，他們要被賣到模里西斯。然而，在航程途中船隻撞上了珊瑚礁，船尾破碎，尤蒂爾號、20 名船員及約 70 名奴隸葬身大海。淹死的奴隸大部分被困在甲板下的船艙裡，艙門關閉，有的還上了鎖。

倖存者歷經磨難隨海漂流到特羅默蘭島上。當時，小島是一片荒蕪的平坦沙地，海風肆虐，除了海龜、海鳥和珊瑚外，一無所有。一些船員設法挖了一口井，但食物匱乏、沒有遮蔽之處讓生存境況變得艱難。倖存者用打撈的船隻殘骸做了一艘禁得起風浪的木筏，可容納所有的紳士與海員，但無法載運奴隸。

白人倖存者爬上木筏滑向模里西斯，承諾會回來解救留下的奴隸。然而，救援隊從未出現——模里西斯的官員不同意讓白人冒險救援他們認為是人類貨物的奴隸。

在尤蒂爾號沉船 15 年後，法國戰艦艦長博貝爾納‧特羅默蘭（Bernard de Tromelin）來到了這座現在以他名字命名的小島，發現了 7 名尤蒂爾號上的奴隸（均為女性）及 1 個在島上生下來的男嬰。這群人在過去 15 年裡以海龜和貝類為食，居住在由珊瑚礁搭建而成的房屋裡。這些倖存者最終的命運不得而知，但他們似乎得到了以自由人身分在模里西斯生活的權利。2006 年，一隊法國考古學家來到特羅默蘭島，發現了從尤蒂爾號打撈起的銅製炊具，以及珊瑚屋和公共爐灶的遺跡。現在這座島上有座氣象站，可以觀測印度洋上方的海風與氣旋。

沒有飛往特羅默蘭島的商業航班，但私人飛機可以降落在島上未鋪砌的跑道上。另一個選擇是乘船上島，由於沒有港口，必須拋錨停船。沒有住宿之處，請攜帶帳篷、睡袋和充足的食物及必需品。S 15.892222 E 54.524720

SEYCHELLES
塞席爾

五月谷 VALLÉE DE MAI

● 普拉蘭 Praslin

普拉蘭島是塞席爾 155 座島嶼中的第二大島，是一處擁有人跡罕至的沙灘、茂密植物與清澈海水的人間天堂。五月谷位於島中央，長著與眾不同的棕櫚樹：海椰子（coco de mer）。這種樹只生長於塞席爾，海椰子的種子是世界上所有植物種子中最大的。它重達 27 公斤，種子的形狀也分外奇特。簡單來說，海椰子的種子形似女性曲線玲瓏的臀部。

1881 年，虔誠的英國基督徒查爾斯‧喬治‧戈登（Charles George Gordon）將軍來到普拉蘭島，發現了這種可恥的種子。他被其極富感

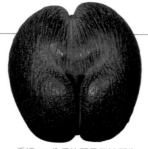

重達 27 公斤的種子又被稱為「愛的果實」。

官刺激的形狀所震撼，認為海椰子就是《聖經》中的知識之樹，而它的種子就是禁果，那麼五月谷便是伊甸園了。

雖然從地理角度來說，這種結論十分牽強，但至少根據《創世記》的說法，海椰子的種子可以被貼上「禁果」的標籤。因而在神話傳說中，海椰子具有激發性欲的功效——它的種子是生育的象徵，

這也讓它成為非常受歡迎的紀念品。2012 年，塞席爾政府為了整頓非法採摘和貿易，禁止私自出口海椰子的種子。若想帶海椰子種子回家留作紀念，必須向有執照的經銷商購買，並取得出口許可。這可所費不貲。

如果只想欣賞海椰子的種子，徒步遊覽五月谷就會看到很多。也許還能遇到非洲黑鸚鵡，這是普拉蘭島才能看見的瀕危物種。

公園的開放時間為早上 8 點至下午 5 點 30 分。
S 4.330000 E 55.738391

一隻出來逛逛的阿達伯拉象龜。

阿達伯拉象龜
THE TORTOISES OF ALDABRA

提到象龜，人們可能會聯想到加拉巴哥群島（Galápagos Islands），但其實象龜還有一處棲息之地：阿達伯拉環礁，它是由位於坦尚尼亞以東 700 公里的 4 座小島組成。

阿達伯拉是全球第二大珊瑚礁。有 10 萬多隻巨大的象龜在這裡生活——數量居世界之首。這些象龜可以長到 250 公斤，與綠蠵龜、椰子蟹、雙髻鯊、蝠鱝和大洋洲紅鶴共同生活於此。此外，島上還有一座小型研究站，有幾位科學家住在這裡，是島上僅有的人類。

塞席爾群島基金會（Seychelles Islands Foundations）負責管理阿達伯拉環礁的人員出入。只有以自然旅遊和教育為目的人能登島，且部分環礁不對外開放。遊客須先包機飛至阿桑普孫島（Assumption Island），再包船或乘坐私人遊艇到達阿達伯拉。S 9.416681 E 46.416650

SAINT HELENA, ASCENSION, AND TRISTAN DA CUNHA
聖赫勒拿、亞森欣與特里斯坦庫涅

特里斯坦庫涅 TRISTAN DA CUNHA

特里斯坦庫涅寬 13 公里，是英國的海外領地，也是世界上最偏遠的有人島。它距離最近的陸上城市是東邊 2,805 公里的南非城市開普敦。乘船從開普敦出發到達特里斯坦庫涅島需要 7 天——無法乘坐飛機，因為島上沒有機場。

特里斯坦庫涅的所有居民都住在島上唯一的村莊七海愛丁堡（Edinburgh of the Seven Seas）中，最近一次人口統計是 269 人。村莊建於 19 世紀早期，坐落於北部海岸，住有 70 戶人家，均為農民。電力由柴油發電機提供。島上唯一的道路狹窄、蜿蜒，道路兩側遍布平房農舍、馬鈴薯田和哞哞叫的牛隻。依稀可見的火山峭壁和低沉的霧氣營造了與世隔絕的朦朧氛圍。

這裡的生活平靜、簡樸、無憂無慮——除了火山爆發。1961 年就是如此，地震、滑坡及北部一處火山的噴發，讓島上所有居民經由開普敦撤離至英國（由於無法忍受英國繁忙的街道和難挨的冬季，兩年後，大多數居民在地質學家表示小島已無危險後又回到了故鄉）。

儘管火山現在已經平息了，但在特里斯坦庫涅島上生活需要耐心與規畫。島上僅有一家食品雜貨店，但必須提前好幾個月下單，貨物才能經由定期漁船運來。大多數醫療需求可在配有X光機、產房、手術室、急診室和牙科設備的醫院中獲得，但需特別治療的病人則要被轉送到南非或英國。

開往特里斯坦庫涅島的船隻是從開普敦出發。遊客須在參觀島嶼前先獲得小島管理人員的許可。

S 37.105249 W 12.277684

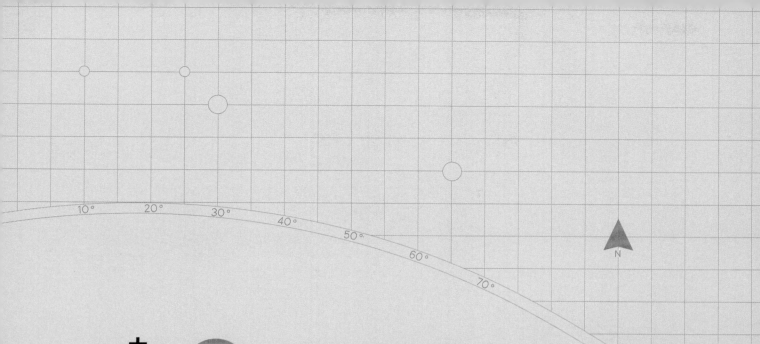

大洋洲 Oceania

澳洲　　　　紐西蘭　　　太平洋島嶼

斐濟 ｜
關島 ｜
馬紹爾群島 ｜
密克羅尼西亞 ｜
諾魯 ｜
帛琉 ｜
巴布亞紐幾內亞 ｜
薩摩亞 ｜
萬那杜 ｜

29°31'55.8"S—137°28'09.6"E

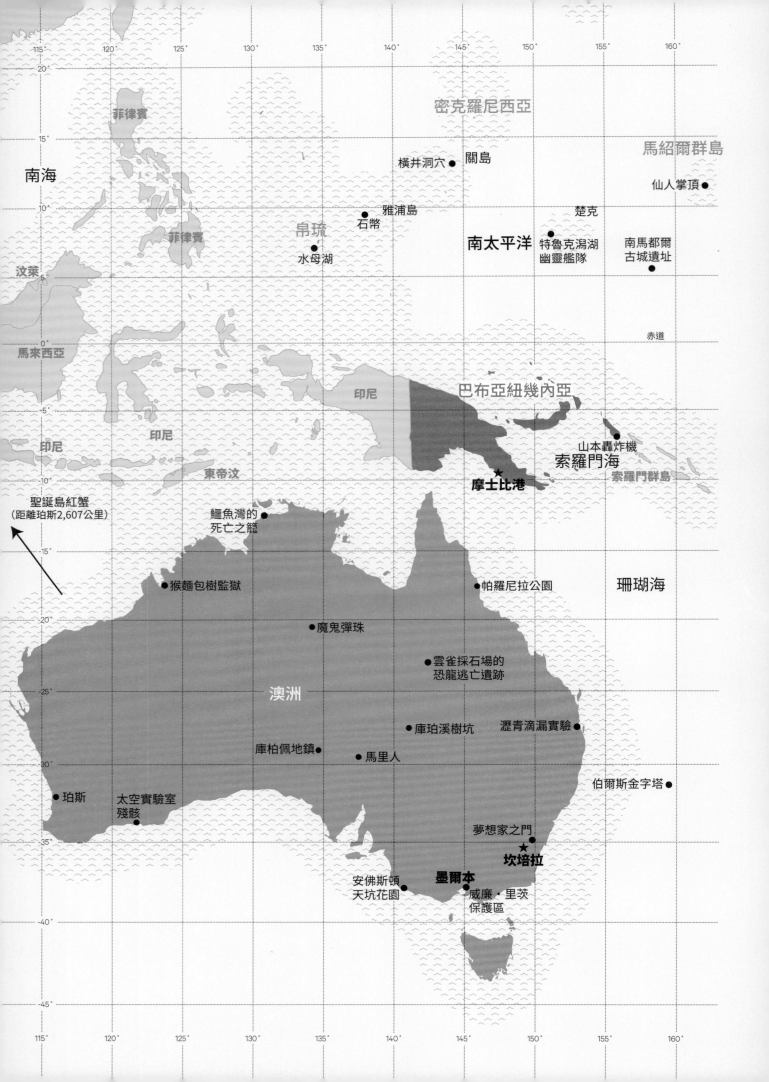

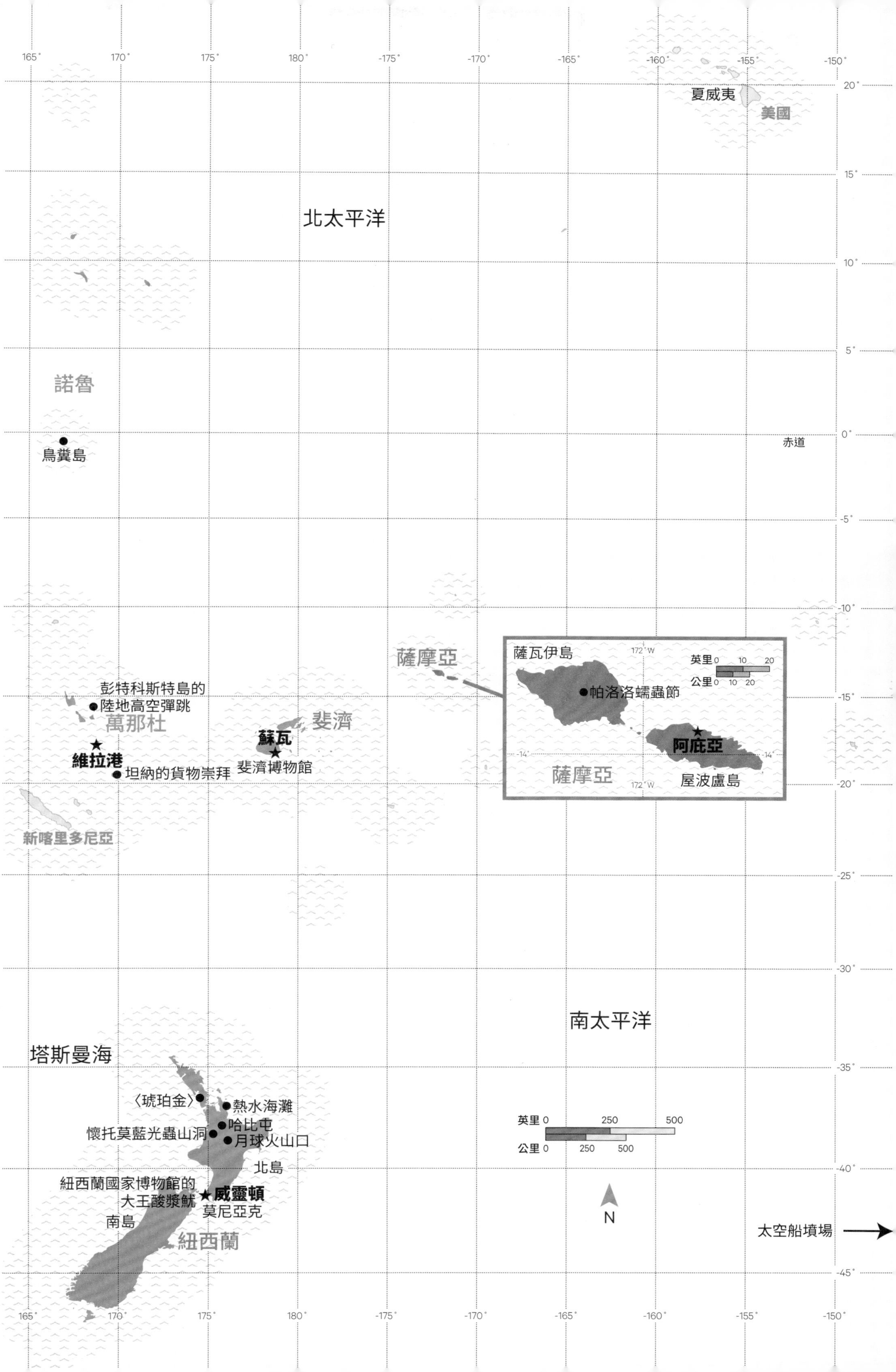

北太平洋

夏威夷
美國

諾魯

鳥糞島

赤道

薩摩亞

薩瓦伊島

172°W

英里 0   10   20
公里 0 10 20

帕洛洛蠕蟲節

彭特科斯特島的
陸地高空彈跳

萬那杜

斐濟

蘇瓦
★

阿庇亞
★

維拉港
★

坦納的貨物崇拜

斐濟博物館

-14°

薩摩亞

-14°

屋波盧島

172°W

新喀里多尼亞

南太平洋

塔斯曼海

〈琥珀金〉

熱水海灘

懷托莫藍光蟲山洞

哈比屯

月球火山口

北島

紐西蘭國家博物館的
大王酸漿魷

威靈頓
★

莫尼亞克

南島

英里 0   250   500
公里 0   250   500

N

太空船墳場 →

紐西蘭

AUSTRALIA
澳洲

魔鬼彈珠 DEVILS MARBLES

魔鬼彈珠，被當地原住民稱爲「卡魯卡魯」（Karlu Karlu，意爲巨石）。沃科普地區散布著上百塊巨石，直徑介於 0.45 至 6.1 公尺之間。有些大圓石兩顆相疊，看起來搖搖欲墜，維持著恐怖的平衡。

根據原住民神話，形似彈珠的大圓石是魔鬼阿蘭吉（Arrange）的傑作，它走過這片山谷時不斷扭動頭髮編成的髮帶。當他扭動時，一束束頭髮就掉落地面，變成了石頭。當阿蘭吉返程時，往地上吐的口水變成更多的大圓石。

1953 年，一塊魔鬼彈珠的大圓石被運到了愛麗絲泉（Alice Springs）小鎮，被用來建造約翰‧弗林（John Flynn）的紀念碑——弗林是爲澳洲偏遠內陸地區提供行動醫療服務的先驅。搬運大圓石的舉動飽受爭議，因爲這地點對當地原住民來說是神聖之地；於是過了 40 多年後，這塊巨石又運回了原地。2008 年，政府將 18 平方公里的領地歸還給原住民，成立了魔鬼彈珠保護區（Devils Marbles Conservation Reserve）。如今，原住民社區與當地政府互相合作，共同管理這地區。

魔鬼彈珠位於斯圖亞特高速公路（Stuart Highway）上，距愛麗絲泉和達爾文（Darwin）都很遠，它在愛麗絲泉以南 389.5 公里，達爾文以北 1092.7 公里。距保護區最近的小鎮是沃科普，是補充物資的最佳地點。出於對當地原住民的尊重，請不要攀爬巨石。

S 20.564659 E 134.262019

原住民神話認爲，沃科普這些被劈開、相疊，以及維持平衡的大圓石是魔鬼的作爲。

鱷魚灣的死亡之籠
THE CAGE OF DEATH AT CROCOSAURUS COVE

當你降入鱷魚灣的第一座鹽水池時，你也許會注意到自己身處的壓克力箱上的鱷魚爪印。無須爲此而擔心——你與身長 5.5 公尺的致命鱷魚之間隔著 3.9 公分厚的塑膠保護層。

雖然這座城市野生動物園裡也有其他的爬行動物和魚類，但它的主要亮點還是鹹水鱷。與其他鱷魚相比，鹹水鱷的體形更大、速度更快，也更常攻擊人類。當地人將鹹水鱷叫做 Salties，牠們多在北澳的溪流與河口出沒，因此，最好不要在這些地方游泳。

鱷魚灣會爲遊客提供難得的機會，遊客搭乘一種叫做「死亡之籠」的透明圓柱降到鱷魚池裡，與鹹水鱷共嬉一池水。雖然沒有人因而受傷，但對鱷魚來說就不是這樣了。2010 年，一隻叫做伯特（Burt）的鱷魚，牠可是高齡 80 歲的電影明星，曾主演過《鱷魚先生》（Crocodile Dundee），卻被兩個足球員戲弄，牠撲向了他們所在的籠子，因而碰斷了一顆門齒。

2011 年，籠子的繩索突然斷裂，兩名遊客跌入了一隻叫做喬巴（Choppa）的大鱷魚所處的水池中。幸運的是，喬巴對兩人不感興趣，他們很快便獲救了。

地址：58 Mitchell Street, Darwin。13 條公車路線都會停靠 Mitchell Street。無須訝異，你在進入「死亡之籠」前，需要簽署一份免責聲明。

S 12.462333 E 130.839162 ➤➤

不管「死亡之籠」的名號，這可是體驗從鱷魚口下倖存的好機會。

澳洲其他致命生物

澳洲有「致命動物之地」的名號，這其實有點不太公平。雖然這國家擁有世界上頂級的 21 種毒蛇，螫咬幾分鐘後便將致人於死的海洋生物，以及 5 種劇毒蜘蛛，但澳洲大陸大多數的危險生物並不會主動攻擊人類。通常是人類沒有意識到入侵了牠們的領地，牠們才因自衛而咬傷人類。以下是在澳洲旅遊時需要警覺的動物及植物。

1 箱型水母 Box Jellyfish

箱型水母因身體像立方形而得名，牠致命的觸手下垂擺動，幾乎通體透明，在水中以每秒 2.1 公尺的速度無聲地移動。牠的觸手最長可達 3 公尺，上面長著尖刺，一旦碰到就會向你注入毒液。被箱型水母螫到後，皮膚會暫時留下箱型水母觸手的痕跡，以及長達八小時的劇痛。在極少數情況下，被箱型水母螫到後，會因心跳停止而死亡。

處理方法： 在箱型水母的觸手上倒醋，破壞牠的螫人機制之後，再用毛巾或手套將觸手從皮膚上移開。

2 石頭魚 Stonefish

石頭魚外表粗糙、斑雜，在澳洲熱帶水域風平浪靜的淺灘裡，常常藏在泥沙之中。如果不小心踩到一條石頭魚，13 個充滿毒液的背鰭就會向人體內釋放神經毒素，導致劇痛、紅腫、肌肉無力，以及極短暫的癱瘓。

處理方法： 將四肢浸在熱水中，可以破壞毒素。情況更嚴重時，可使用抗毒血清。

3 藍圈章魚 Blue-Ringed Octopus

這種嬌小、不起眼的黃色頭足類動物，全身布滿了霓虹藍色的圓圈。如果踩到牠，牠會毫不猶豫地螫人。螫咬本身並不痛，但牠唾液腺中噴出的毒液會讓人肌肉無力、暫時性癱瘓與呼吸困難。在很多情況下，受害者的意識清醒，能夠保持警覺，但無法呼吸或移動。

處理方法： 爲病人進行人工呼吸，直到他能自主呼吸爲止。目前尚未有對應的抗毒血清可用。

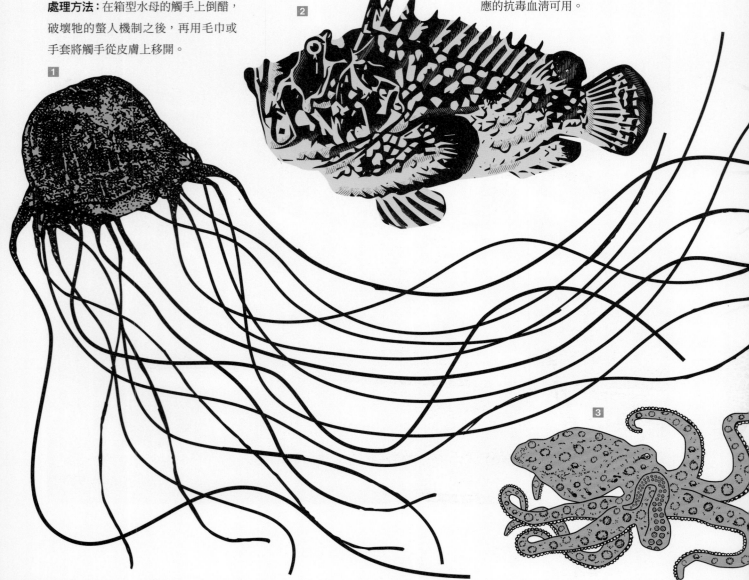

4 太攀蛇 Coastal Taipan

太攀蛇是澳洲東部和北部沿海地區的本土物種，淺棕色，身體細長（可長至 1.8 公尺），牠的牙齒是澳洲所有蛇類中最大的，約 1.3 公分長。太攀蛇的毒牙雖大，卻能刺入人腿多次而不被察覺。當太攀蛇發現獵物時，牠會先定住不動，然後將頭從地上抬起發動攻擊，多次噬咬。

處理方法：太攀蛇是世界上毒性第三強的蛇，能夠破壞人類神經系統，釋放出的神經毒素導致肌肉無力，並阻止血液凝結。為防止失血過多而死或大面積的肌肉和腎臟損傷，被咬傷的病人應該盡快使用抗蛇毒血清。

5 雪梨漏斗網蜘蛛
Sydney Funnel-Web Spider

在雪梨，漏斗網蜘蛛無處不在。這些身長 5.1 公分的深棕色蜘蛛與其他致命動物不同，喜歡在後院、游泳池或室內出沒。夏季雄性漏斗網蜘蛛會離開洞穴，四處尋找伴侶。若是被漏斗網蜘蛛咬了一口，30 分鐘內就會出現心跳加速、肌肉痙攣、出汗、震顫和呼吸困難等症狀。雖然螫咬可能致命，但自 1981 年研發出漏斗網蜘蛛的抗毒血清後，尚未出現相關死亡紀錄。

處理方法：去醫院注射抗毒血清，同時按壓傷口，用夾板與繃帶固定住被咬的部位，防止毒素擴散。

6 金皮樹 Gympie Gympie

昆士蘭（Queensland）的森林中有一種高達 1.2 公尺左右的植物——金皮樹，它巨大的心形樹葉、多汁的粉紅色漿果和可愛的小花十分引人注目。但只要這種樹扎了你一下，所有的美好景象便會被劇痛淹沒。枝葉上的細小絨毛會殘留在皮膚中，引起的劇痛和紅腫更會持續數月之久。

處理方法：方法有些奇怪，卻得到了醫學界的認可，就是用除毛蜜蠟將皮膚中的毛刺拔出來。

瀝青滴漏實驗 PITCH DROP EXPERIMENT

● 昆士蘭，布里斯本　Queensland, Brisbane

這是被昆士蘭大學（University of Queensland）數學與物理學院形容為「比觀察小草生長更令人激動」的實驗。在帕內爾大樓（Parnell Building）二樓大廳的展示窗中，你會看到玻璃罩內放了一個裝滿瀝青的漏斗。瀝青看似一動不動，但不要因此被騙了：你正在觀察的是世界上耗時最長且仍在進行之中的實驗。

瀝青滴漏實驗從 1927 年開始，這是昆士蘭大學物理學教授湯瑪斯‧帕內爾（Thomas Parnell）的想法。其目的是證明瀝青這種像柏油的固態聚合物，並不是固體，而是異常黏稠的液體。

為了證明這個假設，帕內爾將加熱後的瀝青樣品倒入一個封閉的漏斗中，光是倒入瀝青的過程就耗時 3 年。1930 年，他把漏斗底端剪破，讓瀝青可以自然流出。事實證明，

瀝青確實可以流出，但流速十分緩慢。1938 年，第 1 滴瀝青滴進了漏斗下方的燒杯中。第 2 滴和第 3 滴分別於 1947 年和 1954 年滴落。在建築內安裝了空調後，流速更慢了——第 8 滴，歷時 12 年之久，才於 2000 年 11 月滴入燒杯。

超過 13 年之後，也就是 2014 年 4 月，第 9 滴終於落下。預計第 10 滴落下的時間是在 2027 年。

遊客可從布里斯本中央的阿德萊德街（Adelaide Street）搭車，在昆士蘭大學的學院社區（Chancellor's Place）下車。
S 27.498210 E 153.013004

帕羅尼拉公園 PARONELLA PARK

● 昆士蘭，梅納溪　Queensland, Mena Creek

烘焙師何塞‧帕羅尼拉（José Paronella）自兒時起，就夢想建造一座摩爾式城堡。1913 年，這個富有冒險精神的 26 歲年輕人離開了他的西班牙故鄉，加泰隆尼亞（Catalonia）的村莊，搬到了北澳的熱帶地區。在這裡，他以種植甘蔗起家，終於可以追求自己的夢想了。

1929 年，帕羅尼拉買下昆士蘭一大片雨林，開始親手打造城堡，建築材料是沙石、泥土、舊鐵軌、附近小溪裡的鵝卵石，以及從廢棄房屋取下的木材。截至 1935 年，建築已頗具規模，擁有游泳池、咖啡館、電影院、舞廳、網球場及配有豪華樓梯的別墅花園。建築全部對外開放。

但在 1948 年帕羅尼拉逝世後，建築被遺忘了幾十年。如今經努力修復，城堡已重煥生機。茂盛的熱帶植物已與帕羅尼拉親手建造的台階和噴泉融為一體，人造建築看起來像是從自然環境中長出來似的。

地址：1671 Japoonvale Road, Mena Creek。觀光巴士從梅納溪以北 120.7 公里處的凱恩斯（Cairns）出發。
S 17.652501 E 145.957598

噴泉與豪華花園，僅僅只是一位加泰隆尼亞烘焙師親手搭建的夢想城堡之部分景觀。

庫珀溪樹坑
COOPER CREEK DIG TREE

● 昆士蘭，庫珀溪
Queensland, Cooper Creek

布拉布拉水坑（Bullah Bullah waterhole）岸邊的一棵老尤加利樹是兩位野心勃勃的探險家走向悲劇的見證者。

1860 年，羅伯特‧伯克（Robert Burke）與威廉‧威爾斯（William Wills）從墨爾本（Melbourne）出發探險，目的地是澳洲的最北端，全程 3218.7 公里。沙漠地段的夏日高溫超過攝氏 50 度，當時除了原住民之外，還沒有白人抵達過。伯克和威爾斯兩人之前都沒有探險經驗，他們就帶了 19 人、23 匹馬、26 頭駱駝和 6 輛馬車隨行，補給品遠遠超過合理的範圍（中國式的鑼和大橡木桌是最不切實際的行李）。

花了幾個月向庫珀溪行進後，伯克和威爾斯與隊伍的其他人分開，兩人繼續向北部海岸前行。留在庫珀溪的補給隊依照指示在原地待了 3 個月，等候兩人完成探險後從海岸返回。但在等了 4 個多月後，兩人仍無

這棵樹是兩位探險家命運的轉捩點。

消息，於是停在庫珀溪的補給隊將食物等補給埋在一棵尤加利樹下，標註時間，然後離開了。

9 小時之後，伯克和威爾斯回到了庫珀溪。他們看到「樹坑」，挖出了補給品的儲藏處，還找到其他人留下的一封信。兩人筋疲力盡，無法追趕探險隊，於是先休息了兩天。他們在再次出發前，在儲藏處留了一封信，詳細描述接下來的計畫，以便補給隊回來時可以掌握他們的動向。然而，伯克和威爾斯犯了一個致命的錯誤：他們沒有修改原來刻在樹上的日期和資訊。當補給隊帶著更多的補給品回到庫珀溪時，沒有發現伯克和威爾斯回來過的跡象，於是又離開了。

補給品消耗殆盡，隨行動物也悉數死亡，伯克和威爾斯被困在河邊，虛弱不已，沒有體力打水。感覺死期將至的威爾斯回到樹坑，埋下了自己的日記。他和伯克在 6 月 21 日（也就是死前一週）的日記內容如下：「我們已經盡力了……我們的死亡並不是自己的魯莽所致，而是其他人輕率行動的結果。如果我們還在其他地方受苦，那我們只能責怪自己，但我們已經回到了庫珀溪，本該找到食物補給和衣物，然而我們卻不得不死於饑餓。」

這棵尤加利樹位於南澳內陸的小鎮，就在昆士蘭交界附近，印納明卡（Innamincka）東北 37 公里處。標示樹坑的訊息仍可看見。S 27.623353 E 141.076000

雲雀採石場的恐龍逃亡遺跡
LARK QUARRY DINOSAUR STAMPEDE

● 昆士蘭，文頓
Queensland, Winton

9,500 萬年前，150 隻恐龍——體積如雞的肉食性恐龍和體積如鴕鳥的草食性恐龍——被牠們的天敵（可能是暴龍）圍捕，慌忙逃生。這次混亂的大逃亡也許只花了幾秒鐘，卻在地上留下了一堆已成化石的奔逃足跡——這是世界上唯一的恐龍逃亡證據。如今，這裡已經蓋了一座保護建築，用來防止恐龍腳印遭到侵蝕和損壞。

地點：雲雀採石場保護公園（Lark Quarry Conservation Park），位於 Winton-Jundah Road, Winton。S 23.016100 E 142.411400

全球唯一的恐龍逃亡遺跡。

太空實驗室殘骸 SKYLAB'S REMAINS

● 西澳，埃斯佩蘭斯
Western Australia, Esperance

1979 年 7 月 12 日，美國無人太空站的太空實驗室（Skylab）展開重返地球大氣層計畫。事情變得有點岌岌可危，因為太空站錯過了原本預定的重返目標。本來碎片應該要掉落在南非開普敦東南南方 1,304 公里處，但計算出現了 4% 的誤差，導致碎片降落在西澳珀斯（Perth）東方大約 483 公里處。

對於埃斯佩蘭斯的居民來說（目前人口有 10,421 人），這可是件大事。一開始只是奇怪的光線和音爆，接著美國太空總署（NASA）的人員趕到，鼓勵當地人交出尋獲的碎片。當地政府頒發徽章給找到殘骸的人，《舊金山觀察家報》（San Francisco Examiner）懸賞一萬美金給首位帶著太空實驗室真正碎片抵達他們辦公室的人，更是造成一陣狂熱。報社辦公室當然位於美國，可能的贏家只有 72 小時可以趕來。17 歲的史丹‧索頓（Stan Thornton）設法從埃斯佩蘭斯趕到，拿到了獎金。

同時，當地的埃斯佩蘭斯博物館也開始建立館藏。目前博物館裡有各式各樣太空實驗室掉落地球的人造物品，包括大型的鈦氮球和氧氣瓶、金屬和絕緣泡棉的碎片、破損的電路板、主艙的一部分，還有一座冷凍櫃。

博物館入口外有個放在基座上的太空實驗室模型。旁邊的塊看板寫著：

1979 年，有艘太空船在埃斯佩蘭斯墜毀，因亂丟垃圾，罰款 400 元，已全數繳清。

到了埃斯佩蘭斯地區時，不妨看看附近的希利爾湖（Lake Hillier）是不是粉紅色的，有時候湖水會呈現出明顯的泡泡糖色彩。
S 33.858962 E 121.893997

猴麵包樹監獄 BOAB PRISON TREE

● 西澳，德比 Western Australia, Derby

1890 年代期間，警察將一棵直徑 4.6 公尺、有中空球根、樹齡 1,500 年的猴麵包樹，作為臨時監獄，將要被送往德比小鎮審判的原住民犯人關在樹裡。這棵樹在作為臨時監獄的很久以前，是當地神話之一。相傳，這棵猴麵包樹曾經高聳入雲、孤傲不可一世，直到神靈將它上下顛倒之後才懂得謙虛，因此，樹根向天空生長。

地點：Broome Highway, Derby。天西航空公司（Skywest Airlines）週間每天都有從珀斯飛往德比的航班（航程約 3 小時）。猴麵包樹現在以圍籬圍住，以防遊客進入，一方面是為了尊重澳洲原住民人的信仰，另一方面則是為了保護喜歡棲息在樹幹裡的蛇類。
S 17.350700 E 123.669900

這棵猴麵包樹曾是座監獄，樹的中空內部曾用來關暴動者。

安佛斯頓天坑花園
UMPHERSTON SINKHOLE

● 南澳，甘比爾山
South Australia, Mount Gambier

甘比爾山這座城市遍布著受侵蝕的石灰岩洞穴與火山口。1864 年，一名叫做詹姆斯·安佛斯頓（James Umpherston）的紳士買下一塊地，當中有處壯觀的天坑。但這並非出於疏忽。

安佛斯頓沒有為天坑的存在而擔憂，他決定將它改造成一座對外開放的休閒花園。1886 年，安佛斯頓在天坑種滿了各種花草。遊客沿著一組木梯而下，蜂擁進入這座新花園。

自安佛斯頓於 1900 年離世後，花園開始頹敗，變成雜草叢生的垃圾傾倒場。到了 1976 年，恢復原來花園美景的計畫開始實施。林業局的工作人員發現了安

佛斯頓的露台，在上面重新種植了鮮花與灌木。就像當初被巧手改造一樣，這座花園再度風靡一時。

安佛斯頓天坑花園草木蔥蘢，粉色和淡紫色的繡球花燦爛盛開，天坑邊緣垂掛的常春藤掩映著下方的地穴。花園也頗受當地負鼠（Possum）的喜愛，夜晚降臨時，牠們會在植物叢中蹦蹦跳跳地尋找食物。

地點：Jubilee Highway East, Mount Gambier。從墨爾本的南十字星車站（Southern Cross）搭乘公車到甘比爾山約 6 小時，或是從阿德雷德（Adelaide）的中央車站（Central Station）出發，需 6 個多小時。
S 37.838738 E 140.808532

常春藤垂掛在具 150 年歷史的天坑花園邊緣。

馬里人 MARREE MAN

● 南澳，馬里　South Australia, Marree

1998 年 6 月，私人飛機飛行員特雷克‧史密斯（Trec Smith）在飛往內陸庫柏佩地（Coober Pedy）時看到了一幅長 4.2 公里的巨型畫作：一個裸體的原住民男性，左手抬起，正準備向某個目標擲出獵棒。

人物比例完美，寬線深入地面約 25.4 公分，似乎是剛剛完成的作品。製作這幅畫需要規畫、準確性和充分的膽量，但尚未有人承認自己是創作者，顯然也沒有人目睹創作過程。

事情越來越奇怪。匿名媒體發表了一篇顯然是用美國觀點寫成的文章。文章用了美規度量單位，並用蹩腳的正式名稱稱呼繪製地點，還提到了美國俄亥俄州印第安人的「巨蛇山」（Great Serpent Mound）。1999 年 6 月，一封來自英國的傳真透露，馬里人的鼻子下藏著訊息。政府向好奇心屈服，挖開土地後發現了一塊板子，上面印有美國國旗、奧運五環，以及引用自 1936 年一本描寫澳洲內陸的書裡有關原住民狩獵的引言。

「美國製」的視角似乎是一個大膽的怪人精心設計的玩笑。這就要提到巴迪烏斯‧戈德堡（Bardius Goldberg）了，現在他被認為是可能性最大的嫌疑人。戈德堡是位有些激進的藝術家，曾在愛麗絲泉附近的沙漠城鎮中畫過原住民風格的點狀畫，以示對傳統土地所有者赫爾曼‧瑪律本卡（Herman Malbunka）的不滿。據說，戈德堡用借來的 GPS 和一台曳引機在地上作畫，向瑪律本卡傳送了惡意的訊息。

不幸的是，戈德堡已於 2002 年去世（他在一次酒吧鬧事被打掉了牙齒，因而罹患敗血症），這意味著「馬里人」的謎團從未正式被解開。戈德堡的其他創作包括種植尤加利樹以拼湊巨大的袋鼠圖案，以及在一間房子的牆上安裝會神奇消失的聖母瑪利亞。對於那些了解戈德堡的人來說，他是唯一的嫌疑人。

如今，「馬里人」的線條已經因地表侵蝕作用而褪去了，但依然可以從空中看出輪廓。馬里地區的觀光行程包含從空中俯瞰「馬里人」與附近的艾爾湖（Lake Eyre），航班是從阿德雷德出發。S 29.532173 E 137.469336

這個身高 4.2 公里高的人物似乎是某位古怪藝術家的惡作劇。

澳洲的祕境還包括：

- 利奇菲爾德白蟻丘
  Litchfield Termite Mounds

阿德雷德河（Adelaide River）/ 這些看似凹凸不平的墳墓，其實是白蟻窩。

- 陽光影院 **Sun Pictures**

布魯姆（Broome）/ 這間世界上最古老的戶外電影院，至今仍每晚放映多部電影。

- 棋盤石 **Tessellated Pavement**

鷹頸峽（Eaglehawk Neck）/ 分布於高原地表互相垂直的地質裂紋是由地殼壓力引起，擠壓作用將地層形成棋盤的效果。

- 伊甸殺人鯨博物館
  Eden Killer Whale Museum

伊甸（Eden）/ 在這裡，遊客可以看到名叫「老湯姆」（Old Tom）的整副鯨魚骸骨。老湯姆是一條 6.7 公尺長的虎鯨（orca），曾幫助獵人管理其他鯨魚。

- 哈梅林浦疊層石
  Hamelin Pool Stromatolites

加斯科因（Gascoyne）/ 哈梅林浦海洋自然保護區（Hamelin Pool Marine Nature Reserve）淺灘上的層狀結構可不是石頭，而是疊層石：一種仍活著、還在生長的有機體，展示著 35 億年前地球稀有的生命一瞥。

- 百寶箱 **Wunderkammer**

墨爾本 / 這間位於市中心的精品店銷售來自自然界和科學世界的化石、標本及稀有珍品。

- 希利爾湖 **Lake Hillier**

中島（Middle Island）/ 這片湖水具有泡泡糖般夢幻的粉紅色。

- 安達拉熔岩通道
  Undara Lava Tubes

驚奇山（Mount Surprise）/ 白化蟑螂、焦糖色的擬蠍，以及沒有眼睛的銀魚，都是出沒在熔岩通道的稀有昆蟲及動物代表。

- 十二門徒石 **Twelve Apostles**

坎貝爾港（Port Campbell）/ 這裡的「十二門徒」——倒塌了 5 個，現在僅剩下 7 個——它們是國家公園海岸邊的一排石灰岩柱。

- 攝政街火車站
  Regent Street Station

雪梨 / 一群準備聚集的弔唁者曾在這座哥德式車站聚集，等待駛向盧克伍德墓園（Rookwood Cemetery）的火車。

- 人類疾病博物館
  Museum of Human Disease

雪梨 / 這是澳洲唯一一間對外開放的病理學博物館，旨在展示人類不健康的生活方式所帶來的嚴重後果。

- 丹尼森堡 **Fort Denison**

雪梨港（Sydney Harbor）/ 這座小島曾關著要被流放的饑餓犯人，也被稱為「吝嗇鬼」（Pinchgut）。

- 燃燒山 **Burning Mountain**

文根（Wingen）/ 文根山中有一層緩慢移動的煤，煤層已經悶燒了幾千年。

- 紐恩斯螢火蟲隧道
  Newnes Glowworm Tunnel

沃爾根谷（Wolgan Valley）/ 曾經的火車隧道如今已成為上千隻發光昆蟲的棲息地。

庫柏佩地鎮 COOBER PEDY

● 南澳，庫柏佩地
South Australia, Coober Pedy

對於庫柏佩地的大多數居民來說，打開窗戶自由呼吸新鮮的空氣是不可能的。這個沙漠小鎮約有 2,000 位居民，其中一大半都住在地下石穴，因爲這種生活方式能夠在極端乾燥高溫的環境下爲他們提供保護。

一個名叫威利・哈奇森（Willie Hutchison）的 14 歲男孩在尋找水源時，在地面發現了蛋白石（opal），不久之後，庫柏佩地這座小鎮就於 1915 年應運而生了。這座小鎮自此成爲這種白色寶石的世界最大產地。蛋白石是沉積岩或岩漿岩裡二氧化矽與水結合的

庫柏佩地的居民住在涼爽的地下，以熬過酷熱的夏季。

產物。

庫柏佩地居民不僅在洞穴中生活，他們還會在地下做禮拜、逛地下畫廊，以及管理地下的飯店。而對

於無法在洞穴中進行的休閒娛樂，居民則做出了一些別具創意的調整——高爾夫球場位於地表之上，但玩家會在涼爽的夜晚比賽，使用發光的高爾夫球，並攜帶一小塊草皮來開球。

庫柏佩地距離阿德雷德西北部 846.5 公里。遊客可搭乘區域快捷航空（Rex Airlines）的航班從阿德雷德飛往庫柏佩地，航程約 2 小時。除此之外，也可乘坐灰狗巴士（Greyhound bus），夜車全程 11 小時。建議避開最熱的天氣，最好在 4 到 11 月間觀光。
S 29.013244 E 134.754482

夢想家之門 DREAMER'S GATE

● 新南威爾斯，科萊克特
New South Wales, Collector

科萊克特曾經是一個有 5 間旅館的小鎮，吸引了不少叢林大盜——19 世紀期間，在叢林中劫持過往車輛的劫匪——此後，這裡卻逐漸淪落爲僅有 300 多位居民且遊客稀少的村莊。村莊入口的景象驚世駭俗：一道高 7 公尺、長 34 公尺的哥德風格沙色大門，好似從陽光耀眼的自然環境長出來一般。

「夢想家之門」出自當地藝術家東尼・凡塔斯特斯（Tony Phantastes）之手，是他獻給過世父親的禮物。凡塔斯特斯於 1993 年開始創作大門，用鍍鋅電線和水管做了骨架，而後覆以麻繩、石膏、細鐵絲網和水泥。門的造型包括扭曲的樹枝、手、一張男人沉睡的臉，以及一扇可看見後面景色的圓窗。

1999 年，當地委員會宣稱大門的結構不穩定，下令停工。凡塔斯特斯提出抗告，但後來敗訴了。出於妥協，他在大門後側安裝了鋼鐵的支架。

「夢想家之門」雖得以保留，卻並未完工。隨著時間流逝，大門褪色生鏽，破碎的拱門象徵著凡塔斯特斯未完成的夢想。

地點：Church Street, Collector。科萊克特距雪梨 2.5 小時車程。大門位於叢林人飯店（Bushranger Hotel）對面，傳奇的叢林大盜班・霍爾（Ben Hall）經常光顧這間飯店。飯店裡有一座獻給警員山繆・尼爾遜（Samuel Nelson）的紀念碑，1865 年他被亡命之徒在此射殺身亡。
S 34.911637 E 149.432245

這座位於路邊的巨大半成品是攝人心魄的現代遺跡。

澳洲的巨物

1963 年，一座高 4.9 公尺、演奏風笛的蘇格蘭人水泥造型建築，現身在阿德雷德的蘇格蘭汽車旅館（Scotty's Motel）一角。這棟爲了吸引往來旅客而生的水泥建築，引發了澳洲的一種文化現象：巨物。

1980、1990 年代期間，對很多澳洲人來說，沿著澳洲主要高速公路自駕出遊的家庭會遇到許多巨型物體。這些巨物最初是爲了宣傳鄰近的商店、博物館和旅舍而建，之後它們自己也成爲景點。在「大香蕉」前駐足照相已成爲當地夏季旅行的一種儀式。

澳洲有 100 多個巨物，其中大多數現在看起來已經有些破敗了。廉價航空正逐漸取代澳洲的公路交通。沒什麼技術含量的龐然大物現在只能勾起一絲懷舊之情——以及一點點文化尷尬。

大芒果 Big Mango
11.9 公尺
昆士蘭，包恩（Bowen）

大香蕉 Big Banana
4.9 公尺
新南威爾斯，科夫斯港（Coffs Harbour）

大拳擊鱷魚 Big Boxing Crocodile
7.9 公尺
北領地，漢普蒂杜（Humpty Doo）

金吉他 Golden Guitar
11.9 公尺
新南威爾斯，塔姆沃思（Tamworth）

大美麗諾羊
Big Merino
15 公尺
新南威爾斯，
古爾本（Goulburn）

大無尾熊 Giant Koala
14 公尺
維多利亞，達斯威爾橋（Victoria, Dadswells Bridge）

大明蝦 Big Prawn
6.1 公尺
新南威爾斯，
巴利納（Ballina）

大鳳梨 Big Pineapple
16.2 公尺
昆士蘭，烏木拜（Woombye）

大奈德．凱利 Big Ned Kelly
6.1 公尺
維多利亞，格蘭羅萬（Glenrowan）

大粉紅鳳頭鸚鵡 Big Galah
7.9 公尺
南澳洲，金巴（Kimba）

威廉・里茨保護區
WILLIAM RICKETTS SANCTUARY

在威廉・里基茨保護區安靜森林的蜿蜒山路兩旁，矗立著 92 座陶像，它們彷彿從山石中孕育而生。每張面孔都屬於雕塑家威廉・里基茨（William Ricketts）生命中的一個真實人物。從未接受過雕塑訓練的里基茨從小就沉迷於原住民神話，當地神話認為祖先在所謂的「夢時代」裡創造了大地上的自然景象。

1930 年代，里基茨開始創作以原住民老人、成人和兒童為主題的雕塑——當時，維多利亞政府規定原住民兒童必須離開父母，在白人家庭和機構接受撫養。因此，里基茨刻畫的白人男性常常戴著由子彈製成的王冠，腳下踩著動物的屍體。

里基茨在 1993 年以 94 歲高齡去世前，始終堅持創作。他的保護區於 1960 年代對外開放，為大家提供了一處可盡情冥想與欣賞自然的場地。

地　址：1402-1404 Mt. Dandenong Tourist Rd., Mount Dandenong, Victoria。遊客可在墨爾本市區的 Flinders Street 站搭乘火車，在 Croydon 站下車，再換乘公車到保護區。S 37.832715 E 145.355645

「長鬍子」（Long Beard）與「大地媽媽」（Earthly Mother）。

聖誕島紅蟹 CHRISTMAS ISLAND CRAB

聖誕島是澳洲位於印度洋中心的海外領地，有 1,500 人口和 1,000 萬隻螃蟹。

每逢雨季到來，成千上萬隻紅蟹就會離開森林裡的洞穴到海岸產卵，此時地面會變成一大張紅毯。一路上，紅蟹要通過公路、抵抗海風、躲避黃瘋蟻，這段危險的旅程歷時數週之久。

黃瘋蟻正如其名，受到驚擾後會瘋狂又混亂地移動，牠們是在 1920 年代無意間被引進聖誕島。自此之後，牠們就成為超級殖民者，嚴重破壞島上的生態系統。紅蟹雖然體積更大，外殼堅硬，但也畏懼這群螞蟻噴出的致命酸液噴入牠們的眼口。

有鑑於黃瘋蟻對紅蟹和聖誕島生態系統的破壞，澳洲政府成立了一個由 7 位專家組成的瘋蟻科學顧問小組（Crazy Ant Scientific Advisory Panel）。至今實施的對策包括展開為期 4 年、針對蟻群對蜜露依賴程度的研究，以及 2009 年在超級殖民地噴灑 13 噸的殺蟲劑。雖然後者大大減少了瘋蟻的數量，但不久之後，這種螞蟻又迅速繁殖了。

聖誕島距珀斯 4 小時航程。紅蟹遷移的確切時間因天氣和月相而異，但一般是在 11 月期間。
S 10.447525 E 105.690449

伯爾斯金字塔 BALLS PYRAMID

● 豪勳爵群島　Lord Howe Island Group

夜幕降臨，兩位澳洲科學家站在一座形似大匕首的火山上，他們腳下的岩石距離海面 100.6 公尺。在這險象環生的情況下，他們發現了最期待的驚喜：一個藏有 24 隻巨型竹節蟲（giant stick insect）的窩，每隻竹節蟲都有人的手掌那麼大。

2001 年，大衛・普里德（David Priddel）以及尼古拉斯・卡萊爾（Nicholas Carlile）啓程前往伯爾斯金字塔（這是澳洲東海岸高約 562 公尺的火山遺跡），他們的動機來自一個不太可靠的想法：被認爲已絕種的竹節蟲仍然存在。竹節蟲與其他昆蟲相比，體積大得異乎尋常，因此也被稱爲「樹龍蝦」，牠們曾在附近的豪勳爵島出沒。然而，在 1918 年島上引進黑鼠——從一艘補給船逃出，登上陸地——這種昆蟲就消失了，到 1930 年，一般認爲竹節蟲已經絕種了。

伯爾斯金字塔距離豪勳爵島東南部 19.31 公里，幾乎草木不生——火山島由岩石構成，接近垂直的峭壁很難有植物生長，而且若無政府許可，嚴禁攀爬岩壁。幸運的是，兩位科學家竟在裂縫的刺灌木下方發現了 24 隻「樹龍蝦」。

沒人知道牠們是如何到達那裡的。是被鳥類送去的嗎？牠們的卵是從海上漂來的嗎？起初，澳洲政府無法決定是否應該將竹節蟲移走。2003 年，國家公園暨野生動物署搜尋了火山，收集了兩對竹節蟲進行人工繁殖。其中一對很快就死了，而另一對被送往墨爾本動物園（Melbourne Zoo），取名爲「亞當」和「夏娃」，牠們成功交配，產下的卵日後繁衍了動物園內上千隻的「樹龍蝦」。

位於雪梨東北 600.3 公里處。遊客可乘坐往返於雪梨和豪勳爵島之間的航班，全程不到 2 小時。
S 31.754167 E 159.251667

這裡住著曾被認為已絕種的「樹龍蝦」。

NEW ZEALAND
紐西蘭

〈琥珀金〉 *ELECTRUM*

● 馬卡勞　Makarau

艾倫・吉布斯（Alan Gibbs）不僅是紐西蘭最富有的人之一，而且還能操控閃電。他的農場有世界最大的特斯拉線圈（Tesla coil）——〈琥珀金〉。

入夜後，吉布斯可從 15.2 公尺之外的陽台，撥動發送閃電電流的開關，讓這座 11.6 公尺高的圓柱雕塑頂端簡單造型的圓球釋放雷電。當線圈放電時，它會向周圍的空氣釋放高達 300 萬伏特的電力。人們可以聽到劈啪作響的聲音，同時毛髮豎立。燒焦的氣味源自臭氧，是氧分子分解後重新組合而成。

〈琥珀金〉用藝術化的手法展現了吉布斯對閃電長久以來的痴迷。為了創作這件作品，他委託現在已故的美國藝術家艾瑞克・奧爾（Eric Orr）；奧爾的雕塑常結合火水，營造高度戲劇感。奧爾在電氣工程師格雷格・萊伊（Greg Leyh）及紐西蘭、舊金山團隊的幫助下，設計並建造了一個圓柱體，頂端有名為法拉第籠（Faraday cage）的空心球。第一次試驗時，〈琥珀金〉在巨大的嗡嗡聲中釋放出持續的閃電，萊伊則待在受保護的球體中安然閱讀，向特斯拉坐在椅子上讀書而其背後的線圈猛烈放電的著名照片致敬。

自 1998 年起，這座雕塑便成為吉布斯農場（Gibbs Farm）的一部分。農場位於海灣地段，距離奧克蘭（Auckland）1 小時車程；農場有 20 多件大型的特定

場域藝術裝置，都是吉布斯委託藝術家製作的一系列抽象、極簡藝術作品。此外，還可以看見斑馬、長頸鹿、羊駝、澳洲鴕鳥和山羊在農場漫遊。

地點：Kaipara Coast Highway, Makarau。農場是私人住所，但其中的藝術公園對外開放，須事先預約。
S 36.519772 E 174.448963

哈比屯 HOBBITON

● 懷卡托，馬塔馬塔　Waikato, Matamata

哈比人住在地上洞穴裡，而洞穴就位於紐西蘭的馬塔馬塔。彼得・傑克森（Peter Jackson）的《魔戒》（*The Lord of the Rings*）和《哈比人》（*The Hobbit*）電影的哈比屯場景，就在面積 3.2 平方公里的亞歷山大農場（Alexander Farm）中，農場還有 13,000 隻綿羊和 300 頭牛。

傑克森在空中調查取景時，發現馬塔馬塔的山丘無論大小或形狀都剛好符合托爾金（J. R. R. Tolkien）小說中關於哈比人溫馨小屋的描寫，因此將這裡選為電影拍攝地。

1　11.6 公尺高的〈琥珀金〉是世界上最大的特斯拉線圈。
2　這棟小屋是《魔戒》裡佛羅多（Frodo）展開危險旅程的起點。

為了把此處改造成好萊塢認可的哈比屯，電影團隊建造了磨坊和橋梁，運來假樹葉一片片捆到枯樹上。在此之前，電影團隊還請紐西蘭軍隊幫忙鋪設了一條公路。

在結束 1 小時的哈比屯導覽後，遊客還可以用瓶子餵食小羊，或者觀看剪羊毛。

地址：501 Buckland Rd., Hinuera, Matamata。遊客可從奧克蘭搭乘長程巴士到達馬塔馬塔，車程約 3 小時。車站有開往農場的免費接駁車。
S 37.871257 E 175.683244 ➤➤

➡➡ 可以遊覽的電影取景地

《大智若魚》 *Big Fish*
美國，阿拉巴馬州，蒙哥馬利（Montgomery）附近河域的一座私人島嶼

提姆・波頓（Tim Burton）於 2003 年為電影而建、友善而隱蔽的豐都鎮仍在這座小島保留下來。經過多年風吹日曬之後，建築物粗糙的表面逐漸剝落，露出了下層的保麗龍。

小島為私人所有，參觀前請先徵得島主同意。

《星際大戰》 *Star Wars*
突尼西亞，內夫塔（Nefta）西南部，吉利特鹽湖（Chott el Djerid）

拉爾斯之家（Lars Homestead），是路克・天行者位於塔圖因（Tatooine）的家，如今仍屹立在突尼西亞的沙漠之中──這多虧了一些極度沉迷的影迷。2010 年，星戰狂粉馬克・德爾穆（Mark Dermul）帶著一群人來到電影拍攝地朝聖，卻為天行者破敗的家擔憂不已。經過兩年的募款和與突尼西亞政府的協調之後，馬克與 5 個朋友返回沙漠，修復了片場的泥灰場景。

藝術家正在為西席・地密爾的電影《十誡》雕塑拉美西斯二世的臉部。

《十誡》 *The Ten Commandments*
美國，加州，瓜達盧佩（Guadalupe）

在近 90 年的時間裡，瓜達盧佩─尼波莫沙丘（Guadalupe-Nipomo Dunes）埋葬了豐富的埃及「遺跡」。1 座 219 公尺長的埃及宮殿、21 座 5 噸重的斯芬克斯（獅身人面）雕像，以及 4 座 9.1 公尺高的法老拉美西斯二世（Pharaoh Ramses II）的雕塑，它們曾是 1923 年西席・地密爾（Cecil B. DeMille）執導的電影《十誡》的場景。儘管這裡曾是當時最大的人造片場，電影拍攝完畢數月後，地密爾讓工作人員將拆除後的道具就地掩埋。片場一直深藏於地下，直到 1983 年，電影製作人暨地密爾影迷彼得・布洛斯南（Peter Brosnan）開始探索這座祕密物產。布洛斯南和他的團隊根據地密爾自傳中的線索找到了「失落之城」，但因缺少資金而沒有真的開挖。直到 2012 年 10 月，挖掘工程終於啟動。雖然一部分片場還埋在沙漠之中，但出土的物品已陳列於瓜達盧佩街的沙丘中心（Dunes Center）。

熱水海灘
HOT WATER BEACH

● 懷卡托，科羅曼德半島
Waikato, Coromandel Peninsula

如果在適當時間來到熱水海灘，你可以在沙灘爲自己挖一座量身訂作的沙子浴池，而且還可以調節水溫。由於沙灘的一小部分位於地下熱水經過的區域，在潮水漲落之間，只要稍微挖一挖，就會釋放出熱水，因此可以根據個人喜好製作一座私人溫泉池。

尋覓一處水溫剛好的地點實屬不易——在沙灘的部分地區，地下水的溫度足以將人燙傷。最好準備一桶海水，如果你開始冒汗，就往溫泉池裡倒一點涼涼的海水調節溫度。

如果建造得夠堅固，在被高漲的潮水淹沒之前，溫泉池將可維持4 小時之久。

出發前請查詢潮水漲退時間。在退潮前 2 小時到達沙灘，占據一席之地，然後開始打造私人浴池，在它被潮水淹沒之前，盡情享受溫泉吧。S 36.881556 E 175.813006

1

月球火山口 CRATERS OF THE MOON

● 懷卡托，陶波　Taupo

翻騰的滾滾水蒸氣從「月球火山口」的盆地和咕嚕冒泡的泥池中升起，這裡是一片被架高木棧道所圍起的地熱區。

這個地區並非一直是地質活動的溫床。火山口自 1950 年代才開始出現，當時附近的地熱發電站導致地下水壓降低，熱水上升至地表，以水蒸氣的形式逸出。

此後，這個地區一直處於不斷變化的狀態。新火山口（可達 19.8 公尺深）在大約一年一次的熱液噴發中逐一形成。氣孔釋放水蒸氣，而這些氣體逸出頻率越來越密集，以至於必須定期更改步道路線，才能繞過新的排氣口，否則水蒸氣就會燙傷遊客。

地點：171, Karapiti Road, Wairakei。從奧克蘭到陶波，搭乘長程巴士需 5 小時，飛機則僅需 45 分鐘。月球火山口位於市中心以北 4.8 公里處。
S 38.644625 E 176.072079

1　在潮水來襲之前，為自己挖一座專屬的溫泉浴池。
2　這個地熱區有熱氣騰騰的氣孔。

2

發光生物的幼蟲點亮了懷托莫散發柔光的洞穴。

懷托莫藍光蟲山洞
WAITOMO GLOWWORM CAVES

● 懷卡托，威托莫
Waikato, Waitomo

在遊覽威托莫藍光蟲山洞時，遊客可以乘坐小船在藍色繁星點綴的黑暗中靜靜徜徉。至少看上去如此。洞穴頂部星星點點的光亮，其實源自發光的生物真菌。1887 年，當地毛利酋長塔內·提諾勞（Tane Tinorau）和英國測繪員弗雷德·梅斯（Fred Mace）首度探險威托莫山洞時，迎接他們的是此番令人驚歎的美景。兩人沿著一條溪流進入洞穴，伴著燭光划動竹筏，為大約 3,000 萬年前形成的洞穴美景震撼不已。而兩人重返山洞的收穫就更大了——他們發現了位於陸地的洞穴入口。到了 1889 年，遊客只要支付一點費用便可欣賞洞穴美景。

威托莫山洞有壯觀的天然石灰岩層，岩石形似教堂、管風琴和扭曲的柱子。當然，洞內最吸引人的景觀還是藍光蟲。這種發光生物叫做「小真菌蚋」（Arachnocampa luminosa），是紐西蘭特有種，牠們會在 6 至 12 個月的幼蟲期中發出藍綠光。生物發光機制主要為排泄器官中的化學反應，這種光亮與垂下的捕食線一起，將獵物吸引到幼蟲所在的絲網上。幼蟲越饑餓，發出的光就越明亮。這是幼蟲的光輝歲月——因為牠們破蛹而出後，由於沒有嘴，會在 100 小時之內活活餓死；而在短暫的成年期裡，只忙著交配，雌蟲甚至要產下 100 多個卵。

地址：39 Waitomo Caves Road, Waikato。距離山洞最近的城市是漢米頓（Hamilton），約 1 小時車程，也有公車行駛。山洞內禁止拍照，在靠近藍光蟲時須保持安靜。S 38.250961 E 175.170983

紐西蘭的祕境還包括：

● 鮑德溫街 **Baldwin Street**

但尼丁（Dunedin）／世界上最險峻的住宅區道路形成於一次意外：19 世紀中葉，在規畫丹尼丁的道路時，位於倫敦的城市規畫師沿用了標準的網格系統，卻未考慮當地的地形。

● 亨德瓦沙公共廁所
Hundertwasser Public Toilets

卡瓦卡瓦（Kawakawa）／奧地利國寶藝術家百水先生（Friedensreich Hundertwasser）用歪斜的瓷磚、玻璃瓶製作的窗戶及繪製明亮的塗鴉極具個人風格，它們裝飾著這間公共廁所的牆面。

● 蒂卡波湖 **Lake Tekapo**

麥肯奇盆地（Mackenzie Basin）／當冰川沿山坡向下移動時，沿途摩擦形成「石粉」，使湖水呈碧綠色。這裡也是觀星勝地。

● 特懷羅阿被掩埋的村落
Te Wairoa Buried Village

羅托魯亞（Rotorua）／ 1886 年，這片住宅區被埋在火山噴發的灰燼下。

● 雷里石坡 **Rere Rock Slide**

雷里（Rere）／瓦雷科佩河（Wharekopae River）從 61 公尺高的岩層上傾瀉而下，膽大的人可以坐著輪胎或滑板滑下來。

● 花栗鼠夫人紀念碑
Mrs. Chippy Monument

威靈頓（Wellington）／極地探險家哈里·麥克尼許（Harry McNeish）的墓旁立著一座貓咪銅像，這隻貓曾陪伴他前往南極。

● 無路橋 **Bridge to Nowhere**

旺加努伊（Whanganui）／一座長達 39.6 公尺的水泥橋橫跨於芒格普魯瓦峽谷（Mangapurua Gorge）的野性綠色叢林之中，橋的兩端沒有道路，完全與世隔絕。

莫尼亞克 MONIAC MACHINE

● 威靈頓　Wellington

出身鱷魚獵人的經濟學家比爾·菲利普斯（Bill Phillips），於 1949 年創造了莫尼亞克（MONIAC），即國民收入類比電腦（Monetary National Income Analogue Computer），以水流代替貨幣，呈現出國家經濟的運作方式。

這台 2 公尺高的機器是菲利普斯在倫敦經濟學院（London School of Economics）就讀時，在房東的車庫裡用廢棄零件組裝而成，機器由木板和透明塑膠盆組成，之間由塑膠管相連。每個塑膠盆代表經濟體的一個經濟部分，如出口、健康或

一個國家的經濟如何運作？讓「國民收入類比電腦」利用水流來說明。

教育。調整水的流速會引起整個系統的變化，提供清晰的全系統模擬，可以顯示支出、儲蓄、投資、利率和稅收對經濟系統的影響。菲利普斯用莫尼亞克展現了微小的變化會對國家經濟造成複雜且

深遠的影響方式。14 台笨重且吵雜的同款機器按照最初的設計製造，但 1950 年代誕生的電腦很快便讓莫尼亞克被歷史淘汰。僅有少數機器存留，其中 1 台目前陳列於威靈頓的儲備銀行博物館（Reserve Bank Museun），此外，倫敦的科學博物館（Science Museum）也收藏了 1 台。

地址：2 The Terrace, Wellington。從威靈頓火車站步行至儲備銀行博物館僅需 10 分鐘。
S 41.278997 E 174.775217

紐西蘭國家博物館的大王酸漿魷
COLOSSAL SQUID AT TE PAPA MUSEUM

● 威靈頓　Wellington

與牠的親戚大王烏賊一樣，大王酸漿魷也難得一見。這種頭足類動物比大王烏賊短，但重量更重，生活在南極洲附近海域 14.4 公尺深的漆黑環境中。這種生物一直很神祕，直到抹香鯨肚子裡 2 條長滿吸盤的觸手洩露了大王酸漿魷的存在。截至 2007 年，只有 3 隻完整的大王酸漿魷被捕獲，並被記錄在案。

2007 年 2 月，紐西蘭捕魚船「聖阿斯庇林」（San Aspiring）在羅斯冰棚（Ross Ice Shelf）附近捕魚時，被一股不尋常的龐大力量拽住。船員拖拽魚繩，而後竟發現了一隻重達 453.6 公斤的大王酸漿魷，牠正死咬著一條犬牙南極魚不肯鬆口。漁夫知道自己遇到了非比尋常的生物，趕緊將大王酸漿魷拉上船冷凍起來，然後迅速駛回紐西蘭。

威靈頓紐西蘭國家博物館（Te Papa Museum）——以藝術、歷史、自然和毛利文化為主題的國家機構——滿懷感激地收下這件禮物。工作人員先用福馬林將大王酸漿魷保存，而後思考如何處理牠。大王酸漿魷被冷藏了 1 年多之後，科學家才在一個放滿冰塊與鹽水的特製水箱中解凍牠。長達 60 小時的解凍和檢查過程透過網路直播。

雖然最初估測這條大王酸漿魷有 9.1 公尺長，但測量結果卻是 4.2 公尺——牠死後觸手收縮了。根據大王酸漿魷（Mesonychoteuthis hamiltoni）拉丁學名的第一

從南極深海捕撈上來的梅西，已找到更適合的住處。

音節，牠的綽號叫做「梅西」（Messie），現今是在一個橫臥的水箱中展出，是國家博物館「大王酸漿魷展」的核心藏品。在這裡，你會了解到（或被提醒）魷魚有 3 個心臟，觸手底部有可旋轉的勾子，食道從甜甜圈形狀的腦部中心穿過。

地址：55 Cable Street, Wellington。從威靈頓站步行至國家博物館需 20 分鐘，乘坐公車為 10 分鐘。
S 41.290502 E 174.781737

太空船墳場 SPACECRAFT CEMETERY

● 太平洋　Pacific Ocean

當太空船、太空站和其他衛星墜落地球時，許多最後都會掉在太平洋的同一個地方，大約在紐西蘭以東 4,828 公里、南極大陸以北 3,219 公里的地方。多年來，這些沉沒的科學艦艇就這麼落入海底，在一個如今人稱「太空船墳場」的地方。許多碎片和比較小型的衛星會在重返地球時燒毀，但是比較大型像是整座太空站，就需要妥善處理，以免有害物質流落在外，於是就這麼進入黑暗的海底。自從 1971 年起，有 250 多艘太空船在這個地點沉沒，其中包括無人衛星、乘載太空人糞便的廢棄物太空貨船，其中最引人注目的，大概就是整座停用的俄羅斯太空站「和平號」（Mir）。

太平洋深處躺著外太空的高科技產品。

嚴格來說，太空船墳場的位置環繞著「海洋難抵極」（Oceanic Pole of Inaccessibility），這是地球上距離所有陸塊最遠的地方。這使得要到這裡相當不容易（海洋深度也有大約 4 公里），最好從遠方欣賞即可。
S 43.579692 W 142.720088

FIJI
斐濟

太平洋島嶼
Pacific Iklands

斐濟博物館 FIJI MUSEUM

● 蘇瓦　Suva

據說，傳教士湯瑪斯・貝克（Thomas Baker）犯的嚴重錯誤，就是試圖把梳子從一位斐濟酋長的頭髮上取下來。1867 年，這位衛理公會的傳教士因為這個失禮的舉動，成為最後一個被納布陶陶（Nabutautau）村民殺死、煮來吃的人類。在那次事件之後，斐濟就廢除了食人的習俗。

貝克被煮過的鞋底，以及專門用來吃他的「食人叉」，現於斐濟博物館內展出。同系列的收藏品還包括一艘 13.4 公尺長的雙層獨木戰船，以及 1874 年將群島所有權割讓給英國的契約副本，這些展品拼湊出斐濟原住民時期和殖民時期的歷史。

在 2003 年的部落慶典上，納布陶陶的村民正式向貝克的後代道歉吃了他，還說從那次事件後，村子就一直「倒楣」。

地 點：Thurston Gardens, Cakobau Road, Suva, Viti Levu。S 18.149488 E 178.425664

食人叉是酋長在吃人肉時避免碰到自己嘴唇的器具。

GUAM
關島

橫井洞穴 YOKOI'S CAVE

● 塔洛佛佛　Talofofo

一般認爲第二次世界大戰是在 1945 年 8 月 14 日結束，即使日本直到 9 月 2 日才正式投降。不過有些人並不知道，對於許多日本士兵來說，戰爭結束的時間晚了很多。

根據官方統計，太平洋各地共有 127 名死守奮戰或脫隊離散的日本士兵，他們在 1947 至 1974 年之間才紛紛投降。這個數字還不包括許多日本士兵死於藏身之處，過了數十年後才被人發現。

對於死守奮戰的日本士兵來說，他們保持強烈的軍國主義原則因而無法投降：戰死或遭俘都比投降的下場好。有些情況，則是他們根本不知道戰爭已經結束了。死守奮戰的日本士兵持續與美軍作戰，後來又對抗當地警察；其他脫隊的士兵則是躲起來。他們擔心會被視爲逃兵處死，所以不可能回到日本。

其中一位脫隊的日本士兵叫做橫井庄一（Shoichi Yokoi），他原本是名裁縫師，1941 年被日軍徵召入伍。橫井隸屬日本部署在關島的軍力，1944 年夏天時麥克阿瑟將軍（Douglas MacArthur）已攻下關島。美軍快速逼近，許多日本士兵遭俘或戰死，橫井跟其他 9 人則撤退到叢林深處。

大家很快意識到，這麼一大群人很容易就會被發現。於是有 7 人離開了；並不清楚這些人後來發生的遭遇。至於留下來的 3 人，包括橫井，分別藏身在當地不同的地方，但彼此之間會持續聯絡。橫井在距塔洛佛佛瀑布不遠的地方，花 3 個月挖了一處 2.1 公尺深的「洞穴」。這個地下小房間由大竹竿支撐，房間約 91 公分高、274 公分長，有個隱蔽的小入口，還有第二個開孔用來補充空氣。他在裡面只放了少許物品，晝伏夜出，白天躲在洞穴裡，夜裡則外出去捕魚、青蛙、蛇或老鼠，也學會採集不知名的水果和蔬菜。他最大的兩件寶物是他自己做的抓鰻魚的陷阱和織布機，這台織布機可將木槿的樹皮纖維織成橫井的衣服。

這 3 人在 1952 年左右聽說戰爭已經結束了。但他們不確定消息是否正確，又擔心被俘或投降都將性命不保，於是決定繼續躲藏。大約 1964 年，橫井去找另

有如監獄般的地下洞穴，是橫井在二戰後躲藏多年的地方。

外 2 人時發現他們已經死了，於是他埋葬了戰友。橫井認爲他們是餓死了。不過其他資料來源則指出他們是死於洪水。

最後來到 1972 年，當地兩名漁夫在塔洛佛佛河岸發現了橫井，他擔心自己有生命危險，於是衝向他們，卻被抓住了。橫井懇求兩人殺了他。他們卻帶他回家，讓他吃了 28 年來第一頓眞正的飯，再帶他去見有關當局。兩週後，橫井回到日本，受到英雄式的歡迎。但他的感覺截然不同。他的名言是：「非常慚愧，我活著回來了。」

橫井在 82 歲時過世，原本的洞穴被當作歷史紀念予以保存，不過後來洞穴倒塌，就在原地重建了複製品，還設立神社和紀念碑，以紀念最後 3 名脫隊的日本士兵。橫井當年在洞穴的一些物品現在放在塔洛佛佛瀑布度假公園（Talofofo Falls Resort Park）入口的博物館裡。

從塔洛佛佛瀑布度假公園的入口，可以搭乘纜車到塔洛佛佛瀑布。從瀑布走到橫井的洞穴大約 400 公尺，也可以搭乘單軌列車。N 13.322826 E 144.736497

MARSHALL ISLANDS
馬紹爾群島

仙人掌頂 CACTUS DOM

● 埃內韋塔克環礁　Enewetak Atoll

鬱鬱蔥蔥的島嶼環繞著藍寶石般的潟湖，但埃內韋塔克環礁這片美麗的海域卻是世界上第一枚氫彈發射的地方。在第二次世界大戰時，美國從日本手裡奪得了埃內韋塔克環礁，把這裡清理一空，將島上美國士兵的遺體挖出運回美國入葬，隨後在這裡進行了一連串的核爆測試。

1948 至 1958 年之間，43 枚核武在埃內韋塔克上空爆炸。其中一名叫做「常春藤邁克」（Ivy Mike）的氫彈，威力比摧毀廣島的「小男孩」（Little Boy）原子彈高了 500 倍。1958 年核爆測試結束時，整片環礁具有極高的輻射，礁石和島嶼上散布著直徑幾百公尺的爆炸坑。

1970 年代，被疏散的居民開始返回埃內韋塔克定居，美國政府決心清除島上的核爆汙染。1979 年，一支部隊上島收集被汙染的土壤和雜物，與水泥混合後，倒入了環礁東部的儒尼特島（Runit Island）上一個直徑 107 公尺的爆炸坑中。當土墩堆到 7.6 公尺高時，軍隊工程師蓋了碟狀的水泥頂封住。這就是「仙人掌頂」，因為原來的爆炸坑就是由一枚叫做「仙人掌」的炸彈所造成的。

1980 年，美國宣布埃內韋塔克可以安全住人了。如今，約 900 人住在埃內韋塔克環礁，但沒有人住在「仙人掌頂」上。2008 年對「仙人掌頂」的實地調查顯示，357 塊水泥板中已有 219 塊有裂痕、剝落，以及植物在接縫處生根等問題。

遊客可在馬紹爾群島的首都馬久羅（Majuro）租架小型飛機前往環礁，航程約 90 分鐘。降落前請做好心理準備，因為埃內韋塔克的飛機跑道維護得不怎麼樣。
N 11.552761 E 162.347229

圓頂

在馬紹爾群島上進行了幾十年的核爆測試後，
美國政府用水泥圓頂封住高輻射廢料。

FEDERATED STATES OF MICRONESIA
密克羅尼西亞

南馬都爾古城遺址 NAN MADOL RUINS

在遙遠的密克羅尼西亞島上，海岸邊有座人造石島的偉大古城遺址。這些斷垣殘壁代表著密克羅尼西亞島曾有空前規模的巨石建築。

近百座人造小島是在 8 或 9 世紀建造的，而島上的巨石結構則建於 13 至 17 世紀。與這些巨石結構大約同時間興建的石造建築是巴黎的聖母院、柬埔寨的吳哥窟。城裡的人口大概超過 1,000 人。大部分小島都是住宅區；不過有些則有特殊用途，像是用來準備食物、生產椰子油或是建造獨木舟。

南馬都爾沒有淡水水源，也無法種植食物，因此所有物資都必須從本島大陸運來。根據當地傳說，用來建造南馬都爾城的石頭，是用黑魔法飛到那個位置的。考古學家找到幾個本島大陸上的可能採石點，不過建材的運輸方法尚未有定論。

南馬都爾建築群蓋在淺水區的一堆人造小島上，就在波納佩（Pohnpei）島東岸旁邊。跳島航線的飛機或是帆船可以到達波納佩島。N 6.844898 E 158.335674

人造小島遍布於波納佩島海岸線。

特魯克潟湖的幽靈艦隊
GHOST FLEET OF TRUK LAGOON

1944 年 2 月，美國海軍仍在日本偷襲珍珠港的打擊之中，爲了以牙還牙，美軍鎖定日軍在後來叫做特魯克潟湖（Truk Lagoon）的軍事基地。日本當時已經把這座環礁改造成重要的海事和後勤樞紐，在島上修建道路、壕溝和通訊設施，並在海域部署戰艦、潛水艇、航空母艦和其他大型艦艇。

1944 年 2 月 17 日的日出時分，美軍展開「冰雹行動」（Operation Hailstone）任務。500 多架戰機從附近的馬紹爾群島起飛，潛水艇和戰艦也隨即加入攻打特魯克潟湖。雖然日軍擔心會被突襲，一週前就已經移走多艘大型戰艦，但依然損失慘重。47 艘船隻和 270 架飛機沉入了潟湖底，一同葬身大海的還有 1,700 多名日軍。

沉船在潟湖底形成了世界上最大的艦船墓地。船內物品從被魚雷轟炸得千瘡百孔的船隻中散出。防毒面罩、腐爛的鞋子、未開瓶的啤酒與留聲機唱片在長滿珊瑚的甲板上幽幽漂蕩，清楚地展示著船員的日常生活。

特魯克潟湖不僅是戰艦最後的墳墓，而且還是大量喪生日軍的安息之所。1980 年代，潛水夫找到了約 400 名日本船員的遺體。這些遺骨被送往一處日本空軍基地火化，骨灰則被供奉在東京的國立軍人公墓。其他 1,300 多名軍人的遺體仍散落在潟湖之中。

特魯克的幽靈艦隊吸引了鯊魚、蝠鱝、海龜等海洋生物，還有潛水愛好者。生鏽的戰艦不斷地解體，帶來了許多生態問題——潟湖底部的 3 艘油輪裝有約 32,000 噸的原油，總量約爲 1989 年美國阿拉斯加港灣（Exxon Valdez）漏油事件的 75% 油量。

特魯克潟湖的英文 Truk Lagoon，也可以寫作 Chuuk Lagoon。遊客可搭乘從關島起飛的航班，90 分鐘可到達楚克機場，楚克機場位於潟湖中央的韋諾島（Weno Island）。
N 7.416667 E 151.783333

世界上最大的沉船墓地埋葬著 47 艘船隻、270 架飛機，
還有 1,300 多名日本士兵的遺體尚未尋獲。

石幣 RAI STONES

● 雅浦島　Yap

密克羅尼西亞的法定貨幣是美元，但雅浦島還有另一種形式的貨幣：石灰岩圓碟，有的石幣比一輛車還重。幾個世紀之前，雅浦島的探險家搭乘竹筏航行 450.6 公里到達帛琉（Palau）島，他們在那裡第一次見到石灰岩。雅浦人與帛琉人商議之後，建造了一座採石場，用貝殼工具將石頭雕刻成圓盤狀，叫做「拉伊」（rai）。

拉伊直徑從幾公分至 3.7 公尺不等，重量最大可達 3628.7 公斤。每個拉伊中間都鑽有圓孔，便於探險家將其串到竹筏的竿子上。而在漫漫歸途中，如何讓石幣一直待在船上，則是更為棘手的事情。

拉伊被運回雅浦島後，成為一種通常在婚禮交換、政治交易和財產繼承中流通的貨幣。拉伊的價值既取決於大小，也取決於來源——如果探險家在開採石頭的過程中喪生，那麼石幣的價值會更高。拉伊交易並不需要進行實物交換，只需承認石幣所有權的轉讓。實際上，一個早就因風暴從竹筏上掉落、沉入太平洋底的拉伊，就一直被頻繁轉移。

拉伊也不能倖免於通貨膨脹。1870 年代，一位名叫大衛・奧基夫（David O'Keefe）的愛爾蘭裔美國探險家跟隨雅浦人來到帛琉，他用進口的工具切割石灰岩。他的方法加快了拉伊的生產過程，但結果適得其反：奧基夫的石幣在雅浦人的價格低於以傳統貝殼工具製作的石幣，而且拉伊數量突然增多，也降低了石幣的總價值。

雖然石幣的開採已於 19 世紀初停止，但雅浦人至今依然交易石幣以紀念這項傳統。現存的 6,500 枚石幣大多被放在露天的「銀行」——森林空曠地和村落中心。防盜自然不須考量。

旅遊景點包括托米爾島（Tomil Island）上的馬克村（Maaq）和加奇帕村（Gachpar）。美國聯合航空公司（United Airlines）飛往雅浦的班機從關島出發，一週兩班。N 9.533333 E 138.116667

NAURU
諾魯

鳥糞島 GUANO ISLAND

● 亞倫區　Yaren District

諾魯在 1968 年成為獨立國家，之後的幾十年裡，這裡的 6,000 名國民位居世界上最富有國民平均所得之列。自 1840 年代起，諾魯相繼被德國、英國、澳洲、紐西蘭和日本統治，當這塊面積僅為 20.7 平方公里的土地終於歸屬諾魯人時，他們進口價格不菲的跑車，在人跡稀少的道路上馳騁。

諾魯龐大的財富只有一個來源：海鳥糞便。1908 年，礦業公司利用「石化鳥糞」（就是鳥類或蝙蝠的大便）中的磷酸鹽，大量開採出口。諾魯政府預見磷酸鹽的供給終會枯竭，於是成立了一個基金，將礦業收益的一部分用於投資，保證國家未來的財務。不幸的是，投資大部分以失敗告終，比如 1993 年一次莫名其妙且災難性的投資——諾魯政府投資了倫敦西區（West End）一部以達文西（Leonardo da Vinci）為主題、長達 4 小時的音樂劇，但公演 5 週後就喊停了。21 世紀初磷酸鹽被消耗殆盡之時，諾魯沒有錢，也沒有資源，更沒有經濟復興的計畫。

這座被掠奪一空的小島突然陷入貧窮，導致政局動盪，小島只能依靠 2005 年成立的國家航空和非常規的方法來產生收入。從 2001 年起，諾魯開始接受澳洲的經濟援助，條件是在島上建立具有爭議性的難民收留中心。尋求澳洲庇護的人們希望乘船進入澳洲，卻先被送到諾魯島收留數月，等待澳洲政府評估他們的難民申請。

今天，約 9,500 名諾魯人消費從澳洲進口的食物和飲用水——礦業開採使大部分土地變得貧瘠、多石，不適宜種植蔬菜。電力短缺是常態。報廢汽車和生鏽的設備占據著小島海岸景觀最顯著的位置，時刻提醒人們諾魯輝煌的過去與不確定的未來。

諾魯航空公司（The Republic of Nauru's Our Airline）每週有航班往返澳洲的布里斯本及斐濟的楠迪（Nadi）。S 0.541408 E 166.918047

這裡的水母不會傷人。

PALAU
帛琉

水母湖 JELLYFISH LAKE

● 艾爾莫克島　Eil Malk

每天，在帛琉東部的一座小鹽湖中，上百萬隻金色水母緩緩游動。牠們的螫咬十分輕柔，不會傷到浮潛的人。大約在 12,000 年前，太平洋的海水流入了這個湖泊盆地中，帶來了水母——卻未帶來牠們的捕食者。因此，水母得以不受限制地成倍增加。

如今，湖中確實有一個水母的天敵——海葵，牠們藏身於水中幽暗之處，伺機捕食。水母每日遷移的模式保證了自身的安全與充足的食物來源。牠們每天要在水中上下浮沉 14 個小時，在捕獲足夠的浮游生物之後，就追逐著太陽由東向西遷移，橫渡鹽湖。

這座鹽湖適合浮潛，即使水母從你身上漂過，也不會造成任何傷害。唯一危險的是水下 15.2 公尺深的地區，高濃度的阿摩尼亞和磷酸鹽可能會導致人的皮膚中毒，甚至死亡。因此，鹽湖禁止水肺潛水。

艾爾莫克島也叫做埃爾馬爾克（Mecherchar）島，是帛琉南部島嶼之一。美國聯合航空公司有從關島飛至帛琉的航班。到達鹽湖還要乘船，及徒步上坡 10 分鐘。請不要塗抹防曬乳，以防汙染湖水。N 7.161111 E 134.376111

PAPUA NEW GUINEA
巴布亞紐幾內亞

山本轟炸機 YAMAMOTO'S BOMBER

● 布干維爾，布因　Bougainville, Buin

布因北部的叢林深處停放著一架轟炸機的殘骸，這架第二次世界大戰期間的日軍轟炸機意義重大。1943年4月18日黎明，這架飛機從巴布亞紐幾內亞的拉包爾（Rabaul）起飛，機上有海軍大將山本五十六（Isoroku Yamamoto），他是日本海軍聯合艦隊的總指揮官，也是偷襲珍珠港的策畫者。山本正打算前往日本位於南太平洋的前線視察，試圖鼓舞因一連串戰敗而受挫的士氣。

然而，這位海軍大將及手下軍官尚不知美國海軍情報部門已攔截並破解了他們的行程計畫。山本的行動路線完全暴露了，美軍趁機伏擊這架飛機。

這項任務叫做「復仇行動」（Operation Vengeance），相當大膽。18架美軍飛機從索羅門群島的瓜達卡納爾（Guadalcanal）起飛，向北追擊山本的轟炸機幾百公里，由於飛行距離太遠而不得不帶上額外的油箱。美軍在飛過布干維爾上空時，終於發現了山本的轟炸機及護航的飛機。隨後，展開一場纏鬥，山本的轟炸機冒煙了，最後墜毀在叢林之中。

第二天，日本的救援隊緊急搜尋大將，在一棵樹下發現了從轟炸機被拋出的山本，他的遺體挺身而坐。救援隊隊長濱砂（Hamasuna）中尉聲稱，山本戴著白手套的手還握著刀——山本在士氣低落的日軍前保留了海軍大將的尊嚴。

布干維爾於2019年11月的獨立公投中，獲得近98%選民支持，目前正與巴布亞紐幾內亞政府進行磋商，朝實際獨立建國努力中。

遊客須先從阿拉瓦（Arawa）開車3小時到布因，然後徒步1小時到達轟炸機的墜毀地點。建議與當地導遊同行。S 6.740568 E 155.688031

太平洋群島的祕境還包括：

• **太平洋垃圾帶 Great Pacific Garbage Patch**
在太平洋中央隨海流漂浮著從美國西海岸漂來的塑膠垃圾，面積約有德州大小。

• **阿洛法加噴水孔 Alofaaga Blowholes**
薩摩亞，薩瓦伊（Samoa, Savai'i）／海水流經一堆海岸熔岩隧道，最終透過地表的氣孔向天空噴射。

第二次世界大戰山本五十六的飛機殘骸仍留在布干維爾的叢林。

一人島

庫克群島（Cook Islands）的小珊瑚環礁蘇沃羅夫（Suwarrow），與最近有人居住的島嶼相距 321.9 公里，紐西蘭人湯姆・尼爾（Tom Neale）在這裡獨自生活了 16 年。他在一座搖搖欲墜的棚屋裡躲避猛烈的暴風雨，主要以魚和椰子爲生，被陽光曬成棕色的身體上僅裹著腰布。這是一名遭受海難的倖存者的非凡故事，但有個重要的細節：尼爾並不是意外漂到蘇沃羅夫。他是自願且熱切地隻身來此，決心在可據爲己有的礁島上過著簡單且獨居的生活。

1952 年，50 歲的尼爾首次啓程前往蘇沃羅夫。他之前是大溪地（Tahiti）的店家老闆，他在遇見了作家羅伯特・弗里斯比（Robert Frisbie），聽他說起這座珊瑚環礁的魅力之後，就對蘇沃羅夫著了迷。

尼爾計畫在蘇沃羅夫生活幾年，所以他囤積了大量的補給品——他買下了拉洛東加島（Rarotonga）小城商店裡的麵粉、糖、煤油和咖啡豆的所有存貨，讓店家困惑不已。隨著他的宏偉計畫廣人所知，村民們送禮物給他，甚至要陪他一同前往——尼爾婉拒了想與他同去的幾位女士，他認爲自己過不了多久就會厭煩她們的陪伴。然而，他還是選擇了兩位伴侶，只不過並非人類：一隻名爲「盜賊夫人」（以牠的愛好命名）的貓，以及牠的寶寶「湯湯先生」。

尼爾帶著一罐罐食物、工具、種子和各種平裝書，在海上航行了 6 天後，到達了蘇沃羅夫。

尼爾逐漸適應了海島生活。白天時，他建造、清掃、打理花園；到了日落時分，他就坐在海邊的木箱子上，一邊喝杯茶，一邊欣賞日落。爲了保護

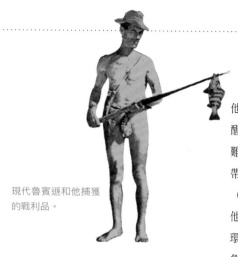
現代魯賓遜和他捕獲的戰利品。

花園不被毀壞，尼爾不得不殺死 6 隻豬，這令他十分痛苦——第一隻豬撕心裂肺的慘叫讓他在日記裡寫下「淒楚」一詞，於是他決定將豬安葬，而不是吃掉牠。

尼爾在蘇沃羅夫的第 10 個月，接待了第一批訪客：兩對乘坐遊艇的夫妻，他們對尼爾整潔的住所感到訝異（尼爾並未因住棚屋就降低自己的生活品質，他每週都煮床單消毒，保持屋內清潔，吃飯時甚至還會鋪餐墊）。幾天後，遊客離開了，留下祝福與剩下半瓶的蘭姆酒。之後，尼爾著手新的計畫：重修被毀壞的碼頭，他覺得碼頭不堪入目，讓自己尷尬不已。

在接下來的 6 個月裡，尼爾每天花上 5 小時修繕碼頭，他想盡辦法將大塊的珊瑚運到海邊，放到碼頭支離破碎的地基上。尼爾徒手建造了整潔、穩固的碼頭，只用了石頭、耐心及努力不懈。然而竣工後的第二天，猛烈的暴風雨襲擊了小島，將剛剛建好的碼頭完全摧毀了。

厄運接踵而至。菸草耗盡後，尼爾經歷了痛苦的戒菸階段。每夜，他都會夢見迷人的香菸、巧克力、牛肉和肥美多汁的鴨肉。但精神折磨與肉體疼痛相比，根本不算什麼。一日，尼爾在向海灘擲錨時，他的脊椎突然感到一陣刺痛，每動一下都備受煎熬。尼爾花了 4 小時才回到不遠處的小屋裡，

他躺在床上，在一次次昏迷之間的清醒時分祈禱奇蹟的發生。

難以置信的是，奇蹟果眞降臨——帶來奇蹟的是佩布（Peb）和鮑勃（Bob），兩個駕駛遊艇的美國人，他們在前往薩摩亞途中將船停在這座環礁邊。後來發現，佩布的全名是小詹姆斯・洛克菲勒（James Rockefeller Jr.），他是美國最富有的世家成員之一。兩人被「無人島」上出現的尼爾嚇了一跳，他們餵他食物、替他按摩背部，幫他恢復了健康。佩布與鮑勃離開時，承諾會派艘船來接他。2 週後，救援船如約而至，將尼爾從 2 年的孤島隱居生活送回拉洛東加。

回到文明世界的尼爾對文明的舒適並不感恩。對他而言，時鐘是可惡的打擾，汽車嘈雜又飛速，褲子也不如棉腰布舒適。尼爾想要的只是重回蘇沃羅夫，但被政府禁止，於是他悶悶不樂地接受了倉庫的工作。6 年之後，一位朋友願意用一艘長 9.1 公尺的船載尼爾回到他心愛的環礁。

第二次，尼爾在島上停留了 2 年半，終止獨居的原因是環礁附近越來越多的潛水採珠人讓他無法忍受。他在拉洛東加休息了 3 年，寫下了回憶錄《一人島》（An Island to Oneself）。在此之後，他最後一次前往蘇沃羅夫，在那度過了 10 年時光。1977 年，尼爾罹患胃癌，隨後被送回拉洛東加，享年 75 歲。

雖然長期與世隔絕，但尼爾說他從未感到孤獨。他在書中寫道，偶爾他也希望有人相伴，「不是因爲我渴望陪伴，而是因爲獨享所有的美好似乎太過貪心了」。

SAMOA
薩摩亞

帕洛洛蠕蟲節 PALOLO WORM FESTIVAL

● 薩瓦伊　Savai'i

在一年之中的大部分時間裡，薩摩亞的帕洛洛蠕蟲都住在珊瑚礁的洞穴內，以藻類為食，緩慢地生長，成蟲可達 30.5 公分長。但在每年 10 月的一、兩個晚上，牠們會浮出水面，開始一場成群浮游、充滿黏液的生殖狂歡。

在一年一度的成群浮游時，帕洛洛蠕蟲名為「有性節」（epitoke）的尾部會脫落，裡面含有精子或卵子。這些節部會漂到水面上，外殼溶解，釋放出精子或卵子，就會觸發繁殖過程。

同時，當地家家戶戶會拿起漁網和粗棉布下到水裡，希望撈出一堆美味的無頭蠕蟲。帕洛洛蠕蟲是鹹的，味道像魚，是薩摩亞的一道美味。在打撈起一筐筐蠕蟲之間，當地人會抓起一把生蟲節扔進嘴裡。第二天，帕洛洛蠕蟲夾吐司就是一道可口餐點。

薩福圖（Safotu）、法加薩（Fagasa）、阿紹（Asau）、帕帕（Papa）和普雷阿（Puleia）珊瑚礁環繞著薩瓦伊島。帕洛洛蠕蟲繁殖時間每年不同。薩瓦伊人用當地陰曆發明了一套預測繁殖日期的方法——10 月滿月之後的第 7 天。S 13.646936 W 172.433710

VANUATU
萬那杜

彭特科斯特島的陸地高空彈跳
PENTECOST ISLAND LAND DIVING

● 彭特科斯特島　Pentecost Island

一個男孩，大約 7 歲，站在一座由樹幹和藤蔓搭建而成的塔所伸出的平台上。他所處的平台距離地面大約 9.1 公尺。小男孩除了腰間由藤蔓固定的傳統陰莖護套之外，全身赤裸，腳踝上拴著有些磨損的樹藤。一旁，身著草裙的女人載歌載舞。小男孩閉上眼，將手擺成祈禱的姿勢，而後縱身跳下。他的身體擦過地面的一瞬間伴隨著巨大的聲響，接著小男孩被懸掛的樹藤拽起，彈來彈去。他渾身顫抖，但攙扶他起身的兩個男人卻滿面笑容。然而，這只是熱身而已，更刺激的還在後面。

在彭特科斯特島南部，男性這種陸地高空彈跳的傳統已有幾百年的歷史。在這場儀式中，男孩或成年男人將樹藤當作高空彈跳繩，從高達 30.5 公尺的塔上按不同高度跳下，祈禱甘薯豐收。近些年來，這場儀式又延伸出了另一層含義：完成割禮後的 7、8 歲小男孩會從樹塔一躍而下，是進入男人階段的成年禮。

陸地高空彈跳儀式於每年 4 到 6 月期間的星期六舉行，因為此時的樹藤最具彈性。建造高空彈跳塔需要 5 週左右，然後一隊男人會將降落點的土壤鬆動變軟。村裡的一位長老會根據高空彈跳者的身高及體重為他選擇兩根樹藤。誤差只能很小——因為若樹藤太短，高空彈跳者就會撞到塔上；而若樹藤太長，高空彈跳者可能會重重摔到地上，當場斃命或終生癱瘓。儀式從年齡最小的男孩開始，他的起跳平台也最低。為祈禱甘薯有好收成，高空彈跳者的雙肩必須觸地（跳躍時，頭必須埋到胸口以保安全），撞擊時發出的巨大聲音並非——在大多數情況下——脊椎斷裂的聲音，而是拉斷支撐樹藤的聲音。

隨著高空彈跳者年齡與高空彈跳經驗增長，他們起跳的高度也要增加。當一個男人從最高點躍下時，儀式達到了高潮。村民會用熱烈的掌聲和歡呼聲迎接落地的男人，將他團團圍住，拋向高空。

從維拉港（Port Vila）乘坐飛機到彭特科斯特島需 50 分鐘，從機場步行 5 分鐘便可到達陸地高空彈跳的地點。S 15.472873 E 168.153499

將樹藤當作彈力繩，一個男人會從 30.5 公尺
高的塔上縱身躍下，以祈禱甘薯豐收。

坦納的忠實信徒等待著非傳統的救世主降臨。

坦納的貨物崇拜 CARGO CULTS OF TANNA

● 坦納　Tanna

在萬那杜南部的一座小島上，虔誠的信徒正等著美國神靈再度降臨，期盼祂帶來電視機、冰箱和可口可樂等神聖的禮物。這些信徒是「貨物崇拜」（cargo cult）的成員。貨物崇拜是人類學的專有名詞，指部落社會為了從科技更發達的文明中獲得「貨物」而進行宗教活動。

貨物崇拜興起於第二次世界大戰期間，成千上萬的美國和日本士兵湧入太平洋地區的島嶼，帶去了反映工業化和物質財富的產品。對工業化大量生產過程毫無概念的一些島民相信，眼前的糖果和收音機等產品是神創造的。

當戰爭結束之後，士兵們紛紛回家，這些貨物也隨即消失。貨物崇拜的信徒相信，這些貨物是神賜予他們的，但是被西方人攔截了。因此，他們模擬飛機跑道、機場和辦公室，希望引來貨物運回坦納這個正確的地點。

絕大多數的貨物崇拜在戰後幾十年間逐漸消失，但「約翰・弗魯姆教」（John Frum Movement）依然在坦納存在。教徒崇拜弗魯姆，這位救世主身分多變。對一些人來說，祂是白人；對另一些人來說，祂是黑人。然而對大多數人而言，弗魯姆是美國人，原型很可能是在第二次世界大戰期間將貨物帶到萬那杜的「美國大兵約翰」。

雖然弗魯姆的外貌多變，但祂的任務是一致的：擺脫殖民統治的束縛，為坦納人民恢復獨立和文化自由。教徒相信弗魯姆會在 2 月 15 日歸來，但不確定是哪一年的 2 月 15 日，祂會帶來食物、家用電器、交通工具及醫藥。這天也是一年一度的「約翰・弗魯姆日」（John Frum Day）。

約翰・弗魯姆日的慶典散發著明顯的美國氣息。男人穿著牛仔褲，裸露的胸前塗著鮮紅的「USA」字母，手持形似來福槍的木棍表演軍事操練。在他們上方，一面美國國旗在竹竿頂端高高飄揚。

在坦納，約翰・弗魯姆教與其他貨物崇拜教派並存：「湯姆海軍」（Tom Navy）名義上的領袖是一位美國海軍軍官；「菲利浦親王教」（Prince Philip Movement）則認為這位愛丁堡公爵是一位皮膚白皙的山神，教徒熱切地期盼著祂如救世主般顯靈。

地點：Sulphur Bay, Tanna。飛往坦納的航班從澳洲、紐西蘭、斐濟和新喀里多尼亞（New Caledonia）出發，經停維拉港。約翰・弗魯姆教的中心就位於硫磺灣。
S 19.515486 E 169.456501

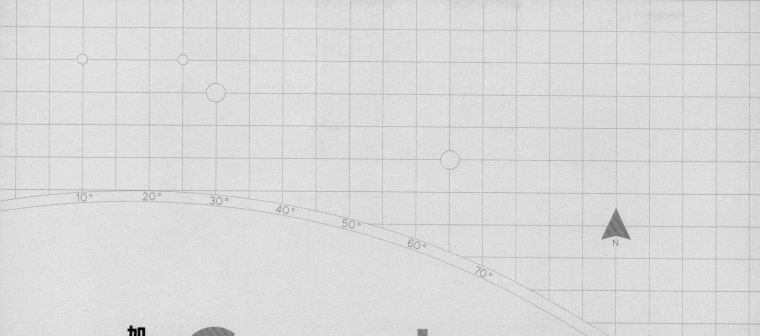

加拿大 Canada

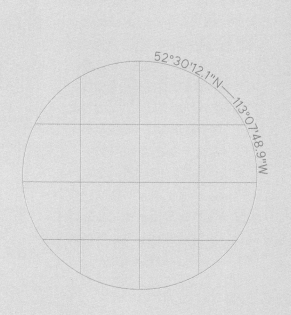

52°30'12.1"N—113°01'48.9"W

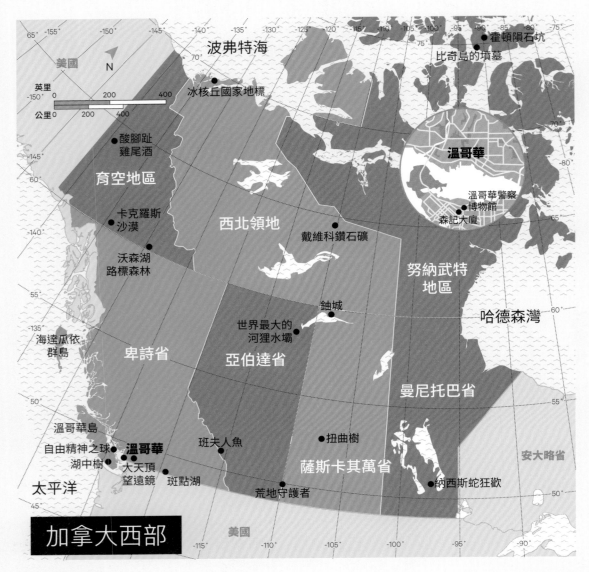

地圖標示：

波弗特海

美國

冰核丘國家地標

酸腳趾雞尾酒

育空地區

卡克羅斯沙漠

沃森湖路標森林

海達瓜依群島

卑詩省

西北領地

戴維科鑽石礦

鈾城

世界最大的河狸水壩

亞伯達省

努納武特地區

哈德森灣

溫哥華

溫哥華警察 博物館
森記大廈

曼尼托巴省

安大略省

溫哥華島

自由精神之球

湖中樹

溫哥華

大天頂望遠鏡

班夫人魚

斑點湖

荒地守護者

扭曲樹

薩斯卡其萬省

納西斯蛇狂歡

太平洋

美國

加拿大西部

ALBERTA
亞伯達省

班夫人魚 THE BANFF MERMAN

● 班夫 Banff

班夫印第安商棧（Banff Indian Trading Post）放著一個玻璃櫃，裡面的生物看似是鯛魚尾部與乾扁猴子的上半身黏在一起。這個生物長約 900 公分，一撮撮白色毛髮從瘦骨嶙峋的身體長出。一隻帶蹼的手向前伸著，像是在死亡的痛苦中掙扎。猙獰的笑容下，露出兩排小而尖的牙齒。牠就是班夫人魚。

這條人魚的傳說是從諾曼·勒克斯頓（Norman K. Luxton）開始，他是印第安商棧與山羊標誌古玩店（Sign of the Goat Curio Shop）的創辦人。關於人魚的來源說法不一，在 1915 年左右，勒克斯頓的環球

參觀七海（Seven Seas）神祕的百歲人魚怪獸。

探險失敗，他不是捕捉就是買下，或是製造出了這隻古怪的人身怪獸。自此以後，班夫人魚一直娛樂著遊客，激發了人們的想像力。

地址：101 Cave Avenue, Banff。

班夫位於卡加立（Calgary）以西 129 公里處。商棧旁邊就是野牛民族勒克斯頓博物館（Buffalo Nations Luxton Museum），此博物館也是由勒克斯頓創立。

N 51.172211 W 115.572467

荒地守護者 THE BADLANDS GUARDIAN

● 梅迪辛哈特　Medicine Hat

從飛機窗戶俯瞰梅迪辛哈特東部的荒地，你會發現一位印第安酋長也盯著你瞧。幾千年來，侵蝕和風化作用將這區岩石地形變成人頭的形狀，還戴了羽毛頭飾。從酋長耳朵處蜿蜒而下的公路及一座氣井好似一副耳機。

2006 年，一位被叫做「超級奶奶」的澳洲女士在谷歌地圖（Google Map）上發現了這顆頭。在進行了一場命名競賽後，這顆 250×225.5 公尺的巨頭名字是「荒地守護者」（沒有被採納的名字包括「太空臉」「酋長的流血耳朵」「聽石」「快樂的搖滾樂手」及「耳機神」等等）。

「荒地守護者」是空想性錯視（pareidolia）的例子，這是過於活躍的想像力，在模糊的刺激下，感知出可識別的形狀。人臉，特別是宗教臉孔，經常在無生命物體中被發現——聖母瑪利亞曾多次現身，例如在烤起司三明治、在高速公路的地下通道，以及在加州糖果工廠的巧克力液中。

「荒地守護者」在梅迪辛哈特的東部，位於多島湖（Many Islands Lake）以南幾公里處。它只能從空中欣賞——這裡沒有可抵達的大眾運輸交通。N 50.010600 W 110.115900

從空中俯瞰，梅迪辛哈特東部的地形起伏像是一位正在聽音樂的人。

亞伯達省的祕境還包括：

• **陽坡砂岩庇護所 Sunnyslope Sandstone Shelter**
林登（Linden） ／ 這個庇護所獨自屹立在草原上，建造時間大致可追溯到 20 世紀早期，建造目的是為農夫們遮風避雨。

世界最大的河狸水壩
WORLD'S LARGEST BEAVER DAM

● 24 號改善區
Improvement District No. 24

加拿大伍德野牛國家公園（Wood Buffalo National Park）的河狸數十年來一直辛勤工作，牠們努力咀嚼樹木，如今有了成果。這些毛茸茸的建築師建造出世界上最大的河狸水壩。

水壩大約 0.8 公里長，大到甚至可以在衛星圖像上被看到。它一直藏在亞伯達省的荒野中，直到 2007 年才被一位研究人員在谷歌地球（Google Earth）上發現。河狸目前在附近建造新的水壩，當它跟主要結構連在一起時，還會增加 91.4 公尺的長度。

河狸是少數有能力建造大型結構的物種，牠們打造的結構甚至大到可以從外太空看見。這種露出牙齒的小動物是了不起的環境工程師。牠們蓋的水壩讓水流改道，甚至改變了整個生態系統。這些結構經久耐用，形成池塘作為屏障，就像護城河一樣，保護河狸不受狼或熊等掠食者的攻擊。

河狸很有可能從 1970 年代就開始建造亞伯達省的水壩了，這是延續了好幾代的建築壯舉。牠們使用的大雜燴材料有泥巴、樹枝、石頭和細枝，全都覆蓋了一層草，這表示水壩已經蓋好一段時間了。水壩橫跨偏遠的濕地區域，提供這些小動物大量的淡水和豐富的建材。

好奇的人類很難到達偏遠的河狸水壩。2014 年，美國研究人員羅伯·馬克（Rob Mark）是第一個到訪此地的人。他的旅程花了 9 天的時間。由於水壩可以從外太空看見，所以你也可以從上空飛過觀看——搭乘一般飛機或太空船都可以。N 58.271474 W 112.252228

BRITISH COLUMBIA
卑詩省

森記大廈 SAM KEE BUILDING

● 溫哥華　Vancouver

1913 年，森記（Sam Kee）進出口公司的老闆陳才（Chang Toy）將自己位於卡羅街（Carrall Street）和片打街（Pender Street）的大部分房產賣給了溫哥華市府，用來建設並拓寬片打西街（West Pender Street）。然而，這次的交易並不友善——陳才沒有獲得合理的補償，市政府對他的不尊重反映了當時盛行的排華情緒。

僅剩一長條土地的陳才，雇用了建築師布萊恩（Bryan）和吉勒姆（Gillam），建造出尺寸小到驚人的兩層樓建築。這棟寬度僅 1.8 公尺的建築被列入金氏世界紀錄，是世界上最狹窄的商業大廈。

地址：8 West Pender Street, Vancouver。從溫哥華高架列車（SkyTrain）的唐人街站（Stadium-Chinatown）步行至森記大廈僅需 7 分鐘。N 49.280416 W 123.104715

世界上最狹窄的商業大廈僅有 1.8 公尺寬。

自由精神之球 FREE SPIRIT SPHERES

● 溫哥華島　Vancouver Island

在「自由精神球」裡度過一夜可是動人的體驗。3 顆球體分別名為埃琳（Eryn）、梅洛蒂（Melody）和魯娜（Luna），直徑約 3 公尺左右，被懸掛在誇利庫姆海灘（Qualicum Beach）北部森林的大樹上。當微風吹拂森林時，球體就會輕輕擺動。

每顆重達 500 公斤，雪松、雲杉及玻璃纖維材質的球體，配備了床、餐桌、儲物間、揚聲器及 WiFi，以及可以觀賞森林美景的大圓窗。進入球體須通過約一層樓高的旋轉樓梯和吊橋，每顆球體外有生態廁所，另有一棟獨立建築設有浴室及簡易廚房。

這 3 顆球體是湯姆・查德利（Tom Chudleigh）的作品，由查德利與妻子羅塞（Rosey）一同經營。查德利用造船技術進行手工雕刻，目的是創造出外形自然、像堅果一樣、與環境融為一體的大木球。

地址：420 Horne Lake Road, Qualicum Beach。從溫哥華的馬蹄灣（Horseshoe Bay）搭乘渡輪到納奈摩（Nanaimo）需 1 小時 40 分鐘。而後再向北開車行駛 1 小時可到達「自由精神之球」。
N 49.382342 W 124.614105

睡在懸浮在樹間輕輕搖晃的大木球內絕對是特別的體驗。

湖中樹 THE TREE ON THE LAKE

● 倫弗魯港　Port Renfrew

湖如其名，仙子湖（Fairy Lake）是一處地處偏遠、未受破壞的景觀，就在倫弗魯港的城鎮附近。寧靜湖面上浮現一段半沉於水中的木材。一棵花旗松攀附在木材上奮力求生。遊客、划船者和健行的人都會來尋找這棵樹，視它爲獨特的自然與重生之窗。

這株「盆栽」樹吸引了不少攝影師，前來捕捉它的耐久奮鬥，其中包括倫敦歷史博物館（National History Museum of London）年度野外生態攝影師獎的得主。

仙子湖位於溫哥華島，大約在倫弗魯港的城鎮往東 8 公里處。走帕京森路（Parkinson Road），遇到迪林路（Deering Road）的岔路口，一直走到底，再右轉進入太平洋海路（Pacific Marine Road）。沿著這條路直走，即可到達仙子湖。小樹會在你右邊，過了仙子湖遊樂區（Fairy Lake Recreation Site）的岔路口後大約 400 公尺處。N 48.589109 W 124.348448

彷彿盆栽藝術般的靜謐，以及生存的象徵。

溫哥華警察博物館
VANCOUVER POLICE MUSEUM

● 溫哥華　Vancouver

這座警察博物館由原本的法醫法庭和太平間改建而成，展示沒收的武器、僞造貨幣、警察制服，以及其他記錄加拿大打擊犯罪的文物。

太平間最引人入勝，它保留了原來的解剖台、水槽和抽屜。就是在這裡，法醫解剖了埃羅爾·弗林（Errol Flynn）的屍體，他在 1959 年 50 歲時暴斃身亡（據記錄，導致這位命運多舛的演員的死因複雜，包括心肌梗塞、冠狀動脈血栓、冠狀動脈粥樣硬化、肝硬化與結腸憩室）。

博物館的展品透露著奇特的幽默感。例如，太平間之一註明：「請不要打開太平間的抽屜（你知道這裡曾裝著什麼嗎？）」答案可不僅是「屍體」——這裡一共有 18 個抽屜，一位法醫卻只使用了其中 17 個，因爲他喜歡把啤酒放在最後一個抽屜冷藏。

地址：240 East Cordova Street, Vancouver。遊客可沿哈斯丁街（Hastings Street）乘坐公車，再向北步行一個街區可達哥多華（Cordova）。N 49.282169 W 123.098210

大天頂望遠鏡 LARGE ZENITH TELESCOPE

● 楓樹嶺　Maple Ridge

在液體鏡面天文台（Liquid Mirror Observatory），科學家使用直徑約6公尺的旋轉水銀池觀測遙遠的星系。雖然大多數反射望遠鏡都是用由玻璃和鋁製成的固體鏡片，但大天頂望遠鏡卻利用一池旋轉的液態水銀來反射星光。旋轉水銀池在離心力的作用下，水銀表面呈拋物線的形狀，進而可以反射光線。

液體金屬望遠鏡的主要優點是製作成本較固體鏡面望遠鏡低。缺點則是它們只能對準一個固定方向——傾斜望遠鏡會導致反射性的液體溢出。這台望遠鏡之所以叫做「大天頂」，是因為它指向天頂——換句話說，垂直地正對上方天空。

水銀表面

旋轉鏡面平台

地點：Malcolm Knapp Research Forest, Maple Ridge。天文台位於溫哥華以東 69 公里處。從大門步行至望遠鏡處需 45 分鐘。
N 49.287579 W 122.572759

卑詩省的祕境還包括：

• **巴斯維爾防腐瓶小屋**
  Boswell Embalming Bottle House
巴斯維爾（Boswell）/ 從事殯儀業 35 年的大衛・布朗（David Brown）退休後，用 50 萬個防腐劑空瓶建造了一座兩層小屋。

• **魔法森林 Enchanted Forest**
灰熊鎮（Revelstoke）/ 在這古老世界的森林童話中，350 多具人像藏在 800 年樹齡的雪松之間。

• **基掃特 Kitsault**
基掃特 / 這座 1979 年出現的閃亮新城是為了滿足鉬礦的員工所建，但僅 18 個月後就因鉬的價格崩盤而變成了一座鬼城。

數百座富含礦物質的池塘組成巨大的調色板，這就是斑點湖。

斑點湖 SPOTTED LAKE

● 奧索尤斯　Osoyoos

每年秋季至次年春季之間，斑點湖並沒有任何不同之處。但當夏季到來時，湖名的由來便一目瞭然：湖水蒸發後，露出湖底的幾百座圓形水塘。每個點因含有的礦物質種類和濃度不同，而呈現出不同色彩。

長久以來，斑點湖是歐肯那根峽谷（Okanagan Valley）第一民族①的聖地，湖水富含礦物質，包括鎂、硫酸鹽、鈣、硫酸鈉，以及少許銀和鈦，據信具有療效。在第一次世界大戰期間，這些具有療效的礦物卻被用來製作彈藥。

地點：Okanagan Highway 3，奧索尤斯以西 9.7 公里處。斑點湖位於私人土地上，但你可從高速公路上遠觀。N 52.503360 W 113.130256

MANITOBA
曼尼托巴省

納西斯蛇狂歡 NARCISSE SNAKE ORGY

● 納西斯　Narcisse

每年有幾個星期，因特萊克（Interlake）到處都是扭動的蛇。4 月下旬，上萬條無毒的紅邊束帶蛇就會從冬眠的洞中鑽出，密密麻麻地爬行，尋找伴侶——這是世界上唯一最大型的束帶蛇單身派對。接著就是持續幾週的交配活動，群蛇纏結成團又分散開來。牠們的聲音很催眠，也出乎意料的響——在乾燥的日子裡，你會聽到蛇鱗互相摩擦發出的聲音。

蛇區位於 Highway 17 沿線，納西斯以北 6.4 公里處。要觀看蛇交配，建議在 4 月底至 5 月初期間前往。N 50.734526 W 97.530355

蛇群持續發出大量的嘶嘶聲。

NORTHWEST TERRITORIES
西北領地

戴維科鑽石礦 DIAVIK DIAMOND MINE

● 格拉斯湖　Lac de Gras

戴維科鑽石礦是湖中島的螺旋狀露天礦，從空中俯瞰十分壯觀。但最令人吃驚的還是它地處偏遠。鑽石礦與最近的小鎮——西北領地的黃刀鎮（Yellowknife）——相隔 306 公里。只有一條路通往戴維科，而且每年僅有 9 週通行。為什麼？因為它是由冰建造的。每年 12 月底，當湖泊和池塘結冰時，工人們就開始為期 6 週全天候的修路，以便 1 月底開採鑽石礦。四月初，道路被封閉——封路的確切時間取決於冰層的厚薄。裝載燃料、水泥、炸藥和建料的卡車必須遵守時速 25 公里的速限。這個礦區於 2003 年開始生產鑽石，產量很快就達到每年 1,588 公斤。2012 年，戴維科為了開採更多的鑽石，完成了從露天開採到地下開採的轉型。礦工乘坐私人飛機通勤。配備暖氣的通道及現成的烘焙食品讓攝氏零下 29 度的夜晚沒有那麼難挨。

地　點：Lac de Gras, North Slave Region, Northwest Territories。N 64.484845 W 110.289594

冰核丘國家地標 PINGO NATIONAL LANDMARK

● 圖克托雅圖克　Tuktoyaktuk

圖克托雅圖克鄰近北極的地區遍布著冰核丘（pingos），這是一種圓頂小丘，內部是冰核，上面是土壤層。圖克托雅圖克以西的冰核丘加拿大地標，有 8 處這類北極地貌——其中包括高 49 公尺、寬 300 公尺的伊比尤克（Ibyuk），它是加拿大最高的冰核丘。這 8 座圓頂看起來就像小火山，是圖克托雅圖克半島上 1,350 座冰核丘的其中一些。

冰核丘國家地標位於圖克托雅圖克以西 4.8 公里處。從圖克托雅圖克乘船前往這個地標最為便捷。根據時間的不同，你也許會在遊覽冰核丘時遇到北美馴鹿、灰熊或雪雁。N 69.399015 W 133.107174

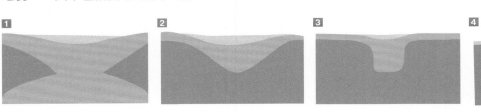

■ 飽和水砂岩層　■ 永凍土　■ 土壤　　冰

冰核丘是土壤包裹冰層的山丘。上圖為冰核丘的形成。

NUNAVUT
努納武特地區

霍頓隕石坑 HAUGHTON IMPACT CRATER

● 德文島　Devon Island

2,300 萬年前，一顆隕石撞擊德文島，這是地球上最大的無人島。衝擊熔化了周圍的岩石，在北極留下了 19 公里寬的傷疤。由於氣候寒冷乾燥，地面幾乎常年被永凍土覆蓋，所以隕石衝擊形成的地貌得以保存至今。它們與人類未曾到訪的火星極為相似。

使用德文島隕石坑當作火星探索實驗室的想法，緣起於「地外智慧生物搜尋協會」（SETI Institute）的行星科學家巴斯卡‧李（Pascal Lee）博士在 1997 年的建議。李博士與美國太空總署合作，他和一支約有 30 位研究人員的小隊每年夏天來到德文島，進行場地測試，以幫助規畫火星探索計畫。科學家以帳篷城為大本營，駕駛越野車模擬火星漫遊，操縱自動化鑽頭尋找水源，身著原型太空衣練習行走，並用機器人進行繪製地圖的測試。

➤➤ 北極的太空船建築

在加拿大的極地地區，狂風呼嘯，氣溫在冰點以下，難以運輸建築材料，為努納武特的建築師創造了具有挑戰性的設計限制。

伊魁特機場 Iqaluit Airport
機場航站大樓又被當地人叫做「黃色潛水艇」，伊魁特機場航站的建造可以抵擋各種情況。機場的超長跑道曾被空中巴士公司（Airbus）用來測試專為寒冷天氣設計的飛機。

聖猶達大教堂 St. Jude's Cathedral
這座「冰屋教堂」是伊魁特（Anglican）聖公會①的所在地。2012 年開始使用，替代了之前被縱火摧毀的教堂。

儘管人類試圖移居火星的想法還是一個遙遠的夢想，但霍頓隕石坑的實驗幫助我們模擬人類到達火星後可能遭遇的情況。每年夏季，這裡會展開新的研究計畫，在太空人飛向紅色星球之前，隕石坑仍是適宜的訓練場地。

地點：巴芬灣（Baffin Bay）。
N 75.431996 W 89.810771 ➤➤

霍頓隕石坑的地貌與火星相似，
是訓練太空人完成紅色星球任務的理想場地。

那卡蘇克學校 Nakasuk School
在伊魁特暗無天日的黑暗冬季時節，在這棟兩層玻璃纖維建築上學的學生並不會想念窗戶。

伊格盧利克研究站 Iglloolik Research Station
1970 年代，加拿大政府在伊格盧利克建立了研究站，這座形似飛碟的建築物有研究實驗室與辦公室，供環境部門的科學家使用。

北方預警系統站 North Warning System Site
北方預警系統在劍橋灣（Cambridge Bay）的預警雷達線長達 4,828 多公里，由美國政府與加拿大政府於 1980 年代合作建造，目的是探測蘇聯跨北極的軍事攻擊。

比奇島的墳墓 GRAVES OF BEECHEY ISLAND

● 雷索路特　Resolute

比奇島是加拿大北極圈內德文島旁的一座半島，上面矗立著4塊墓碑，其中3個是遠征西北航道（Northwest Passage）的不幸成員，另一個則是去找他們的人。

1845年時，約翰・法蘭克林爵士（Sir John Franklin）率領一支探險隊尋找西北航道，這條路線可以從大西洋穿越北極圈直達太平洋，兩艘船在當時被稱為「勢不可擋」。不過還是被擋下來了。

遠征隊到比奇島為多季紮營。在那裡，129名船員中有3名成員被葬在荒涼的海岸平原附近，他們分別是約翰・托林頓（John Torrington）、約翰・哈特內爾（John Hartnell）和威廉・布萊恩（William Braine）。其他船員後來棄船，因為他們在威廉國王島（King William Island）附近受困冰山。發現的證據顯示他們在死前曾經設法吃人肉求生。

3名年輕人的死因至今不明，儘管他們的屍體在冰凍的北極地上保存良好（基本上是木乃伊）。主流論點認為他們是因罐頭食品導致鉛中毒，不過現在也有爭論。3人的遺體在1980年代開棺，檢驗過後重新下葬。近年來，法蘭克林爵士的兩艘船已被找到了，希望能夠解決更多的謎團。

此地標示的第4塊墓碑是托馬斯・摩根（Thomas Morgan）。有許多探險隊出發遠征，想查明法蘭克林跟他的船員發生了什麼事情，他就是其中之一，在1854年死於敗血病。

從艾德蒙呑（Edmonton）包機到非常遙遠、非常寒冷的雷索路特北極小村。在那裡登上一艘補給充足的船隻，航向比奇島。然後記得要回來，聽到了嗎？
N 74.714333 W 91.825265

墓碑在荒涼的海岸線上顯得格外醒目。

SASKATCHEWAN
薩斯卡其萬省

扭曲樹 TWISTED TREES

● 阿爾蒂坎　Alticane

「顫楊」因其隨風搖曳的葉子而得名，通常長得又高又直又纖細。但阿爾蒂坎附近一片叫做「扭曲樹」的顫楊，卻不知爲何長得彎彎曲曲、雜亂無章。

最詭異的一點在於扭曲樹被完全正常的白楊包圍。沒有人確切知道這片樹林從何時開始變得扭曲，因此衍生了許多種說法。根據一個當地傳指出，從飛碟現身的外星人在地上撒了一泡尿，汙染了土地，扭曲了樹木。

科學解釋則無趣許多。一大片顫楊看似由一棵棵單獨的樹木組成，但其實每棵樹都是從同一個源頭「複製」出來的。整片樹林其實是一個巨大的有機體。

在某個時間點上，基因突變似乎影響了這些樹的生長方式——不僅是一棵樹，而是整個複製森林。雖然突變形成了奇形怪狀的扭曲樹，但顯然破壞性還不足以阻礙它們的生長。

扭曲樹位於阿爾蒂坎西南 4.8 公里處。N 52.871235 W 107.537044

阿爾蒂坎的顫楊不知何故扭曲了它們的樹幹。

鈾城 URANIUM CITY

● 鈾城　Uranium City

坎杜高中（Candu High School）的名稱來自於一種加拿大發明的核子反應爐，坐落於鈾路（Uranium Road），距離鈾城的核子大道（Nuclear Avenue）與裂變大道（Fission Avenue）不遠。

鈾城正如其名，這座位於薩斯卡其萬省北部的城鎮長期以來僅（曾）有一個產業支柱。鈾城建於 1952 年，爲附近比佛洛吉（Beaverlodge）鈾礦區的工人提供住

比佛洛吉鈾礦的關閉導致了鈾城的衰敗。

所。1950 至 1970 年代，鈾城在英美核武計畫的推動下繁榮一時。

然後，毫無預兆地，這座城鎮存在的理由突然消失了。1981 年 12 月 3 日，艾多拉多核能有限公司（Eldorado Nuclear Limited）宣布鈾礦將在 6 個月內關閉。當時，鈾城約有 4,000 名居民——幾乎所有人都以鈾礦的收入爲生。剛建成的坎杜高中才開始招生。隨著工作消失，人們很快大規模地遷離，有的人搭乘飛機，有的人則是在結冰的路面開車——這是進出鈾城的僅有方式。

如今，鈾城並非空無人煙的鬼城。雖然它已被廢棄，破敗的建築也讓它看起來像座鬼城，但仍有 70 人住在這裡，忍受著 1 月每天平均攝氏零下 31.9 度的低溫。小城沒有醫院，但在廢墟之中有一所學校、一間酒吧、一間飯店和一間雜貨店仍在營運，每週收一次空運而來的貨物。

從薩克屯（Saskatoon）搭機到達鈾城需 4 小時，一週有 2 個航班。N 59.569326 W 108.610521

YUKON
育空地區

沃森湖路標森林 WATSON LAKE SIGN POST FOREST

● 沃森湖　Watson Lake

路標森林位於阿拉斯加高速公路（Alaska Highway）旁，一條條木柱從上到下釘滿了指示標誌和車牌。遊客可以在上面添加一塊自己的牌子，以表達對家鄉的自豪感（如果你忘記帶牌子，遊客中心提供的材料可以讓你自己做一塊）。

路標森林的歷史可以追溯到 1942 年，一名來自伊利諾州（Illinois）的美軍傷兵接到在這地區建立路標的任務。飽受思鄉之苦的他，偷偷放了一塊路標，上面寫著「丹維（Danvill），伊利諾州：2,835 英里」。這項「多此一舉」很快就變成一項流行的傳統——如今，森林裡放了超過 72,000 塊路標。這座森林已成為沃森湖 800 名居民的驕傲，每名居民將近有 90 塊路標。

地點：Mile 635, Alaska Highway, Watson Lake。路標森林是沿阿拉斯加高速公路（全長 2,232 公里，連接阿拉斯加、育空地區及卑詩省）旅行時的絕佳停靠點。
N 60.063716 W 128.713954

從 72,000 塊路標旁走過——不是在高速公路上，而是在森林中。

酸腳趾雞尾酒 SOURTOE COCKTAIL

● 道森市　Dawson City

酸腳趾（Sourtoe）的故事源自於迪克船長（Captain Dick）。他曾經當過牛仔、卡車司機和專業的狼毒製造者。1973 年，迪克·史蒂文生（Dick Stevenson）在鎮郊外的一間小屋周圍閒逛，發現了一個罐子。罐子裡用酒精保存著一根人的腳趾。

船長素來以行事狂妄著稱（他曾吹噓自己舉辦了「第一屆北緯 60 度以北的裸體選美大賽」），他思索如何才能好好利用這根腳趾。幾杯下肚，他萌生了一個靈感：雞尾酒裝飾。

自 1973 年起，市區飯店（Downtown Hotel）每晚供應酸腳趾雞尾酒，這是史蒂文生歷久不衰的傑作。最初，酸腳趾雞尾酒嚴格按照兩種成分調配：香檳加上醃製後的腳趾。然而，隨著時間流逝，酸腳趾雞尾酒的調配標準放寬了。任何液體，不論是否含有酒精，都可用使用，但喝的人必須遵守官方規定：「不論喝得快或喝得慢，嘴唇都要碰到這根腳趾。」完成了這令人望而生畏的任務的人，便可獲得酸腳趾雞尾酒俱樂部（Sourtoe Cocktail Club）的會員資格認證。

理論上，每杯飲料使用的腳趾都是同一根（酒精保持無菌），但挑戰者意外吞下腳趾的情況導致持續有人捐贈新腳趾。第一根腳趾來自 1920 年代，一個男人因凍傷而被截斷；但在 1980 年，被一個喝醉的礦工吞進喉嚨。第二根腳趾是由一個患了不治雞眼的人捐贈，但這根腳趾很快就不見了。第三根腳趾被一名棒球員吞下，這根腳趾是 1983 年捐贈，也是因為一起凍傷。從那以後，共有 5 根腳趾捐給這間酒吧。最近一根收到時，還附帶一張紙條：「不要在修剪草坪時穿露趾涼鞋。」

地址：1026 Second Avenue, Dawson City。市區飯店的酵母酒吧（Sourdough Saloon）。
N 64.062336 W 139.433435

北極圈南部面積僅有 2.6 平方公里的沙地算是沙漠嗎？

卡克羅斯沙漠 CARCROSS DESERT

● 卡克羅斯　Carcross

有塊 2.6 平方公里的沙漠，被白雪皚皚的山巒環繞，是加拿大鄰近北極圈南部的領土。這怎麼可能呢？

答案就是卡克羅斯沙漠，雖然的確有沙子，並且常常被稱為世界上最小的沙漠，但它其實際上是冰川的遺跡。卡克羅斯地區——Carcross 源自 Caribou Crossing，意思是「馴鹿出沒之地」——曾經是一座冰川湖。經歷數千年的變遷，隨著冰川消退，水位下降，留下了沉積在湖底的沙層。這些沙被風塑造成沙丘，形成了世界上最可愛的沙漠。

卡克羅斯沙漠的夏季活動包括越野活動和滑沙。而到了冬季，積雪掩蓋沙漠，遊客便可帶上雪橇和滑雪板前來。

這塊迷你沙漠距離白馬鎮（Whitehorse）以南 1 小時車程。N 60.187222 W 134.694722

努納武特地區　努納武特地區

拉布拉多海

哈德森灣

曼尼托巴省

魁北克省

紐芬蘭與
拉布拉多省

蘭斯奧茲
牧草地

紐芬蘭島

安大略省

艾德華
王子島省

馬可尼國家
史蹟館

卑爾傑伯特鬼城

科克蘭北極熊
棲息地

加拿大馬鈴薯
博物館

塞布爾島

奧克島錢坑

薩德伯里微中子
觀測站實驗室

新斯科
細亞省

蒙特婁

聖若瑟
聖堂的拐杖

迪芬地堡

渥太華

中洛錫安城堡
下卑街站

新布藍
茲維省

多倫多下水道

大西洋

巴塔鞋子博物館

美國

美國

NEWFOUNDLAND AND LABRADOR
紐芬蘭與拉布拉多省

蘭斯奧茲牧草地 L'ANSE AUX MEADOWS

● 紐芬蘭島　Newfoundland Island

哥倫布偶然發現美洲前，維京人曾在這裡生活 500 年。大約西元 1000 年，維京人在紐芬蘭最北端登陸，興建了一個村莊。這裡被稱為蘭斯奧茲牧草地，它是唯一公認維京人在北美洲的聚落。

這處遺跡是由挪威探險家海爾格·英斯塔（Helge Ingstad）於 1960 年發現的。1960 年代，這裡出土了 8 棟房屋、1 盞石油燈、1 根骨針、1 塊磨刀石，以及胡桃的痕跡，但胡桃不在這種緯度生長。這說明維京人一定曾到更南方尋找食物。

這些牧草木屋與格陵蘭（Greenland）的維京人住所十分相似，重現了蘭斯奧茲牧草地曾經的模樣。這裡的導遊也打扮成維京人，使遊客能更身臨其境地體驗。

這裡重現了北美洲第一批歐洲訪客的住所。

蘭斯奧茲牧草地位於半島最北端，坐落於鹿湖（Deer Lake）以北 434.5 公里處。每年 6 月至 9 月期間，此處對外開放。N 51.596573 W 55.533350

NOVA SCOTIA
新斯科細亞省

奧克島錢坑 OAK ISLAND MONEY PIT

● 奧克島　Oak Island

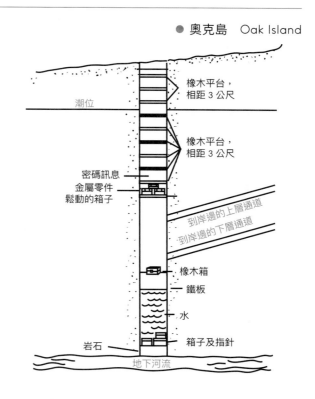

無人居住的奧克島有一個設有陷阱的深洞，其中可能藏著聖杯（Holy Grail）。約櫃（The Ark of the Covenant）也有可能在這裡，還有瑪麗皇后（Marie Anthoinette）的珠寶、黑鬍子（Blackbeard）的海盜寶藏，以及證明培根（Francis Bacon）才是莎士比亞（Shakespeare）作品真實作者的文件。

1795 年，3 個男人在島嶼東部遊蕩時發現地上有個圓形凹痕，還有一個滑輪附在相鄰的樹枝上。這些男人認為這個場景很奇怪，於是拿起鏟子開始挖掘。後來他們聲稱在 3 公尺、6 公尺、9 公尺深的地方各發現一層橡木平台，之後他們就放棄了挖掘。

然後故事變得一發不可收拾，也更加荒誕。後續的挖寶者興奮地發現了明顯的隱藏標記、椰子纖維，以及一塊刻著神祕符號的石頭。當人們挖到 27.4 公尺深時，洞內開始湧出水來，而且越舀越多。挖寶的人認為「這是一個保護寶藏的聰明陷阱」。

截至 1861 年，已有人為找尋神祕的地下寶物而送命。在工人用蒸汽幫浦鑽孔時，鍋爐爆炸，一人因燙傷而死，並導致洞穴再次坍塌。

雖然尋寶已經進行了 200 多年（包括 1960 年代曾有大企業資助裝有遠端攝影機的挖掘行動），但尚未有人能解釋奧克島錢坑之謎。可能的故事（它只是個天然的地洞，其中並沒有什麼寶物）被仍在島上尋寶的人刻意忽視。甚至還有一個頗受歡迎的歷史頻道節目以新一代的尋寶者為主題。不過至今仍然沒有任何寶物出土。

奧克島為私人所有，通常禁止進入，但奧克島之友協會（Friends of Oak Island Society）偶爾會舉辦旅遊行程。N 44.513220 W 64.288571

馬可尼國家史蹟館
MARCONI NATIONAL HISTORIC SITE

● 格萊斯灣　Glace Bay

1902 年 12 月就在這個地方，馬可尼（Guglielmo Marconi）開啟了無線電時代。馬可尼用 4 座 61 公尺高以木製天線纏繞的傳輸站，向英國康瓦爾（Cornwall）的一座電台發送和接收了摩斯密碼。這是第一次正式應用電磁波跨大西洋發送消息，是全球無線電通訊的開端。

馬可尼的傳輸站建在格萊斯灣的原煤礦小鎮中的泰布爾角（Table Head），已於 1905 年遷出，但塔台基座和遊客中心依然在原地保留。現在作為馬可尼國家歷史遺址保存，其中收藏了原站模型，以及有關無線電歷史的照片、文物和資訊。

地址：15 Timmerman Street, Table Head。從雪梨（Sydney）開車至此需半小時，從路易士堡（Louisbourg）開車則需 1 小時。N 46.210969 W 59.952542

無線電時代從新斯科細亞省開始。

塞布爾島 SABLE ISLAND

● 哈利法克斯　Halifax

塞布爾島全部都是沙洲，是位於海洋中間的低窪地。由於它的低調和孤立的位置，這片巨大的沙洲造成了許多船難，以至於有「大西洋墳場」的稱號。

塞布爾島另一項著名的特色是有大約 550 頭的野馬，牠們是昔德蘭矮種馬（Shetland pony）的後代。少數科學家住在島上研究這裡的動植物，但基本上沒有人類活動。

塞布爾島位於新斯科細亞省的哈利法克斯東南方 299 公里處。到島上的遊客必須向加拿大公園管理局（Parks Canada）登記。N 43.934509 W 59.914032

一個野馬自由漫步的地方。

ONTARIO
安大略省

迪芬地堡 DIEFENBUNKER

● 渥太華　Ottawa

1962 至 1994 年期間，原野中央的小白屋曾是加拿大政府因應核武攻擊的總部。

「迪芬地堡」的名字和當時加拿大總理迪芬貝克（John Diefenbaker）有關①，它是冷戰時期遍布加拿大 50 個核子避難所中最大的一座。平凡無奇的小屋下面藏著一條由鋼筋支撐的隧道，隧道通往一座四層地堡，空間足以容納 500 多名政府和軍隊人員生活 1 個月。

如果炸彈襲來，總理及相關工作人員會直接進入地堡——但只有他們自己，因為避難所內沒有容納眷屬的空間。他們會先脫光衣服，到淨化室沖洗全身，然後前往宿舍式的房間。這些簡陋的房間只有雙層床和簡單物品——只有總理可以入住相對奢侈的單人床和私人浴室。

地堡的一些設計是為了減少幽閉煩躁症和幽閉恐懼症。除了整體配色使用了寧靜的藍色和綠色之外，地堡的支柱塗了垂直的黑色條紋，讓天花板顯得更高。狹窄走廊的地板則有橫條紋，使走廊看起來更寬。如果這些措施不足以讓人保持冷靜和理性，那就只能使用禁閉室了。

就像其他建於冷戰恐慌巔峰時期的核子避難所一樣，迪芬地堡從未派上用場。它在 1994 年除役，現在為迪芬地堡博物館。景點包括戰情室、一個讓全國倖存者了解形勢的廣播室，以及一個保證加拿大黃金儲備免遭核彈摧毀的地窖。

地址：3911 Carp Road, Carp。迪芬地堡位於渥太華以西 32 公里處。N 45.351945 W 76.047753

昔日為加拿大總理修建的核子避難所，現已變為冷戰博物館。

上百座呐喊之頭是由水泥做成，妝點著一位古怪老師占地 1.2 平方公里的農場。

中洛錫安城堡 MIDLOTHIAN CASTLE

● 柏克斯弗斯　Burk's Falls

人死之後，俗世之身應該如何處理？彼得・卡馬尼（Peter Camani）有個建議。他在網站上寫道：「當你可以選擇加入一件滿是景觀、充滿活力的創作時，爲何要在郊區一小塊地下安息？」

卡馬尼提到的「充滿活力的創作」是一處由 5.5 公尺高的呐喊之頭構成的森林，材料是水泥以及（如果卡馬尼的創意能實現）亡者的骨灰。

這些呐喊之頭只是卡馬尼正在進行的藝術計畫的其中一部分，位於安大略省柏克斯弗斯村外原來的一片農田上，占地 1.2 平方公里。1989 年，曾是高中藝術老師的卡馬尼開始在這裡建造房屋，將它取名爲中洛錫安城堡。城堡的塔樓是呐喊之頭，而煙囱形似盤龍，每當壁爐燃燒時，龍就會吐出滾滾煙霧。

1995 年，卡馬尼開始在房屋周圍的土地上放置雕塑。如今，這片土地上散布著 100 多座雕塑——包括 84 個呐喊之頭、巨大且半垂的手、長著驚悚臉龐的樹，以及天啓四騎士。

卡馬尼受德魯伊①啓發，決定盡其所能地雕刻呐喊之頭。雖然他很久之前就想創作一片由水泥和骨灰製成的雕刻森林（每座雕塑上刻著死者的姓名和生平），但至今只完成了一件作品。

地點：Midlothian Ridge RR#1, Burk's Falls。城堡位於多倫多（Toronto）以北 240 公里處。
N 45.591719 W 79.509146

下卑街站 LOWER BAY STATION

● 多倫多　Toronto

位於多倫多地鐵綠線（Bloor–Danforth）下方的是下卑街站，這個月台只運行了 6 個月就被封閉了。

這處幽靈月台於 1966 年開放，原意是連通綠線和黃線（Yonge–University），以簡化通勤。理論上，乘客無須換乘列車就能到達目的地，本應使乘客受惠。但在實際運行時，卻是一團亂：到達同一站的列車停在不同的月台，乘客並不清楚應該在上層或下層月台等待列車。

自 1966 年 9 月被關閉之後，下卑街站常用於影視拍攝，經常扮演紐約地鐵。雖然通常無法看到，但地下月台偶爾會為特別的城市節日活動開放，例如一年一度的「打開多倫多」（Doors Open Toronto）。

多倫多的幽靈地鐵月台自 1966 年以來一直空無一人。

地點：1240 Bay Street, Toronto。
N 43.670460 W 79.389982

巴塔鞋子博物館 BATA SHOE MUSEUM

● 多倫多　Toronto

這間博物館用一雙雙鞋子講述了人類幾千年的歷史，一雙鞋代表一個時期。這些收藏（例如古埃及涼鞋、熊皮武士鞋，以及維多利亞女王的舞鞋），都是從創始人索尼雅・巴塔（Sonja Bata）的鞋櫃拿來的，她於

1940 年代開始囤積迷人的鞋子。如今，收藏數量已超過了 13,000 雙，其中 1,000 雙在博物館的常設展和輪替的主題展中展出。

這些鞋子不僅顯示了流行的趨勢——它們還反映了鞋子的文化背景。束縛和限制是共同的主題，例如過去中國纏足婦女曾穿過的繡花鞋，以及 16 世紀義大利人曾穿過的天鵝絨厚底高跟鞋。

這間博物館還設法得到了一些 20 世紀名人穿過的鞋——勞勃・瑞福（Robert Redford）的牛仔靴、貓王（Elvis Presley）的藍色漆皮拖鞋，以及約翰・藍儂（John Lennon）的短靴。

地址：327 Bloor Street West, Toronto。
N 43.667278 W 79.400139

這座鞋盒式的建築收藏了大約 13,000 雙具有歷史意義的鞋子。

安大略省的祕境還包括：

- **切爾滕姆荒地 Cheltenham Badlands**
卡利登（Caledon） / 連綿起伏的紅岩山丘上分布著一條條因地下水氧化形成的綠帶，與蔚藍的天空相得益彰。

- **花盆島 Flowerpot Island**
安大略 / 小島坐落於休倫湖（Lake Huron）之中，風景怡人，兩根花盆形狀的石柱守衛著海岸。

- **渥太華監獄旅館 Ottawa Jail Hostel**
渥太華 / 這座監獄曾因虐囚而臭名昭彰，如今則化身旅館，歡迎背包客來單人牢房過夜。

- **猴爪書店 Monkey's Paw**
多倫多 / 這間書店放置著世界上第一台「自動賣書機」（Biblio-Mat），機器隨機販售書籍。

多倫多下水道 SEWERS OF TORONTO

● 多倫多　Toronto

需要真正很特別的情況才能讓下水道變成地標。

多倫多的地下排泄物處理系統值得一看。下水道管線既寬闊又挑高，結構大而堅固，看起來比較像是濕漉漉的地下鐵道，而不像是廢水流過的地方。

一直以來，大膽的探險家和淘氣的年輕人都會冒險進入城市的地下通道，繪製出它們的軌跡，並檢視目前的情況。下水道系統的每條分線都有自己的故事。加里森小溪下水道（Garrison Creek Sewer）流經城市西區的地下，平滑斜面和圓環就像氣送管一樣；正如其名，這裡曾是條小溪。19 世紀晚期，溪裡塞滿了人類的排泄物，城市很明智地決定順應情況，把整條小溪掩埋起來。

這些隧道是公共工程的無名奇蹟。像多倫多這樣認真看待下水道的城市，就能看到這種事情，華麗的汙水處理廠有個暱稱叫做「淨化宮」（Palace of Purification）。這是所有宏偉下水道管線內容物的終點──也包括探險的人，如果他們照著路徑走得夠遠。

隧道入口就是大家想得到的那些地方（人孔、維修井、溢洪道、汙水處理支線），嚴格來說不准進入。到此一遊並不容易，只能在公共工程人員的許可及引導下參觀。
N 43.646747 W 79.408311

多倫多維護良好的下水道系統已經有超過百年的歷史。

與 363 公斤的北極熊一起放鬆地戲水。

科克蘭北極熊棲息地
COCHRANE POLAR BEAR HABITAT

● 科克蘭　Cochrane

一隻叫做甘努克（Ganuk）、重達 363 公斤的調皮北極熊，是科克蘭北極熊棲息地的 3 位熊居民之一。科克蘭是世界上唯一專用於馴養北極熊的設施，致力於照顧被救援及動物園飼養的北極熊，並教育人們保護北極熊。甘努克可以在棲息地三大片廣闊的戶外場地自由行動。牠的嗜好包括挖洞、把頭卡在桶裡，以及享用像水桶那麼粗的冰棒，它們是由西瓜片、金槍魚、花生醬和棉花糖做成。

甘努克還能為你描繪出棲息地的生活──動物園飼養員偶爾會把無毒顏料和畫布放在牠面前，試圖激發牠的創造力。甘努克創造出的爪印抽象畫在禮品店的售價最高可賣到一幅 200 美元。

5 月至 9 月期間到此參觀，你還可以跟甘努克一起游泳。甘努克的專屬泳池旁有一個供人嬉水的池子，兩邊被 5 公分厚的玻璃牆隔開。

地　址：1 Drury Park Road, Cochrane。從多倫多駕車到棲息地約 7 小時。
N 49.054052 W 81.016814

薩德伯里微中子觀測站實驗室 SNOLAB

● 萊弗利　Lively

在克萊頓（Creighton）鎳礦地下 2,400 公尺處，一群天體物理學家正試圖解開宇宙的祕密。他們在薩德伯里微中子觀測站實驗室工作，這間實驗室致力於尋找暗物質和微中子（neutrinos）——一種電中性的次原子粒子。實驗室必須建於地下深處，以保護靈敏的探測系統不受宇宙輻射的干擾。

實驗室以它的薩德伯里微中子觀測站（Sudbury Neutrino Observatory, SNO）而聞名，這是一項從 1999 年持續到 2006 年的實驗，應用 12 公尺寬、裝滿重水（含有大量氫的同位素氘的水）的工具來檢測太陽熔合反應所產生的微中子。

SNO 的繼任者是 SNO+，目前正在籌備之中。新的實驗將會繼續尋找微中子，也會對現有設備進行調整。

克萊頓鎳礦（Creighton Mine），地址：1039 Regional Road 24, Lively, Greater Sudbury。考慮到汙染的問題，任何進入 SNOLAB 的人必須先淋浴，並現場更換衣服。
N 46.473285 W 81.186683

在地下 2,400 多公尺處，一個布滿 9,600 根光電倍增管的球體，有助於尋找太陽微中子。

PRINCE EDWARD ISLAND
艾德華王子島省

加拿大馬鈴薯博物館
CANADIAN POTATO MUSEUM

● 奧利里　O'Leary

當你看到由玻璃纖維製成、高 4.3 公尺的馬鈴薯，像冰棒一樣插在桿子上時，會興奮不已。這顆巨大的馬鈴薯會吸引你走進一間迷人的博物館，熱情洋溢地擺滿了馬鈴薯——特別是艾德華王子島的馬鈴薯，大多數是從周邊田地裡收穫的。

準備挑戰你對馬鈴薯的所有知識。

馬鈴薯解說中心（Potato Interpretive Center）會帶你進行一場跨越各大陸的時空旅行，你可以追溯馬鈴薯在南美洲的起源，了解它們如何被引入歐洲和北美洲。在馬鈴薯病的展覽上，馬鈴薯被放在小棺木中，旁邊的牌子詳細說明了它們的死因，請為它們默哀。在古代農具展廳裡，還能看到鏽跡斑斑的 19 世紀打穀機。博物館的最後一站當然是餐廳，這裡提供炸薯條、馬鈴薯肉桂卷和馬鈴薯軟糖，它們會為了征服你的味蕾而一較高下。

為了體驗以馬鈴薯為主題的假期，可以在 7 月最後一週遊覽奧利里，參加一年一度的「馬鈴薯開花節」（Potato Blossom Festival），這是為慶祝植物盛開的節日。慶典包括農家宴、煙火和「馬鈴薯開花小姐」選美比賽。

地址：1 Dewar Lane, O'Leary。從桑墨塞德（Summerside）出發，沿 2 號高速公路（Highway 2）行駛 45 分鐘可達馬鈴薯博物館。博物館於每年 5 月中旬至 10 月中旬期間對外開放。N 46.703812 W 64.234645

QUEBEC
魁北克省

卑爾傑伯特鬼城
VAL-JALBERT GHOST TOWN

● 尚波　Chambord

卑爾傑伯特村位於魁北克市（Quebec City）以北241公里處，於1901年興起，當時林業大亨達馬斯·傑伯特（Damase Jalbert）利用烏亞楚安河瀑布（Ouiatchouan River Fall）發電，建造了一座紙漿廠。雖然3年後傑伯特離世，但他的紙漿廠度過了隨之而來的資金短缺，並在新業主手中日漸興旺。1909至1920年代初期，卑爾傑伯特是一個繁華的社區。這裡有200名工人及家眷，可以上學，去雜貨店、肉鋪和郵局，電力系統發達。

然而，隨著全球對紙漿的需求下降，工廠於1927年關閉。當時，卑爾傑伯特有950人口。而到1930年代初期，這裡已變爲一座鬼城。1960年，這個村莊改造成旅遊景點，每年6月到10月對外開放。雖然許多房屋被修復了，但還有一些房屋內部坍塌、木牆裂開、遍布孔洞。紙漿廠的大部分機器保存完好。原來的肉鋪現在變爲一個懷舊的照相亭。

在離開之前，遊客可以在河流觀景台近距離欣賞烏亞楚安瀑布，它高達72公尺，比跨越美加兩國的尼加拉大瀑布（Niagara Falls）還要高。

地點：169號高速公路（Highway 169），卑爾傑伯特位於尚波與羅伯瓦（Roberval）之間。
N 48.444660 W 72.164561

聖若瑟聖堂的拐杖
THE CRUTCHES OF ST. JOSEPH'S ORATORY

● 蒙特婁　Montreal

聖若瑟聖堂的拱頂高154公尺，是蒙特婁的最高點。這座山頂聖堂是安德列弟兄（Brother André）的遺產。這位魁北克人因給病人帶來希望和慰藉而聲名遠播。1904年，他請求蒙特婁的大主教允許他爲自己奉獻一生的聖若瑟建一座聖殿。安德列弟兄自幼身體不好，因此時常向聖若瑟祈禱，並鼓勵他人相信聖若瑟的療癒力量。

雖然大主教無法資助安德列弟兄的夢想，但大主教允許他建造一座樸素的小教堂。直到1924年，聖若瑟聖堂才得以動工。不久後，安德列弟兄離世，享年91歲。1967年，在安德列弟兄逝世後的30年後，聖堂才竣工。

身體不適、長期患病或行動不便的人蜂擁至聖若瑟聖堂，尋求安慰，渴望被奇蹟治癒。安德烈弟兄的小禮拜堂前放著一排排拐杖，都是聲稱能重新走路的人所留（2010年，安德列弟兄被封爲聖人，因此奇蹟不僅歸功於聖若瑟，也歸功於他的代禱）。

安德列弟兄的心臟被保存在一個玻璃聖物箱。1973年3月，一幫厚顏無恥的小偷盜走了器官。一年多後，透過匿名檢舉，心臟在一間公寓地下室的儲物櫃找到。如今，它已重新展示。

地址：3800 Chemin Queen Mary, Montreal。地鐵 Côte-des-Neiges 站鄰近聖堂。從瑪麗女王街到教堂有283階台階——朝聖者一般都會跪行中間的99階台階。
N 45.492171 W 73.616943

新布藍茲維省（New Brunswick）：

● 世界上最大的斧頭
　World's Largest Axe

奈卡維克（Nackawic）/ 這把斧頭是1991年做的，斧柄長達15.2公尺，斧頭中嵌有一個時間膠囊。

● 老母豬漩渦 **Old Sow Whirlpool**

鹿島尖（Deer Island Point）/ 據傳說，這個潮汐漩渦的名字之所以如此古怪，是因為它發出的聲音很像豬的呼嚕聲。

聲稱被治癒了瘸腿的人們留下的拐杖。

美國 USA

30°36'12.5"N——104°31'06.5"W

N

西岸

加利福尼亞州 | 華盛頓州 |
奧勒岡州 |

四角落與西南部

亞利桑那州 | 新墨西哥州 |
科羅拉多州 | 德克薩斯州 |
內華達州 | 猶他州 |

大平原

愛達荷州 | 北達科他州 |
堪薩斯州 | 奧克拉荷馬州 |
蒙大拿州 | 南達科他州 |
內布拉斯加州 | 懷俄明州 |

中西部

伊利諾州 | 明尼蘇達州 |
印第安納州 | 密蘇里州 |
愛荷華州 | 俄亥俄州 |
密西根州 | 威斯康辛州 |

東南部

阿拉巴馬州 | 密西西比州 |
阿肯色州 | 北卡羅來納州 |
佛羅里達州 | 南卡羅來納州 |
喬治亞州 | 田納西州 |
肯塔基州 | 維吉尼亞州 |
路易斯安那州 |

中大西洋地區

德拉瓦州 | 賓夕法尼亞州 |
馬里蘭州 | 華盛頓哥倫比亞特區 |
紐澤西州 | 西維吉尼亞州 |
紐約州 |

新英格蘭地區

康乃狄克州 | 新罕布夏州 |
緬因州 | 羅德島州 |
麻薩諸塞州 | 佛蒙特州 |

阿拉斯加與夏威夷州

阿拉斯加州 | 夏威夷州 |

CALIFORNIA
加利福尼亞州

西岸
West Coast

布來斯巨型圖畫 BLYTHE INTAGLIOS

● 布來斯　Blythe

如同秘魯的納斯卡線（Nazca Lines），布來斯巨型圖畫是刻畫在沙漠中的巨幅作品。6 個圖案分布在 3 處不同地點，其中最大的圖案是長約 52 公尺的人像。這些巨型圖畫很可能是美國原住民的莫哈維族（Mojave）或奎查恩族（Quechan）所刻，但創作時間不得而知。

巨型圖畫位於 95 號國道（Route 95），布來斯以北 24 公里處。N 33.800333 W 114.531883

在科羅拉多沙漠（Colorado Desert）刻了巨大人像的美國原住民，只能憑想像這圖案從空中俯瞰會是什麼樣子。

索爾頓湖 SALTON SEA

● 孟買海灘　Bombay Beach

在 1950 與 1960 年代期間，孟買海灘曾是一處人來車往的海濱度假勝地。白天，遊客可以游泳、衝浪、打高爾夫球；夜晚降臨，則可前往北岸遊艇俱樂部（North Shore Yacht Club）狂歡至深夜。

而如今，孟買海灘已經乏人問津，成為一片廢棄的荒地。鹹腥的海水夾雜著汽油和腐魚的氣味。曾經擠滿一排排曬日光浴遊客的海岸，現在遍布著綠色汙泥和風乾的魚骨。放眼望去，一片末世景象。

如果想知道這裡是如何從天堂變成地獄，就要了解索爾頓湖的歷史。孟買海灘並不是在太平洋海岸上，而是位於科羅拉多沙漠之中。1905 年，科羅拉多河（Colorado River）氾濫，洪水沖毀堤壩，淹沒了名為「索爾頓山谷」（Salton Sink）的乾枯峽谷。洪災持續了兩年之久，形成了寬 24 公里、長 56 公里的索爾頓湖。

儘管索爾頓湖的形成出於偶然，但最初仍不失為一件好事。它是加州最大的內陸湖泊。鳥兒遷徙至此，湖中魚兒成群。開發商看中了此處得天獨厚的環境，宣傳這裡是「索爾頓的蔚藍海岸」①、「沙漠中的奇蹟」。隨著索爾頓湖變為度假勝地，酒店、遊艇俱樂

部、住宅和學校沿岸邊拔地而起。然而，災難已初露端倪。

到了 1970 年代晚期，索爾頓湖的生態系統迅速惡化。由於沒有排水出口、年降雨量幾乎為零，加上附近農地的汙水流入，湖水被農藥汙染，越來越鹹，甚至比太平洋更鹹。上千條死魚被沖上岸，腐爛的屍體隨之被分解，在沙灘上留下了一層支離破碎的魚骨。

索爾頓湖曾經繁榮的跡象依然散落在海岸上。被圍起的汽車旅館、生鏽的船架，以及畫滿塗鴉的破損水泥泳池是剩下來的一些景點。這裡依然有人居住——孟買海灘大約還有 250 名居民，他們開著高爾夫球車在這片荒涼的土地上前行，要行駛 65 公里才能到達雜貨店採買雜貨儲存。

然而，索爾頓湖仍有一處嶄新而閃亮的地區：北岸海灘以及遊艇俱樂部，俱樂部在廢棄了很長一段時間後，於 2010 年被翻修，重新開幕成為社區中心。

遊客可以從索爾頓湖歷史博物館（Salton Sea History Museum）開始遊覽，博物館地址：72-120 South Lincoln Street, Mecca。N 33.253533 W 115.710179

在暴曬與高鹽度之下，索爾頓湖從度假天堂化為一片荒原。

雕刻家喬‧哈樂黛（Joe Holiday）的長毛
猛獁象，是由廢棄卡車的輪胎製作而成。

板城 SLAB CITY

● 尼蘭　Niland

板城被當地居民稱爲「最後的自由之地」，這裡遠離城市的公路網，是被非法占用的沙漠社區。板城之前是美國海軍陸戰隊的訓練基地，1960 年代成爲藝術家、旅行者、退休人士和雪鳥族①的雜居之所。這裡沒有地方政府，沒有自來水，也沒有垃圾處理系統。電力來自太陽能板和發電機；夜幕降臨的沙漠中，響尾蛇和蠍子四處出沒。

夏季，板城的氣溫高達攝氏 49 度，居民只有幾十人，而到了相對涼爽的月份，人口會增至數千人。居民住在休旅車、改裝貨車、帳篷和改裝的校車裡，冒險前往溫泉洗澡。週六夜，在「The Range」——這是一處椅子亂七八糟、沙發破破爛爛的露天音樂場地——則會舉辦才藝表演。

在板城裡有一個藝術社區叫做「東耶穌」（East Jesus）。2006 年，這個藝術村從一個舊貨櫃起家，中央地帶是完全以回收材料製作而成，可供人居住、且不斷增加藝術品。其中有件作品〈猛獁象〉，是由廢棄的輪胎、壞掉的電視機和汽車座椅鏽蝕彎曲的支架構成。據它的託管人說，東耶穌社區「不斷流動的人口，包括了藝術家、建築者、作家、音樂家、自由思想者、調皮的惡作劇者、遊蕩的救世主、被遺棄的人和被詛咒的人」。

地點：East Beal Road, Nilamd。沿 111 號高速公路（Highway 111）向尼蘭方向行駛，在聯合雜貨店（United Grocery）向東轉，再行駛 5.6 公里便可到達。救贖山（Salvation Mountain）標誌即爲板城的入口。
N 33.258149 W 115.462387

靈音館 THE INTEGRATRON

● 蘭德斯　Landers

靈音館是沙漠中一座音效絕佳的圓頂建築，你站在它的正下方低語，會感覺大腦似乎正透過振動與自己對話。這種經歷十分奇妙，就像靈音館本身一樣。

1952 年，曾任飛行機械師的喬治‧凡泰索（George Van Tassel）遇到一次改變他人生軌跡的經歷。正如他在 1955 年著作《我坐過飛碟》（I Rode a Flying Saucer）所描述的，他在睡夢中被一個來自金星的生物叫醒，將他帶上太空船，金星訪客以心電感應向他透露了長生不老的祕密；據金星訪客所說，人類的身體如果想要永保青春，必須建造一座圓頂建築，且不能使用金屬材料，還要配備時空旅行和反重力裝置。凡泰索得到金星訪客的指引後，著手在約書亞樹國家公園（Joshua Tree National Park）的北部沙漠中建造這間靈音館。建築物的位置是關鍵——凡泰索相信這裡擁有強大的地磁力，經過靈音館的增強，地磁力可以爲人類細胞充電。

這棟高 12 公尺的兩層圓頂建築以木頭、玻璃纖維、水泥和玻璃搭建，沒有使用釘子、螺絲或其他金屬零件。然而，時空旅行設備和反重力室從未蓋好——凡泰索尚未完成作品，就因心臟病發於 1978 年去世。

如今，遊客可以在靈音館裡享受「音浴」，30 個人腳朝外圍成一圈躺在地板上，工作人員會敲擊一系列不同尺寸的水晶缽，使之產生共振（據建築物目前的所有人說，這項體驗可以讓人體不同部位分別振動，進而讓人放鬆和達到「音療」）。

圓頂建築對聲音十分敏感，在房間一角的人能夠清楚聽到對角輕微的喘息聲和腳步聲。也正因爲如此，音浴開始前，工作人員會嚴正警告：不許打呼。

地址：2477 Belfield Boulevard, Landers。從洛杉磯（Los Angeles）向東行駛 2 個半小時可到達靈音館。靈音館每月舉辦兩次公開音浴場次，遊客也可以預約私人音浴。
N 34.294514 W 116.403743

在沙漠圓頂建築內享受水晶音浴。

城市指南

探索更多的洛杉磯

加州異常藝術研究所
California Institute of Abnormalarts

北好萊塢（North Hollywood） / 這個場地展演怪奇音樂、B 級電影、自稱的怪胎秀，還收藏了一具百年的小丑木乃伊，所有人是一位喜愛奇珍異寶的前殯葬業者。

廢棄老動物園
The Abandoned Old Zoo

格里斐斯公園（Griffith Park） / 格里斐斯公園動物園於 1912 年興建，1960 年代被廢棄，如今對外開放，供一般民眾健行、野餐，也可以在廢棄的猴子籠裡攀爬。

恩尼斯之家　　Ennis House

洛斯費利茲（Los Feliz） / 主要由水泥塊蓋成的巨大建築奇景。這棟由萊特（Frank Lloyd Wright）設計的建築，承載著將近一個世紀地震所引起的變動，有了裂紋和坑疤，不過來自馬雅靈感的設計卻絲毫未損。

哲學研究會
Philosophical Research Society

洛斯費利茲 / 這間圖書館兼書店自從 1934 年創立以來，一直是意識轉換、晦澀宗教哲學和神祕學研究的中心，不過圖書館館藏僅供館內閱讀，請勿嘗試攜帶任何東西回家，業力（也或許是圖書館員）會出面阻止。

白雪公主小屋
Snow White Cottages

洛斯費利茲 / 這些 8 歲故事書裡的小屋，距離華特·迪士尼（Walt Disney）原來的工作室只隔了幾條街，很可能啟發了史上最著名動畫電影之一——不過數十年後，又走到了電影光譜上的另一端，成為大衛·林區（David Lynch）驚悚片《穆荷蘭大道》（Mulholland Drive）的場景。

分手博物館
Museum of Broken Relationships

好萊塢（Hollywood） / 這間是札格雷布原館的分館，原館是兩位克羅埃西亞藝術家的心血結晶，提供心碎的人放置愛情遺物的地方，所有館藏皆為匿名捐贈，邀請來參觀的人也將自己頭痛的私人故事放進似一般的展出物品上。

聖地展覽館　　Holyland Exhibition

洛斯費利茲 / 安東尼亞·富特（Antonia Futterer）是傳說中啟發印第安納·瓊斯（Indiana Jones）的真實生活版本，他是最後一個這樣的探險家，在洛杉磯土生土長。他個人的中東藝術及文化器物收藏，全都擺在洛斯費利茲山腰上的一棟平房裡供人參觀。

回聲公園及馬維斯塔時間旅行市場
The Echo Park and Mar Vista Time Travel Marts

威尼斯（Venice） / 從回聲公園到馬維斯塔這趟路感覺可能沒完沒了，不過這個非營利寫作工作坊的古怪店面有各種你在城裡穿梭或穿越到四度空間時的必需品，包括了恐龍蛋、罐裝長毛象肉塊、重新啟動的複製人以及機器人假髮。

鮑伯貝克木偶劇場
Bob Baker Marionette Theater

西湖（Westlake） / 這裡是洛杉磯的歷史文化紀念名勝，也是洛杉磯最古老的兒童劇場。有成千尊傀儡木偶（不是恐怖的那種！）還有免費冰淇淋——誰不喜歡好看的木偶表演呢？

絲絨畫博物館　　Velveteria

唐人街（Chinatown） / 有成千幅迷幻、懷舊、黑亮背景的美麗畫作，絲絨畫藝術不只在這些收藏品中留存下來，還提升到更高（從各個層面來說都是）的藝術。

衣櫃裡的骷髏　　Skeletons in the Closet

洛杉磯郡（LA County） / 法醫的禮品店能買到腳趾標籤、屍袋，還有粉筆輪廓畫的海灘巾。這些聽起來不太健康的產品擁有興隆的郵購生意，能籌措資金來支持青少年安全駕駛計畫。

布萊伯利大樓　　The Bradbury Building

市中心（Downtown） / 這棟裝飾藝術風格的市中心建築物因為出現在電影《銀翼殺手》（Blade Runner）和《大藝術家》（The Artist）中而聲名大噪，據說要不是建築師得到亡兄來自另一個世界的許可，就不會動土興建了。

克里夫頓自助餐廳　　Clifton's Cafeteria

市中心 / 這家迷幻、媚俗、巨大的紅木主題自助餐廳，在熊標本和駝鹿頭的注視之下已經營業 80 年了。經營的黃金法則是「不美味就免費」。

維拉斯藍蔚莎全景畫
Velaslavasay Panorama

大學公園（University Park） / 這間有茂盛後花園的劇院兼展覽廳，提供顧客 360 度的奇觀體驗，有點像是早期的虛擬實境，繪製在旋轉背景上的世界能在電影之前的年代帶大眾進入夢幻奇異的境地。

侏羅紀科技博物館
Museum of Jurassic Technology

卡爾弗城（Culver City） / 近 30 年來，這間堅定的珍奇屋提供洛杉磯低調、柔焦的展覽，混雜而怪異，令人費解，挑戰何謂真實的感官。

溫德博物館　　The Wende Museum

卡爾弗城 / 位於不起眼的商業區裡，存放著東方祕密集團的間諜設備，還有冷戰年代相關的全套裝置——另外還有一大截原來的柏林圍牆。

賽德爾股份有限公司　　Saydel, Inc.

亨丁頓公園（Huntington Park） / 絕對不要用零售價格購買宗教肖像、魔法香皂和身心靈蠟燭——賽德爾公司的人能提供顧客超低的批發價格。

舊城音樂廳　　Old Town Music Hall

埃爾賽貢多（El Segundo） / 從 1968 年起，在駐館歷史學家暨管風琴大師比爾·菲爾德（Bill Field）靈巧手指的彈奏下，「Mighty Wurlitzer」管風琴為眾多默片及經典電影提供了優美的曲調。

布萊伯利大樓高聳的內部。

33 號俱樂部 CLUB 33

● 安納罕　Anaheim

迪士尼樂園（Disneyland Park）裡緊鄰加勒比海盜船（Pirates of the Caribbean）出口的紐奧良廣場（New Orleans Square），有一扇毫不起眼的灰綠色大門。門上沒有標記，但右側刻著數字33 及一個銅製音箱，板子擋住了蜂鳴器。這裡是33 號俱樂部的入口。33 號俱樂部的入會門檻非常高，會費也貴得離譜，俱樂部由華特・迪士尼本人創辦，是他用來接待 VIP 貴賓的奢華場所。

只有33 號俱樂部的會員，或者會員的客人，才能在這間祕密餐廳用餐。入會須繳納 25,000 美元，還須支付 1 萬美元的年費。會員上限定為 500 人，入會申請可能要等候多年才會通過。

在33 號俱樂部享用午餐或晚餐只接受預約。通過那扇祕密大門之後，賓客會被引導進入二樓餐廳，途中會經過迪士尼樂園唯二提供酒精飲料的酒吧的其中一間。餐廳採用 19 世紀紐奧良的裝潢風格，並安裝了木製電梯和柳編馬桶。食物和飲料由幾名身著33 號俱樂部制服的服務生供應。他們很樂意告訴賓客，牆上的賽璐珞片屬於動畫《幻想曲》（Fantasia），而走廊桌子出自《歡樂滿人間》（Mary Poppins）。

然而迪士尼從未親眼見到33 號俱樂部，他在 1966 年12 月——俱樂部開業的 5 個月前——去世了，但他的個人風格被保留下來。在原本獎盃展廳的一區有隻電子禿鷹，迪士尼曾想安排聲音演員躲進箱子為禿鷹配音，與顧客對話，為顧客帶來驚喜。為此，整間屋子都裝了麥克風——但從未連線過。

地址：33 Royal Street, Disneyland, Anaheim。只有俱樂部的會員及其友人才能進入33 號俱樂部，還要前幾個月就先預約，才能揮霍大吃一頓及購買獨家紀念品。N 33.811033 W 117.921227

吉姆・瓊斯
Jim Jones

愛琳・伍爾諾斯
Aileen Wuornos

約翰・韋恩・蓋西
John Wayne Gacy

死亡博物館 MUSEUM OF DEATH

● 好萊塢　Hollywood

死亡博物館的觀光之旅從一個測試開始：觀察櫃台旁邊的照片牆。照片中，血肉模糊的人體殘骸是被卡車撞死的，散落在馬路上。如果這張照片讓你感覺不舒服，那麼這個地方並不適合你。

死亡博物館建於 1995 年，用令人震驚的圖像讚頌人類離開塵世的無數種方式。自行參觀這間小型博物館需要 45 分鐘，展覽主題包括死刑、邪教自殺、交通事故和連環謀殺。一系列屍袋、棺材和殯葬設備的展覽提醒著人們：死亡面前，人人平等。

「天堂之門」（Heaven's Gate）是其中一間展廳，是向 1997 年 3 月在聖地牙哥（San Diego）一棟豪宅內發現 39 人自殺殉教的調查人員致敬。在那次事件中，每個死者都服用了致命劑量的鎮靜安眠藥，身著紫色壽衣和穿上嶄新的耐吉球鞋，整齊地躺在上，相信他們的靈魂會被一架外星飛船帶去更高境界。在博物館版本中，假人躺在從原址運來的床上，穿著的壽衣和耐吉球鞋是從兩名殉教者身上取下的。

「黑色大理花」（Black Dahlia）、查爾斯・曼森（Charles Manson）和約翰・韋恩・蓋西（John Wayne Gacy）這些凶殺案①已經家喻戶曉，但更毛骨悚然的展品則來自那些不為人知的殺人犯。其中一面牆上展示著一對夫婦拍攝的一組照片——他們拿著男人剛剛肢解的人體殘肢，對著鏡頭咧嘴笑。當時數位相機還沒出現，兩人將罪證底片拿去照相館沖洗後，就被逮捕了，並以謀殺罪名起訴。

地址：6031 Hollywood Blvd., Hollywood。遊客可乘坐地鐵在 Hollywood 站或 Vine 站下車，再向東步行兩個街區即可到達。N 34.101943 W 118.321201

《十誡》的法老之城
LOST SET OF THE TEN COMMANDMENTS

● 瓜達盧佩　Guadalupe

1983 年，3 個電影迷踏上前往科羅拉多沙漠尋找失落的「法老之城」旅程。他們憑藉導演地密爾去世後出版的自傳裡的線索，找到了深埋於沙丘中的斯芬克斯像和法老王。地密爾之所以手握線索，是因為法老之城就是他建造的——這裡是他 1923 年拍攝的默片史詩《十誡》的片場。豪華的法老之城由 1,500 人的大型團隊所建，裡面有長達 220 公尺長、以象形文字裝飾的宮殿，法老拉美西斯二世的 4 座巨大雕像，以及 21 座重達 5 噸的斯芬克斯像列隊的恢宏大道。

《十誡》的拍攝不僅超時，而且超支。電影拍攝結束時，片場留下了一大堆石膏建築和道具。若要將它們都運回好萊塢需要支付高昂的運費，但地密爾又不想將精心搭建的片場留在沙漠裡，讓低成本電影製作人撿了便宜用來拍攝他們自己的史詩電影。因此，地密爾把場景全拆了，一一埋入了黃沙之中。法老之城就在沙丘裡沉睡了 60 年。

電影製作人彼得·布洛斯南在地密爾的自傳裡讀到了一句頗有深意的玩笑——倒楣的考古學家可能會在沙漠裡找到失落的埃及古城。受此啟發的布洛斯南開始帶頭尋找地密爾的法老之城。

布洛斯南和考古學家用探測地下物體的雷達勘查了這個地區。由於資金不足，且沒有得到當地政府的許可，大規模的發掘計畫因而失敗了。此外，將片場道具完好無損地取出也困難重重，因為大部分道具是由石膏製成，出土後就會碎成粉末。

雖然大部分場景依舊被埋在沙漠中，但少數挖掘出的物品（包括化妝包、電影膠片夾，以及一顆斯芬克斯像重塑的人頭），陳列在附近的「沙丘中心」。

瓜達盧佩—尼波莫沙丘中心（Guadalupe-Nipomo Dunes Center），地址：1065 Guadalupe Street。
N 34.972501 W 120.572081

加利福尼亞城 CALIFORNIA CITY

● 加利福尼亞城　California City

從空中俯瞰加利福尼亞城如同一塊電路板，精心規畫的大街小巷和彎曲道路整齊而密集。街道和服務設施的分布合乎邏輯，看起來賞心悅目，也非常適合大都市。只是，這座城市缺少了最重要的部分——人。

1958 年，前社會學教授納特·曼德森（Nat Mendelsohn）買下了莫哈維沙漠（Majave Desert）中約 32,374 公頃的土地。他的宏偉計畫是在加州打造一座以汽車為主要交通工具，可與洛杉磯媲美的繁華未來大都市。曼德森在地圖上規畫了道路網，為每條路命名，並親自監工。這些道路環繞中央公園；中央公園是占地 32 公頃的綠地，裡面還有座人工湖。房屋模型和建築圖紙展現了一個富有吸引力又唾手可得的美國夢。

1959 年 1 月，加利福尼亞城有 65 戶人家。但最開始遷入的住戶並沒有帶來更大規模的人口增長。隨著時間流逝，小部分住戶在這裡安家了，但大片精心規畫的街道依舊安靜而荒涼。1969 年，曼德森為了挽救自己規畫的城市，將它賣給了丹佛（Denver）的製糖和礦業公司。

截至 1990 年，加利福尼亞城的人口在 6,000 人上下徘徊。2000 年，人口是 8,385 人。以一個大都會來說，這座城市徹底失敗了。然而現在，它破敗泥濘的街道卻吸引了眾多熱中在無人彎道甩尾疾駛的越野探險家。如今，城市人口約有 14,000 人，但房屋分布很奇特。一些街區房屋密集，另一些則只有孤零零一棟矗立。所有地方都有大量空置的街道作為緩衝區。

加利福尼亞城位於洛杉磯以北約 160 公里處，介於 14 號公路（SR-14）和 395 號國道（US 395）之間。
N 35.125801 W 117.985903

沒有房屋林立的龐大街道是加利福尼亞城僅存的遺跡，這座建於 20 世紀中葉的鬼城曾試圖與洛杉磯抗衡。

跑道鹽湖 RACETRACK PLAYA

● 死亡谷　Death Valley

當無人注意之時，石頭會在跑道鹽湖乾涸的湖床上滾動。有些石頭只挪動了幾公分，而有些石頭則移動了800多公尺。它們都留下了明顯的軌跡——有的直；有的彎；還有一些奇形怪狀的痕跡，好像石頭在半路上改變了想法。

在2013年12月之前，沒人見過石頭到底是如何移動的，但各種不同的理論試圖解釋這個現象。一項2010年美國太空總署的研究得出結論，周邊群山上的積雪融化後匯流而下，在平原上氾濫。根據美國太空總署的說法，晚上，雪水在石頭底部凝固，形成了「冰環」。在接下來的1個月裡，更多的雪水從山上流下，在湖床上形成了濕滑的表面，使這些冰環石頭可以漂浮於上。而時速高達145公里的強風則推動石頭在鹽湖湖床上滑行。

這個理論看似合理，卻很難找到確切的證據。在湖床較為濕潤的時段，該區域禁止進入，因為腳印會留在湖床上，另外，研究必須排除干擾——石頭不能受到擾動，攝影機必須藏在地景之中。

2013年，古生物學家理查・諾里斯（Richard Norris）及其侄子研究工程師詹姆斯・諾里斯（James Norris）

死亡谷神祕又沉重的石塊可以在沙漠上滑行數百公尺之遠。

恰好遇上了天時地利。他們目睹著大風推動著浮冰在湖床上移動，而浮冰進一步使一塊石頭沿光滑的湖床表面滑動。叔侄兩人在湖床旁的山腰上拍到了照片。證據有了，謎題也隨之解開了。

死亡谷國家公園（Death Valley National Park）。遊客可從尤比黑比火山口（Ubehebe Crater）附近出發，沿路行駛42公里即可到達跑道鹽湖。

你需要一輛四輪驅動車，一旦到達河岸，車輛禁止進入河床。請攜帶牢固的鞋子。N 36.681069 W 117.560258

福雷斯蒂耶雷地下果園 FORESTIERE UNDERGROUND GARDENS

● 佛雷斯諾　Fresno

當巴爾達薩雷・福雷斯蒂耶雷（Baldassare Forestiere）在泥地裡挖了幾分鐘後，才意識到自己犯了嚴重的錯誤。1906年，這名西西里人不遠萬里來到加州，原本是為了實現他成為水果商的夢想。他在佛雷諾斯買下32多公頃的土地，但將鏟子插進土壤時，福雷斯蒂耶雷失望地發現地下有層硬質土層，土壤異常緊實，根本不適合用來種植果樹。

硬質土層並非唯一的難題。佛雷斯諾的夏季悶熱無比，氣溫通常高達攝氏46度。決心盡力而為的福雷斯蒂耶雷想出一個新計畫：將果園移到泥土更鬆軟、氣候更涼爽的地下。這是一項長期工程。在40多年的

時間裡，福雷斯蒂耶雷沒有設計圖，全憑一己之力在硬質土層下方鑿出了地窖、拱門和壁龕，並種植了橘子、檸檬、葡萄柚、桑椹和葡萄樹。天井和露天庭院為果樹生長提供了充足的陽光，同時又能防止氣溫過高。

福雷斯蒂耶雷不僅將果園挪到了地下，他自己也住在地下。由於下面更涼爽（地下溫度比地表低了攝氏6～16度），他為自己建造了地下臥室、浴室、廚房和餐廳。

直到福雷斯蒂耶雷於1946年去世前，他從未停止擴建地下果園。如今，果園對外開放。遊客可以品嘗一下福雷斯蒂耶雷種的果樹所結的部分水果——可以現場購買。

地址：5021 West Shaw Avenue, Fresno。從佛雷斯諾市中心向北行駛10分鐘即可到達地下果園，就位於99號高速公路（Highway 99）旁。可提供遊覽，冬季果園關閉。
N 36.807573 W 119.881809

果樹在有40多年歷史的地下別墅中能保持涼爽。

城市指南

探索更多的舊金山

金色消防栓　Golden Fire Hydrant

卡斯楚區（Castro） / 位於多洛雷斯公園（Dolores Park）下方的鍍金滅火器名副其實，因為它歷經 1906 年的地震之後依然能夠使用，挽救了教會區（Mission District）的大部分房屋。

進步女神頭像　Head of Goddess of Progress

市政中心（Civic Center） / 進步女神原本是座 6 公尺高銅像，位於舊金山原來的市政廳樓頂。她的頭部重達 317.5 公斤，放在目前的市政廳裡。

麥克爾羅伊八角屋　McElroy Octagon House

牛洞區（Cow Hollow） / 這一棟粉藍色八面小屋是 19 世紀後半葉「八角樓熱潮」稀有的遺跡之一。

瓦揚古噴泉　Vaillancourt Fountain

內河碼頭（Embarcadero） / 儘管在 1970 年代初建造之時就招來了諸多批評，但這座由水泥管製作的藝術品依然屹立。

聖法蘭西斯威斯汀酒店　Westin St. Francis

金融區（Financial District） / 自 1938 年起，這間酒店就提供洗硬幣的服務，以免客人的手被骯髒的錢弄髒了。

企業女神雕像　Corporate Goddess Sculptures

金融區（Financial District） / 12 個無臉、披掛長袍的怪異雕像，在加利福尼亞街（California Street）580 號 23 樓高的地方，俯瞰著行人。

電玩博物館　Musée Mécanique

漁人碼頭（Fisherman's Wharf） / 存些硬幣來這座全球最大的私人投幣遊戲機博物館中遊玩吧。

加州科學院爬行動物學館　California Academy of Sciences Herpetology Department

金門公園（Golden Gate Park） / 30 多萬件泡在罐子裡的爬行動物標本，是學院累積了 160 年的收藏結果。參觀需要提前預約。

〈畫石〉　Drawn Stone

金門公園 / 笛洋博物館（De Young Museum）外的地面上有一條巨大的裂縫，這是英國地景藝術家安迪‧高茲沃斯（Andy Goldsworthy）的作品。

Buena Vista Park Tombstones
布維納維斯塔公園的墓碑

嬉皮區（Haight-Ashbury） / 淘金時代的殘破墓碑沿著公園的路邊水溝排列。

祕密瓷磚台階　Secret Tiled Staircase

內日落區（Inner Sunset） / 163 階鋪設了彩磚的台階組合成繽紛的馬賽克圖案，指引人們一幅城市美景。

蘇特羅埃及藏品　Sutro Egyptian Collection

萊克紹爾（Lakeshore） / 這裡收藏的文物包括 2 具完好無損的木乃伊、3 顆木乃伊的頭顱和 1 隻木乃伊的手。

舊金山納骨塔　San Francisco Columbarium

隆恩山（Lone Mountain） / 修復過的美麗新古典風格挑高大廳，提供成千個壁龕讓人放置骨灰罈。參觀須事先預約。

浪琴石園　Wave Organ

濱海區（Marina） / 位於舊金山灣（San Francisco Bay）碼頭，20 個造型可愛的聲管在海浪的拍打下，演奏出美妙的音樂。

藝術宮　Palace of Fine Arts

海港區 / 藝術宮收藏了 1915 年舊金山市「巴拿馬—太平洋國際博覽會」（Panama-Pacific International Exposition）的部分展品，包括古典主義風格的建築、花園和噴泉。

非法影像學院　Institute of Illegal Images

教會區 / 負責人馬克‧邁克勞德（Mark McCloud）從 1960 年代開始收集迷幻藥吸墨紙，他的收藏品打造了這間獨特的致幻藝廊。

好振動維多利亞情趣古董博物館　Good Vibrations Antique Vibrator Museum

貴族山（Nob Hill） / 這是一座崇尚維多利亞時期治療「女性歇斯底里」方法的機構，參觀時不妨搖一下那些東西。

蘇厄德街滑道　Seward Street Slides

諾伊谷（Noe Valley） / 兩條陡峭的水泥滑道是勇者尋找刺激的地方，但前提是，你要穿著耐磨的褲子，並帶上自己的滑板。成人須有一名兒童陪伴。

卡尤加公園　Cayuga Park

外教區（Outer Mission） / 在高架火車軌道旁坐落著一座擺滿神祕木雕的公園。

尤達噴泉　Yoda Fountain

要塞區（The Presidio） / 萊特曼數位藝術中心（Letterman Digital Arts Center）有座噴泉頂端，矗立著大耳朵絕地武士尤達大師（Jedi master）的銅像。

普瑞林格圖書館　Prelinger Library

下城區（SoMa） / 這家私人圖書館設立的初衷是「研究、閱讀、啟發、再利用」。為了鼓勵大眾瀏覽，圖書的陳列方式獨具一格。

百年燈泡 CENTENNIAL BULB　　● 利弗摩　Livermore

2015 年 6 月，六號消防站（Fire Station 6）為一顆燈泡舉行了慶典。理由很特別：這顆吊在天花板上的燈泡已為消防站服務了 100 萬個小時。

這顆百年發光的燈泡眾所皆知，自 1901 年首度用螺絲釘拴緊在插座裡，一直發光至今，中間僅有幾次短暫的中斷，是金氏世界紀錄中最長壽的燈泡。一開始，這顆燈泡被安裝在消防局的車庫裡，而後移到另一座消防站裡幾年，最終，1976 年在六號消防站找到了永居之所。

沒有明確的原因解釋為何這顆燈泡可以亮這麼久。雖然它的亮度已從 60 瓦降到 4 瓦，但這顆百年燈泡幾十年來一直穩定發光，絲毫沒有減弱的跡象。它壽終正寢的那一天應該怎麼辦？目前尚無相關計畫。

地址：4550 East Avenue, Livermore。不妨按一下門鈴，看看有沒有人應門。如果裡面有消防員在，就可讓你入內參觀。N 37.680283 W 121.739524

蒙地賽羅水壩洩洪道
MONTICELLO DAM SPILLWAY

● 納帕郡，柏耶薩湖
Napa County, Lake Berryessa

暴雨過後，柏耶薩湖的水會流進一個巨大漏斗形狀的洞中。寬22公尺的牽牛花洩洪道（Morning Glory），在當地被叫做「榮光之洞」（glory hole），滿溢的湖水會流到這裡，以防蒙地賽羅水壩潰堤。

雖然也有其他洩洪道，但蒙地賽羅水壩的洩洪道規模最大的就是這個牽牛花洩洪道。水從水壩堤壁下的錐形洞中以每秒137多萬公升的速度流下，奔流了213公尺後，最終從水壩旁的峽谷南側流出。

洩洪的力量足以致命，這表示水壩地區禁止游泳。1997年，加州大學戴維斯分校的一名研究生不顧禁令下水游泳，結果被吸入洞中淹死。旱季時，自行車手和滑板手則會繞過鐵絲網，私自將洩洪道的出口段當作滑板公園。

參觀洩洪道的最佳時節為雨季，此時湖水滿溢。
N 38.512297 W 122.104930

加利福尼亞州的祕境還包括：

• 溫切斯特神祕屋 Winchester Mystery House
聖荷西（San Jose）／這裡是莎拉‧溫切斯特（Sarah Winchester）的故居，她是槍枝大亨溫切斯特家族的繼承人。神祕屋裡有匪夷所思的門、半截的樓梯和祕密通道。

• 編年史大全 Dymaxion Chronofile
史丹佛（Stanford）／從雜誌到工程藍圖，再到乾洗帳單，巴克敏斯特‧富勒（Buckminster Fuller）鉅細靡遺地記錄下了自己的一生。所有檔案儲存於史丹佛大學圖書館。

柏耶薩湖壯觀的洩洪口以「榮光之洞」眾所周知。

OREGON
奧勒岡州

里德學院研究用核子反應爐
REED COLLEGE RESEARCH REACTOR

● 波特蘭　Portland

嚴格來說，一所文理學院並不「需要」核子反應爐，但一座核子反應爐卻爲里德學院帶來了許多好處。雖然里德學院不提供核子工程的相關課程，但學院的本科生早在 1968 年就開始用校園的核子反應爐來做實驗、寫論文。

使用反應爐的學生來自各個主修，包括英文、哲學、歷史和藝術。學生在實際操作之前，必須參加爲期一年的核能安全課程，並在美國核能管理委員會（Nuclear Regulatory Commission）的監督下完成 7 小時的考試。

里德學院的反應爐放在 7.6 公尺深的水槽底進行冷卻，製造出的中子可使物質帶有放射性。這讓學生可以透過測量樣本釋放出的放射性強度來確定其中所含元素的量——這個過程就是中子活化分析。例如，主修歷史的學生可以照射陶器碎片，藉由中子活化分析確定陶器的來源。

里德學院的核子反應爐只用於大學和社區研究，就公共安全來說是「零風險設施」。即使如此，學生操作者依然十分謹慎——在一次聯邦視察之後，他們把一群橡皮鴨子從水槽水面移出，因爲這違反了安全協議。

里德學院，地址：3203 SE Woodstock Boulevard, Portland。核子反應爐位於校園東側。參訪或遊覽必須至少提早一週預約。
N 45.480571 W 122.630091

大學生在操作核子反應爐之前，當然必須先接受嚴格的培訓。

吉德玩具博物館 KIDD'S TOY MUSEUM

● 波特蘭　Portland

如果不注意倉庫藍色大門上的標誌，很容易就錯過吉德玩具博物館的入口。在正式開放時間下面印著一句話，暗示著這間博物館低調的本性：「其他時間需要預約或運氣。」

在藍色大門之後，是一座集結了玩具飛機、火車、汽車、機械庫、玩偶和珍品的寶庫，大多數藏品可追溯至 1869 至 1939 年。每一件都是法蘭克・吉德（Frank Kidd）的私人藏品，他畢生收藏了幾千件古董玩具。

這些玩具不僅讓人回憶起溫暖的童年，有些玩具還提醒人們早期的可惡觀念——你會在一些鑄鐵存錢筒（mechanical banks）上看到種族歧視的圖片和文字，還有一些奇形怪狀的黑臉玩偶會令人聯想到黑臉滑稽劇①。

地址：1301 SE Grand Avenue, Portland。博物館位於 SE Grand & Hawthorne 輕軌電車站以北一個街區。
N 45.513518 W 122.661068

雲杉鵝 THE SPRUCE GOOSE

● 麥克民維　McMinnville

「我將畢生心血投在這件事上，也將個人名譽完全寄託於此。我已經說過好幾次了，如果這件事失敗了，我可能會離開這個國家，不再回來。我是認真的。」這是 1947 年富豪霍華休斯（Howard Hughes）在參議院戰爭調查委員會的聽證會證詞。「這件事」是指建造 H-4 大力神飛機（H-4 Hercules），也被批評休斯的人們叫做作「雲杉鵝」「飛艇」或「空中貯木場」。休斯站在參議院議員面前時，已經爲研發「雲杉鵝」煩惱 5 年了。1942 年，美國戰爭部需要將軍隊和坦克跨海運到第二次世界大戰的前線。當時，德國 U 型潛水艇正在大西洋上襲擊盟軍的船隻，美軍需要一架足以裝下坦克的飛機來完成任務。休斯飛機公司（Hughes Aircraft Company）的所有者，臭名昭彰的霍華休斯拿下了這項研發合約。

幾個後勤問題隨之而來。由於金屬製品都調去軍用了，飛機只能用木材來製作。H-4 大力神將是當時最大的飛機，約五層樓高，機翼比一座足球場還要長。原來的合約要求休斯要在兩年內造出 3 架飛機，但休斯的進度太慢，到戰爭結束時，一架飛機都沒完成。截至 1947 年，休斯花掉了 2,300 萬美元的政府資金，但 H-4 尚未起飛。有人質疑「雲杉鵝」是否能飛。同年 8 月，參議院召開了聽證會，會上休斯簡短地反駁了對於他濫用聯邦資金的指控。11 月，休斯爲了證明批評者大錯特錯，在長灘港（Long Beach Harbor）邀請新聞界人士一同登機，進行了並不起飛的「試飛」。在第三次試飛中，H-4 離開水面 21 公尺，在空中航行了約 1,600 公尺。這段只有 1 分鐘的試飛是「雲杉鵝」第一次、也是最後一次飛行。

休斯一直是個樂觀主義者，在接下來的 29 年裡，他將 H-4 放在溫控的飛機倉庫內，安排全職員工維護。1976 年休斯逝世，「雲杉鵝」被移到了長青航空及太空博物館（Evergreen Aviation & Space Museum）。遊客可以參觀 H-4 巨大的機身，還可額外付費，戴著休斯的紳士呢帽體驗坐在駕駛艙裡的感覺。

長青航空及太空博物館，地址：500 NE Captain Michael King Smith Way, McMinnville。
N 45.204228 W 123.145140

霍華休斯沉重的木造飛機，但總共只飛過 1 分鐘。

奧勒岡州的祕境還包括：

- **魔法森林 Enchanted Forest**
特納（Turner）／這座富有魅力的自製童話公園至今依然頗受歡迎，雖然被批評者叫做「傻子山」。

- **爬樹星球 Tree Climbing Planet**
奧勒岡市（Oregon City）／這座緊鄰波特蘭南部的農場致力於於教人爬樹的專業技巧。

湖中長者 OLD MAN OF THE LAKE

● 火山口湖　Crater Lake

一根浮木也許並不稀奇，但火山口湖的這根與眾不同。名爲「長者」（The Old Man）的鐵杉樹幹長 9 公尺，自 1896 年起（可能更久遠）就直立浮於火山口湖之中了。這根木頭露出水面約 1.2 公尺，已在日曬下褪色，隨風在水中漂動。

「長者」當初可能因爲山崩而掉入火山口湖——直徑約 9,600 公尺，深 594 公尺，是一座發育在休眠火山噴口處的藍色湖泊。浮木的底部或許卡進了石頭，這使其底部下沉，並可垂直漂浮於水面。清澈凜冽的湖水讓「長者」看起來並沒有那麼老成。

1938 年的夏季，兩位博物學家記錄了「長者」的移動軌跡，發現它每日平均漂流 1.07 公里。在 8 月的一個大風天中，它甚至移動了 6.11 公里。試圖尋找「長者」時，請先記住——它行蹤不定。

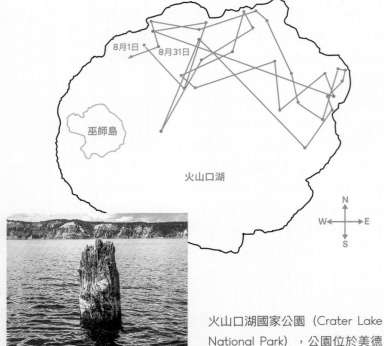

自 1896 年起，火山口湖內漂浮的「長者」始終在移動。

火山口湖國家公園（Crater Lake National Park），公園位於美德福（Medford）西北 129 公里處。
N 42.946201 W 122.109057

一種簡單的視錯覺原理解釋了神祕屋爲何能「違背」物理法則。

奧勒岡漩渦 OREGON VORTEX

● 金山　Gold Hill

這座傾斜的「神祕屋」（House of Mystery），屋內的球會向上滾動，掃帚不借助外力也能直立。這些對重力的公然挑戰只是奧勒岡漩渦存在的怪異現象的縮影。

神祕屋曾是當地礦業公司的辦公室，建於 1890 年，但 20 年後就被廢棄。之後這座小屋地基傾斜，最終穩定在一個古怪的角度。據官方說法，土石流是神祕屋傾斜的原因，但這裡的所有者則有另一個解釋——「地磁漩渦」。

1930 年，神祕屋作爲「奧勒岡驚奇漩渦」的一處景點對外開放，以展現這一地區所謂的反物理法則現象。除了可以目睹小球和掃帚的神奇之處，遊客還可以參與高度實驗——從木板的一端走到另一端，人的身高看似會改變。

導遊在每次示範的時候都會調整漩渦角度，輔以各種鬼怪故事和超自然解釋。在這前提之下，看著有人在你眼前變大變小的確難以置信，但以上奇怪現象的真正原因只不過是簡單的視錯覺原理。

地　址：4303 Sardine Creek Left Fork Road, Gold Hill。神祕屋於 3 月至 10 月期間開放。
N 42.493002 W 123.084985

蒂拉穆克巨石燈塔
TILLAMOOK ROCK LIGHT

● 坎農海灘　Cannon Beach

這座被稱為「恐怖蒂莉」（Terrible Tilly）的燈塔從籌備初期就很不順利。1878 年，政府決定為在蒂拉穆克海角（Tillamook Head）周圍航行的船隻提供更好的照明和引導，但海角處沒有適合建造燈塔的地方，因此，政府將注意力轉向了距離岸邊 1.9 公里的一塊玄武岩——蒂拉穆克巨石（Tillamook Rock）。

1879 年，石匠約翰・特里瓦弗斯（John Trewavas）試圖登島進行實地勘測。當他準備攀爬岩石上岸之時，卻被捲入海裡。這只是蒂拉穆克的驚濤駭浪和險峻地勢造成的無數不幸之一。

一隊石匠最終花費 575 天設法建造了一座燈塔，這一過程異常艱辛：他們要在船和巨石頂部之間拉一條索道，將工具和他們自己一起運上島。在距離燈塔開放不到 3 週前，「魯帕提亞號」（Lupatia）在濃霧中駛向海角附近海域。第二天早上，16 名船員的屍體都被沖上了海岸。

「恐怖蒂利」上的燈塔看守人則有他們自己要面對的磨煉。他們依靠著 6 個月份的物資，在肉體與精神的雙重挑戰下生存，除了常常遭遇風暴，並且必須忍受震耳欲聾的號角聲。蒂拉穆克巨石燈塔運行了 77 年，於 1957 年關閉。接下來，燈塔經歷了令人毛骨悚然的變身。1980 年，房地產開發商米米・莫里塞特（Mimi Morissette）買下了「恐怖蒂利」，將其改造成一座存放骨灰的博物館。博物館又名「海之永生」（Eternity at Sea Columbarium），收集了 30 多罐骨灰。1999 年，骨灰博物館被奧勒岡太平間和墓地委員會吊銷了執照（死者資訊記錄不詳和骨灰存放不當是其中兩個原因）。

如今，雖然燈塔中放滿了骨灰（死者在「海之永生」裡被尊稱為「燈塔榮譽看守」），但這塊巨石已是海鳥築巢之地。唯一能夠安全抵達小島的交通方式是乘坐直升機。

蒂拉穆克海角位於波特蘭以西 129 公里處。燈塔石是奧勒岡海岸國家野生動物保護區（Oregon Coast National Wildlife Refuge Complex）的一部分，在海鳥築巢繁殖期，海角不對外開放。
N 45.937225 W 124.019055

原為守護海員而建的蒂拉穆克巨石燈塔卻造成了無數死亡。

阿博史密斯工作室 ARBORSMITH STUDIOS

● 威廉斯　Williams

植物雕塑（arborsculpture）是一種將正在生長的樹木修剪、栽培成藝術品或建築的一項技藝。理查·瑞姆斯（Richard Reames）創造了這個詞彙，他是植物雕塑的先驅者之一。此外，他還是阿博史密斯工作室的所有人，工作室建有苗圃、設計室和戶外畫廊。透過嫁接、彎折和修剪技術，瑞姆斯將樹木塑造成了螺旋結構、和平標誌、格子、椅子及眺望台。製作過程需要極大的耐心，大型專案可能會耗費 10 多年才能完成。

瑞姆斯之所以會成爲一名植物雕塑師，是因爲他被加州吉洛伊花園的「樹馬戲團」園藝作品震撼。「樹馬戲團」由艾克塞爾·厄蘭森（Axel Erlandson）創作於 1947 年，但他從未稱其爲植物雕塑。厄蘭森逝世於 1963 年（「植物雕塑」一詞誕生的幾十年前），然而他的作品，包括梯子、電話亭造型的樹，以及分叉的螺旋纏繞的樹幹，顯然符合這個詞的定義。

瑞姆斯曾表示，他希望植物雕塑能帶來建造方式的革命，以減少人類建築對自然環境的影響。在他的理想世界中，人們居住的房屋是由生機勃勃的樹木改造而成，而非由死氣沉沉的木板建造。

地址：1607 Caves Camp Road, Williams。阿博史密斯工作室不對外開放，但瑞姆斯偶爾會讓事先預約的訪客參觀。

N 42.184718 W 123.330013

理查·瑞姆斯利用透過彎曲與修剪技法，將生長中的樹木塑造成藝術品。

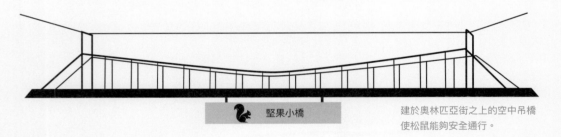

堅果小橋

建於奧林匹亞街之上的空中吊橋使松鼠能夠安全通行。

WASHINGTON
華盛頓州

堅果窄橋 NUTTY NARROWS BRIDGE

● 長景市　Longview

從第 18 大道（18th Avenue）往奧林匹亞街（Olympia Way）上方的樹望去，你會看到與衆不同的景觀——有一座由鋁管和舊消防水帶做成的微型空中吊橋。

1963 年，阿莫斯·彼得斯（Amos Peters）從自己位於奧林匹亞街的辦公室向窗外觀望，看到了一群松鼠難以通過繁忙道路的場景。在目睹了一系列「肇事逃逸事件」之後，彼得斯靈光一現——在半空中建一座橋，讓這些易受驚的小動物們能夠順利通過道路。

在該年稍晚，長 18 公尺，專屬於松鼠的通道「堅果窄橋」正式啟用，此後數十年間，長景市附近出現了 3 座此類吊橋。而長景市也將「松鼠」作爲城市主題發揚光大。自 2011 年起，城市會舉辦一年一度的「松鼠節」（Squirrel Fest），活動包括現場音樂會、鐵路模型展覽和松鼠圖案臉部彩繪。

地點：長景市奧林匹亞街（介於第 18 大道與第 19 大道之間）。松鼠節於 8 月中旬舉行。N 46.141266 W 122.940353

枯竭之瀑 DRY FALLS

● 庫里市　Coulee City

枯竭之瀑曾是世界上最壯觀的瀑布。可惜的是，若要觀賞美景，你已遲到了 12,000 年。

密蘇拉湖（Lake Missoula）冰壩在末次冰期尾聲坍塌，使原本被阻隔的水向愛達荷州、華盛頓州和奧勒岡州傾瀉。震耳欲聾的洪水與冰流以每小時 105 公里的速度奔騰，在玄武岩基岩上刻下了一道道溝壑。

瀑布從華盛頓州中部 5,600 公尺寬、122 公尺高的懸崖上轟然下落，是已知的最大瀑布，如今被稱爲「枯竭之瀑」。作爲參考，尼加拉瀑布群中最大的馬蹄瀑布（Horseshoe Falls）僅有 820 公尺寬、51 公尺高。隨著冰川融化，水潺潺流入河中，如今枯竭之瀑徹底枯竭。但不妨走上觀景台，凝視玄武岩峭壁上的溝壑，想像瀑布飛流直下，流速是現今世界上所有河流總和的 10 倍。那就是在末次冰期尾聲能夠欣賞到的景象。

枯竭之瀑位於庫里市西南方向 11.2 公里處。
N 47.607205 W 119.364223

在末次冰期尾聲，世界上最宏偉的瀑布沖毀了華盛頓州東部。

自行車未能阻止一粒
種子成長為剛勁有力
的參天大樹。

自行車樹 THE BIKE TREE

● 瓦雄　Vashon

瓦雄島的森林中有一棵另類的樹，樹上有一輛自行車。自行車並非架在樹枝上，而是嵌在樹幹裡，距離地面 3.7 公尺。

這棵花旗松爲何「吞噬」了一輛兒童自行車，是困擾了遊客們幾十年的謎團。傳言，一位少年曾將童年時的自行車鎖在了樹上，之後他投身第一次世界大戰，再也沒有回來。這個故事讓人心碎，但並不是眞的。

據 1950 年代在這一區長大的唐・普茲（Don Puz）說，這輛自行車原本是他的。1954 年，在普茲 9 歲的時候，他的家中失火化爲灰燼，父親也因此身亡。鄰里們爲這個失去親人的男孩捐贈了很多東西，其中就包括一輛嶄新的自行車。只是自行車有點小，普茲很快就無法再騎了。一日，他在樹林裡玩耍，將自行車留在了林中。

在接下來的幾十年裡，可能有人對自行車和樹動了一些手腳，畢竟一棵樹能夠如此完美地包裹一輛自行車實在匪夷所思。而巨大的花旗松「吞噬」生鏽兒童自行車的場景也激發了許多靈感。1994 年，當地作家柏克萊・布雷思德（Berkeley Breathed）出版了一本兒童讀物《紅色漫遊者在召喚》（*Red Ranger Came Calling*），書中把自行車樹與耶誕節的故事結合在了一起。

瓦雄島，瓦雄高速公路（Vashon Highway）旁，自行車樹位於西南第 204 街（SW 204th Street）以北。N 47.422995 W 122.460085

〈聲音花園〉 *A SOUND GARDEN*

● 西雅圖　Seattle

位於華盛頓湖（Lake Washington）旁美國國家海洋和大氣管理局（National Oceanic and Atmospheric Administration）院內的一座公園中，分布著一些像是電視天線或風向儀的裝置。這些金屬塔有點奇怪——當風吹過的時候，它們會發出低沉、陰森的鳴響。

由 12 件結構組成的〈聲音花園〉是一件戶外公共藝術品。它是雕塑家道格拉斯・霍利斯（Douglas Hollis）於 1983 年完成的作品，由垂直於鋼塔的懸浮風驅管風琴組成。西雅圖的油漬搖滾①樂團「聲音花園」（Soundgarden）的名字即受此啓發。

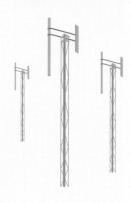

地址：7600 Sand Point Way NE, Seattle。遊客必須從美國國家海洋和大氣管理局的主要通道進入，並向警衛室出示帶有照片的身分證件。N 47.651034. W 122.34732

弗里蒙特巨魔 FREMONT TROLL

● 西雅圖　Seattle

極光大橋（Aurora Bridge）下方的高速公路旁趴著一個水泥巨人，他的左手抓著一輛福斯金龜車（Volkswagen Beetle）。油膩的長髮遮住了右眼，左眼則是汽車銀色輪框。

1990 年，弗里蒙特藝術委員會（Fremont Arts Council）舉辦了公共藝術比賽，希望藉此讓橋下通道有新風貌，於是，這個高約 5.5 公尺的水泥怪物就此誕生。當地藝術家史蒂夫·巴達內斯（Steve Badanes）、威爾·馬丁（Will Martin）、唐娜·沃爾特（Donna Walter）與羅斯·懷特黑德（Ross Whitehead）一同雕刻了「弗里蒙特巨魔」，他們還別出心裁地加上了一輛貨真價實的福斯金龜車，讓汽車看起來像是剛從上方的公路上被抓下來的。

在「弗里蒙特巨魔」揭幕後的幾個月內，一群破壞者撬開了汽車，偷走了車內作為時空膠囊一部分的貓王石膏胸像。如今，汽車內部灌滿了水泥。遊客可以攀爬雕像，但不能在雕像上亂塗亂畫（然而，禁令還是未能阻止人們把雕像的嘴唇塗成粉紅色、在它身上繪製紋身，或留下自己的名字）。

雕像位於極光大橋下，北第 36 街（North 36th Street）和巨魔北大道（Troll Avenue North）交界處。
N 47.680257 W 122.253201

華盛頓州的祕境還包括：

● **神祕自動販賣機**
　Mystery Coke Machine

西雅圖 / 這台擺放路邊超過 30 年的破舊販賣機，是誰擺的、誰來補貨都沒人知道，按下「神祕」按鍵，看看會出來什麼。

● **苔蘚小徑 Hall of Mosses**

福克斯（Forks） / 這條具哥德風格、未經修剪的步道遍布著苔蘚。

位於極光大橋下方的水泥雕塑「弗里蒙特巨魔」會定期維修。

四角落、
西南部及大平原

加拿大

華盛頓州

綠洲妓院博物館 ●

尼科馬金字塔 ●

蒙大拿州

北達科他州

航空郵路指向標
柏克萊礦坑 ●

奧勒岡州

雷暴雲頂瀑布 ●

明尼蘇達州

鈴石 ●

愛達荷州

南達科他州

清潔博物館 ●

懷俄明州

愛荷華州

飛天間歇泉 ●

車陣 ●

內華達州

鹽湖城

芬德里鎮

內布拉斯加州

日本氣球
炸彈爆炸地點 ●

多奇瑪洞穴

大盆地刺果松樹 ●

猶他州

顫抖的巨人 ●

科羅拉多州

堪薩斯州

伊甸園 ●

密蘇
里州

薩姆教金字塔

鹽湖城

比沙普城堡 ●

斯特拉塔卡鹽礦 ●

加利福
尼亞州

花崗岩山
檔案保管庫 ●

拉·波萊特的洞穴
拉瑞多教堂的階梯 ●

平原上的
奧茲曼迪亞斯 ●

骨學博物館 ● 麥柯迪之墓

阿肯
色州

雅高山地 ●

〈閃電陣〉 ●

奧克拉荷馬州

亞利桑那州

新墨西哥州

威契托山野牛群 ●

泰坦導彈博物館 ●

德克薩斯州

路易

〈普拉達馬爾法〉 ●

漢米頓瑤池 ●

美國國家
殯儀史博物館 ●

幻燈城堡
博物館 ●

太平洋

N

英里 0   150   300
公里 0   150   300

墨西哥

墨西哥灣

ARIZONA
亞利桑那州

四角落 ①
Four Corners

泰坦導彈博物館 TITAN MISSILE MUSEUM

● 綠谷　Green Valley

遊覽位於土桑（Tucson）南部的地下泰坦導彈博物館時，人們彷彿回到了美國恐防蘇聯的時代，這裡充斥著「蹲下來找掩護」的命令、紅色大按鈕及同歸於盡的威脅。博物館前身為泰坦 2 號導彈基地 571-7（Titan II ICBM Site 571-7），是冷戰時期遍布美國的 54 個祕密

洲際彈道導彈（ICBM）發射場之一。1982 年，571-7 基地停用，但導彈發射井中還保留了一枚 31 公尺高的導彈——危險零件已被拆除了。

泰坦 2 號導彈能夠迅速向 10,138 公里以外的目標發射 900 萬噸的核彈頭。換句話說，它可以在 30 分鐘之內摧毀莫斯科。

博物館會模擬導彈的發射過程，效果逼真。一開始，

雅高山地 ARCOSANTI

● 邁耶　Mayer

1970 年，建築大師萊特（Frank Lloyd Wright）的弟子
保羅・索萊利（Paolo Soleri）在亞利桑那州的沙漠上
動土設立了一個實驗性社區，旨在創建新的城市生活
方式。以生態友善、減少垃圾及他稱爲「優雅的節
約」等原則，索萊利規畫了一座高密度城市：雅高
山地。城市名稱來自「arcology」，代表其將建築學
（architecture）與生態學（ecology）相結合的理念。
雅高山地是索萊利城市發展理論的實驗場，也是一座
可以容納 5,000 人的自給自足城市。雖然距奠基之日
已過去了近 50 年，但城市依然處於建設的草創期。
資金的匱乏使雅高山地縮小了規模，如今有 50 至
150 名居民住於這裡，人口數會隨季節變化而改變。
這些年來，上千名志願者幫助索萊利建造了公寓、店
鋪、露天劇場，以及遊客中心——建築多具有拱形或
半圓形水泥結構。想要參與城市實驗的人依然有機會
加入景觀工作坊。雅高山地的工作由販賣黃銅和陶瓷
所製的風鈴所得提供資金支持。

如今，城市建築已略顯破舊，加之 2013 年索萊利逝
世，建築物可能就此頹敗。然而，雅高山地依然向人
們展現了一個男人應對城市擴張的另類雄心。

地址：13555 South Cross L Road, Mayer。雅高山地坐
落於沙漠之中，位於塞多納（Sedona）與斯科茨代爾
（Scottsdale）之間。N 34.345418 W 112.116278

雅高山地實驗社區現由熱愛生態的志工經營。

亞利桑那州的祕境還包括：

- **聖誕老人 Santa Claus**
莫哈威（Mohave）／ 這是地處沙漠之中的廢棄聖誕主題小
鎮，褪色的節日裝飾布滿了塗鴉。

- **羚羊谷 Antelope Canyon**
佩吉（Page）／ 羚羊谷由山洪侵蝕岩層形成，是美國西南部
最壯觀的峽谷地貌，欲參觀必須由專人導覽。

- **南瓜溫泉池 Pumpkin Spring Pool**
利特爾菲爾德（Littlefield）／ 千萬不要在這處南瓜形石灰岩
「浴池」裡戲水，因為水中含有砷。

導彈發射場會收到來自總統的指令，由 35 個字母和
數字組成。發射中心的指揮官和軍官每個人都會複述
這道指令，並相互對照以保證代碼一致。

接下來就是開啟「緊急作戰指揮」（Emergency War
Order, EWO）保險箱的時刻，保險箱中有認證卡片，
確保指令的確來自總統。保險箱裡還有兩把發射鑰
匙，指揮官和軍官須在不同的控制台同時插入鑰匙。
一旦鑰匙轉動，一切就不能回頭了：58 秒之後，導
彈就會射向程式預定的目標。導彈發射成員並不清楚
目標是什麼（在不知道自己會殺死誰的情況下，發射
核彈頭變得相對容易），亞利桑那州導彈發射場的 3
個程式預定目標依然是國家機密。

博物館有 45 分鐘的導覽行程，遊客必須先走下 55 階
樓梯進入導彈基地（無電梯設施），並將獲得與洲際
彈道導彈近距離接觸的難得機會。

地址：1580 West Duval Mine Road, Green Valley。
博物館位於土桑以南 40 公里處。
N 31.902710 W 110.999352

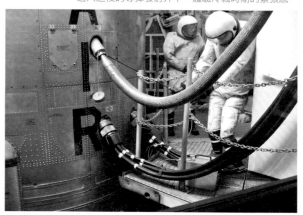

邁入退役的導彈發射井中，體驗冷戰時期的緊張感。

從未使用藍圖就建成的比沙普城堡有一條噴火龍與一座無向之橋。

COLORADO
科羅拉多州

比沙普城堡 BISHOP CASTLE

● 普韋布洛　Pueblo

1969 年，25 歲的新婚青年吉姆・比沙普（Jim Bishop）開始為家人打造一棟石頭小屋。幾十年間，比沙普不斷地建造，小屋變成了城堡。如今，他的城堡已成為多層式建築奇觀，有三座塔樓、一間豪華舞廳，以及一隻把守著主樓的合金噴火龍。然而，比沙普仍未完工。

城堡不符合任何建築規範，也從未擁有設計藍圖，比沙普指出，雖然他的父親在施工初期幫了一點小忙，但絕大部分的工作由他獨自完成。為了讓這一點更清楚，他父親建造的小部分印有以下說明：「吉姆開創了城堡，而不是他的父親威拉德（Willard）。」

比沙普將他的城堡視為美國自由的象徵。當地政府試圖監管城堡，但建築物周圍的標語則宣告了監管措施的失敗。其中一條標語寫著：「……他們的阻礙並未成功。他們無法壓制神賜予我的才能，這座城堡是向辛勤工作的窮人致敬的紀念碑……」

比沙普計畫，只要身體狀況尚可，建造城堡的事業便不會停止。參觀時，遊客也許會偶遇比沙普，他可能正在搬運石頭，或者在一座塔樓上發表即興演講——他十分喜歡大聲向遊客宣揚自己的政治觀點。

地址：1529 Claremont Avenue, Pueblo。進入城堡參觀免費——建造的資金來自禮品店的收入和捐款。城堡白天開放。沿 253 號州際高速公路（I-25），在科羅拉多城（Colorado City）74 號出口向山區行駛，再沿 165 號高速公路（SH 165）行駛 39 公里。
N 38.240728 W 104.629102 ➡➡

科羅拉多州的祕境還包括：

• 貝斯特韋斯特恐龍酒店 Best Western Denver Southwest

雷克伍德（Lakewood）/ 2013 年，這家加盟經營的酒店花了幾百萬美元進行以恐龍為主題的大改裝，如今，酒店裝飾著暴龍頭骨、恐龍壁畫和翼龍形狀的風向儀。

• 五彩礦山公園 Paint Mines Interpretive Park

卡爾汗（Calhan）/ 這座地質公園裡的砂岩柱色彩繽紛，顏色從乳白色變化為橙色、紫色、灰色、紅褐色和巧克力色。

• 藍色野馬 Blue Mustang

丹弗國際機場（Denver International Airport）/ 紅眼藍皮的野馬雕塑高約 9.8 公尺，重達近 4,100 公斤，因壓死了創作者而臭名昭彰。丹弗的居民懷疑這匹馬受到了詛咒。

所羅門城堡

卡諾城堡

➡ 美國的其他城堡

謎之城堡 Mystery Castle
亞利桑那州，鳳凰城（Phoenix）

1930 年代，博伊斯·盧瑟·格利（Boyce Luther Gulley）離開西雅圖的妻女，隻身飛到沙漠裡建造城堡。格利並非拋棄了家人，而是在發現自己罹患肺結核後，想要留給女兒瑪麗一座城堡。城堡總共三層，共有 18 個房間，由石頭、回收廢棄物、土坯、灰漿、水泥與羊奶建造而成，1945 年格利去世後，城堡傳給了他的家人。此後，母女倆搬進了城堡。在 2010 年瑪麗逝世之前，她始終歡迎人們前來城堡參觀。

卡諾城堡 Cano's Castle
科羅拉多州，安東尼托（Antonito）

人稱「卡諾」（Cano）的越戰老兵多米尼克·埃斯皮諾薩（Dominic Espinosa）獨自使用啤酒罐、輪框與其他廢金屬建造了四層熠熠生輝的塔式城堡。卡諾聲稱靈感源自於耶穌和「維他命瑪

麗·珍」（Vitamin Mary Jane）。

所羅門城堡 Solomon's Castle
佛羅里達州，奧納（Ona）

1974 年，愛說雙關語的雕塑家霍華·所羅門（Howard Solomon）使用從當地報紙印刷廠回收的鋁製印刷板打造了一座城堡。如今，這座中世紀風格耀眼奪目的城堡有三層高，結合了一座雕塑花園，以及一艘 18.3 公尺長的 16 世紀葡萄牙戰艦的複製品。

魯貝爾城堡 Rubel Castle
加利福尼亞州，格倫多拉（Glendora）

魯貝爾城堡的外牆中嵌著無數由建造者麥可·克拉克·魯貝爾（Michael

Clarke Rubel）回收的玻璃瓶、叉子、摩托車零件及其他寶貝垃圾。1959 年，18 歲的魯貝爾開始用石頭和朋友們捐贈的廢物建造城堡，一建就是幾十年。6 公尺高的城牆內隱藏著驚喜——吊橋、主樓，以及 1920 年代的古董車。

珊瑚堡 Coral Castle
佛羅里達州，荷姆斯特（Homestead）

26 歲的拉脫維亞青年愛德華·里茲卡爾林（Edward Leedskalnin）在婚禮前夕被未婚妻甩了，為了排遣沮喪失落的情緒，他搬到了美國，並開始用珊瑚建造城堡。身高 150 公分、體重僅 45 公斤的里茲卡爾林竟然搬運了重達 1,100 噸的珊瑚，用城堡來銘記逝去的愛情。227 公斤重的心型石桌是城堡中眾多表達情傷的線索之一。一塊掛在牆上的板子寫著一句意味深長的話：「你將會看到非比尋常的成就。」

NEVADA
內華達州

飛天間歇泉 FLY GEYSER

● 格拉克　Gerlach

人為失誤與地熱壓力共同造就了彩虹的奇觀。

這些色彩斑斕噴湧著地下水的圓錐狀碳酸岩不僅是自然的產物——人類也在其形成過程中助了一臂之力。1964年，一家地熱能源公司在黑石沙漠（Black Rock Desert）鑽了一口探井。然而，由於水溫不夠高，地下水無法被商業利用，這家公司又將井口封堵，但密封得不夠嚴密，地下水開始向空中噴射。時光荏苒，隨著水中的礦物質不斷在岩石表面堆積，噴泉漸漸長高。據測量，飛天間歇泉與層疊狀的碳酸岩如今高達3.65公尺。喜愛溫暖環境的藻類為圓錐狀岩丘塗上了明暗度不同的綠色、黃色、橙色與紅色，將間歇泉打造成了火星景觀。

地點：State Route 34, Gerlach。間歇泉位於私有土地上，可在34號公路上使用望遠鏡欣賞。該片私人土地的所有人每年會舉行幾次參觀活動。N 40.859318 W 119.331908

內華達州的祕境還包括：

● **小丑汽車旅館 Clown Motel**
托洛帕（Tonopah）/ 沙漠邊有間汽車旅館裝飾上千個小丑，而且旅館恰好在廢棄的墓地旁。

● **霓虹墓地 Neon Boneyard**
拉斯維加斯（Las Vegas）/ 12,000多平方公尺的場地裡堆滿了廢棄的霓虹招牌，它們敘述著拉斯維加斯閃閃發光的歷史。

大盆地刺果松樹
THE BRISTLECONE PINES OF THE GREAT BASIN

● 貝克　Baker

美國西部的高海拔地帶有一區叫做大盆地（Great Basin），有一種松樹在此靜靜隱世生長，樹齡極高。很少有植物能像刺果松，在堅硬的石頭上也能茁壯成長。這些松樹至少能夠活5,000年，比任何非同源細胞繁殖的有機體都還長壽。這種松樹強壯耐寒，能撐過凍寒的氣溫、深雪和強風。在許多情況下，刺果松有一部分會慢慢死亡，讓樹本身可以保存有限的資源。因為如此，刺果松長得不高，也常常看起來像是枯死了或者奄奄一息。

在內華達州東部，有一株名叫「普羅米修斯」（Prometheus）的樹由一群保育人士進行研究。科學家鑽孔打進樹的核心，以便計算測量記錄樹木成長軌跡的年輪。不巧的是，在替普羅米修斯鑽孔時，使用

的工具斷裂掉在樹裡面。研究人員必須取回工具，而為了拿到工具，只得把樹砍了。研究人員拿回工具後，計算普羅米修斯的年輪，因此有辦法確認樹齡為4,862年。

至今沒有發現過更老的刺果松，不過加州有棵名叫「瑪土撒拉」（Methuselah）的刺果松，據信樹齡超過4,800年。如今這些刺果松所屬的大部分樹林都受到保護，可以在大盆地以及加州許多地點看到。

地點：大盆地國家公園（Great Basin National Park）。公園內有許多刺果松樹林——最容易到達的位於惠勒峰（Wheeler Peak）東北邊。夏季時，巡山員會導覽穿越樹林的健行。N 39.005833 W 114.218100

這座國家公園內的一些樹木是世上
最古老的樹木。

多奇瑪洞穴 TOQUIMA CAVE

● 奧斯丁　Austin

可以隔著保護柵欄一窺裡面的淺山洞及拍照。

內華達州中央有個洞穴，裡面有千年前的手繪彩色象形符號，使用的顏料包括褪白色、亮紅色還有一種帶黃色調的薑黃橘色。不同於岩刻畫，這些圖像不是刻在石頭上，而是另外添加在表面上，很可能是用手指畫出圈圈、交叉線，做出陰影效果的美麗蛇紋圖樣。這些圖像總共有 300 多幅，年代大約在西元前 1,300

到 600 年間，是由當地美國原住民部落的西秀秀尼族（Western Shoshone）所創造出來的。這些洞穴不深，所以即使是用來居住，大概也只是短期性質。有鑑於懸崖的視野良好，這個地點也許是地點標記或地理上的路標，用來找尋食物資源、追蹤狩獵場地或是管理其他部落的動態。

考古學家和人類學家發現要解讀這些圖像並不容易，它們或許是陸地上的重要地標，也有些人猜想這些是通往非塵世之地的鑰匙。某些原住民將洞穴掩蔽處視為入口，提供了與大地溝通的管道，讓人體驗靈視，尋求超越世間的知識。不論是短期暫用或是通往靈性世界，多奇瑪洞穴和裡面的象形符號對於西秀秀尼族來說，都具有強大的力量。

洞穴位於多奇瑪山脈（Toquima Range）的皮特峰（Pete's Summit）上，大約距內華達州奧斯丁東南方 48.3 公里的車程。從多奇瑪洞穴營地（Toquima Cave Campground）健行至洞穴距離大約 800 多公尺。記住這裡是神聖的地點——不要帶走任何東西，也不要留下任何東西。N 39.187750 W 116.790500 ➥

➥ **其他美國原住民景點**

加和基亞土丘 Cahokia Mounds
伊利諾州，科林斯維（Collinsville）

加和基亞是墨西哥以北的北美洲最大的前哥倫布時期聚落，曾經擁有將近 120 座土丘，從 9 世紀開始興建。其中 72 號土丘顯示有數百具獻祭埋葬的屍體，有些遺骨被發現時，手指還插在附近沙地裡，考古學家認為這表示他們是被活埋的，曾經試圖挖出生路。

大約在西元 1250 年的全盛時期，加和基亞比中世紀的倫敦還大，聚落一直持續到大約 14 世紀晚期，遭不明原因而棄置。有許多理論被提出，包括侵略、戰爭，也有人說是因為缺乏狩獵動物，或是砍伐森林導致荒廢。

在儀式用的建築群中，還有一座木製紀念碑標記著春分、秋分和冬至、夏至。

加和基亞土丘歷史遺跡距離聖路易（St. Louis）市中心僅 12.8 公里，就在伊利諾州的科林斯維附近。

帕羅萬裂口。

里歐岩刻畫 Leo Petroglyph
俄亥俄州，雷（Ray）

有將近 40 幅的圖像統稱爲「里歐岩刻畫」，蝕刻在一大塊砂岩上，主題是大家熟悉的鳥類、魚類、腳印，還有簡單的人物線條。其中也有比較抽象的設計，包括一個看起來像是頭上長角的卡通人物。

據信這是美國原住民的要塞（Fort Ancient）文化，在 1,000 多年前所製作的岩刻畫。

帕羅萬裂口岩刻畫
Parowan Gap Petroglyphs
猶他州，帕羅萬（Parowan）

位於帕羅萬小鎮西方約幾公里處，就在乾涸的小鹽湖（Little Salt Lake）邊緣的山中有道天然的裂口，上面覆蓋著數百幅岩刻畫，已經存在 1,000 多年了。

考古學家認爲這些岩刻畫是一種複雜的曆法系統，霍比族（Hopi）與派尤特族（Paiute）對這些岩石也有各種不同的詮釋，包括認爲那是人類的樣子，以及動物圖畫跟幾何圖形。在岩刻畫中還有更古老的提醒：變成化石的恐龍腳印。

華盛頓哈里茲 Washington Haleets
班布里治島（Bainbridge Island）

哈里茲又稱「頭像石」（Figurehead Rock），位於班布里治島海岸大約 30.5 公尺，漲潮時會沒入水中。這塊砂岩上刻著好幾幅岩刻畫，據信是由原住民中的索瓜米希族（Suquamish）在西元前 1000 到西元 500 年之間雕刻的。能夠把年代縮小到這個範圍，是由於岩石上描繪一個臉部穿孔的人物：這種特有的穿孔是一種唇環，當地原住民在西元 500 年時已經不再使用。岩石本身的目的或意義就比較難釐清了，因爲這塊岩石靠近水域，也許是某種界線標示，又或者像當地有位業餘天文學家宣稱，岩石上標示的可能是陰曆或陽曆。

地圖岩石 Map Rock
愛達荷州，梅爾巴市（Idaho, Melba）

這塊巨大的玄武岩據信是由秀秀尼─班諾克族（Shoshone-Bannock）所雕刻的地圖，範圍是蛇河（Snake River）的上游，時間可能落在 12,000 年前。地圖上刻畫出蛇河及鮭魚河（Salmon River），還有居住在其間的動物與部落。沒人能夠明確講出這些刻畫的用途，於是更加促成了那種神祕、古老的吸引力。

地圖岩石位於蛇河旁，沿地圖岩石路（Map Rock Road）走，大約在沃爾特斯渡輪（Walters Ferry）西北方約 9.6 公里處。

NEW MEXICO
新墨西哥州

〈閃電陣〉 *LIGHTNING FIELD*

● 奎馬多　Quemado

〈閃電陣〉可不是一時興起、說走就走的目的地，參觀這裡必須遵守一定的規則。

〈閃電陣〉是一件地景藝術①作品，1977 年由雕塑家沃爾特・德・馬利亞（Walter De Maria）創作。作品由 400 根直徑 5 公分、長度超過 6 公尺的不鏽鋼柱組成，排在 1,600 公尺寬的網格中。

遊覽季為 5 至 10 月，在預先指定的參觀日中，遊客必須在下午 2 點 30 分之前到達奎馬多小鎮——這裡距離阿布奎基（Albuquerque）約 3 小時車程。然後再乘 45 分鐘的車到達沙漠，入住簡單的六人小屋。司機會在第二天早上 11 點接遊客返回，在此期間，可以盡情欣賞周圍的藝術作品。

隨著光陰流逝，這裡的景致不斷變化。原本耀眼的不鏽鋼柱會逐漸變暗、變黑，生出影子，反射出夕陽鮮豔的橘紅色。若是 7 月或 8 月前來，可能會看到閃電——雖然作品名稱叫〈閃電陣〉，不過閃電並不是這件地景藝術品的核心部分。

遊客可在奎馬多小城乘坐由迪亞藝術基金會（Dia Art Foundation）提供開往〈閃電陣〉的車。
N 34.343409 W 108.497650 ➡➡

1

拉・波萊特的洞穴 RA PAULETTE'S CAVES

● 拉馬德拉　La Madera

「體力勞動是我表達自我意識的基礎。」拉・波萊特（Ra Paulette）如是說。波萊特是一位藝術家，幾十年間一直在新墨西哥州的砂岩層潛心雕琢出有圖案的洞穴。波萊特背著手推車挺進沙漠，在砂岩峭壁上鑿出了內庭、拱門和柱子，每樣都裝飾著精雕細琢的螺旋花紋。

自 1990 年起，波萊特挖了 10 幾個山洞，每個洞穴都有獨特的設計。雖然有些山洞是受他人委託建造的，但波萊特經常不理會客戶的設計需求，遵循自己的本能即興創作。目前，波萊特正在創作他所謂的「環境與社會藝術計畫」——發光之洞（Luminous Caves）。這個巨大又繁複的建築以天窗利用自然光照明，用以舉辦聚會和演出。

洞穴位於聖塔菲（Santa Fe）以北的 285 號國道（US 285）上，奧荷卡連特（Ojo Caliente）附近。已完工的洞穴不對外開放，但有些可透過天窗觀賞內部設計。N 36.308645 W 106.041623

1　德・馬利亞在沙漠中排列的不鏽鋼柱會招致來自上天的暴怒。

2　藝術家拉・波萊特已在新墨西哥州的砂岩雕刻了 10 幾個奇思妙想的洞穴。

2

拉瑞多教堂的階梯 LORETTO CHAPEL STAIRS

● 聖塔菲　Santa Fe

在拉瑞多教堂裡，你有機會見證奇神蹟。這座小教堂裡面右後方的角落裡有座旋轉樓梯，據說是由聖徒所建。

大約 1878 年，教堂爲唱詩班新蓋了閣樓，但修女們如何上樓成了問題。傳統的樓梯占用的空間太大，而攀爬普通的梯子對於穿著長袍的修女們來說也不太適合。

被這個問題困擾的修女們自然要向木匠的守護神聖若瑟（St. Joseph）祈禱。而奇蹟眞的出現了。祈禱完後的第 9 天，一位神祕男子牽著一頭驢出現在教堂門口，發誓他可建造合適的樓梯。短短幾個月之間，他就造出一座無明顯支柱、也沒有中心圓柱的螺旋樓梯。

當修女們去尋找這位好心的陌生人，想要支付費用並表達感謝時，男子卻已經消失了。於是修女們便認爲這座樓梯是聖若瑟所建。而 33 階的台階（也就是耶穌在世的年數），讓故事更具傳奇色彩。

這座旋樓梯結構穩定，只是螺旋形狀使它不免會有一點震動。自 1970 年代起，樓梯不再對遊客開放，但如果在拉瑞多教堂舉行婚禮，新人可以站在樓梯上拍照留念。

地址：207 Old Santa Fe Trail, Santa Fe。
N 35.685387 W 105.937637

新墨西哥州的祕境還包括：

● 美國國際響尾蛇博物館
  American International Rattlesnake Museum
阿布奎基 / 博物館的牆上掛著一排排玻璃箱，箱內是搖動著尾巴的毒蛇，這裡致力於展現這些讓人恐懼的響尾蛇的溫順、柔和。

● **109 號東方宮殿 109 East Palace**
聖塔菲 / 這個平凡無奇的店面，卻是研發原子彈的科學家們執行「曼哈頓計畫」的祕密基地。

據傳言，螺旋樓梯能夠建成是因為聖徒從中相助。

西南部地景藝術

〈太陽隧道〉 *Sun Tunnels*

猶他州，盧辛（Lucin）

〈太陽隧道〉的 4 個巨大中空圓形水泥管道，大小足以讓成人通行，這是南茜・荷爾特（Nancy Holt）於 1976 年創作的戶外藝術作品。長 5.5 公尺、寬 3 公尺的水泥管道交叉配置，能夠在夏至和冬至時分鎖定日出與日落。每個管道的上方鑽了一些孔，這並非隨機的排列，而是拼出了天龍座、英仙座、天鴿座與摩羯座的圖案。當陽光灑落在隧道上方時，內壁將會顯現星座的投影。

荷爾特與丈夫羅伯特・史密森（Robert Smithson）是 1970 年代地景藝術運動的參與者。史密森於 1970 年創作的〈螺旋防波堤〉（*Spiral Jetty*）仍然坐落在大鹽湖地區。從鹽湖城（Salt Lake City）向西行駛 4 小時可達〈太陽隧道〉。

〈羅登火山口〉 *Roden Crater*

亞利桑那州，旗竿市（Flagstaff）

1977 年，藝術家詹姆斯・特瑞爾（James Turrell）買下了位於旗竿市東北部的死火山，創作出地景藝術作品〈羅登火山口〉。這項作品的核心是在直徑 3.2 公里的火山口中建造一座可肉眼觀測天象的天文台，目前天文台仍在施工中。迄今為止，特瑞爾已經在火山內部建造了一系列隧道、觀景內庭與銅梯。雖然預計的完工日期常常改變，但顯然奇觀已漸漸成形。

〈螺旋防波堤〉 *Spiral Jetty*

猶他州，大鹽湖（Great Salt Lake）

30 多年來，〈螺旋防波堤〉（下圖）一直掩藏在大鹽湖淡粉色的湖面下。1970 年，藝術家羅伯特・史密森用泥土、鹽晶與玄武岩建造了全長 457 公尺的防波堤。當時，鹽湖正經歷乾旱，水位異乎尋常地低。當雨季來臨時，上漲的湖水淹沒了防波堤。

直到 2002 年，另一場乾旱使水位下降，〈螺旋防波堤〉才得以重見天日。可惜這一次，史密森已無法親眼見證——在防波堤建成後的第 3 年，他因飛機事故而逝世了。

〈螺旋防波堤〉如今覆蓋著一層白鹽，因遊客沿著它來回走動而有些磨損，但這正如史密森所願。這位藝術家為他的景觀綜合藝術風格創造了「地景藝術」（earthwork）一詞，他還喜歡研究熵與大自然的侵蝕力量。〈螺旋防波堤〉位於羅澤爾角（Rozel Point），在大鹽湖東北部海岸。

TEXAS
德克薩斯州

〈普拉達馬爾法〉 *PRADA MARFA*

● 瓦倫泰恩　Valentine

沉寂的沙漠中，只有一家普拉達（Prada）精品店坐落於 90 號國道（Route 90）旁，與之相伴的是電纜和風滾草。

〈普拉達馬爾法〉是北歐藝術家麥可·艾爾格林（Michael Elmgreen）與因格·德拉塞特（Ingar Dragset）根據沙漠環境創作的特定場域雕塑。在這間寬 4.5 公尺、長 7.6 公尺的商店裡，普拉達包包和高跟鞋擺滿了貨架，但這些商品均為非賣品，甚至這間商店根本不營業。這間店原本打算任其自生自滅，漸漸破敗，最終融為地景的一部分。然而，開幕第 3 天就有人破門而入，盜走了貨架上所有的物品。隨後，產品重新上架，櫥窗玻璃加厚，作品的概念也隨之轉變：藝術創作基金會（Art Production Fund）和非營利文化組織「馬爾法舞廳」（Ballroom Marfa）的代表會定期來這裡清掃垃圾並遮蓋塗鴉。

地點：90 號國道，瓦倫泰恩西北方 2.25 公里處。這間普拉達店鋪在馬爾法西北方 60 公里處。馬爾法是一個 2,000 人的小鎮，也變成當代藝術的中心。遊客可以在馬爾法參觀畫廊，並能夠在奇納提基金會（Chinati Foundation）欣賞到唐納德·賈德（Donald Judd）的裝置藝術。
N 30.603461 W 104.518484

沙漠之中，藝術家用「只能看、不能摸」的方式向奢侈的消費主義致敬。

美國國家殯儀史博物館
NATIONAL MUSEUM OF FUNERAL HISTORY

● 休士頓　Houston

「活著的每一天都是美好的。」這是美國國家殯儀史博物館的宣傳語。它透過致敬生命的逝去來讚頌生命。

博物館由殯儀業人士羅伯特·沃特里普（Robert L. Waltrip）於 1992 年創建，附屬於一所防腐學校，這裡收藏了美國最豐富的葬禮文物，從 19 世紀的馬拉式靈車到麥可·傑克遜（Michael Jackson）追悼會的紀念物，應有盡有。

以 19 世紀喪葬習俗為主題的展覽展現了維多利亞時代應對死亡的方式。收藏品包括提醒家人按時哀悼的木鐘、由葬禮上綁花的絲帶縫製的被子，以及利用亡者頭髮做成的首飾。

博物館還陳列了屍體防腐的歷史、教宗和總統的葬禮、「夢之棺」等相關展品。不妨找找以白雪公主為靈感的玻璃棺，以及三人間棺木。

地址：415 Barren Springs Drive, Houston。
N 29.989561 W 95.430324

近距離欣賞歷史上一些著名的靈車。

平原上的奧茲曼迪亞斯
OZYMANDIAS ON THE PLAINS

● 阿馬里洛　Amarillo

你也許看不出來，這兩條腿可是一位埃及法老的殘肢。奧茲曼迪亞斯（Ozymandias）是埃及法老拉美西斯二世的希臘名，他是雪萊（Percy Bysshe Shelley）於 1818 年寫下同名詩篇的靈感來源。

巨腿旁的牌子上寫著：

「1819 年，雪萊及夫人瑪麗（Mary Shelley）——《科學怪人》（Frankenstein）的作者——正騎馬穿越新西班牙的大平原，偶然間發現了這片遺跡。就在這裡，雪萊寫下了不朽的名句：

我遇見一位來自古國的旅人
他說：有兩條巨大的石腿

半掩於沙漠之間……
看那石座上刻著字句：

「我是萬王之王，奧茲曼斯迪亞斯，功業蓋物，強者折服！」

雕塑一旁的基座也指出，輸給阿馬里洛的拉巴克市（Lubbock）足球運動員毀壞了法老外觀。

這座雕塑曾多次被肆意破壞，其中最過分的莫過於為這雙腿加上襪子。畫上的襪子雖然偶爾會被清除，但總是不斷重新出現。也許，當地人想幫法老的雙腿保暖。

這雙襪子位於 27 號州際高速公路（I-27）東側。
N 35.101703 W 101.909135

路邊這雙腿為浪漫詩歌〈奧茲曼迪亞斯〉增添了現代風格。

漢米頓瑤池　HAMILTON POOL

● 奧斯丁　Austin

這裡有許多天然泳池，而又以漢米頓瑤池最聞名，這是一個如童話般迷人的石窟，你可以在石灰岩頂棚保護下的天然泉水中戲水。

位於地下河流之上的圓頂因侵蝕而坍塌，形成了石窟。鐵線蕨和長滿青苔的鐘乳石沿著懸出的岩棚生長，為德州的沙漠創造了一片綠洲。15 公尺高的瀑布從懸頂傾瀉到碧綠色的湖水中。

漢米頓瑤池位於奧斯丁以西 37 公里處，71 號高速公路（Highway 71）旁。遊客須步行約 400 公尺才能到達水池邊，切勿穿露趾鞋。由於沙灘面積較小（只是湖水旁的一小塊沙地），景區最多容納 75 輛車，採「一進一出」的管制。N 30.342437 W 98.126915

奧斯丁附近的翠綠色石窟擁有美國最令人神醉的天然泳池。

幻燈城堡博物館
MAGIC LANTERN CASTLE MUSEUM

● 聖安東尼奧　San Antonio

在電影發明之前，人們會進行的其中一種視聽娛樂方式是觀賞幻燈，這是一種 17 世紀中葉誕生的幻燈片放映機。

早期的幻燈機採用燭光照明，用手繪的玻璃片向牆上或布幕上投影，形成昏暗的圖像。19 世紀，更好、更亮的光源出現了：聚光燈、弧光燈，以及最終的白熾燈泡。

隨著照明的不斷改善，幻燈特效也愈發逼真。透過排列幻燈片，一張張移動，幻燈操作人員可以製作出狗跳圓環、骷髏講話。現場的旁白和音樂伴奏更是渲染了氣氛。一類名為「魔術幻燈」（phantasmagoria）的恐怖靈異劇應運而生，以咯咯笑的魔鬼、陰森的幽靈和毛骨悚然的配樂而知名。

幻燈城堡博物館由傑克・賈德森（Jack Judson）創建，他在 1986 年退休後發現了自己對收集幻燈和幻燈片的熱情。

地址：1419 Austin Highway, San Antonio。幻燈城堡博物館僅接受預約參觀。N 29.492141 W 98.438667

UTAH
猶他州

顫抖的巨人 THE TREMBLING GIANT

● 里奇菲爾德　Richfield

這片顫楊（Quaking aspens）樹林看起來也許像是整片森林，但實際上全部都是單一的有機體。每棵樹（嚴格來說是每根樹幹），在基因上都是相同的，整片森林都以單一根系統相連。這片名為潘多（Pando）的森林透過無性生殖，從根系抽芽生出新幹。

4 萬多根樹幹的總重量將近 6,000 公噸，潘多的同源細胞群落是世上已知最重的有機體。這也是世上最古老的生物之一，據估計根系已活了 8 萬年。

位於猶他州 25 號公路（SR-25）上，魚湖（Fish Lake）西南方 1.6 公里處。N 38.524530 W 111.750346

儘管它看來像是一片普通的森林，但這片顫楊林其實是單一生物體，是世界上最重的生物。

花崗岩山檔案保管庫
GRANITE MOUNTAIN RECORDS VAULT

● 鹽湖城　Salt Lake City

你的家族歷史也許被深深埋藏在鹽湖城郊外一座堅固的山內。花崗岩山檔案保管庫，或簡稱為「保管庫」，是一座建於 1965 年的龐大家譜檔案庫。

「耶穌基督後期聖徒教會」（The Church of Jesus Christ of Latter-day Saints）建造這個檔案庫是為了保護家譜資訊（例如出生、死亡和婚姻紀錄），教會自 1938 年起就開始收集檔案。這些檔案力圖涵蓋的並非只是教會成員，而是所有人。對摩門教徒來說，這些資訊非常重要，因為他們要據此追蹤家譜，為已經死去的祖先施洗，進入該教會的信仰。

地下檔案室承受了多次自然災害與核爆，3 公尺高的鋼櫃中儲存了幾百萬份微縮膠捲和存有數位資訊的硬碟數據。沉重的大門保護著 6 個儲存區，各區由 7.6 公尺寬的隧道相連。自然狀況下，即使季節更替，檔案室的溫度也會保持在攝氏 12.7 度不變。

由於微縮膠捲的壽命僅有 200 年，現在檔案室的 60 名全職員工正用微縮膠捲掃描機轉成數位化。這個過程最初預計要花 150 年，但技術進步與更佳的自動化讓時間縮短到了 10 年。如今，任何正在做家譜研究的人都可以透過網路瀏覽花崗岩山儲存的大部分資訊。

因為擔心民眾進出檔案室會造成汙染，所以這裡並不對外開放。教會的歷史保存部門尤其擔心所謂的「藍色牛仔褲灰塵」，即兩褲腿互相摩擦時飛進空氣中的細小纖維。

地　點：Little Cottonwood Canyon, Wasatch Range, Salt Lake City。檔案室位於鹽湖城市中心東南方 32 公里處。N 40.573464 W 111.763560

猶他州的祕境還包括：

● **美國郵政署遠端編碼設備**
  USPS Remote Encoding Facility
鹽湖城 / 如果你的筆跡過於潦草，那麼你的手寫信件會被送到這裡解碼辨識，然後再重新寄送到正確的收信人手中。

這座山內儲存著數百萬份家譜記錄。

薩姆教金字塔　SUMMUM PYRAMID

● 鹽湖城　Salt Lake City

位於林肯高速公路（Lincoln Highway）右側有座橙色金字塔，裡面是一個願意將你的屍體製成木乃伊的宗教團體。這個教派叫做薩姆教（Summum），1975 年由克勞德・諾威爾（Claude Nowell）創立，他又叫做考爾奇・拉（Corky Ra）。諾威爾宣稱，更高等的生物曾拜訪地球，向他透露了生命的本質。

根據薩姆教的教義，死亡並不會帶走人類的意識或感知能力。雖然肉身已死，但靈魂或精神不會消亡，只是會因環境的變化而感到迷茫。

薩姆教的解決方式就是做成木乃伊。藉由保存屍體，為靈魂的回歸提供「大本營」。這個教派認為，屍體經化學防腐處理後被包裹起來，能夠保護靈魂安全地交流，並計畫好移至下一個目的地。

製作木乃伊需要花費 4 到 8 個月的時間。最後，用紗布包裹的屍體會被密封在石棺或「木乃伊棺」之中。薩姆教為木乃伊棺提供很多客製化選擇，你可以選擇刻著安卡符號（anka）與聖甲蟲的傳統古埃及金色石棺，也可以選擇為最終發射而設計的簡單流線型艙式棺木。

2008 年，拉自己成為第一個薩姆教木乃伊。他與寵物貓奧斯卡的木乃伊目前在薩姆教金字塔內展出。

地址：707 Genesee Avenue, Salt Lake City。薩姆教金字塔每週三晚上會舉行對外開放的讀書研討會活動。N 40.750707 W 111.911651

IDAHO
愛達荷州

大平原
Great Plains

綠洲妓院博物館
OASIS BORDELLO MUSEUM

● 華萊士　Wallace

幾十年來，綠洲妓院生意興隆，是 5 間在銀礦開採小鎮華萊士營業的熱鬧妓院之一。1988 年 1 月，在妓院上班的小姐收到聯邦調查局（FBI）將要突襲的小道消息，她們連夜脫逃，留下的房間至今仍維持原樣——只有少數房間經過一些創意的修改。

蜜雪兒・梅菲爾德（Michelle Mayfield）是華萊士小鎮土生土長的當地人，她在 1993 年買下妓院的建築，並將它改造爲博物館開放。遊客會在導遊的帶領下參觀房間。屋子裡，人偶穿著當時在這間妓院上班的小姐所留下的內衣。折了角的雜誌、輕薄的睡衣、化妝包、1 台雅達利（Atar）5200 型號的遊戲機，還有廚房桌上留著一袋速食米飯，自 1988 年起就再沒人碰過。

博物館內的 3 處景點展示了這裡過去的營業性質：1 個裝滿紅色燈泡的窺視箱；牆上的 1 份手寫服務清單，包括時間限制和交易價格；抽屜裡破舊的廚房計時器，則是用來計算明訂的交易時間。

地址：605 Cedar Street, Wallace。90 號州際高速公路（I-90）旁，介於斯波坎（Spokane）和米蘇拉（Missoula）之間。在博物館的禮品店裡可以買到吊襪帶當紀念品。N 47.472574 W 115.923529

一間 1988 年警察突襲前被匆匆遺棄的妓院，原封未動地變為博物館。

清潔博物館　MUSEUM OF CLEAN

● 波卡特洛　Pocatello

唐・艾許略特（Don Aslett）是「清潔之王」。他是清潔用品與服務帝國的統治者，是潔淨的大力倡導者，除了淨化你家浴室滋生的黴菌，也淨化你的心智和精神。

艾許略特於 2011 年創立了清潔博物館，致力宣揚自己的清潔哲學。博物館旨在「販售清潔的觀念和價值」。艾許略特的夢想是創造「潔淨的房屋、純潔的心智、清晰的語言、整潔的社區，以及純淨的世界」。

博物館希望透過展出掃帚、浴缸、馬桶及 1869 至 1969 年間的老式吸塵器，使訪客達到一塵不染的精神境界。此外，一間畫廊中陳列著以清潔爲主題的畫作和一塵不染的雕像。

地址：711 South 2nd Avenue, Pocatello。
N 42.859605 W 112.441706

清潔博物館力圖掃除世間一切汙穢，包括字面及背後的意義。

KANSAS
堪薩斯州

斯特拉塔卡鹽礦 STRATACA SALT MINE

● 哈欽森　Hutchison

在堪薩斯州平原之下 198 公尺深處，埋藏著一座自 1923 年起運行的鹽礦。從這裡開採的一些鹽，會在冬季時撒在道路及高速公路上，以防止路面結冰。礦井廢棄的部分如今已變成鹽礦博物館，遊客能夠在其中看到悠久且難以置信的鹽晶歷史。

1998 年，科學家在新墨西哥州的一塊 2.5 億年歷史的鹽晶氣泡中發現了一種處於休眠狀態的芽孢桿菌（Bacillus）。賓州西徹斯特大學（West Chester

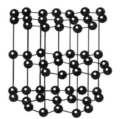

University）的生物學家在實驗室裡爲細菌提供新鮮營養，並將其放入鹽液中，重新啓動了細菌。

這種來自 2.5 億年前的細菌改變了人類對地球生命時間線的認識，這種細菌被認爲是世界上最古老的生物體。

地址：3300 Carey Boulevard, Hutchison。
N 38.043598 W 97.867924

1905 年，退休的南北戰爭護士丁斯莫爾開始建造他古怪的花園。

伊甸園 GARDEN OF EDEN

● 盧卡斯　Lucas

山謬・丁斯莫爾（Samuel P. Dinsmoor）曾經在美國南北戰爭中做過聯邦護士，之後定居於堪薩斯州的盧卡斯城。1905 年，他開始在這裡建造自己的愛國主義伊甸園。

花園的中央建築是使用石灰岩雕刻而成的「小木屋」。在小屋周圍，丁斯莫爾建造了又細又高的水泥雕塑，以表達自己的民粹主義政治、對《聖經》的興趣，以及對權

威的不信任。亞當和夏娃、該隱與亞伯，以及魔鬼都出現了，此外還有蛇、天使和一面飄揚的美國國旗。「勞動受難」（Crucifixion of Labor）這件雕塑是他最爲鮮明的政治評論，醫生、律師、銀行家和傳教士將一個貼著「勞工」標籤的人釘在十字架上。

花園的一個角坐落著寶塔式的陵墓，這是丁斯莫爾爲自己建造的，他甚至還爲此拍攝了一張多重曝

光的照片，照片中的丁斯莫爾正注視著自己的遺體。丁斯莫爾死後，遺體做了防腐處理，而後被放入玻璃棺，正如他所計畫的一樣。如果向陵墓裡窺視，你仍可以看到他微笑但些許腐壞的臉龐。

地址：305 East Second Street, Lucas。這座小城距離威契托（Wichita）北部約 2 小時車程。
N 39.057802 W 98.535061

MONTANA
蒙大拿州

橫貫大陸航空郵路指向標
TRANSCONTINENTAL AIR MAIL ROUTE BEACONS

● 西蒙大拿　Western Montana

1920 至 1930 年代期間，在無線電導航誕生之前，美國運送航空郵件的飛行員是讓飛機沿著地面上巨大水泥箭頭的指向飛行。

箭頭長 15 到 21 公尺，漆成黃色，安裝在 15 公尺高，閃爍的燈塔旁。它們照亮了美國的航空郵線，引導飛行員在夜空航行，大大縮短了空運的運送時間。全美曾經共有幾百座閃爍的燈塔和幾百個水泥箭頭，這套系統一直全力運作到 1930 年代中期，才由無線電導航取代。

在第二次世界大戰期間，爲了防止敵軍的轟炸機沿航空郵路飛到人口密集的地區，美國毀壞了許多箭頭與燈塔。然而其中一部分得以留存，只是大部分的水泥已經裂開，顏色也已脫落。蒙大拿是唯一一個還在使用這類燈塔的州。在蒙大拿州西部的山脈地區，一套 17 座保存完好的燈塔幫忙指引飛行員回家的路。

航空郵線指向標分布在海倫那（Helena）西部的山脈地區。N 46.229605 W 112.781044

柏克萊礦坑 BERKELEY PIT

● 巴特　Butte

在柏克萊礦坑的觀景台上，遊客可付費好好觀看長達 1.6 公里的有毒湖泊。1955 至 1982 年期間，這裡曾經是露天銅礦。之後地下水湧進 542.5 公尺深的礦坑，將這裡變成了湖泊。現在湖水混雜了化學品和重金屬，包含銅、鐵、砷、鎘、鋅和硫酸。表層湖水富含鐵元素，呈現紅褐色，而底部的銅元素含量相對較高，水就變爲鮮豔的翠綠色。

礦坑裡的水位以約每月 21.3 公分的速度上升。如果水位漲至海平面 1,600 公尺，垃圾池將會汙染到巴特谷附近的地下水，威脅 3 萬多名居民的健康。2003 年，此處建造了一座汙水處理廠，以防止柏克萊礦坑裡的水位達到臨界程度。

雖然已採取相關措施避免礦坑內的有毒物質危害人類，但其他的生物卻已經爲髒水送命了。1995 年，300 多隻雪雁在遷徙途中落到汙水湖上歇息，結果迅速死亡。

地點：巴特，90 號州際公路 126 號出口。礦坑於每年 3 至 11 月對外開放，遊客可在觀景台西南側一覽垃圾湖。N 46.017266 W 112.512039

蒙大拿州的祕境還包括：

• 美國電腦博物館 American Computer Museum

博茲曼（Bozeman）／由一對科技狂熱夫妻喬治和芭芭拉・克萊梅傑夫（George and Barbara Keremedjiev）於 1990 年創建，收藏了美國太空總署「登月計畫」的導航電腦、過時的運算機，以及如房間大小的老式電腦。

1　在無線電導航出現前，碩大的水泥箭頭爲飛行員們指引家的方向。
2　這一汪充滿有毒廢物的垃圾池是巴特最觸目驚心的景點之一。

鈴石 RINGING ROCKS

巴特以東 29 公里處分布著一堆好玩的石頭，若想體驗其中的趣味，需要自帶鎚子。鈴石是一堆稜角分明的石頭，石堆足足有 800 公尺寬。當敲打石頭的時候，它們會發出清脆悅耳的聲響，且聲響會根據石頭的大小和形狀而變化。但如果將石頭從石堆取出單獨敲打，則無法發出鈴聲般的聲音。

目前，石頭發聲的確切原因仍不得而知，推測與石堆的排列方式及密度有關。這些岩石是 7,800 萬年前岩漿在地表下冷卻而成。地面抬升使岩層露出地表，侵蝕作用將岩石打磨出了稜角，讓訪客可以輕鬆敲出一些曲調。

從 90 號州際高速公路 241 出口（Pipestone）下，往東行駛與公路平行的碎石路 1.2 公里，再往北行碎石路穿越鐵軌後續行 4.8 公里，最後 1.6 公里路況不佳，建議開四輪驅動車。此區有熊出沒，請小心注意。
N 45.943558 W 112.238963

NEBRASKA
內布拉斯加州

車陣 CARHENGE

英格蘭有巨石陣，而內布拉斯加有「車陣」。兩者其實很相似，只不過之間相隔幾千年的技術進步。

在研究了英格蘭的巨石陣後，車陣的建造者吉姆‧瑞恩德斯（Jim Reinders）帶著一個計畫回到了位於阿萊恩斯的自家農場，計畫用廢棄的汽車創造史前巨石陣遺跡的複製品。1987 年夏天，在親友的幫助下，瑞恩德斯組裝了 39 輛汽車，將它們全部噴漆成灰色，擺放成一個直徑約 29.2 公尺的圓圈──尺寸與巨石陣大致相同。夏至時分，伴隨著香檳、歌曲、詩歌與瑞恩德斯一家寫的戲劇，這件作品揭幕。

車陣不僅為奔波的旅人提供了別致的歇息地，而且是瑞恩德斯獻給父親的紀念碑，父親曾經住過的農場就位於現今車陣所在之處。

車陣位於阿萊恩斯以北 4.8 公里處，87 號高速公路（Highway 87）旁。N 42.142229 W 102.857901

車陣的尺寸依照英格蘭新石器時代的石陣而建，只不過用汽車替換了巨石。

日本氣球炸彈爆炸地點
SITE OF A JAPANESE BALLOON BOMB EXPLOSION

● 奧馬哈　Omaha

1945 年 4 月 18 日傍晚，有枚日本氣球炸彈在奧馬哈的丹地區（Dundee district）上空爆炸了。

這枚炸彈是日本在二次世界大戰結束前 6 個月內所發射的 9,000 多顆氣球的其中之一。有將近 300 多枚氣球炸彈在美國被發現或看到，這是其中一枚。這種設計又稱為「火氣球」，裡面充滿氫氣，載著 5 到 15 公斤不等的炸彈。

很少有當地人知道曾經有炸彈在北 50 街（North 50th）和矮林大道（Underwood Avenue）的街角爆炸過。有人看到閃光，有人聽到噪音，但他們以為是煙火，有名目擊者說看到空中有「一圈火」。紀念這場事故的牌子寫著：「燃燒裝置在夜裡產生熊熊大火，但沒有造成傷亡。」

日本軍方領導人部署這些氣球炸彈，希望能夠造成恐慌和吸引媒體的注意，這樣一來，他們就能制定未來攻擊的路線圖。只有少數出版刊物報導了這場爆炸；然而美國審查局（US Office of Censorship，二戰期間設置的戰時機構，負責審查進出美國的通訊）要求所有媒體不要發布任何有關氣球炸彈的新聞。因此丹地區的爆炸就跟其他幾場爆炸事件一樣，直到戰後才有報導出現。

紀念爆炸的牌子位於 50 街和矮林大道的西南街角，請留意人行道上的綠色大時鐘。N 41.266825 W 95.987766

這些建築並非埃及陵墓，而是冷戰時期的導彈防禦系統。

NORTH DAKOTA
北達科他州

尼科馬金字塔 THE NEKOMA PYRAMID

● 尼科馬　Nekoma

在圍欄之後，有座看起來 24 公尺高、充滿險惡的錐形物體被截去了頂端——像是金字塔的頂部被切斷了。這棟灰色建築與周圍的排氣塔群看似某種超神祕的紀念碑，又像是被誤放到大平原上的埃及建築。事實上，它們是冷戰時期遺留下來的反導彈設施。

眾所皆知，史丹利麥克森基地（Stanley R. Mickelsen Safeguard Complex）是用來存放攔截蘇聯火箭的反彈道導彈。無頂金字塔裡的雷達掃描空中，而地下的 100 枚導彈已經準備就緒，積極展開對蘇聯的攻擊。基地耗資甚鉅，但使用壽命卻很短。它在 1975 年 10 月 1 日開始啟動——但 1 天後國會就投票停止防衛計畫，解除了尼科馬這些建築的任務。

尼科馬以北，1 號高速公路（Highway 1）與 81 街（81st Street）交會處。N 48.589529 W 98.356503

OKLAHOMA
奧克拉荷馬州

骨學博物館 MUSEUM OF OSTEOLOGY

● 奧克拉荷馬城　Oklahoma City

1986 年，顱骨收藏家傑伊·維勒馬雷特（Jay Villemarette）將自己的嗜好變成了職業，他成立了顱骨無限公司（Skulls Unlimited），一家致力清潔、組裝和販賣動物顱骨的企業（清潔過程十分奇妙：在動物屍體的頭部放上肉食甲蟲，任其啃噬皮肉和脂肪，只留下一顆乾燥、亮白的頭骨）。

為了展示顱骨無限公司讓人震撼的標本，維勒馬雷特在公司隔壁建立了骨學博物館。博物館收藏了 300 多件精心鉸接的動物骨骼標本，包括印尼贈送給小布希總統（George W. Bush）的科摩多巨蜥，在巴黎一間商店裡發現的罕見爪哇犀牛及雙面牛犢。

地　址：10301 South Sunnylane Road, Oklahoma City。
N 35.364772 W 97.441840

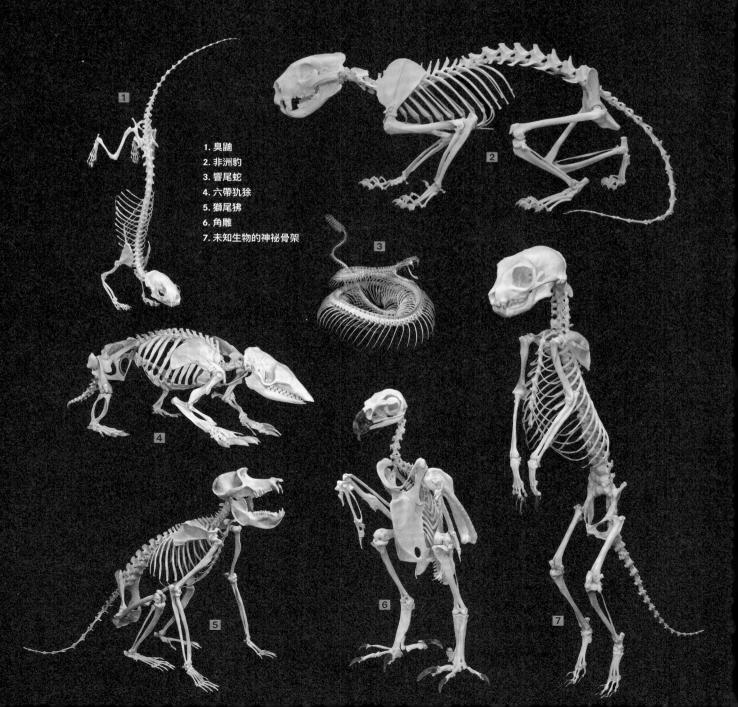

1. 臭鼬
2. 非洲豹
3. 響尾蛇
4. 六帶犰狳
5. 獅尾狒
6. 角雕
7. 未知生物的神祕骨架

威契托山野牛群
WICHITA MOUNTAINS BUFFALO HERD

● 勞頓　Lawton

1907 年，15 頭美洲野牛從紐約（New York）搭火車來到了奧克拉荷馬州。如今，牠們的 650 頭後代正在威契托山野生動物保護區（Wichita Mountains Wildlife Refuge）的平原上漫遊，保護區面積約 238 平方公里，專門保護瀕危動物。

6 頭公野牛與 9 頭母野牛搭火車橫跨美國的故事始於 1905 年美洲野牛協會（American Bison Society）成立之初。那時，捕獵和人類居住使美國的野牛數量從 1830 年的 6,000 萬頭剩下大約近 1,000 頭。

由威廉・霍納迪（William T. Hornaday）主持，在老羅斯福總統（Theodore Roosevelt）的支持下，美洲野牛協會致力於拯救野牛滅絕，增加野牛數量，並為牠們提供一個可以安全生活的區域。可喜的是，威契托山野生動物保護區已經於 1901 年成立──而新開放的紐約布朗克斯動物園願意提供一批美洲野牛。

從紐約搭火車、轉馬車，輾轉到奧克拉荷馬共花了 6 天，被單獨裝在板條箱中的野牛到達保護區時，受到好奇的人群與原住民科曼契族（Comanche）的熱烈歡迎。之後，野牛就在大草原上自由行動了。北美的野牛數量現在約有 50 萬頭，其中 650 頭就生活在威契托山野生動物保護區的平原上。

遊客中心，地點：Cache Meers Road, Lawton。保護區有 59,000 公畝。最好攜帶望遠鏡觀看野牛群，並花點耐心等待。保護區全年都有自然導覽，讓你更接近野牛的行動。
N 34.732784 W 98.713123

奧克拉荷馬州的祕境還包括：

- **宇宙中心 Center of the Universe**
陶沙（Tulsa）／站在這個水泥圈裡說話時，聲音會莫名被放大。

- **第 45 步兵團博物館**
45th Infantry Division Museum
奧克拉荷馬城／這裡收藏著希特勒柏林碉堡裡的鏡子，以及印著米老鼠圖案的兒童防毒面具。

麥柯迪之墓 THE GRAVE OF ELMER MCCURDY

● 加斯里　Guthrie

1976 年，電視劇《無敵金剛 009》（The Six Million Dollar Man）的劇組正準備在加州長灘（Long Beach）的派克遊樂園（Pike Amusement Park）拍攝。按照劇情安排，主角史提夫・奧斯汀（Steve Austin）要在一條被稱為「黑暗鬼路」（Laff in the Dark）的陰森小徑開車奔逃。一路上，食屍鬼、魔鬼和骷髏會跳出來製造驚悚氣氛，車子也會在黑暗中四處衝撞。

在布置場地時，劇組人員發現角落的絞索上吊著一個假人。他伸手碰了假人的手臂，結果手臂一觸即斷。這名工作人員看著破碎的殘肢，驚恐地發現在乾枯的皮膚下還有像骨頭一樣的東西。這不是假人，而是一具屍體。

這具懸掛的乾枯屍體是埃爾默・麥柯迪（Elmer McCurdy），一個死於 65 年前的亡命之徒。1911 年，這個手腳不老實的流浪漢在奧克拉荷馬州的奧克薩（Okesa）附近搶劫了一列火車，而後帶著贓物（46 美元和兩瓶威士忌酒），一路向北逃亡，躲在堪薩斯州邊境的穀倉裡。追捕麥柯迪的警察最終在槍戰中將他擊斃。麥柯迪的屍體被送回其故鄉波哈斯卡（Pawhuska）入葬，但無人認領。入殮師從

中看到了賺錢的機會，便對屍體做了防腐處理，而後將它展出，遊客只要在麥柯迪的嘴裡放 5 美分就可以參觀這具乾屍。

5 年之後，一個經營露天遊樂園的人在殯儀館出現，聲稱自己是麥柯迪失散多年的親人，要求歸還屍體，讓麥柯迪入土為安。當然，他是在說謊。沒過幾週，麥克迪的屍體就成為巡迴露天遊樂園裡的明星。

60 年來，麥克迪的乾屍在露天遊樂園、蠟像館和鬼屋之間輾轉，最後莫名其妙地在長灘的派克遊樂園出現。這時，逃犯麥柯迪的故事早已被人遺忘了，屍體也被認為是假的。在《無敵金剛 009》劇組發現它後，警方確認麥柯迪的身分，將它送往奧克拉荷馬州古斯里的峰景墓地（Summit View Cemetery）下葬。

麥柯迪的墓碑上僅寫他死於 1911 年，葬於 1977 年，沒有更多說明。

地點：North Pine Street, Guthrie。麥柯迪之墓位於布特山（Boot Hill），鄰近「野幫」（Wild Bunch）土匪比爾・杜林（Bill Doolin）的墳墓。
N 35.896813 W 97.404504

SOUTH DAKOTA
南達科他州

雷暴雲頂瀑布 THUNDERHEAD FALLS

● 拉皮德城　Rapid City

若要一睹這座 9 公尺高瀑布的風采，你必須先步行 183 公尺進入山裡。雷暴雲頂瀑布位於一座 1870 年代開採、後來廢棄的金礦隧道之中。對於挖金的礦工來說，噴湧而出的水流是不便的驚喜，但更多時候意味著失望——這座金山從未產出任何金子，在 20 世紀到來時就被廢棄了。

由於山中沒有金子，雷暴雲頂瀑布逐漸被人遺忘。直到 1949 年，薇拉・埃克隆（Vera Eklund）在從拉皮德城開往密斯提克（Mystic）的觀光列車上發現了沿山邊汩汩流下的泉水，於是她與丈夫亞伯特（Albert）返回此處，沿著水流找尋源頭，發現了雷暴雲頂瀑布。埃克隆夫婦買下這塊地，將瀑布改造成旅遊景點，於隔年對外開放。在過時的隧道中行走，遊客可以體驗淘金時代的跌宕起伏。

雷暴雲頂瀑布距離拉皮德城 16 公里，位於 44 號西高速公路（Highway 44 West）旁。
N 44.058490 W 103.413512

水流從山深處的古老金礦中奔湧而出。

南達科他州的祕境還包括：

- 石化木公園 Petrified Wood Park

列蒙（Lemmon）/ 這座如城市街區般大小的公園裡陳列著 100 件 1930 年代初由石化木雕刻而成的圓錐形雕塑。

- 瘋馬酋長紀念碑 Crazy Horse Memorial

卡斯特（Custer）/ 刻在一座山上的奧格拉拉科塔族酋長（Oglala Lakota Chief）雕像於 1948 年動工，至今還在進行中。雖然距離竣工仍有一定時日，但最終的願景是創造出寬 195 公尺、高 172 公尺，世界上最大的雕塑。現在，你就可以看到的高 26 公尺的頭部雕刻完成了——作為對比，拉什莫爾山（Mount Rushmore）的若名總統頭像只有 18 公尺高。

WYOMING
懷俄明州

芬德里鎮 PHINDELI TOWN

● 布福德　Buford

2013 年之前，芬德里鎮都叫做「布福德」。鎮上的標誌是一處獨特的拍照點：標誌立在塵土飛揚的主幹道，上面寫道：「布福德；人口：1 人；海拔：2,438 公尺。」這位關鍵的居民叫做唐・薩蒙斯（Don Sammons），是 1980 年移居到布福德的越南獸醫。

在 1866 年建造第一橫貫大陸鐵路（First Transcontinental Railroad）時，布福德的人口達到了 2,000 人的巔峰。然而，隨著鐵路向西發展，工人也向西轉移。1980 年，薩蒙斯與妻子特莉（Terry）及兒子來到布福德，希望過著平靜的生活，一家人如願以償了：他們 3 人就是布福德的全部人口。1992 年，這家人買下了這座小鎮（包括加油站、便利商店、組合屋、車庫及周邊土地），僅花費 155,000 美元。

薩蒙斯在妻子過世，兒子也搬去了科羅拉多之後，他認為是改變的時候了。2012 年，布福德被一位來自越南的神祕投資人以 90 萬美元的價格標下。隔年，購買小鎮的計畫揭曉了：芬德里公司，這間越南咖啡的生產商，試圖在美國腹地建立一座同名小鎮以打響品牌，進而獲得美國市場。

如今，芬德里小鎮的便利商店販賣越南咖啡。雖然薩蒙斯為了能在兒子身邊已搬至科羅拉多，但這裡仍有 1 名居民：住在小鎮唯一一間房子裡的管理員。

小鎮位於 80 號州際高速公路（I-80）旁，介於拉勒米（Laramie）和夏豔（Cheyenne）之間。造訪芬德里不要做錯過小鎮唯一的景點：布福德商棧。這裡有洗手間、加油站，當然還有咖啡。
N 41.123688 W 105.302292

英里 0 100 200
公里 0 100 200

蘇必略湖
魔鬼之壺
加拿大
N

明尼蘇達州
霍格寵物棺
休倫湖
科瓦奇
天體儀

可疑醫療器材收藏
馬文的
奇異機械博物館
底特律
愛迪生的
最後一口氣

世界上
最安靜的房間
威斯康辛州
密西根州
NY

南達
科他
州
埃夫莫博士
的通天塔
密
西
根
湖
底特律
伊利湖

岩頂小屋
芝加哥
賓夕法尼
亞州

愛荷華州
皮革檔案博物館
水晶洞

紅門森林
印第安納州
俄亥俄州

內布拉斯
加州
維利斯卡斧頭凶宅
旋轉監獄
博物館
世界上最大的
油漆球
辛辛那提

地下城
莉拉頭髮博物館
斯洛克姆機械
謎題收藏
美國招牌
博物館
辛辛那提

堪薩斯州
密蘇里州
肯塔基州
辛辛那提
失落的地鐵

伊利諾州

中西區

奧克拉荷馬州
阿肯色州
田納西州

ILLINOIS
伊利諾州

中西區
The Midwest

皮革檔案博物館 LEATHER ARCHIVES & MUSEUM
● 芝加哥 Chicago

這裡曾經是座教堂，如今，門上方的牌子寫著巨大的白色字母——LA&M。左側黑色皮靴的圖片似乎暗示了裡面展出的東西，但路人可能不會猜到這其實是一間以另類性行為為主題的博物館。

皮革檔案博物館記錄了皮革戀（Leather Fetishism），這是通常與男同性戀、戀物癖、皮繩愉虐（BDSM）相關的次文化——雖然博物館涵蓋了各種性傾向和性別。館藏包括衣物、書籍、照片及具挑釁意味的畫作，例如〈同志皮革酒吧裡的最後的晚餐，猶大對耶穌豎中指〉。

地下室裡展出的是與戀物癖、皮繩愉虐相關的藏品，如不鏽鋼男性貞操裝置，以及用來打屁股的紅皮長椅。

地址：6418 North Greenview Avenue, Chicago。博物館週四至週日開放，參觀者須年滿 18 歲。N 41.998637 W 87.668273

城市指南

探索更多的芝加哥

疾馳魔鬼電玩城
Galloping Ghost Arcade

布魯克菲（Brookfield） / 這間郊區小屋裡的上百台電動遊戲機正等待你投幣，按下按鈕。

狗糞噴泉　　　　　　Shit Fountain

東村（East Village） / 這坨巨大的青銅排泄物既是對狗糞的致敬，也是在提醒人們要及時清掃寵物糞便。

樂薩卓寶石工藝博物館
Lizzadro Museum of Lapidary Art

艾姆赫斯（Elmhurst） / 這裡是玉石愛好者的天堂，精心切割、打磨的寶石被精雕細琢成小船和寶塔展出。

U-505 號潛水艇　　　　　　U-505

海德公園（Hyde Park） / 在飽受第二次世界大戰的摧殘後，這艘不幸的德製U型潛水艇現在陳列於科學與工業博物館（Museum of Science and Industry）。

綠野仙蹤公園　　　　　　Oz Park

林肯公園（Lincoln Park） / 這片城市綠洲以經典名著《綠野仙蹤》（*The Wonderful Wizard of Oz*）為主題，擺放著鐵皮人、稻草人、膽小的獅子、桃樂西和小狗托托的雕像。

忙碌海狸徽章公司
Busy Beaver Button Co.

洛根廣場（Logan Square） / 想要遊覽一座專門展示徽章的博物館嗎？忙碌海狸有你想要的一切。

芝加哥文化中心的蒂芙尼巨蛋
Chicago Cultural Center's Tiffany Dome

路普（Loop） / 1897 年完工，寬 11.6 公尺的蒂芙尼巨蛋以黃道十二宮為主題，由三萬多片玻璃製作而成。

芝加哥神廟　　　　　Chicago Temple

路普 / 容易暈眩的人也許很難參觀芝加哥第一聯合衛理公會教堂（First United Methodist Church of Chicago），因為它位於 23 層摩天大樓之頂。

金錢博物館　　　　　Money Museum

路普 / 博物館中有一個錢坑，你可以體驗站在幾百萬美元的陰影下的感覺。

普利茲克軍事博物館與圖書館
Pritzker Military Museum & Library

路普 / 圖書館以民兵為主題，在 2003 年開幕。除了 4 萬餘卷相關藏書之外，這裡還收藏了軍事海報、徵兵藝術品、士兵期刊和美國南北戰爭的紀念物。

伊斯特蘭號客船紀念碑
SS *Eastland* Memorial

路普 / 在這裡，遊客可以了解伊斯特蘭號客船的悲劇——如何在距離海岸 6 公尺、水深只有 6 公尺的地方沉沒，並造成 800 多人死亡。

波希米亞國家墓園
Bohemian National Cemetery

北方公園（North Park） / 這處墓園建於 1877 年，由城市中的捷克社區成員建造，

其中安放亡者骨灰的建築以稀有的正面為玻璃的骨灰壁龕為特色。

普爾曼歷史街區
Pullman Historic District

普爾曼（Pullman） / 這裡是 1880 年建立，美國第一個計畫工業社區。

永恆寂靜　　　　　　Eternal Silence

上城（Uptown） / 恩典之地墓園（Graceland Cemetery）內，有座被樹蔭遮蔽的雕像，衍生了許多恐怖的傳說。

伊涅茲・克拉克紀念碑
Inez Clarke Monument

上城 / 傳說這座 19 世紀的大眼睛年輕女孩雕像會定期復活，在恩典之地墓園周圍遊蕩。

加爾非—克拉倫敦鐵路模型俱樂部
Garfield-Clarendon Model Railroad Club

上城 / 這個規模不大卻歷史悠久的鐵路模型俱樂部，建造了美國最大的鐵路微縮模型之一。

時光噴泉　　　　　　Fountain of Time

華盛頓公園（Washington Park） / 100 座水泥像反映了人生的不同階段，真切地提醒著人們時間的流逝不可阻擋。

紅門森林 RED GATE WOODS　　　　　● 勒蒙特　Lemont

芝加哥郊外的紅門森林裡，一塊墓碑立在蔥鬱的草坪上，碑文非比尋常：「警告——禁止挖掘。」

這塊墓碑紀念的不是某個人，而是一項核能研究。埋在地下的石頭是世界第一座人工核能反應爐「芝加哥一號反應爐」（Chicago Pile-1）的輻射廢料。

簡稱為 CP-1 的反應爐建於 1942 年，是美國在第二次世界大戰期間研發原子彈的「曼哈頓計畫」（Manhattan Project）之一部分。

反應堆和它的字面意義一樣：在芝加哥大學的斯塔格足球場（Stagg Field）看台之下的壁球場，美籍義大利裔物理學家費米（Enrico Fermi）及其科學團隊建造了一堆鈾丸和黑鉛墨塊，用來隔離鎘控制棒。12 月 2 日，核能反應爐達到臨界狀態，控制棒被撤出。

在首次測試後，CP-1 於 1943 年被拆解，運送到紅門森林重新組裝，並裝了輻射防護罩，這座新反應爐重新命名為 CP-2。1994 年，反應爐 CP-3 應運而生。當這些反應爐完成使命後，曼哈頓計畫的科學家將它們拆解，把殘留物埋在森林裡標記為 M 點（Plot M）和 A 點（Site A）的地方。如今，兩處都建造了花崗岩紀念碑，其中 M 點的石碑上刻著「禁止挖掘」。

雖然被掩埋的廢料具有輻射，但該處並不會危害民眾的安全——蓋革計數器（Geiger counter）顯示這地區檢測到的輻射強度與標準背景的輻射水準一致。

地點：Archer Avenue, Lemont。
N 41.699599 W 87.921223

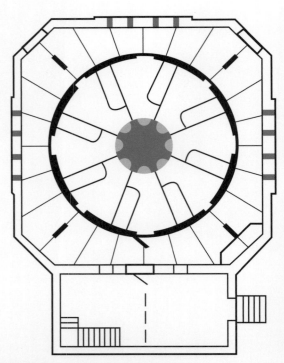

1880 年代橫跨美國中西部形似旋轉木馬的迴旋式監獄，不幸的是，它們在旋轉時容易輾傷囚犯放在欄杆上的手臂。

INDIANA
印第安納州

旋轉監獄博物館 ROTARY JAIL MUSEUM

● 克勞福茲維爾　Crawfordsville

1881 年春天，兩個印第安納波利斯人（Indianapolis），建築師威廉・布朗（William H. Brown）和鑄鐵廠老闆班傑明・豪（Benjamin F. Haugh），為一項創新設計申請了發明專利：牢房可旋轉的監獄。

他們的設計包括一棟兩層圓柱形牢房，中央立柱既有支撐的作用，同時也是個別牢房廁所的下水道。每層有 8 個楔形房間，但所有的房間共用一扇門。當獄警操縱手搖柄時，牢房會旋轉，囚犯們則會像乘坐旋轉木馬一樣，暈頭轉向地依次經過唯一的通道。

布朗和豪的發明理念很快成為現實。1882 年，第一座旋轉監獄，兩層 16 間牢房的蒙哥馬利郡旋轉監獄（Montgomery County Rotary Jail）在印第安納州的克勞福茲維爾啟用。不久後，美國中西部其他州也紛紛採用。1885 年，愛荷華州的波特沃托米郡三層旋轉監獄（Pottawattamie County Jail）啟用，又名「鼠籠監獄」。隨後，密蘇里州的加拉廷（Gallatin）於 1889 年啟用了單層旋轉監獄。美國共建造了 18 座旋轉監獄，其中絕大部分位於中西部地區。

可惜，布朗與豪這有些天馬行空的點子並不完美。最大的缺陷是，當牢房內的犯人將手放在欄杆上時，很可能因監獄突然轉動而壓傷手臂。自然光不足、通風條件差，以及機械故障，都可能影響監獄的運轉。若發生火災，牢房未轉到出口處的犯人們將難逃一死。有鑑於以上問題，許多旋轉監獄在 1930 年代期間將旋轉台固定。蒙哥馬利郡監獄雖然經改造之後繼續運作了幾十年，但還是於 1973 年被永久關閉。波特沃托米郡監獄已於 1969 年將犯人轉送到其他地方。加拉廷監獄也在 1975 年關閉。如今，這 3 間監獄都以博物館形式重新開放。其中，蒙哥馬利郡監獄是唯一一座還能夠旋轉的監獄。

地址：225 North Washington Street, Crawfordsville。
N 40.043839 W 86.901742

世界上最大的油漆球
WORLD'S LARGEST BALL OF PAINT

● 亞力山卓　Alexandria

在卡邁克爾家後方的獨棟小屋內，吊著一個重達 1.8 噸的圓球。圓球的中心內核是一顆小小的棒球——其餘部分都是油漆。

1960 年代，麥可・卡邁克爾（Michael Carmichael）還是名青少年，他與朋友在一家油漆店裡玩棒球，不慎打翻了一桶油漆。沾滿了顏料的棒球頓時讓麥可興起了一個野心勃勃的想法。麥可在高二、高三時，每天都在棒球上刷上一層油漆。在刷到第 1,000 層時，他終於感到厭倦，於是將球丟到一邊置之不理。但 10 年後，這個想法重新浮現。1977 年 1 月 1 日，麥可將一顆嶄新的棒球放在自己 3 歲大的兒子面前，孩子為棒球塗了一層藍色油漆。就這樣開始了第二次的油漆球長征，目前仍在進行之中。

如今，這顆棒球已被塗了 25,000 多層油漆。麥可與妻子葛蘭達（Glenda）及兒孫，還有好奇的遊客都曾為棒球添彩。所有人都可以拿起刷子塗抹，但必須遵守一條規矩：新刷的油漆顏色要與上一層不同。

地址：10696 North 200 West, Alexandria。油漆球位於卡邁克爾住家，參觀或塗刷油漆請提前打電話預約。N 40.258752 W 85.709122

從一顆棒球發展而來的油漆球已成為毅力的象徵。

斯洛克姆機械謎題收藏
SLOCUM MECHANICAL PUZZLE COLLECTION

● 伯明頓　Bloomington

「機械謎題」是必須手動操縱才能達到某種結果的智力遊戲。傑瑞・斯洛克姆（Jerry Slocum）從小就在收集機械謎題，他於 1986 年出版了《新舊謎題：如何製作並解謎》（Puzzles Old and New: How to Make and Solve Them）一書後，最終成為機械謎題領域的非官方權威。到了 2006 年，他已收集了 4 萬多個機械謎題，這部分要歸功於「國際謎題派對」（International Puzzle Party）——1978 年由斯洛克姆創辦，機械謎題愛好者和商家一年一度齊聚一堂的聚會。

斯洛克姆向印第安納大學（Indiana University）的莉莉圖書館（Lily Library）捐贈了超過 3 萬個機械謎題，創立了「斯洛克姆機械謎題收藏」。除了數量龐大的機械謎題，斯洛克姆還贈送了幾千本關於益智遊戲的書籍。展品（捐贈的幾千件物品中只有展出幾百件）包括：一

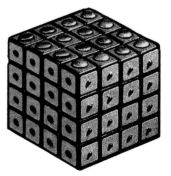

3 萬多件必須手工操作的機械益智遊戲組成了斯洛克姆機械謎題收藏。

個古董魔術方塊，每面有大小不同的釘子，被稱為「紋理魔術方塊」（texture cube）；一個看似普通的杯子，實則裝有機關，滿溢的水會從底部漏出；一些古怪的小玩意，比如一個插了木箭的可樂瓶。還有無數精巧的木質幾何古董玩具，須經過特定方向的扭轉才能將木塊拼合或分開。

如今，參觀莉莉圖書館的遊客可以嘗試親手解開一些謎題，並觀賞大量等待被破解的謎題收藏。

地址：1200 East Seventh Street, Bloomington。
N 39.167906 W 86.518973

IOWA
愛荷華州

維利斯卡斧頭凶宅
VILLISCA AX MURDER HOUSE

● 維利斯卡　Villisca

若想體驗特別的一晚，可以預訂這棟凶宅過夜，曾住在這裡的 8 人在睡夢中被殘忍地屠殺。

1912 年，當時這棟房子裡住著莫爾一家人（the Moores），包括：喬賽亞與莎拉（Josiah and Sarah）夫婦，以及他們年幼的孩子赫爾曼、凱薩琳、博伊德和保羅。6 月 9 日傍晚，一家人參加完當地教堂的兒童節活動後，與女兒的兩個朋友，8 歲的艾娜・斯蒂林格（Ina Stillinger）和她 12 歲的姐姐萊娜（Lena）一起回到家中。

午夜至凌晨 5 點之間，一個身分不明的人闖進屋裡，用斧頭砍擊所有人的頭部致死。犯罪現場顯示，受害者大都死於熟睡之中，除了萊娜，她的手臂上有防禦所導致的傷口，整個人斜躺在床上。

一百多年過去，這宗滅門案仍懸而未決。嫌疑最大的喬治・凱利教士（Reverend George Kelly）曾於案發當日在教堂宣講，並於第二天凌晨 5 點左右離開小鎮。凱利曾被審問兩次，但始終未被定罪。

因維利斯卡斧頭謀殺案而聞名的凶宅，1994 年被達

爾文和瑪莎・林（Darwin and Martha Linn）這對夫妻買下，他們將它復原成 1912 年的樣子。遊客可以在白天遊覽小屋之後，在曾經被血洗的犯罪現場過夜。

地址：508 East 2nd Street, Villisca。斧頭謀殺案的所有受害人目前被葬在小屋以北的維利斯卡墓園（Villisca Cemetery），從凶宅步行至墓園需 15 分鐘。
N 40.930704 W 94.973316 ➤➤

➤➤ 美國其他凶宅

莉齊・博登民宿
Lizzie Borden Bed & Breakfast
麻薩諸塞州，瀑河城（Fall River）

這間僅有 8 間客房的小旅館的宣傳語是：「來到這裡，您就是我們的家人！」通常這是讓人倍感溫暖的一句話，但「成為莉齊・博登的家人」意味著腦袋被斧頭砍上一刀。

1892 年 8 月 4 日清晨，莉齊的父親安德魯與繼母艾比的屍體在不同的房間裡被發現。兩人皆因頭部遭受斧頭重擊而死。案發時，莉齊在房內或房屋附近，一週後她被逮捕，並於 1893 年 6 月被審判。

儘管莉齊的證詞前後矛盾，招致

總檢察官霍齊亞・諾爾頓（Hosea Knowlton）的憤怒，但她還是被陪審團認定無罪被釋放。

艾比和安德魯的命案現場如今是以博

登謀殺案為主題的民宿，供遊客住宿，並提供早餐。你可以在莉齊父母嚥氣的地方過夜。晚安，好好睡一覺，但別讓斧頭殺手乘虛而入。

阿米蒂維爾恐怖屋
Amityville Horror House
紐約州，阿米蒂維爾（Amityville）

1974 年 11 月 13 日傍晚，外號「屠夫」，23 歲的小羅奈爾得・德菲奧（Ronald DeFeo Jr.），在海洋大道 112 號（112 Ocean Avenue）的家中謀殺了自己的父母和 4 個弟弟妹妹之後，跑向路邊一家酒吧，邊跑邊呼救，謊稱他的父母被一個暴徒槍殺。

確認屋中人均已死亡後，德菲奧被帶

可怕的謀殺使這間民宅變成一座熱門凶宅。

到當地警局訊問，而他的故事說法逐漸變得前後不一。第二天，德菲奧認罪了，他告訴警方：一旦開始，他就無法停手。

德菲奧被判處6項罪名，共服刑25年。隨後，喬治和凱茜‧盧茨夫婦（George and Kathy Lutz）與3個孩子搬進了海洋大道112號。但不到一個月，他們就搬走了，聲稱屋裡的靈異現象讓他們住不下去。

盧茨一家宣稱的靈異現象包括神祕的聲音、牆壁滲出的黏液，以及黑暗中的血紅眼睛。盧茨一家的遭遇被改編成《鬼哭神嚎》（The Amityville Horror）一書，這部小說於1977年出版，後來被多次翻拍成電影。銀幕上那句「由眞實事件改編」卻從未有證據可以證實。

海洋大道112號凶宅（如今是海洋大道108號），已是美國流行文化的一個重要符號，這間房子現在仍爲私人所有——你可以遠觀，但無須提醒居住者凶宅可能存在靈異危險，因爲他們早就知道了。

MICHIGAN
密西根州

霍格寵物棺 HOEGH PET CASKETS　　● 格拉斯通　Gladstone

霍格寵物棺於1966年創立，這裡提供的參觀行程第一站是展示廳。靠牆擺放的基座上陳列著藍色、粉色、白色和迷彩棺木，棺木長度從25至132公分不等。

看過成品之後，遊客接著會參觀工廠，工廠每小時能夠生產18具棺木。行程的最後一站是霍格的動物墓園模型，剛剛失去愛寵的人可以在這裡思考如何爲牠送終。

這些棺木被運往世界各地，但安葬的不止死去的寵物，也有人用來存放他們截下的肢體，讓它們得以安息。

地址：311 Delta Avenue, Gladstone。每日均可參觀。
N 45.849229 W 87.011343

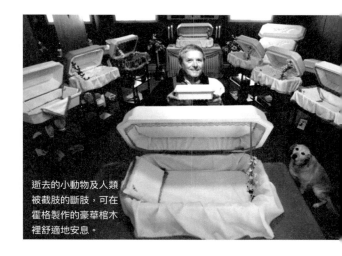

逝去的小動物及人類被截肢的斷肢，可在霍格製作的豪華棺木裡舒適地安息。

馬文的奇異機械博物館
MARVIN'S MARVELOUS MECHANICAL MUSEUM

● 法明頓山　Farmington Hills

在這個驚心動魄的遊樂場裡，你可以體驗機械版的西班牙宗教法庭，和雞下井字棋，或者藉由自動結婚機與朋友結婚。

這裡密密麻麻或新或舊的遊戲機、機器人和稀奇古怪的玩意都屬於馬文・亞哥達（Marvin Yagoda）所有，他從 1960 年起收集投幣遊戲機。這裡有比較常見的彈珠台、投球機和算命機，也有罕見的機器人，例如拉爾夫・賓眞博奇博士（Dr. Ralph Bingenpurge），這是一台食物檢查機，能夠像眞人一樣做出誇張的反應，以及噁心地嘔吐。

無所事事之時，馬文的博物館是個打發時光的最佳地點——讓機械算命師爲你預言未來，再請職涯機器幫你諮商，它能夠告訴你，你的理想職業究竟是合唱團團員、釀造私酒的人，還是冷飲售貨員。

地　址：31005 Orchard Lake Road, Farmington Hills。門口的超大時鐘相當醒目。
N 42.525353 W 83.362542

投幣後，機器會跳起怪異的舞蹈、發放獎品，偶爾還會不斷嘔吐。

愛迪生的最後一口氣 EDISON'S LAST BREATH

● 迪爾伯恩　Dearborn

亨利・福特博物館（Henry Ford Museum）的展示櫃裡放著一支密封的試管，據標籤顯示，這裡裝著「愛迪生的最後一口氣？」注意，那個問號才是關鍵：這位偉大的發明家並未直接向這支試管吐出最後一口氣，然後倒在枕頭上死去。然而，眞實的故事同樣引人注目，它從兩位多產發明家之間的深厚友誼開始。

1891 年，福特成爲愛迪生照明公司（Edison Illuminating Company）的一名工程師。這位未來的汽車製造大亨將愛迪生視爲自己的偶像，但兩人直到 1896 年才相遇。這一年，福特製造了他的第一輛汽車：由汽油驅動的福特四輪車（Ford Quadricycle）。愛迪生對於這輛車的褒獎給了福特繼續開發汽油驅動車的動力。之後，福特離開了愛迪生照明公司，並在 1908 年推出革命性的 T 型車（Model T）。

愛迪生和福特之間的友誼一直延續到 20 世紀。1916 年，福特買下了愛迪生在佛羅里達州麥爾茲堡（Fort Myers）的度假別墅旁的房產。當愛迪生因爲健康問題需要坐輪椅時，福特也買了一張輪椅，以便兩人展開輪椅比賽。

1931 年，愛迪生在紐澤西州家中去世，其子查理斯隨侍在旁。這位發明家的床邊擺放著一排試管。查理斯將其中一支試管用蠟封住，然後寄給福特，作爲他親愛的朋友的最後紀念。

地址：20900 Oakwood Boulevard, Dearborn。擺放試管的展示櫃在前門附近。N 42.303791 W 88.234135

MINNESOTA
明尼蘇達州

世界上最安靜的房間
WORLD'S QUIETEST ROOM

● 明尼亞波利斯　Minneapolis

在參觀奧菲爾德實驗室（Orfield Laboratories）之前，你也許會認為安靜即是平靜。這間實驗室有一間消音室：沒有回聲的房間。如果你在房間裡發出聲音，那麼 99.99% 的聲音都會被每面覆蓋著 90 公分厚的楔形彈性海綿吸收掉。

在進入房間之後的幾秒內，你會注意到一些平時幾乎聽不到的聲音。你的心跳聲、呼吸聲和腸道蠕動的聲音，會讓你緊張不安。你很快會迷失方向，特別是當實驗室創始人史蒂文・奧菲爾德（Steven Orfield）將燈關上。大多數人只能在房間裡逗留幾分鐘。幾乎不可能待到半小時以上。

影音產品製造商在產品測試階段，會用這個房間來測試開關、顯示器或其他零件的音量。這裡是金氏世界紀錄裡世界上最安靜的房間，環境雜訊為負 9 分貝（午夜安靜的臥室大約為 30 分貝）。

地址：2709 East 25th Street, Minneapolis。
N 44.957042 W 93.232773

在毫無噪音的房間內待上幾分鐘後，就會出現幻聽了。

明尼蘇達州的祕境還包括：

• **勇氣之屋 House of Balls**
明尼亞波利斯 / 當地雕塑家艾倫・克利斯蒂安（Allen Christian）建立了這座藝術館，以體現自己的理念──「我們都有創造的衝動，只是需要勇氣去表達。」

可疑醫療器材收藏
QUESTIONABLE MEDICAL DEVICE COLLECTION

● 聖保羅　St. Paul

1930 和 1940 年代期間，美國家長帶孩子買鞋時，店家還提供了一項有趣的活動。那時許多商店都有試鞋用的螢光鏡，它用 X 光顯示孩子的新鞋是不是合腳。孩子將穿鞋的腳伸進 1.2 公尺高的木箱中，店員則透過箱上小孔來觀看骨骼的位置。

直到 1957 年，在大家更清楚理解到曝露在輻射之下會造成長期危害之後，美國才逐漸禁止了試鞋螢光鏡的使用（雖然它讓買鞋子成為一件趣事，但螢光鏡具有輻射）。

試鞋螢光鏡只是明尼蘇達州科學博物館（Science Museum of Minnesota）裡展出的幾百件詐欺或危險醫療器材之一。這裡的館藏還包括 1 張 1900 年的震動椅（利用劇烈震動促進消化）、1 個 1970 年代中期的腳踏式豐胸器，以及 1 台「放鬆機」（Relax-A-Cizor）──1960 年代發明，透過電擊肌肉以達到減肥效果的裝置。

地址：120 West Kellogg Boulevard, St. Paul。N 44.942515 W 93.098789

羅傑斯紫外線醫療機（Roger's Vitalator Violet Ray medical appliance）用電療來治療多種疾病。

瀑布的右半部流入河中，
而左半部則消失無蹤。

魔鬼之壺 THE DEVIL'S KETTLE

● 大沼澤城 Grand Marais

在馬格尼法官州立公園（Judge C. R. Magney State Park）中，一塊大石將布魯爾河（Brule River）一分為二。向東奔流的河水沿 15 公尺高的峭壁落入蘇必略湖（Lake Superior），而向西落下的河水則消失在洞中。

這處被叫做「魔鬼之壺」的神祕水門，一直讓明尼蘇達人十分困惑。為了追蹤地下水流，研究人員曾經將乒乓球之類的物體和染料投入洞裡。然而，至今為止，所有標記水流路徑的嘗試都徒勞無果。

馬格尼法官州立公園，位於 61 號高速公路（Highway 61）。N 47.829340 W 90.049533

MISSOURI
密蘇里州

地下城 SUBTROPOLIS

● 堪薩斯城　Kansas City

密蘇里河（Missouri River）北側的石灰岩絕壁下隱藏著一座龐大的地下城。這裡叫做「地下城」，是由人工挖掘而成，面積約 5.2 平方公里，用於辦公和倉儲。據它的建造者說，這是世界上最大的地下辦公空間。1940 年代，該地區開始在懸崖邊開採石灰岩礦。20 年後，杭特中西部公司（Hunt Midwest Company）開始租用峭壁處挖出的洞穴，用來辦公和倉儲。如今，地下城裡存放了各種物品，包括《亂世佳人》（Gone With the Wind）、《綠野仙蹤》的電影原版拷貝與美

國郵政紀念郵票。

地下城不變的環境條件（溫度介於攝氏 18 度至 21 度之間，濕度為 40% 至 50%），有助於存放物品，也節約能源，無需增降溫。

地　址：8300 Northeast Underground Drive, Kansas City。遊客可以參加每年 1 月舉辦的 5 公里「土撥鼠賽跑」（Groundhog Run），藉此一覽地下城內部。
N 39.156845 W 94.481717

莉拉頭髮博物館 LEILA'S HAIR MUSEUM

● 堪薩斯城　Kansas City

莉拉頭髮博物館收藏的花環、花束和珠寶均由維多利亞時期剪下的人髮編織而成。

頭髮藝術在 19 世紀中葉盛極一時，頭髮藝術品與珠寶一起被用來弔唁，作為傳家寶，以及親友或愛人之間的饋贈。

在照片尚未普及的年代，一綹頭髮不僅是紀念物，而且代表著一個人或家庭的「肖像」。一些掛於博物館牆上的花環所使用的頭髮會來自一個家族的多個世代，頭髮編織成的花朵和藤蔓就象徵著家譜。親友會佩戴用亡者頭髮編成的手鐲，或攜帶裝著亡者頭髮的小盒墜子。博物館創始人兼美容學校所有人莉拉·柯洪（Leila Cohoon）1949 年開始收藏頭髮工藝品。這間世界上

獨一無二的頭髮藝術博物館，用上千件藏品展示這項近乎失傳的藝術。

地　址：1333 South Noland Road, Independence。莉拉頭髮博物館位於獨立城火車站（Independence Amtrak Station）東南 2.4 公里處。
N 39.076007 W 94.413452

密蘇里州的祕境還包括：

* **格洛爾精神病學博物館**
  Glore Psychiatric Museum
  聖 約 瑟（St. Joseph）／「瘋人盒」（Lunatic Box）和「鎮靜椅」（Tranquilizer Chair）等藏品，展示了 18、19 世紀時，心理疾病患者所遭受與現今截然不同的對待方式。

1　隱藏在地底下的生態友善巨型倉庫。
2　莉拉收藏了大量維多利亞時期由人髮編織而成的珠寶。

OHIO
俄亥俄州

辛辛那提失落的地鐵
CINCINNATI'S LOST SUBWAY

● 辛辛那提　Cincinnati

20 世紀初期，辛辛那提的街道滿是慢吞吞的有軌電車、成群的行人、馬車，以及一些叫做汽車的新奇玩意。

當時，波士頓（Boston）、紐約和費城（Philadelphia）的地鐵剛剛開通，而辛辛那提也正需要高速的交通系統，地鐵似乎是必然的選擇。於是，辛辛那提市利用債券籌集資金，1917 年 4 月，市民投票通過了建設地鐵的決議。

不幸的是，當月美國就宣布參加第一次世界大戰。突然間，債券無法發行，工程也必須停工。19 個月後戰爭結束時，建造成本迅速攀升。1920 年，城市恢復了地鐵的修建，但 1927 年工程便因資金耗盡而被迫停工。已經造好 3.2 公里長的隧道和 7 個地鐵站，但還沒鋪設軌道。

辛辛那提至今仍然沒有地鐵系統。1929 年股市大崩盤、汽車的普及，以及美國加入第二次世界大戰，都造成了這項計畫的擱置。

3 座地上車站已被拆掉了，但隧道和 4 座地下車站卻被保留下來。就外觀來說，自從 1920 年代以來幾乎沒有變化——1957 年，隧道內鋪設了排水管，自由街站（Liberty Street Station）於 1960 年代被改造為核子輻射庇護所，除此之外，地鐵系統只有落滿灰塵的月台、霉味和不通的樓梯。

隧道位於中央公園大道（Central Parkway）地下，全長 3.2 公里，從沃爾納特街（Walnut Street）開始，於西丘高架橋（Western Hills Viaduct）北端結束。除了每年有一次隧道導覽之外，在其他時間擅自進入是非法入侵。N 39.107302 W 84.512853

雖然耗費數十年規畫與建造，但辛辛那提地鐵隧道從未使用過。

水晶洞 CRYSTAL CAVE

● 普特因灣　Put-in-Bay

俄亥俄州的水晶洞其實並不是山洞，而是單一一塊岩石。這裡是世界上目前已知最大的晶洞，牆上布滿大塊的藍白色天青石，有些長達 90 公分。

1897 年，這個隱藏的寶石在地底 60.4 公尺處被發現，當時工人正在為海涅曼酒廠（Heineman Winery）挖井。開挖洞穴時，酒廠老闆古斯塔夫·海涅曼（Gustav Heineman）發現自家生意就位於一叢晶簇上，或者可說是在岩石裡的大洞上，石灰岩壁上有無數水晶，由硫酸鍶所組成，也就是大家比較熟知的天青石。

海涅曼向遊客開放這座巨大的晶洞，這種獨特的吸引力讓酒廠撐過了禁酒令那些年。今天水晶洞的規模更大了，但或許不如從前那樣令人驚豔，因為這些年來許多水晶早已開採，拿去製造煙火了。不過這裡依然是絕無僅有的天然奇觀。

水晶洞最適合搭配一杯酒或葡萄汁一起探索，這是參觀海涅曼酒廠的一部分行程。

N 41.646648 W 82.826842

為酒而來；然後為了世上最大的晶洞流連忘返。

美國招牌博物館 AMERICAN SIGN MUSEUM

● 辛辛那提　Cincinnati

一些人對抗中年危機的方式是買跑車，而陶德·斯沃姆斯泰德（Tod Swormstedt）則是創辦了一座招牌博物館。

1999 年，斯沃姆斯泰德開始了他自稱的「中年危機專案」，這個專案可以看作是他編輯及出版的《時代標誌》（Signs of the Times）的實體版，這是一本有關招牌製作和戶外廣告的商業雜誌。

2005 年，斯沃姆斯泰德將新取名的美國招牌博物館對外開放。如今，這裡擺滿了玻璃纖維吉祥物、霓虹大看板，以及 19 世紀補鞋匠、藥商與雜貨商的手繪看板。遊覽過

從過時的霓虹燈理解老派的美國。

程與永存的過時霓虹為伴。若是於週間平日前往，可以在霓虹商店裡觀看辛辛那提的霓虹燈工人示範如何製作招牌。

地　址：1330 Monmouth Avenue, Cincinnati。

N 39.145550 W 84.540112

俄亥俄州的祕境還包括：

● 哈澤羅特天使 Haserot Angel

克里夫蘭（Cleveland）／ 由於風化與鏽蝕的影響，湖景墓地（Lake View Cemetery）的銅天使看似流下了黑色的眼淚。

WISCONSIN
威斯康辛州

岩頂小屋 HOUSE ON THE ROCK

● 春綠村　Spring Green

1960 年對外開放的岩頂小屋，凝聚了亞歷克斯·喬丹（Alex Jordan）的奇思妙想，他當初建造這棟房子是用作週末的休閒之所。

喬丹的興趣廣泛，畢生致力於收藏。幾十年來，他在房子裡擺滿了數量驚人的物品：管風琴、娃娃屋、古董武器、投幣音樂機、枝形吊燈和迷你馬戲團，這些都還只是冰山一角。喬丹於 1989 年逝世，但他收藏了寶貝的屋子保存至今。

琳琅滿目的收藏品可逛上好幾個小時，極具感官衝擊力。房子有兩處引人注目的亮點：「旋轉木馬屋」（Carousel Room）和「無限屋」（Infinity Room）。旋轉木馬屋收藏著全球最大的旋轉木馬，其中有 269 張動物座椅，但沒有一張椅子是馬。無限屋建於 1985 年，是採用懸臂搭建的玻璃走廊，延伸到山谷之外的 66.5 公尺。在遊覽房子時，遊客會產生諸多疑問：這個是真的嗎？為什麼龐大的海怪與巨型烏賊互相爭鬥？而這又與機械管弦樂隊有什麼關聯？何必追根究柢，就好好讚嘆欣賞吧。

地址：5754 State Road 23, Spring Green。小鎮距離密爾瓦基（Milwaukee）約 2 小時車程。
N 43.099545 W 90.135332

岩頂小屋的收藏品詭異、奇幻又精美，有一座裝飾了天使、2 萬串彩燈與 182 盞枝形吊燈的旋轉木馬。

科瓦奇天體儀 KOVAC PLANETARIUM

● 萊茵蘭德　Rhinelander

1996 年 10 月的一個下午，法蘭克·科瓦奇（Frank Kovac）與童子軍隊友冒險前往泥溪天文館（Mud Creek Observatory），等待日落後觀星。但當夜幕降臨時，雲層卻遮蔽了星空，讓他們看不見星空。用科瓦奇的話來說，「雲朵遮蔽了宇宙」，氣憤的科瓦奇決定創造自己的天體儀。耗時 10 年，科瓦奇建造了一個重達 2 噸、直徑 6.7 公尺的旋轉地球儀，在內部繪製了肉眼就能觀察到的北半球星星。

科瓦奇天體儀是全球第四個機械天體儀。科瓦奇會為遊客展示天空秀，不負它的格言：「科瓦奇天體儀，讓宇宙圍繞著你旋轉。」

地址：2392 Mud Creek Road, Rhinelander。N 45.573826 W 89.065458

埃夫莫博士的通天塔
DR. EVERMOR'S FOREVERTRON

● 北自由城　North Freedom

在 12 號高速公路（Highway 12）偏遠路段的樹林中安然矗立著一座通天塔，這座 19 世紀的太空船是由古怪的埃夫莫博士（Dr. Evermor）所建。

「埃夫莫博士」這個稱呼直到 1983 年才出現。這一年，工業事故及沉船打撈專家湯姆・埃夫里（Tom Every）退休，隨後他為自己編造了維多利亞時期教授兼發明家的身分。埃夫里在之前從事的工作中，累積了不少精美的老機器零件，於是他著手用廢金屬建造一架具有 1890 年代特色的太空船。通天塔的誕生還伴隨著一則故事：埃夫莫博士建造宇宙飛船的目的是用磁性光波將自己發射到天堂。機器頂端的玻璃蛋以銅為支架，是

博士的私人太空艙。在太空船的主體旁還有座高架瞭望台，以便皇室成員可以從安全的位置觀看發射。除此之外，埃夫里還設計了「宇宙之耳」（Celestial Listening Ears），

讓訪客聆聽來自太空的聲音。

雖然通天塔從未飛上天堂，但它已贏得盛名：高 15 公尺、寬 36.5 公尺，它是世界上最大的廢金屬雕塑品。

地點：北自由城，12 號國道（US 12）。通天塔位於巴拉布（Baraboo）以南 8 公里處，就在德萊尼折扣商店（Delaney's Surplus Sales）後方。N 43.363839 W 89.771074

威斯康辛州的祕境還包括：

● **FAST 纖維玻璃模型墓地**
FAST Fiberglass Mold Graveyard

斯巴達（Sparta） / 恐怖的鯊魚、憨憨的大老鼠和高聳的耶誕老人，這些玻璃纖維模型曾是用來裝飾道路的雕塑，如今它們被遺棄在這片草地上，看起來像是奇特文明的遺跡。

如果一切按計畫進行，這艘廢金屬雕塑將載著它的建造者飛向太空。

迷人又有趣的恐龍公園

不論打造的初衷是出自娛樂、教育，或是其他理由，這類恐龍公園都是美國公路之旅的絕佳選擇，但遊覽時請不要深究公園中恐龍的結構比例精確度。

恐龍公園 Dinosaur Park
南達科他州，拉皮德城

可以俯瞰拉皮德城的一座山丘上有 6 隻水泥恐龍，看起來十分笨拙。圓顎、微笑的暴龍前肢有兩個關節。鴨嘴龍用雙足笨拙地站著，看起來很不喜歡這個姿勢。劍龍、三角龍和雷龍，看似來自同個異次元的卡通世界。

這些恐龍建於 1936 年，時值大蕭條時期。自此之後，除了偶爾漆上一層翠綠色的油漆之外，它們再無變化。雖然它們的外觀與化石紀錄大相徑庭，但拉皮德城的恐龍令人印象深刻。偶爾會有開往拉什莫爾山的車停在這裡，孩子們會在劍龍的脊背上玩耍。

卡巴宗恐龍 Cabazon Dinosaurs
加州，卡巴宗

自 1980 年代起，沿著加州南部的 10 號州際高速公路（I-10）高速而下的旅客會遇見一隻長 45.7 公尺的雷龍和一隻 20 公尺高的暴龍。

克勞德·貝爾（Claude K. Bell）是一名主題公園藝術家和沙雕藝術家，他於 1964 年開始創造這兩隻名為「迪尼」（Dinny）和「雷克斯先生」（Mr. Rex）的鋼筋水泥恐龍，他希望藉由建造中空且可攀爬的雕塑，吸引更多遊客到他隔壁的車輪旅館（Wheel Inn）用餐。但貝爾還有一個私心：在製作了多年的沙雕並眼睜睜看著作品隨風逝去後，他想創作一些永恆的事物。1973 年，貝爾完成了雷龍，並於 1981

年開始打造暴龍。然而，貝爾於 1988 年逝世，未能親眼看見自己的恐龍成名——它們之後活躍在廣告、音樂錄影帶和 1985 年的電影《人生冒險記》（*Peewee's Big Adventure*）。

1990 年代中期被轉賣後，卡巴宗恐龍發生了戲劇性的變化，但從外面卻看不出來。簡單來說，它們已被上帝拯救了。迪尼的肚子裡現在是由創世論者經營的禮品店和博物館。招牌與螢幕上寫著：「6,000 年以前，神在創造人類的同時，也創造了恐龍。」

迪尼和雷克斯先生旁有座露天的機器恐龍博物館，這裡的招牌特色是中世紀騎士騎著迅猛龍。

恐龍樂園 Dinosaur Land
維吉尼亞州，懷特波斯特（White Post）

不知為何，金剛、巨型眼鏡蛇、螳螂怪物會與暴龍和翼手龍擺在一起，然後還有穿梭而過的鯊魚和章魚。

姑且不管這安排有什麼意義，1960 年代建造的恐龍樂園，的確有足以與其名相符的眾多恐龍。其中大部分恐龍都呈現攻擊姿態，好讓遊客拍出有趣構圖的照片。來到這裡一定要參觀巨獸龍，牠正悠閒地嚼著一隻從天而降的翼手龍。

1 阿根廷龍（*Argentinosaurus*）
2 三角龍（*Triceratops*）
3 暴龍（*Tyrannosaurus rex*）
4 翼手龍（*Pterodactyl*）

東南部

密蘇里州
伊利諾州
印第安納州
俄亥俄州
西維吉尼亞州
馬里蘭州
中央情報局博物館
華盛頓哥倫比亞特區
大鐘乳石管風琴
文特黑文博物館
海葛德之家
維吉尼亞州
肯塔基州
奧札克中世紀堡壘
北卡羅來納州
屍體農場
大霧山同步發光螢火蟲
魔鬼踏行之地
史丹利‧雷德爾食肉植物園
田納西州
珀爾‧弗賴爾的植物造型花園
喬治亞引導石
瑪爾斯布拉夫炸彈坑
阿肯色州
無人認領行李中心
文明地窖
南卡羅來納州
奧約屯基非洲村
密西西比州
阿拉巴馬州
喬治亞州
大西洋
路易斯安那州
密西西比河盆地模型
德克薩斯州
安哥拉監獄牛仔競技表演
長矛狩獵博物館
巫毒教歷史博物館
聖羅克小教堂
佛羅里達大學的蝙蝠屋
朋鈕爾湖
維基瓦治美人魚
佛羅里達州
墨西哥灣
海神紀念礁
臭鼬猿研究總部
斯蒂爾爾茨維爾

英里 0   100   200
公里 0   100   200

N

ALABAMA
阿拉巴馬州

東南部
The Southeast

長矛狩獵博物館 SPEAR HUNTING MUSEUM

● 薩門戴爾　Summerdale

尤金‧莫里斯（Eugene Morris）自詡爲全球最偉大的長矛獵人。2006 至 2011 年莫里斯 78 歲去世這段期間，他經營了一家長矛狩獵博物館，專門展示自己的豐功偉業。雖然博物館的彩繪外牆上印有「尤金‧莫里斯：當今世上最偉大的長矛獵人」，這句話在莫里斯逝世後需要改動，但這座博物館在他妻子希瑟（Heather）的管理下得以繼續保留。

博物館收藏著 500 多隻莫里斯用長矛獵得的動物，包括水牛、獅子、斑馬、熊、鱷魚、火雞和鹿。牆上掛著一排排莫里斯捕獵的照片，照片旁邊還相應地陳列著他曾經刺向這些獵物的長矛。

莫里斯之前是一名獵槍手，但 1968 年他改變了打獵的方式，因爲他覺得用槍打獵太容易了。莫里斯一開始試著用弓箭狩獵，之後改爲雙手執著長矛狩獵，他拿著長矛深入原野，準備獵殺任何他看到的生物。有時他會同時擲出雙手的長矛，一次殺死兩隻動物。莫里斯是坐著離世的，死時手還握著長矛。他在遺囑中要求將博物館外牆上的標語改爲「尤金‧莫里斯：有史以來最偉大的長矛獵人」。

地址：20216 Highway 59, Summerdale。長矛狩獵博物館位於羅伯茨戴爾（Robertsdale）與薩門戴爾之間。
N 30.519810 W 87.707679

無人認領行李中心
UNCLAIMED BAGGAGE CENTER

● 斯科次波羅　Scottsboro

旅客遺失的變成買家來挖寶的廉價商品。

這間商店裡販賣的所有商品都是曾經在旅途中遺失的行李。無人認領行李中心從美國的航空公司購買了這些行李，用貨車將行李拉到如街區般大小的建築裡對外販賣。

服裝、配件飾品、電子產品及行李箱是最主要的商品，但工作人員也曾拆出一具 3,500 年歷史的埃及墓葬面具、一隻加拿大鵝的填充標本，以及 1986 年電影《魔王迷宮》（Labyrinth）中的矮人玩偶霍哥（Hoggle）。這個玩偶與古文物從未上架販賣，而是一直放在中心的博物館。

地址：509 West Willow Street, Scottsboro。無人認領行李中心緊鄰雪松山墓園（Cedar Hill Cemetery）。
N 34.673176 W 86.044589

阿拉巴馬州的祕境還包括：

• 霍奇斯隕石紀念碑 Monument to Hodges Meteorite

夕拉科加（Sylacauga）／這座大理石雕塑用以紀念 1954 年撞向當地住宅的一顆隕石。

ARKANSAS
阿肯色州

奧札克中世紀堡壘
OZARK MEDIEVAL FORTRESS

● 萊德山　Lead Hill

這座堡壘源自一個野心勃勃的計畫：整整 20 年，一群中世紀愛好者只用黑暗時代（Dark Ages）的工具和技術打造一座 13 世紀的城堡。

奧札克中世紀堡壘原本打算吸引願意花錢一睹具歷史意義的建築工地的遊客。堡壘於 2010 年對外開放，但不到兩年就因客源不足而關閉。即使馴鷹表演和石雕比賽也無法掩蓋圍觀一群人徒手建造堡壘很無趣的事實。

堡壘的地基自 2012 年起被擱置了，等待著為中世紀著迷的投資者重新啟動這項計畫。這類計畫其實有過成功的先例：法國的古德龍城堡（Guédelon Castle）與奧札克堡壘的建造理念相同，就是由同一群人於1997 年所創立。古德龍城堡預計於 2020 年代完工，現在是一處頗具人氣的旅遊勝地。

地址：1671 Highway 14 West, Lead Hill。堡壘地基和建造工具仍在原地，若想近距離觀看，須翻越一片柵欄。
N 36.438990 W 93.036066

阿肯色州的祕境還包括：

• 格登之光 Gurdon Light

格登（Gurdon）／雖然對鐵軌上懸浮的神祕光亮有科學的解釋，但由此衍生的傳說更有趣。

• 比利・巴斯認養中心 Billy Bass Adoption Center

小岩城（Little Rock）／比利・巴斯（Billy Bass）是一條會唱歌的電子魚，也是 21 世紀初期非常流行的惡作劇禮物。海鮮餐館「飛魚」（Flying Fish）的牆上掛著一排排的比利，認養一條比利的顧客可以獲得免費食物。

FLORIDA
佛羅里達州

佛羅里達大學的蝙蝠屋
UNIVERSITY OF FLORIDA BAT HOUSES

● 甘尼斯維爾　Gainesville

1987 年，一場大火燒毀了佛羅里達大學的詹森樓（Johnson Hall），使原先棲息在閣樓的蝙蝠無家可歸。為了找尋新的遮風避雨之所，牠們在跑道旁的露天看台及網球場的夾縫中搭起了窩，為運動員和觀眾添了不少麻煩。1991 年，學校將校園的幾千隻蝙蝠捉了起來，在湖畔建了一座巨大的高架蝙蝠屋來安置牠們。然而沒過幾天，蝙蝠就從新家逃走了。4 年之後，牠們終於轉向蝙蝠屋安頓下來。如今，大約有 45 至 50 萬隻蝙蝠住在蝙蝠屋及 2010 年在屋旁新搭建的大棚子。

蝙蝠屋和棚子一共可以容納約 75 萬隻蝙蝠，是世界上最大的蝙蝠住所。日落時分，蝙蝠會成群飛過天空去捕食美味的蟲子。

地點：甘尼斯維爾，佛羅里達大學中的博物館路（Museum Road），這條路介於 Village Drive 與 Radio Road 之間，在愛麗絲湖（Lake Alice）對面。觀賞蝙蝠的最佳時段為春季至初夏期間溫暖又乾燥的傍晚。小心從天而降的糞便。N 29.644211 W 82.362859

1

斯蒂爾茨維爾 STILTSVILLE

● 邁阿密　Miami

1933 年，一個以海鮮雜燴濃湯聞名的邁阿密男人——外號叫做「小龍蝦」的埃迪（Eddie）——開始在距離海岸約 1.6 公里的木樁上建造木屋。時值禁酒令末期，這間小屋很快便吸引了眾多酒徒和賭徒，他們在喝酒和打牌時會點一碗埃迪拿手的海鮮雜燴濃湯。

「小龍蝦」埃迪的木屋是斯蒂爾茨維爾的第一座小屋，之後，這裡遍布各類離岸小屋，成為邁阿密最酷的流氓樂園。1941 年，後甲板俱樂部（Quarterdeck Club）成立，只有受邀參加的紳士才能加入會員。結伴釣魚的人們會將船停在小屋之間，享用美食、暢飲美酒，或是在俱樂部碼頭向淺海拋擲釣魚線。

1960 年代初是斯蒂爾茨維爾的鼎盛時期，沙坪上聚集了 27 幢小屋。新成立的比基尼俱樂部（Bikini Club）

會為身著兩截式泳衣的女士提供免費飲料，同時，還提供僻靜夾板區可以裸體曬日光浴。然而此榮景並不長，政策與氣象災害使斯蒂爾茨維爾走向衰敗。刑警隊突襲了比基尼俱樂部，並以無照賣酒和持有 40 隻未經授權、尺寸過小的過季小龍蝦為由，將其關閉。接著，1965 年的貝琪颶風（Hurricane Betsy）將斯蒂爾茨維爾席捲一空，僅留下 6 間小屋。

雖然大部分小屋已重建，但當時州政府已漸漸對斯蒂爾茨維爾失去耐心，正式通知小屋業主租約將於 1999 年到期，屆時所有小屋都要被拆除。後來安德魯颶風（Hurricane Andrew）再次摧毀了淺水地帶，這次僅 7 間小屋倖存。當租約期限最終到來之時，社區幫助斯蒂爾茨維爾木屋的業主與政府達成了協議，小屋得以保留。如今，小屋作為派對租賃場地對外開放。

小屋目前位於比斯坎國家公園（Biscayne National Park），由國家公園管理局（National Parks Service）和斯蒂爾茨維爾信託機構（Stiltsville Trust）共同管理。N 25.654937 W 80.174615

2

1　30 萬隻蝙蝠在全球最大的蝙蝠屋內棲息，等待日落。
2　距離邁阿密海岸 1.6 公里的淺水區，保留著斯蒂爾茨維爾舊時的派對小屋。

迷人而媚俗的水下美人魚芭蕾
自 1940 年代起表演。

維基瓦治美人魚 WEEKI WACHEE MERMAIDS

● 維基瓦治　Weeki Wachee

自 1947 年以來，維基瓦治的水域裡就有美人魚。這一年，游泳教練紐特・佩里（Newt Perry）創立了水下美人魚的表演，迷人的女性穿著比基尼泳衣與假魚尾，在水下 6 公尺演出。

為了觀看美人魚表演，觀眾排隊進入有 400 個座位的水下劇院。燈光漸漸變暗，輕柔的音樂響起，褪色的藍色布幕升起，露出 30.5 公尺寬的玻璃牆後方的水池。旁白介紹美人魚生活的世界——「藍色的海水如矢車菊般純潔，似玻璃一樣清澈」。與此同時，一條神祕的美人魚沿著玻璃牆游動，微笑著向觀眾揮手，輕盈的魚尾在身後漂盪。

接下來，表演者將會搭配電影《小美人魚》（The Little Mermaid）對嘴表演，英俊的王子、惡毒的海洋女巫、獲得雙腿後的小美人魚，以及地面上的婚禮悉數出鏡。有水肺認證的演員們利用噴泉附近的軟管呼吸。魚兒與海龜則是毫不知情的配角。

然而，自從 1971 年迪士尼樂園誕生，維基瓦治的美人魚表演難以再吸引顧客入場。1960 年代時這裡一天有 9 場表演，如今只剩 3 場了。

地點：維基瓦治泉州立公園（Weeki Wachee Springs State Park），19 號國道（US 19）與 50 號州道（SR 50）交會處。N 28.517799 W 82.574706

佛羅里達州的祕境還包括：

● 派恩克拉夫特 Pinecraft

薩拉索塔（Sarasota） ／每年 12 月至隔年 4 月之間，眾多的艾美許人（Amish）及門諾派（Mennonite）教徒①為躲避嚴寒氣候，會搭乘公車來到附近的派恩克拉夫特度假，這裡的熱門休閒活動包括沙狐球和沙灘日光浴（全身須穿著整齊）。

● 人偶羅伯特 Robert the Doll

基威斯特（Key West） ／東圓石堡博物館（Fort East Martello Museum）的玻璃箱內陳列著一個看似純真的水手服人偶，據說他策畫了許多邪惡的事。

● 博克塔花園 Bok Tower Gardens

威爾士湖（Lake Wales） ／艾恩山（Iron Mountain）山頂有座高 62.5 公尺的新哥德式塔樓，收藏了 60 個樂鈴。

● 卡薩達加 Cassadaga

萊克海倫（Lake Helen） ／據說這個靈性社區提供療癒、通靈解讀及午夜靈性攝影等服務。

臭鼬猿研究總部
SKUNK APE RESEARCH HEADQUARTERS

● 奧徹皮　Ochopee

大多數大腳怪的目擊事件都在太平洋西北區發生，但佛羅里達州大沼澤地（Florida Everglades）聲稱有一種當地變種：臭鼬猿。牠用雙足行走，高約 2 公尺，散發著一種類似腐爛雞蛋和發霉乳酪混合的味道，出沒於大柏樹國家保護區（Big Cypress National Preserve）。沒有人比戴夫·希利（Dave Shealy）更了解臭鼬猿了，他是特雷爾湖營地（Trail Lakes Campground）的所有人，同時也是臭鼬猿研究總部的經營者。希利自從 10 歲時在一次捕獵中發現了臭鼬猿的蹤跡，就對確認臭鼬猿的存在充滿了熱情。他踏遍了公園沼澤，尋找這種不明生物的腳印、糞便及本尊。他聲稱自己目擊過臭鼬猿 3 次。

希利將部分發現寫在了《大沼澤地臭鼬猿研究野外指南》（*Everglades Skunk Ape Research Field Guide*）一書中，書中包含探險規畫和設置誘餌的建議。例如：「如果你計畫用鹿肝吸引臭鼬猿，切記在選定誘捕地點之

希利創立的研究總部致力尋找大沼澤地神出鬼沒的靈長類動物。

前將鹿肝冷凍。」這本書的複印版可在紀念品商店裡買到。

地址：40904 Tamiami Trail East, Ochopee。臭鼬猿研究總部位於特雷爾湖營地。
N 25.892642 W 81.279830

海神紀念礁 NEPTUNE MEMORIAL REEF

● 比斯坎灣　Key Biscayne

邁阿密以東幾公里的海面下有座水下城市。一對石獅守衛著入口，入口通往石路、高聳的大門與斑駁的廢墟。這裡曾有古文明存在嗎？答案為否，這座「城市」其實是座墓園，建於 2007 年。

火葬服務公司海神協會（Neptune Society）以失落之城亞特蘭提斯（Atlantis）為原型，對一處珊瑚礁進行了改造。想要將摯愛葬在這座城市的人，只需提供骨灰（可親自送去或郵寄），工作人員就會把骨灰與水泥、沙子混合，倒入貝殼或海星形狀的模子裡，而後添加到礁上。亡者的親人也能參與這個過程，可以水

肺潛水或在船上觀看。入葬之後，他們可隨時回到這裡，免費遊覽紀念礁。

如果你希望自己的骨灰成為這座水下城市的一部分，你需要先選擇骨灰的埋葬點。總共有 15 處埋葬點，有普通的地方（路邊欄杆、魚類棲息長凳），也有高級的選擇（獅子柱、門柱），更有最奢華之處（門口的石柱區）。沉船潛水夫伯特·基爾布萊德（Bert Kilbride）曾是金氏世界紀錄中年齡最大的水肺潛水者，他的骨灰就埋於大門口其中一根石柱的頂端。

海神協會對水下墓園野心勃勃。紀念礁的設計能夠吸引魚類，促進珊瑚及海洋生物的生長。漸漸地，紀念礁會更像一座真的古城。協會的最終目的是建造一座可埋葬 125,000 人骨灰的大都會，面積約 65,000 平方公尺。目前墓園約 1,000 多平方公尺，已是幾百人的安息之所。

紀念礁位於比斯坎灣以東 5 公里、海面下 12 公尺處。遊客可搭船遊覽，或下船潛水，但禁止釣魚。
N 25.700812 W 80.090182

這座水下人工礁的建築材料有人體遺骸混入其中。

GEORGIA
喬治亞州

文明地窖 CRYPT OF CIVILIZATION

● 亞特蘭大　Atlanta

1 雙長襪、1 瓶啤酒及 1 份來自希特勒的錄音；這 3 件物品是未來世代將用於評判 20 世紀文明的東西之一。它們與上千件物品一起，被放進世界上第一個時間膠囊，在 1940 年 5 月 28 日被封在一個廢棄的室內游泳池裡。

「文明地窖」的想法來自奧格索普大學（Oglethorpe University）校長桑韋爾・雅各（Thornwell Jacobs）博士。雅各曾在研究古埃及時因缺少原始資料來源而備感沮喪，於是出於「考古責任」，他認為應該對 20 世紀的生活建立持久且詳細的紀錄。當 1936 年雅各公布計畫時，人類記載的最早歷史是西元前 4241 年。距當時已有 6,177 年，於是雅各布決定再過另一個 6,177 年之後，也就是西元 8113 年，再開啟時間膠囊地窖。

用什麼物品代表人類所擁有的知識和經驗是一個棘手的問題。約 3 年期間，人們積極獻策，提供的建議數不勝數。雅各與地窖檔案保管員湯瑪斯・彼得斯（Thomas Peters）將選擇範圍縮小至幾千件

至關重要的物品，以下為儲存在地窖的其中十幾件物品。

· 電影《亂世佳人》的劇本
· 記錄了 800 多件作品的微縮膠捲和放映機，作品包含小說、《聖經》、課本、新聞照片及人類發明設計圖等
· 希特勒、史達林、墨索里尼和羅斯福總統的錄音
· 一套假睫毛
· 馬鈴薯攪拌機
· 釣竿
· 柯達相機
· 男性和女性的人體模型
· 牙線
· 烤麵包機
· 唐老鴨玩具
· 報導第二次世界大戰的《亞特蘭大日報》（*Atlanta Journal*）印刷鋼板

時間膠囊位於一間長 6 公尺、寬 3 公尺的安全室中，被一扇鋼門封堵，預定在 8113 年 5 月 28 日打開。為確保無論社會如何變遷，82 世紀的人們仍然能夠解讀這些內容，

雅各與團隊想出了一個方法——在地窖入口處擺放一台教英語的機器。

地　址：4484 Peachtree Road Northeast, Atlanta。奧格索普大學赫斯特樓（Phoebe Hearst Hall）。雖然無法在西元 8113 年之前參觀地窖收藏的物品，但你可以觀賞密封時間膠囊的不鏽鋼大門。
N 33.874795 W 84.331474

喬治亞州的祕境還包括：

● **多森跑道墓地**
Dotson Runway Graves

薩凡納（Savannah）/ 1980 年代，薩凡納機場鋪設了新跑道，而原先葬在這裡的理查與凱薩琳・多森夫婦（Richard and Catherine Dotson）的墳墓被迫成為停機坪的一部分。飛機起落時，乘客可清楚地看到跑道上相鄰的兩座墓碑。

● **國家壁蝨收藏**
National Tick Collection

斯泰茨伯勒（Statesboro）/ 這裡收藏了數量驚人的壁蝨標本，遊客可以細細觀察 850 種不同的壁蝨。

奧格索普大學如房間般大小的時間膠囊於 1940 年密封，計畫於 8113 年重啟。

喬治亞引導石 GEORGIA GUIDESTONES

● 艾伯特　Elberton

當人生需要指引時，有些人會轉向更強大的力量，而另一些人則會前往喬治亞州東北部的鄉村尋找 4 塊花崗岩板。

1979 年，化名爲克里斯汀（R. C. Christian）的男子來到喬治亞州的艾伯頓花崗岩加工公司（Elberton Granite Finishing Company）。他計畫建造 4 座花崗岩的紀念碑，每塊花崗岩約 6 公尺高，按照一定的方式排列，頂部再水平地放上一塊較小的花崗岩。4 塊豎板上用 8 種語言（其中包括繁體中文）刻著人類的 10 條指引。

這些指引包含常識性的建議（「平衡個人利益與社會責任」）、新時代式的箴言（「以眞、善、美爲貴，在無限中尋找和諧」），以及完全不切實際的指示，甚至帶有種族滅絕的言語（「將世界人口控制在 5 億人以下」）。石板的擺放十分講究，與夏至、冬至、春分、秋分時的太陽位置一致。

艾伯頓花崗岩加工公司得到了一份詳細的藍圖，盡職地在 77 號高速公路旁的荒地上建造這座神祕的雕塑。距離雕塑幾公尺處還立著一塊花崗岩石碑，上面介紹了這塊日後被稱爲「喬治亞引導石」的紀念碑，其中部分內容是：「讓這些成爲理性時代的引導石。」

1980 年 3 月，引導石對外開放，立即吸引了陰謀論者的注意。幾十年來，慕名而來的遊客在引導石上亂塗亂畫，肆意發表評論，創造了更多的陰謀。

至今，喬治亞引導石存在的意義仍

無人知曉刻著 8 種語言的巨石由誰委託製作。

是個謎，人們既不清楚是誰委託建造引導石，也無從得知理性時代即將到來的時間。

地 址：1031 Guidestone Road, Elberton。巨石距離艾伯頓以北約 11 公里，位於 77 號高速公路（Highway 77）出口旁。

N 34.232056 W 82.894389

KENTUCKY
肯塔基州

文特黑文博物館 VENT HAVEN MUSEUM

● 米歇爾堡　Fort Mitchell

世界上絕沒有第二個地方，可以像文特黑文博物館，在這裡，你可以看見一排排腹語術人偶坐在椅子上，雙目圓睜地盯著同一方向，博物館詭異的展品來自威廉・莎士比亞・伯傑（William Shakespeare Berger, 1878-1972）的收藏，他是國際腹語表演者兄弟會（International Brotherhood of Ventriloquists）的前主席。「文特」（Vent）是稱呼腹語表演者的俚語。

博物館裡最受歡迎的人偶是查理・麥卡錫（Charlie McCarthy），它戴著高帽、身著燕尾服、架著單片眼鏡。查理和他的人類搭檔——腹語先驅愛德格・伯根（Edgar Bergen）——自 1937 至 1956 年間出演廣播節目《蔡斯與桑伯恩時間》（Chase and Sanborn Hour）（腹語表演者在非視覺性節目裡取得如此長久的成功一直是演藝界的不解之謎）。

1937 年 12 月 12 日，梅・韋斯特（May West）在節目上與查理開了一些過火的玩笑，導致這位女演員被 NBC 廣播封殺了 12 年。她形容查理「全身都是木頭，長一碼（約 900 公分）」，並挑逗地說，它前一晚曾給了她一些木屑。以上言論被聯邦傳播委員會認定爲粗俗和淫穢。

地址：33 West Maple Avenue, Fort Mitchell。每年 5 月至 9 月，遊客可預約參觀博物館。

N 39.053008 W 84.551937

肯塔基州的祕境還包括：

• 坎布蘭瀑布 Cumberland Falls

科賓（Corbin）/ 在晴朗的夜晚裡，若是滿月當空，瀑布的水霧中會升起月弓或月虹。

海葛德之家 HEIGOLD HOUSE

● 路易維爾　Louisville

1850 年代興建的海葛德之家如今依然屹立，見證了屋主對於美國實驗的不朽信念。嗯，起碼建築物的立面仍然屹立。

克里斯汀・海葛德（Christian H. Heigold）是一名成功的石匠，1850 年從德國移民到路易維爾，落腳在一個叫做波因特（The Point）的繁榮鄰里。他在那裡很快著手興建一棟宅邸，運用他豐富的鑿石技巧，將房屋裝飾了他家人融入美國文化的形象。

19 世紀中葉的路易維爾是個反移民情緒的熔爐，尤其針對德國天主教徒和愛爾蘭裔。緊張局勢在 1855 年 8 月 8 日來到巔峰，當時新教暴徒攻擊了 100 多個愛爾蘭人和德國人的商家和住家，造成 22 人死亡。但沒有人因為這場暴動遭到起訴，史稱血腥星期一（Bloody Monday）。

身處在這種失控的反移民情緒中，海葛德在自家房屋上雕鑿愛國場景，是為了公開宣稱他的美國認同。即使少了原本宅邸的四分之三，立面上豐富的細節仍然描繪出海葛德的美國理想主義。一尊布坎南（James Buchanan）總統半身像兩側分別刻著「向布坎南致敬，現在到永遠」以及「永向聯邦致敬，聯邦永不崩解」。在裝飾的門楣上，海葛德刻了一幅場景，描繪華盛頓（George Washington）分別由正義女神及文化女神簇擁著，還有「向路易維爾致敬」的文字。

海葛德辛勤興建這棟房屋之後，並沒有享受多久。他在 1865 年過世，把房子留給他的兒子查爾斯。老海葛德的去世標示著將近一個半世紀的動盪，對這棟房子和四周鄰里都是。

到了 1953 年時，路易維爾市開始買下並拆除波因特這一區的房屋，以便擴張慢慢侵占街區的垃圾掩埋場。當時波因特可說是消失了，因為時常遭到改道河流的洪水淹沒。建築物不是拆了，就是被城市裡的廢棄物掩埋，市長把海葛德之家的立面移到沿河路（River Road）對街。2007 年時有土地開發商買下相鄰的土地，打算興建豪華公寓，重達 7 萬鎊的立面再度被小心地移到目前的位置。

地址：449-495 Frankfort Ave, Louisville。夜裡會有聚光燈照亮立面，戲劇效果還不錯。
N 38.263962 W 85.725030

面對反移民情緒和動盪之時，一個人的美國認同證明。

路易斯安那州立監獄的囚犯舉辦的
牛仔競技表演及手工藝品展。

LOUISIANA
路易斯安那州

安哥拉監獄牛仔競技表演
ANGOLA PRISON RODEO

● 安哥拉　Angola

10 月的每個週日，安全措施最強的路易斯安那州立
監獄（Louisiana State Penitentiary）會舉行公開的牛仔
競技表演。監獄的前身是一座叫做「安哥拉」的種植
園，因園內苦工來自安哥拉而得名。如今，這座監獄
向成千上萬的遊客敞開大門，人們可以在其中觀看鬥
牛、欣賞監獄樂隊，以及購買由犯人製作的工藝品。
安哥拉的牛仔競技傳統從 1965 年開始，當時一小群
囚犯和工作人員搭了一個競技場，純粹是爲了自娛，
打算舉辦牛仔競技表演。這個原本只是用來消磨時間
的活動，卻漸漸演變成了大型活動。到了 1969 年，
訪客湧入 4,500 個座位的嶄新體育場，觀看囚犯在不
到 6 秒的時間內被公牛甩下來。

犯人不僅參與競技表演，還賣熱狗和冰糖蘋果，爲遊
客演奏音樂，經營攤位，出售自己製作的藝術品、珠
寶、皮革和木工作品。囚犯身著黑白條紋的獄服，很
好辨認，他們可以自由與遊客交談，但不能經手金
錢。牛仔競技表演爲犯人提供了與一般民眾接觸的難
得機會，因爲在安哥拉監獄服刑的 5,000 多個犯人中
有 3/4 是無期徒刑。

監獄位於 66 號高速公路（Highway 66）的盡頭，聖法
蘭西斯維爾（St. Francisville）西北約 35 公里處。場內
禁止拍照。N 30.941637 W 91.568919

巫毒教歷史博物館
HISTORIC VOODOO MUSEUM

● 紐奧良　New Orleans

儘管巫毒教歷史博物館的所有展品都擠在兩間布滿灰
塵的房間和一條走廊之中，這裡依舊讓人印象深刻。
1972 年，這間博物館由當地藝術家查爾斯·甘多爾
福（Charles Gandolfo）創立，主題是從傳統西非巫
毒教演變而來的路易斯安那州巫毒教。
18 世紀初，在跨大西洋的奴隸貿易時期，西非人
將巫毒教帶入路易斯安那州。到了 19 世
紀中葉，紐奧良的文化已經開始轉向靈
修。巫毒教的神靈與天主教的聖徒形象
結合，儀式讓位給遊行，克里奧（Creole）
的巫毒女王瑪麗·拉沃（Marie Laveau）聲名鵲起。
1932 年，在演技拙劣、拍攝倉促的恐怖電影《白
殭屍》（White Zombie）中，貝拉·洛戈希（Bela

Lugosi）扮演邪惡的海地巫毒教大師操縱著一隊殺人
殭屍。流行文化對巫毒教的刻意歪曲卻吸引了大眾的
視線。紐奧良商店趁機販賣魔藥和巫毒教人偶，而那
些真正信仰巫毒教的人只能轉向地下活動。
博物館力圖透過展品呈現路易斯安那州巫毒教
的精神和歷史背景。遊客可以在這裡見到傳統
的人偶和符咒袋（據說可以提供庇護
或帶來好運），還可以得到常駐的巫
毒教祭司約翰醫師（Dr. John）的通靈
解讀。禮品店販售愛情藥水及蛇皮、雞
腳等護身符。

地址：724 Dumaine Street, New Orleans。
N 29.959903 W 90.063851

聖羅克小教堂 ST. ROCH CHAPEL

● 紐奧良　New Orleans

聖羅克附近有處墓園，墓園中心是座小教堂。小教堂有間由鐵門把守的小屋，屋裡陳列著一排排義肢、假牙和幾副人工眼球。

小教堂建於 1867 年，用以紀念與健康和療癒有關的聖羅克。他在 14 世紀出生於現今法國境內的蒙彼里埃（Montpellier），傳說曾照料並治癒了義大利的瘟疫病人。

19 世紀紐奧良黃熱病肆虐，聖三位一體天主教堂（Holy Trinity Catholic Church）的神父彼得・泰維斯（Peter Thevis）向聖羅克祈禱，許諾如果教區的民眾能免於疾病之苦，就以聖羅克的名義建一座聖殿。

雖然有 4 萬名紐奧良人得了黃熱病，但據記錄，泰維斯神父的教區無人死亡。神父信守諾言，建造了聖羅克小教堂及旁邊的墓地。大門從 1876 年起對外開放。

自此，小教堂的一間房子裡就堆滿了渴求治癒及向聖羅克還願的人們留下的供品。地面的磚塊刻滿了「感恩」，硬幣散落一地。教堂的牆壁上掛著一排排小兒麻痺矯正器、柺杖、義肢，而祈禱的雙手、念珠和小雕像點綴其中。

地址：1725 St. Roch Avenue, New Orleans。

N 29.975445 W 90.052018

信徒向聖羅克致敬，留下硬幣、花朵和義肢。

朋鈕爾湖 LAKE PEIGNEUR

● 新伊比利亞　New Iberia

朋鈕爾湖原本只有 3 公尺深，曾經是熱門但不太起眼的釣魚和休閒景點。然而在 1980 年 11 月 21 日上午，一切都改變了，史上最大的人造漩渦之一，把整座湖和周遭 26.3 公頃的土地——還有駁船、連結車和德士古石油公司（Texaco）的鑽探平台——全都捲進巨大的渦流中。

當天清晨，鑽井承包商威氏兄弟（Wilson Brothers）使用中的 14 英寸鑽頭有點卡住，整個平台都在晃動，鑽井隊知道出了差錯。他們不知道自己其實誤鑽了底下巨大鹽礦的礦頂。他們很明智地棄守設備，安全逃上岸後，立刻驚恐地目睹 45 公尺高的鑽井平台沉沒，就像變戲法般地沒入淺湖之中。同一時間在底下幾百公尺處，有 50 名礦工奮力逃出大水湧入的礦坑。奇蹟的是，無人死亡或受到重傷。

令人耗盡心力的漩渦所造成的損害是一場大災難，至今依然持續。淡水湖永久鹽化了，永遠改變了當地的生態系統。來自德爾坎伯運河（Delcambre Canal）和硃砂灣（Vermilion Bay）的海淡混合水，透過剛形成的 15 公尺高瀑布湧入，礦井裡的壓縮空氣則產生了

122 公尺的間歇泉。已經經營 100 多年的礦坑在 1986 年關閉。

可從李伯大夢花園（Rip Van Winkle Gardens）看到朋鈕爾湖的風景，也可以在花園內觀看鑽探災難的短片。李伯大夢花園位於傑佛遜島（Jefferson Island），就在湖的東岸。N 29.978065 W 91.984900

被水淹沒的房屋遺跡。

美國陸軍工兵部隊利用義大利與德國戰俘建造了長達 24,000 多公里的水路模型。

MISSISSIPPI
密西西比州

密西西比河盆地模型
MISSISSIPPI RIVER BASIN MODEL

● 傑克遜　Jackson

在電腦還未出現的 1940 年代，當工程師需要爲一個複雜的系統建造模型時，他們會盡其所能地做出精緻無比的比例模型。

美國陸軍工兵部隊（United States Army Corps of Engineers）是負責開發並維護美國水資源的聯邦機構，他們建造了許多模型，其中密西西比河盆地模型的規模最爲恢宏。爲了應對一連串洪災，該模型模擬了天氣和洪氾對密西西比河盆地 2 萬多公里長的河流的影響。模型的垂直比例爲 1:100，水平比例爲 1:2,000，覆蓋巴迪巴茨公園（Buddy Butts Park）約 81 公頃的土地。

模型於 1943 年開始動工，由從北非運送而來的義大利和德國戰俘建造。雖然工程最初預計在 1948 年完工，但實際花費的時間更長。直到 1966 年模型才竣工，耗時 23 年。6 年之後，模型最後一次進行洪水淹沒模擬。

1970 年代初，人們開始轉而利用電腦進行模擬。到了 1980 年代，實體模型已成爲美國陸軍工兵部隊的負擔。1990 年，密西西比河盆地模型所處地區被移交給傑克遜市政府，但維護費用不堪重負，市政府就廢用了。

如今，流域模型被巴迪巴茨公園叢生的灌木包圍。它對外開放，供人參觀，但迷你的水泥河岸模型被相對巨大的植物掩蓋了。

地址：6180 McRaven Road, Jackson。
N 32.305984 W 90.315903

密西西比州的祕境還包括：

● 開羅號美國軍艦 USS *Cairo*
維克斯堡（Vicksburg）／這艘美國南北戰爭時期由鐵和木頭打造的內河炮艇是第一艘被魚雷擊沉的戰艦。

NORTH CAROLINA
北卡羅來納州

史丹利・雷德爾食肉植物園
STANLEY REHDER CARNIVOROUS PLANT GARDEN

● 威明頓　Wilmington

爲紀念威明頓園藝師兼食肉植物愛好者史丹利・雷德爾（Stanley Rehder），這座植物園以他的名字命名。雷德爾於 2012 年以 90 歲高齡逝世。植物園裡種滿了食肉植物，例如以吞食靑蛙和尖鼠聞名的豬籠草，以及雷德爾的最愛：捕蠅草。2013 年，植物園遭受重創，1,000 多株捕蠅草（占總數的

90%）被竊。幸運的是，加強安全措施與悉心培育替代植物的方案使得這座食肉植物園得以再次繁榮。

地址：2025 Independence Boulevard, Wilmington。植物園位於奧爾德曼小學（Alderman Elementary School）後方的松嶺自然保護區（Piney Ridge Nature Preserve）。
N 34.206954 W 77.906797

北卡羅來納州的祕境還包括：

● 開罐器 The Can Opener
德爾罕（Durham）／格雷格森街鐵路高架橋（Gregson Street Railroad Trestle）也被叫做「開罐器」，它是卡車司機的夢魘。這座低淨空鐵路高架橋建成時，還未實行最低限高的標準，橋體常常會刮擦卡車的頂部。

魔鬼踏行之地 DEVIL'S TRAMPING GROUND

● 本內特　Bennett

根據當地傳說，撒旦喜歡從地底冒險現身，在查坦郡（Chatham County）的某個露營地消磨時間，計畫如何讓人類墮落。

哈珀斯十字路口（Harpers Crossroads）西北方的森林中，有一圈布滿灰塵的地面，被稱為「魔鬼踏行之地」，可以追溯到 1880 年代的黑暗故事。顯然，魔鬼經常出現在他最愛的地點，在森林中繞圈踱步，形成了一塊寬 6 公尺的不毛之地。

除了使得植物無法生長，據說魔王的偶然出現詛咒了該地，導致放在那裡的東西會移動或消失。也有人說狗經過受詛咒地點時，會低吠或快步跑走。

寫著「魔鬼踏行之地」的路牌經常被偷——大概是被當作媚俗的紀念品了，當然除非是有更黑暗的力量「促使」路牌消失。

這塊地大約位在賽勒城（Siler City）南方 16 公里處，在 1100 號州道（SR 1100）。
N 35.584857 W 79.486677

魔鬼來跳舞的地方。

SOUTH CAROLINA
南卡羅來納州

珀爾・弗賴爾的植物造型花園
PEARL FRYAR'S TOPIARY GARDEN

● 比夏普維爾　Bishopville

珀爾・弗賴爾（Pearl Fryar）在 1981 年喬遷新居時為自己設定了一個目標：贏得當地園丁俱樂部頒發的「本月之園」獎。雖然弗賴爾未受過任何園藝訓練，也沒有栽培植物的經驗，但他決意證明自己能夠打造出宏偉的花園。弗賴爾參觀當地的苗圃，帶走他們丟棄的植物，並將它們種在自己的房屋周圍。

隨著植物不斷生長，弗賴爾將它們修剪成菱形、螺旋形、球形和錐形。1985 年，弗賴爾終於贏得了夢寐以求的「本月之園」獎。那時，他以自己的方式成為全球最受歡迎的植物造型師。

如今，弗賴爾的花園裡栽種著 400 多株植物和樹木，它們都被修剪成了夢幻的造型。

地址：165 Broad Acres Road, Bishopville。
N 34.207361 W 80.273509

珀爾・弗賴爾最初在想贏得「本月之園」獎的激勵下，打造了一座由數百株觀賞灌木構成的綠色仙境。

奧約屯基非洲村
OYOTUNJI AFRICAN VILLAGE

● 謝爾頓　Sheldon

通往奧約屯基村的路上有一塊牌子寫著：「你正離開美國。你正在進入約魯巴王國（Yoruba Kingdom）。」奧約屯基村建於 1970 年，是以西非（特別是奈及利亞）約魯巴民族文化成立的社區。居民按照傳統的約魯巴文化價值生活，以儀式性舞蹈、音樂和慶典尊奉上神奧洛杜馬爾（Supreme Being Olodumare）以及祖先的靈魂。

早些時候，奧約屯基村有 200 多人以此爲家。如今只有不到 10 戶人家，但社區的關係緊密，依然舉辦節日慶典（其中 14 個節日慶典對外開放），並定期舉辦交易集市。此外，奧約屯基村還提供傳統的約魯巴靈性服務，例如非洲命名儀式、占卜解讀，以及與回家的親人溝通等。

地　址：56 Bryant Lane, Sheldon。非洲村就在 17 號高速公路（Highway 17）旁，每日對外開放。
N 32.610152 W 80.804132

南卡羅來納州的祕境還包括：

• **不破之鏈 Neverbust Chain**
哥倫比亞（Columbia）／這條將兩座大樓相連的巨大鋼鏈，雖然無建築許可，但廣受歡迎。

• **飛碟接待中心**
　UFO Welcome Center
包曼（Bowman）／這些搖搖晃晃架的飛碟是由喬迪‧潘達維斯（Jody Pendarvis）自製，旨在為迷茫的外星訪客提供休憩之所。

奧約屯基居民按照西非約魯巴人與豐族（Fon）文化過日子。

瑪爾斯布拉夫炸彈坑 MARS BLUFF CRATER

● 瑪爾斯布拉夫　Mars Bluff

1958 年 3 月 11 日，一枚比落在長崎那枚威力還要強的原子彈，從一架 B-47 噴射機上墜落，掉在沃爾特・格雷格（Walter Gregg）的後院裡。這架美國空軍戰機從喬治亞州的薩凡納起飛，目的地是英格蘭。它將在那裡參加一系列模擬炸彈攻擊的「暴雪行動」（Operation Snow Flurry）。飛機上有一枚貨真價實的核子武器，目的是防止與蘇聯的冷戰突然開打。

起飛後不久，駕駛艙裡的紅色警示燈亮起，指示炸彈沒有安全固定好。飛行導航員布魯斯・庫爾卡（Bruce Kulka）在檢查時，不小心按下了緊急發射按鈕，把這枚 6,000 噸級的炸彈投向地球。

萬幸的是，炸彈還沒安裝鈾和鈽的核心，但它乘載的 3.4 噸炸藥確實對擊中的鄉村造成了巨大的破壞。灰塵消散後，格雷格的後院裡出現了一個 15 公尺寬、21 公尺長、9 公尺深的大坑。他的房屋與地基分離，到處都是孔洞和裂痕。沒有人員傷亡，但幾隻雞在事故中喪生。炸彈坑至今可見，只是已不再那麼明顯——幾十年來，此處已變為一片被蔥鬱樹木包圍的平靜窪地。

地點：Crater Road, Mars Bluff。炸彈坑位於私人土地上，但通向該地的公路上豎立了記錄該歷史的標誌牌。N 34.200940 W 79.657117

TENNESSEE
田納西州

屍體農場 THE BODY FARM

● 諾克斯維爾　Knoxville

田納西大學（University of Tennessee）裡有一座 1 公頃多、任屍體腐爛的森林，但無須緊張，屍體本就應該在那裡。諾克斯維爾的「屍體農場」，是美國第一家供法醫人類學學生和聯邦調查局特務人員近距離觀察屍體變化的機構。

1971 年，人類學家威廉・巴斯（William M. Bass）博士建立了這座屍體農場，用來增進屍體腐爛的研究。屍體被埋葬於草木茂盛之處，或者曝露在外，以便觀察屍體腐爛的各個階段。

透過分析天氣和昆蟲活動對屍體腐爛的影響，學生和研究人員更能估計死亡時間。執法機關的探員也會

來這個機構增進破案技巧，例如，聯邦調查局的特務人員會練習如何挖掘與辨識屍體。

這座農場任何時候都會容納 40 具屍體，遺體來自捐贈（要提供正確的來源）。如果你有興趣在某天成為農場的一部分，請將你的意願通知田納西大學。

地址：1924 Alcoa Highway, Knoxville。屍體農場並不對外開放，但工作人員會舉辦講座，內部設施只對研究人員開放。N 35.941248 W 83.940349

請別介意現場的氣味。

大霧山同步發光螢火蟲 SYNCHRONIZED FIREFLIES OF THE GREAT SMOKY MOUNTAINS

● 艾爾克蒙特　Elkmont

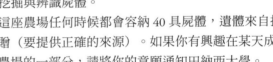

就像牠們在馬來西亞的發光生物同伴一樣，大霧山的小螢火蟲也會同步發光尋求伴侶。從幼蟲階段邁向成熟之後，雄性螢火蟲會停止進食，只能活 3 個星期。迫切在 21 天尋求伴侶的雄性螢火蟲集體閃爍，有助於讓雌性螢火蟲找到牠們。

交配的高峰期約持續兩週，介於 5 月中旬至 6 月中旬之間。在無雲的夏日夜晚遊覽國家公園時，你會發現自己置身於浪漫的自然燈光秀之中。

艾爾克蒙特大霧山國家公園（Great Smoky Mountains National Park）。在交配季節的夜晚，螢火蟲會在蘇格蘭茲遊客中心（Sugerlands Visitor Center）至艾爾克蒙特觀景區之間出沒。N 35.685606 W 83.536598

田納西州的祕境還包括：

● **帕德嫩水泥神廟 Concrete Parthenon**

納許維爾（Nashville）／雅典的帕德嫩神廟已坍塌，遊客可以用想像力還原神廟，或者去納許維爾的百年紀念公園（Centennial Park）觀賞一座完整無缺的同等尺寸複製品。

VIRGINIA
維吉尼亞州

大鐘乳石管風琴
THE GREAT STALACPIPE ORGAN

● 仙度納河谷，盧雷
Shenandoah Valley, Luray

在盧雷岩洞內部，洞穴本身已變為一種樂器。

盧雷岩洞（Luray Caverns）深處藏著一件非比尋常的樂器，由利蘭·斯普林科（Leland W. Sprinkle）設計。配有四鍵鍵盤，看起來與一般的教堂管風琴差不多，但兩者有一項關鍵的區別：岩洞內的管風琴沒有金屬管。充當「管子」的是鐘乳石，而這件樂器實則是石琴——人們可以透過敲打不同的石頭演奏音樂。

斯普林科是五角大廈的數學家兼電子學科學家，在 1954 年遊覽岩洞之後產生了建造「鐘乳石管風琴」的想法。他花了 3 年尋找符合音階的鐘乳石，將它們調至準確的音符，並在鍵盤與敲打鐘乳石的橡膠錘之間連了 8 公里長的電線。

管風琴剛建好時，斯普林科會親自爲遊客演奏樂曲。他甚至還發行了一張黑膠唱片——被宣傳爲「來自堅固岩石的音樂珍品」，在盧雷岩洞的禮品店出售。如今，鍵盤能夠自動爲遊客演奏經典曲目，如美國國歌〈美麗的美國〉（America the Beautiful）、貝多芬的〈月光奏鳴曲〉（Moonlight Sonata），適逢佳節還會演奏〈平安夜〉（Silent Night）。

地點：101 Cave Hill Road, Luray。
N 38.664094 W 78.483618

維吉尼亞州的祕境還包括：

• 烏鴉之屋 The Raven Room
夏洛特維爾（Charlottesville）/ 愛倫坡曾經住過的老宿舍，現在已成為這位作家遺留給後世的朝聖地。

中央情報局博物館 CIA MUSEUM

● 蘭利　Langley

美國中央情報局在維吉尼亞州的總部——之前是喬治·布希情報中心（George Bush Center for Intelligence）——有一間放滿祕密間諜物品的博物館。其中有 5 間陳列室遠離一般民眾視野，僅有中央情報局的職員和經過安檢的特別訪客能夠進入。

這些房間收藏了幾十年來的間諜物品，其中最古老的館藏可追溯至第二次世界大戰，當時中央情報局的前身戰略情報局（Office of Strategic Services）成立之時。一台德國恩尼格瑪密碼機（Enigma machine）的旁邊放著戰略情報局員工在希特勒自殺後第 9 天用希特勒私人信箋所寫的信。

以蓋達組織（Al Qaeda）爲主題的展間陳列著海豹部隊（SEAL）在訓練演習中使用的裝備和模型，它們對於突襲賓拉登（Osama bin Laden）阿伯塔巴德（Abbottabad）住所的任務至關重要。這裡有一個賓拉登藏身之處的等比例模型，爲了演練突襲而建造的同等大小牆壁模型。在賓拉登屍體旁發現的 AK-47 突擊步槍，一塊來自眞實藏身處的磚頭，以及一份遍布交火痕跡的蓋達組織的火箭發射手冊。

最讓人大開眼界的展品是無人駕駛汽車和間諜攝影機。配戴在鴿子身上的相機、蜻蜓無人機和機器魚，只不過是一小部分用於祕密監視的設備（蜻蜓無人機或昆蟲機，是一種 1970 年代研發的微型遙控飛機，效果並不理想，因太容易受側風影響而作廢）。

地址：1000 Colonial Farm Road, McLean。博物館不對外開放。N 38.951791 W 77.146607

英里 0 — 100 — 200
公里 0 — 100 — 200
N

中大西洋及新英格蘭地區

加拿大
休倫湖
新罕布夏州　緬因州
佛蒙特州
● 威廉·賴希博物館
安大略湖　紐約州
岩石世紀
花崗岩採石場
● 國際神祕動物學博物館
● 貝蒂與巴尼·希爾檔案室
美國巨石陣　● 紙房子
● 神聖樹林
● 塞內卡白鹿
地球館 ── 麻薩諸塞州
波士頓　羅德島州
伊利湖
● 莉莉代爾社區
美國聖地 ── ● 羅傑·威廉斯樹根
康乃狄克州
俄亥俄州　賓夕法尼亞州
庫欣大腦收藏
華爾街爆炸遺跡 ╲ ╱ 凱斯·哈林的廁所壁畫
紐約市
森特勒利亞鎮 ●　死馬灣
● 北國樂園
● 聖安東尼教堂
費城　霍姆德爾喇叭天線
後自然歷史中心 ●
紐澤西州
巴爾的摩
華盛頓哥倫比亞特區　● 詹森留聲機博物館
華盛頓迷你紀念碑 ★ 聯邦調查局間諜屋　德拉瓦州
華盛頓國家大教堂的怪異雕塑
西維吉尼亞州
● 靜區　馬里蘭州
大西洋
肯塔基州　● 國會防輻射落塵庇護所
維吉尼亞州

偉大
黑人蠟像
巴爾的摩
不明死因
微縮研究模型
美國幻想藝術
博物館

費城
● 東州監獄
米特 ● 渡鴉格里普
博物館
● 湯恩比
磁磚

乙醚圓頂屋 ●
詹姆斯·艾倫自傳
波士頓
● 拙劣藝術博物館

DELAWARE
德拉瓦州

中大西洋地區
The Mid-Atlantic

詹森留聲機博物館
JOHNSON VICTROLA MUSEUM

● 多佛　Dover

諺語「塞隻襪子進去！」（Put a sock in it，閉嘴之意）源於以前人們會在留聲機裡塞襪子來降低音量。這只是在遊覽留聲機博物館時會了解到的趣聞之一。

這座博物館以埃爾德里奇·詹森（Eldridge R. Johnson）命名，他是多佛人，於 1901 年創立了勝利留聲機公司（Victor Talking Machine Company）。詹森推出的一系列留聲機，將喇叭設備裝在光滑的木櫃裡，在 1906 年推出時很受歡迎。

博物館除了擁有多種類型的留聲機外，還設有「尼普爾專區」（Nipper Corner）──尼普爾是一隻梗犬的名字，牠就是跨國連鎖唱片行 HMV 的經典商標中對著留聲機歪著頭的那隻知名梗犬。

地址：375 South New Street, Dove。
N 39.155739 W 75.527199

不善交際的人與藝術門外漢，都在巴爾的摩的美國幻想藝術博物館大受讚揚。

MARYLAND
馬里蘭州

美國幻想藝術博物館
AMERICAN VISIONARY ART MUSEUM

● 巴爾的摩　Baltimore

這間博物館向如痴如狂、自學成才的藝術家致敬——雖然這些人從未受過專業訓練，但他們內心渴望繪畫、雕塑及創作。

這間博物館的創始人是麗蓓嘉・奧爾本・霍夫伯格（Rebecca Alban Hoffberger），當時她正在巴爾的摩醫院工作，負責一個讓精神病人回歸社區的專案。病人創作的藝術作品的力量和想像力，給了霍夫伯格靈感，於是她創立了這間幻想與非主流藝術之家。

博物館於 1995 年開幕，展出的藝術作品好玩、黑暗、幽默、令人不安，有時還令人嘆為觀止。例如，一件編織的「馬裙」，馬的乳頭處卻是巨大的馬眼睛；一個高 16.7 公尺的陀螺。除了常設展覽之外，博物館也會請特約策展人策畫特展。這些展覽也會引發不同的情感：「講故事的藝術」（The Art of Storytelling）

展出了大屠殺倖存者埃絲特・科林茨（Esther Krinitz）有關納粹集中營的掛毯；而「何物使我們微笑」（What Makes Us Smile）則以吹奏組曲（Toot Suite）為特色，向藝術中浮誇的角色致敬。

地址：800 Key Highway, Baltimore。每年 5 月，博物館會舉行動力雕塑競賽（Kinetic Sculpture Race），其中人力交通工具要在陸地和水中跋涉 24 公里。
N 39.280035 W 76.606742

馬里蘭州的祕境還包括：

● 泌尿學博物館 Urology Museum

林夕昆（Linthicum）／這裡收藏著令人畏懼卻美麗的膀胱結石。

鼓舞人心的不朽蠟像人物包括喬・路易斯（Joe Lewis）、傑奇・羅賓森（Jackie Robinson）與傑西・歐文斯（Jesse Owens）。

偉大黑人蠟像 GREAT BLACKS IN WAX

● 巴爾的摩　Baltimore

偉大黑人蠟像博物館的名字也許有些直白和古怪，但它能給人有力、對抗、振奮人心的體驗——即使其中展出的人像在相似度上無法與杜莎夫人蠟像館（Madame Tussauds）裡的蠟像相媲美。

艾爾默與瓊安・馬丁夫婦（Elmer and Joanne Martin）於 1983 年創建了這間博物館，旨在提高大家對黑人歷史的興趣，並為非裔美國青年樹立榜樣。展品以編年史的時間順序放置。參觀開始時，遊客會走進一艘販賣黑奴的船隻複製品之中，一排排擠在一起的黑奴，脖子都被鐵鍊鎖住。酷刑屋（Lynching Room）以

印有圖案的警示牌為標識，屋內放置著被吊掛、毆打和開膛破肚的真人大小人物。

100 多個栩栩如生的蠟像包含黑人民權運動領袖、藝人、運動員、作家和其他傑出人才——從比莉・哈樂黛（Billy Holiday）和歐巴馬（Barack Obama）等名人，到知名度較低的人物，例如被稱為「黑人愛迪生」的格蘭維爾・伍茲（Granville T. Woods）。

地址：1601-03 East North Avenue, Baltimore。
N 39.311749 W 76.596842

不明死因微縮研究模型
THE NUTSHELL STUDIES OF UNEXPLAINED DEATH

● 巴爾的摩　Baltimore

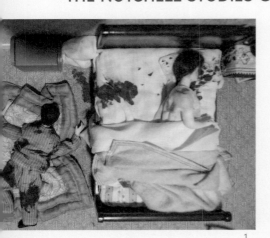

1943 年，法蘭西絲·格萊斯納·李（Frances Glessner Lee）開始製作一系列細節繁複的人偶屋立體模型。她是 65 歲的法醫專家，以 1:12 的比例，在迷你房間裡擺放了手工縫製的織品、顏色考究的家具，以及貼著手繪標籤的瓶子。每個房間裡還有迷你屍體模型，腐爛的程度也表現得恰到好處。

李的這些立體實景模型被稱爲「微縮研究模型」（Nutshell Studies）。呈現出謀殺、自殺和致命事故的現場，是爲了幫助哈佛大學（Harvard University）的法警學生研究案例而製作。藉由模型中提示的線索（例如血跡噴濺的模式、屍體的姿勢，以及屍體周圍發現的物品），學生可以分析並判斷每種凶殺的原因。爲了使每個場景盡可能逼眞，李閱讀了大量的犯罪報告和警察訊問紀錄。她對人偶屋的內部裝飾精益求精：在其中一個場景「三室屋」（Three-Room Dwelling）中，丈夫和妻子陳屍臥室。屍體與濺滿血跡的嬰兒之間有一串猩紅色的腳印。目前，18 個微縮模型於馬里蘭法醫部（Maryland Medical Examiner's Office）展出。這些血腥畫面仍然用來訓練偵查能力。

地址：900 West Baltimore Street, Baltimore。
N 39.289109 W 76.632637

NEW JERSEY
紐澤西州

霍姆德爾喇叭天線 HOLMDEL HORN ANTENNA

● 霍姆德爾　Holmdel

1965 年，阿諾·彭齊亞斯（Arno Penzias）與羅伯特·威爾遜（Robert Wilson）意外地發現了宇宙最大的祕密之一。

這兩位無線電天文學家當時正使用貝爾實驗室（Bell Labs）的喇叭天線，掃描美國太空總署通訊衛星發射的無線電波。然而，讓彭齊亞斯與威爾遜惱火的是，總有一個低頻的嗡嗡聲不斷干擾他們的數據收集。於是兩人檢查了設備，趕走了幾隻在天線上築巢的鴿子，又聽了一遍，但嗡嗡聲依舊持續。

噪音並非來自天線或紐澤西州的任何地方，甚至並非來自地球。它源自於宇宙本身。彭齊亞斯和威爾遜無意中發現了「宇宙微波背景輻射」（cosmic microwave background）。

彭齊亞斯和威爾遜的發現是「宇宙大爆炸理論」（Big Bang）的第一個觀測證據。這項發現爲他們贏得了諾貝爾物理學獎。如今，他們曾使用的喇叭天線已經成爲「美國國家歷史名勝」（National Historic Landmark）之一。

地點：霍姆德爾，霍姆德爾路（Holmdel Road）與長景車道（Longview Drive）交會處。
N 40.390760 W 74.184652

1　迷你的法醫人偶屋用來訓練偵察破案的能力。

2　在將鴿子趕走之後，科學家就能探測到了宇宙大爆炸的微弱回聲。

北國樂園 NORTHLANDZ

● 弗雷明頓　Flemington

超過 13 公里長的迷你鐵軌在一棟建築中蜿蜒盤旋，這是全球規模最大的鐵路模型。1972 年，創作者布魯斯‧札卡尼諾（Bruce Zaccagnino）開始在自家地下室建造迷你鐵軌。每年兩次的開放活動吸引了大量遊客，於是札卡尼諾決定將「北國樂園」當作常設展覽對外開放。1996 年，模型首次在 202 號國道旁占地 4,831 平方公尺的建築中展出。

北國樂園的 135 輛小火車要穿越 400 多座橋梁，途經微型城市、山巒、50 萬棵樹林和人群的模型。其中還有一些奇怪的場景，例如一間戶外工廠，以及一架失事飛機，機翼上站著倖存者。雖然模型已布滿灰塵，且室內光線昏暗，但陳舊的氣息依然掩蓋不住北國樂園的宏偉與精緻。

世界上最大的鐵路模型從地下室開始。如今該模型包含一座高約 9 公尺高的山脈。

地址：495 US Route 202, Flemington。從特倫頓（Trenton）向北行駛 1 小時即可到達北國樂園。
N 40.517085 W 74.819335

NEW YORK
紐約州

死馬灣 DEAD HORSE BAY

● 布魯克林　Brooklyn

若是沿死馬灣的海岸漫步，你可能會踩到 1950 年代破瓷偶的臉、玻璃汽水瓶，或是 19 世紀的馬骨。

散落在沙灘上的碎片敘說著死馬灣的歷史。這裡原是一片荒島，1850 年代在這裡興建的馬匹處理廠為它帶來了「死馬灣」這個討厭的名字。原先在紐約拉車的馬匹被送到這裡，做成膠水和肥料。由於蒸煮過的碎骨沒有用處，工人就將馬骨倒入海水。空氣裡瀰漫著令人作嘔的可怕氣味。

汽車的出現終結了馬車的使用，也讓馬匹處理廠走向終點。1920 年代末，這些工廠關閉了，政府將沙土、淤泥和垃圾都傾倒在巴倫島（Barren Island）與大陸之間的海峽裡。這裡成為露天垃圾場，直到 1953 年才被填埋。而幾十年來的侵蝕作用，使得許多垃圾重現於今日的沙灘上。

大部分碎片都是來自玻璃瓶，因此死馬灣又被稱為「瓶子沙灘」（Bottle Beach）。此外，你會發現馬鞍碎片、馬牙、裝飾藝術風格的化妝盒和破損的玩具。所有物品都是來自 1953 年或更早之前，這也讓死馬灣成為透過垃圾了解歷史的地方。

這裡最初是馬匹處理廠，後來變成垃圾場，現在這片遍布玻璃瓶的布魯克林海灘是拾荒者的天堂。

地點：布魯克林，航空路（Aviation Road）與弗拉特布希大道（Flatbush Avenue）交會處。乘坐前往布魯克林方向的 2 號地鐵至終點站 Flatbush Avenue-Brooklyn College 下車，然後轉乘 Q35 公車至佛洛伊德‧貝內特機場（Floyd Bennett Field），海灘就位於弗拉特布希大道的對面。N 40.581689 W 73.898504

鮮為人知的恐怖攻擊，在華爾街留下了孔洞。

華爾街爆炸遺跡
SCARS OF THE WALL STREET BOMBING

● 曼哈頓　Manhattan

華爾街 23 號（23 Wall Street）街角的一棟大樓留下了一場 1920 年恐怖攻擊的傷痕。1920 年 9 月 16 日星期四中午剛過，一枚放在停放路邊馬車裡的炸彈爆炸，將重達 226 公斤的鐵塊炸碎。38 人在攻擊中喪生，143 人受到重傷。

當時，華爾街 23 號是全美最大的銀行摩根大通公司（J.P. Morgan & Co.）的總部。雖然攻擊的策畫者未被官方找到，但反資本主義的義大利無政府主義者嫌疑最大。

華爾街 23 號大樓正面被炸出一個坑，坑坑疤疤的石灰岩牆面至今未被修補。這些細小傷痕是這場攻擊事件的唯一現場線索——華爾街未設立紀念爆炸的標誌或紀念碑。

地址：23 Wall Street, Manhattan。
N 40.706795 W 74.010480

凱斯・哈林的廁所壁畫〈很久以前〉
KEITH HARING'S *ONCE UPON A TIME* BATHROOM MURAL

● 紐約　New York

1989 年 5 月，塗鴉藝術家凱斯・哈林（Keith Haring）創作了廁所壁畫〈很久以前〉。當時他 31 歲，這是他最後一件大型壁畫，他在 1990 年 2 月死於愛滋病併發症。這件作品是為了中心展覽（The Center Show）所創作，為了慶祝石牆暴動（Stonewall riots）20 週年——這起事件被認為是同志解放及 LGBT 權利運動的濫觴。中心展覽號召 LGBT 藝術家，在 LGBT 社群中心（The LGBT Community Center / The Center）建築內創作特地場域藝術作品（site-specific

works）。哈林選擇在二樓的男廁裡創作了他挑釁的作品。

壁畫覆蓋了四面內牆，全是哈林招牌的黑白線條畫。這些不是我們熟悉的哈林畫作，不是在徽章、磁鐵、拼圖和衣服上看到的那些；而是更私密、性感的哈林活躍起來，堂皇壯麗且理直氣壯地讚頌男同志性欲。可惜的是，時間和大自然的力量逐漸對壁畫造成損害。這間廁所一直到 2012 年都是中心的會議室，後來經由募款進行大規模修復。壁畫在修復後，於 2015 年對外開放。

哈林的作品在拍賣會上的售價高達 560 萬美金，所以這裡很可能是全美國最有價值的廁所。很幸運地，你可以免費欣賞。

地址：208 West 13th Street, Manhattan。凱斯・哈林的廁所以及其他中心展覽的作品，在中心的一般營業時間對外開放。N 40.738152 W 74.001057

一幅獨一無二的壁畫是生動、精湛的作品。

城市
指南

探索更多的紐約

布朗克斯動物園蟲蟲旋轉木馬
Bronx Zoo Bug Carousel

布朗克斯區（The Bronx） / 就在布朗克斯動物園的蝴蝶展旁邊，是第一個（很可能也是唯一一個）旋轉木馬上都是精心彩繪的手雕昆蟲。

高橋　　　　　　　　　　High Bridge

哈林河車道（Harlem River Drive） / 連結曼哈頓及布朗克斯兩區的橋梁，約 609 公尺的拱形高架輸水道聳立於哈林河（Harlem River）上。這是城裡最古老的橋梁，在忽略及廢棄 40 年後，重新開放作為人行道。

紐約市全景
Panorama of the City of New York

皇后區（Queens） / 100 多位模型師耗時3 年建造了這個全景，趕上了 1964 年的世界博覽會。這件作品令大眾印象深刻，占地929 平方公尺涵蓋紐約 5 個行政區裡的每棟建築物，以微縮模型重現。

胡迪尼之墓　　　　　Houdini's Grave

皇后區 / 曼哈頓有胡迪尼博物館（Houdini museum），不過在皇后區可以參觀這位史上最偉大魔術師的最終長眠之地。粉絲依然會聚集於此，等待他逃脫死亡的鐐銬，留下成堆石頭和一副副牌卡。

威廉堡　　　　　　　Castle William

總督島（Governors Island） / 1996 年時海岸防衛隊終於結束任務，他們是總督島上最後一批軍事人員。有百年之久的軍事前哨站開始對外開放，包括一座歷史悠久的堡壘，裡面有數百座大砲。

布魯克林植物園的屍花
Corpose Flower at the Brooklyn Botanic Garden

布魯克林 / 算準時間，幸運的遊客就能聞到地球上最難聞的味道之一：布魯克林植物園暱稱「寶貝」（Baby）的屍花盛開時的氣味。即使沒有完全盛開，這種巨花魔芋（*Amorphophallus titanum*）又稱「泰坦魔芋」（titan arum），也是正如其名（「泰坦」是希臘神話的古老巨人神族，畢竟叫「寶貝」實在太可愛了）。

威克斯威爾遺產中心
Weeksville Heritage Center

布魯克林 / 布魯克林最大的非裔美國文化機構，這個充滿活力的地方讚頌的是鮮為人知的 19 世紀威克斯威爾社群，刻意為自由黑人及昔日黑奴所打造，有展覽、表演和聚落遺跡的導覽。

沃茲沃斯堡壘　　　　Fort Wadsworth

史坦登島（Staten Island） / 紐約馬拉松的傳統起跑線，美國有人駐守最久的軍事堡壘，如今是韋拉札諾海峽（Verrazano Narrows）旁的龐大廢墟，也是蓋特韋國家遊憩區（Gateway National Recreation Area）的一部分，這裡適合懷舊野餐或海灘觀鳥。

佛洛依德貝內特廣場
Floyd Bennett Field

布魯克林 / 蓋特韋國家遊憩區的一部分，以第一位飛越北極的人命名，這裡是紐約市第一個地方機場，如今是歷史飛行器修復計畫（Historic Aircraft Restoration Project）的所在地。

里奇蒙歷史小鎮
Historic Richmond Town

史坦登島 / 紐約 17 世紀晚期、18 世紀初期的過往樣貌，被保存在一處有 30 棟建築物的聚落裡，這裡位於城市最遠的行政區；包括持續經營的最古老農場，還有一棟位於原址的 350 年老屋，這是美國最古老的房子之一。

羅斯福島天花醫院廢墟
Roosevelt Island Smallpox Hospital Ruins

羅斯福島（Roosevelt Island） / 這個令人難忘的廢墟，距離地球上某些最豪華、最昂貴的地產很近。設計出自聖派翠克大教堂（St. Patrick's Cathedral）的建築師之手，搖搖欲墜的遺跡保有莊嚴感，儘管裡面曾經乘載了許多的苦難。

世界上最大的西洋棋盤
World's Largest Chess Board

曼哈頓 / 某棟公寓建築的側面上有著世界上最大的西洋棋盤，每顆棋子高超過 60 公分，每週只走一步（需要動用活動吊車來下棋），這大概也是世界上最慢的一局棋。

全像攝影工作室
Holographic Studios

曼哈頓 / 世界上最古老的全像攝影館暨雷射實驗室，替之前的鐵匠鍛工廠帶來新生命，從 1960 年代開始就不斷創作、販售、展覽和教導雷射的藝術及科學。

暗箱古董奇珍店
Obscura Antiques and Oddities

曼哈頓 / 在這家迷人小店後面的房間裡，有各式各樣驚人的中世紀古物、20 世紀之交的動物標本、維多利亞時代的悼念首飾，還有一個精緻的 19 世紀解剖學模型（非賣品）。

天使奧倫桑茲藝術基金會
Angel Orensanz Foundation

曼哈頓 / 城裡現存最古老的猶太會堂，如今是新興藝術和音樂的空間，有菲利浦·葛拉斯（Philip Glass）的音樂在柱子之間迴盪，還有亞歷山大·麥昆（Alexander McQueen）的設計在彩色玻璃映照的光線下閃耀。

夢幻屋　　　　　　　　Dream House

曼哈頓 / 廣告宣傳夢幻屋提供的是聲光環境，由現代作曲家和視覺藝術家共同合作，彷彿回到當年翠貝卡區（Tribeca）和蘇活區（Soho）租金便宜、充滿創意活力的年代。

迷你博物館　　　　　　Mmuseumm

曼哈頓 / 這間微型博物館位於貨物升降機裡，擅長將「遭忽視、不受理會或被忽略的事物」，以不按常理出牌的方式展出，從扔向小布希總統的鞋子到玉米片分類學都有。

市政廳站　　　　　　City Hall Station

曼哈頓 / 自 1904 年就廢棄的華麗地鐵站，枝形吊燈和交錯灑落的自然光使它更臻完美，招呼著六節車廂上有耐心的乘客轉往市中心去。

高橋和橋上的水塔可以追溯到 19 世紀。

神聖樹林 THE SACRED GROVE

● 帕邁拉　Palmyra

1820 年春天，一個 14 歲的男孩走入了自家木屋附近靜謐的叢林，只為詢問一個大問題。年輕人不知道自己應該選擇哪種信仰，因此向上帝祈求指引。據這個男孩說，上帝和耶穌在一片白光之中現身，傳達了一個訊息：不要加入既有的宗教教派，因為它們的教導都不正確。

10 年之後，這個名叫約瑟夫·史密斯（Joseph Smith）的男孩出版了《摩門經》（*The Book of Mormon*），正式成立了耶穌基督後期聖徒教會（Church of Jesus Christ of Latter-day Saints）。史密斯在叢林裡的經歷被後期聖徒教會稱為「第一次異象」（First Vision），

也就是他成為先知的時刻。

那片被摩門教徒尊為「神聖樹林」的地方，現在全年對外開放。史密斯遇見神蹟的確切地點不為人知，但你可以從仿照重建的小木屋步行到樹林，按自己的選擇向神祈禱，重現史密斯少年時期的經歷。導遊將很樂意陪著你，並向你講述史密斯豐富精彩的一生。

地址：843 Stafford Road, Palmyra。克謨拉山歷史遺址遊客中心（Hill Cumorah Visitors Center）位於 653 號州道 21 號（653 SR 21），遊覽從這裡啟程。
N 43.040884 W 77.239877

莉莉代爾社區 LILY DALE ASSEMBLY

● 莉莉代爾　Lily Dale

莉莉代爾有一句俗語：「只要相信，方可收穫。」莉莉代爾很小、寧靜且偏遠，是靈媒提供通靈服務的社區。想要搬進莉莉代爾的人，必須向董事會證明自己的能力。如果他們從墳墓裡獲得的資訊足夠準確，就可加入。

遊客慕名來到莉莉代爾解讀，希望收到已故親人的音訊，或向他們傳達訊息。約 40 位靈媒住在這裡，獨立經營，各自定價——遊客可以在社區裡遊覽，找尋最適合自己的靈媒。

不論你是否相信靈媒的通靈能力，莉莉代爾都是一處值得觀光的安寧之地。除了個人解讀之外，在「靈性樹樁」（Inspiration Stump）還會舉辦團體集會，靈媒

會在人群中選出一人，傳達簡短的訊息。遊客還可以參觀寵物墓園、許願樹和療癒神廟，都不收門票。

地點：5 Melrose Park。參觀莉莉代爾的最好時節為夏季，社區每天、每週都會舉辦活動。
N 42.350730 W 79.325898

塞內卡白鹿 SENECA WHITE DEER

● 塞內卡　Seneca

多年來，謠言四起，一群奇怪的白鹿在紐約塞內卡郡的軍事倉庫（Seneca Army Depot）生活著。有些人猜測，「白化」品種是軍事實驗出了差錯的結果，而其他人則把物種的外貌歸因於地下的放射性軍事武器。

首次發現白鹿是在 1941 年，當時美國軍隊將 62 平方公里的土地圍起，用作儲存彈藥的場所。在安全圍欄的保護下，鹿的數量迅速增加，與此同時，一種造成鹿白化病的隱性基因的數量也相應增加。

1950 年代，白鹿數量越發龐大，美軍決定保護這個

特殊鹿群。倉庫指揮官獵殺棕鹿來控制數量，並禁止士兵捕獵白鹿，對物種進行了人工選擇。自此之後，附近的白鹿約增加到 300 隻，成為世界上數量最多的一群白鹿。

塞內卡軍事倉庫於 2000 年關閉，從此就不對外開放。一個非營利組織一直努力將這區變成保育公園和冷戰博物館。但尚未達成前，人們只能從高速公路上望見數百座廢棄碉堡間有幾十隻鹿活動。

賞鹿的最佳位置位於 96A 號國道（Route 96A），距離傑尼瓦（Geneva）約 9.7 公里。
N 42.736094 W 76.860572

梵蒂岡之外，數量最多的天主教聖物收藏就在匹茲堡。

PENNSYLVANIA
賓夕法尼亞州

聖安東尼教堂 ST. ANTHONY'S CHAPEL

● 匹茲堡　Pittsburgh

匹茲堡看起來並不像是一個朝聖之地，但虔誠的天主教徒卻蜂擁至這座教堂，只為一睹其中的聖物收藏。聖安東尼教堂有數千件來自聖徒的遺骨和衣物，就放在鑲滿寶石的聖物箱裡。這些合起來，是梵蒂岡聖城之外數量最為可觀的聖物收藏。

聖物收藏是由神父蘇特博爾特・莫林格（Suitbert Mollinger）發起，這位生於比利時的神父於 1880 年設計並建造了聖安東尼教堂。聖物藏品中最著名的有：

一塊來自耶穌最後晚餐桌子的銀色木頭，5 塊來自耶穌受難十字架的碎片，還有一塊來自聖母瑪利亞的面紗碎片。莫林格在 1892 年逝世，他在進行療癒彌撒時，會使用這些聖物讓病人恢復健康與活力。

地址：1704 Harpster Street, Pittsburgh。遊客可欣賞聖物收藏，但注意教堂是禮拜的場所。禁止拍照，並請保持安靜。N 40.464911 W 79.983664

後自然歷史中心
CENTER FOR POSTNATURAL HISTORY

● 匹茲堡　Pittsburgh

這裡是自然歷史博物館的 21 世紀版本，「後自然歷史中心」展出人類透過選擇性育種和基因工程所創造的生物。

博物館致力於調查自然、文化和生物科技的相交領域。收藏的活體生物和標本，包括透過基因工程改造的人造發光魚（攜帶水母和珊瑚具有的生物性發光基因），以及一隻「蜘蛛羊」（基因被改變，可以在

奶水中產生蜘蛛絲蛋白）保存良好的標本。

地址：4913 Penn Avenue, Pittsburgh。後自然歷史中心於每週日和每月的第一個星期五晚上開放。W 40.465361 N 79.944676

這間非傳統的自然歷史博物館展出突變的蔬菜、基因轉殖的蚊子與「蜘蛛羊」。

森特勒利亞鎮 CENTRALIA

● 森特勒利亞　Centralia

2013 年 10 月，曾有 2,700 多人口的森特勒利亞小鎮僅存的 8 位居民贏得了一場曠日持久的官司，得到留在自己家裡的權利。這裡曾是礦業聚落，如今居民可憑意願選擇是否留在這片雜草叢生、道路開裂，並釋放一氧化碳的土地上。

森特勒利亞坐落在一片富含無煙煤的煤礦層上，於 19 世紀中期發展成了礦業小鎮。然而，1962 年一場失控的礦井大火使森特勒利亞從一個古雅、熱鬧的城市變為荒蕪、危險的不毛之地。

大火的起因仍有爭議——有些人認為是由消防局的志工部門每年一次的垃圾焚燒導致，而其他人則聲稱 1932 年的煤層自燃大火未被完全撲滅，餘火緩緩蔓延到了廢棄的露天礦坑才引發了大火。

然而，大火遺留問題的嚴重性直到 1979 年才廣為人知。這一年，市長兼加油站老闆約翰・科丁頓（John Coddington）檢查地下油箱的油位，發現汽油竟然被加熱到了攝氏 77.7 度。

警告－危險

地下礦火

在此處步行或駕車
有重傷或死亡的風險

存在危險氣體

地面易突然塌陷

賓夕法尼亞州聯邦環保部

而真正令人震驚的是 1981 年發生的事件。當年，12 歲的陶德・多姆波斯基（Todd Domboski）在後院漫步時，地面突然塌陷，他隨之掉入了一個 2.4 公尺深冒著滾滾濃煙的大洞裡。所幸，多姆波斯基緊緊抓住了洞旁的樹根，最終安全獲救。後來人們發現，這個坑深達 46 公尺，瀰漫著致命濃度的一氧化碳。

在經歷以上人心惶惶的事故之後，政府開始透過徵地、遷移居民等方式獲得森特勒利亞的土地所有權。小鎮人口從 1980 年的 1,017 人迅速降到了 2000 年的 21 人。2002 年，森特勒利亞被取消了郵政編號。

目前，森特勒利亞僅存的 8 位居民獲得了留在此地生活的權利。在他們去世後，政府將會擁有他們土地的所有權。而此時此刻，大火仍在熊熊燃燒。

森特勒利亞距費城（Philadelphia）西北部約 2.5 小時車程。N 40.804254 W 76.340503

渡鴉格里普 GRIP THE RAVEN

● 費城　Philadelphia

在公園大道中央圖書館珍本書部門（Parkway Central Library's Rare Book Department）展示櫃裡，棲息在木枝上的填充渡鴉名叫「格里普一代」（Grip the First）。這隻渡鴉在 1841 死亡並且被保存下來——取代牠的是格里普二代和格里普三代——牠是狄更斯心愛的寵物，也是靈感的泉源。格里普有咬小孩腳踝的習慣，但牠非常重要，作家向牠致敬的方式，就是把牠寫在 1841 年的懸疑小說《巴納比・拉奇》（Barnaby Rudge）裡，讓格里普成為書中一角。

接著愛倫坡登場了。在他對《巴納比・拉奇》的評論中，愛倫坡

巴納比・拉奇與他的渡鴉。

寫道，狄更斯應該要讓格里普更不祥、更具象徵性。4 年後，愛倫坡明顯受到這部小說的影響，發表了〈渡鴉〉（The Raven）一詩，詩中

有隻「來自昔日聖潔歲月的莊嚴渡鴉」，呼喊著「永不復返」引人悲狂。渡鴉在詩中的叩門聲響呼應了《巴納比・拉奇》中的某一段：格里普首次發出聲響時，有個角色問道，「門上那個叩叩聲是什麼？」狄更斯死後，格里普輾轉到了愛倫坡紀念品收藏家理查・金貝爾（Richard Gimbel）的手上。1971 年時，金貝爾把這隻鳥跟愛倫坡的〈渡鴉〉手稿捐給圖書館。

地　址：1901 Vine Street, 3F, Philadelphia。搭乘地鐵 Broad Street line 在 Race-Vine 站下車，往西走 5 個街區。
N 39.959605 W 75.171023

東州監獄 EASTERN STATE PENITENTIARY

● 費城　Philadelphia

1829 年之前，美國監獄混亂且毫無紀律，不同年齡、性別的犯人共處一室。之後，東州監獄成立。受啓蒙思想的影響，這裡是第一座實施「賓夕法尼亞州立系統」（Pennsylvania System）的監獄，即將犯人與外界隔離，也將犯人彼此隔離，希望透過獨處讓犯人深刻反省。

東州監獄依據邊沁的圓形監獄設計，牢房從中心觀察室向外呈放射狀排列。每間牢房配有床、抽水馬桶、天窗和《聖經》。其他閱讀素材都被禁止，包括家人寄來的信件。每間牢房後牆有扇門，通向可以運動的小院子，犯人每天最多可以在院子待 1 小時。犯人在任何需要獄警陪同的活動時，都須佩戴眼罩，以免與其他人有眼神的接觸。

1842 年，狄更斯參觀了這裡，他在《美國紀行》（American Notes for General Circulation）一書中寫道，單獨監禁系統是「殘酷且錯誤的」。幾十年的批判（以及不斷增加的犯人數量）讓東州監獄嚴格的隔離政策逐漸變得寬鬆。

由於機械設施和電氣設備老舊，東州監獄於 1971 年關閉。在之後的 15 年中，廢棄的石牆間長出了一片蔥鬱的城市森林。1994 年，監獄重新對外開放，讓大眾參觀。牢房維持著廢墟的樣貌——薄荷綠色的牆漆剝落，從每間牢房的天窗灑下的光照亮了瓦礫、生鏽的床架和散落的舊皮靴。

地址：2027 Fairmount Avenue, Philadelphia。可以尋找阿爾・卡彭（Al Capone）的牢房，他於 1929 年因私藏武器被判入獄 8 個月。牢房裡的地毯、電燈、寫字桌和收音機復原了他過去的奢華生活。
N 39.968327 W 75.172720

費城的祕境還包括：

• **卡馬克街 Camac Street**
不妨在城市最後一條由木板鋪成的街道上漫步。

• **默劇演員博物館 Mummers Museum**
一年一度的默劇演員遊行中的奢華戲服來自這間博物館。

阿爾・卡彭的牢房配備了地毯與收音機——和周圍環境相較之下，這兩樣都是奢侈品。

湯恩比磁磚 TOYNBEE TILES

● 美國、南美洲多處地點

長方形的馬賽克拼貼有著神祕的訊息，人稱「湯恩比磁磚」，數十年來一直出現在城裡的大街上，不過來源跟目的依然是個謎。磁磚上通常有令人費解的訊息，例如：「湯恩比的點子—在庫柏力克（Kubrick）電影《2001 太空漫遊》（2001）—能讓死人復活—在木星」從 1980 年開始，發現了數百片這種車牌大小的牌匾，隨意散布在主要城市周邊。首先出現在費城和紐約，接著很快傳到全美各地，進入南美洲。

這些「磁磚」其實比較像是黏合貼片，黏在水泥人行道或柏油路上。大家各自詮釋的意義什麼都有，從未來主義的烏托邦願景到來自劇作家大衛‧馬密（David Mamet）的祕密訊息（他本人否認這一點）。根據一種流行理論的說法，這些磁磚是由費城一名木匠所製，據說他成立了某個團體，希望透過讓死人復活來殖民木星。不出所料，媒體沒有把他的想法當一回事，因此有些比較長型的磁磚旁邊被發現也帶有訊息，寫著「謀殺每個記者，求求你」。把這些線索連起來，似乎是磁磚製作者覺得自己的復活信仰變成被嘲笑的目標，因此選擇匿名在街上散播訊息。

沒人確切知道這些磁磚為何鋪設，又是怎麼鋪上去的。

究竟誰是眞正的湯恩比磁磚製作者，以及背後眞正的意圖是什麼，衆說紛紜。但沒有找到確切的證據，也沒人眞的看過磁磚製作者。有人推測磁磚的作法，就是把東西從車底的洞往外一扔，這能夠說明許多訊息都放置在費解的地點。

許多原版的磁磚幾乎早已磨滅，因爲常有人踩踏和車輛經過，有些則是近年重新鋪設。其他保存良好的很容易就能看清楚。有個線上互動地圖記錄目前已知的磁磚，網址是 toynbeeidea.com/portfolio/where。

N 39.951062 W 75.165631

米特博物館 MÜTTER MUSEUM

● 費城 Philadelphia

這座博物館以湯瑪斯‧登特‧米特（Thomas Dent Mütter）醫生命名，他於 1858 年將自己收藏的醫學標本捐給了博物館。博物館有許多迷人的藏品組合，包括人類的頭骨、病變的人體部位和用於醫學教學的解剖模型。

頂樓展間的亮點是「許特爾頭骨收藏」（Hyrtl Skull Collection）——8 排 139 件來自 19 世紀的頭骨。每件頭骨都標有死者的名字、年齡、職業、死亡地點與死因。雖然資訊的內容簡短，但衝擊力十足——例如，28 歲的匈牙利男子「因厭世而自殺，心臟槍傷」；一個波士尼亞人則「在與奧地利神槍手決鬥時被殺」。

樓下展間則展出罕見疾病的相關標本。展櫃裡的一個骨架好似正在融化——這些骨頭來自哈里‧伊斯特拉克（Harry Eastlack），他罹患一種名爲進行性骨化肌炎（fibrodysplasia ossificans progressiva）的結締組織疾病。肌肉與肌腱會逐

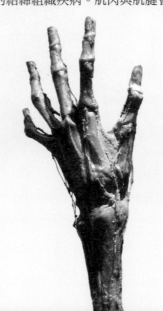

漸轉化爲骨骼，固化關節，把病人禁錮在自己體內。

幾步之外的一個玻璃展櫃中陳列著一條巨大的「紙蛇」，它呈棕色球根狀，長 2.7 公尺，這是一個男人的「碩大結腸」，由於神經紊亂，他的大腸內堆積了 18 公斤的糞便。轉過身，你會看到一個捲成球狀的小骨架，這是石胎（lithopedion），也就是「石化的胎兒」，它在子宮外死亡和鈣化，一直在母親體內待了 24 年沒被發現。

地址：19 South 22nd Street, Philadelphia。從費城的主要火車樞紐 30th Street 站可步行至博物館。博物館內禁止拍照。

N 39.953201 W 75.176637

WASHINGTON, DC
華盛頓哥倫比亞特區

華盛頓國家大教堂的怪異雕塑
GARGOYLES OF THE WASHINGTON NATIONAL CATHEDRAL

● 華盛頓特區　Washington, DC

華盛頓國家大教堂是世界第六大教堂，這座建築優雅地融合了飛拱、新哥德式尖頂，以及一個精緻的黑武士達斯‧維達（Darth Vader）①雕像。

戴著面具的安納金‧天行者（Anakin Skywalker）的頭部雕塑，高高地嵌在西北塔樓的兩座拱門之間。與吳哥窟塔布倫寺（Ta Prohm temple）的恐龍裝飾不同，這個頭像沒有爭議——1980 年代，教堂還處於為期 83 年的施工之中，那時孩子們參加了為教堂設計裝飾雕塑的比賽。當時 12 歲的克里斯多夫‧雷德（Christopher Rader）提交的達斯‧維達雕塑設計稿大受好評。

這個科幻作品的反派角色並不是教堂唯一離經叛道的雕塑。西北塔樓上的其他裝飾雕塑形象包括一隻浣熊、一個戴牙套的女孩，以及一個撐著雨傘咧嘴笑的男人。此外，教堂內部的一塊彩色玻璃為了紀念阿波羅 11 號（Apollo 11）的登月行動，其中還嵌入了一塊月岩。

拿起雙筒望遠鏡，鎖定西北塔樓頂部的達斯‧維達。

地址：3101 Wisconsin Avenue, Washington, DC。若要欣賞達斯‧維達雕塑須自備雙筒望遠鏡。穿過教堂內部林肯雕像旁的木門，站在右手邊的草地上，轉身看最近的塔樓，就能發現位於第一個尖頂正下方的天行者。

N 38.930655 W 77.070747

聯邦調查局間諜屋　FBI SPY HOUSE

● 華盛頓特區　Washington, DC

華盛頓特區威斯康辛大道 2619 號（2619 Wisconsin Avenue）的三層樓房屋有著寬闊的前廊，位於住宅區，相當適合家庭——或是聯邦調查局居住。

1977 年時，蘇聯大使館進駐這棟房屋對街的新建築物。聯邦調查局和美國國家安全局（NSA）很快就買下威斯康辛大道 2619 號，設立祕密監視站密切注意蘇聯事務。

這棟房子的掩護做得不怎麼樣。窗簾總是放下，沒有任何信件被送達，卻經常看到有人出入。從窗戶可以清楚看到相機，錄影監視進入蘇聯大使館的人們。

聯邦調查局不只利用這棟房屋當狗仔。也同時進行名為獨占行動（Operation Monopoly）的祕密計畫，預計在大使館底下挖掘地道，錄下裡面的對話，希望能夠收集祕密情資。問題是聯邦調查局不清楚大使館內部的格局，調查局想要地道挖在房間底下，偷聽聚集在房間裡的人洩密，但最後也很有可能挖到儲藏櫃的下方。

儘管聯邦調查局承認地道的存在，卻從未透露是從附近哪棟房屋開挖。據推測要不是這棟威斯康辛大道的監視屋，就是大使館另一側，福頓街（Fulton Street）上的一棟廢棄房屋。不過真相也許永遠無法確定了，因為地道已經封閉。

地　址：2619 Wisconsin Avenue, Washington, DC。2018 年 2 月，這棟房屋跟大使館之間的街道被命名為涅姆佐夫廣場（Boris Nemtsov Plaza），以紀念 2015 年遭到暗殺的俄國物理學家暨反普丁（Putin）的異議分子。

N 38.924258 W 77.072811

這棟不起眼的房屋隱藏著祕密。

華盛頓迷你紀念碑
WASHINGTON MINI MONUMENT

● 華盛頓特區　Washington, DC

華盛頓紀念碑附近有個人孔，人孔裡有另一座華盛頓紀念碑。迷你紀念碑高 3.7 公尺，是 169 公尺原版的複製品，提供測量員作為測地控制點——這個標記提供了地圖和測量的起點。這是遍及全國的 100 萬個控制點網路的其中之一，有助於美國國家大地測量局（National Geodetic Survey）統一校準所有的政府地圖。

測地控制點通常是金屬帽或金屬桿，直接打入地面，但是這個奇特的控制點卻是模仿旁邊鄰居的模樣。從 1900 年代開始用於測繪。在測量圈外，幾乎被人遺忘了。

測量標記在人孔下方，就在華盛頓紀念碑的南邊。找公園管理員問問，就能看到。N 38.889150 W 77.035211

這個微縮模型的正式名稱叫「基準點 A」（Bench Mark A），尺寸是原版的 1/46。

WEST VIRGINIA
西維吉尼亞州

國會防輻射落塵庇護所
CONGRESSIONAL FALLOUT SHELTER

● 白礦泉鎮
White Sulphur Springs

1960 年代期間，下榻綠薔薇豪華度假村（Greenbrier resort）的客人經常會在酒店西側看到電視維修工人。其實他們不知道，這些維修工人實際上是檢查祕密核子地下碉堡現場的政府工作人員。隨著 1950 年代冷戰逐漸升溫，艾森豪（Dwight D. Eisenhower）總統領導的政府當局意識到，一旦與蘇聯發生核子戰爭，國會人員需要撤離到一個庇護之地。綠薔薇度假村長久以來就是總統的度假地，距離華盛頓只有幾小時車程，因此被選為容納國會 1,100 多人的防輻射落塵庇護所。1958 年，以度假村新建的西樓為偽裝，政府開始建造位於山內 219 公尺深處、占地約 10,405 平方公尺的地下碉堡。

庇護所剛好在 1962 年古巴導彈危機前完工，包含宿舍（標著國會議員姓名的雙層床）、醫務室、去汙室和電視廣播中心（巨大的背景牆上繪製了國會山以撫慰人心）。庇護所的 53 個房間極其隱蔽，綠薔薇度

為應對核子攻擊，國會在豪華酒店的下方建了一座防輻射落塵的地下堡壘。

假村看似不起眼的展覽廳實則也是地下碉堡的一部分。在發生核子攻擊時，隱藏式的防爆門可以將庇護所與外界隔絕，讓政府繼續運作。

與其他冷戰時期的地下碉堡一樣，綠薔薇的國會輻射落塵庇護所也從未使用。1992 年，記者泰德・格普（Ted Gup）在為《華盛頓郵報》（The Washington Post）撰寫的一篇文章中披露了這處祕密設施，導致它被停用。

如今，這座地下碉堡的大部分房間用來儲存私密數據，其中一部分對外開放，有專人導覽。庇護所單調卻實用的家具與位於上方的五星級酒店形成了鮮明對比。

地　址：300 West Main Street, White Sulphur Springs。一週三次往返於芝加哥和紐約之間的美國國鐵（Amtrak）紅雀號（Cardinal）會在白礦泉鎮停靠。從火車站步行至度假村僅需 5 分鐘。
N 37.785946 W 80.308166

禁止使用無線電的綠岸成為那些宣稱自己罹患電磁敏感症的人之避風港。

靜區 THE QUIET ZONE

● 綠岸　Green Bank

在綠岸地區，禁止使用手機與無線網路。自從 1958 年起，這個小鎮就是「美國國家無線電靜區」（National Radio Quiet Zone）占地約 33,670 平方公里的一部分，這裡禁止所有無線電頻段的電磁輻射。所有嚴厲的措施都是以科學為名：全球最大的全可動無線電望遠鏡就位於綠岸的天文台，附近的無線電波會干擾它的運作。

僅有 150 人的偏遠小鎮為相信自己對電磁波過敏的人提供了避風港。這些「無線網路難民」描述，他們在綠岸時，頭痛、疼痛和疲勞的症狀都消失了。然而，科學界並不認為對於電磁波過敏是一種醫學疾病。

不論緩解電磁敏感症狀的作用在科學上是真或假，綠岸為遊客帶來了特別的體驗：牛群、農舍、廣袤的草原，與 148 公尺高的望遠鏡組合成了奇妙的景象。

美國國家無線電天文台（National Radio Astronomy Observatory），地址：West Virginia 28。綠岸天文台與望遠鏡全年對外開放。N 38.437821 W 79.835785

CONNECTICUT
康乃狄克州

新英格蘭地區
New England

美國聖地 HOLY LAND USA

● 沃特伯里　Waterbury

✝ 1950 年代初，虔誠的羅馬天主教徒約翰·巴普蒂斯特·格雷科（John Baptist Greco）想要建造一座獻給上帝的路邊主題公園。1959 年，他實現了自己的願望，並將主題公園命名為「美國聖地」。

主題公園裡包括耶穌誕生地伯利恆（Bethlehem）的微縮模型、伊甸園的複製品、以《聖經》主題的立體模型，以及各種致敬耶穌基督生平及事蹟的物品。其中最著名的是寫著「美國聖地」的好萊塢風格招牌，以及 17 公尺高的鋼製十字架，從幾公里之外就可以見到，特別是夜晚點亮的時候。當地流傳著一個笑話，沃特伯里的孩子自小就認為耶穌是在十字架上被電死的。

到了 1960 年代，公園每年可吸引 5 萬名遊客。但隨著熱度漸漸降低，1984 年這座公園就因破敗、過時、待修被關閉了。格雷科希望透過擴建公園吸引更多遊客，但這次卻未能如願。1986 年，格雷科離世。

而後，管理公園的責任被移交給了一群修女。她們一度盡力維持公園整潔，但聖地還是吸引了眾多肆意破壞者和塗鴉藝術家。雕塑被砍頭，立體模型被毀，隧道也被封堵。雜草蔓生、破敗不堪、垃圾遍地的「聖地」已名不副實，而 2010 年一名年輕女性在這裡被謀殺，更讓環境雪上加霜。

地點：Slocum Street, Waterbury。美國聖地坐落在街道的盡頭。園內立著警告標誌，宣稱裝有監視錄影並起訴入侵者，信不信由你。若進入公園，請勿偏離步道。N 41.548636 W 73.030328

庫欣人腦收藏
CUSHING BRAIN COLLECTION

在耶魯醫學圖書館一間奢華的鑲木房間裡，550 個泡著人腦的玻璃罐排列在架子上。它們曾是神經外科先驅哈威・庫欣（Harvey Cushing）醫生的收藏，他在 1903 至 1932 年期間收集這些人腦以記錄腫瘤。1939 年庫欣逝世，他的母校本科繼承了這些人腦。

庫欣是 20 世紀早期為數不多的人腦手術醫師之一。當時，腦瘤手術的死亡率高達 1/3。而庫欣發明的方法，大大降低了死亡率，包括在手術中監測血壓，使用局部麻醉代替乙醚麻醉。他也是第一個利用 X 光檢測腦瘤的人。

這些沒有嚴密封裝大腦的玻璃罐，在 2010 年被放在醫學圖書館展出之前，就鎖在耶魯醫學院的學生宿舍地下室裡。1990 年代，追求刺激的學生們會潛入黑暗又塵土飛揚的儲藏室，尋找傳說中的人腦。雖然這些探險不被允許，但學生們對待標本還是非常謹慎，從未打碎過任何罐子。在 2010 年轉移標本時，耶魯的工作人員發現了一張海報，上面潦草地書寫著許多名字，

還有一句話：「只留下你的名字，只帶走你的記憶。」

耶魯大學惠尼醫學圖書館（Whitney Medical Library），地址：333 Cedar Street, New Haven。
N 41.303218 W 72.934003

康乃狄克州的祕境還包括：

- **綠地中央教堂的地下室 Crypt at Center Church on the Green**

紐哈芬 / 綠地中央教堂位於紐哈芬的一塊墓地之上，施工時人們將 137 座墳墓放在教堂的地下室。

此為腦袋集思之處——有數百的人腦。

MAINE
緬因州

威廉‧賴希博物館 WILHELM REICH MUSEUM

● 蘭吉利　Rangeley

這棟鑲著藍邊的石造建築曾經是一間實驗室，如今存放著威廉‧賴希（Wilhelm Reich）的大部分遺產；這位精神分析學家相信性高潮的能量能夠影響天氣。

1919 年，賴希開始了自己的職業生涯，在維也納與佛洛伊德（Sigismund Freud）共事。受到佛洛伊德「慾力」（libido）理論的影響，賴希沉迷於他所謂的「高潮潛力」（orgastic potency）：人可在性高潮中完全釋放能量與壓力。根據賴希的理論，所有的神經疾病（甚至如癌症之類的疾病），都是壓抑性能量所致。

賴希在 1920 至 1930 年代期間的工作非常前衛——他的「植物神經療法」（vegetotherapy）需要病人僅著內衣，之後他會爲病人按摩，放鬆「身體武裝」，直至病人叫喊或嘔吐。在一系列的生物電流實驗裡，賴希爲兩名病人連上電線，透過示波器觀察兩人在進行性交時體內生物電流所發生的變化。

第二次世界大戰爆發兩週前，賴希搬到了紐約。他在這裡宣布發現了「奧根」（orgone），這是一種無處不在的慾力生命力，是影響重力、氣候模式、情緒和健康的因素。而後，賴希開始建造「奧根蓄能器」：人們可以裸體坐在裝有金屬的木台上，吸收奧根的能量。

10 年之後，他得出了新的理論，大氣中累積的「奧根輻射」將會導致乾旱，於是賴希設計了一台「破雲器」。機器由一排指向天空的管子組成，管子連接著浸在水中的軟管。賴希相信，破雲器將會把奧根從天上吸入管裡，從而引發降水。

1950 年代中期，賴希的興趣轉到飛碟上，他篤信飛碟正釋放奧根輻射來毀滅地球。於是，他與兒子前往亞利桑那州，將破雲器當作「太空槍」瞄準飛碟，試圖抽乾它們的能量。

這時，賴希已受到美國食品藥物管理局（簡稱 FDA）的注意，他們下令阻止賴希將奧根蓄能器運出他居住的緬因州。當賴希的一位同夥違反禁令後，FDA 就下令摧毀賴希的蓄能器、宣傳冊和書籍。賴希也因此被判刑兩年——丹伯里聯邦監獄（Danbury Federal Prison）的精神科醫師發現他患有妄想症。8 個月之後，賴希因心臟病發於牢房中逝世。

緬因州充滿田園風情的奧根農（Orgonon）曾是賴希的實驗室所在地，位於此處的博物館收藏了賴希用於古怪實驗的儀器、奧根蓄能器、私人紀念物和被 FDA 焚毀的出版品原版。走出博物館，向樹林深處漫步，可以看到一台正對著賴希墳墓的破雲器。

地　址：19 Orgonon Circle, Rangeley。若想吸收奧根生命力，可以待在出租小屋塔馬拉克（Tamarack），這裡曾經是賴希一家人的住所。
N 44.965682 W 70.642710

一位女士坐在由賴希設計的奧根蓄能器上，這台機器據說可以收集無所不在的慾力生命力。

國際神祕動物學博物館
INTERNATIONAL CRYPTOZOOLOGY MUSEUM

● 波特蘭　Portland

身高 2.4 公尺的「大腳野人」（Sasquatch）守衛著博物館大門，館內約 1 萬件藏品，包括「雪人」（Abominable Snowman）的頭髮樣本，雪人的排泄物，以及一個真實大小的腔棘魚模型。博物館的所有人洛倫‧科爾曼（Loren Coleman）是神祕動物的狂熱愛好者，他會很樂意跟你介紹「天蛾人」（mothmen）、卓帕卡布拉（chupacabra）、塔佐蠕蟲（tatzelwurm），以及他追捕大腳怪的經歷。你可以在禮品店裡買到雪人的手指玩偶和大腳形狀的空氣清新劑。

地址：32 Resurgam Place, Portland。N 43.651598 W 70.290698 ➤➤

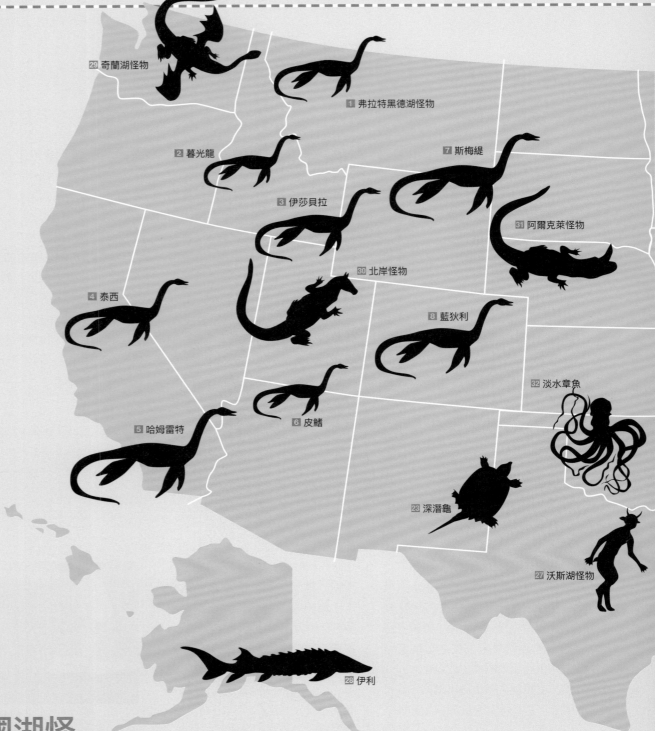

29 奇蘭湖怪物

1 弗拉特黑德湖怪物

2 暮光龍

7 斯梅緹

3 伊莎貝拉

31 阿爾克萊怪物

30 北岸怪物

4 泰西

8 藍狄利

32 淡水章魚

5 哈姆雷特

6 皮鰭

23 深潛龜

27 沃斯湖怪物

28 伊利

美國湖怪

水怪 Nessies

1. 弗拉特黑德湖怪物
   Flathead Lake Monster
   蒙大拿州，弗拉特黑德湖
   (Flathead Lake)

2. 暮光龍 The Twilight Dragon
   愛達荷州，百葉湖 (Payette Lake)

3. 伊莎貝拉 Isabella
   愛達荷州，熊湖 (Bear Lake)

4. 泰西 Tessie
   加州，塔荷湖 (Lake Tahoe)

5. 哈姆雷特 Hamlet
   加州，埃爾西諾湖 (Lake Elsinore)

6. 皮鰭 Skin Fin
   亞利桑那州，鮑威爾湖
   (Lake Powell)

7. 斯梅緹 Smetty
   懷俄明州，德斯梅特湖
   (Lake De Smet)

8. 藍狄利 Blue Dilly
   科羅拉多州，狄龍湖
   (Lake Dillon)

9. 佩佩 Pepie
   明尼蘇達州，佩平湖 (Lake Pepin)

10. 奧博約基 Obojoki
    愛荷華州，奧科博吉湖
    (Okoboji Lake)

11. 羅奇 Rocky
    威斯康辛州，岩湖 (Rock Lake)

12. 密西根湖怪物
    Lake Michigan Monster
    密西根州，密西根湖
    (Lake Michigan)

13. 貝茜 Bessie
    俄亥俄州，伊利湖 (Lake Erie)

14. 尚普 Champ
    佛蒙特州，尚普蘭湖
    (Lake Champlain)

15. 波可 Poco
    緬因州，波可蒙珊湖
    (Pocomoonshine Lake)

16. 格洛斯特海蛇
    Gloucester Sea Serpent
    麻薩諸塞州，格洛斯特港
    (Gloucester Harbor)

17. 奇比斯 Kipsy
    紐約州，哈德遜河
    (Hudson River)

18. 乞西 Chessie
    馬里蘭州，乞沙比克灣
    (Chesapeake Bay)

19. 諾米 Normie
    北卡羅來納州，諾曼湖
    (Lake Norman)

20. 奧塔馬哈 Altamaha-ha
    喬治亞州，奧塔馬哈河
    (Altamaha River)

21. 塔皮 Tarpie
    佛羅里達州，塔彭湖
    (Lake Tarpon)

22. 馬克怪物 Muck Monster
    佛羅里達州，沃斯湖潟湖
    (Lake Worth Lagoon)

9 佩佩
35 米舍貝舒
25 白猴
15 波可
14 尚普
16 格洛斯特海蛇
11 羅奇
13 貝茜
12 密西根湖怪物
10 奧博約基
17 奇比斯
24 巴斯科怪獸
18 乞西
34 赫里
33 小白
19 諾米
20 奧塔馬哈
26 腐爛凱特爾
21 塔皮
22 馬克怪物

不論是身被鱗片、黏滑或毛茸茸的，美國傳說中的湖怪催生了無數的小鎮傳說。以下為一些傳說中的生物，它們在全美各地的想像位置標注於圖中。

巨龜 Giant Turtles

23. 深潛龜 Deep Diving Turtles
新墨西哥州，無底湖
（Bottomless Lake）

24. 巴斯科怪獸 Beast of Busco
印第安納州，弗爾克湖
（Fulks Lake）

長蹼的原始人類
Webbed Hominids

25. 白猴 The White Monkey
緬因州，索科河（Saco River）

26. 腐爛凱特爾 Tainted Keitre
路易斯安那州，蜜島沼澤
（Honey Island Swamp）

山羊人 Goat Man

27. 沃斯湖怪物
Lake Worth Monster
德克薩斯州，沃斯湖
（Lake Worth）

魚怪 Monster Fish

28. 伊利 Illie
阿拉斯加州，伊利亞姆納湖
（Iliamna Lake）

長翅膀的鱷蛇
Winged Alligator-Snake

29. 奇蘭湖怪物
Lake Chelan Monster
華盛頓州，奇蘭湖
（Lake Chelan）

馬頭鱷 Horse-Headed Alligator

30. 北岸怪物 North Shore Monster
猶他州，大鹽湖
（Great Salt Lake）

角鱷 Horned Alligator

31. 阿爾克萊怪物 Alkali Monster
內布拉斯加州，阿爾克萊湖
（Alkali Lake）

巨型殺人章魚
Giant Killer Octopus

32. 淡水章魚 Freshwater Octopus
奧克拉荷馬州，雷鳥湖
（Lake Thunderbird）

角獸 Horned Beast

33. 小白 Whitey
阿肯色州，白河（White River）

巨型鰻豬 Giant Eel Pig

34. 赫里 Herry
肯塔基州，赫林頓湖
（Herrington Lake）

水棲山貓怪
Aquatic Lynx Monster

35. 米舍貝舒 Mishebeshu
密西根州，休倫湖
（Lake Huron）

MASSACHUSETTS
麻薩諸塞州

地球館 MAPPARIUM

● 波士頓　Boston

1930 年時，波士頓建築師查斯特・林賽・邱吉爾（Chester Lindsay Churchill）受託設計新的基督教科學出版協會（Christian Science Publishing Society）總部。他收到的指令是：蓋一棟足以跟當時其他大報社總部媲美的建築。《紐約日報》（*New York Daily News*）的總部裡有著名的巨大旋轉地球儀，《基督科學箴言報》（*Christian Science Monitor*）必須更棒才行。

於是有了現在的地球館，三層樓高的反轉彩繪玻璃地球儀，中間由玻璃步道一分爲二。以前是用好幾百盞燈來點亮，現在則是用 LED 燈發光。

地球館是世界上唯一可以看到未失眞地球表面的地方。即使是精確的地球儀，各洲的相對尺寸也會由於視角而失眞，這是因爲球形導致不同區域離眼睛的視線距離不同。但是如果能從地球的正中心觀看，眼睛到地圖上每個點的距離就會相同。

這種觀看地球的方式很有趣。非洲超級大，北美洲、歐洲和亞洲全部擠在北極那裡，幾乎要把頭抬直才能看到它們。習以爲常的各洲尺寸和位置，突然間都變得陌生起來。

雖然各洲相對尺寸和位置是正確的，但地圖上的政治疆界卻早已過時。地球館從 1935 年後就沒有改變。還能找到暹羅和法屬印度支那，但沒有以色列或印尼。

瑪麗・貝克・艾迪圖書館（Mary Baker Eddy Library），地址：200 Massachusetts Ave, Boston。走進地球館時，請站在中間聆聽，可以清楚聽到裡面其他人的聲音，不管他們站在哪裡，或講話音量有多大。
N 42.345130 W 71.086294

站在地球館正中央時，不妨測試一下擴音效果。

詹姆斯·艾倫自傳
JAMES ALLEN'S BIOGRAPHY

● 波士頓　Boston

波士頓圖書館（Boston Athenæum）是一座建於 1807 年的私人圖書館。在珍本、地圖和手稿中，有一部淺灰色皮革裝訂的小本出版品。書名叫做《詹姆斯·艾倫的生活敘事》（*Narrative of the Life of James Allen*），是一本保存完好的人皮自傳：一本用作者的皮膚裝訂而成的書。

詹姆斯·艾倫是新英格蘭地區的銀行劫匪及強盜。他在 1830 年代厚顏無恥的搶劫行徑，最終將自己送進了麻薩諸塞州立監獄（Massachusetts State Prison），他於 1837 年 28 歲時因肺結核死在獄中。這個不識字的犯人深感自己時日無多，於是便向典獄長口述生平，請他用自己的皮膚裝訂文稿，而後將自傳送給一位名叫約翰·芬諾（John Fenno）的人。

雖然艾倫只見過芬諾一次，但相遇的場景讓艾倫堅信芬諾永遠不會忘記他。1834 年，艾倫在塞冷公路（Salem Turnpike）上攻擊芬諾。但芬諾的還擊讓劫匪艾倫大為吃驚，艾倫慌忙掏出槍射向芬諾的身軀，然而芬諾衣服上的一顆鈕釦奇蹟般地擋住了子彈。

根據芬諾提供的資訊，艾倫於 1835 年被捕。儘管如此，艾倫還是對他曾經的搶劫目標懷有敬意。為了表達心意，艾倫精心準備了一件特殊的禮物：自己的傳記，使用自己染色後的古銅色皮膚牢牢裝訂。

很少看見由作者皮膚裝訂而成的書本。

地址：10½ Beacon Street, Boston。搭乘地鐵（俗稱 T）紅線或綠線到 Park Street 站下車。週二和週四下午有開放給非會員的導覽。
N 42.357945 W 71.062029

拙劣藝術博物館 MUSEUM OF BAD ART

● 波士頓　Boston

〈騎甲殼動物的女人〉（*Woman Riding Crustacean*）是拙劣藝術博物館 700 多件收藏的其中一件，這幅肖像畫是一個沒有臉、沒有手、也沒有腳的赤裸女子騎在一隻巨大龍蝦上。不知為何，一團黑乎乎的東西籠罩著女子與她的坐騎。就像博物館的其他作品一樣，藝術家的創意與他們的繪畫技巧之間有顯著的鴻溝。

拙劣藝術博物館是從 1993 年在波士頓街上兩個垃圾桶之間發現的一幅畫開始的。古董交易商史考特·威爾遜（Scott Wilson）發現一個老婦人的肖像畫，畫中老婦人在黃色天空下的花叢中翩翩起舞。她一隻手拿著一束剛剛採下的新鮮花束，而另一隻手拿著一把紅色扶手椅。以這幅用心繪製但效果很差的畫為基礎，威爾遜與朋友傑利·賴利（Jerry Reilly）創立了拙劣藝術博物館。

90% 申請入館的畫作都因畫得太好而被拒絕。

自博物館成立以來，就遵循著嚴格的標準。90% 的申請都因展現了過多的藝術才能而被拒絕。而悉心挑選出來的作品（透過捐贈、二手店、後院拍賣和垃圾回收），展現詭異的視角、令人困惑的象徵意義以及俗豔的色彩搭配。人像畫作大都沒有手腳，因為四肢比較難畫。

其中約 20 至 25 件收藏在薩莫維爾劇院（Somerville Theater）地下室展出。每件展品都配有官方解說——〈穿草裙雜耍的狗〉（*Juggling Dog in Hula Skirt*）被形容為「勞動密集的無意義主義的絕佳例子」。此外，遊客可以在留言本上發表自己的評論。

地址：55 Davis Square, Somerville。持有劇場電影票根，即可免費入場。
N 42.396779 W 71.122850

乙醚圓頂屋 ETHER DOME

● 波士頓　Boston

1830 年代，外科手術是一件快速而殘忍的事情。手術前，病人通常會被灌威士忌或鴉片，幸運的是被打暈。而後醫生會將病人的身體放平，並以最快的速度鋸下一條腿或切除腫瘤。頂尖的蘇格蘭外科醫生羅伯特‧利斯頓（Robert Liston）以能夠在 3 分鐘之內鋸下一個肢體而聞名（有次，他在不到 3 分鐘的時間裡鋸下了一條腿，但由於得意忘形，他不小心將病人的睪丸也切下了）。當時，乙醚作為一種用於娛樂消遣的揮發性液體麻醉劑，大學生與無聊的社會名流會大口吸入，繼續傻笑地沉迷於「乙醚嬉戲」，但乙醚鎮痛的功效尚未被世人發現。

1846 年，麻薩諸塞州總醫院（Massachusetts General Hospital）的手術室首次使用乙醚作為麻醉劑。一群好奇的觀眾坐在階梯座位上，觀看牙科醫生威廉‧莫頓（William Morton）向愛德華‧吉伯特‧阿博特（Edward Gilbert Abbott）釋放乙醚蒸汽。幾分鐘之後，阿博特渾身無力，毫無反應，外科醫生約翰‧沃倫（John Warren）便向阿博特脖子上的腫瘤開刀。手術中未出現撕心裂肺的叫喊，這讓人們十分鼓舞。

阿博特醒後，證實自己對手術過程並無感覺。沃倫以勝利者的姿態轉向觀眾，說道：「先生們，這可不是騙局！」

之後這間手術室就被叫做「乙醚圓頂屋」，在 1821 至 1867 年間一直作為手術室使用。

現在，修復後的乙醚圓頂屋在不舉辦講座或會議時對外開放。除了介紹乙醚的歷史外，這裡還收藏了 19 世紀的外科儀器、一顆頭骨，以及 1823 年捐給醫院一具名為「帕蒂赫謝夫」（Padihershef）的埃及木乃伊。

地址：55 Fruit Street, Boston，布林芬奇大樓（Bulfinch Building）4 樓。當你來此一遊，不妨參觀圓頂屋的建築，以及描繪手術室使用乙醚的歷史油畫。
N 42.363154 W 71.068833

城市指南

探索更多的波士頓

荷蘭屋　Dutch House
布魯克萊恩（Brookline） / 這棟具荷蘭文藝復興風格的四層樓住宅是為 1893 年芝加哥世界博覽會而建，在博覽會結束後被拆除，但之後又在布魯克萊恩被重新拼裝起來。

無盡長廊（麻省理工陣）
Infinite Corridor (MIThenge)
劍橋市（Cambridge） / 這條連接麻省理工學院（MIT）數棟建築長 251.4 公尺的走廊被稱為「麻省理工陣」——因為它是東西向排列，一年中有兩次與日出或日落的方向一致。

哈佛大學科學中心的馬克 1 號
Mark I at Harvard University's Science Center
劍橋市 / 這台第二次世界大戰期間長 15.5 公尺的電腦，讓人回憶起「電腦」還是個職業名稱的日子。

大都會自來水博物館
Metropolitan Waterworks Museum
栗樹山（Chestnut Hill） / 這些蒸汽動力抽水機為 1880 年代的波士頓供水。

瑪丹娜女王國家聖地
Madonna Queen National Shrine
東波士頓（East Boston） / 高 11 公尺的「瑪丹娜，宇宙女王」（是耶穌之母瑪利亞，而非歌手瑪丹娜）的雕像建於 1954 年。

穀倉墓地　Granary Burying Ground
市中心（Historic Downtown） / 在這座建於 1660 年的古墓中漫步吧，一排排 18 世紀的墓碑由骨頭裝飾。

牙買加池塘的長凳
Jamaica Pond Bench
牙買加平原（Jamaica Plain） / 於 2006 年安裝的遊擊藝術作品，一張 U 形的無座長椅，已在派克曼紀念公園（Parkman Memorial Park）獲得了永久之地。

眾聖徒之路　All Saints Way
北角（North End） / 狹窄巷弄中的一面牆已成為天主教徒的聖地。

蜜糖洪災遺址　Molasses Flood Plaque
北角 / 請為 1919 年的「蜜糖洪災」（Great Molasses Flood）默哀，緩慢流動的糖漿吞噬了 21 人的生命，並致使 150 人受傷。

威尼斯宮立體模型
Venetian Palace Diorama
北角 / 波士頓公共圖書館（Boston Public Library）的主廳中陳列著威尼斯宮的微縮立體複製品。威尼斯宮彰顯了 14 世紀初的威尼斯建築美學。

富蘭克林動物園熊穴
Franklin Park Zoo Bear Dens
羅克伯里（Roxbury） / 富蘭克林動物園的熊穴建於 1912 年，如今保留了原始的樹林供遊人探險。

現代文藝復興博物館
Museum of Modern Renaissance
薩莫維爾（Somerville） / 曾經的共濟會堂如今搖身變為藝術的神祕主義聖殿，搭配成套的花朵、美人魚和德魯伊（druids）壁畫。

斯坦納特音樂廳　Steinert Hall
劇場區（Theater District） / 自 1942 年被關閉起，這間 19 世紀的華麗音樂廳一直在等待音樂歸來。音樂廳位於一間鋼琴店的四層樓之下。

連家具都是由捲起的報紙製作的。

紙房子 PAPER HOUSE

● 洛克港　Rockport

「紙房子」也許會讓人聯想到脆弱的建築，但洛克港的紙房子自 1920 年代起就屹立於此了。1922 年，機械工程師伊利斯・斯坦曼（Elis F. Stenman）開始用報紙建造房屋。一開始僅是個人愛好。斯坦曼把報紙壓在一起做成牆壁，並塗上膠和清漆讓牆壁堅固。

布置室內空間時，斯坦曼延續了報紙的主題，他將報紙捲成一根根小棍，將紙棍堆疊成椅子、書架和書桌，並在報紙表面塗刷清漆，做出木頭的效果。

1930 年之前，斯坦曼會在自己的報紙房子中避暑。之後，這裡作為博物館對外開放。透過一層層清漆觀察報紙，你會看到 1920 年代的頭條新聞和報導。例如，一張桌子上的某張報紙上印著查爾斯・林白（Charles Lindbergh）開創性的跨大西洋飛行。

地址：52 Pigeon Hill Street, Rockport。房子距離波士頓東北部約 64 公里，位於洛克港海濱小城之中，春季至秋季對外開放。N 42.672947 W 70.634617

NEW HAMPSHIRE
新罕布夏州

美國巨石陣 AMERICA'S STONEHENGE

● 塞倫　Salem

如果你是慕名前來，那你很可能會大失所望——因為這裡和英國巨石陣完全不同。美國的巨石陣原名為「神祕山」（Mystery Hill），分布著一系列小石牆、石堆布置和地下室。至於何人因何而建，一概是謎。

對美國巨石陣進行放射性碳定年法，結果顯示，西元前 2,000 年左右已有人在此居住。普遍認為，當時的居民是印第安原住民。但有些人，包括此地所有者，則認為這些石造物是由前哥倫布時代的歐洲人所建。若該觀點成立，那歐洲人如何比哥倫布早 1,000 年到達新罕布夏州？

遊覽美國巨石陣時，你會看到「獻祭台」（The Sacrificial Table）——這是一塊邊緣刻有凹槽的厚重花崗岩板，凹槽便於在宰殺動物獻祭時瀝血。這與美國殖民時期使用的瀝鹼石板非常相似，因而也更易誤導人。當混亂的歷史讓你感到無所適從時，不妨看看經常出沒在這附近的美洲羊駝放鬆一下。

地址：105 Haverhill Road, Salem。
N 42.842852 W 71.207217

貝蒂與巴尼‧希爾檔案室
BETTY AND BARNEY HILL ARCHIVE

● 德爾罕　Durham

1961 年 9 月 19 日深夜，貝蒂和巴尼‧希爾夫婦（Betty & Barney Hill）結束假期後從蒙特婁開車回新罕布夏州的樸次茅斯（Portsmouth），沿途他們發現天空有一束移動的光亮。兩人被這不同尋常的景象吸引，把車停在了路邊。據這對夫妻後來的說法，事件開始變得詭異了。

希爾夫婦說，隨著光亮慢慢接近，他們發現這竟是一艘太空船。他們之所以如此肯定，是因為當他們望向船的窗戶時，10 幾個灰色皮膚的外星人也在盯著他們。在之後的催眠診療中，貝蒂和巴尼表示他們被帶到了飛船上，被迫參與了野蠻的醫學試驗，而幾小時之後返回車裡時，他們卻只剩零星的記憶了。

被灰皮膚的外星人綁架，已經成為科幻的比喻，如今屢見不鮮的橋段就源自希爾夫婦的故事。新罕布夏大學（University of New Hampshire）的貝蒂與巴尼‧希爾檔案室收集了與這對夫婦聲稱的外星人綁架事件有關的信件、個人日記、論文、剪報、照片、幻燈片、電影和錄音帶。其中引人注目的項目包括催眠診療的文字紀錄、綁架當晚貝蒂所穿的紫色洋裝，以及 1977 至 1991 年間貝蒂記錄她的所有飛碟目擊事件的筆記本。

新罕布夏大學迪蒙圖書館（Dimond Library），地址：18 Library Way, Durham。N 43.135515 W 70.933210

1961 年，貝蒂與巴尼‧希爾夫婦是第一對聲稱被外星人綁架的人類。

RHODE ISLAND
羅德島州

羅傑‧威廉斯樹根 ROGER WILLIAMS ROOT

● 普羅維登斯　Providence

嵌入約翰‧布朗之家（John Brown House）玻璃後方牆中的是吃了羅傑‧威廉斯（Roger Williams）的樹根。

威廉斯是羅德島州的創始人，他死於 1683 年，被葬在家族農場的一塊無字碑下。在安息了 177 年後，普羅維登斯社區的領袖薩查里亞‧艾倫（Zachariah Allen）開始努力尋找威廉斯的遺體，希望為這位備受尊敬的偉人建立一座與他地位相配的紀念碑。

然而，當人們開棺之時，卻未發現威廉斯的遺體，取而代之的是一條形狀似人的蘋果樹樹根。看到樹根的人很自然地認為，樹根長入棺材裡，還吃了威廉斯的遺體，然後（吸收了他的精華）幻化出了人形。

這條可能將創立羅德島州的元勳吃掉的樹根，現在在約翰‧布朗之家展出，這棟建築是普羅維登斯最古老的宅邸。

地址：52 Power Street, Providence。遊客來到這座小鎮時，還可以參觀羅傑‧威廉斯公園（Roger Williams Park）。N 41.822778 W 71.404444

羅德島州的祕境還包括：

• **約翰‧海圖書館 John Hay Library**
普羅維登斯 / 這間圖書館的藏品包括由人皮裝訂的書籍和美國作家 H. P. 洛夫克拉夫特（H. P. Lovecraft）的信件。

• **槍圖騰 Gun Totem**
普羅維登斯 / 這根高 3.6 公尺的柱子由 1,000 支槍製成，材料來自 2001 年匹茲堡槍枝回收計畫。

VERMONY
佛蒙特州

岩石世紀花崗岩採石場
ROCK OF AGES GRANITE QUARRY

● 巴爾　Barre

「岩石世紀」是世界上最大的深井花崗岩採石場，有小型巴士載送遊客到採石場上方，可以安全地從閘門後面觀看這座巨大的礦坑。儘管大部分都在乳綠色的深井下，這個礦坑口大得驚人，陡降將近 183 公尺深。採石場旁邊有巨大的切割設施，從 1885 年開始營運。在這個 14,865 平方公尺的空間裡，四處都有大塊的花崗岩被搬動、切割、拋光，雕刻成墓碑和紀念碑。離開之前，務必到戶外花崗岩保齡球道打上幾局。岩石世紀公司在 1950 年代嘗試過花崗岩保齡球道，不過這個概念從來沒有流行起來。試驗期間做的原型如今在採石場展出，經修復後可供家庭娛樂。

搭乘巴士前往採石場的路上會經過成堆的花崗岩塊，那是採石廠工人多年來傾倒的岩石，因為石塊斷掉或有裂紋。這些岩塊堆稱為「粗渣堆」（grout piles），來自蘇格蘭語廢料的意思（早期有許多蘇格蘭人在採石場工作）。這些石堆在城裡四處可見。
N 44.156731 W 72.491400

佛蒙特州的祕境還包括：

● 狗教堂 Dog Chapel
聖約翰斯堡（St. Johnsbury）／ 這個小村子裡的教堂讚頌犬類與人類之間的精神關係。

美國大部分的花崗岩墓碑都來自這個巨大的礦坑口。

阿拉斯加與夏威夷
Alaska and Hawaii

ALASKA
阿拉斯加州

靈魂之屋 SPIRIT HOUSES

● 伊克盧特納　Eklutna

聖尼古拉斯俄羅斯正教教堂（St. Nicholas Orthodox Church）後的墓地有 100 多座看似雞舍的彩色小屋。這些為覆蓋墳墓而建的小屋，融合了俄羅斯正教傳統與美國原住民文化的做法。

伊克盧特納距離阿拉斯最大城安克拉治（Anchorage）40 公里，是迪納伊納阿薩巴斯卡（Dena'ina Athabaskan）印第安村莊 800 多年前的所在地。西元 1830 年左右，俄羅斯正教傳教士到達這裡後，兩個社區逐漸融合。

在傳教士還沒到來之前，按照阿薩巴斯卡習俗，亡者將被火葬。但隨著阿薩巴斯卡人漸漸被俄羅斯正教信徒同化，禁止火葬，他們開始將亡者埋在聖尼古拉斯俄羅斯正教教堂附近的墓地。

阿薩巴斯卡的傳統認為，人死後靈魂會在塵世逗留 40 天，因此他們建造靈魂之屋，為亡者的靈魂提供臨時的居所。在屍體下葬後，親人會在墳墓上堆放石頭，並覆蓋一塊毯子，象徵性地為亡者提供溫暖和舒適。接著親人會將靈魂之屋蓋在毯子上，並為小屋塗上顏色，以示家族親情。

最後，墳墓上會加上一個俄羅斯正教的象徵：一個木製三槓十字架。這三條橫槓自上至下分別代表耶穌受難時頭頂的名牌、手臂被釘的位置，以及支撐身體的擱腳橫木。

伊克盧特納歷史公園（Eklutna Historical Park），地點：Eklutna Village Road, Eklutna。從安克拉治市中心開車到墓園需 30 分鐘車程。墓園每年 5 月至 9 月對外開放。
N 61.460500 W 149.361586

融合了俄羅斯正教文化與美國原住民文化，這些墓邊的小屋讓亡者的靈魂得以安全。

投珠機、冰屋、巨大的毛靴，以及與聖誕老人的「火箭船」——所有這些都可以在毛靴樂園找到。

毛靴樂園 MUKLUK LAND

● 托克　Tok

實在很難定義毛靴樂園的主題，最接近的答案可能是「來自阿拉斯加的東西」。

退休教師喬治與貝絲・雅各夫婦（George and Beth Jacobs）為了與大家分享他們收藏的阿拉斯加州紀念品，於 1985 年創建了毛靴樂園，將它宣傳為「阿拉斯加州獨一無二的景點」。毛靴樂園包括一間廢物堆積場、一棟擺滿遊戲機的屋子、令人印象深刻的啤酒罐收藏、一個迷你高爾夫球場、一顆巨大的捲心菜，以及一輛被稱為「聖誕老人的火箭船」（Santa's Rocket Ship）的紅白相間古董公車。

除此之外，毛靴樂園有許多玩偶。一間小木屋裡堆了上百個玩偶——它們被放在地板上、架子上、並排塞進打開的箱子裡，或者塞在一輛紅色的塑膠敞篷車內。所有的玩偶都面向一扇窗戶，遊客可透過窗戶一窺屋內。但禁止進入木屋，地板上的捕熊陷阱已經明示了這點。

在參觀了「引擎巷」（Engine Alley）、「加熱器天堂」（Heater Heaven）和草地上生鏽的器械後，遊客可以在樂園最主要的景點「大毛靴」（Giant Mukluk）前擺姿勢拍照。這隻巨大的紅色靴子裝飾著白色絨球，掛在大門處約一人高的位置。

地址：Milepost 1317 Alaska Highway, Tok。毛靴樂園位於托克以西 5 公里處。每年 6 月至 8 月期間開放。
N 63.342354 W 143.080520

阿拉斯加州的祕境還包括：

- **曼登霍冰窟 Mendenhall Ice Caves**
朱諾（Juneau）／走入長 19 公里、部分中空的冰川內部，欣賞燦爛的藍色冰壁。

- **湖中淑女 Lady of the Lake**
北極（North Pole）／這架廢棄的 WB-29 氣象偵察機淹沒在阿拉斯加曠野中的一座湖裡。

- **麝牛農場 Musk Ox Farm**
帕爾默（Palmer）／這家農場出產強韌而柔軟的阿拉斯加麝牛毛。重達 272 公斤的雄性麝牛會在交配季釋放出刺鼻的麝香氣味。

- **極光冰雕博物館 Aurora Ice Museum**
費爾班克斯（Fairbanks）／在世界上最大的全年冰雪環境中，霓虹點綴的冰雕和夢幻的冰封場景令人嘆為觀止。

- **惠蒂爾城 City of Whittier**
惠蒂爾（Whittier）／這座小鎮有 217 位居民，大部分人都住在同一棟建築裡。

埃達克國有林 ADAK NATIONAL FOREST

● 埃達克　Adak

你不可能在埃達克島上的森林裡迷路。埃達克島是占地 712 平方公里的凍土苔原，位於阿拉斯加半島（Alaska Peninsula）西邊阿留申群島（Aleutian Islands）的最遠端。埃達克國家森林（美國面積最小的森林）只有 33 棵松樹，全都擠在一片廣闊無樹的荒原中央。森林的邊緣有塊牌子寫著：「你正進入、也正離開埃達克國家森林。」

這片小森林誕生於第二次世界大戰時期，當時駐紮在埃達克空軍基地的美軍參加了爲鼓舞士氣而舉辦的耶誕節植樹活動。爲了紀念這些樹最初的立意，埃達克的 300 位居民每年 12 月都會爲森林裝飾聖誕彩燈。

地點：埃達克，希爾塞德大道（Hillside Boulevard）旁，貝肖爾高速公路（Bayshore Highway）附近。從安克拉治飛往埃達克的航班全程約 3 小時。N 51.903249 W 176.622139

HAWAII
夏威夷州

海庫階梯 HAIKU STAIRS

● 歐胡島，卡內奧赫
Oahu, Kane'ohe

若想欣賞日出的壯觀景色（又不被警衛趕走），你需要半夜就開始攀登海庫階梯。3,922 級的海庫階梯建於 1942 年，目的是爲了穿越山谷架設電纜。1987 年，其中三節階梯被人肆意破壞而封鎖了。然而，尋求刺激的健行者並未退縮，他們偷偷潛入階梯偷爬，引起當地居民的不滿。

儘管 2002 年市政府將損壞和生鏽的階梯修葺一新，意圖讓海庫階梯重新對外開放，可是因當地居民的反對及安全顧慮而繼續關閉。階梯的台階只有 46 公分寬，最陡峭的部分更像是梯子，只能容許一人通過。雖然兩側的扶手能夠避免人們墜落下山，但由於濕度高，扶手（與階梯）常常十分濕滑。

每日凌晨 5 點左右，警衛會在階梯腳下集合，確保無人擅入。如果你能穿越漆黑的叢林，在警衛到達之前就先進入階梯，或許可以登至山頂再折返，不會招惹麻煩（只要你安靜和有禮，當你回到階梯腳下，警衛甚至可能向你祝賀，或爲你拍一張團體照）。在濃霧之中完成讓人腎上腺素激增的攀登，收穫將是歐胡島宏偉壯麗的 360 度美景。

地點：卡內奧赫，庫內基街（Kuneki Street）和馬肯納街（Makena Street）交會處。溫馨提示：攀登階梯是非法的。若你執意要攀登階梯，請攜帶頭燈、飲用水、防水外套與防滑手套。繞過一扇大門，選擇門右側的水泥路，在第一個岔路口左轉，接著在第二個岔路口右轉，左手邊會出現一條開闊的道路。沿此路走至下一條鋪好的道路上，左轉後，繼續前進，直到看見警衛的藍色帳篷。之後向右轉入森林，在下一個大門處左轉。你就到了。
N 21.410265 W 157.818364

被譽為「天堂階梯」的海庫階梯，彷彿通向歐湖島上空的雲端。

被 487 公尺高的峭壁與世隔絕的卡勞帕帕，是 8,000 名被流放的夏威夷痲瘋病患者的家園。

卡勞帕帕 KALAUPAPA

● 摩洛凱島　Molokai

一個多世紀以來，摩洛凱島一直是座美麗的監獄，囚禁著被夏威夷強行從社會流放的人。1865 年，夏威夷國王卡美哈梅哈五世（Kamehameha V）授權了《防止痲瘋病擴散法案》（Act to Prevent the Spread of Leprosy）。當時，人們認爲這種又被稱爲「漢生病」（Leprosy）的疾病傳染性很強，無法治癒。罹患痲瘋病的人會被毀容，並受社會排斥，因爲人們相信這是上天的懲罰。

1865 年的法案讓夏威夷政府可以逮捕並流放所有被認爲感染了痲瘋病的人。1866 至 1969 年期間，多達 8,000 多人被送往摩洛凱島北岸與世隔絕的卡勞帕帕。其中絕大部分人患有痲瘋病，而部分人是被誤診。所有人都在一面是大海、一面是高 487 公尺峭壁的卡勞帕帕，度過餘生。

早期這個殖民地缺少食物，也無庇護之所，生活十分悲苦。1873 年，比利時的天主教神父達米安·德沃斯特（Damien de Veuster）來到卡勞帕帕。在隨後的 16 年裡，達米安神父組織醫療服務、建設住所、照顧病人，改善了島上的生活條件。惋惜的是，他與病人的密切接觸最終葬送了自己：1889 年，49 歲的神父因患痲瘋病離世。

在 1940 年代引入氨苯碸藥物之後，痲瘋病的傳染威脅大幅降低。雖然 1969 年強制隔離政策被取消了，但許多患者還是選擇留在卡勞帕帕。殖民地的一些居民還住在歷史悠久的社區建築裡，其中包括一間電影院、集體宿舍和 14 座墓園，這些地方被保留下來，讓遊客可以更了解人們曾經如何被囚禁在這座天堂般的地獄。

摩洛凱島，卡勞帕帕國家公園（Kalaupapa National Park）。從檀香山（Honolulu）搭乘飛機到摩洛凱島約 30 分鐘。卡勞帕帕最便利的交通工具是騾子。遊客須年滿 16 歲，並參加當地居民舉辦的遊覽活動。
N 21.166395 W 157.105464

夏威夷州的祕境還包括：

• **多勒種植園的鳳梨迷宮**
　Pineapple Maze at the Dole Plantation
瓦希阿瓦（Wahiawa）／挑戰全球最大的植物迷宮。

• **卡米洛海灘 Kamilo Beach**
納阿萊胡（Naalehu）／這裡過去曾經是一片純淨的白色沙灘，如今卻成為太平洋垃圾帶的垃圾網。

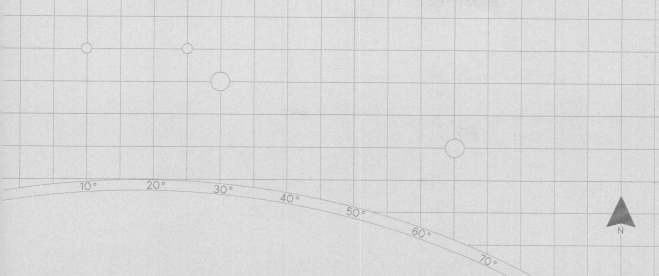

拉丁美洲與加勒比海

Latin America and the Caribbean

南美洲	墨西哥	中美洲	加勒比海島嶼
阿根廷丨		貝里斯丨	巴哈馬丨
玻利維亞丨		哥斯大黎加丨	巴貝多丨
巴西丨		薩爾瓦多丨	英屬百慕達丨
智利丨		瓜地馬拉丨	英屬開曼群島丨
哥倫比亞丨		宏都拉斯丨	古巴丨
秘魯丨		尼加拉瓜丨	古拉索丨
烏拉圭丨		巴拿馬丨	多米尼克丨
委內瑞拉丨			多明尼加丨
			法屬瓜地洛普丨
			海地丨
			法屬馬丁尼克丨
			英屬蒙哲臘丨
			波多黎各丨
			聖克里斯多福丨
			千里達—托貝哥丨
			聖文森及格瑞那丁丨

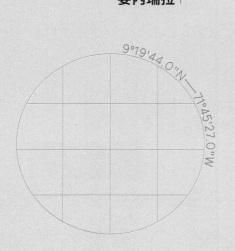

9°19'44.0"N——71°45'27.0"W

15°

加勒比海

宏都拉斯

薩爾瓦多

尼加拉瓜

哥斯大黎加

巴拿馬

10°

永恆的閃電暴

卡拉卡斯 ★

委內瑞拉

淹沒的波托西教堂

大西洋

巴布羅‧艾斯科巴的河馬

5°

阿麥羅鎮遺址

波哥大 ★

瓜亞貝塔爾飛索

薩里薩里納瑪

蘇利南

法屬
圭亞那

水晶河

蓋亞那

亞馬遜巨石陣

赤道

哥倫比亞

0° 赤道

厄瓜多

納粹墓地

亞馬遜湧潮衝浪

亞馬遜河

拉克依斯馬拉赫塞斯
國家公園

-5°

福特城

-5°

卡里加石棺

哥科塔瀑布

秘魯

亞馬遜的
沸騰河

巴西

聖托黛美死藤水儀式

昌昌

-10°

-10°

利馬 ★

伊卡黑石

奧揚泰坦博遺址

最後一座印加草繩橋

巴西利亞 ★

-15°

烏魯人的浮島

北永加斯死亡之路

巫師市場

-15°

赤道

拉巴斯 ★

玻利維亞

南美洲

艾瑪斯國家公園的
發光白蟻丘

復活節島
未完成的巨人像

硝酸鈉
礦鎮

烏由尼鹽湖

-20°

-20°

南太平洋

英里 0 1,000

〈沙漠之手〉

巴拉圭

公里 0 1,000

-25°

蛇島

-25°

伊沙瓜拉斯
托省公園

-30°

-30°

魯賓遜克魯索島

聖地牙哥 ★

烏拉圭

智利

迪亞曼特湖

布宜諾斯
艾利斯 ★

加爾松潟湖大橋

太平洋

★ 蒙特維多

大西洋

-35°

-35°

阿根廷

死了兩次的
女孩之墓

-40°

-40°

雅典書店

布宜諾斯艾利斯

-45°

-45°

卡雷拉將軍湖大理石教堂

南美洲

-50°

英里 0 500 1,000

公里 0 500 1,000

福克蘭群島

N

-55°

南喬治亞島

-55°

這座歷史悠久、富麗堂皇的劇院如今是全球最美的書店之一。

ARGENTINA
阿根廷

南美洲
South America

雅典書店 EL ATENEO GRAND SPLENDID

● 布宜諾斯艾利斯　Buenos Aires

繪滿壁畫的天花板、華麗的劇院包廂、優雅的圓形看台、精緻的裝飾和紅絲絨舞台布幕，雅典書店可絕非一般的書店。這座宏偉的建築建於 1919 年，原是以演出探戈傳說為特色的劇場，而後成為電影院──布宜諾斯艾利斯第一間放映有聲電影的電影院。如今，

雖然這裡的書籍比城裡其他書店的售價貴了許多，但它奢華的室內裝潢足以讓人慕名前來。

地址：Avenida Santa Fe 1860, Buenos Aires。乘坐地鐵至 Callao 站，再向北步行 3 個街區即可到達 Avenida Santa Fe。S 34.595979 W 58.394237

布宜諾斯艾利斯的祕境還包括：

● 納韋拉城堡 Castillo Naveira

布宜諾斯艾利斯 / 這座巨大的新哥德式城堡遠離大眾，收藏著滿滿大廳的盔甲和整個馬廄的古董車。

● 萬花之花 Floralis Genérica

布宜諾斯艾利斯 / 每天，這株 32 公尺寬的巨大金屬花都會重新綻放。

● 埃佩昆湖 Laguna Epecuén

布宜諾斯艾利斯省（Buenos Aires Province）/ 阿根廷這座湖曾在 1985 年淹沒了一整個村莊。

● 海洋博物館 Museo del Mar

布宜諾斯艾利斯省 / 這間博物館收藏了豐富的貝殼、化石和海洋無脊椎動物。

● 佩德羅．馬丁．烏雷塔的森林吉他 **Pedro Martín Ureta's Forest Guitar**

布宜諾斯艾利斯省 / 一名失去愛情的男子，用活生生的樹「排列」出了一把巨大吉他。

● 敘爾．索拉博物館 Xul Solar Museum

布宜諾斯艾利斯 / 這裡的館藏來自一位探究平行宇宙的藝術家，他同時也是語言發明家兼烏托邦夢想家。

死了兩次的女孩之墓
TOMB OF THE GIRL WHO DIED TWICE

● 布宜諾斯艾利斯　Buenos Aires

大多數遊客前往華麗巴洛克風格的雷科萊塔公墓（La Recoleta Cemetery），是為了瞻仰伊娃・貝隆（Eva Perón）①的墳墓。但往南走一小段路，就會看到另一個與眾不同的景象：這裡埋著魯菲娜・坎巴西爾斯（Rufina Cambaceres），這個女孩死了兩次。

1902 年，魯菲娜 19 歲的生日當晚，她正準備出門，卻突然失去了意識，倒在地上。3 位醫生都宣告她已經死亡。於是，這位年紀輕輕的名門閨秀就被放進棺木，葬禮後就在雷科萊塔公墓的一處墓地下葬了。

幾天後，一名公墓員工發現魯菲娜的墓地有人闖入的痕跡，於是他進入墳墓檢查。公墓員工懷疑有人盜墓，開啓了魯菲娜的棺木，發現了魯菲娜的遺體及棺木內壁上的抓痕。魯菲娜下葬時還活著。她在棺木甦醒後曾試圖逃生，一直抓棺蓋，直到心臟停止跳動。如同許多「活埋」傳說，魯菲娜的故事也難辨真假，且充斥著各種流言。在其中一個版本中，她最初「死亡」是由於發現男友與他自己母親亂倫的醜聞。

不論這些故事的眞實性如何，或只是異想天開，魯菲娜精美的墳墓本身就值得一看。建築上有一座眞人比例的女孩雕像，她一邊凝視墓園，一邊關上通往陵墓的大門。

地址：Junín 1790, Buenos Aires。在雷科萊塔公墓入口處可免費獲取一份地圖。魯菲娜的墳墓是 95 號，就在西南區的貝隆夫人墓以南大約 3 個區。
S 34.587436 W 58.393430 ➤➤

➤➤ 歷史上防止活埋的方法

在 18、19 世紀期間，醫生意識到許多人是不小心被活埋的，但無法判斷何為真死，何為假死。為了解決這一難題，人們發明了各種稀奇古怪的方法來檢測生命跡象。

菸草煙霧灌腸法
Tobacco Smoke Enemas

菸草煙霧灌腸法是 18 世紀歐洲常用的方法，讓顯然已死的人試試看能否起死回生。煙霧用風箱從管道吹入亡者的直腸，或由一位無畏的救助者吹入亡者的口中——人們認爲煙霧會將亡者從死亡的邊緣帶回人世。溺水者被救上岸後經常會被菸草煙霧灌腸，但成功率很低（偶爾救活可能只是巧合）。

足部酷刑法　Foot Torture

足部酷刑法偶爾會用於驗屍。好心的醫生會用剃刀割開屍體的腳底，把針插進腳趾甲，或將火紅熾熱的烙鐵放在腳底，這一切只爲了確保這個人確實、肯定、毫無疑問地死了。

太平間　Waiting Mortuaries

屍體會被放在這裡直到出現腐敗的跡象。這在 19 世紀晚期的德國十分普遍。太平間其實就是屍體的醫院，還有護士看顧。爲了掩蓋肉體和內臟腐爛的氣味，每張床旁都放了鮮花。

安全棺　Safety Coffins

安全棺以特殊的設計舒緩了人們對活埋的恐懼，例如通氣管，屍體的四肢與地面上的鈴鐺、旗子或燈光相連，棺蓋還安裝了彈簧。雖然安全棺很快就申請了專利，但還沒有被這樣的裝置救活的案例。

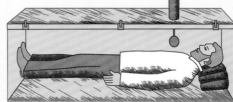

安全棺可以防止活埋，誤埋的人可以向外通告他還活著。

城市
指南

探索更多的布宜諾斯艾利斯

紀念博物館
Museum and site Memorial（ESMA）

努涅斯（Núñez）／令人難忘的可怕博物館，展出內容是關於阿根廷的「航髒戰爭」（Dirty War），這裡原本是海軍軍官學校，也是 1970 年代晚期和 1980 年代初期拘留政治犯的 400 多間看守所之一，2008 年對外開放，讓那些遭軍政府「消失」的人不被遺忘。

紀念公園
Remembrance Park

貝爾格拉諾（Belgrano）／紀念公園位於普拉塔河（Rio de la Plata）沿岸，是獻給 1970 年代晚期和 1980 年代初期國家恐怖主義和暴力之下成千上萬的犧牲者——公園裡有張力十足的雕像、大片的草坪、寬廣的坡道，以及一道刻著受害者姓名的紀念牆。

聖地主題公園
Tierra Santa

貝爾格拉諾（Belgrano）／跟著大家一起蜂擁而入，目睹突然出現約 12 公尺高的耶穌，與門徒的人像模特兒吃一頓「最後的晚餐」，看看重現的《創世記》（當時有電子動畫河馬嗎？）再跟出賣耶穌的猶大來張自拍。

卡洛斯·葛戴爾之墓
Carlos Gardel Tomb

查卡里塔（Chacarita）／就像他自己一首悲傷歌曲的故事一般，探戈作曲家暨歌手葛戴爾在事業巔峰時死於飛機失事。他在查卡里塔墓園（La Chacarita Cemetery）的墳墓，有這位偉大藝人的真人尺寸雕像，身穿燕尾服，周遭環繞著數十面來自全球的銅碑，表達對他永恆的喜愛和感激。

植物園裡的天氣指示計
The Weather Indicator at the Botanical Garden

巴勒摩（Palermo）／在卡洛斯泰司植物園（Carlos Thays Botanical Garden）一個池塘附近，一座大理石方尖碑頂端有個銅製地球儀，上面刻著黃道十二宮的符號。有塊碑告訴大家這個東西的名稱（「天氣指示計」）、製造時間（1910 年），以及製造者約瑟·馬克維奇（Jose Markovich）——至於它的功能，與天氣何關，依然是個靜悄悄的謎。

納維拉城堡
Castillo de Naveira

盧罕（Lujan）／長久以來隱藏在大眾的目光之外，這座占地廣闊的新哥德式城堡似乎從阿根廷鄉間走進了格林童話——距離城市有 1 個多小時的車程，但這趟路很值得，能讓人回到另一個時空。

雷科萊塔公墓
Recoleta Cemetery

雷科萊塔（Recoleta）／這座墓園有一些墳墓屬於布宜諾斯艾利斯的上層社會，在經濟蕭條時頹傾，只有住在那裡的貓時常拜訪，不過這裡仍然是世界上最美麗的長眠地之一。一排又一排將近 5,000 個裝飾華麗的墓穴（其中包括伊娃·貝隆之墓），組成了這個非凡的亡者之城。

金色大廳
The Golden Hall

聖尼科拉斯（San Nicolás）／哥倫布劇院（Teatro Colón）是舉世公認三大或四大最棒的歌劇院之一，金色大廳（Salón Dorado）裡充滿凡爾賽宮的風情，金光流淌，飾以無限映照的鏡子。

巴羅洛宮
Barolo Palace

蒙瑟拉特（Monserrat）／一直到 1935 年為止，這棟 22 層樓的辦公大樓都是南美最高建築。寓言式的設計仿效但丁（Dante）的《神曲》（Divine Comedy）——大廳是地獄，往上通過煉獄，最後到達頂層的天堂。

啟蒙區
Block of Lights

蒙瑟拉特（Monserrat）／「啟蒙區」又叫做 Manzana de las Luces，是一處 17、18 世紀的建築群、教堂及祕密地道，在布宜諾斯艾利斯歷史上扮演過數次關鍵的角色（教育、傳教、立法、軍事），但那些地道的範圍和原本目的依然是個謎。

女人橋
Puente de la Mujer

馬德羅港（Puerto Madero）／這座看似不可能的懸臂人行渡橋，根據建築師的說法，「女人橋」要讓人想起一對探戈舞者，不過未來感的尖嘴設計似乎比較適合作為《星艦迷航記》（Star Trek）的場景，而不是舞廳——在這裡待上一陣子，就能看到橋梁 90 度旋轉開啟，讓船隻通過。

科斯塔內拉蘇爾生態保護區的都會觀鳥
Urban Birding at Costanera Sur Ecological Reserve

馬德羅港／大自然在普拉塔河沿岸獲勝，科斯塔內拉蘇爾生態保護區（Reserva Ecológica Costanera Sur）內有眾多物種在這個復育的自然保護區重新繁衍，其中包括闊嘴鷸、斑翅抖尾地雀、朱紅霸鶲、剪尾夜鷹、白臉樹鴨。

俄羅斯正教大教堂
Russian Orthodox Cathedral

聖特爾莫（San Telmo）／鈷藍色洋蔥圓頂造型的俄羅斯正教大教堂，很可能是布宜諾斯艾利斯唯一在聖彼得堡設計、帶有 17 世紀俄羅斯精神的建築物。

卡米尼托老街
El Caminito

博卡區（La Boca）／長巷裡的戶外博物館、永久性的街頭市集是熱鬧的探戈色彩及文化，在輕鬆氛圍裡許下莊重的承諾，要一直把這種國家舞蹈當成生活方式。

克里奧畜欄博物館
Creole Museum of the Corrals

馬達德羅斯（Mataderos）／這間小博物館涵蓋了昔日肉類加工區的歷史，有點陳舊但很迷人，塵土飛揚的質感很適合把焦點放在高卓人①的生活上——有牛仔工藝品、數百件古董套索和刀具，還有一些嚇人的古老屠宰場照片。

在卡米尼托老街的小巷中起舞。

伊沙瓜拉斯托省公園
ISCHIGUALASTO PROVINCIAL PARK

● 聖胡安省，聖胡安
San Juan, San Juan

這座公園因奇特地貌而叫做「月亮谷」（Valle de la Luna），公園中埋葬著巨大的石化樹木與世界上最古老的恐龍化石。在奇怪的石頭景觀中有處叫做「球場」的地方，其中布滿上百顆經過幾百萬年侵蝕作用所形成的石球。

距離伊沙瓜拉斯托最近的兩座城市是聖胡安（向南行駛 5 小時）和拉里奧哈（La Rioja，向東北行駛 3 小時）。兩地均有開往公園的包車和公車。S 30.116783 W 67.901315

上百顆石球散落在球場之中。

阿根廷的祕境還包括：

- **羅森博物館 Museo Rocsen**
  諾諾（Nono）/ 這間博物館有 20 間風格迥異的展廳，25,000 件館藏五花八門，包括攝影作品、昆蟲標本、玩具、宗教遺物、化石和秘魯木乃伊等。

- **塑膠瓶之屋**
  House of Plastic Bottles
  伊瓜蘇港（Puerto Iguazú）/ 這座一室一廳的小屋由飲料塑膠瓶、CD 盒和牛奶盒建造而成，是一個男人獨立完成的作品。

- **佩里托莫雷諾冰川**
  Perito Moreno Glacier
  聖克魯斯（Santa Cruz）/ 這個不斷生長的冰川圍住了阿根廷湖（Lago Argentino），然後崩裂，造成災難——卻形成了地質奇觀。

- **石化森林 Petrified Forest**
  聖克魯斯 / 在著名的巴塔哥尼亞公園（Patagonian park）有世界上最大的兩棵石化樹木。

- **坎波德爾謝洛隕石**
  The Campo del Cielo Meteorite
  聖地牙哥—埃斯特羅（Santiago del Estero）/ 史上撞擊地球的最重隕石就墜落在這裡。

迪亞曼特湖 LAGUNA DEL DIAMANTE

● 門多薩，聖拉斐爾　Mendoza, San Rafael

呈碗狀的「火山臼」（caldera）是由火山爆發後地面塌陷造成，而迪亞曼特湖位於世界上最大的火山臼，周圍遍布著噴湧硫磺的氣口。這座潟湖的鹼性極高，是海水的 5 倍，砷含量比美國國家環境保護局認定的人體安全量高出 2 萬倍。
儘管環境極為惡劣，但這與地球早期的環境相似，幾百萬「噬極端生物」（extremophiles）在湖中繁榮生長。

科學家希望這些神祕的微生物可以幫助人們發現新的抗氧化物或酶，也許有朝一日有助於解釋地球上生命的誕生過程。

智利國境附近，距門多薩南部有 4 小時車程。通往迪亞曼特湖的公路僅於 12 月至次年 3 月期間開放。可以從附近的聖拉斐爾和門多薩開四輪驅動車前往，路途顛簸。
S 34.149999 W 69.683333

位於活火山之上的劇毒之湖時，常有紅鶴光臨。

在玻利維亞最負盛名的神祕學貨物市場中，可以買到美洲駝的胎屍。

BOLIVIA
玻利維亞

巫師市場 WITCHES' MARKET

● 拉巴斯　La Paz

這條街上有幾十個攤位，販售民間偏方、曬乾的爬行動物，以及聲稱可以帶來繁榮和好運的美洲駝胎屍。「女巫」會在市場裡遊蕩，提供算命服務、靈性指引和傳統的醫藥療法。如果你想一窺自己的未來，或者緩解身體和精神的病痛，就去找戴黑帽的人。

地點：Calle Linares, La Paz. Taxis，位於薩迦納加（Sagarnaga）和聖克魯斯（San Cruz）之間的一條卵石路。計程車、小巴和特定路線的汽車都是前往巫師市場的便宜方式。S 16.496468 W 68.139003

在濕季期間,一層薄薄的水會將鹽沼變為漫無邊際的鏡面。

烏由尼鹽湖 SALAR DE UYUNI

● 波托西,烏由尼　Potosí, Uyuni

月神薩拉達旅館(Hotel Luna Salada)幾乎全部是由當地盛產的材料「鹽」建成。旅館的牆壁使用鹽泥製成的鹽磚砌成。遊客可以在鹽桌上吃飯,在鹽床上睡覺,或是在夕陽下欣賞雪白的烏由尼鹽湖,這是世界上最廣袤的鹽湖。

烏由尼鹽湖在幾千年前曾是一片湖泊,湖水乾涸後形成了這處夢幻之境。濕季時,一層薄薄的水將烏由尼鹽湖變為一面9,842平方公里的鏡子,白色沙漠倒映天空,營造了一望無盡的景致,宛如天空之鏡。

這裡白天陽光強烈,入夜後卻十分寒冷(由於熱水有限,所以住在月神薩拉達旅館很麻煩,因此請攜帶足以保暖的衣物,並詢問櫃檯可以淋浴的時間)。巨大的仙人掌是這裡唯一的植物,但附近的柯洛拉達湖(Laguna Colorada)有上千隻粉紅色的紅鶴聚集。

美國太空總署一直使用烏由尼鹽湖來校準「冰、雲與陸高衛星」(Ice, Cloud, and land Elevation Satellite,簡稱ICESat),以測量南極洲和格陵蘭島冰蓋的海拔高度。由於鹽湖的表面全年保持穩定,美國太空總署的科學家就能夠透過測量地面反射衛星雷射脈衝的時間來校準儀器。

烏由尼鹽湖上還散落著一些生鏽的火車車廂,這使原本超現實的景色更為虛幻。19世紀末期,烏由尼是通往太平洋沿岸運送礦物的鐵路樞紐。1940年代,礦業的衰落導致很多車廂棄置於鹽沼。雖然有人提議為它們建造一座博物館,但如今一排排車廂仍曝露在驕陽之下。

從拉巴斯(La Paz)開往烏由尼的夜間巴士全程約10小時。蘇克雷(Sucre)也有開往鹽湖的巴士,於早晨出發,停靠波托西後,開往烏由尼,約傍晚到達。
S 20.330200 W 67.047141

一間全部由鹽打造的旅館。

北永加斯死亡之路
NORTH YUNGAS DEATH ROAD

● 拉巴斯　La Paz

一側是堅硬的岩石，另一側是 610 公尺的深淵。夾於兩者之間的是 3.65 公尺寬的雙向道，人稱「死亡之路」。

1930 年代在玻利維亞東部山脈（Cordillera Oriental Mountain）上開鑿的北永加斯路是全球最危險的路段之一。這裡坡度陡峭，沒有護欄，常常濃霧瀰漫，遍布落石和土石流，解釋了為什麼每年有 200 到 300 人葬身於此。

雖然在玻利維亞車輛靠右行駛，但在北永加斯路上司機都會靠左行駛，以便更清楚看到懸崖邊緣。遊客除了要提心吊膽墜崖危險之外——還要提防在北永加斯死亡之路上勇敢疾馳而下的自行車騎士。

北永加斯路全長 69.2 公里，從首都拉巴斯延伸至科羅伊柯（Coroico）小鎮。拉巴斯有幾家公司舉行死亡之路的自行車騎乘活動，但參與者須簽署很多死亡免責協定的表格。S 16.221092 W 67.754724

玻利維亞著名的死亡之路已奪走了許多人的生命，但也因此吸引了遊客前來觀光。

玻利維亞的祕境還包括：

- 印加石架
  Horca del Inca

拉巴斯 / 的的喀喀湖（Lake Titicaca）有一座 14 世紀前印加時期的天文台。

- 科卡博物館
  Museo de la Coca

拉巴斯 / 這間博物館專門為安地斯山（the Andes）的神聖之樹而建。

- 阿尼馬斯谷
  Valle de las Ánimas

拉巴斯 / 針狀的岩層在這座「靈魂山谷」密密麻麻地排列。

- 大火車墓園
  Great Train Graveyard

波托西 / 在沙漠貿易小城郊外的安地斯平原（Andean Plain）上，鋼鐵巨人已經被鹽風毀壞。

- 波托西銀礦
  Potosí Silver Mines

波托西 / 這座難以想像的財富之山，為西班牙王國帶來了源源不斷的財富。

- 薩邁帕塔堡
  Fort Samaipata

薩邁帕塔（Samaipata） / 在這裡可以看到印加文明和莫霍科亞（Mojocoya）文明的遺跡，如石雕建築、市集和山上的梯田。

- 卡爾奧爾科奧
  Cal Orck'o

蘇克雷（Sucre） / 這面石灰岩壁上保留著 5,000 多個白堊紀時期的恐龍足跡，是世界上最大的恐龍足跡遺址，於 1994 年在一座水泥廠旁被發現。

- 柯洛拉達湖
  Laguna Colorada

南利佩斯（Sur López） / 位於海拔 4,267 公尺的紅色湖泊是嗜極生物和罕見的紅鶴的家。

BRAZIL
巴西

亞馬遜巨石陣 AMAZON STONEHENGE

● 阿馬帕，卡索厄內
Amapá, Calçoene

根據考古學家的說法，這是一座古老天文台的遺址。

2006 年，考古學家在巴西北部的雷戈格蘭德河（Rego Grande River）沿岸挖掘時，發現了一組 127 塊的奇特石群。每塊巨石高達 3 公尺，在一片空地上排成了圓圈。考古學家在分析附近出土的陶瓷碎片後，認爲巨石擺放的年代介於 500 至 2,000 年之前。巨石的擺放位置似乎與天象有關（其中一塊巨石的影子在冬至時會消失），暗示它可能是座天文台。

對於亞馬遜地區是否曾有過龐大而複雜的人類文明，人類學家長期以來一直存在爭議，因爲貧瘠的土壤無法建立農業，而農業是維持大型社區的必要條件。然而，亞馬遜巨石陣和其他最近的發現動搖了這種觀點，幾千年前的雨林中或許也存在著繁榮的都市——只不過需要找到它們。

巨石陣位於卡索厄內，在馬卡帕（Macapá）以北 386 公里處。
N 2.621744 W 51.005317 ➨

➨ 不要追隨那個男人

儘管亞馬遜巨石陣的起源仍是個謎，但它的發現卻基於以下假設，認為南美洲雨林裡可能到處散落著失落城市的遺跡。許多探險家都堅信這種說法，珀西·佛斯特（Percy Fawcett）上校就是其中之一，他於 1925 年冒險深入巴西馬托格羅梭（Mato Grosso）地區的荒野，找尋他口中的「Z 城」。佛斯特與他兒子，以及他兒子最好的朋友，都在這次探險中失蹤。

在佛斯特失蹤後的幾十年裡，10 幾支探險隊抱著找到他的信念邁入叢林。然而，他們不僅沒有發現任何確鑿的證據，據信有 100 多位探險家葬身叢林。以下是幾位失敗的勇者：

1932 年，瑞士陷阱捕獸人斯特凡·拉庭（Stefan Rattin）來到聖保羅（São Paulo）的英國大使館，宣稱自己 5 個月前在塔帕若斯河（Tapajós River）附近打獵時，遇到了披頭散髮、身穿獸皮的佛斯特。根據拉庭的說法，「佛斯特」告訴他自己被俘虜了，請求他幫忙向大使館救助。拉庭帶著佛斯特妻子尼娜

（Nina）的祝福，與兩名男子一起踏上了救援之路，他們在叢林裡走了好幾週，還剝去樹皮，做了獨木舟。後來的快信顯示三人小組即將進入敵對的印第安人領地。隨後便了無音訊。

不久之後，英國演員亞伯特·德溫頓（Albert de Winton）厭倦了好萊塢的生活，立志成為真正的叢林探險家。他發誓要找到佛斯特，於是也冒險踏入了叢林，他的公關還發布新聞稿宣揚了他的英雄精神。9 個月後，德溫頓現身，衣不蔽體、身體消瘦，並爲《洛杉磯時報》（Los Angeles Times）拍攝了照片。

德溫頓在庫亞巴（Cuiabá）休整一番後，重入叢林。幾個月後，一位來自叢林的印第安信使帶來一張皺巴巴的便條，宣布德溫頓已經被抓了。又過

了幾年，德溫頓不幸的死亡才爲人所知：卡馬尤拉部落①的人在獨木舟裡發現了赤身裸體且精神錯亂的德溫頓，以亂棍打死了他。

1947 年，當地傳教士約拿森·威爾斯（Jonathan Wells）警告來自紐西蘭的教師休·麥卡錫（Hugh McCarthy）不要去馬托格羅梭探險，但麥卡錫心意已決。心思縝密的威爾斯送給麥卡錫 7 隻信鴿，以便他在旅途中傳信。在接下來的幾個月間，其中 3 隻信鴿帶回了訊息。第一封信報告了麥卡錫的腿傷，但情況依然樂觀；第二封信說麥卡錫已經扔掉了來福槍和獨木舟，補給品已耗盡，只能以漿果和水果爲生；第三封信，也是最後一封，訊息簡單而決絕：「我的工作結束了，可以心滿意足地死了。」

佛斯特命中注定要成為叢林探險家。

納粹墓地 NAZI GRAVEYARD

● 阿馬帕 Amapá

雅里河（River Jari）支流的一座小島上，有座高 2.7 公尺的木製十字架，上面的裝飾異乎尋常。十字架上刻著：「1936 年 1 月 2 日，約瑟夫·格賴納（Joseph Greiner）死於此。」文字上方是一個納粹標誌。

1935 年，納粹士兵格賴納來到巴西，同行的還有科學家及納粹軍官奧托·舒爾茨—坎普夫亨克爾（Otto Schulz-Kampfhenkel）。他們的任務叫作「圭亞那計畫」（Guayana Project），目的是評估這個地區是否適合作為第三帝國的殖民地。

雖然舒爾茨—坎普夫亨克爾在報告中寫道，這個地區

這是一座位於亞馬遜地區的第三帝國墳墓。

「對更高級的白種人來說」有著「可供開發的絕佳機會」，但納粹殖民巴西顯然卻從未實現（然而，舒爾茨—坎普夫亨克爾卻拋開了自己的種族偏見，與當地一名原住民女人育有一個孩子）。

如今，這個偏執的殖民計畫僅存的痕跡，就是在此喪命的納粹士兵的腐朽墳墓。曾有一部短片以這次遠征為主題，叫做《叢林地獄之謎》（Rätsel der Urwaldhölle），英文片名是「Riddles of the Jungle Hell」。

從馬卡帕沿 156 號高速公路（Highway 156）向西南行駛至阿馬帕與帕拉（Pará）邊界，墳墓就在北側不遠處。S 0.639568 W 52.507443

亞馬遜湧潮衝浪 AMAZON BORE SURFING

● 帕拉，聖多明哥斯—卡品
Pará，São Domingos do Capim

每年 2、3 月期間，在新月和滿月的潮汐到來之時，世界上最大的波浪就會從亞馬遜河以每小時 32.1 公里的速度湧來。在當地的圖皮（Tupi）語中，湧潮被稱為「波洛洛卡」（pororoca，意思是「巨大的毀滅性噪音」），在它到來前的半小時，人們就能聽到浪潮的怒吼。雖然波洛洛卡足以毀壞樹木、房屋和牲畜，但世界各地的衝浪愛好者每年還是會相聚於此，在巴西國家波洛洛卡衝浪錦標賽（Brazilian National Pororoca Surfing

Championship）中一決高下。巨浪最高可達 3.65 公尺，贏家可經歷獨一無二的生命經驗，連續滑行超過 30 分鐘。然而，在亞馬遜衝浪須面對一定的風險，比如渾濁的河水、浮木、毒蛇和饑腸轆轆的短吻鱷。

衝浪者的集合地點在聖多明哥斯—卡品，距離貝倫（Belém）東部約 2 小時車程。比賽通常於 2 月至 4 月期間舉行，但需要等待很久，因為波洛洛卡到達的確切時間無人知曉。S 1.676169 W 47.771888

聖托黛美的死藤水儀式
SANTO DAIME AYAHUASCA CEREMONIES

● 亞馬遜，阿克雷港
Amazonas, Boca do Acre

對聖托黛美教（Santo Daime）的追隨者來說，體液四濺不僅稀鬆平常，更是令人嚮往的體驗。聖托黛美教創立於 1930 年代，融合了基督教、薩滿教和非洲泛靈論①，並且要在儀式上飲用名為「死藤水」（ayahuasca）的致幻劑。巴西的阿克雷港是這個宗教的迷幻聖地，人們從世界各地慕名而來，參加在這裡舉行的儀式。由於死藤水可用於治療、自我啓蒙和靈性交流，巴西政府已經認可死藤水是合

法的。

儀式於晚上開始，將持續整夜。參與者根據性別、年齡（偶爾會根據是不是處女）分組，飲下一杯釀製的死藤水。在帶領者的吟唱和禱告下，藥物生效，使人產生靈魂出體的經驗、靈視、失去行動能力，以及最重要的「淨化」。劇烈的嘔吐、腹瀉和哭號都很常見，並且被視為好現象；以聖托黛美的話來說，這些反應都意味著邪惡的靈魂正離開了身體。

死藤水為巴西、秘魯和厄瓜多帶來

了遊客，他們在當地薩滿的引導下，成隊地參加儀式。體驗因人而異，但很多人表示自己憶起了兒時的創傷，放下了小我，在第二天早上醒來時帶來一種平和及清醒的感覺。不過，有些人除了嘔吐別無感受。

阿克雷港雷距離里約布蘭科（Rio Branco）5 至 10 小時車程，具體時間依據維護不佳的路況而定。當地有座機場，但未開通民航——遊客可在里約布蘭科包機，25 分鐘即可到達。S 8.740689 W 67.384081 ➤➤

宗教致幻劑

宗教致幻劑（entheogen）是一種用來增強宗教體驗的精神藥物，一直以來被某些原住民使用（特別是南美洲）。用在宗教儀式中，達到自我啟蒙、天人合一以及增強感官。下面列舉了幾種最迷人的宗教致幻劑：

1 南美肉豆蔻 Virola Trees

南美肉豆蔻的樹皮中含有致幻的樹脂。哥倫比亞、委內瑞拉與巴西的薩滿會從樹皮內層刮下樹脂，將其製作成粉或膏狀。舉行宗教儀式時，男人和年齡稍大的少年會使用長管將迷幻藥吹入彼此的鼻孔內。而後，他們會像動物一樣在地上爬行和跳躍，直到失去意識。

2 薩波 The Sapo

薩波是一種體形較大的綠色樹蛙，牠皮膚的分泌物能夠在幾分鐘之內讓人心跳加速、失禁和嘔吐，而後逐漸進入精神萎靡的狀態，最後則是狂喜。依據傳統，亞馬遜曼特斯（Matsés）部落的獵人通常會在灼燒手臂後，用棍子黏上樹蛙的黏液塗抹傷口。最初的症狀消退後，獵人的體力和耐力會增強，饑餓感降低，感官更為敏銳，這些都能更隱祕地追蹤獵物。

3 聖佩德羅仙人掌
Huachuma／San Pedro cactus

在秘魯被用來引導、治療患者，以及幫助人們做決定。仙人掌會被製成深綠色的液體，味苦，服用後 1、2 個小時內開始作用。會睏意襲來、有種分離的感覺，並有穿越時間與萬物產生連接的幻覺，可持續長達 15 小時。視覺與聽覺的增強可持續幾日之久。

4 非洲夢根 African Dream Root

非洲夢根被南非的科薩族（Xhosa）用來誘導做栩栩如生和據說是預示的清醒夢。早晨，先將粉狀的根溶於水中服下，晚上就寢時就可以發揮藥效。科薩人相信死去的祖先會在夢中與他們交談，因此將夢根視爲占卜的工具。

5 墨西哥鼠尾草 Salvia Divinorum

墨西哥鼠尾草是瓦哈卡（Oaxaca）特有的一種植物，幾個世紀以來一直被馬薩特克（Mazatec）的薩滿用於靈性療癒。馬薩特克人相信，鼠尾草是聖母瑪利亞的化身，喝了葉子汁液的人能夠與她交談。由於鼠尾草藥性比較溫和，通常只會產生飄浮和眩暈感，光亮和噪音就會把聖母瑪利亞趕走。

6 伊玻加 Iboga

伊玻加是加彭和喀麥隆信仰的必堤宗（Bwiti）的重要物品。人們在入門儀式經常會大量食用這種植物的根皮，帶來了死後世界的靈視。此外，已發現伊玻加可以減輕其他藥物的戒斷症狀，因此在非洲以外的地區被用來治療藥物上癮。

蛇島 SNAKE ISLAND

聖保羅海岸外有座小島，巴西海軍禁止遊客登島，原因很充分：大凱馬達島又叫蛇島，遍布著致命的金矛頭蝮（golden lancehead viper）。

據說巔峰時期，島上每平方公尺內就有一條金矛頭蝮，而且很多蛇懸掛在樹上，在人頭頂上方扭動。換句話說：站在每平方公尺的土地上，死亡威脅就會從四面八方襲來。過去 10 年間，金矛頭蝮的數量減少了——這是因爲島上沒有哺乳動物，所以毒蛇只能以偶爾到來的鳥類爲食，或者自相殘殺。生活在面積約 0.41 平方公里小島上的金矛頭蝮已被列爲極危物種。目前估計，金矛頭蝮的數量介於 2,000 到 4,000 條之間——但依然是密度最高的蛇類之一。

生活在凱馬達附近沿海城鎮的居民會津津樂道地說著一些蛇島的恐怖故事。傳聞，曾有一名漁夫不知不覺地漂到島上摘香蕉，但他一上岸後就被蛇咬了。漁夫跌跌撞撞地回到了他的小船上，後來死於自己的血泊之中。蛇島上特有的金矛頭蝮被認爲是所有頭蝮毒蛇中毒液效力最快的，會造成傷者七竅出血、腦出血和腎衰竭。

遊覽蛇島必須得到巴西海軍的許可。
S 24.487922 W 46.674155

聖保羅的祕境還包括：

- 卡蘭迪魯監獄博物館
  Carandiru Penitentiary Museum
  這座監獄以惡劣的環境和越獄而聞名，在一次著名的越獄逃亡中，有 100 多名犯人以隧道集體越獄。

- 布坦坦研究所 **Instituto Butantan**
  這所世界知名的生物醫學研究中心以毒蛇收藏而廣爲人知，收藏了 407 種眼鏡蛇。

拉克依斯馬拉赫塞斯國家公園
LENÇÓIS MARANHENSES NATIONAL PARK

拉克依斯馬拉赫塞斯被稱爲「馬蘭豪的床單」，是一個布滿沙丘的地區，位於巴西東北部距離大西洋 24.1 公里的內陸之中。雨季時，沙丘之間的窪地會囤積雨水，形成奇怪的景象：一片布滿藍色和綠色潟湖的沙漠。如果你仔細觀察，會在沙丘間發現魚群，牠們是由鳥類從海洋帶來的魚卵孵化出來的。

進入公園需要經過巴雷里尼亞斯小鎮，小鎮在聖路易斯（São Luís）東部約 4 小時車程。聖路易斯公共汽車總站（São Luís Bus Terminal）每日都有旅遊巴士。S 2.524959 W 43.041928

在沒有綠色植物的公園裡，只有潟湖與沙丘並排。

亨利‧福特花了 2,000 萬美元的叢林烏托邦，
並沒有完全按照計畫進行。

福特城 FORDLÂNDIA

● 帕拉，聖塔倫　Pará, Santarém

在茂密的巴西叢林裡沿塔帕若斯河（Tapajós River）而上，你會來到一片令人震驚的異地畫面。在成群的猴子與金剛鸚鵡之中，坐落著一處野草蔓生的廢棄美國郊區，房屋周圍建有白色尖樁籬笆、消防栓，以及一座高爾夫球場。這裡是地處雨林之中的「歡樂谷」。

1920 年代後期，企業家亨利‧福特（Henry Ford）在亞馬遜叢林中建造了他的美國世界。由於橡膠價格太高，福特決定建造自己的橡膠種植園。

他買下約 240 萬公頃的巴西土地，從密西根聘用了工作人員來管理這座模範小鎮，並將這小鎮取名為「福特城」。在這裡工作的人（無論是美國人與巴西人），都必須服從福特嚴格的禁酒令。這表示不能抽菸、不能喝酒，還必須參加有益健康的詩歌朗誦和合唱。

工人很快就心生不滿。當地的巴西人不喜歡掛名牌、吃漢堡、跳美國方塊舞，而來自美國中西部的經理們則難以適應叢林的氣候和無所不在的瘧疾。罷工、持刀鬥毆和蓄意破壞成為常態。1930 年，忍無可忍的巴西勞方發動了暴動，用大彎刀將美國經理們趕出了福特城。

最糟糕的是，福特種下的橡膠樹苗，由於缺乏經驗老到的植物學家的幫助，幾乎沒有生長。而那些已經生根的樹苗很快就遭受枯萎病的毀滅性打擊。自此，福特城徹底衰敗。

福特於 1945 年撤出了橡膠業，耗費了 2,000 萬美元（以今天的美元換算，相當於 2 億多美元），卻沒有製造出任何一片配得上他汽車的橡膠。

福特城少有遊客參觀，但可以在聖塔倫租船，沿河航行 10 小時到達此地。S 3.830107 W 55.497180

巴西的祕境還包括：

● 藍湖洞 Gruta do Lago Azul

巴伊亞（Bahia）/ 一口耀眼的藍色潟湖掩藏在富含化石的石灰岩洞窟裡。

● 庫里奇巴植物園
Curitiba Botanical Gardens

巴拉那，庫里奇巴（Parana, Curitiba）/ 模仿法國皇家花園設計的庫里奇巴植物園，擁有全球最不可思議的溫室。

● 亞馬遜歌劇院 Teatro Amazonas

馬瑙斯（Manaus）/ 19 世紀，巴西的橡膠大王在雨林中央建造了一座豪華的歌劇院。但由於資金不足，歌劇院被閒置了 90 年。直到 2001 年政府注入資金，才讓這裡再度響起了音樂。

● 亞馬遜王蓮 Victoria Amazonica

馬瑙斯 / 這種巨大的植物生長在亞馬遜的淺水區域，葉片直徑可長達 2.5 公尺。許多強到足以承受一個小孩的重量。

● 世界上最長的街道
World's Longest Street

帕拉 / 整條街長達 500 公里，道路兩側排滿了房屋。

● 新耶路撒冷劇院
New Jerusalem Theater

培南布可（Pernambuco）/ 這是世界上最大的露天劇場，占地約 9.7 公頃，會舉行大型的耶穌受難主題演出。

● 塞拉隆階梯 Escadaria Selarón

里約熱內盧（Rio de Janeiro）/ 藝術家約爾赫‧塞拉隆（Jorge Selarón）建造了這些鮮明的陶瓷階梯。

● 藥劑師廣場 Largo do Boticário

里約熱內盧 / 里約熱內盧的殖民歷史遺跡就藏在駝背山（Corcovado）後的廣場，位於科斯美社區（Cosme Velho）。

艾瑪斯國家公園的發光白蟻丘
GLOWUNG TERMITE MOUNDS OF EMAS NATIONAL PARK

● 戈亞斯州上帕萊索　Alto Paraíso de Goiás

白蟻遍布世界各地，建造蔓延的蟻穴，有時也對當地木材物資造成重大災害。在巴西，白蟻用水泥般的土壤蓋起了高塔。

這些蟻丘規模很大，直徑將近 30.5 公尺，高度可達 5 公尺以上。蟻丘不只是數百萬隻白蟻的家；也是許多鳥類築巢的地點，以及是數百隻發光叩頭蟲（Pyrophorus）幼蟲的家。夜裡，白蟻丘看起來就像是圍繞著聖誕燈泡一樣。

雖然叩頭蟲這種甲蟲的成蟲吃植物，但幼蟲是肉食性的，牠們的光亮是誘餌。毫無戒備的昆蟲會朝著這些漂亮的燈光而來，被飢餓的幼蟲抓住當大餐。沒錯，白蟻正是牠們最愛的食物。事實上，幼蟲的成長週期正好可以充分利用白蟻的遷移，許多白蟻最後都會落入不體貼的房客嘴裡。

發光土丘最容易在夏季的無樹草原中見到，不過也可以在叢林裡看到。地形可能很崎嶇，不過有好幾個私人行程可以為遊客導覽。S 18.090265 W 52.910003

叩頭蟲這種甲蟲的幼蟲讓土丘具有生物發光的特質。

CHILE
智利

魯賓遜克魯索島
ROBINSON CRUSOE ISLAND

● 瓦爾帕萊索，璜·費南德茲群島
Valparaíso, Juan Fernández Islands

1704 年，蘇格蘭水手亞歷山大·塞爾寇克（Alexander Selkirk）做了一個魯莽的決定。當他們沿著南美洲西海岸航行時，塞爾寇克與船長就船隻是否適航爭論不休，塞爾寇克宣稱接下來的旅程他不再參與。船員信以為真，就將他拋在了距離智利海岸 674 公里的馬斯蒂拉（Más a Tierra）小島上——之後，塞爾寇克的質疑被證明是正確的，這艘「五港號」（Cinque Ports）很快就沉沒了，許多船員葬身海底。塞爾寇克在接下來的 4 年又 4 個月裡，獨自一個人在島上遊蕩，以貝類為食，拿著刀追趕羊群，挖防風草來吃。為了解悶，他閱讀《聖經》，還教貓咪跳舞。在兩次躲過了西班牙海盜船後，塞爾寇克終於在

1709 年被英國船長伍茲·羅傑斯（Woodes Rogers）所救。

塞爾寇克是有史以來最著名的海島求生者，他很可能就是丹尼爾·狄福（Daniel Defoe）的小說《魯賓遜漂流記》（Robinson Crusoe）主角的靈感來源。1966 年，馬斯蒂拉島被重新命名為魯賓遜克魯索島。如今這裡住著幾百人，她是一個非常美麗的地方，有珊瑚礁、沙灘、藍色潟湖和豐富的熱帶水果——被留在這裡，已不再是糟糕的事。

每週都有幾趟從聖地牙哥（Santiago）飛往小島的航班，航程約 2 小時。遊客可徒步參觀塞爾寇克瞭望台（Selkirk's Lookout）——孤立無援的塞爾寇克每日跋涉 3 小時到這裡尋找救援船隻。S 33.636666 W 78.849588

復活節島的摩艾石像只完成了
1/3——數百個未完成的雕像
就躺在拉諾拉拉庫採石場裡。

復活節島未完成的巨人像
THE UNFINISHED GIANT OF EASTER ISLAND

● 瓦爾帕萊索，復活節島
Valparaíso , Isla de Pascua

西元 1400 至 1600 年之間，復活節島的波里尼西亞
（Polynesian）居民雕刻了 288 座石像，叫做「摩艾」
（moai），並將它們橫越復活節島，放到儀式台座。
這些石像矗立在村莊與「混沌」（海洋）之間，象徵
著一堵庇護牆。令人驚奇的是，這 288 座雕像還不到
石像總數的 1/3。其他石像不是散布在「搬運途中」，
就是還留在製作石像的採石場拉諾拉拉庫（Rano
Raraku）裡。最矚目的石像「巨人」（El Gigante）是
一座未完成、高 21.9 公尺的摩艾，重量相當於兩架
737 飛機。人們懷疑是否能像運送其他石像一樣，使
用木滑板、木輪和繩子來搬運它。

大量未完成的石像留下了許多謎題。島民製造「巨
人」和其他摩艾的目的是什麼？為什麼雕刻出這麼多
石像，卻又任其散布？原因之一也許是野心超過了資

源。人類學家認為，復活節島在建立社會時耗盡了島
上的所有資源。復活節島上的兩大部落住在熱帶雨
林，那裡是富含食物、漁業發達的天堂，居民有充足
的時間投入雕刻石像的「偉大工作」。

根據住在復活節島的考古學家艾德蒙多‧愛德華茲
（Edmundo Edwards）的說法，波里尼西亞人曾在太
平洋各島嶼之間長途往返，但最終因用光所有大樹，
所以失去了製造大型獨木舟的能力。因此他們的行動
就被限制在島上了。一些遺跡（家戶垃圾的傾倒場）
顯示，魚骨越來越小，這可能是由於無法航行到深
海，使得漁業受限導致。

聖地牙哥有前往復活節島的航班，全程約 5 小時。
S 27.121191 W 109.366423

智利的祕境還包括：

• **塔蒂奧間歇泉 El Tatio Geysers**
安多法加斯塔（Antofagasta）/ 安多法
加斯塔有 80 多處活躍的間歇泉，其中
一些可以用來沐浴。安多法加斯塔是世
界上第三大的間歇泉場。

• **休厄爾 Sewell**
卡查波阿爾（Cachapoal）/ 這座小鎮
於 1904 年圍繞銅礦而建，曾有 15,000
名居民。小鎮在 1970 年代被廢棄。

• **巴維耶拉別墅 Villa Baviera**
利納雷斯（Linares）/ 巴維耶拉別墅之
前是一處神祕的德國—智利社區，叫做
「尊嚴殖民地」（Colonia Dignidad），
以帶刺鐵絲網圍起，由前納粹保羅‧希
弗德（Paul Schäfer）領導，他於 2005
年被捕。

• **魔山酒店 Magic Mountain Hotel**
潘吉普伊（Panguipulli）/ 這座長滿青
苔的酒店坐落於森林之中，有 9 間客
房，酒店形似火山，屋頂會噴水，入口
與一座索橋相連。

• **維雅利卡洞窟 Villarrica Caves**
普孔（Pucón）/ 深入活火山幾百公尺，
去看看曾經從山邊溢出的岩漿凝固而成
的岩石。

• **全球最大的可口可樂商標**
  World's Largest Coca-cola Logo
阿里卡（Arica）/ 這個已有 30 年歷史、
由 6 萬個可樂空瓶組成的看板，只能從
空中欣賞。

硝酸鈉礦鎮 NITRATE TOWNS

● 塔拉帕卡，伊基克　Tarapacá, Iquique

1909 年之前，智利有種極為稀少而珍貴的物質：硝酸鈉的大片沉積層。硝酸鈉也被稱為「白色黃金」或「智利硝石」，用來製作肥料和炸藥。「白色黃金」如此珍貴，以至於 1879 年智利為了爭奪含有這種資源的地區，對秘魯和玻利維亞開戰。

20 與 21 世紀之交，智利北部的塔拉帕卡地區遍布硝酸鈉礦業城鎮。來自南美洲、歐洲和亞洲的工人在礦區周圍建立了社區。根據聯合國教科文組織的說法，每個城鎮都成為「擁有自己的語言、組織、習俗和創造性表達的獨特城市社區」。

然而，一次發現卻改變了一切。1909 年，德國科學家弗里茨・哈柏（Fritz Haber）和卡爾・博施（Carl Bosch）研究出了化學固氮法——可使用工業方法生產「白色黃金」。這個發現對智利的硝酸鈉礦城鎮是毀滅性打擊。截至 1960 年，所有城鎮均被廢棄。如今，它們已經成為鏽跡斑斑的廢墟，挺立在荒涼的亞他加馬沙漠（Atacama Desert）中。

亨伯斯通和聖蘿拉鈉硝石礦場（Humberston and Santa Laura Saltpeter Works）位於伊基克以東，沿 16 號公路（Route 16）行駛 1 小時即可到達。
S 20.205805 W 69.794050

當不再需要「白色黃金」時，智利的礦業城鎮便分崩離析了。

〈沙漠之手〉 MANO DEL DESIERTO

● 安托法加斯塔　Antofagasta

在荒無人煙的亞他加馬沙漠之中，一隻看起來像是被埋的巨人之手破土而出，向外求援，打破了沉寂。這件從沙漠中伸出的〈沙漠之手〉高 10.9 公尺，是智利雕塑家馬里奧・伊拉拉薩巴（Mario Irarrázabal）於 1980 年代初創作的作品。伊拉拉薩巴的雕塑作品素以展現人類的脆弱和無助而聞名——這兩點都在這隻令人緊張不安、半埋的手掌上可以看見。

〈沙漠之手〉距離安托法加斯塔鎮南部 1 小時車程，位於泛美公路（Pan-American Highway）旁。S 24.158514 W 70.156414

〈沙漠之手〉的手掌上有不少塗鴉。

歷經千年以上時間，將大理石刻出漩渦型的拱門。

卡雷拉將軍湖大理石教堂
THE MARBLE CATHEDRAL AT LAKE GENERAL CARRERA

● 寧靜港，卡雷拉將軍湖　Puerto Río Tranquilo, General Carrera

南美洲最深的湖畔有座由自然侵蝕形成的大理石「教堂」。當陽光照在洞穴時，淡藍色的湖波倒映在灰白相間的大理石壁上，岩壁彷彿變爲碧綠的寶石。湖浪拍打岩石，創造出屋簷與拱門，使教堂更爲逼眞。

遊船從湖西岸的寧靜港小鎮出發。距離大理石教堂最近的城市是北部的科伊艾克（Coyhaique），到大理石教堂約 4 小時。S 46.658352 W 72.627909

COLOMBIA
哥倫比亞

阿麥羅鎮遺址 BURIED CITY OF ARMERO

● 托利馬，阿麥羅　Tolima, Armero

這裡原本是阿麥羅鎮，不過現在異常安靜，你只能看見幾棟雜草叢生的房子。接著你會發現，眼前的建築其實是房屋的頂層。30 多年前，房屋的一樓便與整個小鎮一同被泥土掩埋了。

1985 年 11 月 13 日，阿麥羅曾住著 3 萬多人。這一天，附近的魯伊斯火山（Nevado del Ruiz）突然爆發，滾滾泥漿和碎石以每小時 64.3 公里的速度從斜坡傾瀉而下。片刻之間，4.5 公尺厚的火山泥掩埋了小鎮，2 萬多名居民被困身亡。

那些逃過一劫的人痛苦地歷經長達 12 小時的等待，救援人員才趕到。泥巴像流沙般讓人寸步難行，也讓救援異常緩慢。大半身被泥土掩埋的人只有脖子以上露出，無助地看著救援人員拚命挖掘，但還是沒能將他們挖出來。

其中一名罹難者是 13 歲的奧梅拉・桑切斯（Omayra

Sánchez）。女孩被困在水、泥土與房屋塌下的水泥之間，但她微笑、唱歌、與救援人員聊天，還接受了採訪。志工多次試圖將她挖出，但她的雙腿被水泥卡住了。在被困 60 個小時之後，奧梅拉離開了人世。一張奧梅拉被泥土掩埋、僅露出頭部、無助地凝視鏡頭的照片，被世界各地的報章媒體刊登，成爲這場災難的標誌。

被火山泥覆蓋、超過 2/3 居民身亡的阿麥羅變成鬼城。倖存者在老屋上建造了墓碑，刻上墓誌銘，以紀念曾在這裡生活的居民。阿麥羅成爲一片特殊的墓地。阿麥羅基金會（Armando Armero foundation）也在這裡成立了「回憶解說中心」（Memory Interpretation Center），遊客可以藉此了解被掩埋的阿麥羅鎮，以及摧毀它的火山。

阿麥羅鎮遺址距離哥倫比亞首都波哥大（Bogotá）以西約 5 小時車程。N 4.963766 W 74.905985

水晶河 CAÑO CRISTALES

每年9月至11月雨季與旱季之交，位於哥倫比亞美塔省的水晶河就會化為一道流動的彩虹。此時的河床長滿了特有的河苔草（*Macarenia clavigera*），這種植物在地球其他地方都找不到，而它也是造成水晶河之名的原因。河苔草在河岸樹蔭下呈現淺綠色，但在陽光的照耀下則會驚豔地變為鮮亮的洋紅色。漆黑的石頭、瀑布一般流淌的清澈湖水，以及散布的黃色沙坑，完成色彩斑斕的水晶河畫面。

2009年以前，這地區還有哥倫比亞革命武裝力量（FARC）的游擊隊，因此水晶河並未對外開放。如今，這裡已成為景點，遊客可在當地導遊的帶領下，沿指定路線欣賞水晶河。

顏色豔麗的河苔草為哥倫比亞的「五色河」帶來彩虹的效果。

遊客可在比雅維森西奧（Villavicencio）包機前往馬卡雷納村落，這曾經是游擊隊的大本營。再乘坐電動獨木舟沿瓜維亞雷河（Guayabero River）航行15分鐘，最後沿游擊隊之前鋪設的土路步行至水晶河。

N 2.264299 W 73.794360

巴布羅‧艾斯科巴的河馬
PABLO ESCOBAR'S HIPPOS

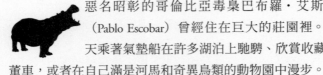

惡名昭彰的哥倫比亞毒梟巴布羅‧艾斯科巴（Pablo Escobar）曾經住在巨大的莊園裡。他每天乘著氣墊船在許多湖泊上馳騁、欣賞收藏的古董車，或者在自己滿是河馬和奇異鳥類的動物園中漫步。

1993年，艾斯科巴死於與哥倫比亞警方的交火之中，這座大莊園隨之荒廢。在被改造為主題公園納普勒斯莊園（Hacienda Napoles）之後，莊園得以恢復生機。然而，仍存在一些問題。當地人總是偷偷潛入（有一次甚至動用了挖土機），挖掘草地和地板，尋找傳說中艾斯科巴藏匿的財寶。

與此同時，艾斯科巴從非洲進口的4隻河馬卻繁衍成長，有次還曾逃離莊園。2009年，一隻名為佩佩（Pepe）的河馬在莊園外100公里處被發現，然後被哥倫比亞軍隊射殺。如今，莊園擁有一群大約40隻的野生河馬，統治這群河馬的公河馬就叫做巴布羅。

毒梟早已過世，但他的河馬還活著。

莊園距離麥德林（Medeliln）以東約4小時車程，位於60號公路（Route 60）旁。遊客可以餵食小河馬，飽覽大毒梟的私人物品，甚至有機會見到艾斯科巴第一次將古柯鹼運到美國時使用的西斯納（Cessna）飛機。

N 5.927866 W 74.727957

瓜亞貝塔爾飛索 GUAYABETAL ZIP LINES

● 昆迪納馬卡，瓜亞貝塔爾
Cundinamarca, Guayabetal

如果你想跨越瓜亞貝塔爾附近的尼格羅河谷（Rio Negro valley），有兩種選擇：沿森林的陡峭小徑跋涉 4 小時，或者將自己拴在距離地面 396 公尺的索道上滑行，並緊緊抓住。大多數當地人會選擇後者。

飛索需要的工具很簡單：一段能夠彎成座椅的繩子，一個可鉤住繩子的鋼輥，以及一個卡在繩索上用來煞車的木軛。滑過 800 公尺寬的河谷用不了 30 秒。

飛索之行並非萬無一失。根據報導，曾有 22 人墜崖身亡。最近一次發生於 2004 年，一個 34 歲男子與其他兩人綁在一起滑行時，被割斷了頭（其他兩人生還）。他之前已經用飛索順利地運送了 2 張床、1 個狗窩、1 群雞、1 台電視機、1 台音響，以及 3 把椅子。

1990 年代晚期，波哥大的電視新聞報導了飛索，其中一個片段裡，遠居於山谷另一邊的 6 歲男孩乘坐飛索上學。節目播出之後，興論譁然，這導致波哥大政府下令拆除飛索。嚴格來說，架設飛索屬於違法行為，但尼格羅河谷橫跨哥倫比亞兩省（美塔和昆迪納馬卡），因此管轄權始終很難釐清。2001 年，政府終於下令拆除 18 條飛索。

當地人認為拆除飛索不僅威脅他們的生計，也是不尊重傳統，畢竟飛索已經服務了好幾代人。據報導宣稱，瓜亞貝塔爾市長曾經收過死亡恐嚇，如果遵守拆除飛索的命令，就會為他「穿上木頭睡衣」——也就是棺材的委婉說法。一名安全使用飛索長達 20 年的

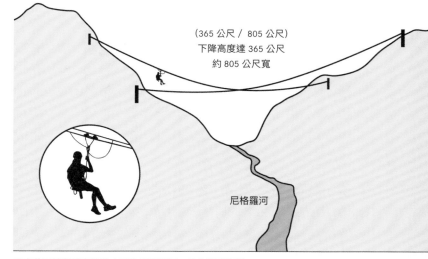

（365 公尺 / 805 公尺）
下降高度達 365 公尺
約 805 公尺寬

尼格羅河

飛索曾用於穿越安地斯山脈的往返通行。如今僅剩幾座。

人在《時代報》（El Tiempo）的專欄中寫道：「如果政府如此注重安全，那應該取消飛機，因為不久前就有一架飛機在美國墜毀，導致 260 名乘客死亡。」當地一名婦女為了抗議拆除飛索，滑到一條飛索中間，在原地吊了好幾個小時。

最後，除了 4 條飛索，其餘索道均被拆除。河谷的另一側興建了學校，所以孩子不用再每天用飛索往返通學。相反地，來自瓜亞貝塔爾的老師要在一週開始時以飛索來到學校，等到週末再以飛索返回城鎮。

飛索位於波哥大以南 2 小時的車程。如果你能找到藏好的飛索，也許可以說服當地人帶你乘坐一次，但賭注是你倆的生命。N 4.227129 W 73.755340

哥倫比亞的祕境還包括：

● 化石博物館 Museo El Fósil

博雅卡（Boyacá）／ 這座位於路邊的博物館，鎮館之寶是一個公車大小的鱷魚形化石。

● 馬爾佩洛島 Malpelo Island

喬科（Choco）／ 潛入這座生物多樣性的溫泉之中，會看到雙髻鯊（hammerheads）與柔滑的鯊魚。

● 佩諾拉巨石 Peñól Stone

瓜塔佩（Guatapé）／ 從遠處看，這塊重達 1,000 萬噸的巨石好像是一塊石頭的兩半被亂七八糟地縫在一起。而走近之後，你會發現「拼接」石頭的其實是座旋轉階梯。

● 拉斯拉哈斯教堂
Las Lajas Sanctuary

納里尼奧（Nariño）／ 這座哥德復興式教堂建於峽谷之中，傳言 18 世紀期間，聖母瑪利亞曾在教堂所在地顯靈。

● 岩鹽大座堂 Salt Cathedral

錫帕基拉（Zipaquirá）／ 這座位於舊礦區的地下大教堂以吱嘎作響的地板、背牆雕刻的巨大十字架和藍紫色燈光為特色。

PERU
秘魯

卡里加石棺 SARCOFAGI OF CARAJIA

● 亞馬遜，查查波雅斯　Amazonas, Chachapoyas

從峽谷懸崖往下凝望的是卡里加（Carajia 或 Karijia）石棺，數百年來一直看守著烏特庫班巴峽谷（Utcubamba Valley），直到近代，研究人員才有辦法爬上去調查這些神祕的木乃伊。

大約在 15 世紀時由查查波雅（Chachapoya）文明所創建，這 7 具直立的墓艙（原本有 8 具，1928 年地震時有具倒塌了）位於谷底上方將近 213 公尺處。印加人到來後，征服了這裡，大量查查波雅文明都消失了，石棺之所以大部分完好無損，是因為它們位於看似不可能抵達的位置。每具石棺高達 2.4 公尺高，高低不等，以黏土和草製成。有些甚至保留人的頭骨，安放在石棺頂端。

一直到 19 世紀中葉，研究人員才有辦法爬上岩壁調查這些木乃伊，測定年代，並推測建造的方法。據信原本建造這些墳墓的人是在天然的露頭地形上工作，這些露頭後來毀壞了，可能是出於刻意，也可能是天然的作用。雖然石棺主要受到周遭石牆的保護，不受惡劣天氣的影響，不過鳥類和其他小型動物造成了一些損害。研究人員移走了石棺的內容物，保存古老的內臟，避免遭到進一步的掠食。

從庫茲帕塔（Cruz Pata）健行或雇用馬匹，那裡也可以租靴子，方便穿越泥濘的步道。
S 6.162358 W 78.021435

直立的墓艙頂部擺放著人類頭骨，俯視著烏特庫班巴峽谷。

亞馬遜的沸騰河
THE BOILING RIVER OF THE AMAZON

● 烏卡亞利，普卡爾帕
Ucayali, Pucallpa

秘魯亞馬遜茂密的叢林裡藏著一處滲透、沸騰的河流。蒸氣沸騰的藍綠色河水，溫度可高達攝氏 93 度，河岸旁是象牙色的石頭，並且有 18 公尺高的茂密森林和植被保護。沸騰河的上游源頭有塊標有蛇頭形狀的巨石。根據傳說，名叫雅庫瑪瑪（Yacumama，意思是「水之母」）的巨大蛇靈產下了熱水及冷水，並加熱了這條河。這種地熱特徵並不尋常，因為附近並沒有如活火山等高能量熱源，這通常是沸騰河的先決條件。

由地熱學家安德魯·盧魯（Andrés Ruzo）帶領的研究團隊認為，是斷層引來的熱液現象造成河流達到這種溫度。水滲入地底深處，在地下加熱後由斷層和裂縫中重新冒出來。

1

看起來也許像天然的熱水浴池，但請勿跳進去——在幾秒之內就會造成三度燒傷。S 8.813047 W 74.727209

昌昌 CHAN CHAN

● 利伯塔，特魯希略　La Libertad, Trujillo

昌昌是一座宏偉且精美的沙堡，於西元 850 年左右由奇穆（Chimú）民族①建造。這座世界上最大的土坯城，現在是一處考古遺址。面積 72.5 平方公里的城市，由神廟、房屋、廚房、花園和墓地組成，在西元 1470 年被印加帝國（Inca Empire）占領之前約有 3 萬人口。

奇穆人為了解決沙漠城市缺水的問題，建造了複雜的灌溉系統，80.4 公里長的運河與莫切河（Moche River）和奇卡馬河（Chicama River）連通。諷刺的是，現在的昌昌面臨相反的問題——水太多了。隨著聖嬰現象，風暴越來越強，也越來越頻繁，這座城市慢慢遭受侵蝕。狂風暴雨大肆破壞城市，沖刷了裝飾牆壁的精美動物浮雕。雖然秘魯國家文化研究院（National Institute of Culture of Peru）努力地保護與保存昌昌，但這座城市規模龐大，使得環境的影響因素無法避免。時間在流逝，而風雨也在蠶食古城。

昌昌位於特魯希略的曼斯徹大道（Avenida Mansiche）旁。古城僅有約 10% 的區域對外開放——導遊將會補充講解未開放區的景觀。S 8.105999 W 79.074537

2

1　攝氏 93 度的河水據信相當神聖且具有療癒的能力。

2　文物保存人士努力維護昌昌的藝術和建築，這裡曾是地球上最大的土坯城市。

伊卡黑石 ICA STONES

秘魯內科醫生賈維爾·卡布雷拉（Javier Cabrera）在 1966 年 42 歲生日時，收到了一份不尋常的禮物：一塊石頭，上面雕刻的圖案像是一種已滅絕的魚類。接下來的幾年間，卡布雷拉從一名當地農民那裡找來了更多這類石頭，農民聲稱這些石頭是在一個山洞找到的。最終，醫生收藏了超過 1 萬塊石頭。除了動物的形象外，伊卡黑石上的花紋還包括古代人與霸王龍戰鬥、進行腎移植手術，以及透過望遠鏡觀察天空等匪夷所思的場景。這些文物是不是複雜的古文明佐證，甚至是人與恐龍曾共存的證據呢？並不完全是。

將石頭賣給卡布雷拉的農民巴西利奧·烏楚亞（Basilio Uschuya）於 1973 年承認，伊卡黑石是他偽造的。但隨後的事態變得撲朔迷離：烏楚亞很快又翻供，表示自己撒謊是為了避免因販賣文物而被逮捕。20 多年之後，當卡布雷拉建立伊卡黑石博物館展示這些石頭時，烏楚亞又改變了說辭。這一次，他披露自己雕刻了大部分的石頭，但並不是全部。卡布雷拉對他的坦白無動於衷，直到 2001 年去世，他都堅信石頭的真實性。

是什麼古文明（或現代騙子）雕刻了這塊石頭？

● 伊卡省，伊卡　Ica, Ica

雖然伊卡黑石由於缺少有機物而無法判斷年代，但考古學家認為這只是一齣騙局。然而，這並未阻止許多創世論者和外星狂熱者將伊卡黑石奉為「格利普托利斯克人」（Gliptolithic Man）的作品——格利普托利斯克人是古代高度智慧的人種，曾與恐龍共用地球，之後乘坐自己建造的太空船離開了地球。

地址：Calle Bolívar 170, Ica，從首都利馬（Lima）向南行駛至伊卡需 4 小時車程。11,000 塊石頭現陳列於伊卡的卡布雷拉博物館（Museo Científico Javier Cabrera），參觀博物館必須先預約。
S 14.064384 W 75.729499

烏魯人的浮島 FLOATING ISLANDS OF THE URU

● 普諾省，普諾　Puno, Puno

雖然烏魯人（Uros）的起源還是籠罩在人類學的神秘之中，但他們的基本故事大致如下：在遙遠的前哥倫布時代，某個時刻，一群皮膚較黑的部落從亞馬遜雨林遷出，來到了的的喀喀湖沿岸。他們被當地人壓迫，無法擁有自己的土地，於是他們搬進了湖中央用「托托拉」（totora）建造的小浮島，托托拉是一層層厚實的蘆葦，像葛藤一樣在湖中蔥鬱生長。

在凜冽的的的喀喀湖中央，烏魯人過著相對和平的生活，幾百年來以捕魚、獵鳥為生，維持著地球上最獨特的生活方式之一。時至今日，仍有 1,200 名烏魯人在 60 座人工島上生活，群島如項鍊般環繞著普諾城。

在浮島上行走的感覺十分奇特，彷彿踏著巨大的海綿，腳底吱吱作響。蘆葦墊厚達 3.6 公尺，但還是會讓人覺得可能一腳就踩進下方的冰冷湖水。

從普諾乘船到烏魯群島約半小時。在此期間，讓人沒有防備的當地可愛孩子們會唱著歌向你要錢。
S 15.818667 W 69.968991

在的的喀喀湖的中央，一種早於印加文化的文明依託蘆葦浮島而生。

直到 2005 年，世界第三高的瀑布只有住在它下方的人們才知道。

哥科塔瀑布 GOCTA FALLS

● 亞馬遜，科卡奇姆巴　Amazonas, Cocachimba

2005 年 5 月，一名叫做斯特凡·齊門多夫（Stefan Ziemendorff）的德國經濟學家去秘魯偏遠的烏特庫班巴峽谷健行。他從遠處瞥見了一處不可思議的極高雙層瀑布，這處瀑布在任何地圖上都沒有出現過。隔年 3 月，齊門多夫帶著測量設備回到這裡，測出瀑布高 771 公尺，他召開了新聞發表會，宣布自己發現了世界第三高的瀑布。此後，世界第三高瀑布的頭銜飽受爭議，但這不是唯一的爭論。

正如許多地理學上最受矚目的「發現」一樣，齊門多夫的發現並非對所有人來說都是新鮮事。雖然這座瀑布不為外界所知，但有 200 名居民住在一個叫做科卡奇姆巴的與世隔絕村莊，他們對它再熟悉不過了，而且幾乎生活在瀑布的正下方。自小村莊建立 53 年以來，科卡奇姆巴人每天早上醒來就對著世界上最壯麗的景象之一，然而村民從未將之告訴外人。事實證明當地人有充足的理由保密，他們很怕這座瀑布。

當地代代相傳著一個關於瀑布的傳說。傳說從前曾有一個叫做格雷戈里奧（Gregorio）的男人告訴妻子他要外出去一趟短期旅行。心存疑慮的妻子決定跟蹤他，尾隨格雷戈里奧來到哥科塔瀑布的下方。在那裡，妻子目睹了丈夫與一條美麗的金髮美人魚尋歡作樂，立刻怒火中燒。受到驚嚇的美人魚抓住了格雷戈里奧，將他與自己一起拉進瀑布裡。格雷戈里奧從此再未出現，當地人開始相信任何膽敢走進瀑布裡的人，都有可能遇到危險的超自然力量。

據小鎮官員所說，直到幾十名遊客平安往返瀑布後，科卡奇姆巴人才放下了對瀑布的恐懼。於是，小鎮居民開始享受在這片自然奇景下生活的的瑰麗與好處。話說回來，對瀑布愛好者來說，哥科塔瀑布能否摘得瀑布高度的銅牌完全取決於個人對於瀑布的定義。哥科塔瀑布的水流被隔斷，是否應算作兩座瀑布？挪威幾座高聳的瀑布是沿傾斜的懸崖流下，而非垂直落下，這樣是否算是瀑布？如果在旱季期間，瀑布只剩涓涓細流，這樣是否仍算是瀑布？但不論你以何種標準評判，委內瑞拉的安赫爾瀑布（Angel Falls）都力奪當之無愧的金牌，尤其是它所向披靡的美景。

科卡奇姆巴距離特魯希略以東約 5 小時車程。當地居民會欣然帶領遊客徒步到達瀑布。
S 6.022897 W 77.887290

秘魯的祕境還包括：

- **托羅莫爾托**
  Toro Muerto

  阿雷基帕（Arequipa）/ 多種古文明創造了這片岩畫區。

- **卡爾爾蘇沛聖城**
  Sacred City of Caral-Supe

  巴蘭卡（Barranca）/「新大陸最古老的城鎮」可追溯至西元前 3000 年左右，與古埃及第一王朝處於同一時期。

- **庫埃萊普堡壘**
  Kuelap Fortress

  查查波雅斯 / 這座「北方的馬丘比丘（Machu Picchu）」，是由查查波雅斯人於西元 500 年左右建立。現在堡壘被一堵巨大的高牆圍起，內有 400 座建築遺跡。

- **馬努國家公園**
  Manú National Park

  庫斯科（Cusco）/ 這座公園是全球生物多樣性最高的地方之一，是 1,000 多種鳥類的家園。

- **欽科神廟 Qenko Temple**

  庫斯科 / 這座秘魯巨石神廟曾經常常用來舉行死亡儀式與獻祭。

- **孔洞帶 Band of Holes**

  伊卡 / 在皮斯科谷（Pisco Valley）附近，一排排整齊的神祕孔洞遍布整座荒岩。

- **莫切金字塔**
  Moche Pyramids

  蘭巴耶克（Lambayeque）/ 莫切①的戰鬥祭司會在金字塔內舉行盛裝比武和活人獻祭的宗教儀式。

- **瓦伊亞伊國家保護區**
  Huayllay National Sanctuary

  帕斯科（Pasco）/ 空曠地上獨特的岩石地貌使這裡成為攀岩者的世外桃源。

奧揚泰坦博遺址 OLLANTAYTAMBO RUINS

● 奧揚泰坦博　Ollantaytambo

印加城鎮的獨特格局包括鑿石、梯形階地和倉庫。

奧揚泰坦博城的年代可以追溯到 15 世紀征服此地區的帕查庫特克皇帝（Emperor Pachacuti）統治時期，這裡有秘魯保存最完整的一些印加遺跡。

奧揚泰坦博城曾是印加菁英居住的地方。這座城市的主要景點是在郊外的堡壘，在一個叫做神廟山（Temple Hill）的區域。儘管原本興建的目的是為了敬神，後來這座堡壘是印加人對抗西班牙征服者的最後據點，也是印加人成功擊退西班牙武力的少數幾場戰役之地。附近的其他景點包括太陽神廟（Temple of the Sun）和公主浴池（Princess Baths），兩者都以印加雕刻聞名。

可從烏魯班巴（Urubamba）搭乘公車或共乘，大約需要 30 分鐘車程。
S 13.256513 W 72.265927 ➤➤

➡ 其他印加遺址

1

1　因加皮爾卡
2　喬昆丘拉
3　瓦努科潘帕

厄瓜多，瓜磐，因加皮爾卡
（Guapán , Ingapirca）

因加皮爾卡是厄瓜多最大的印加遺址。這座城市曾經是印加人和當地原住民卡納里人（Cañari）居住的地方，經過最初的衝突之後，逐漸融入形成了混合的社群。

在遺址上仍然屹立不搖的最大建築是太陽神廟，興建的角度可以讓太陽直

接在冬至、夏至時照到門口。先進的設計也出現在驚人的地下輸水道系統上，能供應全社區用水。

從昆卡（Cuenca）搭公車約 2 小時可以到達遺址。到了那裡，可以跟自由閒逛的駱馬打招呼。

祕魯，喬昆丘拉，黃金的搖籃
（Choquequirao, Cradle of Gold）

這裡又叫做另一個馬丘比丘，喬昆丘拉（意思是「黃金的搖籃」）有許多建築和梯形階地遺址，位於石頭環繞的夷平丘頂上。

喬昆丘拉目前只挖掘了 1/3，這裡曾是亞馬遜和庫斯科之間的重要交通通道。已經發掘的地方依循傳統的印加建築構造：一座神廟和一些行政建築物直接位於中央廣場四周，住宅區域則在更遠的外圍。

喬昆丘拉裡外最令人讚嘆的，就是在兩座階地上結合了駱馬或羊駝的塑像。利用精心雕刻的白色岩石，把動物的造型嵌入大型階地上。

從庫斯科出發，到喬昆丘拉需要健行 2 天，只限有經驗的登山者——這段路高低不平，並不好走。

秘魯，多斯馬約省，瓦努科潘帕
（Provincia de Dos de Mayo , Huánuco Pampa）

儘管在 1539 年左右廢棄，瓦努科潘帕保存得相當良好。除了戰略上的多山

位置以外，這個地點在當年大概不太起眼。它缺乏壯觀之處也許正是它的可取之處。西班牙征服者整體來說忽略了瓦努科潘帕，這有助於保全此地，使得這裡成為今日主要的考古遺址。

這個地點曾是行政中心，興建在高原上，方便利用陡坡來防守。瓦努科潘帕也是食物儲藏中心，將近 500 座倉庫和許多食品的加工中心，顯示出印加人需要這樣龐大的計畫和組織技術，才能維持日漸擴張的帝國。

漫步在今日的瓦努科潘帕，你可以看到的遺跡有浴池、主要宮殿，還有一個有金字塔的巨大廣場。瓦努科潘帕距離瓦努科城有 5 小時車程。

3

2

自印加時期以來，克斯瓦恰卡大橋每年會使用新鮮的草繩重新編織進行修復。

最後一座印加草繩橋
THE LAST INCA GRASS BRIDGE

● 卡納斯，庫湖里奇里
Canas, Huinchiri

印加人沒有發明輪子、沒有建造拱頂、沒有發現鐵，但他們卻是編織大師。印加人用植物纖維造出船隻（至今你仍然可以在的的喀喀湖上找到航行的蘆葦船）。他們用植物纖維做出盔甲（比征服中南美洲的西班牙士兵的盔甲還要強韌）。而他們最強勁的武器投石器，也是用植物纖維編織而成，威力足以擊裂鋼劍。他們甚至利用編織相互交流，發明出一種叫做「奇普」（quipu）的結繩語言，這種語言至今仍未被解碼。因此，當面臨如何將人、動物和貨物運送到陡峭峽谷另一側的問題時，自然要透過編織來解決。

500 多年前，安地斯山脈上有多達 200 座吊橋，吊橋均由印加人利用山上的野草和其他植物編織而成，有的繩索甚至像人體軀幹一樣粗。印加人在歐洲人建成第一座吊橋的 300 年前，就有編織的草繩橋了，而且比歐洲最好的工程師所修建的石橋橫跨的距離更遠，橋所連通的峽谷也更深。

幾個世紀以來，印加草繩橋已逐漸被現代工程的常規產物所取代。最負盛名的草繩橋應是出現在桑頓·懷爾德（Thornton Wilder）的小說《聖路易斯雷大橋》（The Bridge of San Luis Rey）裡的 45 公尺大橋，這座因文學而不朽的草繩橋一直持續到 19 世紀，但最終

也倒塌了。如今，唯一的印加草繩橋「克斯瓦恰卡」（Keshwa Chaca）位於庫湖里奇里附近的一處深谷之上，跨度達 27.4 公尺。據當地人所說，草繩橋至少已有 500 多年的歷史。

雖然它的材料看似脆弱，但現今的負載測試結果顯示，在最佳狀態下，克斯瓦恰卡可以承受 56 人平均分布於橋上的重量。

1968 年，政府在克斯瓦恰卡草繩橋上游幾百公尺的地方建造了一座鋼桁架橋。雖然現在大多數當地人以鋼桁架橋通行，而不是靠草繩橋穿越山谷，但修復草繩橋的傳統並未改變。每年 6 月，當地會舉行為期 3 天的修橋儀式。附近 4 座城鎮的每戶人家都要負責帶來 27.4 公尺長的編織草繩。在最重要的橋梁看守人監督下施工，當地人稱這位看守人為「恰卡卡馬約克」（chacacamayoc）。草繩橋老舊的部分會被切斷扔進河裡。由於克斯瓦恰卡每年經歷具目的性和儀式性的重建，它的所有權也被一代代地傳承下去。印加草繩橋不只橫跨空間，還是一座貫穿時間的橋梁。

草繩橋橫跨阿普里馬克峽谷（Apurímac Canyon），距庫斯科以南約 5 小時車程。S 14.381121 W 71.484012

URUGUAY
烏拉圭

加爾松潟湖大橋 LAGUNA GARZÓN BRIDGE
● 馬爾多納多　Maldonado

烏拉圭的洛察（Rocha）和馬爾多納多打算取代橫越加爾松潟湖久經考驗的方式（以木筏渡河），最終他們蓋了今日世界上最容易一眼認出的橋梁。

經過 6 年的公聽會，以及與當地社區協商之後，拉斐爾·維諾利建築事務所（Rafael Viñoly Architects）找到了能夠符合嚴格需求的方法，用新橋將自然與文化社群相連。這項計畫的成功取決於結合當地環境法規的能力，法律規定潟湖之間的地帶只能開發 35%，並且有 50% 必須用於綠地。

長期協商的結果就是造出 2015 年啓用的加爾松潟湖環狀大橋。這個設計有一部分是出於安全考量——半圓形的單向道路設計逼得駕駛必須減慢速度，也因此斷開了 1.6 公里長的道路，否則很可能會讓人想把這裡當成賽車道。

這座橋就在馬爾多納多以東 1 小時車程內。上面有觀景台和釣魚棧橋，想在路邊垂釣的人記得帶上釣竿。
S 34.802470 W 54.572100

烏拉圭的祕境還包括：

• 維斯開諾溪化石河床 Vizcaino Creek Fossil Bed
卡內洛內斯（Canelones）／這個地點發現過成千上萬的化石，包括雕齒獸（glyptodontinae）的殘骸，這是一種已經滅絕的南美犰狳，大小就像福斯金龜車一樣。

• 生命線之谷 Valle del Hilo de la Vida
拉瓦耶哈（Lavalleja）／ 90 座岩石堆疊而成的圓錐土墩散布在這座山上，據信已有超過 1,000 年的歷史。

• 手 The Hand
埃斯特角（Punta del Este）／從布拉瓦海灘（Brava Beach）上伸出的一隻巨手，是溺水者的紀念碑。

每天有 1,000 多輛車子行經這座環狀橋。

茂密的叢林讓出空間給巨大的天坑。

VENEZUELA
委內瑞拉

薩里薩里納瑪 SARISARIÑAMA

● 蘇克雷　Sucre

薩里薩里納瑪是委內瑞拉最遙遠的地方之一，也是世界上最奇異的地景之一。高聳入雲的「桌面山」（tepui）有 4 個巨大的天坑，每個幾乎都是正圓形。最大的天坑寬 350 公尺、深 305 公尺。當地傳說又替此地增添神祕色彩，同時也是薩里薩里納瑪這座桌面山名稱的由來。根據耶谷阿納（Ye'kuana）人的說法，有個吃人肉的惡靈住在山上，大啖人肉之時會發出「薩里、薩里」的聲音。

儘管你不太可能在山上遇到吃人的真正惡靈，一片荒涼仍為四周增添了一絲陰森。來到此地的遊客往往震懾於茂密叢林一直生長到天坑的邊緣，使得天坑的存在更加戲劇性，也更令人緊張不安了。

天坑的位置偏僻。真的非常偏遠！薩里薩里納瑪附近沒有道路，探索桌面山這種事情最好還是留給科學家。
N 4.550011 W 64.233358

淹沒的波托西教堂
DROWNED CHURCH OF POTOSÍ

● 塔奇拉，波托西
Táchira, Potosí

1985 年，田園小鎮波托西慵懶的居民收到了一個不受歡迎的消息：政府為了建造烏里萬特卡帕羅（Uribante Caparo）水利發電大壩，準備讓洪水淹沒整個城鎮。疏散命令迅速下達，居民都被遷往附近的城鎮。隨後大壩建成，波托西鎮被淹沒了。但並非小鎮的所有東西都心甘情願地消失。在水退潮時，一座 25 公尺高教堂的尖頂十字架露出水面，提醒著人們波托西曾經存在過。
2010 年初，聖嬰現象在委內瑞拉全境造成了旱災，

波托西大壩後方的蓄水逐漸乾涸，教堂在洪水後第一次顯露全貌。
隨著蓄水量下降到極低的水位，人們紛紛前來參觀，當地人聚集到教堂舉行彌撒，祈求降雨。他們如願以償——甘霖普降，而波托西教堂又再度消失在水面下。

從首都卡拉卡斯（Caracas）向東南行駛至波托西需 7 小時。隨著降雨與大壩水位的變化，教堂尖頂的露出程度會有所改變——出行前請先查詢水位資訊。
N 7.948326 W 71.653630

永恆的閃電暴
THE EVERLASTING LIGHTNING STORM

● 蘇利亞，剛果米拉多
Zulia, Congo Mirador

就在卡塔通伯河（Catatumbo River）流入馬拉開波湖（Lake Maracaibo）之處，空中出現怪異的現象。一年之中約有 260 個晚上，河流上空會持續閃電，每小時多達 280 次，每晚持續近 10 小時。當地人表示，這種叫做「卡塔通伯閃電」（relampago del Catatumbo）的情況自他們有記憶起就一直肆虐。

1595 年，法藍西斯・德雷克（Francis Drake）爵士試圖趁夜攻占馬拉開波城，但持續的閃電暴暴露了他的位置，被城內的防守擊潰。1823 年，相似的歷史再度重演。在委內瑞拉獨立戰爭（Venezuelan War of Independence）期間，西班牙戰艦因閃電而暴露了行蹤，最終被西蒙・玻利瓦（Simón Bolívar）崛起的海軍打敗。

實際上，從 40.2 公里之外便可看到閃電，因此閃電經常被用於船隻導航，被水手們譽爲「馬拉開波燈塔」（Maracaibo Beacon）。奇妙的是，神乎其技的閃電燈光秀在蒼穹的雲朵間遊移，並無雷聲相伴。

人們至今仍不知道爲何（僅有）這個區域會產生這樣規律的閃電。一種理論認爲，馬拉開波沼澤的甲烷氣體與安地斯山脈下沉的冷空氣相遇，造就了孕育閃電暴的絕佳環境。

觀看馬拉開波閃電暴的最佳地點是剛果米拉多，這是架在馬拉開波湖上的小村莊。遊客可以在恩孔特拉多斯（Encontrados）安排行程。N 9.328876 W 71.757497

幾乎一年中的每個晚上，馬拉開波湖的上空都會上演炫目的閃電秀。

委內瑞拉的祕境還包括：

● **德國村 Colonia Tovar**
阿拉瓜（Aragua）／一個多世紀以來，住在卡拉卡斯外一片雲霧林中的德國村村民只說德語，並且僅在村內通婚。

● **佩德納勒斯 Pedernales**
亞馬庫羅三角洲（Delta Amacuro）／這座泥火山有不斷冒泡的潮濕泥土。

● **沙丘國家公園**
　Médanos de Coro National Park
法爾孔（Falcón）／茫茫荒漠之中，大片沙丘隨風不斷變化。

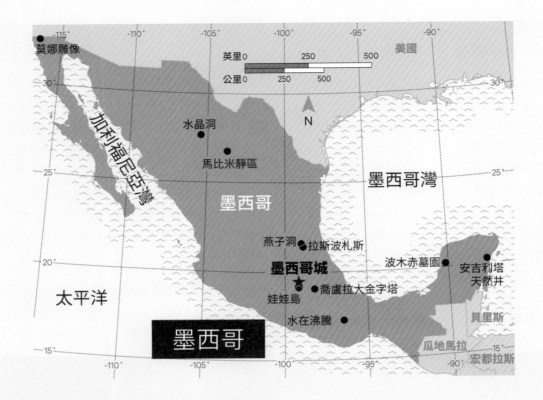

美國

英里 0　　　250　　　500
公里 0　　250　　500

N

莫娜雕像

加利福尼亞灣

水晶洞

馬比米靜區

墨西哥

墨西哥灣

太平洋

燕子洞　拉斯波札斯

波木赤墓園　安吉利塔天然井

墨西哥城

喬盧拉大金字塔

娃娃島

水在沸騰

貝里斯

墨西哥

瓜地馬拉　宏都拉斯

MEXICO
墨西哥

安吉利塔天然井 CENOTE ANGELITA

● 昆塔納羅，圖盧姆　Quintana Roo, Tulum

它似乎是個謎：水下怎麼會有條河流？

馬雅（Mayan）古城圖盧姆的廢墟外是一片茂密的森林，森林中有數個天坑和山洞，它們通往一個驚豔的水下世界。安吉利塔天然井是其中一處入口，洞穴深 60 公尺，因流水侵蝕石灰岩，挖出了這個空間。這個巨大的洞穴曾被古馬雅文明奉爲聖地，它的名字天然井（cenote）就是馬雅語的「神聖水井」，而「安吉利塔」（angelita）意思是「小天使」。

被水淹沒的安吉利塔天然井暗藏玄機：洞底似乎還有一條不同的河流。然而，這是由水中的化學物質所造成的錯覺。水的鹽度隨深度變化而改變，於是密度大的水沉入底部，看起來就像一條渾濁的水下河流。

天然井位於圖盧姆鎮的西南部。遊客可以在圖盧姆安排導遊與交通。N 20.137519 W 87.5777777

被水淹沒的洞穴下似乎隱伏著一條水下河流。

波木赤墓園 POMUCH CEMETERY

● 坎佩切，波木赤　Campeche, Pomuch

當波木赤的居民去世後，會被暫時葬在小鎮的墓園裡。
3 年後，家人會挖出遺骨，清洗乾淨，放在木盒子裡永
久展示。此後每年，家人都會在亡靈節回來，進行儀式
性的遺骨清洗。

除了讓家人團聚與正視死亡的痛苦之外，這項傳統還與
一種信念緊密相連，如果遺骨未被精心照料，那麼已故
的親人會生氣，在街上遊蕩。

波木赤小鎮位於坎佩切城以東。N 20.137530 W 90.174339

拉斯波札斯 LAS POZAS

● 聖路易波托西，希里特拉　San Luis Potosí, Xilitla

拉斯波札斯（西班牙文「游泳池」之意）是愛德華·
詹姆斯（Edward James）的作品，他是一位古怪的英
國詩人、藝術家兼超現實主義運動的支持者。詹姆斯
贊助了達利，將倫敦寓所借給雷內·馬格利特（René
Magritte）當工作室，還認識狄倫·湯瑪斯（Dylan
Thomas）、佛洛伊德、勞倫斯（D. H. Lawrence）與赫
胥黎（Aldous Huxley）等名人。經由赫胥黎的介紹，
詹姆斯與好萊塢人士結識，進而又透過他們認識了西
方靈性主義的遠見者，進入了墨西哥廣袤的狂野世
界。

詹姆斯被墨西哥蓊鬱的草木和悠閒的生活節奏征服，
於 1947 年買下一座咖啡園，在接下來的 10 年裡培育
蘭花、飼養奇珍異獸。1962 年，一場史無前例的霜
凍摧毀了大部分植物，於是詹姆斯開始建造留存至
今、非凡的拉斯波札斯雕塑花園。拉斯波札斯的設計
靈感來自詹姆斯的蘭花和瓦斯特克（Huasteca）的雨
林植物，還融合了超現實主義運動的建築元素。

拉斯波札斯自 1962 年開始建造，歷時 20 多年。花園
裡的水泥雕塑都有超現實主義的名字，例如「實際有
五層、四層或六層的三層樓房」「鴨子神廟」和「屋
頂像鯨魚的房子」。旋轉樓梯升向天空，不相稱的立
柱支撐著傾斜的屋頂，裝飾性的拱頂有的已華麗完
工，而有的看似尚未完成。

1960 至 1970 年代期間，詹姆斯將越來越多的資源
投入了他所謂的「超現實主義的仙納度」（Surrealist
Xanadu）中。據詹姆斯所說，他耗費幾百萬美元雇用

了幾百名石匠、工匠和當地的藝師。直到 1984 年詹
姆斯逝世，他已在 8 萬多公頃的熱帶雨林裡建造了
36 座雕塑。幾十年來，樹幹與藤蔓已經悄悄蔓延至
雕塑之中，更為花園增添了超現實主義的氛圍。

地址：20 de Noviembre, Xilitla。最近的國際機場位於
坦皮科（Tampico），距希里特拉 3 小時車程。
N 21.396710 W 98.996714

這座超現實主義的墨西哥雕塑花園由古怪的英國詩人所建。

城市指南

探索更多的墨西哥城

迷你大提琴手　　　　　　Minichelista

安全家區（Hogar y Seguridad） / 在這間由藝術家打造的咖啡店裡，可以在衣櫃裡啜飲辛辣的咖啡，在打字機上吃飯，在玻璃頂的摩托車上共享薯條，或是跟機器人並肩抽一管水煙。

索馬亞博物館　　　　　　Soumaya Museum

格拉納達（Granada） / 有將近 66,000 件的大量館藏，涵蓋前哥倫布時期、墨西哥和歐洲藝術，這棟外觀呈現扭轉菱形的博物館是由墨西哥富豪卡洛斯・史林（Carlos Slim）出資興建，並且由他提供滿室的館藏，他是世界上最富有的人之一。

阿拉米達藝術實驗室
Alameda Arts Lab

中央區（Centro） / 藝術、科學與科技在此碰撞，這棟鮮黃色的 16 世紀禮拜堂裡有未來主義的電子展覽和藝術實驗。

〈人類，宇宙的控制者〉
Man, Controller of the Universe

中央區 / 迪亞哥・里維拉（Diego Rivera）這幅引起爭議的壁畫描繪了資本主義及共產主義的社會現實主義衝突，原版在數千公里之外的紐約洛克斐勒中心（Rockefeller Center）完成，但是激怒了洛克斐勒家族，最後完全被蓋掉──不過卻在這裡重現了。

郵政宮　　　　　　　　　Palacio Postal

中央區 / 這座城市的郵政總局具備一座郵政宮該有的一切，百年歷史的鍍金天堂適合集郵人士，也適合建築狂。

礦業宮裡的隕石
Meteorites at the Palace of Mining

中央區 / 這間 19 世紀早期的採礦工程師學校展出 4 個隕石（原本有 5 個，不過有 1 個放在天文研究所），其中包括巨大的莫里多（El Morito）──重達 14 噸，是地球上發現最大的太空碎片，也是西半球紀錄上的第一個。

墨西哥醫藥博物館
Museum of Mexican Medicine

中央區 / 不是為了讓人反胃，這座科學寶庫裡的蠟像展現出甲狀腺腫、膿瘡以及其他各種疾病，栩栩如生有如出自雕塑家羅丹（Auguste Rodin）之手，很適合這棟他們稱之為家的 18 世紀優雅宮殿。

諷刺漫畫博物館　　　　　Caricature Museum

中央區 / 這間博物館在一棟巴洛克建築內，專門提倡及保存墨西哥的漫畫創作，從 19 世紀晚期的政治一直到現在，依然樂在蔑視並扭轉自我。

大神殿 2 號房　　Room 2 at Templo Mayor

中央區 / 在特諾奇提特蘭（Tenochtitlan）這座阿茲特克（Aztec）城市裡，大多數的大神殿都遭到西班牙人摧毀，改建成大教堂。但是發現這個遺跡時也找到了許多獻祭的文化物品，全都存放在博物館的 2 號房裡，包括有裝飾的頭骨、裝火葬骨頭的罐子，還有用來裝人類心臟的祭壇容器。

聖死天使的國家聖所
National Sanctuary of the Angel of the Holy Death

中央區 / 每週 3 天，儘管梵蒂岡予以譴責，信徒仍然聚集在一處樸素的臨時教堂前，參加一場非傳統的彌撒，向死亡聖神（Santa Muerte）祈禱，這是墨西哥最受到鍾愛的民間聖神，僅次於瓜達盧佩聖母（Nuestra Señora de Guadalupe）。

馬提內茲體育用品店
Deportes Martinez

醫生區（Doctores） / 墨西哥的自由式摔角（lucha libre）可以追溯到 150 年前，摔角選手們購買彈性緊身衣和標誌假面具的必去之處就

是唐・馬提內茲（Don Martinez）的體育用品店，就在墨西哥競技場的轉角處，這裡是週五夜鬥的場地。

物品博物館　　　　　　　MODO

羅馬區（Roma Nte） / 這棟新藝術宅邸裡的空間有限，所以館藏的 3 萬件物品輪流展出，不斷變化──稀有的、日常的、可食用的、可穿著的，全都是視覺的饗宴。

墨西哥舊玩具博物館
Old Toy Museum of Mexico

醫生區 / 混雜的館藏從 19 世紀到 1980 年代都有，參雜著大量的微縮模型、面具、懷舊鐵皮玩具、可動人偶、塑膠廉價玩具，還有各種獨一無二的小玩意：走進這裡，就像是在分心學童的白日夢裡遊蕩。

華雷斯頭像博物館
Museo Cabeza de Juárez

華雷斯三世頭像區（Cabeza de Juarez III） / 1972 年興建，紀念故總統華雷斯（Benito Juárez）百歲冥誕，巨大的頭部雕像 / 博物館全部使用金屬片和鋼棒製作，從交通圓環中憂鬱地朝外凝視。

藍色之家　　　　　　　　La Casa Azul

卡門區（Del Carmen） / 湛藍色的房屋是芙烈達・卡蘿（Frida Kahlo）童年時居住的地方，後來則與她的丈夫迪亞哥・里維拉（Diego Rivera）共住，有段時間也與托洛斯基（Leon Trotsky）同住，如今是卡蘿生平及作品的博物館。

托洛斯基博物館　　Leon Trotsky Museum

卡門區 / 這位俄國革命分子在墨西哥城度過生命中的最後 2 年，他與妻子共同居住的房子後院裡有墳墓，走廊上有彈孔，另外還有不祥的磚砌看守塔，而托洛斯基幾乎原封未動的書房就是 1940 年暗殺發生的地點。

索馬亞博物館一直都是免費入場。

掛在樹上髒兮兮的玩偶形成一處緬懷溺亡孩子，令人毛骨悚然的紀念地。

娃娃島　THE ISLAND OF THE DOLLS

● 墨西哥城　Mexico City

當船夫領著你慢慢從泰什維洛湖（Teshuilo Lake）接近娃娃島（La Isla de las Muñecas）時，你會看到兩隻巨大的泰迪熊坐在岸邊當哨兵。它們身後是吸引遊客前來的原因——幾百個灰頭土臉的玩偶被吊在樹上、掛在鐵絲網上，或釘在殘破的木棚下。

一些玩偶四肢不全。另一些玩偶的眼窩裡已結滿蜘蛛網。它們的臉龐已被陽光曬得褪色，頭髮蓬亂打結，衣服也殘破不堪。大多數玩偶的脖子上都拴著繩子，頭部向前下垂，好像被吊死的樣子。

島嶼上出現的第一個玩偶可以追溯至 1950 年代，當時一個叫做桑塔納・巴雷拉（Don Julian Santana Barrera）的男人因傳教而被故鄉放逐，他離開了妻兒，來到這座與世隔絕的小島。據當地傳說，一個女

孩曾在附近的湖中溺死。桑塔納・巴雷拉對她著了迷，相信女孩的靈魂一直在島上徘徊。為了讓女孩安息，也保護自己免受湖中潛伏的惡靈騷擾，他開始收集垃圾堆裡的玩偶，並將它們擺成臨時的紀念館。此後 50 年間，桑塔納・巴雷拉收集了幾百個塑膠玩偶。他是一名狂熱的園丁，用農作物換取玩偶，並將它們小心翼翼地掛在樹上、鐵絲網上和自己小木屋的牆壁上。桑塔納・巴雷拉仍然認為自己一直被溺死女孩的靈魂糾纏——雖然沒有證據顯示曾有這名女孩存在。

2001 年，桑塔納・巴雷拉的外甥阿納斯塔西奧・維拉斯凱茲（Anastasio Velazquez）來到小島幫他的舅舅種南瓜。當他們在水道裡捕魚時，高齡 80 歲的桑塔納・巴雷拉激情歌唱，聲稱水中的美人魚

在引誘他。而後維拉斯凱茲暫時離開去園子工作。但當他返回時，桑塔納・巴雷拉已經趴在水面上，沒了氣息，陳屍位置就是傳說中女孩溺死的地方。

雖然這個娃娃背後的麻煩男人已經逝世了，但它令人不安的作品依然存在。維拉斯凱茲將這座私人島嶼對外開放，其中許多遊客會帶來自己的玩偶，獻給「湖中女孩」。

地　點：Teshuilo Lake, Xochimilco, Mexico City。遊客可先乘地鐵至 Tasqueña 站，再換乘輕軌到 Xochimilco，這區位於運河與人工島。從這裡步行至庫曼科碼頭（Cuemanco Landing），你可以租艘貢多拉船。請先確保船夫願意載你前往，因為小島在非常規的路線上。行程需 2 小時。

N 19.273074 W 99.088202

喬盧拉大金字塔
GREAT PYRAMID OF CHOLULA

● 普埃布拉，聖佩德羅喬盧拉
Puebla, San Pedro Cholula

1519 年，當西班牙人抵達喬盧拉時，驚喜地發現有座大山的山頂剛好可以建造天主教堂。但他們尚未發覺，那不僅僅是一座山——雜草叢生之下其實藏著一座體積比埃及吉薩大金字塔（Great Pyramid of Ciza）還龐大的金字塔。

喬盧拉大金字塔大約在西元前 1 世紀開始建造。遠在哥倫布（Christopher Columbus）到達之前，墨西哥每一次政權更迭，新的征服文化——奧梅克（Olmec）、托爾特克（Toltec）、阿茲特克——都不斷爲這座建築增添自己的附加物，進而創造出不同風格堆疊的金字塔。

在埃爾南·科爾特斯（Hernán Cortés）及其軍隊抵達喬盧拉之前，大金字塔已經不再是舉行宗教儀式的場所。它已經雜草叢生，慢慢變成形似山丘。在大自然的掩護下，金字塔避免了與周遭神廟和聖地相同的噩運，被科爾特斯毀壞，並按照殖民政策，用教堂取而代之。如今，人們依舊可以看到 1594 年建於「山」頂上的聖母救濟教堂（Church of Our Lady of the Remedies）。

直到 1910 年，因爲打算在基地建設庇護所，金字塔才得以重見天日。隨後，考古學家挖掘出金字塔的階梯、平台、祭壇，以及內部長達 8 公里的蜿蜒隧道。

地址：Av 8 Norte #2, Centro, Puebl。遊客可以徒步至山頂教堂處，飽覽普埃布拉的美景。N 19.056664 W 98.301673

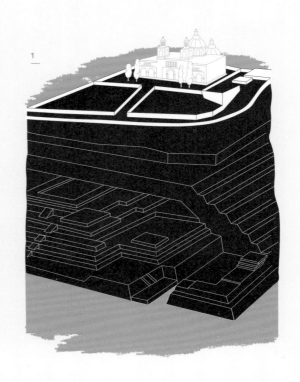

1 喬盧拉的古金字塔隱於長滿荒草的山丘之下。
2 16 世紀的西班牙教堂坐落於比吉薩大金字塔還雄偉的喬盧拉大金字塔頂部。

馬比米靜區
MAPIMÍ SILENT ZONE

● 杜蘭哥，馬比米
Durango, Mapimí

相傳，距離聖伊格納西奧（San Ignacio）4公里處有一片沙漠，那裡手機沒有訊號、動物基因突變、外星人搭乘飛碟經過。那裡被稱爲「馬比米靜區」，人們相信無線電不能在這區傳送，是墨西哥的「百慕達三角區」。事實上，馬比米靜區和百慕達三角洲（以及埃及金字塔）都位於北緯26至28度之間，這更讓陰謀論者增添了想像。

關於馬比米有磁力的假說可以追溯到1970年7月11日，當時美國空軍的「雅典娜」（Athena）測試火箭失控，意外進入墨西哥領空，並降落在杜蘭哥沙漠地區，與原來計畫的新墨西哥降落點相差了幾百公里。雅典娜火箭上有兩小箱鈷-57，這是一種放射性同位素。隨後，一隊祕密專家持續三週的空中搜索，尋找降落火箭的行蹤。當他們終於找到火箭時，修建了一條道路來運送火箭的殘骸，以及少量

被汙染的表層土壤。所有行動都在嚴密的安全措施下進行，這使得當地流言四起。

謠言變成了傳說：人們聲稱收音機無法正常使用，有報導指出目睹非常高的人身穿「銀色緊身衣」（這可能有些道理，因爲人們可能見過穿著銀色生化服清理火箭殘骸的人），他們時常談論「地球能量」「光球」和不明飛行物。一種沙漠龜看似畸形，龜殼上分布著三角形紋路，也讓變異的說法甚囂塵上——事實上，這種圖案在墨西哥的黃緣穴龜（Bolson tortoise）中是常見的變異。

現在，世界各地的人們慕名來到馬比米，尋找捉摸不定的「靜區」，

有時還試圖與外星生命溝通。雖然遊客可能驚訝地發現自己的指南針和收音機運作正常，但經驗豐富的導遊會提醒遊客，靜區是不斷移動的，它很難被準確定位。

不幸的是，這些新時代和超自然現象愛好者——當地人稱之「尋找靜區的人」（zonero或silencioso）——正對靜區所處的沙漠造成負面影響。隨著他們在沙漠中收集的自然遺跡和歷史文物越來越多，沙漠有限的資源正趨於枯竭。

靜區位於奇瓦瓦沙漠（Chihuahuan Desert），聯邦高速公路49號（Fed. 49）的東邊。靜區的一部分位於馬比米生物圈保護區（Mapimí Biosphere Reserve）；請尊重這個保護區，不要對任何超自然的現象大驚小怪。
N 26.691809 W 103.745352

莫娜雕像 LA MONA

● 下加利福尼亞，提華納　Baja California, Tijuana

1987年，一個邋遢的兼職藝術學生阿曼多・加西亞（Armando Garcia）來到提華納市政府官員面前，提交了一份草案：在市中心建造一座巨大的裸女雕像，用來紀念提華納將在1989年迎來100週年。不出意料，政府回絕了他的提議。加西亞並未氣餒，只是將雕塑的建造地搬到自己的鄰里，一個被城市忽視的貧民窟。兩年後，儘管在他的教授與同學的質疑聲中，他還是建造完成：一個五層樓高、重18噸的裸女在棚屋和垃圾堆中矗立。她的右臂與小指指向天空，隱晦的動作暗示著提華納在墨西哥地圖上的位置。

加西亞將這座巨型女人的雕塑命名爲〈提華納千禧三世〉（Tijuana III Millennium），但當地人叫她「莫娜」（La Mona）或「娃娃」，認爲她是加西亞前女友的化身。加西亞與妻子在空心裸女雕像裡住了幾年。他們的臥室在雕像的乳房，書房在她的頭部，廚房在她的胃部，而廁所很合理地就在她的身後。

之後，加西亞搬到了新港（Puerto Nuevo）另一處叫做「西雷娜」（La Sirena）的住所，外形依然是一個巨大的裸女。

地點：Ensenada Street, Aeropuerto, Tijuana。Aeropuerto區位於提華納國際機場（Tijuana International Airport）的西南部。當地的計程車司機知道莫娜的位置。
N 32.539038, W 116.993191

阿曼多・加西亞的女性身形房屋很難錯過。

水在沸騰 HIERVE EL AGUA

● 聖保羅米特拉　San Pablo Villa de Mitla

大自然有時候會製造出仿冒品：像植物的魚、像蔬菜的水果，或者就墨西哥來說，「水在沸騰」看起來是一個像瀑布的岩層。

遠遠看去，這個巨大的結構看起來就像是一座結凍的瀑布，在聖保羅米特拉鎮這麼熱的溫度下似乎不太可能，這是最靠近這處岩層的城鎮。岩層其實是石灰岩山上的礦物質沉積。山中突出的崖壁上有兩座淡水池，以具有療效著稱，泉水飽含碳酸鈣和鎂。池水沿著崖壁滴下，在山側形成礦物質堆積。隨著時間的推移，這些沉澱物質累積成交錯的柱狀物。

此地的西班牙文名稱 Hierve El Agua 意思是「水在沸騰」，源自於泉水噴發時會冒著泡泡。薩波特克人（Zapotec）在這個地區居住了 2,000 多年，他們尊敬這些水池，會引泉水去灌溉農作物。過去數千年來，他們的運河已經石化，變成這幅不尋常的岩石景觀。

從瓦哈卡（Oaxaca）或米特拉（Mitla）搭乘公車。公園的開放時間不定，出發前務必致電確認。

N 16.865684 W 96.276006

看似凍結的瀑布上方有座淡水池。

墨西哥的祕境還包括：

- 聖胡安帕蘭戈里庫提洛鎮
  San Juan Parangaricutiro

安加胡安（Angahuan）／這座小鎮於 1944 年被岩漿吞沒，僅剩從岩漿層中露出的教堂頂層和塔樓。

- 木乃伊博物館
  The Mummies Museum

瓜納華托（Guanajuato）／博物館收藏的 118 具木乃伊看起來並沒有安息，它們張著嘴，手臂緊緊抱住自己，薄薄的皮膚下骨骼清晰可見。

- 莫雷洛斯雕像
  Statue of José Maria Morelos

哈尼齊奧（Janitzio）／這尊墨西哥獨立英雄的雕像高達 40 公尺。旁邊設有盤旋而上的階梯，階梯頂部的壁畫描述了莫雷洛斯的一生事蹟以及他在國家歷史中的地位。

- 首例患病男孩 Little Boy Zero

格羅利亞（La Gloria）／ 5 歲的愛德格‧埃爾南德斯（Edgar Hernandez）是 2009 年全球豬流感的首例病患，這座銅像使他不朽。

- 邪惡博物館 Museum of Perversity

曼薩尼約（Manzanillo）／這裡逼真的實景模型描繪了酷刑、暴力及殘忍，目的是讓訪客成為人權運動者。

- 索諾拉集市 Mercado de Sonora

墨西哥城／這個市場販售草藥與神祕學物品，應有盡有，可以一次買齊。人們可在這裡買到風乾的臭鼬皮、護身符與愛情咒語的材料。

- 巴斯孔塞洛斯圖書館的書城
  City of Books at Biblioteca Vasconcelos

墨西哥城／這片令人瞠目的浩瀚書海擁有墨西哥 5 位偉大思想家的私人藏書，藏書可借閱。

- 羽蛇神的巢穴
  Quetzalcoatl's Nest

瑙卡爾潘（Naucalpan）／這間 Airbnb 出租公寓被設計成長著羽毛、嘴巴張開的阿茲特克蛇神的樣子。

- 宇宙玻璃植物園
  Cosmovitral Botanic Garden

托盧卡（Toluca）／彩色的玻璃窗沐浴在藝術花園的宇宙之光下。

- 圖勒之樹 Tree of Tule

圖勒（Tule）／蒙特祖瑪（Montezuma）柏樹驚人的樹圍足以載入史冊，長瘤的樹幹激發人們無限的想像，遊客在樹幹上發現了人臉、獅子、美洲虎與大象等圖案。

- 爆炸鎚慶典
  Festival of the Exploding Hammers

聖胡安威加（San Juan de la Vega）／每年 2 月，不知是英勇還是魯莽的當地人會將爆炸物捆成大鎚子，而後使盡全力將它們扔在地上。

水晶洞 CAVE OF THE CRYSTALS

● 奇瓦瓦，奈卡　Chihuahua, Naica

2000 年，墨西哥規模最大的奈卡礦區的工人，正在挖掘一條地下 305 公尺的新隧道時，闖入了一處無與倫比的洞穴。這座洞穴現在叫做水晶洞，是迄今發現最大的水晶，洞內縱橫交錯的透石膏（selenite）長達 12 公尺。

巨大無比的水晶在攝氏 57.7 度的恆溫濕氣中歷經 50 萬年形成。這種環境條件能讓洞中的特別礦物質硬石膏（anhydrite）吸收水分，轉變成低溫、穩定的石膏。隨著石膏緩緩沉積，形成巨大的透石膏晶體。當礦工開始在這區作業時，周圍洞穴內的水被抽出，無意間將水晶洞裡的水一併排乾，使寶藏顯露出來。

水晶洞的環境條件對人體非常危險。攝氏 51.6 度的高溫及 90% 至 99% 的濕度是令人窒息的環境，人處於其中，大腦的高級功能會迅速惡化，呼吸也會變得困難。崎嶇的地面，較小的晶體邊緣尖銳，都讓人寸步難行。

科學家自 2006 年起探索水晶洞。他們在工作時佩戴著冷水機，衣服也襯著冰塊。但就算有特殊裝備加持，探險者一次也只能在洞穴裡停留 45 分鐘。

不幸的是，抽水的過程雖然暴露了水晶洞，但也正在破壞它。水晶一旦與空氣接觸便會變質。目前，由於奈卡礦區的抽水作業讓洞穴處於乾燥狀態。為了要保

奈卡礦內巨大的水晶在 2000 年被發現。

護水晶，讓它們繼續生長，就必須重新向洞內灌水，但如此一來，人就無法進入。「拯救水晶洞」究竟是保持科學研究，還是讓水晶在不被觀察的情況下生長，人們陷入兩難的境地。

礦區與水晶洞位於約有 5,000 位居民的奈卡鎮西南部。由於水晶十分脆弱，且環境對人體有害，洞穴僅對研究人員開放。

地點：Terreros 7, Naica。奈卡距離契奇瓦市以南約 2 小時車程。N 27.850815 W 105.496955

燕子洞 THE CAVE OF SWALLOWS

● 聖路易波托西，阿基斯蒙
San Luis Potosí, Aquismón

如果你掉入燕子洞，大概要下墜 10 秒才會觸底。這處石灰岩天坑深達 333 公尺，相當於美國紐約克萊斯勒大樓（Chrysler Building）與自由女神像加在一起的高度。

過去，低空跳傘愛好者時常飛入深淵，而後再利用機械絞盤將自己慢慢拉回洞口。然而，由於噪音和高速下墜對附近的鳥類和居民產生不良影響，低空跳傘與電動絞盤已被禁止。

如果想窺探洞底風光（順道一提，裡面是布滿鳥糞，爬著昆蟲、蛇和蠍子的未知之地），你只能沿繩索慢慢下降。爬回洞口的難度較大，非常健壯的人需 40 分鐘，而肌肉不發達的人則可能要花上 2 小時左右。如果不想深入淵谷，你可以在腰間繫上安全繩，垂掛在洞口俯望洞底。

燕子洞得名於棲息在洞壁上的數千隻燕子。牠們白天從洞口盤旋而出，夜晚歸巢。這些鳥兒並非全是燕子──其中有白領黑雨燕，也有長尾小鸚鵡。

燕子洞距離阿基斯蒙小鎮以西約 30 分鐘車程。N 21.599836 W 99.098964

垂降至未知之境。

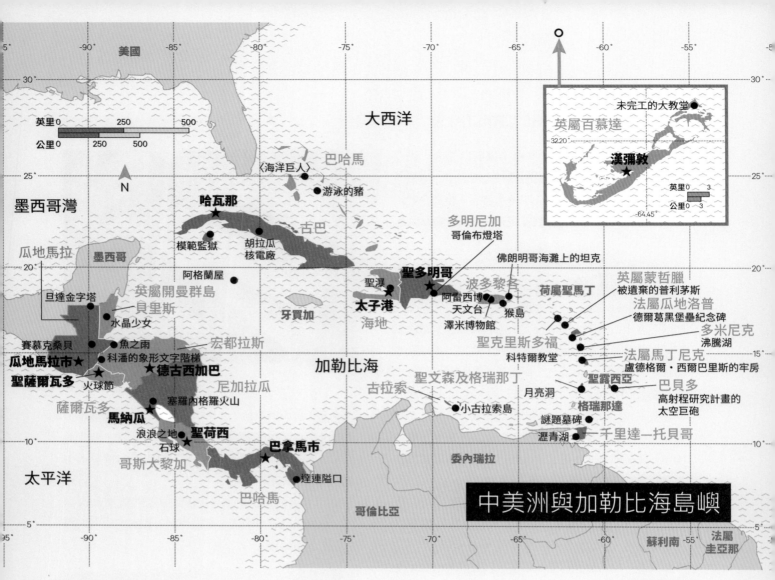

（地圖標示）

美國
大西洋
巴哈馬
《海洋巨人》
游泳的豬
哈瓦那
模範監獄
胡拉瓜核電廠
古巴
墨西哥灣
阿格蘭屋
英屬開曼群島
聖溪
聖多明哥
多明尼加
哥倫布燈塔
佛朗明哥海灘上的坦克
波多黎各
阿雷西博天文台
澤米博物館
荷屬聖馬丁
被遺棄的普利茅斯
英屬蒙哲臘
法屬瓜地洛普
德爾葛黑堡壘紀念碑
多米尼克
沸騰湖
瓜地馬拉
墨西哥
旦達金字塔
貝里斯
水晶少女
賽慕克桑貝
魚之雨
科潘的象形文字階梯
瓜地馬拉市
聖薩爾瓦多
火球節
薩爾瓦多
德古西加巴
宏都拉斯
尼加拉瓜
塞羅內格羅火山
馬納瓜
聖荷西
浪浪之地
石球
哥斯大黎加
巴拿馬市
煙連隘口
巴哈馬
太子港
海地
牙買加
加勒比海
聖克里斯多福
科特爾教堂
法屬馬丁尼克
盧德格爾‧西爾巴里斯的牢房
聖文森及格瑞那丁
古拉索
小古拉索島
月亮洞
格瑞那達
謎題墓碑
瀝青湖
千里達—托貝哥
聖露西亞
巴貝多
高射程研究計畫的太空巨砲
委內瑞拉
哥倫比亞
蘇利南
法屬圭亞那
太平洋

英屬百慕達
未完工的大教堂
漢彌敦

中美洲與加勒比海島嶼

BELIZE
貝里斯

中美洲
Central America

水晶少女 THE CRYSTAL MAIDEN

● 卡約，聖伊格納西奧　Cayo, San Ignacio

要到達水晶墳墓洞穴（Actun Tunichil Muknal），你需要忍受 45 分鐘的顛簸車程、45 分鐘的叢林跋涉、三次徒步渡河，以及游過可能誘發幽閉恐懼的狹窄浸水洞穴。但至少，你能活著出來。

在古典期晚期（西元 700 至 900 年），馬雅人認為這裡是通向地下世界「西巴巴」①的門戶，於是在洞穴內舉行祭祀儀式。他們舉著火把，焚燒香膏，頂著盛有食物祭品的陶罐，將活生生的人帶進洞穴內殺死獻給神。

1986 年，美國地質學家湯瑪斯‧米勒（Thomas Miller）發現了水晶墳墓洞穴（簡稱為 ATM）。接下來發掘出 14 具骸骨，包括在一個叫做「大教堂」（Cathedral）的大房間發現了 6 名 3 歲以下的孩童。顱骨外傷和屍骨的位置顯示他們是頭部遭受重擊後被扔在地上。在不斷滴水的山洞裡靜置了 1,200 年後，遺骨表面覆蓋了一層方解石水晶，這使遺骨看起來膨

脹又晶瑩。遺骨旁分布著幾百片破碎的陶器碎片——馬雅人在獻祭儀式後，會打碎陶罐，以釋放其中所蘊含的能量。

在一堆散落的骸骨中，有具完整的屍骨似乎在看著你，它面朝上躺著，下巴微微抬起。鈣化過程已經讓屍骨的稜角變得圓滑，骸骨表面的水晶在你的頭燈照射下閃閃發光。這就是「水晶少女」。她死時可能才 18 歲，從兩節粉碎的椎骨來看，她是死於暴力。

由於水晶墳墓洞穴是保護區，遊客必須與導遊同行，你可在聖伊格納西奧找到幾名導遊。2012 年，有名遊客將照相機掉在擁有 1,000 多年歷史的骸骨上，之後這裡就禁止拍照。進入「大教堂」禁止穿鞋，請自備乾燥襪子更換。你要穿上可涉水和健行的鞋子。遊覽前，你將會拿到一個有頭燈的頭盔。

水晶墳墓洞穴距貝里斯城的西南方向約 2 小時車程。
N 17.117496 W 88.890467

COSTA RICA
哥斯大黎加

浪浪之地
TERRIT ORIO DE ZAGUATES (LAND OF STRAYS)

● 阿拉胡埃拉，卡里薩爾
Alajuela, Carrizal

哥斯大黎加有 100 多萬隻流浪狗，這個數字每天都在增加。許多流浪狗被送進動物收容所，但純種狗比混種狗更容易被人領養。有個救援組織不太一樣：浪浪之地位於山上，這裡讚頌他們所照顧的每隻混種狗各有獨特之處。

幾百隻獲救狗兒住在這處自由放養的收容所，浪浪之地的獸醫師盡力分析每隻狗兒的身體特徵，想辦法猜出每隻狗兒的品種血統。然後他們會替每隻混種狗找到自己獨特的系譜，取名為「長腿愛爾蘭雪納瑞犬」或「火尾邊境可卡犬」等。

收容所的獸醫所長經常上電視，談論這些被賦予新品種名稱的犬科動物，他會強調這些犬隻的獨特之處，誇耀「這種狗只有我們國家才有」，愛狗人士為之瘋狂，紛紛來電預約「兔尾蘇格蘭牧羊犬」或「短茸毛獵犬」。收容所越來越受歡迎，這些獨一無二的小狗也就有更多人領養了。

浪浪之地之前有舉辦過慈善健行活動，遊客可以跟數百隻小狗在山間嬉戲。收容所目前不對外開放，不過將來有重新開放的計畫，可供人伴著狗群遊覽參觀。
N 10.096143 W 84.156100

中美洲的祕境還包括：

哥斯大黎加
- **727 機身之家**
  727 Fuselage Home

克波斯（Quepos）/ 這是一座由舊波音 727 飛機改造而成的濱海酒店。

瓜地馬拉
- **立體地圖**
  Mapa en Relieve

瓜地馬拉市（Guatemala City）/ 若想看到更袖珍、更陡峭、更蔥翠的瓜地馬拉，不妨去看密涅瓦公園（Minerva Park）的露天立體地圖。

尼加拉瓜
- **阿卡華林卡足跡**
  Footprints of Acahualinca

馬納瓜（Managua）/ 2,000 多年前，10 幾個人曾在馬納瓜漫步。他們留在火山灰上的腳印石化了，如今依然清晰可見。

巴拿馬
- **安康山 Ancón Hill**

巴拿馬市（Panama City）/ 在巴拿馬市的四周，仍然有片小小的野生叢林圍繞在迅速工業化和蓬勃發展的城市中心。

1,200 年前被獻祭的年輕女人已變成閃閃發光的骷髏。

石球 STONE SPHERES

● 聖荷西　San José

1939 年，美國聯合果品公司（United Fruit Company）為了建立新的香蕉種植園，清理迪奎斯三角洲（Diquis Delta）周邊的土地。在施工過程中發現了一些出乎意料的東西：上百顆球形巨石，最大的直徑達 2.4 公尺。至今，人們仍不清楚是誰、何時以及為何製造了這些石球，但它們完美的圓度和光滑的表面都說明它們是人工製造的，而非自然形成。它們可能是從更大的巨石經過敲擊、雕琢和打磨等工序製作而成。
幾乎所有石球都從原來的位置被移動過，因此很難判斷它們的考古背景。尋寶者曾經懷疑石球中藏有金子，炸開了其中幾顆，但一無所獲。

其中 6 顆石球陳列在哥斯大黎加國家博物館（Museo Nacional de Costa Rica）庭院裡，地址：Cuesta de Moras, Avenues Central, Bella Vista, San José。
N 9.932944 W 84.017822

哥斯大黎加的神祕石球源自遠古文明，如今是珍貴的草坪裝飾品。

EL SALVADOR
薩爾瓦多

火球節 FIREBALL FESTIVAL

● 聖薩爾瓦多，內哈帕　San Salvador, Nejapa

每年 8 月 31 日，夜幕降臨之時，年輕的男人們彩繪著臉，一起湧入內哈帕的街道，將布條浸滿燃料後點燃，相互投擲。幾百名觀眾在一旁歡呼，目睹「火球」（las bolas de fuego）在天空飛舞。
一年一度的火球節已延續了 30 多年，目的是紀念 1658 年埃爾普拉永（El Playón）火山爆發。那次爆發掩埋了內沙帕（Nexapa）小鎮，居民被迫建立了新的聚落：內哈帕。火球由浸在煤油裡的布團做成，代表

從火山噴出的燃燒石塊。這個節日同時還紀念小鎮的守護者聖傑羅尼莫（San Jerónimo），傳說他曾與惡魔激鬥。
為了避免自己燙傷，參加火球節的鬥士會戴著手套，身著浸過水的衣服。但即使有這些防護措施，每年還是會有幾十人不慎被燒傷，需要治療。

從首都聖薩爾瓦多向北行駛至內哈帕小鎮只需 30 分鐘。
N 13.819263 W 89.233773

一年一度，人們向空中拋擲熊熊燃燒的布條，以紀念火山爆發。

隱藏在瓜地馬拉茂密叢林中的是世上最大的金字塔之一。

GUATEMALA
瓜地馬拉

旦達金字塔 LA DANTA

● 貝登省，卡梅利塔　Petén, Carmelita

在瓜地馬拉北部的叢林中，有座巨大的石砌建築結構破土而出。它看起來就像是一座古怪而孤寂的火山，隨意落在植被中。不過這座建築結構其實是地球上最大的金字塔之一，它位於瞭望台（El Mirador）這座「馬雅的失落之城」遺跡裡。

瞭望台古城在西元前 6 至 3 世紀時繁榮興盛，之後被廢棄，掩沒在叢林之中。這個遺址沉睡了好幾百年，直到考古學家開挖。成千上萬的建築結構在這座前哥倫布時期的城市出土，但或許最令人驚豔的還是旦達神殿。

旦達金字塔高達 70 公尺，總容積約 280 萬立方公尺，是世界上最大的金字塔之一，也是地球上最龐大的古代建築結構之一。根據計算，建造這座龐大的歷史遺跡需要花費 1,500 萬天的勞動力。有樓梯可通往金字塔神殿的東面，爬上去能看到一望無際、生機勃勃的樹冠層。

可從佛羅雷斯（Flores）搭乘直升機到達瞭望台。也可以雇用嚮導，從卡梅利塔村健行至此。健行到失落之城要花好幾天的時間，必須走過布滿有毒茅頭蛇的叢林。

N 17.751757 W 89.902738

歷經途中的艱辛過程，終點賽慕克桑貝是有著藍綠色水池和石灰岩洞穴的絕美自然天堂。

賽慕克桑貝 SEMUC CHAMPEY

● 上維拉帕斯，蘭金　Alta Verapaz, Lanquin

隱藏在上維拉帕斯茂密山林中，這是一處恬靜的石灰岩天堂。除了最強力的四輪驅動車之外幾乎到不了，賽慕克桑貝自然名勝擁有 6 座極爲迷人的藍綠水池，層疊錯落，還有廣闊遍布的岩洞，以及地下瀑布。令人震懾的藍色水池坐落在天然石灰岩橋上，橋覆蓋了一部分的卡豐河（Cahabón River）。

這個地方距離大型聚落很遠，位於崎嶇、滿布岩石的道路盡頭。不過到達這處獨特自然景觀一路上所吃的苦頭，在抵達之後能夠得到好幾倍的獎賞，有美景和體驗等著遊客大駕光臨。如果你參加旅遊團，一開始可以拉繩盪跳進河裡，然後拿著蠟燭涉水走過重重有水的洞穴。這趟行程地面上的部分則會蜿蜒穿越叢林，再讓遊客進行最後的活動：在石灰岩水池裡放鬆游泳。

雖然可以自行租車前往，但到達賽慕克桑貝最簡單也最安全的方式，就是透過瓜地馬拉較大城市的旅行社預約小型巴士。小型巴士會把遊客載到蘭金，這是最靠近賽慕克桑貝的城鎮，從那裡步行 2.5 小時，或是搭乘四輪驅動的共乘計程車，就可以到達瀑布入口處。
N 15.533474 W 89.959218

HONDURAS
宏都拉斯

魚之雨 RAIN OF FISH

● 約羅省，約羅　Yoro, Yoro

據說，約羅一年至少會下一次「魚之雨」（Lluvia de Peces），有時甚至一年會下兩次：在暴風雨期間，幾百條小銀魚會從天而降。

這個奇幻的故事指出，自 19 世紀起，每年的 5 月或 6 月，一場猛烈的風暴會席捲小鎮，帶來豪雨。當狂風暴雨過後，街道上到處都是嘴巴一張一闔喘氣的小魚。1970 年代，國家地理學會（National Geographic Society）的一支隊伍親眼見證了活蹦亂跳的魚群——這是該現象爲數不多的可信證據之一。然而，他們沒有找到魚群來自天上的證據。

幾個世紀以來，世界各地都有「動物雨」的報導，儘管對這種現象的科學理解仍很粗淺。其中對動物群雨最簡單的解釋是，大型暴風雨帶來洪水，迫使一些動物離開棲息地，導致牠們充滿街道。另一個簡單的解釋是，洪水會在短時間內將魚群沖到距離原水域很遠的地方，在水快速回落後，人們就誤以爲這些動物是和雨水一同從天而降。

雖然罕見，動物的確可能從天空落下，例如當牠們被海龍捲裹挾的時候。海龍捲是形成於水體之上的小型龍捲風，雖然不會將水吸到空中（「水柱」其實是冷凝水），卻能把小魚從水中吸出，甩到岸上。

約羅的「魚之雨」最神祕之處在於這些魚並非當地物種，有可能來自 200 公里之外的北大西洋海域。另一種理論假設就沒有那麼令人興奮了，這些魚是生活在地下河流中，被迫游到地面上，而非從天降落。這個假設在 1970 年代得到了國家地理學會團隊的支持，因爲他們發現這些魚是全盲的。

在約羅，對這個現象的解釋大多是宗教性而非科學的。1860 年代，天主教神父荷西‧馬努埃爾‧蘇維拉納（José Manuel Subirana）住在這區，爲饑餓的人祈求生計。傳言在他長時間的祈禱之後，小鎮就降下了小魚之雨。自 1998 年起，每年約羅都會舉行一年一度的慶典，以紀念魚之雨的奇蹟。在慶祝過程中，狂歡者會舉著蘇維拉納的肖像在街上遊行。

宏都拉斯首都德古西加巴（Tegucigalpa）有開往約羅的巴士——全程 201 公里。慶典通常是在 6 月舉行，與該季第一次大降雨同步。N 15.133333 W 87.142289

科潘的象形文字階梯
HIEROGLYPHIC STAIRWAY OF COPÁN

● 科潘　Copán

科潘城位於今日宏都拉斯的西部，是馬雅文明的政治、社會和宗教中心，歷時 400 多年。這個地點有幾座很棒的遺址，其中最引人注目的應該就是結構 26 號的金字塔神殿的大規模階梯了。

這個結構形成了目前已知最長的馬雅文獻，原來是由科潘的第 14 任統治者「煙猴」（K'ak Joplaj Chan K'awiil）安排建造的，大約在他死後 6 年，也就是西元 755 年才完工。金字塔的高度將近 30.5 公尺，刻著大約 2,000 個字符。這組符號提供了罕見的機會，讓人可以一窺科潘峽谷的豐富歷史，還有統治該地多年的文化。

研究人員首先被這些象形文字給難倒了，後來他們意識到階梯記錄了科潘的皇室歷史，條列出國王的姓名、出生、死亡，還有統治期間的重大事件。發現石塊按照編年史排列讓他們很開心，但卻又因為發現 1930 年代的考古學家動過手腳而略微失望——當年的人並不完全了解馬雅語法，卻為了嘗試重建而任意重新排列石塊。只有最底下的 15 階還維持在原本的位置。

儘管有點混亂，現代考古學家還是搞懂了階梯文獻記載的是 16 任國王的統治，從最底階的「偉大太陽」（Yax K'uk Moh）開始，一直到頂端的「十八兔」（18-Rabbit）統治者之死。據信特別強調了第 12 任國王「煙豹」（K'ak Uti Ha K'awiil）的故事，他的墓地在階梯下的金字塔裡被發現。

遺址位於距離聖佩德羅蘇拉（San Pedro Sula）3 小時車程的地方。N 14.837331 W 89.141511

穿著特奧蒂瓦坎（Teotihuacan）戰士服裝的馬雅統治者的雕像，端坐在階梯的基座上。

NICARAGUA
尼加拉瓜

塞羅內格羅火山 CERRO NEGRO

● 雷昂省，雷昂　León, León

塞羅內格羅是南美洲最年輕的火山，也是世界上第一處滑火山灰的場地。滑火山灰也叫做「火山衝浪」或「火山滑板」，這項運動的參與者在腳上綁好木板，而後沿著 488 公尺布滿火山灰與石子的塞羅內格羅火

山斜坡一路滑下。參與者配戴手套、護目鏡，穿著連身衣，滑行速度可達每小時 80.5 公里，下山途中一路塵土飛揚。膽子小的遊客可以選擇坐在板子上滑落，或乾脆跑下陡峭的斜坡。

上坡路就不那麼令人興奮了（需要健行 1 小時），但山頂的景色會證明不虛此行。360 度的美景全方位呈現了火山鏈，活火山與休眠火山接連排列，被藍天與綠草環繞。1850 年，塞羅內格羅火山第一次爆發，此後這座活火山的火山口常有濃煙冒出。至今，它已爆發了 23 次，最近一次發生在 1999 年。

火山衝浪旅遊團從火山西南方的雷昂出發，到達火山需 1 小時車程。N 12.506864 W 86.703906

在活火山的斜坡上衝浪。

PANAMA
巴拿馬

達連隘口 DARIÉN GAP

● 達連省　Darién Province

泛美公路從阿拉斯加北部海岸一直延伸到南美洲的最南端，中間僅有一個斷口：巴拿馬與哥倫比亞交界處長達 87 公里的中斷，叫做達連隘口。這是一片棲息著大量罕見動植物的原始叢林。你也可能無法活著出去。

達連地區是「哥倫比亞革命武裝力量」（FARC）的據點，這是一支馬列主義的遊擊隊，與哥倫比亞政府進行了長達幾十年的武裝衝突。茂密的叢林便於藏匿和交易毒品——毒品交易每年為哥倫比亞革命武裝力量帶來幾億美元的收入。許多試圖穿過達連隘口的人失蹤、被綁架，以及被國界兩側的叛

亂分子劫持為人質。

目前，哥倫比亞和巴拿馬政府並無意將泛美公路連通。因為此舉耗資巨大且十分危險，而且施工也會破壞雨林脆弱的生態環境。根據 2003 年在達連隘口被劫為人質的探險家羅伯特·揚·佩爾頓（Robert Young Pelton）的說法，「這也許是西半球最危險的地方了……所有對你不利的事情都在這裡出現。」

茂密的叢林和武裝力量的占據讓達連隘口成為極其危險的地區。若想更安全地往返中美洲和南美洲，請購買機票，或從巴拿馬乘坐遊艇到達哥倫比亞。N 7.868171 W 77.836728

全長約 48,000 公里的泛美公路僅有一處隘口，而且是一個極其危險的地方。

BAHAMAS
巴哈馬

加勒比海島嶼
Caribbean Islands

游泳的豬 SWIMMING PIGS

● 大沙洲　Big Major Cay

「滿是野豬的無人島」聽起來也許並不是讓人嚮往的度假勝地。但不妨考慮這一點——小豬們非常親人，牠們只想與你在大沙洲清澈的海水中嬉戲。大沙洲又叫「豬灘」（Pig Beach）。

游泳的野豬在白天的海灘和水中閒晃，這裡的確是名副其實的「豬灘」。當一艘小船從鄰近的度假小島福爾沙洲（Fowl Cay）駛來時，興奮的野豬會跳進水中，跳起來歡迎來客。源源不斷的遊客確保了野豬能吃飽、深受寵愛。

並不清楚野豬最初是如何到達大沙洲的，但有可能是被前往更大島嶼的船隻留下來的。

從拿索（Nassau）前往大沙洲，須先乘坐飛機到史坦尼爾沙洲（Staniel Cay），而後再坐船北行。野豬喜歡吃人們帶來的馬鈴薯。N 24.183874 W 76.456411

1

〈海洋巨人〉 *OCEAN ATLAS*

● 新普洛維登斯島，拿索　New Providence, Nassau

世界上最大的水中雕塑就在巴哈馬拿索岸邊清澈的海洋下。這座名為〈海洋巨人〉的巨大雕塑，是古希臘神話巨人阿特拉斯（Atlas）的

2

當代藝術詮釋。不過這裡描摹的不是一個受譴責要永遠扛著天的泰坦神，而是一位年輕的巴哈馬女孩用肩膀頂住海面。

2014 年，藝術家、自然主義者暨潛水教練傑森‧迪凱瑞‧泰勒（Jason deCaires Taylor）創作了〈海洋巨人〉，高度超過 25.6 公尺，重達 60 噸。雕塑位於新普洛維登斯島的海岸邊，這裡是巴哈馬人口最密集的島嶼。水中奇觀是爲了阻止觀光客靠近瀕危的珊瑚礁，並且促進珊瑚拓殖。用來打造藝術作品的是永續、酸鹼值中性的材料，目的是爲了促進當地珊瑚的生長。這是一種保護環境的姿態，有意表現出人類與自然界正面互動的潛能，即使地球上的海洋在面臨著來自氣候變遷與人類活動的無數威脅。

這位藝術家在全球還有另外 3 座水中博物館及裝置藝術設計：「變遷」（Vicissitudes）是世界上第一座水中雕塑公園，位於加勒比海格瑞那達（Grenada）的莫林雷爾灣（Molinere Bay）；海底博物館（Museo Subacuático de Arte，簡稱 MUSA）是位於墨西哥坎昆（Cancún）的水中雕塑公園；大西洋博物館（Museo Atlántico）則是大西洋裡第一座水下的當代藝術博物館，位於西班牙蘭薩羅特島（Lanzarote）的海岸。

〈海洋巨人〉就在拿索岸邊的水中，位於克利夫頓遺產國家公園（Clifton Heritage National Park）內。你可在線上預約一覽雕塑的浮潛行程。N 25.007811 W 77.550189

1　親人的野豬在巴哈馬溫暖的海水中漂浮。
2　現在的阿特拉斯坐在海底。

BARBADOS
巴貝多

高射程研究計畫的太空巨砲
PROJECT HARP SPACE GUN

● 基督城，斯威爾
Christ Church, Seawell

簡單地講，高射程研究計畫（High Altitude Research Project）的成立是為了創造出卡通般的巨砲，把衛星射向太空。HARP 是這個計畫的縮寫，這項 1960 年代的實驗是美國與加拿大的聯合倡議，研究利用彈道學發射物體進入高層的大氣層及之外的外太空。他們打造了許多太空巨砲，不過最令人印象深刻的計畫殘存遺跡，是在巴貝多的廢棄砲管。這座巨砲是由引起爭議的天才彈道工程師傑拉德‧布爾（Gerald Bull）所設計，他窮極一生之熱情追尋著夢想，也就是製造長程巨砲（這種痴迷使得他在高射程研究計畫停止後，轉而替伊拉克政府設計武器）。1990 年布爾在自家公寓內被暗殺，這起凶殺案件一直沒有破案。

工程師傑拉德‧布爾。

巴貝多巨砲由一座 20 公尺長的海軍大砲製造而成，就是那種戰艦上會看到的火砲。巨砲後來加上了另一截砲管，長度延伸到 36 公尺。這座火砲太龐大，無法有效地用於軍事應用上，不過看來似乎很適合發射衛星。在 1963 年的巔峰時期，這座巨砲能夠把物體射向空中達 178 公里，創下世界紀錄。

巴貝多巨砲在 1967 年被棄置在原本的發射地點，這裡是俯瞰大西洋的一處小懸崖，而後逐漸鏽蝕。在疏於照料多年之後，這座巨砲看起來比較像是上了油漆的汙水管，而不是龐大的太空巨砲。

廢棄太空巨砲位於使用中的軍事基地，只有獲得許可的人才能進入。N 13.077609 W 59.475273

BERMUDA
英屬百慕達

未完工的大教堂
THE UNFINISHED CATHEDRAL

● 聖喬治省，聖喬治市
St. George's, St. George's

教堂裡本應擺放長椅的地方現在已雜草叢生，一半的支柱已經坍塌，而屋頂早就不復存在。位於薩莫斯花園（Somers Garden）附近，這座尚未完工的教堂是教會內部紛爭、資金短缺和一場猛烈颶風共同作用的結果。

這座大教堂於 1874 年開始建造。這棟建築的設計可容納 650 個座位，目的是取代聖公會朝拜的聖彼得教堂（St. Peter's Church），聖彼得教堂是由 1612 年來到聖喬治市定居的英國人建造。

然而，聖彼得教堂依然屹立，但新的教堂卻未能完工。第一個障礙是教會內部的分裂，一群前教區的教徒單獨建了一座他們自己的新教聖公會教堂（Reformed Episcopal Church）。1884 年，附近漢彌敦（Hamilton）的一座教堂被燒毀，挪用了建設專案的資金。1894 年，未完工的教堂資金吃緊，又受到暴風雨襲擊，而且聖公會內部對於教堂的正當性爭議不斷。最後會眾決定，與其將這座新教堂完工，不如將錢花在翻新聖彼得教堂上。

30 年後，一場颶風對未完工的教堂西側造成了嚴重損壞，也造就了教堂變為現代廢墟的命運。然而，這座沒有屋頂、地板和窗戶的建築，卻是舉辦婚禮的熱門地點。

地點：Blockade Alley, St. George's。公車會行經附近的薩莫斯花園。
N 32.383668 W 64.676710

要取代聖彼得的這座教堂永遠不會完工，但露天廢墟擁有自己獨特的吸引力。

百慕達的祕境還包括：

● 薩莫塞特吊橋 Somerset Bridge
薩莫塞特島（Somerset Island）／這是世界上最小的吊橋，寬度剛好夠帆船的桅杆通過。

CAYMAN ISLAND
英屬開曼群島

阿格蘭屋 UGLAND HOUSE

● 大開曼，喬治城　Grand Cayman, George Town

全球有將近 10 萬家公司法人利用開曼群島的零稅率來避開公司稅，這個數字比該領土的人口數還要高。這些公司聚在一起可以形成一座微型城市或主要金融區，但是這數千家辦公室卻有一模一樣的住址。

阿格蘭屋是位於喬治城的五層樓建築，占地只有 929 平方公尺，不過這裡卻是多達 18,857 家公司法人的官方總部，相當於這棟建築物裡每 0.49 平方公尺的空間就註冊了一家公司。

開曼群島的免稅天堂形象有自己的神話起源。1794 年時，有 10 艘英國船隻的船隊從牙買加啓航，途中發生事故，在大開曼遇上凶險的暗礁。船上的乘客和船員在碎浪中奮力求生，東端村（East End）和波登鎮（Bodden Town）的島民聽見船上的求救訊號，划著獨木舟到暗礁旁設法營救。在黑暗和洶湧的浪濤中，開曼島民救了 450 個受困的人。令人驚喜的是，只有 6 人在這場災難中喪生。

開曼人拯救英國水手和乘客的英勇事蹟引發了一則傳奇，流傳到今日。故事是這樣的，傳說失事船隻上獲救的乘客之一是英王喬治三世（George III）的兒子。當國王得知島民的英勇事蹟之後決定予以獎勵，他下令開曼群島永遠不必繳稅，戰時也不必徵兵。不過，沒有紀錄顯示曾有任何一位皇室成員在船上，也沒有國王曾經頒布過這樣的命令。

地址：121 S Church Street, George Town。當你仔細觀察過阿格蘭屋（遊客無法入內）之後，可前往東端村，在那裡你會找到一座簡單的紀念碑緬懷當年的航海事故。N 19.292199 W 81.385544

CUBA
古巴

模範監獄 PRESIDIO MODELO

● 青年島，新赫羅納　Isla de la Juventud, Nueva Gerona

在使用的 40 多年期間，模範監獄的環形牢房關押了許多政治異議分子與反革命分子，甚至還囚禁過卡斯楚（Fidel Castro）。1926 年，古巴總統格拉多·馬查多（Gerardo Machado）變成獨裁者，在他的監督下，建設了這座監獄。監獄以邊沁的圓形監獄爲原型，一層層牢房環繞著中央的觀察站，這裡的犯人無時無刻不在監視之中。

1953 年，卡斯楚點燃了古巴革命之火，率兵襲擊蒙卡達軍營（Moncada Barracks），殺死了幾十人，因而在這座模範監獄裡被關了 2 年。這位未來的共產主義領袖在獄中寫下〈歷史將宣判我無罪〉（History Will Absolve Me），這份革命性宣言爲他領導的軍黨奠定了基礎。當卡斯楚於 1959 年掌權時，這座監獄很快便關滿了社會主義國家古巴的敵人。原本設計容納 2,500 名犯人的模範監獄，截至 1961 年，已關押了 6,000 多人。由於暴動和絕食抗議成爲常態，導致 1966 年監獄被關閉。如今，這座建築作爲博物館和國家紀念物對外開放。

青年島位於古巴主島南部。從巴塔巴諾（Batabanó）港口出發的船隻，到這裡約 2 小時航程；也可以從哈瓦那（Havana）乘坐飛機，半小時航程就可抵達。模範監獄坐落在新赫羅納的東方。
N 21.877609 W 82.766451

模範監獄的環形牢房設計便於監視囚犯。

胡拉瓜核電廠
JURAGUA NUCLEAR POWER PLANT

● 西恩富戈斯，胡拉瓜
Cienfuegos, Juragua

1976 年，共產主義盟友古巴和蘇聯簽署協定，建立胡拉瓜核電站。預計建造兩座核子反應爐，其中第一座於 1983 年開始建造，目標是在 1993 年開始運轉。但就在反應爐預計完成的幾年之前，蘇聯解體了。關鍵的蘇聯資金沒了，300 名蘇聯技術人員也回國，於是古巴被迫放棄了亟需的核電廠建設。

缺少核燃料，主要部分也尚未安裝，核電廠一直處於擱置狀態，直到 2000 年 12 月，俄羅斯總統普丁（Vladimir Vladimirovich Putin）訪問古巴。普丁向卡斯楚提供姍姍來遲的 8 億美元，要幫助古巴完成第一座核子反應爐。雖然古巴依賴進口原油來發電，但卡斯楚還是拒絕了。核電廠計畫正式被放棄了。

如今，未完工的核電廠，巨大的圓頂水泥建築矗立在加勒比海岸上，與西恩富戈斯市隔著海灣。遊客可以去買瓜堡（Castillo de Jagua）近距離一睹核電廠的面貌，這座 18 世紀的西班牙堡壘距離核電廠只有 3.2 公里。核電廠本身是禁止入內的。

可從雅賈瓜堡步行至核電廠，只需幾分鐘路程。
N 22.066660 W 80.513275 ➤➤

➤➤ ## 廢棄的核電廠

漢福德核子基地 Hanford Site
美國，華盛頓州

漢福德核子基地位於華盛頓州的哥倫比亞河（Columbia River）地區，被野生動物保護區包圍，面積約 1,450 平方公里，是美國最大的輻射廢棄物垃圾場。

1943 年，漢福德被選定為生產鈽的工廠。工廠的第一座核子反應爐於 1944 年 11 月產出第一批鈽。至 1945 年 2 月，漢福德核子基地已有 3 座生產鈽的相同反應爐。

漢福德核子基地生產的鈽，最終製造出了讓日本長崎 8 萬多人喪命的原子彈「胖子」（Fat Man）。而在這裡工作的 5 萬多名建築工人幾乎都不知道自己為製造核子武器出了一臂之力，直到他們聽到廣島的新聞。

漢福德核子基地在冷戰之後被停用，最終留下了約 2,000 萬公斤的輻射廢棄物。廢料全部被封存在地下正在洩漏的容器中。目前，為期幾十年的清理工作仍在進行之中，預計 2040 年可以完工。

1 號實驗滋生反應器
Experimental Breeder Reactor I (EBR-I)
美國，愛達荷州

1951 年，愛達荷州的阿科沙漠（Arco Desert）有座以研究設施建造的工廠，成為第一座生產電力的核子反應爐。1964 年被停用後，愛達荷州核電廠成為一間博物館，陳列著兩座核子反應爐。遊客可以在控制室裡按下按鍵、推動開關，以及操縱曾經用於清理輻射廢棄物的機械臂。

位於停車場裡的兩座核子反應爐原型，最初是為給核彈轟炸機提供動力而設計。冷戰期間，美國與蘇聯都在研究核能戰機，但均未成功。

卡爾卡爾遊樂園 Wunderland Kalkar
德國

卡爾卡爾遊樂園位於德國杜塞道夫（Düsseldorf）以北，坐落於廢棄核電廠的冷凝塔。

核電廠及反應爐 SNR-300 自 1973 年開始建造，耗時 12 年才竣工。施工過程中，當地居民對核能多有顧慮。1985 年，反應爐局部開始運轉，但不久之後的 1986 年 4 月 26 日，車諾比核災發生。政府出於安全顧慮和高營運成本，停止了核電廠的運轉。

5 年之後，SNR-300 反應爐正式被廢棄，它有價值的部分全部被賣掉或運走，荷蘭人亨尼·凡德莫斯特（Hennie van der Most）買下了這塊土地。接著，他將核能發電廠改造成親子遊樂場。

核水樂園（Kernwasser Wunderland）於 2001 年開業，包含 40 多項遊樂設施、一座擁有 437 間客房的酒店，還有酒吧、餐廳和保齡球場。冷凝塔是遊樂園的明星景點，如今外壁已被繪上了雪山圖案，並設置有攀岩小徑蜿蜒而上，而內部有座鞦韆和一個「回聲場」（Echoland）——大叫幾聲你就明白了。

在廢棄核電廠冷凝塔的陰影下，卡爾卡爾遊樂園提供驚險刺激。

CURAÇAO
古拉索

小古拉索島 KLEIN CURAÇAO

● 威廉斯塔德　Willemstad

小古拉索島只有 310.8 公頃大，平坦、廢棄的珊瑚環礁上有座棄置的燈塔、沒能獲救的失事船隻、幾棟倒塌的古老石砌建築，還有一個墓地。

島的北邊是棕櫚樹的熱帶天堂，有白色沙灘和清澈的海水。島的南邊是迎風面，比較容易受到天氣影響，是有大浪拍擊和崎嶇珊瑚礁的無情海岸線。小古拉索島的沉船都在這裡。油輪瑪麗亞‧比安卡‧蓋茲曼號（Maria Bianca Guidesman）有一半的殘骸在這裡，這艘油輪在 1960 年代擱淺。瑪麗亞‧比安卡號旁邊的殘骸是曾經風光的 9 公尺豪華船舶，後來撞上尖銳的珊瑚礁。

搖搖欲墜的石造結構或許是從前漁夫的住所，如今點綴在整個島上。東北端還有一個樸素的墓地，曬白的光禿木製十字架上沒有姓名標示。

孤立在島中央的是一座燈塔。1850 年建造，曾經塗上鮮豔的珊瑚粉紅色。木製階梯依然完整，供燈塔管理員居住的兩層樓房間也沒有損壞。

1888 年時，德國海軍試圖在小古拉索島建立基地，希望能夠殖民加勒比海島嶼，不過卻被這個遙遠前哨的迎風環境給趕跑了，熱帶風暴吹走了碼頭的第一塊地基。

小古拉索島在古拉索島東南方 2 小時船程處。有好幾家公司提供遊艇一日遊行程。N 11.984563 W 68.644221

DOMINICA
多米尼克

沸騰湖 BOILING LAKE

● 羅梭　Roseau

位於沃特山（Watt Mountain）上的湖泊可不是能惬意嬉水的地方：啜飲湖水或在湖裡沐浴可能會讓人命喪黃泉，或至少也是重度燒傷。

沃特山是一座層狀火山（stratovolcano），山上沸騰的湖泊實則為一處被水淹沒的噴氣孔：噴氣孔直通地表下的熔岩層，不斷將灼熱的蒸汽和氣體注入湖中。沸騰的灰藍色湖面上方浮著一層厚厚的蒸汽雲。湖水溫度大約為攝氏 90 度。

你需要身體健康才能遊覽火山湖——最近的一條路也需要徒步 3 小時，且崎嶇難行。途中還會經過荒涼谷（Valley of Desolation），那裡瀰漫著硫磺氣味，遍布火山口、溫泉，以及冒泡的泥潭。N 15.333608 W 61.324139

1　廢棄許久的燈塔位於這個天堂的南邊。
2　這座山頂湖經久不息地翻騰、冒泡，散發著熾熱的蒸汽。

這棟十字形的建築中可能（或可能沒有）
收藏著哥倫布的遺骸。

DOMINICAN REPUBLIC
多明尼加

哥倫布燈塔
THE COLUMBUS LIGHTHOUSE

● 聖多明哥省，東聖多明哥
Santo Domingo, Santo Domingo Este

1506 年，哥倫布在西班牙逝世，享年 55 歲。不過死亡並不是哥倫布冒險的終點——他的遺體又經歷了長達一個世紀的騙局。

哥倫布在死後不久，就被葬在瓦雅多利德（Valladolid），這個小鎮是他度過生命最後幾日的地方。接著，按照他兒子迪亞哥（Diego）的意願，將哥倫布的遺體運到塞維亞（Seville）。但這裡也不是哥倫布最後的安息之所——因為迪亞哥希望父親被厚葬。他返回多明尼加，1514 年他在這裡為聖母聖殿大教堂（Cathedral of Santa María la Menor）奠基，希望在這裡保存哥倫布的遺骸。不幸的是，1526 年，常年四處奔波的迪亞哥在教堂完工前就在西班牙的蒙塔班（Montalbán）過世了。他的遺體被送回塞維亞，葬在父親身旁。

接下來的 16 年，父子兩人的遺體就在塞維亞安息，但當聖母聖殿大教堂完工後，迪亞哥的遺孀又想將他們的遺體遷至教堂。1542 年，哥倫布父子的遺骨再次啓程遠航，同行的還有前一年在聖多明哥去世的巴薩羅繆（Bartholomew）遺體，他是哥倫布的兄弟。

三人的遺體就在教堂放了 200 多年，直到 1795 年，西班牙人被多明尼加驅逐。西班牙人哥倫布的遺體被帶到了西班牙在加勒比海地區的的另一個據點：古巴的哈瓦那。

而在多明尼加，將近一個世紀之後，有名建築工人在維修教堂時發現了一個鉛盒——盒子並不起眼，但盒蓋內側刻著一行字：「傑出而優秀出的人，唐·科隆（Don Colón），世界海洋的海軍上將（Admiral of the Ocean Sea）。」乍看之下，似乎當初匆促離開多明尼加的西班牙人拿錯了盒子。但值得注意的是，哥倫布父子都曾被稱為唐·科隆，也都擁有「世界海洋的海軍上將」頭銜。

1898 年，西班牙人離開了剛剛獨立的古巴。他們將（假定的）哥倫布遺體帶回塞維亞，葬在一座精緻的大教堂墓室。另一方面，多明尼加在1931 年曾舉行一項設計競賽，最終建造了一座長 210 公尺的十字形紀念建築，據稱其中也放著裝有哥倫布遺骸的盒子。

至今為止，科學還無法解決遺骸之謎。2003 年，對塞維亞存放的遺骸進行了 DNA 分析，但沒有終極答案，而聖多明哥政府也不允許開棺驗屍。

雖然這座建築物叫做「燈塔」，但（可能）放著哥倫布遺骸的建築實際上是一座七層樓的灰色塊狀博物館。這裡同時也收藏了教宗若望保祿二世的長袍和一輛教宗專車。

地址：L213, Avenida Faro a Colón, Santo Domingo Este。燈塔位於聖多明哥的聖蘇西（Sans Souci）遊輪碼頭附近。遊客可乘坐標有「Corredor Independencia」或是「Ave Las Americas」的公車，20分鐘就可到達博物館。
N 18.478692 W 69.866194

火山坡上的石圈紀念著反奴隸制度而起義的領袖。

GUADELOUPE
法屬瓜地洛普

德爾葛黑堡壘紀念碑 FORT DELGRÈS MEMORIAL

● 巴斯提荷　Basse-Terre

1802 年時，出生在瓜地洛普的自由黑人路易斯・德爾葛黑（Louis Delgrès）領導了一場注定失敗的起義，反抗拿破崙手下的安東尼・赫許龐斯（Antoine Richepanse）將軍，他想阻止法屬加勒比海地區恢復奴隸制度。他最後一搏的堡壘如今以他的名字命名。德爾葛黑是一位理想主義者，也是一位傑出軍人，曾多次替法蘭西共和國參與戰役。他甚至曾遭到俘虜，在英格蘭坐牢一、兩次。1802 年，當拿破崙派赫許龐斯將軍前往瓜地洛普，想要恢復「1789 年之前」的狀態（也就是恢復奴隸制度），德爾葛黑起而領導平民和有色人種的士兵武裝反抗。

不幸的是，反抗軍不敵法軍。他們撤退到這座堡壘，德爾葛黑在那裡「向全世界」發表宣言，說明他爲何而戰。接下來，情勢變得明朗，他們毫無勝算，於是德爾葛黑與 400 名追隨者躲進火山坡上的農園，炸死自己，同時也盡可能炸死法國士兵。

奴隸制度還是恢復了——不過有人說這場失敗的起義激發了海地解放運動的成功。至於赫許龐斯將軍，他染上黃熱病，於幾週後過世，葬在堡壘建築群最頂端的軍人公墓。

獻給德爾葛黑的堡壘紀念碑有點像是結合了禪修迷宮與巨石陣，德爾葛黑的頭像位於正中央。如果你冒險走進石陣中，可以辨認出其中一塊岩石上刻的文字，寫著「自由與正義」。

堡壘位於巴斯提荷的西南海岸，說明標示是法文。
N 15.987795 W 61.724100

加勒比群島的祕境還包括：

安地卡及巴布達
● 雷東達王國
Kingdom of Redonda
雷東達（Redonda）/ 這座無人島於 1865 年被發現，多位國王都聲稱對這座充滿爭議的小島國擁有主權。

巴哈馬
● 比米尼路 Bimini Road
比米尼群島 / 1968 年在水下發現排列整齊的岩石，重新燃起人們尋找亞特蘭提斯的希望。但經過檢查，這「道路」其實爲天然岩層。

英屬開曼群島
● 地獄 Hell
大開曼島 / 一片參差不齊的石灰岩層構成了遠近馳名的「地獄」。當地郵局提供「地獄明信片」與「地獄郵戳」。

格瑞那達
● 默皮奧 Mopion
不妨在彷彿從動畫中走出的荒島上漫步，這座袖珍的沙洲可能是加勒比海最小的島嶼，也是一把雨傘的故鄉。

HAITI
海地

聖瀑 SAUT-D'EAU WATERFALLS

● 中央省，聖瀑鎮　Centre, Haut Saut-d'Eau

根據海地天主教的說法，聖母瑪利亞曾經在瀑布旁的棕櫚樹下現身。而根據巫毒教信徒的說法，顯靈的是伊娃（Iwa），也就是神靈埃爾祖莉・丹托（Erzulie Dantor）。雖然這棵棕櫚樹已被砍倒了，但一個多世紀以來，兩派信徒每年 7 月都會徒步前往這座瀑布，尋求精神和肉體的療癒。

一年一度的朝聖是在「卡爾邁勒山聖母節」（Our Lady of Mount Carmel）期間舉行，時間介於 7 月 14 至 16 日之間（1843 年 7 月 16 日，據傳聖母瑪利亞在樹下顯靈）。被病痛折磨或心有所求的人會在這座 30 公尺高的瀑布下祈禱、沐浴，並用藥草淨化自身，希望感受聖母瑪利亞（或神靈埃爾祖莉・丹托）的存在。幾百名朝聖者會聚在瀑布腳下，在瀑布的湍流中崇敬地舉起雙手。有些人還會進入恍惚狀態，須其他人攙扶才能避免溺水。

2010 年海地發生地震大災難後，前往瀑布的朝聖者增加了。

瀑布位於米爾巴萊（Mirebalais）附近，距離太子港（Port-au-Prince）以北約 1 小時車程。
N 18.816902 W 72.201512

每年，數千名海地人前往瀑布，尋求聖母瑪利亞與巫毒教埃爾祖莉的療癒力量。

MARTINIQUE
法屬馬丁尼克

盧德格爾・西爾巴里斯的牢房
PRISON CELL OF LUDGER SYLBARIS

● 聖皮耶區，聖皮耶
St. Pierre, St. Pierre

第一眼看到盧德格爾・西爾巴里斯曾經待過的無窗石造牢房時，人們可能會對這個男人心生憐憫——但其實這棟建築拯救了他的性命。

1902 年 5 月 7 日，總是在鎮上惹麻煩的西爾巴里斯因酗酒與擾亂治安被逮捕，然後被單獨拘禁。第二天，聖皮耶北部的佩雷火山（Mount Pelée）爆發，一大團超高溫氣體和火山灰撲向城市。短短幾分鐘之內，聖皮耶就被夷為平地。3 萬人被立刻燒死。僅有 3 人倖免於難：住在小鎮邊緣的鞋匠、坐船逃離的女孩，以及西爾巴里斯。

被困在牢房裡的西爾巴里斯也未能完全逃離高溫，因為火山灰不斷從門縫飄入。被燒傷的西爾巴里斯想盡千方百計降溫，他用尿液浸濕自己的衣服，堵住門縫。4 天之後，救援隊將他從監獄裡救出了。

從 20 世紀最嚴重的火山災難倖存的西爾巴里斯成了名人，甚至和玲玲馬戲團（Ringling Bros. and Barnum & Bailey Circus）一起巡迴世界演出。海報宣傳他是「『寂靜的死亡之城』唯一的倖存者」。而曾經是馬丁尼克文化中心的聖皮耶，如今只是一個不到 5,000 人居住的小鎮。

地點：Rue Bouille, St. Pierre。距離聖皮耶最近的國際機場在勒拉芒坦（Le Lamentin），從機場到聖皮耶需 45 分鐘車程。N 14.745100 W 61.175300 ➤➤

這間石頭牢房在 20 世紀最致命的火山爆發中拯救了一個男人。

➤➤ 其他唯一的倖存者

朱利安・克普克 Juliane Koepcke

1971 年 12 月 24 日正午，秘魯利馬的朱利安・克普克剛剛參加完自己的高中畢業典禮。在德國鳥類學家的母親陪伴下，克普克登上了 LANSA 航空的 508 號航班，前往秘魯東部的普卡爾帕（Pucallpa）。

標準飛行時間是 50 到 60 分鐘。但在 40 分鐘後，閃電擊中了飛機，點燃了右機翼的油箱，導致飛機爆炸。

克普克醒來時，發現被困在自己的座位底下，周圍則是亞馬遜雨林，這時距離事故發生已將近 20 個小時了。克普克腦震盪，右鎖骨骨折，並且由於眼睛的微血管破裂，只能瞇著血紅的眼睛探視周遭。她在清醒與昏迷之間昏昏沉沉，花了半天才勉強站起來。清醒後，克普克首先尋找自己的母親。然而她找了整整一天，並未發現母親的蹤影。但克普克找到 92 名乘客的其中一些罹難者。

雖然克普克能夠聽到空中救援飛機的聲音，但她無法透過茂密的雨林向飛機發出求救信號。克普克意識到想要活下來只能靠自己，她發現了一條小溪，便沿著溪流前行。經過 9 天的漂流與跋涉之後，她終於發現了一輛停在水上的摩托艇，以及有條小徑通向沒有人的棚屋。

克普克躺在棚屋，精疲力竭，再也動不了。這時，說話聲飄進了她的耳朵。3 個當地人走進來，看到克普克後驚訝不已，因為他們已從收音機聽到了飛機失事的消息。他們給克普克食物、包紮傷口，把她送到最近小鎮上的醫院。

幾天之後，救援隊才找到飛機殘骸的位置，並確認克普克是 92 名乘客中唯一的生還者。

蘭德爾·麥克洛伊 Randal McCloy

2006 年 1 月 2 日，新年假期後第一個工作日的一大早，26 歲的蘭德爾·麥克洛伊開始了他在西維吉尼亞州薩哥（Sago）煤礦區的輪班工作。

上午 6 點 30 分，礦區下方 3 公里處發生大爆炸，地動山搖。一個甲烷濃度較高的封閉隧道被炸開，一團團甲烷和有毒的一氧化碳瞬間充滿了礦坑的隧道。

麥克洛伊與 12 名同事試圖逃回地面，但礦坑內不斷掉落的碎石讓逃生分外艱難。每個礦工都背著一個「緊急自救箱」，可使用設備呼吸 1 小時的空氣，但 13 個自救箱中有 4 個無法使用。無計可施的礦工們在隧道裡蹲著，將塑膠布釘在隧道頂壁上，再用煤塊把邊角布壓在地上，搭建了臨時帳篷。

礦工們輪流用 3.6 公斤的大鎚往洞壁上敲釘子，為救援隊留下他們所在位置的訊息。他們留意著地面上是否有爆炸聲——這意味著救援隊伍能否發現他們。但救援沒來。由於一氧化碳和甲烷濃度太高，直到爆炸發生的 12 小時之後，救援行動才開始。

然而爆炸發生後的 4 個半小時，礦工們已經虛弱不堪，由於一氧化碳中毒而無法分辨方向。他們一起禱告，輪流用筆寫下留給家人的遺書。51 歲的小隊工頭朱尼爾·托勒（Junior Toler）在煤礦工作了 32 年，他寫道：「告訴所有人，我會在另一邊看著大家。

我愛你們。我並不痛苦。我只是睡著了。」

一個接一個，礦工們失去了知覺而倒下。在爆炸發生 41 小時後，一支救援隊終於進入隧道，發現了被壓在同事屍體下一息尚存的麥克洛伊。麥克洛伊是唯一的生還者，但當救援人員透過對講機向地面傳達礦工的死亡消息時，太遠的距離使得訊號接收不清楚，導致了嚴重的誤解：聚集在附近教堂裡的媒體和礦工家屬得到的消息是所有被困礦工生還。在歡慶了 3 小時之後，他們終於得知了殘酷的真相。

麥克洛伊接受了好幾週的高壓氧氣治療，這也導致他一直昏迷。由於他的腦部、心臟、腎臟和肝臟都受損，還有一顆肺也衰竭，診斷結果並不樂觀。但經歷了幾個月的入院治療後，麥克洛伊逐漸能夠走路、說話，最終得以出院返家。

韋斯娜·伍洛維奇 Vesna Vulović

韋斯娜·伍洛維奇對 1972 年 1 月 26 日的記憶是一片空白。當日下午，這位 22 歲的塞爾維亞空服員在斯德哥爾摩登機，搭上南斯拉夫航空（Jat Yugoslav Airways）的 367 號航班，航班的目的地是貝爾格勒（Belgrade），中間會在哥本哈根停留。其實，伍洛維奇當天並沒有排班——而是被當成了另一名同名的空服員，但她想藉機前往丹麥，順便給自己增加里程數。

從斯德哥爾摩到哥本哈根的旅程平淡無奇，接下來就是前往貝爾格勒的 2 小時。飛機在起飛 40 分鐘後就爆炸了。27 人死亡，只有一人倖存：韋斯娜·伍洛維奇。

伍洛維奇成為無降落傘輔助的高空生還者，她的墜落高度 10,159 公尺被列入金氏世界紀錄。飛機殘骸散落在如今捷克境內的塞爾布斯卡卡梅尼策（Srbská Kamenice）。一位前二戰軍醫在飛機中發現了伍洛維奇被壓在餐車下。她頭骨骨折、三節椎骨斷裂、兩腿骨折，並且腰部以下暫時性癱瘓。3 天後，伍洛維奇從昏迷中甦醒。出乎意料的是，她對這次飛行和空難毫無印象，她驚訝地閱讀了報紙上的事故細節。10 個月後，伍洛維奇才能夠再次行走。

官方對 367 號航班爆炸的解釋是，克羅埃西亞的恐怖組織烏斯塔沙（Ustaša）在行李艙前面放置了藏有炸彈的手提箱。然而 2009 年，一名捷克記者和兩名德國記者透過新得到的文件，對這項說法提出了質疑。他們認為，前捷克斯洛伐克的空軍將 367 號航班誤認為敵機，在低空擊落，但伍洛維奇否認了這項說法。

蒙哲臘的火山爆發時，普利茅斯市被火山灰掩埋。

MONTSERRAT
英屬蒙哲臘

被遺棄的普利茅斯 ABANDONED PLYMOUTH

● 普利茅斯　Plymouth

2010 年 2 月 11 日，乘坐波音 737 客機從多倫多飛往聖露西亞（St. Lucia）度假的乘客們聽到一則意想不到的廣播：「各位女士、各位先生，如果您向飛機的左側看，您會看見火山爆發。」

這座噴出一縷縷黑煙的火山是加勒比海蒙哲臘島上的蘇弗利埃爾山（Soufrière Hills）。景象氣勢磅礴，但並非難得一見。蘇弗利埃爾火山於 1995 年開始爆發（17 世紀之後的首次爆發），流動的岩漿與降落的火山灰落在 16 公里長的島嶼。受影響區域的居民已被疏散，無人死亡。然而短短 2 年之後，火山再次爆發，造成 19 人喪生。持續的爆發摧毀了首都普利茅斯市，厚厚一層火山灰覆蓋了島嶼的南部。

島嶼的南部不宜居住，一直是禁區。蒙哲臘 12,000 名居民有一半以上自撤離後就再也沒回來了。而那些留在島嶼北部生活的居民已經習慣了蘇弗利埃爾火山持續的爆發。許多遊客慕名前來，乘坐直升機在禁區上空盤旋，或乘船觀賞冒煙的火山，島上的經濟甚至從以火山為重點的旅遊中獲益。

從安地卡乘坐飛機到蒙哲臘需 15 分鐘，坐渡輪為 2 小時。島嶼南部禁止進入，但遊客可乘船觀賞火山。
N 16.707232 W 62.215755

PUERTO RICO
波多黎各

猴島 MONKEY ISLAND

● 聖地牙哥島　Cayo Santiago

聖地牙哥島距離波多黎各東海岸約 800 公尺，島上遍布自由放養的恆河獼猴（Rhesus monkey）。哈佛大學、耶魯大學和波多黎各大學的加勒比海靈長類動物研究中心（Caribbean Primate Research Center）的學者，會在這座島上研究猴子的行為、發展、交流和生理特徵。

島上約有 800 隻獼猴。1938 年島上建立了該設施，島上所有獼猴都是當年從印度進口的 409 隻獼猴的後代。聖地牙哥島沒有人類居住，同時禁止遊客登島，理由很充分：恆河獼猴可能攜帶 B 型皰疹病毒（Herpes B），這可能是對人類致命的病毒。

遊客可在聖地牙哥角（Punta Santiago）搭乘獨木舟前往猴島，但需要與猴島保持 9 公尺以上的距離，這已足以讓遊客觀察野生的恆河獼猴。
N 18.156404 W 65.733832

佛朗明哥海灘上的坦克
THE TANKS OF FLAMENCO BEACH

● 庫萊布拉　Culebra

柔軟的白沙、碧綠的海水，佛朗明哥海灘被認為是世界上最棒的海灘之一。不過這個天堂裡有個不協調的景象：兩輛鏽蝕的坦克車，是美國海軍留在沙灘上的紀念品。

1901 年西班牙把波多黎各割讓給美國後，老羅斯福總統將庫萊布拉的所有公共土地都歸海軍所有。軍隊很快地就在島上進行登陸測試和地面演習。1939 年，海軍開始利用庫萊布拉進行轟炸練習。轟炸在 1969 年達到高峰，當時的飛行員為了越戰前來受訓。在那一年的第 228 天時，導彈擊中這座島。

到了 1970 年，庫萊布拉島上 700 個居民已經受夠了海軍把他們的家當作轟炸場。未爆彈藥亂散落在島上，地面滿是砲擊留下的彈坑痕跡。最後一根稻草是海軍企圖驅逐庫萊布拉的全部居民。1970 年夏天，居民展開一連串非暴力的抗議活動，目的是要擺脫島上的海軍侵占。

經過 7 個月的遊行、靜坐，以及以人牆封鎖海軍基地，

當地人持續在這些廢棄的坦克上添加新的藝術。

庫萊布拉的社運人士成功了。1971 年 1 月，海軍同意在 1975 年停止利用庫萊布拉作為測試地點。

儘管海軍已經離開數十年了，留在沙灘上的坦克由當地人反覆彩繪，依然存在。

坦克在筆刷下重生，位於最西邊的沙灘海岸線上。
18.328936 W 65.315207

阿雷西博天文台 ARECIBO OBSERVATORY

● 阿雷西博　Arecibo

很少有望遠鏡能夠像阿雷西博天文台的望遠鏡那樣令人驚嘆。它的直徑 304 公尺、深 51 公尺，是全球最大、最靈敏的無線電望遠鏡。它建在天然石灰岩坑洞之中，由近 4 萬塊穿孔的鋁板拼接而成。

阿雷西博 304.8 公尺寬的碟狀望遠鏡掃描天空，尋找外星生命的訊號。

1963 年，康乃爾大學（Cornell University）的威廉・戈登（William E. Gordon）教授啟動了天文台，目的是研究地球上部大氣層分子散射的無線電波。之後，阿雷西博望遠鏡又參與了多項重大的天文研究，包括發現太陽系外的第一顆行星。望遠鏡還在幾個尋找外星生命的計畫處於中心位置。

1974 年，天文學家法蘭克・德雷克（Frank Drake）和卡爾・薩根（Carl Sagan）撰寫了一串二進位字元的「阿雷西博訊息」（Arecibo message），透過望遠鏡將訊息發射到了 25,000 光年遠的 M13 星團。如果聰明的外星收訊者成功地解碼，會看到一張 23×73 像素的點陣圖，描繪人類、化學式、太陽系，以及這架望遠鏡。

阿雷西博天文台於 2020 年 12 月發生重大坍塌，目前暫時關閉，尚未確定是否就此退役或重建。N 18.346318 W 66.752819

博物館以其主題（而且形狀類似）來命名。

澤米博物館 CEMI MUSEUM

● 哈由雅　Jayuya

對於加勒比海地區的原住民泰諾族（Taíno）來說，澤米（cemi）是祖靈，也是一種可以容納祖靈，通常具有三尖點的小型物品。澤米由石頭和其他材料製成，中心點代表山巔，上面坐著造物主亞雅（Yaya）。像嘴巴的尖點是寇厄比（Coabey），代表亡者之地。最後，第三個尖點則代表生者之地。

澤米博物館的建築物造型就是採用其中一個神聖符號的形狀，由映襯四周的群山背景來看，不難看出這個非寫實符號如何反映出地貌特徵。

在小博物館裡展出的是泰諾族的澤米和文物，包括一個用木材雕成的尖頭壓舌板，用於典禮的儀式性嘔吐。還有壁畫上的一系列岩刻畫，一般認爲也是出自泰諾族的創作。

博物館位於哈由雅東南方 10 分鐘車程的地方。要看現場的岩刻畫，可以去看書寫巨石（La Piedra Escrita），位於外向河（Rio Saliente），可以從岸上看到。
N 18.209674 W 66.561614

SAINT KITTS AND NEVIS
聖克里斯多福

科特爾教堂 COTTLE CHURCH

● 尼維斯　Nevis

1824 年，科特爾教堂成爲加勒比海地區第一處種族融合的宗教場所。身爲種植園主與尼維斯前總統的約翰·科特爾（John Cottle）建立了這座教堂，以便自己的家人和奴隸可以一同在裡面做禮拜。當時，黑人不允許參加聖公會活動。

科特爾對種族隔離法律的蔑視，爲他贏得了善良及仁慈的名聲。然而，他的仁慈卻未延伸到施工層面：教堂還是由當時的黑奴所建。

科特爾教堂的遺址藏在查理斯鎮（Charlestown）北部的叢林中。在紐卡斯爾機場（Newcastle Airport）以南的主要公路上尋找一個小標誌牌，而後沿著土路前行即可。N 17.196473 W 62.596157

科特爾教堂於 1824 年竣工，是奴隸與奴隸主人共同參加禮拜的地方。

TRINIDAD AND TOBAGO
千里達—托貝哥

謎題墓碑 MYSTERY TOMBSTONE

● 托貝哥，普利茅斯　Tobago, Plymouth

1783 年，23 歲的貝蒂・斯蒂文（Betty Stiven）因分娩逝世。她的墓碑上刻著一道謎題：「她的獨特之處在於，她既不知道自己成了母親，也未讓丈夫知道自己是他的妻子，儘管她對他無比縱容。」

當地一些理論指出這道謎題是一場充滿激情和禁忌的跨種族之戀，兩人只能祕密戀愛，結婚更是妄想。然而，孩子是如何在斯蒂文不知情的情況下降臨人世呢？也有一個理論——實際上是有道理的。

根據這個版本的說法，貝蒂遇到了亞歷克斯・斯蒂文（Alex Stiven），兩人墜入愛河。由於亞歷克斯不能娶她，因此貝蒂將他灌醉，並找了一位牧師舉行了祕密的婚禮。這便解釋了爲何她「未讓丈夫知道自己是他的妻子」。

至於爲什麼「她不知道自己成了母親」，據說貝蒂確實懷孕了，但她罹患了腦膜炎，隨後一直處於昏迷狀態。孩子在出生時夭折，被葬在貝蒂身旁（從醫學上來說，在昏迷之中分娩是可能的，因此這部分故事並非毫無依據）。

Within thefe Walls are Depofited the Bodies of Mrs BETTY STIVEN and her Child She was the beloved Wife of ALEXᴮ STIVEN to the end of his days will deplore her Death which happened upon the 25th day of Nov. 1783 in the 23rd Year of her Age what was remarkable of her She was a Mother without knowing it and a Wife without letting her Hufband know it, except by her kind indulgences to him

貝蒂・斯蒂文的墓誌銘包含一道謎題。

墓碑被橘色柵欄包圍，設有明顯的標誌。從千里達（Trinidad）的西班牙港（Port of Spain）出發的航班，會降落在迦南（Canaan）附近的魯賓遜國際機場（A.N.R. Robinson International Airport）。遊客從機場沿克勞德爾・諾埃爾高速公路（Claude Noel Highway）行駛前往普利茅斯。N 11.221222 W 60.778739

瀝青湖 PITCH LAKE

● 千里達，拉布雷阿　Trinidad, La Brea

瀝青湖散發著如同剛鋪好的柏油路氣味，表面黏滯難行，這裡絕非普通的小水塘。深 76 公尺的瀝青湖大約有 75 座足球場大小，是全球三大天然瀝青湖之一——其餘兩座分別位於美國洛杉磯和委內瑞拉。

瀝青湖的某些區域硬到足以行走，而某些區域則像流沙。更令人困惑的是，水會聚在盆地的凹陷中，導致薄如普通湖面與硬如岩石的瀝青表面混雜交織。

1595 年，英國作家兼探險家沃爾特・羅利（Walter Raleigh）爵士發現了瀝青湖，並採用湖裡的瀝青修補了他滲水的船隻。1867 年，此地開始正式開採，並持續到了今天。

來自瀝青湖的瀝青鋪設了 50 多個國家的道路，包括紐約甘迺迪機場（JFK airport）的跑道與倫敦西敏橋（Westminster Bridge）的橋面。

全球最大的瀝青湖，瀝青厚到足以行走。

地點：Southern Main Road, La Brea。從千里達首都的西班牙港開車至此需 90 分鐘。
N 10.232618 W 61.628047

SAINT VINCENT AND THE GRENADINES
聖文森及格瑞那丁

月亮洞 MOONHOLE

透過石拱，一年之中有兩次機會可以欣賞明月沉落，「月亮洞」因此而得名。月亮洞社區涵蓋 19 座由石頭和回收材料建成的房屋。這些北桂島小島上的海濱小屋建於 1960 年代，具有開放的元素：小屋沒有要鎖的門，許多牆壁是沒有窗戶的拱門。

● 格瑞丁那群島，北桂島　Grenadines, Bequia

如今，部分房子可供出租，並且配備了太陽能冰箱、熱水設備與鯨魚肋骨做成的柵欄。

從聖文森首都達金石城（Kingstown）乘坐渡輪到北桂島需 25 分鐘，再搭乘計程車至月亮洞需 20 分鐘。
N 12.991986 W 61.276282

月亮洞的居民們住在石拱下由回收材料搭建的房屋中。

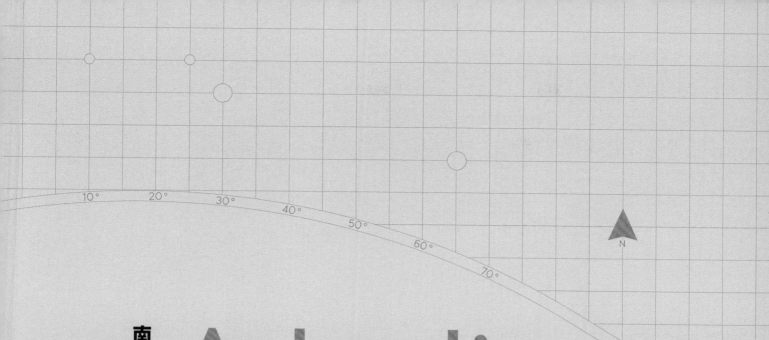

南極洲 Antarctica

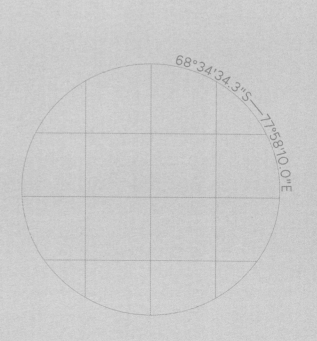

68°34'34.3"S—77°58'10.0"E

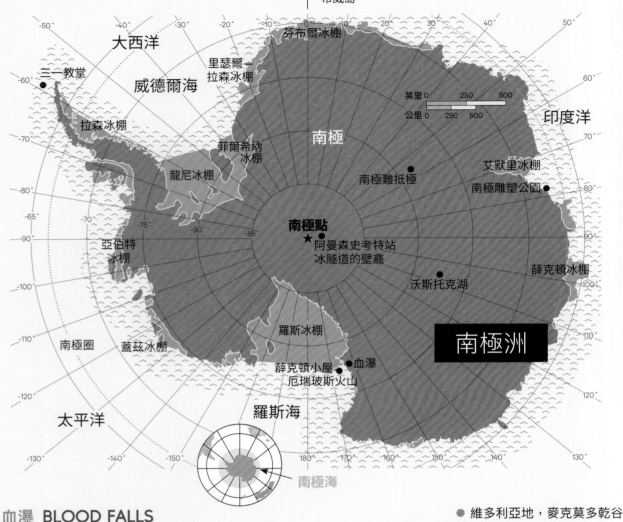

布威島

大西洋

芬布爾冰棚

里瑟爾一
拉森冰棚

威德爾海

三一教堂

拉森冰棚

印度洋

菲爾希納
冰棚

南極

南極難抵極

艾默里冰棚

南極雕塑公園

龍尼冰棚

南極點
★
阿曼森史考特站
冰隧道的壁龕

薛克頓冰棚

亞伯特
冰棚

沃斯托克湖

南極圈

蓋茲冰棚

羅斯冰棚

南極洲

薛克頓小屋
厄瑞玻斯火山

血瀑

太平洋

羅斯海

南極海

英里 0   250   500
公里 0   250   500

血瀑 BLOOD FALLS

● 維多利亞地，麥克莫多乾谷
Victoria Land, McMurdo Dry Valleys

泰勒冰川（Taylor Glacier）正在出血——至少看起來如此。在冰團的東端，鏽紅色的水流從五層樓高的冰川一路流下，染紅冰雪，注入邦尼湖（Lake Bonney）。

這片如鮮血般的湖水已在冰川下被困了 200 萬年。500 萬年前，海水淹沒南極洲東部，在富含鐵元素的岩層上形成了一座鹽湖。後來，泰勒冰川在湖頂形成，漸漸將鹽湖掩埋在 396 公尺厚的冰層下，隔絕了陽光和氧氣。儘管缺氧，這個隱祕的地下水庫內還是富含微生物。至少有 17 種不同的微生物活在高鹽度、富含鐵元素的血瀑之中，現在地下水從冰川的縫隙中汩汩流出。當它接觸到空氣時，水中的鐵元素被氧化，造就了猩紅的血色。

除了震撼的景色，科學家對血瀑本身也很感興趣，因為在冰川中存活下來的微生物可能為火星或其他惡劣的低氧環境存在何種生物有所指引。

只能從史考特基地（Scott Base）的麥克莫多站（McMurdo Station）乘坐直升機，或在羅斯海（Ross Sea）搭乘遊輪前往。遊輪從紐西蘭出發。
S 77.716686 E 162.266765

紅色的水，被困於冰川之下 200 萬年了。

✳ 前往南極洲須注意的事項

雖然已有 7 個國家宣稱在南極洲擁有土地，但南極洲不屬於任何一個國家。這片大陸的運作是按照 1959 年簽訂的《南極條約》（Antarctic Treaty），界定南極洲是科學保護區，所有國家在南極洲進行研究活動必須遵照條約，並禁止主張新的領土主權。

到南極洲旅遊需要備足兩樣事物：時間與金錢。許多遊客從南美洲最南端，阿根廷的烏斯懷亞（Ushuaia）港口，搭乘遊輪到達南極洲。還有少數人從澳洲、紐西蘭、智利或烏拉圭搭船出發。交通開放時間為南半球夏季（11

月到次年 3 月），根據航行距離和行程，大致要花費幾千美金。

飛往南極洲的商業航班（大多數從澳洲起飛）不會降落，只提供空中觀景的機會。要想進入南極洲，須搭乘運送人員和補給品到研究站的軍用飛

機，補給航班同樣在 11 月至次年 3 月間往返。

不管你怎麼到達那裡，需要注意的是，務必保證在南極洲探險時身體健康，因為南極洲沒有醫院，就算有醫療後送的可能，通常也相當艱險及昂貴。

1958 年，蘇聯探險家用一尊列寧半身像標示出他們對南極的所有權。

南極難抵極 SOUTHERN POLE OF INACCESSIBILITY

南極難抵極（並非地理意義上的南極，它距地理上的南極點約 885 公里），是南極洲距海洋最遠的點。此處極度荒涼，罕有人跡，每年平均氣溫為攝氏零下58.2 度。它的地標是列寧的半身像。

1958 年，一支 18 人組成的蘇聯探險隊首次到達南極難抵極。隊伍從蘇聯 1956 年在戴維斯海（Davis Sea）沿岸設立的米爾尼站（Mirny Station）出發。他們的拖車上載著已預先製作好的木屋組裝材料，可以搭起一座新的四人研究站。

當探險隊到達南極難抵極，隊伍組好了木屋，升起蘇聯國旗，並在其中一棟小屋的煙囪頂部做了最後的潤色：一座面向莫斯科的列寧半身像。基地用來監測天氣，但僅運作幾週就因環境太惡劣而棄用。如今，這位共產主義革命領導人的頭像經常半埋在雪裡。

南極難抵極的具體位置至今仍備受爭議——冰蓋的移動和融化不斷地改變著海岸線，影響了測量。
列寧半身像的位置在 S 82.099907 E 54.967117

沃斯托克湖 LAKE VOSTOK

在俄羅斯沃斯托克站下方 3.2 公里處，藏著一座被冰封的湖泊，它已與世隔絕了 1,500 萬年。

沃斯托克湖長 258 公里、寬 48 公里，是南極洲冰川下最大的「鬼湖」。1993 年，科學家透過遙感衛星傳輸的雷達高度資料確定了它的存在。

沃斯托克湖的水溫曾低至攝氏零下 88.8 度，創造了地球上最低的溫度紀錄。然而，這座地下湖的平均水溫相對溫和，為攝氏零下 2.7 度。雖然水溫在冰點以下，但由於上覆冰層的壓力，冰層也隔絕了地下湖與外界，因此湖水維持液體的狀態。湖下方的地熱也可能是保持湖水溫度的一個因素。

1990 年代晚期，科學家開始在湖中找尋生命跡象，鑽孔到冰核中採集樣本。但當鑽頭接近湖面時，科學家開始擔心使用的鑽井泥漿氟氯烷（Freon）和煤油會汙染採集到的樣品。因此，在距離湖面還有 91 公尺時，團隊決定放棄鑽孔。

2012 年，俄羅斯科學家使用矽油作為鑽井泥漿，成

● 沃斯托克站　Vostok Station

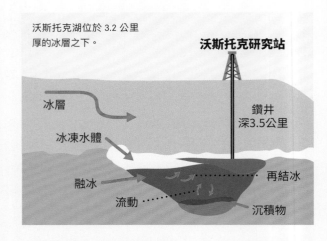

沃斯托克湖位於 3.2 公里厚的冰層之下。

沃斯托克研究站

冰層

冰凍水體

融冰

流動

鑽井深3.5公里

再結冰

沉積物

功鑽到湖面。樣本的分析顯示有 3,500 多種有機體的 DNA。在如此極端的環境下竟然能有這麼多的生物，為科學家在其他星球尋找生命給予了希望。

沃斯托克站，鑽孔的地方是在南部的寒極點（Pole of Cold），位於南極東南 1,287 公里處。
S 77.499996 E 106.000028

南極雕塑公園
ANTARCTIC SCULPTURE GARDEN

● 伊麗莎白公主地，戴維斯站
Princess Elizabeth Land, Davis Station

它真正的名字應該是〈南極人雕〉（*Man Sculpted by Antarctica*），但「大頭佛瑞德」（Fred the Head）這個外號卻更為人熟知。它矗立於澳州戴維斯站的氣象大樓，很像復活節島的巨石摩艾。佛瑞德其實是一位水管工漢斯（Hans）的作品，他在 1977 年冬天用舊木棍創作了這座雕像。

經過幾十年風雪的摧殘，佛瑞德已經有風化的形貌，飽受南極冬季漫長黑暗折磨的人們將它視作圖騰柱。2003 年，戴維斯站的駐地藝術家史蒂芬・伊斯托（Stephen Eastaugh）深受佛瑞德的啟發，創作了一座雕塑公園，並將這座木刻的人頭放在公園中央。遊客可以為伊斯托的木雕和金屬雕塑添加自己的創意，但必須先獲得戴維斯站站長與環境顧問的許可。

澳洲塔斯馬尼亞（Tasmania）的荷巴特（Hobart）有飛往戴維斯站的航班，飛機途經澳洲另一座南極的凱西站（Casey Station）。S 68.576206 E 77.969449

這座公園或許沒有任何植物，創造力卻蓬勃發展。

阿曼森史考特站冰隧道的壁龕
SHRINES OF THE AMUNDSEN-SCOTT STATION ICE TUNNELS

● 南極點
South Pole

阿曼森史考特站下方有個冰隧道網，作為研究基地的電纜、供水道和汙水道。但隧道的用途不僅實用性而已。在隧道冰凍的牆面上還鑿出了壁龕，向已完成的專案和離世的科學家致敬，以及難以解釋的只有圈內人才懂的南極笑話。

阿曼森史考特的地基建於 1956 年，之後在建設新站時，耗時 3 個夏季加建了隧道。由挖掘機、電鋸和鎬挖鑿的隧道於 2002 年竣工，廊道溫度保持在攝氏零下 51.1 度，最初的測量是高 3 公尺、寬 1.8 公尺。或者它們曾有這樣的尺寸——之後它們就像家用冷凍庫一樣，牆壁開始結冰，這使隧道變窄了幾吋。極度嚴寒的環境讓每個壁龕保存得異常完好。花朵、爆米花串、祈禱蠟燭、罐裝魚子醬和一頂凍得硬梆梆的帽子只是不拘一格的其中幾樣展品。

南極研究站 2003 年的冬季工作人員留下了一個豬頭壁龕。

接下來，可看到有條鱒魚被放在一個壁龕，旁邊的文件還詳述背景故事。故事要追溯至 1990 年代，駐守南極的俄羅斯研究員將這條鱒魚送給了距離南極點 1,368 公里的麥克莫多站（McMurdo Station）的美國科學家。幾個月過去，冷凍櫃裡的鱒魚乏人問津，就在牠快被丟棄的時候，一位從麥克莫多要前往阿曼森史考特站的研究員決定把牠當作禮物帶去。這條冷凍魚現在被供奉在隧道的壁龕內，是研究基地唯一的永久居民。

如有機會進入冰隧道，請務必在南極（由簽署《南極條約》的國家國旗圍繞的紅白標誌）旁拍照。
S 90.000000 E 180.000000

布威島 BOUVET ISLAND

● 布威島 Bouvet Island

位於南極洲和南非之間的布威島，距最近的人類聚居地有 2,260 公里，根據定義，布威島是地球上最偏遠的島嶼。如果你到達島嶼的海岸，就會發現這裡極不友善。它的中心是一座冰封火山，每年超過 300 天整座島都被暴風雨籠罩。

布威島於 1739 年被發現，但由於與世隔絕，島嶼曾意外地「失落」了近 70 年。在 1927 年之前，從未有人真正登島。這一年，一群挪威人爬上了它的冰川峭壁。1964 年，島上發現了一艘沒有任何國家標誌的廢棄救生艇。從船上散布的補給品來看，顯然曾有人待在那裡，但船隻通常不會進入布威島周圍 1,609 公里的範圍內，而且救生船上只有槳，沒有桅杆。儘管搜尋了一番，卻沒有發現任何屍體或蹤跡。直到今天，只有不到 100 人踏上過布威島——這還不包括那條救生艇上的人。

在沒有預算限制的情況下，登島的最好方式是乘坐直升機，從船隻的甲板上起飛，優雅地降落在布威島的冰面上。布威島是挪威的附屬領土，因此適用挪威法律。S 54.432711 E 3.407822

南極洲的祕境還包括：

• **威爾遜的冰石屋**
Wilson's Stone Igloo
克羅澤角（Cape Crozier） / 一座避難所的遺跡，這是史考特探險隊的倖存者艾普斯雷・薛瑞—葛拉德（Apsley Cherry-Garrard）所建，他形容這次遠征是「世界上最糟糕的旅程」。

• **發現之屋 Discovery Hut**
哈特角（Hut Point） / 這座小木屋由英國人於 1902 年建造，由於保暖效果差，無法居住，所以用於存放探險隊的肉類罐頭、麵粉和咖啡。

• **麥克莫多乾谷**
McMurdo Dry Valleys
麥克莫多灣（McMurdo Sound） / 無雪山峰與這地區的海槽形成了世界上最極端的沙漠之一。

• **雪之教堂**
Chapel of the Snows
麥克莫多站 / 此處是世界上地理位置第二南的教堂之第三個版本——前兩個版本都被燒毀了。

• **冰立方研究站**
IceCube Neutrino Observatory
南極點 / 由 86 條電纜深入 2,000 多公尺深的冰層，總共 5,160 個光電裝置，在地底形成體積 1 平方公里的三維陣列，是世上最大微中子偵測器之一。

薛克頓小屋 SHACKLETON'S HUT

● 羅伊茲角　Cape Royds

探險家薛克頓（Ernest Shackleton）的小屋至今看起來與 1909 年被廢棄時別無二致。架上擺滿了一罐罐咖哩燉兔、煮腰子、牛頰肉和羊舌，固定在牆上的晾衣繩掛著長衣長褲，由木板條搭成的簡易床下放著一排排靴子。

薛克頓與 14 名隊員將預先製作好的木板從倫敦經紐西蘭運到了羅伊茲角，於 1908 年 2 月組裝了這座木屋。薛克頓試圖成為到達南極的第一人，因此他組隊踏上了獵人號遠征（Nimrod Expedition）。在此期間，木屋便是他們的基地。

在四人向南極行進的過程中，喜憂參半：由於馬匹死亡且供給告急，四人在距離南極 180 公里時折返——這是當時人們距離南極最近的一次。

薛克頓小屋中的物品因嚴寒氣候得以保存，讓後人能夠一窺「南極洲探險的英雄時代」之魅力。這個時代從 19 世紀晚期開始，薛克頓、史考特（Scott）與阿蒙森（Amundsen）等先鋒探險家帶領了危險、甚至是致命的遠征。為了支持 15 人長達 2 年的遠征計畫，薛克頓的補給品列表有：726 公斤的「上等約克火腿」、572 公斤的沙丁魚、667 公斤罐裝培根，以及 25 箱威士忌。

2010 年，最後一項補給品的發現引起了不小的轟動，當時管理員找到藏在小屋地下的酒，找回了一箱麥肯雷（Mackinlay）威士忌。其中 3 瓶被送至蘇格蘭進行化驗，之後麥肯雷公司根據風味特徵製造了同款威士忌。而原酒瓶又被放回了小屋，以悼念這位去世已久的紳士探險家。

遊覽木屋必須由導遊陪同，一次最多允許 8 人入內，且所有人都必須在日誌上簽名。S 77.845563 E 166.642162

在薛克頓於 1909 年離去後，咖哩燉兔和幾罐牛頰肉罐已靜置了上百年之久。

✎ 在南極洲為自己動手術

1961 年 4 月 29 日，27 歲的俄羅斯內科醫師列昂尼德·羅格諾夫（Leonid Rogozov）突然感到身體一側疼痛，並開始感到非常不舒服。羅格諾夫是駐紮在蘇聯諾沃拉札列夫斯卡亞（Novolazarevskaya）研究基地的 10 幾個人之一，也是其中唯一的內科醫生。隨著疼痛愈發劇烈，而當時猛烈的暴風雪根本不允許他搭機離開，羅格諾夫面臨著一個殘酷的事實：他必須親自切除自己的盲腸。

羅格諾夫面朝上躺下，借助一面鏡子的引導，用了足足 2 小時在自己已麻醉的腹部內探來探去，當時他的同事都看著他。虛弱不堪又頭暈眼花，這位意志堅定的醫生每 5 分鐘就要休息 20 秒，以恢復力氣。羅格諾夫在日記裡如此回憶這個危急時刻：「那真是最糟一刻，在我要切除我標記好的盲腸時，我的心臟突然一緊，速度明顯慢了下來；我的手也變得僵硬。唉，我想結局大概會很糟。」

雖然狀態不佳，但羅格諾夫還是完成了手術，並順利痊癒。此後，他又活了 29 年。如今，位於俄羅斯聖彼得堡（St. Petersburg）的北極與南極博物館（Museum of the Arctic and Antarctic）展出部分曾出現在這場手術中的器具。

羅格諾夫並不是唯一一個需要自己動手術的南極病人。1999 年 3 月，潔莉·尼爾森（Jerri Nielsen）醫師駐紮在南極的美國阿曼森史考特站，發現乳房裡有顆腫瘤。由於 10 月之前因氣候條件無法離開南極大陸，尼爾森自己做了乳房切片手術，並將圖片發送給位於美國的腫瘤學專家進行診斷。在確診罹患乳癌後，尼爾森使用軍用飛機投下的補給品為自己注射了荷爾蒙與化療藥物。

在氣溫上升至攝氏零下 51.1 度後，尼爾森被送回美國接受治療。她在做了乳房切除手術後，進入緩解期，但由於癌症復發，於 2009 年去世。

三一教堂 TRINITY CHURCH

● 喬治王島，別林斯高普站
King George Island, Bellingshausen Station

說到獨一無二的婚禮，鮮有夫婦能超越智利的南極研究員愛德華多・阿里阿加・伊拉巴卡（Eduardo Aliaga Ilabaca）與俄羅斯科學家安潔莉娜・朱爾迪比娜（Angelina Zhuldybina）這對新人。2007 年 1 月，這對夫妻身著禮服，穿越風雪，在世界最南端的正教三一教堂喜結連理。

三一教堂高 15.2 公尺，材料來自西伯利亞松樹，於 2002 年建於俄羅斯阿爾泰（Altay）——這是俄羅斯聯邦與哈薩克（Kazakhstan）和蒙古接壤的邊界。從那裡，三一教堂被運送到 4,023 公里遠的加里寧格勒（Kaliningrad）——俄羅斯孤立於外地的領土，位於波羅的海，介於波蘭和立陶宛之間——拆解，然後再被運送到喬治王島。由 20 名宗教領袖組成的代表團參加了 2004 年 2 月舉行的正式祝聖儀式。如今，教堂由兩位神父主持，年限為一年，每年由新神父接替。從俄羅斯的別林斯高普站可步行到達三一教堂，這對於信仰正教須每週日早上前往教堂做禮拜的俄羅斯科學家而言非常方便。教堂提供禮拜、婚禮和受洗服務——南冰洋（Southern Ocean）為受洗儀式提供了純天然、但極度寒冷的水源。

三一教堂位於科林斯港（Collins Harbor）的俄羅斯研究基地別林斯高普站附近的山丘上。S 62.196405 E 58.972042

這座世界最南端的正教教堂，金牆上有聖徒的畫像，是愛冒險的私奔情侶舉辦婚禮的完美之地。

日光照亮了地球上最南端活火山的冰穴頂壁。

厄瑞玻斯火山 MOUNT EREBUS

● 羅斯島　Ross Island

當 1841 年英國極地探險家詹姆斯·克拉克·羅斯（James Clark Ross）來到這座火山時，他以自己的船爲它取名。然而，厄瑞玻斯火山用行動證明它更像希臘神話的厄瑞玻斯（Erebus），既是混沌之子，也是黑暗之神。

有厄瑞玻斯之名的這座山，是一座 3,974 公尺高的活火山，岩漿沸騰。此外，這還是一種冰與火的奇妙結合：從攝氏 926.6 度的熔岩湖冒出的滾滾熱氣向斜坡蔓延，融化積雪，雕琢冰窟。

自 1979 年起，厄瑞玻斯火山的下坡地區被視作墳墓。那一年的 11 月 28 日，紐西蘭航空（Air New Zealand）一架觀光飛機撞上火山，機上 257 名乘客全部罹難。這架飛機在一片白茫茫中航行，使用的座標與許可的路線不同。雖然進行了廣泛的修復工作，但墜機的殘骸依舊留在山上。附近矗立著一座紀念十字架，以及包含罹難者親屬所留訊息的小盒子。

儘管厄瑞玻斯火山一直處於活躍狀態（偶爾會以大塊熔岩噴向空中），但火山在南極洲的夏季對登山客開放。墜機現場區域禁止進入，除非你持有紐西蘭有關當局核發的許可證。S 77.529087 E 167.152225

致謝

與沃克曼出版公司（Workman Publishing Company）合作之始，我們遵循玻利維亞的悠久傳統（見 395 頁，拉巴斯「巫師市場」），將一個美洲駝幼崽的風乾標本作為禮物相贈。通常，玻利維亞人會在興建大樓時將標本埋在地基裡，以此供奉「生育女神」帕查瑪瑪（Pachamama）。蘇西・博洛廷（Suzie Bolotin）收到這份禮物時不僅沒有嘔吐，相反地，她為它裱了框並掛在牆上。於是我們知道，她就是我們要找的出版者。

的確，沒有比沃克曼出版公司的團隊更融洽的合作夥伴了，團隊富有想像力、精益求精，並且永遠充滿耐心。謝謝蘇西、梅西・蒂夫南（Maisie Tivnan）與珍娜特・維卡里奧（Janet Vicario）願意冒著風險製作《祕境》，在這本瘋狂的書出版的過程中與我們同甘共苦。

鳴謝以下這支支持著我們的優秀團隊——丹尼・庫柏（Danny Cooper）、賈斯汀・克拉斯納（Justin Krasner）、編輯艾曼達・洪（Amanda Hong）、排版設計師芭芭拉・佩拉吉內（Barbara Peragine）和賈克琳・阿特金森（Jaclyn Atkinson）、莫妮卡・麥瑞蒂（Monica McCready）、道格・沃爾夫（Doug Wolff）、凱洛・懷特（Carol White），以及圖片調研員羅比・沃爾許（Bobby Walsh）和梅莉莎・盧西爾（Melissa Lucier）。

當然，還要感謝沃克曼出版公司卓越的出版和行銷團隊——瑟琳娜・梅爾（Selina Meere）、潔西卡・威納（Jessica Wiener）、麗貝卡・卡萊爾（Rebecca Carlisle）和西亞・詹姆斯（Thea James）。

此外，我們還要衷心感謝無與倫比的埃莉絲・切尼（Elyse Cheney）與亞歷克斯・雅各（Alex Jacobs）在本書出版的各個階段給予指導。謝謝專案經理馬克・哈林格在我們偏離航線之時將我們領入正軌。

最後也要向我們 Atlas Obscura 總部的整個團隊致以謝意，他們為這本書傾注了太多。感謝大衛（David）、大衛（David）、丹（Dan）、泰勒（Tyler）、梅根（Megan）、麥克（Mike）、雷漢（Reyhan）、艾瑞克（Eric）、萊克斯（Lex）、盧克（Luke）、瑞秋（Rachel）、莎拉（Sarah）、卡拉（Cara）、布萊克（Blake）、哈娜（Hana）、阿尼卡（Anika）、埃麗克（Erik）、羅絲（Rose）、馬特（Matt）、愛琳（Erin）、蜜雪兒（Michelle）、麗貝卡（Rebecca）、萊恩（Ryan）、陶陶（Tao Tao）和烏維加（Urvija）。感謝自始至終支持我們的人，這本書也是你們的。安妮塔（Annetta）、塞斯（Seth）、愛麗森（Allison）、尼克（Nick）、亞當（Adam）、阿龍（Aaron）和瑞秋（Rachel），謝謝你們。

喬許：

與如此非凡的人一同完成這本書帶給我極大的滿足感。艾拉，妳就是奇蹟。我欽佩妳的勤奮、幽默與優雅。馬克，沒有你的統籌魔法，我想破頭也無法想出我們如何能夠使這本書問世。狄倫，謝謝你，你一直是最棒的夥伴、朋友和榜樣。我們還要等多久才能啟程前往達瓦札地獄之門？

狄倫：

艾拉和馬克，這本書的存在就是「世界第八大奇蹟」。謝謝你們 5 年來的投入與創造。梅西、蘇西、珍娜特、丹、梅根、愛麗森、尼克、安妮塔、塞斯、瑞秋和艾瑞克，你們都為《祕境》的出版貢獻了力量。感謝我的父母，正如你們所知，是你們造就了我。感謝蜜雪兒・埃尼馬克（Michelle Enemark）堅定地陪伴我度過前半生。感謝菲尼亞斯（Phineas）誕生於世。喬許，感謝你所做的一切，謝謝你對我的信任與指導，你是我的摯友，也是我的繆斯。我迫不及待地想要前往達瓦札，機票已經訂好。

艾拉：

狄倫與喬許，你們對於探索和發現的哲學觀念改變了我對世界的看法。謝謝你們信任我，交付於我你們最珍視的祕境。感謝馬克始終如一的支持、練達的外交能力和美味的手工熟食拼盤。奧普斯（Opus）和耶斯（Jez），謝謝你們在我躺在地板上和沙發上打盹時輕柔地呼吸，並傾聽我抱怨永永遠遠不會結束的工作。艾瑞克，謝謝你每天早上辛勤工作。還要感謝我的母親和埃克雷爾（Eclair），你們用五花八門的方式拴住了我不羈的心。

1 月 JANUARY

● 1 月 5 日 　　Harbin International Ice and Snow Sculpture Festival

哈爾濱國際冰雪節

中國，哈爾濱

對於世界上競爭激烈的冰雕家和雪雕家來說，沒有比這更大的舞台或更重要的比賽了。這些冰雕和雪雕的規模驚人：冰雪節的場地分成兩區：一邊展出大型雪雕，另一邊則是整座由冰磚蓋成的城市。

● 1 月 11 日 　　The Burning of the Clavie
儒略曆新年前夕

燃燒克拉維

蘇格蘭，柏格赫德（Burghead）

這項儀式可以追溯到羅馬時代，村民在遊行時扛著一個「克拉維」——一個架在柱子上的炙熱木桶——走到古代祭壇的遺跡，燃起猛烈的篝火。

2 月 FEBRUARY

●　　　　　　Busójárás Monster Parade
懺悔星期二

冬末面具嘉年華的怪物遊行

匈牙利，莫哈奇（Mohács）

在這場嘉年華會期間，戴著山羊角的怪物和戴著蕾絲面具的神祕女人會穿過城鎮遊行，伴隨著叮咚作響的鈴鐺和螺旋狀發聲器。

●　　　　　　Sa Sartiglia Festival
大齋節前的
最後一個星期日和
星期二

薩爾提里亞節

義大利，奧里斯塔諾（Oristano）

馬術表演者和競爭對手戴上沒有表情的瓷偶面具，騎著精心裝飾過的馬匹穿越街道。騎士要設法用矛刺中當地禮拜堂前懸掛的星狀圈圈，有時候還需要在奔馳的馬匹背上站立。

●　　　　　　Festival of the Exploding Hammers
懺悔星期二
（聖胡安節）

爆炸鎚慶典

墨西哥，聖胡安威加
（San Juan de la Vega）

為了紀念聖胡安威加——他在聖胡安巴蒂斯塔（San Juan Bautista）的協助下，趕走了當地的不法分子——勇敢的當地人把自製的鞭炮綁在大鎚子末端，使勁地敲打金屬板引爆鞭炮，滿足圍觀的群眾。

●
中國
農曆新年

打樹花

中國，河北省，暖泉鎮

這項過年傳統是由大約 500 年前的鐵匠發想出來的，當時他們想參與一年一度的農曆年節活動，但卻買不起傳統的煙火。於是鐵匠把幾杯熔化的鐵液灑在城門上，形成壯觀的美麗煙火雨。

3 月 MARCH

● 3 月的 　　Frozen Dead Guy Days
第二個星期六

冰封死人節

美國，科羅拉多州，
尼德蘭（Nederland）

這個歡鬧的節慶是紀念該鎮唯一一個低溫冷凍的居民布萊多・莫斯托（Bredo Morstoel）。熱門活動包括冰火雞保齡球、靈車遊行、儲藏小屋棺木賽跑，以及拋擲鮭魚。

4 月 APRIL

●　　　　　　The Chios Rocket War
正教復活節

希歐斯火箭戰爭

希臘，弗隆塔多斯（Vrontados）

兩間教堂互射上千枚自製火箭，要說目標的話，就是為了擊中對方教堂的鐘樓。

5 月　　　　　　　　MAY

● 5 月 1 日　　　　　Festival of the Snake Catchers

捕蛇節

義大利，科庫洛（Cocullo）

義大利中部這座小村莊舉行捕蛇人隊伍的遊行，是為了紀念聖道明（ST. DOMINIC）——他清除了這個地區的蛇類。這節日據說也跟過去崇拜古羅馬女蛇神安吉提亞（ANGITIA）有關。完全覆蓋著蛇的聖道明雕像從教堂開始遊行，隨行的還有音樂家跟一小群抓蛇人。

● 5 月初　　　　　　Rock-Throwing Battle

扔石頭大戰

玻利維亞，聖地牙哥馬查
（Santiago de Macha）

廷酷（TINKU）是玻利維亞艾馬拉人（AYMARA）及克丘亞人（QUECHUA）的儀式化戰鬥傳統，代表了原住民對抗殖民者的壓迫。5 月時，玻利維亞全國各地都會舉行廷酷活動，不過馬查的節慶是出了名的血腥。慶典一開始由男男女女共舞，接著女性退避，男性就變成全武行地打了起來。

6 月　　　　　　　　JUNE

● 6 月底　　　　　　Kirkpinar Oil Wrestling Festival

克爾克普那塗油摔跤節

土耳其，艾迪尼（Edirne）

這項世界上最古老的定期體育賽事（除了奧運會），已被聯合國教科文組織納入無形文化遺產。魁梧的摔角選手全身只穿一條珍貴的皮褲，身上塗滿橄欖油，相互扭打，直到其中一人把對方壓倒在地或高舉過頭。據說原本摔角選手會戰到至死方休，如今的參賽者則是為了爭奪 10 萬美元的獎金。

7 月　　　　　　　　JULY

● 7 月 6-7 日　　　　L'Ardia di San Costantino Festival

賽馬節

義大利，賽狄洛（Sedilo）

有一部分是賽馬，有一部分是宗教朝聖，這場年度賽事由勇敢的馬術師騎在他們忠實的坐騎背上，重現西元 312 年羅馬君士坦丁大帝戰勝對手馬克森提烏斯（MAXENTIUS）的場景。

● 7 月的　　　　　　The Festival of Paucartambo
　第三個星期

保卡坦博節

秘魯，保卡坦博（Paucartambo）

每年聖母卡門節（Virgen del Carmen）時，來自聖谷（Sacred Valley）的農民都會來這個偏遠的城鎮跳舞。各地團體都會盛裝打扮，重現他們村子的起源故事。他們的裝扮什麼都有，從富裕的西班牙裔地主，到頭戴中國龍頭的誘人魔鬼。

8 月　　　　　　　　AUGUST

● 8 月的　　　　　　Dragon-Slaying Festival
　第二個星期

屠龍節

德國，林區富爾特
（Furth im Wald）

《屠龍》（Drachenstich）是德國最古老的民間戲劇之一，從西元 1590 年開始就在這個中世紀的「龍之城」演出。慶典活動包括 1,000 名當地居民穿著歷史服裝，以及至少出動 250 匹馬，其中一位飾演英雄騎士，另一位則是飾演騎士的妻子，她會待在 15 公尺高的噴火機器龍上等著被拯救。

● 8 月 15 日　　　　Roggenburg Leiberfest

羅根堡聖體節

德國，羅根堡（Roggenburg）

在聖母升天節（ASSUMPTION DAY）這天，這個巴伐利亞小村莊會請出亡者。由大型銅管樂隊帶領，當地 4 位聖人的防腐遺體會用珠寶精心裝飾，從修道院的安眠之處移出，穿越村子遊行。

● 8 月 12-15 日　Awa Dance Festival
阿波舞祭
日本，德島（Tokushima）

大約有 8 萬參與者和 130 萬觀眾會到德島市參加阿波舞祭，在為期 3 天的舞蹈慶典中，穿著鮮豔服裝的舞蹈團體又唱又跳，表演招牌舞步的不同版本。著名的阿波舞曲是這麼唱的：「跳舞的是傻子，觀眾也是傻子，同樣都是傻子，何不一起來跳舞？」

9 月　SEPTEMBER

●
勞動節星期六　Exeter UFO Festival
埃克塞特飛碟節
美國，新罕布夏州，
埃克塞特（Exeter）

這裡是 1965 年時目擊飛碟的地方，這天來自全國的飛碟狂都會聚到這座小鎮，相信飛碟或存疑的人聆聽演講，一同參與關於外星人的樂趣。

10 月　OCTOBER

● 10 月的　El Campello Moors and Christians
第二個星期　Festival
艾爾坎佩略摩爾人與基督徒節
西班牙，艾爾坎佩略
（El Campello）

為了紀念 13 世紀時，伊比利半島北方基督教王國與南方穆斯林的摩爾統治者之間的國家主權爭奪戰，艾爾坎佩略這座濱海城鎮精心設計，重演歷史上摩爾艦隊到來的場景。

● 10 月 28 日　Feast of St. Jude
聖猶達節
墨西哥城，聖希波利托教堂
（San Hipólito Church）

為了紀念聖猶達這位主保聖人，他庇佑陷於衰敗事業與處於絕望情境的人，將近 10 萬名墨西哥的工人階級、窮人和邊緣人帶著紅玫瑰與白玫瑰來到聖希波利托，拉著真人尺寸的雕像吟唱、禱告，以及找到力量。

11 月　NOVEMBER

● 11 月 5 日　Bonfire Night
篝火之夜
英格蘭，奧特里聖瑪麗
（Ottery St. Mary）

每年的蓋伊·福克斯日（Guy Fawkes Day），奧特里的居民都會用肩膀或頭部抬起燃燒的木桶，奔跑著穿越人山人海。只有既定的當地人才有扛著燃燒木桶的資格。儘管有消防隊在旁待命，其他健康與安全法規還是力勸大家取消這個夜晚的節慶。

12 月　DECEMBER

● 12 月 1 日　Gävle Goat
耶夫勒羊
瑞典，耶夫勒（Gävle）

每年，耶夫勒的善心人士都會製作一頭巨大的稻草聖誕羊——這是古代北歐聖誕節（可能還有異教徒）慶祝冬至的方式——在市中心廣場展出。自從 1966 年起，每年都有人試圖破壞這頭假山羊。它被燒、被偷、被砸，被車子輾過，還有一次差點被丟進河裡。

● 12 月 24 日　Bonfires on the Levee for Papa Noël
給聖誕老公公的河堤篝火
美國，路易斯安那州，
聖詹姆斯郡（St. James Parish）

整個 12 月，聖詹姆斯郡的家庭會沿著河堤搭起柴堆，有些會用煙火點燃。每晚這裡的社區都會焚燒一堆篝火。到了聖誕夜，所有剩下的柴堆都會點火，全城的人也會出來走走，欣賞這些布置。

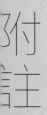

第 4 頁

① 梅迪奇家族（House of Medici）是 15 至 18 世紀義大利佛羅倫斯的名門望族，一開始靠著紡織品貿易賺進大筆財富，隨後更將其勢力拓展至皇室，掌握了政治權力。該家族對於藝術的投資和大力支持，間接促成了文藝復興的誕生。

② 欣快狀態（euphoria），在醫學上被視為一種在精神與情感上異常興奮、愉悅、滿足的狀態。

第 5 頁

① 日晷是根據太陽在天空中的實際位置（也就是日晷在地面上的影子）測定時間的一種儀器。它利用地球繞太陽公轉和自轉的定律，不僅能夠顯示一天之內的時刻，還可以顯示節氣和月分。

第 7 頁

① 退伍軍人病（Legionnaires' disease）是由退伍軍人桿菌（*Legionella*）所致的急性呼吸道傳染病。病原菌主要來自土壤和汙水，由空氣傳播，自呼吸道侵入。患者會出現類似肺炎的症狀，可能會因呼吸衰竭、休克和器官衰竭而死亡。

第 12 頁

① 功利主義（Utilitarianism）是由哲學家邊沁創始的一套政治哲學，推崇應以最大多數人的最大幸福為原則，而非以個人利益為依歸。然而中譯名稱經常讓人誤解，譯作「效益主義」似乎更恰當。

第 13 頁

① 外西凡尼亞（Transylvania），歷史地區名，在 16 至 18 世紀初曾是一個諸侯國，位在羅馬尼亞中西部，現屬於羅馬尼亞一部分。

第 15 頁

① 羅斯伯爵（Earl of Rosse）是愛爾蘭專門為帕森斯家族設立的貴族封號，該家族共受封過兩次。

② 也有人將「帕森城的巨獸」譯作「帕森城的利維坦」。利維坦（Leviathan）是《希伯來聖經》（*Tanakh*）中提到的巨大海怪，這個詞在希伯來語中也有「扭曲」的含義。

第 20 頁

① 凱爾特神話（Celtic mythology）為鐵器時代凱爾特多神教的神話傳說，在歐洲與希臘神話和北歐神話齊名。但受古羅馬與基督教的影響，從中世紀時期流傳下來的凱爾特神話故事並不多。

② 浪漫主義（Romanticism）是 18 世紀末源於歐洲的藝術、文學、音樂和思想運動，於 1800 年至 1850 年間在歐洲達到頂峰。浪漫主義強調情感與個人主義，讚揚傳統與自然，對藝術、文學、科學甚至政治都產生了重大而複雜的影響。

③ 哥布林是歐洲民間傳說中一種類人生物，通常有尖尖的耳朵、長長的鼻子和又大又凸的眼睛，經常出現在各種文學、電影和電玩作品中。

第 25 頁

① 原句「We seceded where others failed」源自俚語「We succeeded where others failed」，譯為「在他人失敗之處我們成功了」。其中「secede」（獨立）與「succeed」（成功）讀音相近，因此海螺共和國的「國家」格言意取雙關。

第 28 頁

① 斯芬克斯（Sphinx）源於古埃及神話，是長著翅膀的怪物，通常為雄性。傳說中有三種斯芬克斯，分別為人面獅身、羊頭獅身和鷹頭獅身。

第 29 頁

① 第三帝國（Third Reich）亦作納粹德國（Nazi Germany），是 1933 至 1945 年間德國的通用名稱。在希特勒的獨裁統治下，德國變為極權主義國家。1933 至 1943 年，國家的官方名稱是「德意志帝國」（Deutsches Reich），1943 至 1945 年為「大德意志帝國」（Großdeutsches Reich）。

第 37 頁

① 立面（facade）為建築術語，源自法文，指的是建築物的正面外牆，就像是人的面孔，通常是一座建築物裝飾得最漂亮的一面牆。

第 38 頁

① 吉格舞（jig）源於 16 世紀的英格蘭，舞步輕鬆活潑，如今多與愛爾蘭舞曲和蘇格蘭鄉村舞曲搭配。

② 傅科擺是根據法國物理學家傅科（Jean Bernard Léon Foucault）命名，可以用來證明地球自轉的一種簡單設備。

第 40 頁

① 新時代運動（New Age）是 1970 年代在西方國家興起的靈性運動與社會現象，橫跨宗教、心理、健康、環保等層面。在宗教方面同時吸收了東方與西方的傳統，並且與現代科學觀念相融合，強調個人信仰的價值。

第 42 頁

① 殉道者墓窟（catacomb）為地下墓穴，多出現於羅馬及義大利，安葬了許多基督教徒，不過其中也有少數異教徒和猶太教徒。
② 聖餐變體論（transubstantiation）是基督教神學中關於「聖體實在」的理論，主張聖餐的麵包與美酒實際上是由耶穌的肉與血轉化而來。

第 43 頁

① 新異教主義（Neopaganism）是多種新興宗教運動的統稱，以自然崇拜為主要核心思想。
② 女巫節（Walpurgis Night）於每年 4 月 30 日或 5 月 1 日晚間舉行。這個節日的歷史可追溯至 8 世紀，被認為是女巫們在布羅肯峰（Brocken，德國北部哈茨山最高峰）的集會，又被稱作「噩夢之夜」。如今人們在這一天慶祝繁花似錦的春天到來。

第 44 頁

① 法蘭克王國（Kingdom of Franks）是一個多民族國家，主要是由西元 3 世紀生活於萊茵河（Rhine River）中下游法蘭西亞（Francia）地區的日耳曼部族組成，歷史上稱之為法蘭克人（Franks）。羅馬帝國瓦解後，法蘭克人控制了羅亞爾河（Loire River）與萊茵河之間的區域，成為天主教會承認的西羅馬帝國繼承者。

第 45 頁

① 雅利安（Aryan）原為居住在印度西北至伊朗一帶民族的自稱，在梵文經典中，這個字被用於指稱「貴族階級」。在古代，雅利安多指宗教、文化或語言，而非種族。然而在 19 世紀時，某些西方學者對梵文經典產生了種族主義方面的誤解，導致他們將雅利安人當作是一支「血統優越」的北歐民族。希特勒曾宣稱他所領導的德意志民族為「高貴的雅利安人」，但實際上兩者相去甚遠。

第 58 頁

① 兩西西里王國（Kingdom of the Two Sicilies）是 1815 至 1860 年間存在於義大利南部的王國，在拿破崙戰爭結束後依照維也納會議的安排而建立的國家，由那不勒斯王國和西西里王國合併而成。

第 64 頁

① 「愛之夏」（Summer of Love）是 1967 年的社會現象，那年夏天有 10 萬多名來自世界各地的年輕人湧入舊金山海特艾許伯里區（Haight-Ashbury），在美國、加拿大和歐洲等主要城市也有許多嬉皮（hippie）舉行集會或音樂會，後來人們稱之為「嬉皮革命」的起點。
② 〈沿著哨塔〉（All Along the Watchtower）由美國歌手巴布・狄倫（Bob Dylan）創作並演唱，最初收錄於狄倫 1967 年的專輯《約翰韋斯利哈丁》（John Wesley Harding）。短短 10 個月後，這首歌被吉米・罕醉克斯重新改編，並收錄於專輯《電子淑女樂園》。

第 65 頁

① 《死海古卷》（Dead Sea Scrolls）是目前最古老的《舊約》聖經抄本。

第 67 頁

① 曼努埃爾風格（Manueline）又稱葡萄牙晚期哥特風格（Portuguese late Gothic），出現於曼努埃爾一世（Manuel I of Portugal）統治時期，正值 16 世紀葡萄牙大航海時代的全盛期。這種風格融合了海洋元素及歐亞非各地建築的影子，華麗繁複的拱門與窗框裝飾為一大特徵，標誌著晚期哥特式至文藝復興式的轉變。
② 玫瑰十字會（Rosicrucianism）為中世紀末的歐洲密教團體，以玫瑰和十字作為象徵，行事神祕。直到 17 世紀初，有人匿名發表了關於該會的宣言，大家才知道他們的存在。

第 78 頁

① 古拉格（Gulag）是隸屬於前蘇聯國家安全部門的一個機構，負責管理全國的集中營。除此之外，「古拉格」一詞在西方也指稱所有形式的蘇聯政治迫害。

第 79 頁

① 考古學家將人類社會發展粗分為三個年代：石器時代（Stone Age）、青銅時代（Bronze Age）與鐵器時代（Iron Age）；後者的最大特徵是人們已經能製造鐵器作為生產工具，並且發展出農業和宗教信仰。各地區進入鐵器時代的時間點不一，歐洲大約在西元前 1,000 年出現了鐵製工具。

第 84 頁

① 鄂圖曼帝國（Ottoman Empire, 1299-1922）是鄂圖曼土耳其人建立的軍事封建帝國，信仰伊斯蘭教，全盛時期版圖橫跨歐亞非三大洲。自消滅東羅馬帝國後便

定都君士坦丁堡，以其繼承者自居並且承襲了基督教文化，近一步促進了中西文明的融合。

第 85 頁

① 維利奇卡鹽礦的守護者是匈牙利的金加公主，傳說她在遠嫁波蘭前將結婚戒指丟進匈牙利的鹽礦中並向上帝許願。到了波蘭之後，礦工不僅在維利奇卡挖出了公主的戒指，也在此地挖到了豐富的鹽礦，帶來了繁榮的經濟。後來教宗若望保祿二世也追封金加公主為聖人。

第 91 頁

① 太空競賽指 1955 至 1991 年間，美國和蘇聯為了爭奪航太實力的最高地位而展開的軍備競賽。

第 92 頁

① 俄國作曲家史克里亞賓表示自己在聽到音樂的同時能看見色彩，並且致力在創作時將色彩與音樂結合，例如其最著名的第五號交響曲《普羅米修斯：火之詩》（Prometheus: The Poem of Fire）。這首交響曲於 1915 年在紐約市演出時使用了「色光風琴」，這架樂器彈奏出來的不是音樂，而是色彩。

第 101 頁

① 埃達詩篇（Eddic poem）指的是 1643 年被發現的手抄本《老埃達》（The Elder Edda），是 9 世紀時從挪威而來的遷徙者所帶來的獨特口傳文學，內容是關於北歐神話及傳說的詩。《老埃達》的第一篇就是〈女巫的預言〉，描述世界與人類的創造、毀滅和再生。

第 115 頁

① 據《聖經》所述，西底家（Zedekiah）為猶大王國（Kingdom of Judah，黎凡特〔Levant〕南部鐵器時代的王國，大約西元前 10 世紀至西元前 6 世紀）的末代君王。
② 大希律王（Herod the Great）為羅馬帝國猶太行省的藩屬王。

第 117 頁

① 奧古斯都（Augustus, 63B.B.-A.D.14）是羅馬帝制的建立者，被認為是第一位羅馬皇帝。

第 119 頁

① 納巴泰人（Nabataean）是在約旦、迦南的南部和阿拉伯北部經商的古代商人，起源至今未明。史學家將敘利亞和阿拉伯的邊界、幼發拉底河至紅海一代命名為「納巴泰」，也就是他們名稱的由來。

第 122 頁

① 貝都因（Bedouin）是居住在北非、阿拉伯半島、伊拉克和黎凡特地區的阿拉伯遊牧民族群，依據傳統分為不同的氏族部落，在沙漠中過著遊牧生活。

第 130 頁

① 荷蘭版畫藝術家莫里茲・艾雪（1898-1972），其最具代表性的作品是善用幾何與黑白，在平面版畫中創造出神祕的立體空間感，被譽為「錯視」藝術大師。

第 136 頁

① 亞歷山大大帝即古希臘馬其頓王國的國王亞歷山大三世（Alexander III, 356-323B.C.），其在位期間向亞洲與非洲東北部進軍，將勢力延伸至印度西北部，創造了古希臘最大的帝國。
② 錫克帝國（Sikh Empire）是曾經存在於印度次大陸上的國家，由錫克教徒所建立，首任君主蘭季德・辛格（Ranjit Singh）於 1799 年佔領拉合爾堡，於 1849 年第二次英國錫克戰爭後被大英帝國征服。

第 137 頁

① 海底火山爆發時，由於火山頂部是海水，噴湧而出的熔岩接觸到海水會立刻凝固，堵住火山口。如果凝固的熔岩沒能完全堵住火山口，不斷溢出的岩漿就會在火山口形成突起。當地殼變動，火山升至海面上，外型奇特的火山栓往往會變成觀光勝地。

第 138 頁

① 希土戰爭（Greco-Turkish War，或稱第二次希土戰爭，1919-1922）爆發於第一次世界大戰之後，土耳其人民無法接受政府簽訂喪權辱國的戰後條約，發起了土耳其國民運動（Turkish National Movement），並且與覬覦小亞細亞的希臘展開戰爭。最終希臘戰敗。

第 147 頁

① 石庫門是上海獨有的建築風格，為融合傳統江南民宅和英國排屋，是一種中西合璧的弄堂住宅，成為上海歷史與文化的重要象徵之一。

第 157 頁

① 「大名」為日本封建時代對土地或莊園領主的稱呼；名稱中的「名」指的就是土地。在戰國時代，無需幕府任命，只要能夠獨立支配數郡或數國的領地，並且身分為城主以上的武家（武士），即為戰國大名。

第 161 頁

① 鐵幕（Iron Curtain）指 1945 年第二次世界大戰結束至 1991 年冷戰末期，將歐洲分成兩個受不同政治影響區域的界線。鐵幕東側為蘇聯體系，西側為自由民主國家。

第 165 頁

① 創世論（creationism）是推崇宇宙與生命源自「神創」的一種信仰，也稱神創論，與透過研究演化過程得出科學結論的思想相反。該術語如今多指排斥科學、支持偽科學的信仰。

第 174 頁

① 敏東王（King Mindon Min, 1808-1878）是緬甸王朝倒數第二位國王，也是最受崇敬與歡迎的其中一位。敏東王在位期間，率領緬甸群眾奮力抵禦英國的入侵，並促使國家步入現代化。

第 177 頁

① 伊哥洛特人（Igorot，或稱 Cordillerans）是對菲律賓數個南島民族的統稱，主要居住在呂宋島（Luzon）的山區，分布於山地行政大區的六個省——阿布拉（Abra）、阿巴堯（Apayao）、本格特（Benguet）、卡林加（Kalinga）、伊富高（Ifugao）與高山（Mountain），以及鄰近的新比斯開省（Nueva Vizcaya）。

第 182 頁

① 高台教為越南第三大宗教，結合佛教、天主教、基督教、道教、儒教，不過天地最高的主宰者是高台神，其代表標誌為神的左眼。

第 268 頁

① 第一民族（First Nations）是加拿大鄰近北極地區的主要原住民的稱呼，目前加拿大有 634 個公認的第一民族政府或群體，其中大約有一半位於安大略省與卑詩省。

第 270 頁

① 聖公會（Diocese）即英國國教，原屬於羅馬天主教。16 世紀的宗教改革運動使英格蘭採取了由國王亨利八世（Henry VIII）主導的自上而下的變革方式。自 1534 年起，英格蘭教會脫離羅馬天主教會。如今，聖公會最高統治者由英國首相提名，而後由英國女王任命兩位英國大主教及其他所有主教。

第 278 頁

① 人們將當時加拿大總理約翰·迪芬貝克的姓 Diefenbaker 和地堡的英語 Bunker 合起來，造了迪芬地堡（Diefenbunker）這字。

第 279 頁

① 德魯伊（Druid）是古代凱爾特文化中地位崇高的宗教領袖，同時也是法定權威、裁定者、知識守護者、醫藥專家與政治顧問。

第 287 頁

① 蔚藍海岸（Riviera）為歐洲地中海沿岸區域，包括義大利利古里亞海（Ligurian Sea）與濱海阿爾卑斯山脈（Maritime Alps）和亞平寧山脈（Apennines）之間的區域，以及法國東南角的地中海沿岸，風景極為優美，是遠近馳名的度假勝地。

第 289 頁

① 雪鳥族（snowbirds）指的是北美洲寒冷的北部地區，季節性地前往溫暖南部地區過冬的人，多為退休人員及年長者，他們前往的地區以加州、佛州為主。

第 291 頁

① 「黑色大理花」原名為伊莉莎白·蕭特（Elizabeth Short, 1924-1947），是一名美國女孩，陳屍於洛杉磯附近的雷麥特公園（Leimert Park）之中。案件因屍體被攔腰截斷、屍體內血液已被全部流乾而備受公眾矚目。查爾斯·曼森（1934-2017）是美國的邪教組織領袖。1960 年代後期，他組建了「曼森家族」。其追隨者於 1969 年 7 月和 8 月在四處地點進行了 9 次謀殺。1971 年，他因組織謀殺被判一級謀殺罪和共謀謀殺罪。
約翰·韋恩·蓋西（1942-1994）是美國的連環殺手和強姦犯。1972 年至 1978 年期間，他在伊利諾州性侵、虐待和謀殺了至少 33 名男孩和年輕男子。於 1980 年 3 月 13 日被判處死刑。由於他在募款活動、遊行和兒童派對上扮演小丑，所以又被稱為「小丑殺手」（Killer Clown）。

第 296 頁

① 黑臉滑稽劇（minstrelsy）是指 1830 至 1840 年代早期，在白人的指揮下將面孔塗黑，表演諷刺黑人節目的演出者，有時也包含非裔演員。節目多譏諷黑人愚笨、懶惰、滑稽、迷信與樂天，帶有濃重的種族歧視意味。

第 302 頁

油漬搖滾（Grunge Rock）是 1980 年代中期出現在美國華盛頓州（西雅圖地區尤盛）的另類搖滾的一個次分類。融合了龐克與重金屬的元素，並受到了獨立搖滾樂隊的影響，歌詞主題包括社會疏離感、冷漠、對限制的焦慮，以及渴望自由等。代表樂團有聲音花園、超脫樂團（Nirvana）、珍珠果醬（Pearl Jam）等。

第 304 頁

① 四角落是指美國西南以科羅拉多高原為中心的四州邊界交接點，及周邊地區。這四州分別是猶他州、科羅拉多州、新墨西哥州和亞利桑那州。

第 312 頁

① 地景藝術（Land art, Earthwork），又稱大地藝術，於 1960 年代末期開始於美國的藝術運動。作品通常置身於有些偏遠的大自然環境中，創作材料多取自自然環境，例如泥土、岩石、水、有機材料等，強調大地景觀與藝術作品之間的聯繫，跳脫藝術作品只能在室內展出的限制，讓觀賞者與大自然有更多互動。

第 347 頁

① 艾美許人是基督教重洗派門諾會的分支，以拒絕汽車及電力等現代設施、崇尚簡樸生活而聞名。艾美許人是德裔瑞士移民的後裔。在 18 世紀初期，許多艾美許人與門諾會信徒因諸多原因移居賓夕法尼亞州。

第 371 頁

① 黑武士達斯・維達又名安納金・天行者（Anakin Skywalker），是《星際大戰》電影的虛構人物，是美國最受歡迎的反派角色之一。

第 392 頁

① 伊娃・貝隆，更廣為人知的名字是艾薇塔（Evita），是阿根廷前總統胡安・貝隆（Juan Perón）的第二任妻子。她曾任職於勞動部與衛生部，成立了伊娃・貝隆基金會（Eva Perón Foundation），支持阿根廷女性的選舉權，並創立了阿根廷第一個大型女性政黨——女性貝隆主義黨（Female Peronist Party）。

第 393 頁

① 高卓人（gaucho）是印第安人和西班牙人長期結合的混血人種，保留較多印第安文化傳統，語言為西班牙語，信仰為天主教。

第 398 頁

① 卡馬尤拉（Kamayurá）是巴西亞馬遜盆地的原住民部落，如今與基阿比（Kiabi）、烏達加（Yudjá）和蘇亞（Suyá）三個部落住在興谷原住民公園（Xingu Indigenous Park）內，村落沿伊帕烏湖（Lake Ipavu）分布。與全球其他原住民部落一樣，卡馬尤拉也面臨著森林砍伐與氣候變化等困境。

第 399 頁

① 泛靈論（Animism）又稱萬物有靈論，是一種由哲學思想演化而來的宗教信仰，認為所有事物均有「媒介」。「媒介」飄忽於靈性世界與物質世界之間，精神、靈魂與感知力不僅為人類所擁有，動植物、岩石、山川、雷雨等自然事物皆有。

第 411 頁

① 奇穆文化始於西元 900 年，因 1470 年左右被印加皇帝圖帕・印加・尤潘基（Topa Inca Yupanqui）率兵攻占首都昌昌城而毀滅。奇穆人住在秘魯北部海岸，以農業與漁業為生，並以生產獨特的單色陶器和加工銅、金、銀等金屬而聞名。

第 413 頁

① 莫切文化因其發源地莫切河谷而得名，分布於秘魯沿海，時間大約是在西元 100 至 700 年。莫切人以農業為主，以漁業為輔，在建築、製陶、金屬加工和紡織方面都有很高的水準。

第 428 頁

① 西巴巴（Xibalba）意為「恐懼之地」，是基切（K'iche'）馬雅神話中地下世界的名字，該世界由馬雅死神及其助手掌控。

照片來源

INTRODUCTION, P. 6
Daniel Mihailescu/AFP/Getty Images.

GATEFOLD
Alamy Stock Photo: Tibor Bognar p. 2 (left); dpa picture alliance p. 2 (middle); Robert Harding p. 1 (middle); JASPERIMAGE p. 1 (left); Guido Paradisi p. 1 (right); Chris Willson p. 2 (right). **Shutterstock.com:** aphotostory pp. 1–2 (background), 2 (btm).

AFRICA
Adobe Stock: 3drenderings p. 227 (top); Marina Gorskaya p. 204 (top); Morphart p. 210 (top); Piccaya p. 205; R. Gino Santa Maria p. 186 (top); Siloto p. 219 (top). **Camille Moirenc/AGE Fotostock** p. 194 (btm). **Alamy Stock Photo:** age footstock pp. 195 (btm), 201, 226 (btm); blickwinkel p. 228 (top); brianafrica p. 225 (btm); Rungtip Chatadee p. 188; Gilles Comlanvi p. 200 (top); Michael Runkel Egypt p. 186 (btm); Eddie Gerald p. 227 (btm); Oliver Gerhard p. 219 (btm right); Mike Goldwater p. 214 (top); Robert Harding p. 222 (btm); Blaine Harrington III p. 223 (top); Kim Haughton p. 199 (top); Hemis p. 197 (btm); Historic Collection p. 189; Seth Lazar p. 202 (top); Sulo Letta p. 196; Look Die Bildagentur der Fotografen GmbH p. 213 (inset); Henri Martin p. 208 (inset); Andrew Michael p. 223 (btm); National Geographic Image Collection p. 198 (top); B. O'Kane p. 185; Pictures Colour Library p. 187; Robert Estall photo agency p. 224 (btm); p. 203 (composite); Neil Setchfield p. 221 (btm); Mike P. Shepherd p. 192 (top); Kumar Sriskandan p. 225 (top); Fredrik Stenström p. 226 (top); Universal Images Group p. 194 (top); p. 224 (top); Universal Images Group/DeAgostini p. 210 (btm); John Warburton-Lee Photography p. 228 (btm); Tim E White p. 207 (btm). **Matteo Bertolino/matteobertolino. com** p. 204 (btm). **© William Clowes** p. 211. **Getty Images:** Nigel Pavitt/ AWL Images p. 215 (btm); Pascal Deloche/ Corbis Documentary p. 209 (top); Anup Shah/Corbis Documentary p. 216 (top); Nik Wheeler/Corbis NX p. 208 (background); De Agostini/G. Dagli Orti p. 191; Marc Guitard/ Editorial RF p. 213 (background); Leonid Andronov/iStock p. 199 (btm); pascalou95/ iStock p. 193 (btm); DigitalGlobe/ ScapeWare3d p. 206 (middle); Reinhard Dirscherl/ WaterFrame p. 197 (top). **Ian Redmond/Nature Picture Library** p. 214 (btm).

Courtesy Photos: The following images are used under a Creative Commons Attribution 3.0 United States License (https://creativecommons.org/licenses/ by/3.0/us) and belongs to the following Wikimedia Commons user: Ji-Elle p. 217 (btm left, middle & btm right). **Public Domain:** Dr. Steve Miller, from the Naval Research Laboratory/U.S. Navy p. 218 (top).

Atlas Obscura Contributor: Courtesy Megan E. O'Donnell p. 219 (btm).

ANTARCTICA
Aha-Soft/Adobe Stock p. 457 (btm). **Alamy Stock Photo:** B. O'Kane p. 458 (btm); Cavan Images p. 452 (btm); Robert Harding p. 458 (top); Colin Harris/eraimages p. 457 (top). **Courtesy of Stephen Eastnaugh/ Australian Antarctic Division** p. 454 (btm). **Andreas Feininger/The LIFE Picture Collection/Getty Images** p. 456. **Kristina Gusselin** p. 455 (top). **Carsten Peter/ National Geographic Stock** p. 459. **Stein Tronstad** p. 453.

ASIA
Adobe Stock: Anthonycz p. 133 (top); bluebright p. 142 (btm); Rada Covalenco p. 144 (top right); evegenesis p. 145 (btm); forcdan p. 119 (top); frog p. 136 (btm); kim1970 p. 144 (top left); R.M. Nunes p. 165 (top); SoulAD p.159 (top); Telly p. 145 (middle right). **AGE Fotostock:** Angelo Cavalli p. 175 (btm); Deddeda p. 177(top); Ivonne Peupelmann p. 166; Topic Photo Agency IN p. 164 (btm). **Alamy Stock Photo:** Aflo Co. Ltd p. 160; afrisson p. 133 (btm); age fotostock p. 134 (inset background); age fotostock p. 163; Agencja Fotograficzna Caro p. 146; Mark Andrews p. 150 (top right); Vladislav Ashikhmin p. 164 (top); Asia Images Group Pte Ltd p. 137; Don Bartell p. 150 (top left); Curtseyes p. 138 (top); Luis Dafos p. 136 (btm); DestinationImages p. 127 (btm); Paul Doyle p. 117 (btm); dpa picture alliance p. 141 (inset background); Kristaps Eberlins p. 118 (btm); Dominic Dudley p. 138 (btm); Michelle Gilders p. 162 (btm); Manfred Gottschalk p. 167; Simon Grosset p. 149 (top); hanohikirf p. 119 (btm); Marc F. Henning p. 145 (middle left); Imagebroker p. 122 (top) and p. 165 (btm); Ellen Isaacs p. 132 (btm left); LOOK Die Bildagentur der Fotografen GmbH p. 143; Don Mammoser p. 131; MJ Photography p. 130 (top); Will Moody p. 123; Nokuro p. 174; Novarc Images p. 132 (btm right); NPC Collection p. 157 (btm); NurPhoto. com p. 176; PhotoStock-Israel p. 117 (top); Paul Rushton p. 147; Olena Siedykh p. 126 (top); Jack Sullivan p. 118 (top); Keren Su/ China Span p. 148 (btm); SuperStock p. 134 (inset); Jeremy Sutton-Hibbert p. 161; tonyoquias p. 178; Travel Asia p. 128 (btm); John Warburton-Lee Photography p. 121; Henry Westheim Photography p. 142 (top); Tim Whitby p. 139 (btm); Xinhua p. 152. **AP Photo:** David Guttenfelder p. 162 (top); Shizuo Kambayashi/STF p. 158. Christian Caron p. 130 (btm). **Getty Images:** AFP p. 124; Patrick AVENTURIER/Gamma-Rapho p. 180; Bloomberg p. 154 (btm); Amos Chapple/ Lonely Planet Images p. 132 (top); Alireza Firouzi p. 113; gaiamoments p. 172 (top); Christian Kober/AWL Images p. 141 (inset); Eric Lafforgue/ Art in All of Us/Corbis News p. 120; Lugaaa p. 175 (top); Olive/Photodisc p. 128 (top); Quynh Anh Nguyen p. 129; Olive/Photodisc p. 128 (top); Brian J. Skerry/National Geographic Image Collection p. 155; George Steinmetz p. 168; Andrew Taylor/robertharding p. 173 (inset); YOSHIKAZU TSUNO/AFP p. 154 (top); VCG/Visual China Group p. 145 (top); Nik Wheeler p. 114 (btm); Fei Yang p. 144 (btm). **Chris Backe/worthygo.com** p. 179 (top). **Reuters:** Andrew Biraj p. 125; Amir Cohen p. 116 (btm); Thomas Peter p. 159 (btm). **Rehan Khan/Rex USA** p. 135 (btm). **Abedin Taherkenareh/EPA/ Shutterstock** p. 112 (top). **UncorneredMarket.com** p. 135 (top).

Courtesy Photos Ehsan Abbasi p. 112 (btm); Ken Jeremiah p. 156.

Atlas Obscura **Contributors:** Chris Backe in South Korea p. 181 (top); Rachel Hallman p. 153; Nienna Mees p. 115; Sam Poucher p. 181 (btm); Jordan Samaniego p. 177 (btm); Anna Siri p. 169, 173 (inset background).

CANADA
Adobe Stock: PremiumGraphicDesign p. 269 (middle); Nadezda Razvodovska p. 276 (left). **Alamy Stock Photo:** 914 Collection p. 266 (top); All Canada Photos p. 268 (btm), p. 269 (top), p. 271 (middle right), p. 275, p. 276 (right), p. 281; Alt-6 p. 284 (top); blickwinkel p. 274; Yvette Cardozo p. 270 (btm), p. 282; Chronicle p. 277 (btm); Cosmo Condina p. 278 (btm); dpa picture alliance archive p. 272; iconim p. 265 (btm); INTERFOTO p. 273 (btm); Andre Jenny p. 267 (btm), p. 283 (btm); Lannen/ Kelly Photo p. 284 (btm); Susan Montgomery p. 280 (btm); Radharc Images p. 273 (top). **Getty Images:** Bloomberg p. 281 (inset); DigitalGlobe/ScapeWare3d p. 265 (top); Finn O'Hara/Photodisc p. 270 (middle); Carlos Osorio/Toronto Star p. 280(top); Chris Sheppard/500px p. 267 (top); Brian Summers/First Light p. 271(btm); xPACIFICA/ National Geographic Image Collection p. 278 (top). **Rex USA:** Jon Freeman/Shutterstock p. 271 (top); REX Shutterstock p. 266 (btm). **LBNL/Science Source** p. 283 (top).

Courtesy Photos: Banff Indian Trading Post p. 264 (btm); Joshua Foer p. 271 (middle left); Keith Watson p. 279.

※ 本書內文由兩位譯者共同翻譯。

趙睿音負責部分如下：
p.7上，p.10下（邱吉爾作戰指揮室、迷你警察局、舊手術室博物館與藥草閣），p.11，p.16，p.23，p.30下，p.37，p.47，p.51下，p.59，p.68下，p.69上，p.70上，p.74下，p.78下，p.80，p.81，p.84下，p.86上，p.92，p.93下，p.94上，p.101，p.103，p.113，p.116下，p.118下，p.119下，p.120，p.121，p.126上，p.129，p.133下，p.136下，p.137下，p.138下，p.141，p.146上，p.147上，p.150，p.151右（風箏博物館），p.152，p.163，p.164上，p.167，p.169上，p.171上，p.178，p.184，p.189，p.190下，p.196，p.197上，p.198，p.199下，p.207上，p.208，p.212，p.213，p.215，p.217下，p.218，p.219下，p.222，p.224上，p.226下，p.238上，p.251上，p.252，p.254上，p.265下，p.267上，p.272，p.278上，p.281，p.290，p.294（進步女神頭像、企業女神雕像、舊金山納骨塔非法影像學院），p.308下，p.309-p.311，p.318下，p.324上，p.339上，p.351，p.353下，p.355上，p.364下，p.365，p.368下，p.370上，p.371下，p.372上，p.378，p.383，p.393，p.404上，p.410，p.411上，p.414，p.415，p.417，p.418上，p.422，p.426上，p.429上，p.431，p.432-p.434，p.436下，p.437上，p.438上，p.440上，p.442上，p.447上，p.448上。

其餘內容及由張依玫負責。
p.464-468 附註由張依玫及編輯團隊共同編寫。

祕境

隱藏版世界奇觀的探索珍藏集

Atlas Obscura: An Explorer's Guide to the World's Hidden Wonders

作　　者　喬許‧弗爾（Joshua Foer）、狄倫‧圖拉斯（Dylan Thuras）、艾拉‧莫頓（Ella Morton）
譯　　者　張依玫、趙睿音
封面設計　廖韡
版面設計　廖韡
內頁排版　藍天圖物宣字社
責任編輯　王辰元
協力編輯　吳愉萱、簡淑媛

發 行 人　蘇拾平
總 編 輯　蘇拾平
副總編輯　王辰元
資深主編　夏于翔
主　　編　李明瑾
業　　務　王綬晨、邱紹溢
行　　銷　曾曉玲

出　　版　日出出版
　　　　　台北市105松山區復興北路333號11樓之4
　　　　　電話：（02）2718-2001　傳真：（02）2718-1258

發　　行　大雁文化事業股份有限公司
　　　　　台北市105松山區復興北路333號11樓之4
　　　　　24小時傳真服務　（02）2718-1258
　　　　　Email：andbooks@andbooks.com.tw
　　　　　劃撥帳號：19983379　戶名：大雁文化事業股份有限公司

初版一刷　2021年9月
定　　價　1980元
Ｉ Ｓ Ｂ Ｎ　978-986-5515-88-1
Ｉ Ｓ Ｂ Ｎ　978-986-5515-97-3（EPUB）

Printed in Taiwan‧All Rights Reserved
本書如遇缺頁、購買時即破損等瑕疵，請寄回本公司更換

祕境：隱藏版世界奇觀的探索珍藏集 /喬許‧弗爾（Joshua
Foer）、狄倫‧圖拉斯（Dylan Thuras）、艾拉‧莫頓
（Ella Morton）；張依玫、趙睿音譯. -- 初版. -- 臺北市：
日出出版：大雁文化事業股份有限公司發行, 2021.9
　　面; 公分. --
譯自：Atlas Obscura: An Explorer's Guide to the World's
Hidden Wonders
ISBN 978-986-5515-88-1（精裝）

1. 旅遊 2. 世界地理

719　　　　　　　　　　　　　　　　110012188

巴克敏斯特‧富勒的　戴馬克松地圖

Buckminster Fuller's Dymaxion Map

世上所有的地圖多多少少都是謊言。問題不在於製圖師，而是因為地理學。當我們把地球攤平製成2D地圖時，像拉扯太妃糖似地弄成長方的形狀，我們也就扭曲了世界，突然之間格陵蘭看起來跟非洲一樣大。但格陵蘭並不與非洲同等大小。

發明家、建築師暨設計師巴克敏斯特‧富勒意識到地圖的這項問題，他指出：「所有的平面地圖都是真相的折衷。」他的解決方法，首次在1943年的《生活》（Life）雜誌出現，既美觀又簡單。富勒把地球變成20面體，製成一張由20個等邊三角形組成的3D地圖。這些較小的三角面能將地圖失真的問題減到最低。雖然做出來的地圖呈鋸齒狀、有點奇怪，但它創造出更真實的世界全圖。

以這種方式展現世界，不僅校準了格陵蘭的尺寸，也創造出一種在地圖上看地球的嶄新方式。在富勒的戴馬克松地圖上，各洲大陸看起來是相連的一大塊，從澳洲一直延伸到南極洲。

因此，我們選擇戴馬克松地圖作為我們環球之旅的地圖。你看到的這些旅程也許不切實際，或甚至不可能成行，但這張地圖是想像一場壯遊之旅的美好方式。這場超夢幻環球之旅就是將地球視為一座島嶼，並環島一圈。

我們將從寒冷的地方開始，以南極洲的戴維斯站南極雕塑公園作為起點，一路穿過澳洲比較溫暖的氣候，接著繞一圈回來。你只需要這樣就能進行一趟最不可思議的環球祕境之旅……你不必搭乘飛機、船隻、汽車、火車，或是騎上腳踏車、馬匹及駱駝。

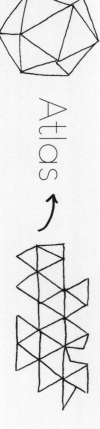

Atlas

Obscura's Trip

Around the World

Island

77

Trinity
Church
三一教堂 P.457

2

卡雷拉將軍湖
大理石教堂
P.407

南極
雕塑公園
P.454

Start here

1

Southern Pole
of Inaccessibility
南極難抵極
P.453

80

厄瑞玻斯火山
P.458

78

79

血瀑
P.452

超夢幻
環球
祕境之旅

巴克敏斯特‧富勒的戴馬克松地圖代表著他對平等的信念。
當這張平面地圖折疊起來,就是連續陸塊繞行的地球;
它的表面是20個大小一樣的三角形,
沒有限定的中心,也不分東南西北。

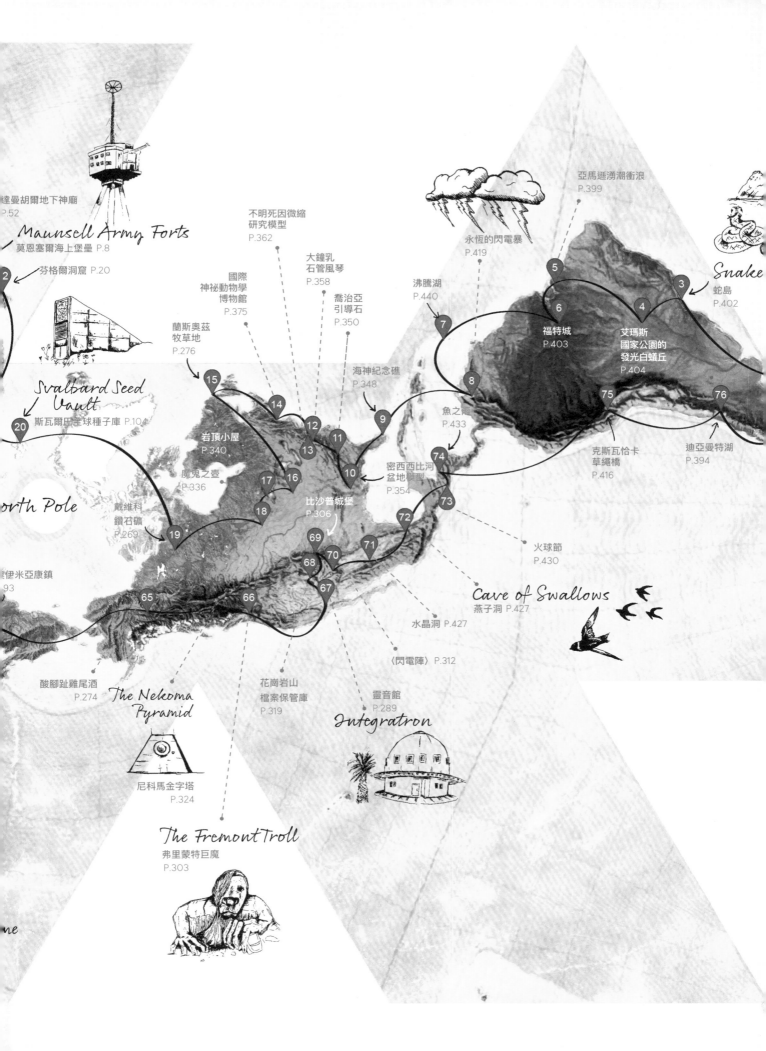

達曼胡爾地下神廟
P.52

Maunsell Army Forts
莫恩塞爾海上堡壘 P.8

芬格爾洞窟 P.20

2

不明死因微縮
研究模型
P.362

大鐘乳
石管風琴
P.358

國際
神祕動物學
博物館
P.375

喬治亞
引導石
P.350

蘭斯奧茲
牧草地
P.276

亞馬遜湧潮衝浪
P.399

永恆的閃電暴
P.419

沸騰湖
P.440

Snake
蛇島
P.402

5

6

7

4

3

福特城
P.403

艾瑪斯
國家公園的
發光白蟻丘
P.404

Svalbard Seed
Vault
斯瓦爾巴全球種子庫 P.104

20

海神紀念礁
P.348

15

14

12

13

11

岩頂小屋
P.340

魔鬼之壺
P.336

North Pole

戴維科
鑽石礦
P.269

17

16

10

魚之雨
P.433

8

74

密西西比河
盆地模型
P.354

75

克斯瓦恰卡
草繩橋
P.416

76

迪亞曼特湖
P.394

18

比沙普城堡
P.306

19

69

68

70

67

71

72

73

9

伊米亞康鎮
93

65

66

火球節
P.430

Cave of Swallows
燕子洞 P.427

酸腳趾雞尾酒
P.274

The Nekoma
Pyramid

尼科馬金字塔
P.324

花崗岩山
檔案保管庫
P.319

靈音館
P.289

水晶洞 P.427

〈閃電陣〉 P.312

Integratron

The Fremont Troll
弗里蒙特巨魔
P.303

死亡谷
P.221

卡曼斯科鬼城一
P.220

奧克洛
核能反應爐
P.202

傑內大清真寺
P.205

理查特結
P.194

Avenue of the Baobabs
猴麵包樹大道 P.226

卡內·克韋木工坊
P.203

嘉布遣會
地下墓穴
P.60

國王步道
P.71

阿布納耶瑪塔
朝日教堂
P.212

鯨魚谷
P.190

復活節
火箭大戰
P.49

冰峰紀念碑
P.76

Socotra Island
索科特拉島
P.122

巴勒貝克
三巨石
P.118

科拉
超深井
P.91

前鋒大陸
二代
P.198

地獄之門
P.139

月亮井
P.130

骷髏湖
P.127

內克錢德的
石頭花園
P.127

通古斯
大爆炸
P.90

Kyaiktiyo Pagoda
大金石佛塔 P.175

乞拉朋齊樹根橋
P.132

都韋拉礦口
消煙煙囪

恆山懸空寺
P.142

Synchronized Fireflies
甘榜關丹堂火蟲村 P.172

郭亮隧道
P.144

第三地道
P.162

太空實驗室殘骸
P.238

Marree Man
馬里人
P.240

塔納托拉查的
葬禮習俗
P.166

Jellyfish Lake
水母湖 P.257

軍艦島
P.160

自我乾化的修
P.156

世界最大的
排水系統
P.154

懷托莫藍光蟲山洞
P.249

Ball's Pyramid
伯爾斯金字塔 P.245

〈琥珀金〉
P.246

Cactus
仙人掌頂 P.253